麦读
MyRead

走向上的路　追求正义与智慧

万山不许一溪奔，拦得溪声日夜喧。
到得前头山脚尽，堂堂溪水出前村。

〔宋〕杨万里：《桂源铺》

我认出风暴而激动如大海。

我舒展开来又蜷缩回去，

我挣脱自身，独自

置身于伟大的风暴中。

———————

〔奥地利〕里尔克：《预感》，北岛 译

积厚成势

中国司法的
制度逻辑

何帆 著

中国民主法制出版社

目　录

导论 | 寻找中国司法的制度逻辑

> 制无美恶，期于适时。变无迟速，要在当可。
>
> ——严复

> 盖一时代之名词，有一时代之界说。
>
> ——陈寅恪

一门课与一本书

这是一本介绍当代中国司法制度的书，但仅限于最狭义的"司法"领域，即法院与法官制度。书的主体内容，来自我在清华大学教授的**"中国司法制度与司法改革"**课程。受邀开设这门课的初衷，是为同学们"开一扇窗"，帮助大家认识教科书之外的中国司法系统，了解法院如何产生和运行、法官如何选任和履职。2014 年秋季开课时，司法改革正如火如荼，各界热议，有赞有弹，因涉及未来职业选择和研究方向，学生们普遍关注，课堂上踊跃提问，期末考试作业也多与之相关。[1]

清华大学法学院为了不耽误我工作，将授课时间安排在单周周末，每学期 8 次课，每次 4 个学时。32 个学时，已足以支撑起一门相对

---

[1] 关于我在清华大学开设"中国司法制度和司法改革"课程的起因与过程，《中国青年报》的《冰点周刊》曾有报道。参见秦珍子：《法学课里的复杂中国》，载《中国青年报》2015年 3 月 18 日。

系统、完整的课程。开课之初,学生数量在 40 人内,小班教学,便于研讨,课堂以互动交流为主。2016 年之后,因选课人数每学期都在百人以上,只能讲满全场,留给学生的发言时间不多。按理说,人文学科本应"给大学生常识,给硕士生方法,给博士生视野"。[1] 可是,选修这门课的,各年级学生都有,还有不少来自非法学院系。[2] 众口难调,起点不一,只能采取由浅入深、化繁为简的方式,先将常识、方法、视野"整合打包",再通过课后答疑因材施教。好在改革实践是取之不尽的"素材库",身在其中,总会有新的体验、启发与感悟,足以确保课程不断升级,始终与时代发展同步。

匆匆九年便过去。司法改革以变应变、以新应新、奔涌向前,完成了从立柱架梁到积厚成势的制度性变革。课程内容亦常变常新,加上我向来是脱稿授课,所以一直没有书面讲义。2020 年初,突如其来的新冠疫情,让我意识到这门课不可能一直开下去,而课堂受众也始终有限,有必要变口耳相传为文字传播。年轻时,深感学养与阅历不足,所以译书多、著述少,[3] 进入不惑之年,似乎也是时候用一本专著做个阶段性小结了。

经过三年打磨,本书终于完稿。因成书缘由与课程相关,原本想以**《法院与法官:中国司法制度十二讲》**为书名,既开宗明义,又指向清晰。后来考虑到,学术专著毕竟与口授讲义不同,更注重体系性、严谨性、规

---

〔1〕 葛兆光:《学术史讲义:给硕士生的七堂课》,商务印书馆 2022 年版,第 1 页。

〔2〕 九年来,选修这门课的学生除了清华大学法学院的本科、硕士和博士生,还有来自政治、新闻、公管、历史、环境、化学、计算机等院系的学生,以及从北京大学、中国人民大学、中央党校等院校赶来旁听的学生。

〔3〕 2006 年以来,我撰写的作品仅有《刑事没收研究——国际法与比较法的视角》(2007)、《刑民交叉案件审理的基本思路》(2007)、《大法官说了算:美国司法观察笔记》(2016)和《刑法注释书》(2021),翻译作品(已出和即出)则有 16 册,依次是:《作为法律史学家的狄更斯》(2009)、《九人:美国最高法院风云》(2010)、《大法官是这样炼成的:哈里·布莱克门的最高法院之路》(2011)、《批评官员的尺度:〈纽约时报〉诉警察局长沙利文案》(2011)、《法官能为民主做什么》(2012)、《谁来守护公正:美国最高法院大法官访谈录》(2013)、《美国最高法院通识读本》(2013)、《五位首席大法官:最高法院杂忆》(2014)、《到法学院学什么:美国法入门读本》(2014)、《法官能为法治做什么:美国著名法官讲演录》(2015)、《法官裁判文书写作指南》(2015)、《十二怒汉》(2018)、《从专业化审判到专门法院:专门法院发展史》(2019)。此外,还有勒尼德·汉德法官传记、最高法院与社会变革、法官选任史等 3 册待出。

范性,而"十二讲"之名,又有拿"讲义当著作"之嫌。〔1〕 经与责任编辑商议,最终定名为《积厚成势:中国司法的制度逻辑》。主书名"积厚成势",描述新中国司法制度夯基垒台、滚石上山、厚积薄发、彰显优势的过程。副书名"中国司法的制度逻辑",概括全书要旨与研究方法。在理论界,"制度逻辑"(The Institutional Logics)既是研究视角,也是叙事方法,侧重描述多重制度系统(Interinstitutional System)当中,制度、机构、组织与个人的交互关系。〔2〕 在关于中国政治与政府的研究中,制度逻辑分析方法更注重厘清政策形成的过程、权力运行的规律、中央地方的博弈和基层治理的差异,而不纯粹是法条推演与文本解析。〔3〕

具体到"中国司法"领域,本书选择以《中华人民共和国人民法院组织法》〔4〕《中华人民共和国法官法》〔5〕和《中国共产党政法工作条例》为制度主线,阐述在中国这样一个发展尚不平衡不充分的超大型

---

〔1〕 "教授成为名教授,也有两个阶段:第一是讲义当著作,第二著作当讲义。好比初学的理发匠先把傻子和穷人的头作为练习本领的试验品,所以讲义在课堂上试用没出乱子,就作为著作出版;出版以后,当然是指定教本。"参见钱钟书:《围城》,人民文学出版社 1991 年版,第251 页。

〔2〕 [法]帕特里夏·H. 桑顿、[加]威廉·奥卡西奥、龙思博:《制度逻辑:制度如何塑造人和组织》,汪少卿等译,浙江大学出版社 2020 年版,第 2—3 页。

〔3〕 代表性著作有周雪光:《中国国家治理的制度逻辑:一个组织学研究》,生活·读书·新知三联书店 2017 年版。周黎安:《转型中的地方政府:官员激励与治理》(第 2 版),格致出版社、上海三联书店、上海人民出版社 2017 年版。

〔4〕 现行《人民法院组织法》于 1979 年 7 月 1 日由第五届全国人民代表大会第二次会议通过,根据 1983 年 9 月 2 日第六届全国人大常委会第二次会议《关于修改〈中华人民共和国人民法院组织法〉的决定》第一次修正;根据 1986 年 12 月 2 日第六届全国人大常委会第十八次会议《关于修改〈中华人民共和国地方各级人民代表大会和地方各级人民政府组织法〉的决定》第二次修正;根据 2006 年 10 月 31 日第十届全国人大常委会第二十四次会议《关于修改〈中华人民共和国人民法院组织法〉的决定》第三次修正;2018 年 10 月 26 日经第十三届全国人大常委会第六次会议修订后自 2019 年 1 月 1 日施行。修订前的《人民法院组织法》统称"1979 年《人民法院组织法》",修订后的统称"2018 年《人民法院组织法》"。

〔5〕 现行《法官法》于 1995 年 2 月 28 日由第八届全国人大常委会第十二次会议通过。根据 2001 年 6 月 30 日第九届全国人大常委会第二十二次会议《关于修改〈中华人民共和国法官法〉的决定》第一次修正;根据 2017 年 9 月 1 日第十二届全国人大常委会第二十九次会议《关于修改〈中华人民共和国法官法〉等八部法律的决定》第二次修正;2019 年 4 月 23 日经第十三届全国人大常委会第十次会议修订后,自 2019 年 10 月 1 日施行。修订前的《法官法》统称"1995 年《法官法》",修订后的统称"2019 年《法官法》"。

单一制国家里，法院系统与中国共产党、国家权力机关、地方党政体系究竟是什么关系、如何互动，进而形成组织架构、人事经费、支持配合、制约监督上的制度关联；作为最高审判机关的最高人民法院，如何监督指导全国 3500 多家下级法院，如何实现司法政策"自上而下"的有序传导，并在此过程中"轧平"地域与发展上的差异；司法审判和司法改革又是如何与党管政法、党管干部、民主集中制等重大政治原则融为一体，形成有别于其他国家的制度特色和制度优势。回答上述问题的过程，也是揭示中国特色社会主义司法制度的历史渊源、政治脉络与运行之道的一次尝试，其时间跨度之长、内容体量之大、制度变量之多，确非我能力所及。因此，我采取了一种相对"取巧"的方式，将研究范围限定在"最狭义"的"司法"制度范围内，仅聚焦于人民法院与法官制度。

"司法"的多张面孔

打开各类法律词典、文件汇编或法学教科书，关于"司法"的表述很常见，如"司法权""司法机关""司法人员""司法制度"和"司法改革"等。在中国司法制度研究领域，之所以将法院与法官制度界定为"最狭义"的司法制度，得从"司法"一词在中国宪制中的含义变迁说起。

从词源上看，**"司法"**是本土概念，泛指国家机关适用或执行法律。唐宋时期，就设有办理刑案的"司法参军"职务。[1] 但是，**"司法权"**与**"法院"**则属舶来词汇，于清末西学东渐过程中传入我国。"司法权"（La Puissance de Juger）出自法国哲人孟德斯鸠的"权力分立"学

---

〔1〕 唐设法曹参军和司法参军。宋设司法参军，掌议法论刑；又有司理参军，掌讼狱勘鞫。参见周永坤：《中国司法概念史研究》，载《法治研究》2011 年第 4 期；陈景良：《宋代"法官"、"司法"和"法理"考辨：兼论宋代司法传统及其历史转型》，载《法商研究》2006 年第 1 期；李清桓：《〈说文解字〉法律语域词语与中国古代法律文化》，上海古籍出版社 2017 年版，第 58 页。

说,一般与立法权、行政权并列。〔1〕 "法院"(Court)最初被译为"衙门""审司""法堂""察院""审案堂"或"裁判所",1876 年之后才渐趋统一,〔2〕被视为"公断是非""独立行权"之机构。〔3〕

我国古代虽在中枢设置大理寺、刑部、御史台、审刑院等形式意义上的审判部门,但"刑罚威狱"皆属皇权,在地方上则依附行政权力运行,由行政官吏兼办刑民案件,并无独立的司法权或司法机关。〔4〕 清末修律,改大理寺为大理院,统领司法审判;改刑部为法部,掌管司法行政;地方设立各级审判厅。〔5〕 大理院和法部被统称为**"司法之机关"**。〔6〕 **"司法权"**被解释为**"司法审判权+司法行政权"**。〔7〕 然而,

---

〔1〕 "司法权"在美国、法国、德国宪法中,分别表述为"Judicial Power""Le Pouvoir Judiciare"和"Rechtspreckhende Gewalt"。美国在华传教士丁韪良(W. A. P. Martin)在其 1864 年翻译的《万国公法》中,将审判权表述为"司法之权"。参见[美]惠顿:《万国公法》,[美]丁韪良译,何勤华校,中国政法大学出版社 2003 年版,第 50—51 页。张相文将孟德斯鸠《论法的精神》日文版译为中文时,首度使用"司法权"表述,称其职能为"惩罚罪人,分争辨讼"。参见[法]孟德斯鸠:《万法精理》,张相文译,上海文明书局 1903 年版,第 206 页。1899 年,梁启超在《各国宪法异同论》中,也将司法权与行政权、立法权并列表述。参见范忠信选编:《梁启超法学文集》,中国政法大学出版社 2000 年版,第 2 页。

〔2〕 "君权有限之国与民政之国,率由国会公议以制法,国君秉权而行法,复有专设法司以执法而审讯不法之事者,此谓之法院。"参见[德]查尔斯·马顿斯:《星轺指掌》,联芳、庆常译,[美]丁韪良校核,中国政法大学出版社 2006 年版,"凡例"。关于"法院"的译文变化,参见王健:《沟通两个世界的法律意义:晚清西方法的输入与法律新词初探》,中国政法大学出版社 2001 年版,第 53、127、163 页。李栋:《鸦片战争前后英美法知识在中国的输入与影响》,载《政法论坛》2014 年第 1 期。

〔3〕 侯欣一:《晚清时期国人对法院组织的认知》,载《法学研究》2022 年第 4 期。

〔4〕 陈光中:《中国古代司法制度》,北京大学出版社 2017 年版,第 4 页;那思陆:《中国审判制度史》,上海三联书店 2013 年版。

〔5〕 根据清廷 1909 年 12 月 28 日颁布的《法院编制法》,除中央层面设大理院外,地方设高等审判厅、地方审判厅、初级审判厅三级审判机关。参见李启成:《晚清各级审判厅研究》,北京大学出版社 2004 年版,第 80 页。

〔6〕 故宫博物院明清档案部编:《清末筹备立宪档案史料》(下册),中华书局 1979 年版,第 827 页。

〔7〕 当时对司法权与审判权的含义解读亦不一致,如参与起草清末《法院编制法》的日本法学教授冈田朝太郎认为,"司法之字义,有时与审判权相同","民事刑事案件审判权"为"狭义司法权"。参见[日]冈田朝太郎口述、熊元襄编:《法院编制法》,张进德点校,上海人民出版社 2013 年版,第 9—10 页。

由于改革者对何谓"司法行政权"语焉不详，也未从制度上厘清"司法行政权"与"司法审判权"之关系，导致大理院在人事安排、事务分配上受制于法部。法部既管行政，又垄断重案与死刑复核权，最终引发"部院之争"。[1]

民国时期，国民政府实行行政、立法、司法、考试、监察"五权体制"，并于1928年11月成立司法院，下设司法行政部、最高法院、行政法院和公务员惩戒委员会，各省设高等法院，县市设地方法院。[2] 按照当时的主流观点，司法权分为广义和狭义两种。**狭义**仅指法院审判权；**广义**则包括"司法行政权、民刑案件审判权、行政诉讼事项审判权、文官惩戒权"。[3] 之后二十年间，司法行政部忽而转隶行政院，忽又回归司法院，旋又划归行政院。[4] 这也充分说明，关于"司法权"与"司法行政权"之界定，民国政制延续了清末语焉不详的传统，在制度安排上仍是一笔"糊涂账"。[5]

新中国成立后，中央人民政府提出废除旧司法制度，"建立人民司法制度"。[6] 当时，无论是立法，还是其他各类文件，对"司法机关"

---

〔1〕　关于清末中央层面"部院之争"相关情况，参见张从容：《部院之争：晚清司法改革的交叉路口》，北京大学出版社2007年版；李贵连：《沈家本传》，法律出版社2000年版，第234—241页。关于清末地方政权司法、行政部门的"司法权"之争，参见彭剑：《清季宪政编查馆研究》，北京大学出版社2011年版，第135页。

〔2〕　聂鑫：《近代中国的司法》，商务印书馆2019年版，第164页。

〔3〕　朱采真编：《中国法律大辞典》，吴经熊等校阅，世界书局1931年版，第97—98页。

〔4〕　司法行政部1928年隶属司法院；1931年划归行政院，导致司法院从"最高司法机关"改称"最高审判机关"；1934年改归司法院，该院又改称"最高司法机关"；1942年再归行政院，1947年被确定为行政院的固定机构。参见汪楫宝：《民国司法志》，商务印书馆2013年版，第13页；陈之迈：《中国政府》，上海人民出版社2012年版，第341页。

〔5〕　直到1995年，我国台湾地区司法主管部门在"释字第392号解释"中，仍将"司法权"的实质意义解释为"国家基于法律对争讼之具体事实所为宣示（即裁判）以及辅助裁判权行使之作用（即司法行政）"。参见林子仪、叶俊荣、黄昭元、张文贞编著：《宪法：权力分立》（修订2版），新学林出版股份有限公司2008年版，第386页。

〔6〕　1949年9月29日，中国人民政治协商会议第一届全体会议通过了具有临时宪法性质的《中国人民政治协商会议共同纲领》，第十七条明确："废除国民党反动政府一切压迫人民的法律、法令和司法制度，制定保护人民的法律、法令，建立人民司法制度。"

的认识并不一致。有的沿袭惯例,将"司法机关"等同于人民法院;[1]也有的用"司法机构"泛指"各级法院、检察署"[2],而将公安机关称为"公安司法机关"。[3] 1950 年 7 月 26 日召开的第一届全国司法会议,则是由最高人民法院、最高人民检察署、司法部、法制委员会[4]共同筹备的。

司法权是不是"权"

到 1954 年起草新中国第一部宪法时,对"司法机关"范围的认识问题,逐步演化为关于"司法权"和"审判权"的讨论。1954 年 3 月 23 日,中共中央最初提出的宪法草案初稿第六十六条第一款规定:"中华人民共和国的**司法权**由最高人民法院、地方各级人民法院和依法设立的专门法院行使。"[5]在研究讨论过程中,"司法权"的表述引起很大争议。[6] **第一种意见反对使用"权"字**。有人提出,苏联宪法仅"立法权"用了"权"字,别的地方未用。国家设立机关是为了开展工作,不是要行使什么"权",国家机关的性质也不宜以"权"区分,所以最好

---

〔1〕 1950 年 4 月 13 日通过的《中华人民共和国婚姻法》第十七条,就规定了"司法机关调解无效时"准予离婚的情形。此外,最高人民法院自己印发的各类批复也用"司法机关"特指人民法院。例如,《最高人民法院、司法部关于审级诸问题的批复》(1950 年 5 月 3 日,司示字第 89 号)、《最高人民法院关于现役军人婚约问题的答复》(1951 年 1 月 9 日,法编字第 327 号)、《最高人民法院关于对起诉到法院的轻微刑民事案件不能拒不受理的批复》(1951 年 2 月 27 日),等等。

〔2〕 时任政务院副总理兼政治法律委员会主任董必武在第一届全国司法会议上指出:"要建立一系列的司法机构,如各级法院、检察署等,才便于进行工作。"参见《要重视司法工作》(1950 年 7 月 26 日),载《董必武法学文集》,法律出版社 2001 年版,第 39 页。

〔3〕 《最高人民法院对河北省人民法院 1949 年 11 月司法会议几个政策的总结意见》(1950 年 1 月 11 日)。

〔4〕 法制委员会全称为中央人民政府法制委员会,受政务院领导及政务院政治法律委员会的指导,负责研究、草拟与审议各种法规草案并解释现行法规。1954 年 10 月,经第一届全国人大常委会第二次会议批准,法制委员会撤销,改为国务院法制局。

〔5〕 1954 年宪法草案初稿第七十四条规定:"中华人民共和国的检察机关对政府机关、国家机关工作人员和公民的犯法行为,行使检察权。"

〔6〕 蔡定剑:《宪法精解》(第 2 版),法律出版社 2006 年版,第 437 页。

慎提"权"字,或者用"活动""业务""职权"等代替。**第二种意见反对使用"司法"的表述。**有人认为,"司法"含义过于广泛,易生歧义,应当改称"审判"。也有人提出,当时法院还分管公证、仲裁工作,"司法"比"审判"更妥当。[1] 不过,最具政治意味的反对理由是,"司法"是国民党政权"旧宪法"的表述,隐然有"权力分立"的意思,既然新中国已经明确提出不搞"三权鼎立",[2]宪法使用的表述当然应与旧制度划清界限。[3]

鉴于存在上述不同意见,1954 年 6 月 14 日由中央人民政府委员会第三十次会议通过的宪法草案第七十三条删除了"司法权"表述,规定"中华人民共和国最高人民法院、地方各级人民法院和依照法律设立的专门法院行使**审判职权**"。不过,作为一项重要的国家权力,"职权"之说既不确切,又显狭隘。因此,第一届全国人民代表大会第一次会议 1954 年 9 月 20 日通过的《中华人民共和国宪法》第七十三条,最终用**"审判权"**代替了"审判职权",规定"中华人民共和国最高人民法院、地方各级人民法院和专门人民法院行使**审判权**"。之后通过的首部《人民法院组织法》,也沿用了"审判权"这一表述。

从 1954 年到改革开放之前,我国宪法、法律未再出现"司法权"一

---

〔1〕 参与讨论的有李维汉、黄炎培、张志让、周鲠生、屈武、陈劭先、许德珩、邵力子等,当时讨论的详细情况,参见韩大元:《1954 年宪法制定过程》,法律出版社 2014 年版,第 247—250 页。

〔2〕 毛泽东同志在 1948 年 9 月指出,新中国将实行"人民民主专政"的国体,"采取民主集中制","不必搞资产经济的议会制和三权鼎立等"。参见《在中共中央政治局会议上的报告和结论》(1948 年 9 月 8 日),中共中央文献研究室编:《毛泽东文集》(第 5 卷),人民出版社 1996 年版,第 112 页。此外,部分政法部门负责人也曾批评旧法院"实行所谓三权鼎立的司法独立制和无理的法官终身制,在组织上表示自己高高在上,对人民不负责任"。陈绍禹:《关于目前司法工作的几个问题》(1950 年 7 月 27 日),载《中央政法公报》第 31 期。

〔3〕 许崇德:《中华人民共和国宪法史》(上卷),福建人民出版社 2003 年版,第 237 页。

词,并改以**"审判机关"**特指人民法院,"司法权"逐步成为学理概念。[1] 这一时期,"司法"表述因被打上政治烙印而渐渐淡出,**"政法"**概念开始流行,强调"政在法前,法寓政中"。[2] 法院、检察、公安、司法行政系统被统称为**"政法部门"**或**"政法战线"**,[3] 各级党委也将之归入**"政法口"**集中管理。[4]

司法机关 *v.* 审判机关

改革开放之后,尽管曾存在短暂争议[5],"司法"表述重新走入国家立法,含义也不再局限于法院,而是拓展至政法各机关,如 1979 年颁布的《中华人民共和国刑法》第八十四条规定:"本法所说的**司法工作人员**是指有侦讯、检察、审判、监管人犯职务的人员。"从 20 世纪 90 年代开始,随着司法改革深入推进。围绕哪些权力属于"司法权",哪些机关属于"司法机关",理论界有过很大争议,但都没有确定结论,也

---

〔1〕 1957 年之后,"司法权"逐步被打上政治烙印,与西方"三权分立"学说"绑定",如 1961 年版《辞海》(政治法律分册)将"司法权"解释为"资本主义国家标榜的'三权分立'中监督守法和执行审判的国家权力。形式上规定司法权由法院行使,不受立法机关和行政机关的干涉,以标榜'司法独立'和'公平'"。1979 年版《辞海》(政治法律分册)将"司法权"解释为"资本主义国家按三权分立原则监督守法和执行审判的国家权力,资本主义国家法律规定司法权由法院独立行使"。

〔2〕 民国时期,"政法"与"法政"的概念是混用的。新中国成立后,逐步用"政法"代替"法政"。人民政府接管朝阳大学后,决定创办一所自己的法科大学。原华北人民法院审判长、建校筹备委员会委员贾潜提出新校名为"政法大学",得到毛泽东、董必武的赞同。参见邓达奇:《政法:一个中国法概念的观念史考察》,海天出版社 2021 年版。

〔3〕 李秀清:《所谓司法:法律人的格局与近代司法转型》,法律出版社 2017 年版,第 137 页。

〔4〕 黄文艺:《政法范畴的本体论诠释》,载《中国社会科学》2022 年第 2 期。

〔5〕 因为 1982 年《宪法》只使用了"司法行政"的表述,未提到"司法机关"和"司法权",有人认为 1979 年《刑法》中的"司法工作人员"概念和人们使用的"司法机关"缺乏宪法依据,是资本主义国家提法,相关争议一直持续到 20 世纪 90 年代末。参见赵霄洛:《司法机关"质疑》,载《政治与法律》1984 年第 6 期;王守仁:《也谈"司法机关"》,载《政治与法律》1985 年第 3 期;张雪姐:《司法概念的适用》,载《法制日报》1998 年 7 月 11 日。

未得到立法响应。[1] 在以中共中央名义印发的一系列文件中,无论是"司法改革",还是"司法体制改革",都涵盖法院、检察院、公安机关、国家安全机关和司法行政机关,并不特指某一领域。其他法律、党内法规、司法文件中出现的"司法机关",多数也泛指上述部门。

值得注意的是,党的十八大之后,党和国家领导人又开始频繁使用"司法权"概念。例如,"**司法权**从根本上说是中央事权"[2]"把**司法权**关进制度的笼子"[3]"加快构建权责一致的**司法权**运行新机制"[4],等等。2019 年 1 月 18 日印发的《中国共产党政法工作条例》第三十一条第二款,也要求"建立健全与执法司法权运行机制相适应的监督制约体系"。但是,这里的**"执法司法权"**并不说明存在独立于"审判权""检察权"之外的"司法权",而是概指所有"政法单位"行使的权力。[5] 从党的十八届三中、四中全会通过的《中共中央关于全面深化改革若干重大问题的决定》和《中共中央关于全面推进依法治国

---

〔1〕 20 世纪 90 年代末,围绕刑事诉讼法的修订和检察机关行使法律监督权的正当性,理论界围绕"检察权"是否属于"司法权"展开过争论。参见郝银钟:《检察权质疑》,载《中国人民大学学报》1999 年第 3 期;龙宗智:《论检察权的性质与检察机关的改革》,载《法学》1999 年第 10 期;谢鹏程:《论检察权的性质》,载《法学》2000 年第 2 期;陈卫东:《我国检察权的反思与建构——以公诉权为核心的分析》,载《法学研究》2002 年第 2 期;徐显明:《司法改革二十题》,载《法学》1999 年第 9 期;宋炉安:《司法权辨析:检察权是司法权吗?》,载程荣斌等编著:《诉讼法学新探》,中国法制出版社 2000 年版,第 773 页;陈瑞华:《司法权的性质——以刑事司法为范例的分析》,载《法学研究》2000 年第 5 期。2012 年再次修订刑事诉讼法时,也有学者强烈反对将公安机关列入"司法机关"范畴,参见陈光中:《刑事诉讼中公安机关定位问题之探讨——对〈刑事诉讼法修正案(草案)〉规定司法机关包括公安机关之质疑》,载《政法论坛》2012 年第 1 期。

〔2〕《加快深化司法体制改革——五论学习贯彻习近平同志在中央政法工作会议重要讲话》,载《人民日报》2014 年 1 月 22 日。

〔3〕《习近平在中共中央政治局第二十一次集体学习时强调 以提高司法公信力为根本尺度 坚定不移深化司法体制改革》,载《人民日报》2015 年 3 月 26 日。

〔4〕《习近平主持召开中央全面依法治国委员会第一次会议强调 加强党对全面依法治国的集中统一领导 更好发挥法治固根本稳预期利长远的保障作用》,载《人民日报》2018 年 8 月 25 日。

〔5〕《中国共产党政法工作条例》第三条第三款规定,"政法单位是党领导下从事政法工作的专门力量,主要包括审判机关、检察机关、公安机关、国家安全机关、司法行政机关等单位。"

若干重大问题的决定》内容来看,无论"健全司法权力运行机制",还是"优化司法职权配置","司法权力"都被解读为包含了侦查权、检察权、审判权和刑罚执行权的国家权力。[1] 上述界定,在党内法规和其他改革文件中也得到体现。[2] 实践中,也有个别法律[3]或党内法规[4]将"司法机关"或"司法人员"限定为法院、检察院,甚至仅限于法院,但主要对应于特定政治语境或改革目标,并不意味着"司法"的政治含义发生了变化。

正如史家陈寅恪先生所言,"盖一时代之名词,有一时代之界说。其涵义之广狭,随政治社会变迁而不同。"[5] "司法"自英文"Judiciary"转译而来,在清末民初西学东渐的大背景下,确实专指"法院"。但自新中国成立后,我国宪法已将审判、检察机关行使的权力分别界定

---

〔1〕 "在我国,司法权分别由不同机关行使。在刑事诉讼活动中,公安机关行使侦查权,人民检察院行使检察权,人民法院行使审判权,司法行政机关行使刑罚执行权,这四种权力既相互配合又相互制约。"参见孟建柱:《完善司法管理体制和司法权力运行机制》,载《〈中共中央关于全面推进依法治国若干重大问题的决定〉辅导读本》,人民出版社 2014 年版,第 63 页。

〔2〕 例如,中央政法委 2015 年 3 月印发的《司法机关内部人员过问案件的记录和责任追究规定》第十三条明确规定:"本规定所称司法机关内部人员,是指在法院、检察院、公安机关、国家安全机关、司法行政机关工作的人员。"最高人民法院、最高人民检察院、公安部、国家安全部、司法部 2015 年 9 月印发的《关于进一步规范司法人员与当事人、律师特殊关系人、中介组织接触交往行为的若干规定》第十四条第一款强调,"本规定所称司法人员,是指在法院、检察院、公安机关、国家安全机关、司法行政机关依法履行审判、执行、检察、侦查、监管职责的人员。"

〔3〕 例如,《中华人民共和国香港特别行政区基本法》《中华人民共和国澳门特别行政区基本法》及相关立法解释、司法解释中的"司法机关""司法人员",均特指特区法院和法院工作人员,但对司法机关行使的权力,两部"基本法"同时使用了"司法权""审判权"两种表述。香港特别行政区基本法第十九条第一款规定"香港特别行政区享有独立的司法权和终审权",同条第二款规定"香港特别行政区法院除继续保持香港原有法律制度和原则对法院审判权所作的限制外,对香港特别行政区所有的案件均有审判权"。

〔4〕 此外,中办、国办 2016 年 7 月印发的《保护司法人员依法履行法定职责规定》第二十四条则明确:"本规定所称司法人员,是指在人民法院、人民检察院承担办案职责的法官、检察官和司法辅助人员。"该文件的这一表述是根据法院、检察院履职特点制定,相关限定只是为了加强适用针对性。

〔5〕 《元代汉人译名考》,载陈寅恪:《金明馆丛稿二编》,生活·读书·新知三联书店 2001 年版,第 105 页。

为"审判权""检察权"，"司法权"也不再是宪法概念。制度定位既已确定，语词辨析就只有学理意义。

在当下中国，根据语境和需要，"司法机关"可以概指法院、检察院，也可以泛指"公检法司安"。当我们将"司法机关""司法制度"翻译为"Judicial Branch""Judicial System"时，外国人会认为特指法院系统或审判制度，但实际含义却远非如此，这也是我们开展法治国际传播时所应特别注意的。当然，只要事先声明按照"最狭义"的范围界定"司法"，用法院与法官制度指代中国司法制度，也能实现精准达意的效果。

共通之理与国情差异

讨论法院与法官，绕不开审判权的特点。审判权是判断、裁量之权，与讲求上令下从、令行禁止的行政权力不同，它更强调亲历性，注重维护独立性、被动性和终局性。[1] **第一，独立性。** 未参与案件审理的人员，不得以行政命令方式改变法官意见，其他国家机关也不能非法干预法院裁判，宪法、法律应当对法院、法官依法履职提供相应保障。[2] 组织体系设置上，更注重审级分工，而非科层管理。[3] **第二，被动性。** 法谚有云，"无诉即无裁判，无诉求即无法官（*nemo judex sine actore*）"。[4] 法院审理案件，是对特定纠纷或罪案的回应，通过依法居中裁判定分止争、惩罚犯罪、保障人权。因此，审判权是被动行使的，不能在个案中主动审

---

〔1〕 也有论者将司法的特性概括为独立性、被动性（不告不理）、强制性（告即要理，不得拒绝正义之要求）、中立性（客观性）、个案性（诉外裁判之禁止）、审级性（审级制度）、确定性（一事不再理）、权威性（约束性）。参见林俊宽：《法院组织法》（增订2版），五南图书出版公司2019版，第7—9页。

〔2〕 《司法权发展之趋势》，载翁岳生：《法治国家之行政法与司法》，元照出版有限公司2009年版，第347页。

〔3〕 孙笑侠：《司法权的本质是判断权：司法权与行政权的十大区别》，载《法学》1998年第8期。

〔4〕 邱联恭：《司法之现代化与程序法》，三民书局1992年版，第48页。

判。[1] **第三,终局性**。传统解决纠纷的途径有很多,如调解、和解、仲裁等,但司法是高度组织化、程序化、以国家强制力为后盾的救济手段,一般也是当事人行使救济权利的最后途径。[2] 法院作出的生效裁判,非经法定程序不得变更,具有确定力、拘束力和强制执行力。

司法规律有上述共通之理,但实行什么样的法治,建立什么样的司法制度,是各国基于国情民意的判断和选择。**有的国家实行"三权鼎立"**,司法不仅独立于行政、立法,还有权开展司法审查,宣布违宪法律无效。[3] **有的国家实行"议行合一"**,法院无权解释或适用宪法。**有的国家实行"审执分立"**,法院专司审判,司法行政、强制执行事务交给政府执法部门。**有的国家实行"审检合署"**,检察机关附设于法院。总之,具体到政制安排上,没有放之四海而皆准的制度标准,更不能预设唯一的"理想司法图景",指望各国与之看齐,不合图景就视为"反法治"。

改革开放之初,有不少人把美国联邦法院视为"司法范本",认为法官应与政党"脱钩",并终身任职,才称得上真正的"独立"。实际情况是,美国联邦法官的任命从来是"政治提名",总统不会提名与自己意识形态[4]相左者,国会两党对法官候选人投票时,也基本按政治派

---

〔1〕 王利明:《司法改革研究》,法律出版社 2000 年版,第 7 页。

〔2〕 江国华:《中国式司法的哲学认知》,载《法律科学》2023 年第 1 期。

〔3〕 司法审查,是指普通法院在审理具体案件过程中,附带地就适用于该案件的法律的合宪性进行审查。目前世界有 64 个国家采用司法审查制度,如美国、日本、菲律宾、阿根廷、巴西、印度、澳大利亚、加拿大、挪威、丹麦、瑞典、智利、洪都拉斯、玻利维亚、哥伦比亚等。参见许崇德、胡锦光主编:《宪法》(第 6 版),中国人民大学出版社 2019 年版,第 48 页。

〔4〕 这里的意识形态,主要指自由派与保守派之分。所谓美国政治,基本就是民主党、共和党的"两党政治"。一般来说,人们习惯把民主党称为左翼,贴上自由派标签;把共和党称为右翼,打上保守派标记。进入 20 世纪,自由派与保守派的分野逐渐明显。总体上看,自由派赞成堕胎、同性恋(包括同性婚姻)、种族平权措施、安乐死、宽松移民政策,支持扩大联邦政府权力和限制个人持枪,反对死刑,抵制宗教进入公共领域。保守派则坚决反对堕胎、同性恋、安乐死,支持死刑,捍卫公民持枪权,认为州权神圣,要求对富人减税,呼吁限制移民进入美国,反对限制宗教进入政府、学校等公共领域。自由派与保守派观点并非绝对对立、泾渭分明,保守派存在中间偏左立场,自由派也有中间偏右观点。例如,有人可能既支持同性恋婚姻,又赞成死刑,或者同时反对个人持枪和安乐死。相关背景知识参见[美]雷蒙德·塔塔洛维奇、雷蒙德·W. 戴恩斯等编:《美国政治中的道德争论》,吴念、谢应光等译,重庆出版社 2001 年版;[英]约翰·米克尔思韦特、阿德里安·伍尔德里奇:《右翼美国:美国保守派的实力》,王传兴译,上海人民出版社 2008 年版。

别"划线"。这种模式选出来的法官,只是形式上的"司法不党",判决时还是按政治立场"站队"。[1] 由于重大案件按意识形态"光谱"裁判的趋势越来越严重,近二十年的美国联邦最高法院,已被外界定性为"政治性法院"。[2]

此外,世界上只有极少国家施行法官终身任职制。[3] 即使在美国,有 38 个州 90% 的法官是以普选方式产生,实行任期制。法官为了竞选或续任,不得不求助于政党或财阀资助。近年来,投入各类司法选举的资金已超过 25 亿美元,被美国媒体批评为"购买法官"。[4] 改革州法官选任制度,防止资本影响司法公正,已是美国朝野共识。按照一些人的逻辑,如果不对照"司法范本"抄作业就谈不上"真法治",那美国 90% 的法官岂非都不"独立"? 也未能做到"依法治州"?

审判权的中国特色

那么,什么又是中国司法制度的特点呢? 按照现行《中华人民共

---

〔1〕　关于美国的司法政治与联邦法官选任模式,参见[美]杰弗里·图宾:《九人:美国最高法院风云》,何帆译,译林出版社 2020 年版;[美]杰弗里·图宾:《誓言:白宫与最高法院》,于霄译,译林出版社 2019 年版。

〔2〕　[美]理查德·波斯纳:《法官如何思考》,苏力译,北京大学出版社 2009 年版,第 245—295 页。

〔3〕　许多国家的最高法院或宪法法院都实行不得续任的单届任期制。意大利宪法法院的十五位大法官任期为九年,德国联邦宪法法院的十六位大法官任期仅有十二年。南非宪法法院十一位大法官任期为十二年。参见[美]琳达·格林豪斯:《美国最高法院通识读本》,何帆译,译林出版社 2017 年版,第 95 页。

〔4〕　Matthew Streb, *Running for Judge: The Rising Political, Financial and Legal Stakes of Judicial Elections*, New York University Press, 2007. 另参见《选法官,等于买法官?》,载何帆:《大法官说了算:美国司法观察笔记》,中国法制出版社 2016 年版;[美]劳伦斯·李默尔:《正义的代价》,张晓林、乔燕译,上海译文出版社 2016 年版。

和国宪法》(以下简称1982年《宪法》),[1] 人民法院是国家的审判机关,代表国家行使审判权。新中国成立以来,经过七十多年的改革发展,中国法院在审判权的行使、制约与保障方面,形成了以下"人无我有"的特点:

第一,坚持党的领导与依法独立行使审判权相结合。保证人民法院依法独立公正行使审判权,是中国共产党的明确主张。[2] 吸取"文革"的教训,党的十一届三中全会就明确提出"司法机关要保持应有的独立性"。[3] 1979年9月9日印发的《中共中央关于坚决保证刑法、刑事诉讼法切实实施的指示》进一步指出,"国家法律是党领导制定的,司法机关是党领导建立的,任何人不尊重法律和司法机关的职权,这首先就是损害党的领导和党的威信"。[4] 1982年《宪法》第一百三十一条也从国家根本法层面明确:"人民法院依照法律规定独立行使审判权,不受行政机关、社会团体和个人的干涉。"[5]

当然,人民法院依法"独立行使审判权"的制度前提,是中国共产党的统一领导、人民代表大会统一行使国家权力,并依法接受国家权

---

〔1〕 现行宪法于1982年12月4日由第五届全国人民代表大会第五次会议通过,1982年12月4日全国人民代表大会公告公布施行。根据1988年4月12日第七届全国人民代表大会第一次会议通过的《中华人民共和国宪法修正案》、1993年3月29日第八届全国人民代表大会第一次会议通过的《中华人民共和国宪法修正案》、1999年3月15日第九届全国人民代表大会第二次会议通过的《中华人民共和国宪法修正案》、2004年3月14日第十届全国人民代表大会第二次会议通过的《中华人民共和国宪法修正案》和2018年3月11日第十三届全国人民代表大会第一次会议通过的《中华人民共和国宪法修正案》修正。本书将现行宪法统称"1982年《宪法》"(由于2018年修正的宪法条文序号作了调整,援引2018年之前的条文会特别注明),将1954年通过的首部宪法统称"1954年《宪法》"。

〔2〕《党的领导和社会主义法治是一致的》(2014年1月7日),载习近平:《论坚持党对一切工作的领导》,中央文献出版社2019年版,第45页。这是习近平同志在中央政法工作会议上讲话的一部分。

〔3〕《中国共产党第十一届中央委员会第三次全体会议公报》(1978年12月22日通过),载全国人大常委会办公厅、中共中央文献研究室编:《人民代表大会制度重要文献选编》(二),中国民主法制出版社、中央文献出版社2015年版,第377页。

〔4〕《中共中央关于坚决保证刑法、刑事诉讼法切实实施的指示》(1979年9月9日),载全国人大常委会办公厅、中共中央文献研究室编:《人民代表大会制度重要文献选编》(二),中国民主法制出版社、中央文献出版社2015年版,第459页。

〔5〕 1954年《宪法》第七十八条就已规定"人民法院独立进行审判,只服从法律"。

力机关、国家监察机关、法律监督机关的监督。[1] 这种独立性,是宪法根据审判权特点作出的特殊制度安排,主要目的在于防止非法干预、确保法律正确实施,维护国家法制的统一、尊严和权威,与西方所谓"司法独立"有本质不同。[2] 中国共产党作为执政党,领导全面依法治国的制度机制是"党领导立法、保证执法、支持司法、带头守法"。[3] 党对审判机关的领导,是党作为一个整体的领导,主要是政治、思想和组织领导,具体表现为管方向、管政策、管原则、管干部,[4] 而不是以党委的决定代替司法裁判。

第二,坚持民主集中制与依法赋权审判组织相结合。代表国家依法独立行使审判权的主体是人民法院,不是法官个人。法官当然有权就参审案件的证据采信、事实认定、法律适用、裁判结果、诉讼程序等独立发表意见,不受外部干涉,也有权拒绝执行任何单位、个人有碍司法公正的要求,但这些都属于依法履职保障和独立发表意见范畴,不能理解为"法官独立"。

作为国家审判机关,人民法院在审判权力运行上实行民主集中制和法院整体本位。[5] 案件诉至法院后,经过分案程序,由独任庭、合议庭等法定审判组织具体承办,形成一种特殊代理关系。合议庭实行少数服从多数,按多数方意见裁判。裁判意见必须通过"本院认为"表达,文书加盖院印方具司法效力。合议庭无法形成多数意见,或者与院庭长就特定类型案件的处理存在分歧时,可以先提交专业法官会议讨论,仍然无法达成一致的,按程序提请审判委员会讨论决定。院庭

---

〔1〕 蔡定剑:《宪法精解》(第2版),法律出版社2006年版,第440页。

〔2〕 余茂玉:《党对人民法院工作绝对领导的实现方式》,载《中国领导科学》2019年第5期。

〔3〕 《加强党对全面依法治国的领导》(2018年8月24日),载习近平:《论坚持党对一切工作的领导》,中央文献出版社2019年版,第272页。这是习近平同志在中央全面依法治国委员会第一次会议上的讲话节选。

〔4〕 《党的领导和社会主义法治是一致的》(2014年1月7日),载习近平:《论坚持党对一切工作的领导》,中央文献出版社2019年版,第46页。

〔5〕 所谓法院整体本位,即法院是司法产品的生产者及质效的全面负责者。参见顾培东:《法官个体本位抑或法院整体本位:我国法院建构与运行的基本模式选择》,载《法学研究》2019年第1期。

长和专业法官会议不是一级审判组织,只是从民主到集中的"节点"。而审判委员会作为最高审判组织,其决定独任庭、合议庭必须服从。这样的审判权力运行模式,能够做到民主时充满活力、集思广益;集中时有理有据、决策有力。

第三,坚持党领导下的专门机关和群众路线相结合。群众路线是中国共产党的根本政治路线,[1]也是党领导司法工作的优良传统。早在新民主主义革命时期,"贯彻群众路线"就是最重要的司法工作原则。[2] 曾担任陕甘宁边区高等法院院长的马锡五,[3]将贯彻群众路线的审判方式归纳为"就地审判、巡回审判、公审制、人民陪审制和调解工作"等五种形式。[4] 新中国成立后,"马锡五审判方式"被大力推广,其主要特点是"巡回审判,不拘形式,深入调查研究,联系群众、解决问题""审判和调解相结合""实行简便利民的诉讼手续"。[5]"文革"结束后,人民法院改用"党领导下的专门机关和群众路线相结合"代替单纯的"群众路线"表述。加上"专门机关",并且以专门机关为主,是因为人民法院是行使国家审判权的专门机关,也是唯一机关。践行群众路线不是"群众运动",不能抛开法院、法官,搞所谓"群审群判"或"群众专政",必须严格按照法定程序处理案件。[6]

---

〔1〕 《论党》(1945年5月14日),载《刘少奇选集》(上册),人民出版社1981年版,第342页。

〔2〕 熊先觉:《人民司法制度概论》,中央政法管理干部学院教研室1985年印,第47页。

〔3〕 马锡五(1899年—1962年),陕西保安人。1935年加入中国共产党,历任陕甘边区苏维埃政府粮食部长、陕甘省苏维埃政府国民经济部长、陕甘宁边区苏维埃政府主席。抗日战争时期,历任陕甘宁边区庆环分区行政督察专员公署专员兼曲子县县长、陇东分区行政督察专员公署副专员、专员等职。1943年3月任陕甘宁边区高等法院陇东分庭庭长,擅长践行群众路线深入进行调查研究,开创了"马锡五审判方式"。1946年4月当选为陕甘宁边区高等法院院长。新中国成立后,历任最高人民法院西北分院院长,西北军政委员会政治法律委员会副主任,最高人民法院副院长。

〔4〕 马锡五:《新民主革命阶段中陕甘宁边区的人民司法工作》,载《政法研究》1955年第1期。

〔5〕 张希坡:《马锡五审判方式》,法律出版社1983年版,第41页。

〔6〕 鲁明健主编:《中国司法制度讲义》,人民法院出版社1987年版,第67页;陆锦碧、铁犁:《建国初期司法改革的得与失》,载郭道晖、李步云、郝铁川主编:《中国当代法学争鸣实录》,湖南人民出版社1998年版,第26页。

改革开放以来,巡回审判、调解制度、人民陪审员制度和诉讼便民利民机制成为群众路线在司法制度中的体现。进入数字时代,最高人民法院又通过建设一站式多元解纷机制和诉讼服务中心、推广在线诉讼和在线调解等做法,实现了群众路线与普惠司法的深度融合。

第四,坚持立足审判职能和服务保障大局相结合。对具体个案而言,审判权是被动行使的,但作为社会主义民主政治的重要组成部分,审判工作又必须主动围绕党和国家工作大局履职尽责。这里的**"主动"**包括四层含义:**一是**审理具体案件时,不能"就案办案",而是要主动考虑裁判的延伸效果和政策导向。**二是**审理案件过程中发现涉及国家治理、风险防控的重大问题时,主动向有关职能部门发出司法建议,加强风险提示。**三是**主动制定发布司法解释或指导性案例,回应社会关切,确保法制统一,维护全国统一大市场。**四是**围绕党和国家重大发展战略,主动推出司法政策或改革举措,提供有竞争力的司法公共产品。

"为中心工作服务",也是人民司法的优良传统。[1] 新中国成立之初,中共中央就确立了司法工作必须为经济建设服务的方针。[2] 这里的**"服务"**,不是抽调干部去做中心工作,而是立足审判职能配合中心工作。[3] 随着时代发展,"中心工作"的内涵不断变化,除"文革"等特殊历史时期外,始终未偏离经济建设这个"主轴"。改革开放之后,"中心工作"的表述逐步被"党和国家工作大局"替代。

"大局"本身也具有时代性,处于发展变化之中。在当下中国,人民法院所要服务的"大局",就是维护市场经济秩序,为经济社会持续健康发展和国家重大战略实施提供法治保障。需要强调的是,"大局"是党和国家的大局,不是某个地方或部门的利益。例如,为了地方经

〔1〕 沈钧儒:《加强人民司法建设,巩固人民民主专政》,载《新华月报》1951年11月号。《关于政法工作的情况和目前任务》(1951年5月11日),载彭真:《论新中国的政法工作》,中央文献出版社1992年版,第24页。

〔2〕 董必武:《司法工作必须为经济建设服务》(1955年10月4日),载中共中央文献研究室编:《建国以来重要文献选编》(第6册),中央文献出版社1993年版,第138页。

〔3〕 《加强国家建设时期的人民司法工作》,《人民日报》1953年5月14日。

济发展对污染环境、制假售假的违法行为视而不见,为了保护本地企业而侵害其他地区企业或企业家利益,都属于"看家护院"式的"保驾护航",或许维护了一地、一隅、一时的所谓"大局",但恶化了地方营商环境,损害的是党和国家的整体大局、长远大局。

第五,坚持与其他权力相互配合和相互制约相结合。审判机关、检察机关、公安机关"互相配合、互相监督、互相制约"最早于 1954 年提出,"目的是建立一种制度,以便在处理案件时少犯错误"。[1] 这种分工负责、相互制约的模式,虽未写入 1954 年《宪法》,但得到党中央的肯定。[2] 1958 年之后,受政治因素影响,"公检法"之间的分工制约关系被弱化,异化为以公安侦查为中心,到"文革"结束后才逐渐被"拨乱反正"。[3]

1982 年《宪法》正式明确,人民法院、人民检察院和公安机关办理刑事案件,三机关"应当分工负责,互相配合,互相制约,以保证准确有效地执行法律。"《中共中央关于全面推进依法治国若干重大问题的决定》则将"三机关"变为"四机关",即"健全公安机关、检察机关、审判机关、司法行政机关各司其职,侦查权、检察权、审判权、执行权相互配合、相互制约的体制机制"。2018 年修改后的宪法第一百二十七条第二款规定"监察机关办理职务违法和职务犯罪案件,应当与审判机关、检察机关、执法部门互相配合,互相制约"。所以,加上监察机关,实际上是"五机关"互相配合、互相制约。当然,监察机关并非司法机关,按

---

〔1〕《在第六次全国公安会议上的讲话》(1954 年 6 月 9 日),彭真:《论新中国的政法工作》,中央文献出版社 1992 年版,第 99 页。1953 年 11 月,时任政治局委员、政治法律委员分党组书记的彭真,签发了报送中央的有关加强检察工作的建议,认为"法院、公安、检察署通过一系列的配合、互相制约的比较完善的司法制度的保证,错捕、错押、错判的现象自然会减少到极小的限度",参见《彭真传》编写组编:《彭真年谱》(第 2 卷),中央文献出版社 2012 年版,第 886 页。

〔2〕 1956 年,党的八大报告指出,"我们的公安机关、检察机关和法院,必须贯彻执行法制方面的分工负责和互相制约的制度"。刘少奇:《中国共产党中央委员会向第八次全国代表大会的政治报告》,中共中央办公厅编:《中国共产党第八次全国代表大会文献》,人民出版社 1957 年版,第 53—54 页。

〔3〕 刘忠:《从公安中心到分工、配合、制约——历史与社会叙事内的刑事诉讼结构》,载《法学家》2017 年第 4 期。

照党的二十大报告的要求,从"规范司法权力运行"层面讲,应当是"健全公安机关、检察机关、审判机关、司法行政机关各司其职、相互配合、相互制约的体制机制"。

宪法规定的"分工负责,互相配合,互相制约"原则是一个完整的逻辑和规范体系,分工负责体现的是宪法地位,互相配合体现的是工作模式,互相制约体现的是核心价值。[1] 审判机关、检察机关、公安机关和司法行政机关的分工、配合、制约是手段,"准确有效地执行法律"是目的。强调相互配合和相互制约相结合,有利于兼顾公正与效率,充分集思广益,防止主观片面,但效率整体应当服务于公正,配合服务于制约,决不能将这一原则理解为"配合优先,制约第二",更不能把"配合"理解为"公安炒菜,检察端菜,法院吃菜"似的"流水作业"。[2]

打造理想的司法制度读本

我在清华的授课,主要也是围绕中国司法制度的上述特点展开的。由于没有教材和讲义,选课同学与法学院图书馆都希望我指定一部分参考书目。每当此时,我都会第一时间推荐苏力教授的《送法下乡》。[3] 这本书回应的是中国问题,切入的是乡土司法,从问题意识、研究方法到叙事风格,都称得上我们这代法律人的司法启蒙读物。遗憾的是,《送法下乡》重点研究的是 20 世纪 90 年代的中国基层司法,随着作者的研究重心逐步转向,市场上已罕有类似分量的经典著作。严格意义上讲,值得作为司法研究必读书目的通识类读物并不多。[4] 问题在于,自己明明开设的是一门关于当代中国司法制度的课程,总

〔1〕 陈桂明主编:《中国特色社会主义司法制度研究》,中国人民大学出版社 2017 年版,第 95 页。

〔2〕 陈瑞华:《刑事诉讼的前沿问题》(上册),中国人民大学出版社 2016 年版,第 277 页。

〔3〕 苏力:《送法下乡:中国基层司法制度研究》,中国政法大学出版社 2000 年版。该书修订版 2011 年改由北京大学出版社出版,2022 年推出第 3 版。

〔4〕 除了苏力的《送法下乡:中国基层司法制度研究》《道路通向城市:转型中国的法治》外,顾培东、龙宗智、陈瑞华、傅郁林、左卫民、王亚新、蒋惠岭、侯猛、陈杭平等学者关于中国司法制度和司法改革的重要著作,都已在本书参考书目部分列出。

不能只让学生们读费孝通、瞿同祖、波斯纳和卡多佐吧。

当授课者决定撰写一本参考书目时,其实是把之前所有的书目"选择困难"抛给了自己。体制内人著书立说,优势是掌握一手资讯和材料,顾虑则是职业伦理和工作纪律,还担心"屁股决定脑袋",客观性与公信度不足。学者研究可以自由切换视角、直陈内心好恶,但真若"置身事内",就得认真考虑哪些能写、哪些不能写、怎么写合适,必须在政治正确、实事求是、学术含量、通俗易读等标准之间游刃有余、拿捏得当。苏力教授 1996 年抛出的那句**"什么是你的贡献?"**,曾推动不少年轻法律人思考自己对中国法学的原创性贡献。[1] 而我在写作过程中,最为煎熬、反复思考的问题,则是——**"这本书的不可替代性如何体现?"**毕竟,关于中国司法制度和司法改革的著作已是汗牛充栋,凭什么要多此一本? 如果只是回顾历史、解读政策、宣讲成效,看立法释义或权威读本就够了,为什么还要读它呢?

这一困惑,最终是在与清华同学们的教学互动中解决的。九年来,不少同学反映,老师课堂讲授的内容,有的与书本上的传统说法不太一样,有的则很难直接查询到权威出处,希望我给予解释或回应。而他们课后通过微信或邮件反馈的问题,也迫使我不得不手脑并用,四处查资料,认真想答案。这些问题包括:

新中国的司法制度,有多少是借鉴了苏联经验,又有多少来自本土实践,中间经过哪些观念变迁?

人民法院组织法、法官法到底属于哪个部门法? 既然它们都是由全国人大制定,全国人大常委会作为常设机关是否有权修订?

党的十八大之后开展的重大司法改革试点,为何许多都需要全国人大常委会授权? 有的试点过半就启动法律修改工作,为什么不等试点结束再考虑法律如何修改?

设立法院是中央事权,可各级人民法院又是由同级人大产生,"设

---

〔1〕《什么是你的贡献? (自序)》,载苏力:《法治及其本土资源》,中国政法大学出版社 1996 年版。

立"与"产生"有何区别，能否理解为"设立在中央，产生在地方"？既然审判权是中央事权，可司法经费为何又由地方财政保障，即使"统管"也只是到省一级？

2018 年人民法院组织法第十五条规定"专门人民法院包括军事法院和海事法院、知识产权法院、金融法院等"，为什么要把"和"字放在"军事法院"之后、"海事法院"之前，这一表述是否违反汉语连接词的使用习惯，背后又有什么深层次考虑？互联网法院是不是专门法院，为何没写入人民法院组织法？1983 年就已从人民法院组织法删除的铁路运输法院的法律"名分"又该如何确定？

各级法院都设有党组，在本单位发挥领导核心作用，但党组与作为内部"最高审判组织"的审判委员会是什么关系，党组能不能讨论案件？党组决策的司法事项，审判委员会是否必须"照单全收"？

既然法院要推动"去行政化"，可为什么还要设置那么多审判机构和正、副庭长等领导职务？法院管理到底是该实行彻底的扁平化，还是有限的科层制？

法官既然地位平等，为什么还要设立"四等十二级"的法官等级制度？与局长、处长等行政职级相比，法官等级的"含金量"究竟体现在什么地方？

为什么"北上广"的法院连书记员都有法律职业资格，可在西部困难地区，不仅要放宽法官的学历条件，许多法官持有的仍是"C 类法律职业资格证书"？

……

寻找上述问题的答案，需要不断穿梭于历史与当下、徘徊于文本与实践，在横贯都市、乡村、高原、海岛、边陲的无数个司法现实中验证。有的答案看似规定于法条之中，却是从未落地的"沉睡条款"，必须绕到制度的"暗面"探寻谜底。有的答案只能回应浅层次的疑问，最终必须嵌入复杂中国的语境求解。更重要的是，既然答案在法条和教材中都找不到，那么，一本阐述上述问题答案及其原理的书，自然就具备了一定程度的**"不可替代性"**。具体而言，这本书有三个主要特点：

　　第一,立足党政体制与政法系统,从政治上阐释中国司法制度运行的内在机理。作为中国政治体制的中轴,中国共产党是理解当代中国政治的钥匙。[1] 研究中国的任何制度,都必须研究好中国共产党。过去,一些关于中国司法制度的介绍,有意或无意地回避政党因素,要么认为基于西方经验但被标签为普适的司法制度框架内,装不下中国司法制度的历史和现实,[2]也无法解释"党管政法"体制和运行模式。[3] 要么认为"政治真空"中的司法才是真"法治",甚至把祛除政党的影响力视为司法改革的目标。

　　问题是,世上没有普世的制度模式[4],也不存在与政治或政党隔绝的司法,就连被许多人奉为"法治"圭臬的美国"司法审查制度",本身也是政党政治的产物。[5] 新中国成立的七十多年,就是中国共产党执政的七十多年,人民司法制度就是由中国共产党建立,在中国共产党领导下不断改革、完善和发展的。正如离开中国共产党,中国模式就解释不清,[6]忽略党的存在和影响,所谓中国司法制度就是无源之水、无本之木。

　　基于上述分析,本书将"党政体制"和"政法系统"作为理解中国

───────────────

　　〔1〕 刘云山:《认识中国共产党的几个维度》,载《当代世界》2014 年第 7 期。另外,邹谠曾将中国政治结构比喻为一个由不同层级同心圆组成的金字塔,中国共产党居于这个同心圆的中央,在纵向维度,自上而下一以贯之;在横向维度,具有强大的向心控制力。参见[美]邹谠:《二十世纪中国政治:从宏观历史和微观行动的角度看》,牛津大学出版社 1994 年版,第 160 页。

　　〔2〕 苏力:《中国司法中的党政》,载苏力主编:《法律和社会科学》(第 1 卷),法律出版社 2006 年版,第 283 页;宋功德:《党规之治》,法律出版社 2015 年版,第 88 页。

　　〔3〕 侯欣一:《法学研究中政法主题的缺失及彰显:一种学术史的梳理》,载《法律科学》2020 年第 6 期。

　　〔4〕 何毅亭:《论中国特色社会主义制度》,人民出版社 2020 年版,第 3 页。

　　〔5〕 关于 1803 年 2 月 24 日的"马伯里诉麦迪逊案"(*Marbury v. Madison*)及司法审查制度的起源,参见[美]查尔斯·比尔德、爱德华·考文等:《伟大的篡权:美国 19、20 世纪之交关于司法审查的讨论》,李松锋译,上海三联书店 2009 年版;[美]詹姆斯·西蒙:《打造美国:杰斐逊总统与马歇尔大法官的角逐》,徐爽、王剑英译,法律出版社 2009 年版;[美]克利夫·斯隆、戴维·麦基恩:《大法官与总统的对决:马伯里诉国务卿麦迪逊案》,王之洲译,北京大学出版社 2015 年版。

　　〔6〕 潘维、玛雅土编:《人民共和国六十年与中国模式》,生活·读书·新知三联书店 2010 年版,第 128 页。

司法制度的关键词。[1] 就**机关属性**而言，人民法院是宪法确定的审判机关，也是党领导下从事审判工作的政治机关和专门力量。就**身份属性**来说，法官既是审判人员，也是国家公务员和党政机关干部，必须按照"党管干部"原则管理。多一个身份，就多一份规矩与约束，多一道伦理与责任。就**管理体制**而言，中共中央对政法工作实施绝对领导，并通过设立中央全面深化改革委员会、中央全面依法治国委员会等决策议事协调机构，负责司法改革、依法治国等重大战略的统筹协调、整体推进；县级以上地方党委领导本地区政法工作；党委设置政法委，作为党领导政法工作的组织形式；各级人民法院设党组，在审判执行中发挥领导作用，确保党的路线方针政策和宪法法律正确统一实施，并向本级党委请示报告工作。就**运行机制**来说，党领导立法、保证执法、支持司法、带头守法，党领导人民制定和实施宪法法律，自身也坚持在宪法法律范围内活动，使党的主张通过法定程序成为国家意志，使党组织推荐的人选通过法定程序成为国家政权机关领导人员，通过审判机关等国家政权机关实施党对国家和社会的领导。

总而言之，经由上述方式，完成了依法治国基本方略同依法执政基本方式的统一，实现了"党"与"政"的紧密结合、"政"与"法"的有效协同。在司法与政治的关系上，政治是第一性的，司法则是第二性；政治是自变量，司法是因变量。任何政治建构中都包含着对司法活动基本特质的考虑，但这种考虑以符合政治需要和社会需求为前提，而且始终被限制在政治建构的总体框架内。[2] 只有立足于党政体制和政法系统，从央地关系、事权划分、条块设置、干部管理等多个层面，深入分析主导或影响制度运行的政治机理，才能够帮助读者充分理解中国的司法制度和司法改革。

第二，结合宪法法律与党内法规，从法理上描述构建中国司法制度的基础框架。讨论中国共产党领导建立的司法制度，不宜空谈希腊

---

[1] 在描述中国政治体制的术语中，"威权主义""党国体制"都被赋予过多负面色彩，所以较少被使用，"党政体制"为常见表述。参见景跃进、陈明明、肖滨主编：《当代中国政府与政治》，中国人民大学出版社 2016 年版。

[2] 顾培东：《人民法院改革取向的审视与思考》，载《法学研究》2020 年第 1 期。

罗马或抽象理论,也不能完全脱离文本切入所谓"非正式制度"[1]或"潜规则",必须以习近平法治思想为指导、以相应的制度渊源为依据。总体上看,宪法确立了中国共产党的领导地位、我国的基本政治框架和审判机关的政治地位,与法院工作和司法改革相关的党的重大政策性文件、国家法律、党内法规、党内规范性文件、司法文件、试点方案和实施办法构成了我国的**司法制度体系**。具体而言:

一是党的重大政策性文件。主要是指以中共中央名义发布的,就全面深化改革、全面依法治国或者加强某一领域工作作出的决定或者部署。这类文件都属于党的重要文献范畴,也是推进司法改革,制定或修改法律、党内法规、党内政策性文件的重要依据。例如,《中共中央关于全面深化改革若干重大问题的决定》《中共中央关于全面推进依法治国若干重大问题的决定》《中共中央关于进一步加强人民法院、人民检察院工作的决定》,等等。

二是法律和具有法律性质的决定。前者如人民法院组织法、法官法,以及民事、刑事、行政诉讼法中关于审级设置、审判组织、院庭长职权的规定;后者如全国人大常委会关于设立海事法院、知识产权法院、金融法院等专门人民法院的决定,以及授权在部分地区开展人民陪审员制度改革、民事诉讼程序繁简分流改革、四级法院审级职能定位等重大改革试点的决定。

三是党内法规。所谓**"党内法规"**,是党的中央组织,中央纪律检查委员会以及党中央工作机关和省、自治区、直辖市党委制定的体现党的统一意志、规范党的领导和党的建设活动、依靠党的纪律保证实施的专门规章制度,发文形式主要包括党章、准则、条例、规定、办法、规则、细则。在中央层面,与政法工作关系特别密切的党内法规包括《中国共产党政法工作条例》、中共中央办公厅(以下简称"中办")、国务院办公厅(以下简称"国办")印发的《领导干部干预司法活动、插手

---

[1] "非正式制度"既可以指未上升为法律、法规等制度性规定的规则,也包括政府机构或官员在日常工作中所表现的价值取向和行为特性。周雪光:《论非正式制度——中国官僚体制研究的启示》,载北京大学人文社会科学研究院编:《多面的制度:跨学科视野下的制度研究》,生活·读书·新知三联书店 2021 年版,第 224—252 页。

具体案件处理的记录、通报和责任追究规定》和《保护司法人员依法履行法定职责规定》、中央政法委印发的《司法机关内部人员过问案件的记录和责任追究规定》，等等。

四是党内规范性文件。所谓**"党内规范性文件"**，是指党组织在履行职责过程中形成的具有普遍约束力、在一定时期内可以反复适用的文件。这其中，既有中央层面关于深化司法改革的总体部署，也有关于专项改革的具体规定。前者如中办印发的《关于政法领域全面深化改革的实施意见》《关于加强法官、检察官正规化专业化职业化建设全面落实司法责任制的意见》《关于深化司法责任制综合配套改革的意见》等，后者如中央组织部会同"两高"印发的《关于建立法官检察官逐级遴选制度的意见》《关于招录人民法院法官助理、人民检察院检察官助理的意见》等。

五是司法文件。最高人民法院自 1999 年以来印发的五个"五年改革纲要"，以及单独或者会同中央有关职能部门印发的与司法改革相关的司法解释、司法政策性文件，如《最高人民法院关于巡回法庭审理案件若干问题的规定》《最高人民法院关于互联网法院审理案件若干问题的规定》《最高人民法院关于完善人民法院司法责任制的若干意见》和"两高"印发的《关于建立法官、检察官惩戒制度的意见（试行）》，等等。

六是试点方案及其实施办法。由于许多改革还在进行之中，部分制度的运行依据，还是由中央有关职能部门单独或者会同"两高"制定的试点方案及其实施办法。如中央组织部会同中央政法委、"两高"印发的《法官、检察官单独职务序列改革试点方案》、人力资源保障部会同财政部印发的《法官、检察官工资制度改革试点方案》及其实施办法。经过试点探索和经验总结，这些临时性质的方案最终会转化为党内法规、党内政策性文件或者行政规章，如《法官、检察官单独职务序列改革试点方案》在试点结束后，就分别转化为《法官单独职务序列规定》和《检察官单独职务序列规定》。此外，对于全国人大常委会授权最高人民法院组织开展的试点，后者也会印发试点方案和试点实施办法。试点实施办法虽然不是司法解释，却可以在试点期间替代被调整适用的法律条文。试点结束后,经实践检验行之有效的内容,可以通过制定或修改法律转化为立法。

本书关于中国司法制度的介绍,主要围绕上述司法制度体系展开。**纵向上**,讲清历史背景、传承关系,比较不同时期政策内容的差异;**横向上**,说明来龙去脉、体系框架,阐述不同改革举措之间的因果关系和嵌套效应。尤其是对那些我牵头或参与起草的司法解释和改革文件,会尽可能在工作纪律允许的范围内,介绍制定背景、基本思路、观点交锋和深层考虑,便于读者理解"制度是如何形成的",进而准确把握立法初衷或改革本意,而这些恰恰是外界对司法改革政策的批评所容易忽略的。[1] 书中正文偶尔用到的"我们",如无专门说明,一般特指我和我的同事们。

第三,运用党史素材与立法文献,从源流上回溯中国司法制度形成的历史脉络。若想全面反映制度全貌,除了介绍现行文本、起草情况、运行实效,还有必要还原制度的形成过程、回溯改革的来龙去脉。经过这样的还原回溯、史实比对,可以发现:当下习以为常的概念或表述,其实经过曲折反复的发展。今天激烈争论的改革焦点,当年亦是

---

〔1〕 从 2007 年 7 月到 2022 年年底,我作为承办人或牵头部门负责人起草的司法解释或改革文件包括:《关于规范上下级人民法院审判业务关系的若干意见》《人民法院第四个五年改革纲要(2014—2018)》《人民法院第五个五年改革纲要(2019—2023)》《关于加强和规范重大司法改革试点工作的意见》《关于推进司法公开三大平台建设的若干意见》《人民陪审员制度改革试点工作实施办法》《人民法院落实〈领导干部干预司法活动、插手具体案件处理的记录、通报和责任追究规定〉的实施办法》《人民法院落实〈保护司法人员依法履行法定职责规定〉的实施办法》《关于完善人民法院司法责任制的若干意见》《关于加强各级人民法院院庭长办理案件工作的意见(试行)》《关于落实司法责任制 完善审判监督管理机制的意见(试行)》《关于进一步全面落实司法责任制的实施意见》《关于建立法官、检察官惩戒制度的意见(试行)》《关于深化司法责任制综合配套改革的实施意见》《关于完善人民法院专业法官会议工作机制的指导意见》《关于进一步完善"四类案件"监督管理工作机制的指导意见》《关于规范合议庭运行机制的意见》《关于巡回法庭审理案件若干问题的规定》《关于设立杭州互联网法院的方案》《关于增设北京互联网法院、广州互联网法院的方案》《关于互联网法院审理案件若干问题的规定》《人民法院在线诉讼规则》《民事诉讼程序繁简分流改革试点实施办法》《关于完善四级法院审级职能定位改革试点的实施办法》等。此外,我还全程参与了民事诉讼法 2021 年修正草案和民事诉讼法、行政诉讼法 2022 年修正草案的起草工作。

聚焦热议的"痛点"和"堵点"。在"全面深化改革永远在路上"的时代背景下，只有呈现完整的历史发展脉络，才能避免"今天的改革成果，成为明天的改革对象"，进而理解"做成了想了很多年、讲了很多年但没有做成的改革"是多么了不起的成就。

我个人没有受过史学科班训练，主要是在前人研究成果和个人工作体验基础上，完成了历史素材、文献的搜集、整理工作。主要来源包括：**一是**党和国家领导人选集、文集或重要文献汇编，如《毛泽东选集》《邓小平选集》《董必武法学文集》《乔石谈民主与法制》《罗干论政法综治工作》《沈钧儒文集》《杨秀峰文存》《江华司法文集》《郑天翔司法文存》《肖扬法治文集》《最高人民法院历任院长文选》等。**二是**政法系统领导人的传记、年谱、日记、访谈或回忆性文章，如《彭真传》《董必武传》《江华传》《沈钧儒传》《彭真年谱》《董必武年谱》《沈钧儒年谱》《王明年谱》《谢觉哉日记》《刘复之回忆录》《王汉斌访谈录》等。**三是**官方组织编写的重要政策性文件辅导读本、立法释义、司法文件理解与适用、改革年鉴和各类白皮书等，尤其是关于人民法院组织法、法官法的立法释义和我参与编撰的《中国法院司法改革年鉴》。**四是**深度参与司法改革的内部人士撰写的著作或文章，如魏文伯、张志让、王怀安、周道鸾、张懋、蒋惠岭等司法前辈。

与传统学术著作相比，本书更侧重梳理制度逻辑，使用的比较材料、实证数据、案例分析不多，也未附表格图示。写作过程中，参考了不少学界先进、实务前辈的作品，虽未作综述，但都按照学术规范一一引注。总体而言，除涉及制度史的部分，本书素材主要来自改革实践。全书主体内容本已在 2021 年夏天完成，由于我当时正参与推动民事繁简分流改革试点成果入法、启动审级职能定位改革试点等工作，其间经历了一些观点之争，生出不少新感悟，所以对书稿又作了大幅修改。考虑到司法改革始终处于"进行时"，如果工作不停顿，书稿不杀青，这本书就永无面世之日了。所以，2023 年年初，根据党的二十大精神增补相关内容后，最终决定交付出版。

全书除导论外，以十二讲形式展开：**第一讲**结合废除旧法统的经过，讲述新中国如何借鉴苏联司法制度，积极运用根据地法制建设经验,探索建立人民司法制度和制定人民法院组织法的过程。**第二讲**通过三个历史阶段的划分,描述改革开放之后司法改革的主要历程,以及人民法院组织法的历次修改情况。**第三讲**梳理我国既往改革的经验教训,归纳司法改革的政治逻辑和决策机制,解释过去一些改革为何屡遭"梗阻",新时代的改革又如何在习近平法治思想的指导下取得成功,并形成了领导小组、改革试点、督察评估等中国式司法改革方法论。希望尽快了解当代中国司法制度的读者,也可以先跳过前3讲的基础铺垫,直接进入第四讲,但我个人推荐的阅读顺序是,先快速泛读前3讲,对新中国司法制度的发展脉络和改革推进模式有一个框架性认识,待读完后9讲之后,再精读前3讲,可能会有与前期泛读完全不一样的感悟与体验。

本书**第四讲**着重梳理新中国政法体制的形成、完善和发展,揭示党管政法、党管干部、党组制度在司法领域的体现,以及党支持司法的制度保障。**第五讲**立足人民代表大会制度这一根本政治制度,全面阐述人民法院由国家权力机关产生、受国家权力机关监督、对国家权力机关负责的形式和内容。关于人民法院的设置模式、组织体系和任免机制,主要也在这一讲展开。**第六讲**介绍我国四级两审制的历史由来和运行情况,结合正在开展的四级法院审级职能定位改革试点,谈谈最高人民法院的职权配置与职能变化。**第七讲**侧重谈专门人民法院的设立标准和设置模式,以及我国专门人民法院、专门法庭的发展情况。**第八讲、第九讲**介绍人民法院组织法确定的四大审判组织:独任庭、合议庭、赔偿委员会和审判委员会,以及它们各自的组织特点和决策机制。在此基础上,进入本书的核心内容**第十讲**,讨论中国法院的审判权力运行机制、司法责任制和法官惩戒制度,展示"让审理者裁判,由裁判者负责"的制度实践。**第十一讲、第十二讲**回归"制度"与"人事"的关联,着重谈我国的法官制度,既包括法官法的制定和修改历程,也涉及法官员额制、法官选任、逐级遴选、绩效考核、职务序列和司法人员分类等改革情况。

从2007年8月至今,我从事司法改革工作已有十六个年头,其间也曾有过瞻前顾后的迷惘、患得患失的彷徨。记得头一年在清华开课时，我布置的期末考试作业，就是假设一个年轻法官遭遇理想与现实的碰撞，在司法改革前夕动了离职念头，请同学们结合所学所悟，写封信给这名法官，谈谈面对改革大潮，该如何作出职业抉择。一位名叫姜周澜的大四学生认真分析辞职利弊、改革得失后，写下这么一段话：

> 每一代人的青春都不容易，只是在这个集体吐槽的时代，我们太习惯在没有感动别人之前先感动自己，在未到山穷水尽之时先选择放弃。……我愿与你一起吐槽，和你一起批判。但更愿能互相箴规彼此支持，不被一时的利害与一己之悲欢遮了眼睛蒙了心，更愿岁月能让我们从批判走向建设，进一寸有一寸的欢喜，在大时代中做个自由的舞者。

借用这段话，与关心中国司法改革，以及对之有过热爱、迷惘、纠结、彷徨情绪的读者们共勉。也希望本书在介绍和传播中国司法制度方面，能有一些说服力和生命力。

何帆

2023 年 3 月 18 日

第一讲 | 人民司法制度是如何形成的

> 我们正在做我们的前人从来没有做过的极其光荣伟大的事业。
>
> ——毛泽东

> 旧的必须彻底粉碎,新的才能顺利长成。
>
> ——董必武

> 政易法须革,诗成史共编。
>
> ——谢觉哉

建立什么样的国家制度,是近代中国面临的历史性问题。新中国成立之初,中国共产党在废除旧法统的同时,灵活运用根据地法制建设经验,借鉴吸收苏联的审判模式,奠定了人民司法制度的基础。1954 年 9 月,随着首部宪法与人民法院组织法通过,新中国司法制度的基本框架初步形成。本讲以人民司法制度的理论铺垫、法统确立、调试成型为线索,还原这一历史过程。

一、废除旧法统

"将革命进行到底"与法统存废

1949 年 1 月 1 日,两篇新年献词引起举国关注。第一篇是中共中央主席毛泽东的《将革命进行到底》。文章气势磅礴,充满豪情,开篇即不容置疑地宣告:"中国人民将要在伟大的解放战争中获得最后胜利,这一点,现在甚至我们的敌人也不怀疑。"[1]另外一篇,来自即将下野的中华民国总统蒋介石。迫于战场形势、内外压力,他在一年一度的《元旦文告》中,承认自己"领导无方,措施失当",导致军事上节节败退。"引咎自责"之余,蒋介石开出启动和平谈判的几项条件,并把"中华民国的国体能够确保,中华民国的法统不致中断"作为前提之一。[2]

文告使用"法统"一词,并非随意为之。因为在权力继承上,中国人向来重视正统。一系顺延即为正统,反之则称僭窃、偏安。在帝王时代,承继关系正统与否,是以血缘关系是否一脉相承为标准。历代政权递嬗,都强调"奉正朔,扬法统"。[3] 从帝制到共和,则是经由《清帝逊位诏书》和《中华民国临时约法》,完成了政权更替。[4] "法统"作为政治概念,主要产生于民国初期,它不以血缘和宗法为基础,更强调权力承继的合法性,是统治权力在法律上的来源,包括而不限于法律制度本身的延续传承。[5] 军阀混战时,南北各方均有"恢复法统"或"法统重光"之呼吁。[6] 当权者借"法统"正名,以巩固其权位,作为"法统象征"的国会议员们也乐得与狼共舞、利益均沾。[7] 法统

---

〔1〕 《将革命进行到底》(1948 年 12 月 30 日),载《毛泽东选集》(第 4 卷),人民出版社 1991 年版,第 1372 页。

〔2〕 之后,蒋介石宣布"下野",但名义上仍为国民党总裁,幕后掌握军权,遥控指挥内战与迁台事宜。李宗仁任"代总统"后,为显示和谈"诚意",曾要求撤销特种军事法庭、废止"刑事条例",但已于事无补。参见张仁善:《1949 中国社会》,社会科学文献出版社 2005 年版,第 11—13 页。

〔3〕 陈新民:《宪法学释论》,三民书局 2008 年版,第 971—972 页。

〔4〕 高全喜:《立宪时刻:〈论清帝逊位诏书〉》,广西师范大学出版社 2011 年版,第 37 页。

〔5〕 赵晓耕、王平原:《法统初考》,载《董必武法学思想研究文集》(第 7 辑),人民法院出版社 2008 年版,第 489 页;王景濂、唐乃霈:《中华民国法统递嬗史》,商务印书馆 1922 年版,第 124 页。

〔6〕 谢振民编著、张知本校订:《中华民国立法史》(上册),中国政法大学出版社 2000 年版,第 138 页。

〔7〕 聂鑫:《中国公法史讲义》,商务印书馆 2020 年版,第 335 页;李剑农:《中国近百年政治史》,复旦大学出版社 2002 年版,第 536 页。

不断,意味着政权性质不变,改旗易帜不可。[1] 1945 年 8 月重庆谈判期间,蒋介石拒不承认解放区的合法地位,开出的首个条件便是"不得于现在政府法统之外来谈改组政府问题"。[2]

如今,半壁江山都已在中国人民解放军的控制之下,蒋介石妄图通过"国体能够确保"和"法统不致中断"来保全中华民国的政治生命和法律生命,当然不可能被即将夺取全国政权的胜利者所接受。[3] 1月 4 日,毛泽东在新华社发表《评战犯求和》一文,逐项驳斥了蒋介石的"和谈条件"。文章评价,所谓"法统不致中断",就是要"确保中国反动阶级和反动政府的统治地位"。"法统"中断,意味着"整个买办地主阶级将被消灭,国民党匪帮将告灭亡,一切大中小战争罪犯将被捉拿治罪",反动派当然不会答应。[4]

1 月 14 日,毛泽东在关于时局的声明中,针锋相对地将"废除伪宪法"和"废除伪法统"列入国共和平谈判八项主张。[5] 在他看来,

---

〔1〕 也有学者认为,中国古代"家国天下"的治理体系,是由政统(等级化的官僚权力体系)、社统(以家族来组织的社会共同体)、道统(由天道转化为政治、社会、法律的价值体系)和法统(法律的创制和运行体系)共同构成,其中以法统为中心。参见张生、邹亚莎:《仁道与中国古代法统秩序》,黑龙江教育出版社 2019 年版,第 12—13 页。

〔2〕 罗平汉:《决胜:解放战争何以胜利》,生活·读书·新知三联书店 2022 年版,第 38 页。中共重庆市委党史研究室等编:《重庆谈判纪实》(增订本),重庆出版社 1993 年版,第 306 页。

〔3〕 高全喜、张伟、田飞龙:《现代中国的法治之路》,社会科学文献出版社 2012 年版,第 132 页。

〔4〕 该文是毛泽东为新华社撰写的系列评论第一篇,参见《评战犯求和》(1949 年 1月 4 日),载《毛泽东选集》(第 4 卷),人民出版社 1991 年版,第 1382 页。

〔5〕 1949 年 4 月 1 日至 15 日,以周恩来为首的中国共产党代表团同以张治中为首的南京国民政府代表团经过半个月谈判,拟定了《国内和平协定(最后修正案)》,涉及法统问题的内容包括:双方确认,"南京国民政府的一切法统,应予废除""南京国民政府于中华民国三十五年十一月召开的'国民代表大会'所通过的《中华民国宪法》,应予废除。《中华民国宪法》废除后,中国国家及人民所当遵循的根本法,应依新的政治协商会议及民主联合政府的决议处理之""在人民解放军到达和接收的地区及在民主联合政府成立以后,应即建立人民的民主的法统,并废止一切反动法令"。4 月 20 日,李宗仁、何应钦复电张治中并南京政府代表团各代表,拒绝接受修正案,和平谈判遂宣告彻底破裂。

"保存伪宪法、伪法统和反动军队"是"继续战争的条件,不是和平的条件"。[1] **"伪宪法"**的指向很明确,即国民党 1946 年 12 月 25 日在重庆单方面召开的"国民代表大会"所通过的《中华民国宪法》。中共中央在该法通过不久就发布声明,谴责它是"伪宪法",可以与袁世凯"天坛宪草"和曹锟"贿选宪法"一样看待,人民决不会承认。[2] "伪宪法"所塑造的"法统"自然也是"伪"的。[3]

"伪法统"又是指什么呢?中共中央后来以"新华社答读者问"形式,解释了国民党政府所谓"法统"的三重含义:**第一**,"法统"是合法的"正统",是指"统治权力在法律上的来源"。**第二**,"法统"是法律体系,或者叫"宪法和法律系统"。**第三**,"法统"是法律传统。"答读者问"认为,"旧统治阶级及其辩护者常散布一种欺骗,似乎先有一定的法统,一定的宪法和法律传统,然后根据这种传统的宪法和法律而产生某种国家政权",历史真相则是,"有了什么样性质的国家政权,才有什么样的宪法和法律系统,才有什么样的法统"。"革命的阶级必须废除反革命统治阶级的反革命法统,重新建立自己的革命法统"。文章最后指出,即将成立的新中国的权力来源,"不是根据任何先前存在的宪法和法律系统,不是根据任何先前存在的法统",而是"无产阶级领导的、人民大众的(以工农联盟为基础的)、反帝反封建反官僚资本的大革命的胜利的结果"。[4] 当时的社会舆论也普遍认为,"法统"在历史上就是成王败寇的"既成事实",进入人民的世纪,"凡由人民创造的,就是法统,人民本身就是法统,除人民以外无法统"。[5]

按照上述解释,"伪法统"包括国民政府"制定和建立的一切法

---

〔1〕《中共中央毛泽东主席关于时局的声明》(1949 年 1 月 14 日),载《毛泽东选集》(第 4 卷),人民出版社 1991 年版,第 1389 页。

〔2〕《周恩来关于时局问题答新华社记者问》(1946 年 12 月 28 日),载《解放日报》1946 年 12 月 28 日。

〔3〕 马叙伦:《"法统"的鬼祟》,载《文萃》1946 年第 9 期。

〔4〕《关于废除伪法统·新华社答读者问》(1949 年 3 月 15 日),载中国人民大学刑法、民法教研室编:《中华人民共和国法院组织、诉讼程序参考资料》(第 1 辑),1953 年版,第5—8 页。

〔5〕 陈仁炳:《法统论》,载《中建》1949 年第 1 卷第 1 期。

律、典章、政治制度、政治机构、政治权力等"，应当"均归无效，人民完全不能承认它们"。上述"伪法统"的载体，则是**"六法全书"**，也即国民政府制定的宪法、民法、刑法、行政法、民事诉讼法、刑事诉讼法等全部法律汇编。[1]"法统"之前既然已被加上"伪"字，说明已不是立法技术是否科学合理、个别条文是否修补增删的问题，而是从政治上就立不住脚，根本没有正当性可言。

为什么必须废除旧法统

　　既然"六法全书"就代表了国民党的法统，不废除这个法统，意味着不能确立革命法制。[2]那么，要不要彻底废除"六法全书"呢？事实上，第二次国共合作时期，陕甘宁边区[3]政府作为国民政府的组成部分，所辖法院就适用过"六法全书"。尤其是在 1942 年到 1943 年上半年，整个边区司法系统都曾有条件地援用"六法"。[4]"整风运动"后期，这种做法因被批评为"从'六法全书'的条文来……脱离群众，脱离边区的实际情况"，才逐步减少。不过，东北解放后，东北解放区政权印发的《怎么建设司法工作》手册，仍提出可以沿用"六法全书"，

---

　　〔1〕　"六法全书"的表述沿袭自日文汉字，但日本"六法"包括法院组织法，而民国"六法"则以行政法代替，民国初年包括商法，南京政府将商法分拆入民法、行政法。这里的"全书"包括所有常用法律，不局限于六部法律。参见黄源胜：《中国法史导论》，广西师范大学出版社 2014 年版，第 424 页；赵金康：《南京国民政府法制理论设计及其运作》，人民出版社 2006 年版，第 156 页。

　　〔2〕　张友渔：《关于法制史研究的几个问题》，载《法学研究》1981 年第 5 期。

　　〔3〕　陕甘宁边区：原为陕甘和陕北革命根据地，1935 年粉碎国民党"围剿"后，两个革命根据地连成一片。同年 10 月，中共中央和红军第一方面军到达陕北，使陕北成为中国革命的中心。1936 年红军西征甘肃、宁夏，又扩大形成陕甘宁红色区域。1937 年，抗日民族统一战线建立以后，改名为陕甘宁边区，首府延安，共辖二十余县，包括陕西、甘肃、宁夏相接的各一部分地区。

　　〔4〕　1944 年 4 月 20 日，陕甘宁边区高等法院还在《论边区司法答客问》一文中表示可以有条件援用"六法"，即"（1）适合抗战团结的需要；（2）适合民主政策；（3）适合边区历史环境；（4）适合广大人民的利益"。参见胡永恒：《陕甘宁边区的民事法源》，社会科学文献出版社 2012 年版，第 25—78 页；侯欣一：《从司法为民到大众司法：陕甘宁边区大众化司法制度研究（1937—1949）》，生活·读书·新知三联书店 2020 年版，第 218 页。

特别是其中合乎劳动人民利益的条款。[1]

从立法技术和具体条文上看,"六法全书"确实凝聚了那个时代的法律智慧和司法经验,能够及时解决一些实际问题,也有一些保护人民利益的条文,而新政权的法律绝大多数还在制定过程中。因此,对于"六法全书",解放区的司法干部态度复杂。大家普遍担心"六法全书"废除后"无法可用",影响到司法工作顺利开展。在此过程中,有人持**"选择适用论"**,认为宪法、刑法等反动法律当然应该废止,但民法、商法等私法可以选择性适用。也有人持**"过渡适用论"**,认为可以设置一定过渡期,在此期间适用部分旧法,等新法制定完备后,再取消过渡期,逐步废止旧法。[2]

但是,最终占据上风的,却是**"彻底废除论"**。之所以如此,动因来自三个方面:

第一,适应废旧立新的政治形势需要。较早意识到"选择适用论"和"过渡适用论"不能解决问题的,是时任华北人民政府[3]司法部长谢觉哉。[4] 1949 年 1 月,谢觉哉在华北人民政府司法训练班上,谈到

---

〔1〕 张培田:《法的历程:中国司法审判工作的演进》,人民出版社 2007 年版,第 105 页。

〔2〕《旧司法工作人员的改造问题》(1950 年 1 月 4 日),载《董必武法学文集》,法律出版社 2001 年版,第 26—35 页。熊先觉:《论董必武的人民司法观》,载《董必武法学思想研究文集》(第 5 辑),人民法院出版社 2006 年版,第 19 页。

〔3〕 华北人民政府:1948 年 8 月,华北临时人民代表大会决定合并晋察冀行政委员会及晋冀鲁豫边区政府,成立华北人民政府,选举董必武为主席,薄一波、蓝公武、杨秀峰为副主席。华北人民政府管辖河北、山西、平原、察哈尔、绥远五省及北平、天津两市,任务是统一华北解放区,建立各级人民政权和各级人民代表会议,大力发展生产,支援全国解放战争。华北人民政府于 1949 年 10 月 31 日正式撤销,所辖之五省二市归中央直属。中央人民政府的许多机构,即是以华北人民政府所属各机构为基础建立起来的。

〔4〕 谢觉哉(1884 年—1971 年),湖南宁乡人。1925 年加入中国共产党,1934 年参加长征。历任中华苏维埃共和国中央临时政府秘书长、内务人民委员部部长、司法人民委员部部长、中央党校副校长、中共中央西北局副书记、陕甘宁边区政府秘书长、陕甘宁边区参议会副议长、华北人民政府司法部长等职。新中国成立后,历任内务部部长、最高人民法院院长(1959 年 4 月—1965 年 1 月)、政协第四届全国委员会副主席。在中国共产党第八次全国代表大会上当选为候补中央委员。

自己对"六法全书"的认识变化。[1]

> 法律是服从于政治的,没有离开政治而独立的法律……"六法全书"中的民法第一条,有"无成文法者依习惯,无习惯依法理"的话。什么是"习惯"?那是指地主资产阶级行惯了的习惯。那么它的"法理",也就是地主资产阶级推出的法理,我们进行天翻地覆的大变革,没收地主土地,女子可自由离婚,以前哪有这样的习惯?它的法理,也就是地主资产阶级推行的法理……我在多年以前,翻过"六法全书",觉得还不错,但现在再一看,觉得全不对。这是由于我思想上起了变化。所以说,法律是服从政治的……司法工作者,若不懂政治,有法也必不会司。这又是说,要从政治上来"立",又要从政治上来"司"。[2]

为什么不能像民国继承清末修律所立之法那样,对"六法全书"废除一些、保留一些、改造一些呢?谢觉哉提出,因为"旧法法律很少可采,不是修正就够,而是要重修起炉灶",所以,要制定的法律"应为进步的新民主主义法律,不是继承旧的,而是对旧的革命。不是对旧的修改,而是形式和内容全部改造……由法律革命到革命法律,不冲破旧的法律概念及其形式,不能有革命的法律出来。新民主主义是无前例的,新民主主义法律,自然也无前例"。[3] 尽管如此,谢觉哉也不赞成废除旧法后,就将所有内容全部丢弃。他提出,"旧的政权机器不可承袭,必须打碎。然后再拣拾其尚可用的材料,供新的建筑用",如果

---

〔1〕 早在陕甘宁边区时,谢觉哉就意识到"六法全书"并不适应边区情况,实践中也存在机械适用、照搬照套情形,所以讽刺一些司法干部"手拿着'六法全书',学的时候,一条一条地念;用的时候,一条一条地套"。关于谢觉哉对"六法全书"的态度变化,参见王定国、王萍等编:《谢觉哉论民主与法制》,法律出版社1996年版,第154—157页;刘全娥:《从支持、否定到废除:谢觉哉六法全书观的十年历程》,载《延安大学学报(社会科学版)》,2018年第5期;侯欣一:《政权更迭时谢觉哉的所思所为——以日记为中心的考察》,载《清华法学》2019年第2期。

〔2〕 谢觉哉:《在司法训练班的讲话》(1949年1月23日),载西南政法学院函授部编:《中国新民主主义革命时期法制建设资料选编》(第4册),1982年版,第148—181页。

〔3〕《谢觉哉日记》(下),人民出版社1984年版,第1071、1131页。

"不粉碎它,而盲目的继承它,可以使革命变质"。[1]

上述看法,也得到时任华北人民政府主席董必武的赞同。[2] 1948 年 10 月 16 日,董必武在《论新民主主义政权问题》一文中提出,新民主主义政权不可以"沿用旧的机构","要打碎它,建立新的,适合我们自己需要的机构","建立新的政权,自然要创建法律、法令、规章、制度。我们把旧的打碎了,一定要建立新的。否则就是无政府主义。"[3] 总之,"在进行革命斗争,还没有取得政权的时候,统治阶级的旧法制是革命的对象,革命的任务是破坏旧法制。"在董必武心目中,不废除旧法制及其代表的法统,就不可能确立属于新中国的革命法制。[4] 由此可见,法律的以"新"代"旧",是"天翻地覆慨而慷"的新旧交替中的关键一环。"新"取代"旧",理论上早有铺垫,发展上自有逻辑。

第二,符合马列经典理论对法律阶级性和工具性的认识。按照马克思主义法律观,法律作为统治阶级意志的体现,是实行阶级统治的工具。从这个角度讲,"六法全书"就是保护封建地主、买办、官僚资产阶级统治的法律。没有超阶级的国家,就不可能有超阶级的"六法全书"。按照当时的主流观点,不能因为"六法全书"有"某些似是而非的所谓保护全体人民利益的条款,便把它看作只是一部分而不是在基本上不合乎广大人民利益的法律,而应把它看作是基本上不合乎人民

---

[1] 《谢觉哉日记》(下),人民出版社 1984 年版,第 1104 页。

[2] 董必武(1885 年—1975 年),湖北红安人。1911 年参加辛亥革命,1920 年在湖北建立共产主义小组,1921 年出席中国共产党第一次全国代表大会,1934 年参加长征。历任中共中央党校校长,中共中央党务委员会书记,中华苏维埃共和国最高法院院长,代理陕甘宁边区政府主席,中共中央南方局副书记,中共重庆工委书记,中共中央财经部长,华北局书记处书记,华北人民政府主席等职。1945 年曾代表中国解放区参加联合国制宪会议。新中国成立后,历任中央财经委员会主任,中央人民政府政务院副总理,政务院政法委员会主任,最高人民法院院长(1954 年 9 月—1959 年 4 月),政协全国委员会副主席,中共中央监察委员会书记,国家副主席、代理主席,全国人大常委会副委员长,并担任中共第六届至第十届中央委员、第七届至第九届中央政治局委员、第十届中央政治局常委。

[3] 《董必武年谱》,中央文献出版社 2007 年版,第 316 页。

[4] 《革命与法制》,载张友渔:《关于社会主义法制的若干问题》,法律出版社 1982 年版,第 16 页。

利益的法律"。尽管根据地法院曾经个别利用过"六法全书"中有利于人民的条文来保护或实现人民的利益，但这只是"一时的策略上的行动"，不能据此推定在新民主主义政权下还可以适用旧法律〔1〕"旧法统"是国民党"一党的法，并非由人民产生，因此也和人民无干。反之，人民今天所能承认的是人民自己所订立的法"。"人民所要的法统，是合人民的法的法统。"〔2〕

即将成立的新政权是无产阶级领导的工农联盟为主体的人民民主专政，体现旧统治阶级意志的"六法全书"当然应该废除。正如董必武后来所言："我们如果承认国家是阶级矛盾不可调和的产物，是一个阶级统治另一个阶级的工具。我们就不能不承认'六法全书'是统治者少数人压迫被统治者多数人的法律，也就是我们革命的对象。现在国家的本质已经变了，那么，旧国家的法律为什么不要推翻，还让它再存在下去呢？所以六法全书是一定要取消的。""现在我们的国家，同过去旧的国家有本质上的不同，法律也就非从本质上加以改变不可，决不能率由旧章，以为在新法未完全订出以前不妨暂用旧法的观点，那完全是错误的。"〔3〕

理论上达成共识，操作上亦有先例。1871 年，巴黎公社成立后，立即宣告废除旧政府发布的一切法令和指示，摧毁资产阶级的司法制度，并颁布了一系列革命法令，凡不服从革命法令的法官立即开除。〔4〕 1917 年俄国十月革命胜利后，新政权也迅速宣布废除旧法制

---

〔1〕《中共中央关于废除国民党的六法全书与确立解放区的司法原则的指示》（1949年 2 月 22 日），载西南政法学院函授部编：《中国新民主主义革命时期法制建设资料选编》（第 1 册），1982 年版，第 68—71 页。

〔2〕 吴晗：《反内战运动》，载《上海周报》1946 年 6 月 18 日。

〔3〕《旧司法人员的改造问题》（1950 年 1 月 4 日），载《董必武法学文集》，法律出版社 2001 年版，第 28—29 页。

〔4〕 蔡定剑：《历史与变革：新中国法制建设的历程》，中国政法大学出版社 1999 年版，第 231 页。

和旧法院。[1] 列宁要求苏维埃法院"适用无产阶级的法令。在这种法令没有或不完备时，遵循社会主义的法律意识，扫除被推翻政府的法律"。[2] 他表示，"我们不是改革旧法院，而是摧毁旧法院。我们用这种方法为建立人民法院扫清道路。"[3] 巴黎公社和苏联的这些经验，成为新政权废除"旧法制"的重要参考。[4]

第三，有利于新政权的政策和法律顺利实施。即使从技术层面考虑，对于已成体系的"六法全书"，如果部分废止、部分保留、部分改造，政策上难以把握，实践中无法操作。[5] 试想，若保留"六法全书"，新政权陆续发布的婚姻法、土地改革法、农业税收法、惩治反革命条例内容，都可能与其在内容上"撞车"，惩治战犯、没收官僚资本企业财产、农村土地改革、废除不平等条约等工作，也根本无法顺利开展。[6] 可以说，旧法不彻底清除，新法就难以实施。

废除旧法统的步骤

指向既然明确，道理也已讲明，废止"伪法统"的行动迅即展开。

---

〔1〕　俄国革命胜利后，新政权于 1917 年 11 月 22 日通过关于法院的第一号法令，宣布"(1)撤销旧的司法机关，并根据民主选举成立新法院；(2)停止初级审判官的活动，以直接民主选举产生的地方人民审判员代替之；(3)对刑事案件的侦查由地方审判员担任，在侦查阶段和庭审阶段都允许实行辩护；(4)地方审判员在审判民刑案件时刻遵循已被推翻各政府的实体法和诉讼法，但以未经革命废止及与革命信仰和革命法律意识不相抵触者为限。"1918 年 7 月 20 日通过的第三号法令则明确禁止适用旧法，要求"地方人民法院在审理案件时必须遵循苏维埃政府的法令和社会主义法律意识"。[苏]瓦里赫米托夫：《苏联国家与法的历史》(下册)，中国人民大学国家与法的历史教研室译，中国人民大学出版社 1956 年版，第 29—31 页。

〔2〕　《列宁选集》(第 3 卷)，人民出版社 1995 年版，第 764 页。

〔3〕　[苏]高里雅柯夫：《苏联的法院》，一之译，时代出版社 1949 年版，第 16—17 页。

〔4〕　张志让：《我国法院的斗争任务与苏联法院的斗争经验(在十月革命四十周年纪念和政法战线上反右派斗争之时作)》，载《政法研究》1958 年第 1 期。

〔5〕　赵晓耕、刘盈辛：《再议"六法全书"及旧法体系的废除》，载《四川大学学报(哲学社会科学版)》2019 年第 6 期。

〔6〕　张希坡：《再谈关于 1949 年废除国民党〈六法全书〉的几个理论问题》，载《董必武法学思想研究文集》(第 7 辑)，人民法院出版社 2008 年版，第 469 页。

无论"旧法院",还是"旧法制",都是清理对象。1949 年 1 月 21 日,中共中央书记处向北平、天津市委发出《关于接管平津国民党司法机关的建议》,宣布:"国民党政府一切法律无效,禁止在任何刑事民事案件中,援引任何国民党法律。法院一切审判,均依据军管会公布之法令及人民政府之政策处理"。[1]

　　1949 年 2 月 22 日,中共中央发布《废除国民党的六法全书与确立解放区的司法原则的指示》(以下简称《指示》),明确"在无产阶级领导的以工农联盟为主体的人民民主专政的政权下,国民党的'六法全书'应该废除,人民的司法工作不能再以国民党的'六法全书'作依据,而应该以**人民的新的法律**作依据,在人民的新的法律还没有系统地发布以前,则应该以共产党的政策以及人民政府与人民解放军所已发布的各种**纲领、法律、命令、条例、决议**作依据"。[2]《指示》是以中共中央名义印发给"各中央局、分局、前委并转政府党组"的,还需要相关政权机关进一步贯彻实施。[3] 3 月 31 日,华北人民政府主席董必武会同副主席薄一波、蓝公武、杨秀峰[4]联名颁布了《废除国民党的六法全书及其一切反动法律的训令》(以下简称《训令》)。

---

〔1〕《中共中央书记处关于接管平津国民党司法机关的建议》(1949 年 1 月 21 日),载《建党以来重要文献选编(1921—1949)》(第 26 册),中央文献出版社 2011 年版,第 69 页。

〔2〕有论者根据《指示》执笔者[时任中共中央法律委员会主任陈绍禹(王明)]的身份及其政治立场,推断废除"六法全书"并非中央本意。结合当时政治形势和毛泽东、董必武、彭真、谢觉哉等中央领导同志相关论述,这一说法并不成立。参见张希坡:《解放战争时期"中央法律委员会"的变迁及其工作成就——兼评对中共中央废除国民党〈六法全书〉指示的某些不实之词》,载《法学家》2004 年第 6 期;何勤华:《论新中国法和法学的起步——以"废除国民党六法全书"与"司法改革运动为线索"》,载《中国法学》2009 年第 4 期。

〔3〕张希坡:《华北人民政府是中央人民政府的雏形》,载孙琬钟主编:《共和国法治从这里启程:华北人民政府法令研究》,知识产权出版社 2015 年版,第 47 页。

〔4〕杨秀峰(1897 年—1983 年),河北迁安人。1930 年加入中国共产党。1932 年在莫斯科列宁学院学习。1934 年回国,先后执教于河北法商学院、北平师范大学、中国大学、东北大学等校。1936 年 1 月与张申府等组织北平文化界救国会。全面抗战爆发后,历任冀西抗日游击队司令员、河北抗战学院院长,冀南太行太岳行政联合办事处主任,晋冀鲁豫边区政府主席,华北人民政府副主席兼华北人民监察院院长。新中国成立后,历任河北省人民政府主席,高等教育部部长,教育部部长,最高人民法院院长(1965 年 1 月—1975 年 1 月),第五届全国人大常委会副委员长、第五届全国政协副主席。

　　《训令》配合《指示》内容，侧重解决三个问题：**一是**宣布废除旧法统。所谓"废除"，既是指政治上的完全否定（不予承认），也是法律效力上的全部终止（停止适用）。即"废除国民党的六法全书及其一切反动法律，各级人民政府的司法审判，不得再援引其条文"。废除是"彻底地全部废除"，没有什么"蝉联交代"可言。**二是**确定新政府的司法原则，不能因为新法律尚不完全，旧法律不妨暂时应用，"有纲领、法律、命令、条例、决议规定者，从纲领、法律、命令、条例、决议之规定；无纲领、法律、命令、条例、决议规定者，从新民主主义的政策"。**三是**确定教育和改造司法干部的指导原则，明确"旧的必须彻底粉碎，新的才能顺利长成"，[1]要求广大司法干部学习马列主义、毛泽东思想的国家观、法律观，搜集与研究人民自己的统治经验，研究制作出新的较完备的法律。

　　1949 年 9 月 29 日，中国人民政治协商会议第一届全体会议通过了具有临时宪法性质的《中国人民政治协商会议共同纲领》（以下简称《共同纲领》）。《共同纲领》第十七条明确："废除国民党反动政府一切压迫人民的法律、法令和司法制度，制定保护人民的法律、法令，建立人民司法制度。"自此，废除"六法全书"成为宪法性法律要求之一，施行于全国。《共同纲领》第十七条也成为指导建立新中国司法制度的"重要方针"。[2]

---

　　〔1〕《废除国民党的六法全书及其一切反动法律的训令》（1949 年 4 月 1 日），载西南政法学院函授部编：《中国新民主主义革命时期法制建设资料选编》（第 1 册），1982 年版，第74—75 页。

　　〔2〕《要重视司法工作》（1950 年 7 月 26 日），载《董必武法学文集》，法律出版社 2001年版，第 38—39 页。

二、人民法院的逐步建立

法院统一改称"人民法院"

1948 年 9 月 8 日至 13 日，中共中央在西柏坡召开了撤出延安后的第一次政治局会议，史称"九月会议"。会议着重讨论的是，将要建立的新中国是怎样一个国家。[1] 毛泽东在会议报告中明确，新中国将实行人民民主专政的国体，"采取民主集中制"，"不必搞资产阶级的议会制和三权鼎立等"。对于政权机构，报告指出："我们是人民民主专政，各级政府都要加上'人民'二字，各种政权机关都要加上'人民'二字，如法院叫**人民法院**，军队叫人民解放军，以示和蒋介石政权不同。"[2] 1921 年以来，中国共产党领导建立的革命政权，都包含审判机构，但名称并不一致，如会审处、裁判部、裁判所、审判处、司法科等。[3]"九月会议"之后，全国解放区的审判机构都将拥有统一的正

---

〔1〕　金冲及：《二十世纪中国史纲》（第 2 卷），社会科学文献出版社 2020 年版，第 643—644 页。

〔2〕　《在中共中央政治局会议上的报告和结论》（1948 年 9 月 8 日），载中共中央文献研究室编：《毛泽东文集》（第 5 卷），人民出版社 1996 年版，第 112 页。

〔3〕　第一次国内革命战争时期，工农运动中产生的审判机构有：广州省港罢工委员会设立的会审处、军法处；农民运动中的审判土豪劣绅委员会、特别法庭；上海市民政府的审判机构等。第二次国内革命战争时期，闽西和鄂豫皖地区设立了裁判肃反委员会、裁判部（科）和革命法庭，中华苏维埃共和国临时中央政府设有临时最高法庭（后改为最高法院），地方设裁判部（科），红军中设军事裁判所。抗日战争时期，适应抗日民族统一战线需要，陕甘宁边区设审判委员会、高等法院（各分区设高等法院分庭），延安市设地方法院，县设司法处，同时设有临时军民诉讼委员会，晋冀鲁豫、晋察冀等边区审判机构也大体相同。山东抗日根据地设高级审判处（各行政公署设分处）、专署和县均设司法科。随着解放战争的开展，在解放区逐步建立了大行政区、省（行署）、县各级审判机构。参见何兰阶、鲁明健主编：《当代中国的审判工作》（上册），当代中国出版社 1993 年版，第 14—15 页；张希坡、韩延龙：《中国革命法制史》，中国社会科学出版社 2007 年版，第 329—399 页；张懋、赵晓耕、沈玮玮：《党的事业至上 人民利益至上 宪法法律至上 中国共产党辉煌九十年与人民法院的发展》，载《中国审判》2011 年第 7 期。

式名称——人民法院。

1948 年 8 月 16 日，华北临时人民代表大会通过《华北人民政府组织大纲》。9 月 26 日，华北人民政府成立，管辖河北、山西、平原、察哈尔、绥远五省及北平、天津两市，主要任务是统一华北解放区，建立各级人民政权，支援全国解放战争。它的另一项重要任务，是为建立全国性政权做好制度、机构上的准备，实现"从华北走向全国"。[1] 中央人民政府的许多机构，后来都是以华北人民政府所属各机构为基础组建的。[2]

华北人民政府成立后，将晋察冀、晋冀鲁豫两个边区高等法院撤销，合并成立华北人民法院，作为全区最高审判机关，由陈瑾昆[3] 任院长，贾潜[4] 任审判长。华北人民法院成立后的第一项重要工作，就是落实"九月会议"精神，统一新老解放区法院的名称。

1948 年 10 月 23 日，华北人民政府发布《为统一各行署司法机关名称 恢复各县原有司法组织及审级的规定的通令》，要求各行署原有司法机关，"一律改为某某（地区名）人民法院"，如冀中人民法院、太行人民法院、冀鲁豫人民法院等。其中，直辖市的审判机关称为市人

---

〔1〕 1948 年 5 月 20 日，刘少奇在中共中央华北局扩大会议上讲话指出："我们现在建设的各种制度将来要为全国所取法。中央工作主要是华北局工作，华北工作带全国性意义。我们从陕北出发，落脚华北，今天又从华北出发，走向全国。"参见中共中央文献研究室编：《刘少奇年谱（1898—1969）》（下卷），中央文献出版社 1996 年版，第 148 页。

〔2〕 中央档案馆编：《共和国雏形：华北人民政府》，西苑出版社 2000 年版，第 26 页；孙琬钟主编：《共和国法治从这里启程：华北人民政府法令研究》，知识产权出版社 2015 年版。

〔3〕 陈瑾昆（1887 年—1959 年）：湖南常德人。1917 年毕业于日本东京帝国大学法律系。回国后历任北洋政府奉天省高等审判所推事和庭长、修订法律馆纂修、大理院推事、最高法院院长，并曾在北京大学、朝阳大学执教。1946 年加入中国共产党，历任中共中央法律委员会委员、华北人民政府委员兼华北人民法院院长。新中国成立后，历任第一、二、三届政协全国委员会委员、最高人民法院委员、中央法制委员会副主任委员等职务。

〔4〕 贾潜（1903 年—1996 年），河南滑县人。毕业于朝阳大学法律科，1946 年加入中国共产党。历任晋冀鲁豫边区政府行政委员会委员、晋冀鲁豫边区高等法院副院长、华北人民法院审判长、华北人民政府法制委员会委员。新中国成立后，历任最高人民法院党组成员、最高人民法院委员兼刑庭庭长、审判委员会委员、中央法制委员会民事法规副主任委员等职务，参与起草 1954 年《人民法院组织法》。1956 年，最高人民法院成立特别军事法庭审判日本战犯，他被任命为特别军事法庭庭长。1980 年任司法部顾问。

民法院,如石家庄市人民法院、阳泉市人民法院;各行署的审判机关称为行署人民法院;专署的审判机关不是独立的一级,称为行署人民法院分庭;各县审判机关在普选的政权机关成立后改称为县人民法院;并要求立即改变过去司法机关与公安局合并的状况,迅速恢复原有各县司法组织,"过去司法干部转业其他工作者,应尽可能调回司法部门工作"。[1]

根据通令要求,华北地区先后设立 300 多个人民法院,形成了大行政区、行署和直辖市、县三级人民法院,基本实行三级两审制。"书面审和言词审兼行,事实审与法律审并行。"[2]各大行政区设司法部,主管司法行政事宜,省市以下实行审判与司法行政"合一制",由人民法院兼管司法行政事宜。华北人民政府的司法部长由谢觉哉担任。从那时起,新中国的审判机关统一称为**"人民法院"**。1949 年 2 月,北平和平解放后,华北人民法院迁往北平,接管河北高等法院、北平市地方法院,同步开始筹建最高人民法院、北京市人民法院。[3]

1949 年 9 月 27 日,中国人民政治协商会议第一届全体会议通过的《中华人民共和国中央人民政府组织法》第五条确定了中央人民政府的基本机构,明确由"中央人民政府委员会……组织最高人民法院及最高人民检察署,以为国家的**最高审判机关**及检察机关。"第二十六条规定:"最高人民法院为**全国最高审判机关**,并负责**领导**和**监督**全国各级审判机关的审判工作。"

〔1〕《华北人民政府为统一各行署司法机关名称 恢复各县原有司法组织及审级的规定的通令》(1948 年 10 月 23 日),载韩延龙、常兆儒编:《革命根据地法制文献选编》(中卷),中国社会科学出版社 2013 年版,第 927—928 页。

〔2〕 北京政法学院编:《中华人民共和国审判法参考资料汇编》[(第 1 辑)(历史部分)],1956 年印行,第 364 页。

〔3〕 1950 年 11 月 22 日,中央人民政府华北事务部成立,其所属五省二市划归中央直辖,同月 28 日华北人民政府奉命结束工作。

"抓紧创立人民自己的司法制度"

1949 年 10 月 1 日,中央人民政府委员会第一次会议任命沈钧儒[1]为中央人民政府最高人民法院院长。10 月 19 日,又任命吴溉之[2]、张志让[3]为副院长,同时任命了 17 名最高人民法院委员。沈钧儒就职后,随即以原华北人民法院的组织机构和工作人员为基础,组建最高人民法院,并决定于 11 月 1 日开始办公。10 月 22 日上午 10 时,最高人民法院召开成立大会,宣告正式成立。沈钧儒、张志让、陈绍禹、朱良材、冯文彬、许之桢、李培之、费青、贾潜、陈瑾昆、吴昱恒、闵刚侯、陆鸿仪等 13 人出席会议。沈钧儒主持会议,并简要报告了最高人民法院的任务和人民司法工作的特点。他指出,最高人民法院当前

---

〔1〕 沈钧儒(1875 年—1963 年),浙江嘉兴人。早年参加辛亥革命和反对北洋军阀的斗争。1928 年任上海法科大学教务长。1932 年参加中国民权保障同盟,1935 年发起成立上海文化界救国会、上海各界救国会和全国各界救国联合会。1936 年 11 月与邹韬奋、李公朴等七人被逮捕入狱,史称"七君子"。1941 年倡议组织中国民主政团同盟(后改为中国民主同盟),任中央常务委员。新中国成立后,历任中央人民政府委员,最高人民法院院长(1954 年 10 月—1954 年 10 月),第一、二届全国人民代表大会常务委员会副委员长,第一届至第三届政协全国委员会副主席。1956 年当选为民盟中央主席。

〔2〕 吴溉之(1898 年—1968 年),湖南平江人。1924 年加入中国共产党,1925 年入黄埔军校第四期学习,1926 年参加北伐,后参加南昌起义。历任红五军第三纵队纵队长,红五军政治部主任,第一师政委,红三军团政治部组织部部长等职。红军长征到达陕北后,任中共中央党务委员会秘书、中共中央局秘书长、军委政治部组织部部长等职。抗日战争时期,历任八路军总政治部组织部部长、中共中央军委总政治部直属工作部部长、军委总政治部锄奸部部长等职。1945 年 11 月后,历任东北民主联军后勤政委兼中共通化省委书记,东北、华中军政大学副政委兼人民解放军第一所航空学校政委。新中国成立后,任最高人民法院副院长、党组书记,曾任第一届全国人大代表,第二、三、四届全国政协常委,中共中央监察委员会常委。

〔3〕 张志让(1893 年—1978 年),江苏武进人。毕业于美国哥伦比亚大学,曾任律师,东吴大学教授,复旦大学法律系主任、法学院院长。1936 年担任各界救国联合会士沈钧儒、邹韬奋等"七君子"的辩护律师。新中国成立后,历任北京大学教授、复旦大学校务委员会主任、最高人民法院副院长、中国政治法律学会副会长,任政协全国委员会常务委员。张志让是党外人士和法律专业人士,也是沈钧儒多年老友,解放后一心想献身国际共产主义运动事业,后在沈钧儒再三劝说下,才愿出任最高人民法院副院长一职。参见张志让:《一份没有交出的入党申请——张志让自传》,载《复旦学报(社会科学版)》1981 年第 4 期。

的主要任务除领导监督全国司法工作外，还要"**抓紧创立人民自己的司法制度**"。[1] 会议同时推选张志让、费青、陈瑾昆、闵刚侯、陆鸿仪5人起草最高人民法院试行组织条例。

11月9日，最高人民法院向各省法院发出《为函知本院奉命成立启用印信并调查各级审判机关情况请查照函复由》（法秘字〔1949〕127号），正文如下：

一、本院于1949年10月22日奉令成立，11月1日在北京市司法部街72号开始办公，11月2日复奉中央人民政府10月31日厅秘字第二号令，颁发本院印信一颗；文曰：《中央人民政府最高人民法院印》遵于同日启用，即请查照并转知所属一体知照！

二、本院成立伊始，一切工作亟待开展，为了解各级审判机关情况，请将贵省府会所辖各省名称、省会所在地及省法院、分院以下各级法院或兼理审判机关名称、负责人姓名及所在地函复以便联系。

三、本院未成立前，各解放区因地制宜，有已成立市县省各级人民法院者，有仍暂由各地行政部门兼理审判工作者，其组织机构、审级、权限，及审判程序颇不一致，今后全国各级审判机关之审判工作，均应受本院领导和监督，为便于这工作之计划与开展，先要了解各地区各级审判机关之情况，兹将《各级审判机关情况调查要点》检寄三份，请即惠予协助转令所属各级法院或兼理审判机关于文到后十日内逐项填报送呈本院为荷。[2]

通知发出时，老解放区（东北全部、华北大部、西北、华东部分地区）均已建立人民法院，人民解放军仍在向西南、东南地区挺进。每解放一地，都由军事管制委员会派员接管旧法院，由军法处代行司法职

---

〔1〕　当代中国研究所编：《中华人民共和国史编年（1949年卷）》，当代中国出版社2004年版，第637页。

〔2〕　《为函知本院奉命成立启用印信并调查各级审判机关情况请查照函复由》（法秘字〔1949〕127号，1949年11月9日），载最高人民法院办公厅编：《最高人民法院重要司法文献选编》，人民法院出版社2010年版，第593页。

权,同时开始筹建人民法院。[1] 12 月 20 日,《中央人民政府最高人民法院试行组织条例》经批准后印发。试行组织条例明确最高人民法院设院长 1 人,副院长 2~3 人,委员 13~21 人,由中央人民政府委员会任命。最高人民法院设民事审判庭、刑事审判庭及行政审判庭,于必要时可以设其他专门审判庭,庭设庭长 1 人,副庭长 2 人。各庭分设若干组。组设审判员 3 人,以其中 1 人为组长。各庭设主任书记员 1 人,书记员若干人。除审判庭外,最高人民法院还设办公厅、会计室、督导处、辩护室、编纂处等厅、处、室。[2]

1950 年 3 月,中央批准同意最高人民法院、司法部拟定的《京、津两市设立区人民法院试行办法》,决定在北京、天津 2 个中央直辖市所辖的市区和郊区设立人民法院,受理一审案件。4 月,天津首先设立塘沽区人民法院,9 月又设立河北、河东 2 个区人民法院,北京市则于下半年先后建立 3 个城区人民法院和 1 个郊区人民法院。[3]

到 1950 年 6 月,除解放较晚的西南地区以外,全国已建立 1566 个人民法院(其中部分为司法科),占应建立数量的 75.7%。[4] 此外,最高人民法院还先后在沈阳、西安、上海、武汉、重庆、北京设立了东北、西北、华东、中南、西南、华北 6 个分院。

与此同时,西南大部地区、中南一半地区、华东四分之一地区、西北七分之一地区还没有设立人民法院。已经设立的,组织、编制亦五花八门,审判机制和审级设置既不统一也不健全。当时,地方法院分县级(包括省辖县、市)人民法院和省级(包括省、行署、自治区、中央和大行政区直辖市)人民法院。许多省级人民法院还陆续在所辖各专

---

〔1〕 蔡定剑:《历史与变革:新中国法制建设的历程》,中国政法大学出版社 1999 版,第 26 页。

〔2〕《中央人民政府最高人民法院试行组织条例》(行政文件〔1950〕11-1 号,1950 年),载最高人民法院办公厅编:《最高人民法院重要司法文献选编》,人民法院出版社 2010 年版,第 593—594 页。

〔3〕 韩延龙主编:《中华人民共和国法制通史》(上册),中共中央党校出版社 1998 年版,第 213 页。

〔4〕 何兰阶、鲁明健主编:《当代中国的审判工作》(上册),当代中国出版社 1993 年版,第 25 页。

区设立了分院。

从当时各地法院呈报最高人民法院的请示内容来看,全国法院设置、管理体制尚不统一,大家困惑的问题主要集中在以下四个方面:**一是与上级法院和同级政府关系问题**。建政之初,各级人民法院均为各级人民政府组成部分,行政上隶属人民政府领导,但审判工作归上级人民法院还是人民政府领导,则无明确规定,如广东省人民法院即反映:"省院与省府、县院与县府、分院与专署或省院下及分院、县院,上至中南、中央司法行政部及最高人民法院,并省院与市院(中央辖)、县院与市院(省辖)之间,在行政与业务上的关系又均如何,在思想上还不够明确。"**二是审级设置问题**。多数法院不知该实行几审几级制。山东是四级三审制,华北、皖北是三级三审制。审级设置是各省内的三级加上中央成为四审制,还是只有中央、省、县三级,需要进一步明确。**三是法院组织设置问题**。尽管华北地区审判机构已统一改名为"XX 人民法院",但新解放区名称、机构仍不统一,如上海市人民法院反映,"县有设法院的,有叫司法科的;在省有设法院的,有设司法厅的;等于省的行署,有设法院的,有设司法处的",又都负责审判事务,亟须规范统一名称。**四是法院与司法行政部门的关系**。法院与司法行政部门的职能存在混淆交叉,各地普遍反映应有明确分工,各专其司。

对于上述请示包含的问题,最高人民法院、司法部都以批复形式及时答复,主要精神是:

第一,各级法院暂接受双重领导。人民法院是同级政权中的组成部分之一,应受政府委员会及其主席之领导,但在审判上,上下级法院应有垂直领导关系,一般案件的终审判决权属于最高人民法院分院,但分院对于政策性的重大或疑难案件,应事先向大行政区人民政府或军政委员会主席请示意见,或送请决定后,再以法院名义判决。日常业务的行文,可以法院名义向上请示或向下指示,但政策性的重大事件或与其他部门有关的事件,以政府名义行文为宜。

第二,审判机构统一改称人民法院。省一律设省人民法院,原仅设司法厅者,可改为省人民法院,既有省法院,又有省司法厅者,司法厅可合并于法院，省法院内设司法行政处。县司法机关可统一改称县人民法院。

第三，审级问题可以暂时灵活处理。在法院组织法未颁布前，目前一般案件，如对县（市）法院判决不服时，可向省人民法院或其分院上诉；再不服，可向最高人民法院分院上诉。最高人民法院分院即为终审机关。而某些重大案件，也可径由省法院、大行政区直属市院或最高人民法院分院受理。所以要看案件实际情况而定，不必拘泥于"三级三审制"。

第四，法院可以兼理司法行政事务。凡省（市）以下人民法院既是审判机关，也兼理司法行政，因此除在审判上受上级法院领导外，在司法行政工作上，并应受上级人民法院、大行政区司法部、直至中央人民政府司法部统一的督导。[1]

按照时任最高人民法院副院长吴溉之的说法，"由于全国解放不久，革命秩序尚在逐渐建立，应兴应革的事情，自然要按先后缓急去做。目前各地人民法院无论在组织上、在制度上是既不完整又不统一"，最重大的困难是，"各地法院组织机构不健全，干部量少质弱，案件的积压相当严重"，"无法可司，无人可用"。因此，"健全法院组织机构，充实和提高干部，努力完成清理积案"，成为亟待解决的问题。针对上述问题，中央人民政府经过周密筹划，决定召开一次全国性的司法工作会议，推动统一思想、建立制度、交流经验和解决问题。[2]司法工作会议主要任务是"彻底批判伪法律与司法制度，统一建立新的司法思想观点和政策，建立健全人民法院制度"。[3]

---

〔1〕 上述请示与答复内容，参见《最高人民法院关于审级组织领导系统诸问题的指示》（1950 年 3 月 24 日）、《最高人民法院、司法部关于审级诸问题的批复》（司示字第 89 号，1950 年 5 月 3 日）、《最高人民法院、司法部关于审判方针、各级法院、监狱编制、法院领导关系及审判管辖问题的批复》（司示字第 132 号，1950 年 6 月 22 日）。

〔2〕《人民法院审判工作报告——最高人民法院吴溉之副院长在第一届全国司法会议上的报告》（1950 年 7 月 31 日），载中央人民政府政务院秘书厅资料室编：《政府工作报告汇编》（1950 年），人民出版社 1951 年版，第 83—84 页。

〔3〕《彭真传》编写组编：《彭真年谱》（第 2 卷），中央文献出版社 2012 年版，第 124 页。

第一届全国司法会议

1950 年 7 月 26 日至 8 月 11 日，最高人民法院、最高人民检察署、司法部、法制委员会共同召开了第一届全国司法会议。[1] 中共中央和中央人民政府对这次会议十分重视。中央人民政府副主席朱德、[2] 政务院副总理兼政治法律委员会主任董必武、政务院政治法律委员会副主任彭真[3] 均到会作了讲话。[4]

会议由最高人民法院院长沈钧儒致开幕词，政务院政治法律委员会副主任兼法制委员会主任委员陈绍禹作《关于目前司法工作的几个

---

〔1〕 全国司法（工作）会议：1949 年至 1978 年的人民法院历史中，全国共召开过八次司法工作会议，时间分别在 1950 年、1953 年、1956 年、1958 年、1960 年、1962 年、1965 年和 1978 年，一般均简称"第 X 次（届）全国司法会议"，第三届改称"全国司法工作会议"，第五次改"届"为"次"。1983 年 11 月，在召开第九次会议前，时任最高人民法院院长郑天翔致信时任中央政法委书记陈丕显，提出"司法会议"名称包含范围较广，故改名为"法院工作会议"，为延续传统，当月召开的会议改称"第九次全国法院工作会议"，之后召开的法院工作会议按此排序。参见《关于召开法院院长会议有关问题给陈丕显的信》（1983 年 11 月 9 日），载《郑天翔司法文存》，人民法院出版社 2012 年版，第 72 页。

〔2〕 朱德：《朱德同志在第一次全国司法工作会议上的讲话（摘要）》，载《人民司法》1979 年第 2 期。

〔3〕 彭真（1902 年—1997 年），山西曲沃人。1923 年加入中国共产党。第二次国内革命战争时期，任中共顺直省委常委、工人部部长、代理书记，唐山市委书记，顺直省委组织部长，天津市委代理书记、书记，中共中央北方局组织部长。抗日战争时期，任中共中央北方局组织部长，晋察冀分局书记，中共中央党校教育长、副校长，中央组织部部长，中央城工部部长。解放战争时期，任中共中央东北局书记，民主联军政委，中共中央组织部部长，政策研究室主任。1945 年 8 月被增补为中央书记处候补书记。1948 年 12 月至 1955 年 6 月任中共北京市委书记。1949 年 10 月任中央人民政府委员，政务院政治法律委员会主任、党组书记，后任中央政法小组组长，北京市市长，第一、二届全国人大常委会副委员长、秘书长，第二、三、四届全国政协副主席。1955 年 6 月至 1966 年 5 月任中共北京市委第一书记。1959 年 6 月当选为中央书记处书记。1965 年 1 月当选为第三届全国人大常委会副委员长。1979 年 7 月被补选为第五届全国人大常委会副委员长，11 月兼代秘书长。是中共第七、八、十一、十二届中央委员、中央政治局委员，第五届人大常委会法制委员会主任。

〔4〕 之所以请朱德、董必武等党和国家领导人到会讲话，一定程度上是针对司法队伍中关于"司法工作无前途""司法工作不受重视"等悲观论调。参见《对参加全国司法会议党员干部的讲话》（1950 年 8 月 12 日），载《董必武法学文集》，法律出版社 2001 年版，第 45 页。

问题》的报告，最高人民法院副院长吴溉之作《人民法院审判工作报告》，最高人民检察署副检察长李六如、司法部部长史良[1]也分别作了检察工作和司法行政工作的报告。[2]　会议还邀请两位苏联专家介绍了苏联司法经验，讨论了部分法律文件草案。[3]

　　这次为期十七天的会议，统一思想认识，"划清了新旧司法制度的界限，画出了人民司法制度的轮廓"，"奠定了建立人民司法制度的思想基础"，具有划时代的意义。[4]　会议从人心向背和政权巩固的角度，强调了人民法院工作的重要意义，批判了"司法工作可有可无"的消极观点。通过对比新旧法院组织制度和审判程序，着重阐述了对人民司法制度的新要求，这对于我们理解新中国法院制度形成背后的政治考量，具有重要参考价值：

　　第一，责任形式方面。会议强调，旧法院"实行所谓三权鼎立的司法独立制和无理的法官终身制，在组织上表示自己高高在上，对人民不负责任"。而人民法院是人民政权的组织部分，院长和审判员由人民代表机关或人民政府委员会任免，并对其任免机关负责和报告工

---

〔1〕　史良（1900 年—1985 年），女，江苏常州人。1919 年参加五四运动。1931 年在上海从事律师执业，曾任上海律师公会执行委员。抗日战争期间，发起组织上海妇女界救国会，被选为理事，先后任上海文化界救国会执行委员、全国各界救国联合会常务委员。与沈钧儒、章乃器、邹韬奋、李公朴、沙千里、王造时等，因积极参加与领导抗日救亡运动被国民党政府逮捕入狱，为"七君子"之一。1938 年任全国妇女指导委员会委员兼联络委员会主任。并任第一、二届国民参政会参政员。1942 年参加中国民主政团同盟（后改称中国民主同盟），任民盟中央常委、重庆市支部组织部长。在重庆谈判中，担任民主同盟代表团顾问。1948 年在上海创建民盟华东执行部，任主任。新中国成立后，任司法部部长、全国妇联副主席、政协全国委员会副主席等职。是第一、二、三、四届全国人民代表大会常务委员会委员，第五、六届全国人大常委会副委员长；政协第一、二、三、四届全国委员会常务委员；民盟第一、二、三届中央副主席，第四、五届中央主席。

〔2〕　何兰阶、鲁明健主编：《当代中国的审判工作》（上册），当代中国出版社 1993 年版，第 28 页。

〔3〕　当时提交会议讨论的法律文件草案包括：《人民法院暂行组织法大纲》（草案，后改称《人民法院暂行组织条例》）、《人民法院试行程序通则》（草案）、《暂行刑法》（草案）、《犯人改造组织条例》（草案）和《公司法》（草案）。

〔4〕　《第一届全国司法会议综合报告——司法部史良部长在 1950 年 8 月 25 日第四十七次政务会议上的报告》，载北京政法学院编：《中华人民共和国审判法参考资料汇编》[（第 2 辑）（总类）]，1956 年印行，第 120—122 页。

作,在组织上表现为来自人民、属于人民和对人民负责。

第二,机构设置方面。会议指出,旧法院"只注重上级机构,不重视下级机构,法院机构的设置不从便利人民诉讼着想"。而人民法院不仅重视领导工作的上级机构,也很重视直接接近人民法院的下级机构,并尽量从便利人民诉讼的角度设置法院机构,如大城市人民法院下设区人民法院、省级人民法院及最高人民法院均在必要的地方设立分院或分庭等。

第三,组织原则方面。会议认为,旧法院"内部实行各自为政、互不相谋的组织原则。院长不管审判,书记长与法官对立,法官在审判独立名义下各行其是"。人民法院内部实行民主集中制原则,具体表现为:1. 实行集体领导、个人负责、互助合作等民主集中的组织办法。2. 院长领导全院审判与行政工作。3. 行政机关协助审判机关完成任务。4. 院长、审判员等组成审判委员会,讨论和决定重大疑难案件,并总结审判工作经验。

第四,审级设置方面。会议指出,旧法院实行"机械的审级制,拒绝收受越级控诉或越级上诉的案件,或将这类案件发交不能得到公平审判的法院去审判","为顾全所谓法官的威信和法院的尊严,对于处理不当的案件,也往往不愿意复审或提审"。人民法院虽确定一定审级,但并不拒绝诉讼人越级起诉、越级上诉或申诉。对疑难案件和重大案件,上级法院可向下级法院提审或抽审。

第五,审判方式方面。会议强调,旧法院是"脱离人民和官僚主义的审判方法和作风","忽视调查研究或只作形式主义调查的'坐大堂'审判"。人民法院则注重便利人民、联系人民、依靠人民和为人民服务,综合采取就地审判、巡回审判、人民陪审制、旁听发言制、公开审判制等多种形式开展审判。[1]

会议同时部署了三项重要工作:**一是建立和健全法院组织机构。**在一两年内先把未建立的法院机构建立起来,然后争取在三五年内加

---

〔1〕 以上双引号内的内容,均援引自陈绍禹:《关于目前司法工作的几个问题》(1950年7月27日),载《中央政法公报》第31期。这是作者受最高人民法院、最高人民检察署、司法部、法制委员会委托,在第一届全国司法会议上所作的报告。

以充实健全，成为有效能的法院。省以下人民法院成立审判委员会，讨论和决定重大案件，总结审判经验，以加强对审判工作的领导。**二是充实和提高干部。**"调配一定数量的老干部作骨干，大量培养新干部，大胆选用旧司法人员。"通过"提高老干部，培养新干部，改造旧司法干部"，多措并举解决干部来源问题。**三是迅速清理积案。**各级人民法院组织力量积极投入清理积案的工作，务求在一定时间内完成。

与第一届全国司法会议同步，全国民政工作会议、全国治安工作会议也陆续召开。1950 年 8 月 6 日，董必武将上述三个会议的情况向毛泽东、周恩来汇报时称："政法部门三个会议均已结束，都开得很好……治安会议着重解决划清界限、分清敌我、加强对敌斗争问题；司法会议着重解决对人民司法的认识……"〔1〕11 月 3 日，政务院印发了《加强人民司法工作的指示》。主要内容是：**第一，**各级人民政府必须切实领导和加强人民司法工作，并采取必要办法，使司法制度在全国范围内有系统地逐步地建立和健全起来。**第二，**为了正确地从事人民司法工作的建设，首先必须划清新旧法律的原则界限。目前，国家新的法律还不完备，但《共同纲领》及中央人民政府委员会、政务院、最高人民法院及其他机关所发布的许多法律、法令、指示、决定，都是人民司法工作的重要依据。**第三，**人民司法工作当前的主要任务，是镇压反动，保护人民。**第四，**必须配备一定数量的坚强干部作为骨干，教育他们重视司法工作，帮助他们提高政策水平。**第五，**今后司法经费，由国库开支；所有司法罚款、没收财产等收入，均应统一缴归国库。

按照第一届全国司法会议和政务院指示精神，各地加快了人民法院组织建设的步伐，着重建设"便利人民，联系人民，便于吸收广大群众参加活动的人民司法的组织和制度"〔2〕截至 1951 年 4 月，全国共新建人民法院 891 个，连同原来已建立的，共 2458 个。其中，最高人民法院及其分院共 6 个，省级人民法院 50 个，省分院 194 个、县级人民法院 2208 个。除西藏地区外，尚未建立司法机构的县还有 124

〔1〕《董必武年谱》，中央文献出版社 2007 年版，第 376—377 页。
〔2〕《系统地建立人民司法制度》，载《人民日报》1950 年 8 月 26 日。该文系当日《人民日报》社论。

个(约占应建法院数的 5%),其中三分之一在解放较晚的西南地区。已建立的法院机构尚有 500 多个是司法科,机构尚不健全。其他近 2000 个人民法院,多数按第一届全国司法会议的要求,设置了刑事、民事审判庭、司法行政处(科)和秘书室。在这段时间里,各地按照第一届全国司法会议确定的原则,调配了一批老干部做骨干,吸收了一大批新干部,留用了一批"旧司法人员"。截至 1951 年 6 月,全国法院干部已达 25000 余人,较 1950 年初增加了 3 倍多。[1]

《人民法院暂行组织条例》

1951 年,随着各级法院收案数量急剧上升,人民法院的组织结构和审判工作制度亟须统一。9 月 3 日,中央人民政府委员会根据《共同纲领》第十七条和《中央人民政府组织法》第五条、第二十六条、第三十条的规定,制定通过了《中华人民共和国人民法院暂行组织条例》(以下简称《人民法院暂行组织条例》),并于次日公布。

《人民法院暂行组织条例》制定之前,已经过长时间酝酿。1948 年冬,即由中共中央法律委员会根据老解放区的司法工作经验着手起草。1949 年 6 月 4 日,谢觉哉、陈绍禹就联名致信刘少奇、周恩来,建议废除"六法全书"后,应把起草《人民法院组织法暂行大纲》等"七种法律大纲"作为立法工作的当务之急。[2] 1950 年春季以来,中央人民政府法制委员会又继续研究修改,不断总结华北、东北、西北、华东、中南等地关于人民法院的工作经验,并参考了苏联的法院组织法,才完成了初稿,之后又提交第一届全国司法会议讨论,并征询了中央人民政府各有关部门和地方司法机关负责人的意见,先后提请政务院政治法律委员会与中国人民政治协商会议全国委员会常务委员会审查

---

〔1〕　何兰阶、鲁明健主编:《当代中国的审判工作》(上册),当代中国出版社 1993 年版,第 31—32 页。

〔2〕　这七种法律大纲是:人民法院组织法暂行大纲、民法大纲、刑法大纲、民事诉讼简易程序、刑事诉讼简易程序、监狱制度暂行条例、检察制度暂行条例。参见郭德宏编:《王明年谱》,社会科学文献出版社 2014 年版,第 737 页。

修正。[1]

《人民法院暂行组织条例》在总结前期经验基础上,基本确定了人民法院的组织体系、内设机构和审判工作制度。

(一)法院设置。全国设立三级人民法院,即:(1)县级人民法院,包括县(旗或其他相当于县的行政区、自治区)人民法院;省辖市人民法院;中央及大行政区直辖市的区人民法院。(2)省级人民法院,包括省(或相当于省的行政区、自治区)人民法院及其分院或分庭;中央及大行政区直辖市人民法院。(3)最高人民法院,包括它在各大行政区或其他地区设立的分院、分庭。此外,对各民族自治区域,"依其具体情况,设立相当于各该级人民政府的人民法院"。专门人民法院之设立与组织另行规定。

(二)审级制度。实行基本上的三级两审制。以县级人民法院为**基本的**第一审法院,省级人民法院为**基本的**第二审法院,**一般以二审为终审**。对省级人民法院所作的重大或疑难案件的二审判决,准许诉讼人提起**第三审上诉**。全国性重大的侵害国家利益的、侵害公共财产的及其他特别重大的刑、民事案件,由最高人民法院或其分院为**一审终审**。

(三)领导体制。"下级人民法院的审判工作受上级人民法院的**领导和监督**","各级人民法院(包括最高人民法院分院、分庭)为同级人民政府的组成部分,受同级人民政府委员会的领导和监督。"关于各级人民法院与同级人民政府的领导关系,即"垂直领导"还是"双重领导"问题,当时曾有不同意见。经过多方面研究和交换意见,暂时规定下级法院应该受上级法院和该级人民政府委员会的双重领导。主要考虑是,革命才刚刚取得胜利,政治经济和各项工作上的不平衡,短期内还难以消除,这就要求最高人民法院分院以下各级人民法院除受其上级人民法院垂直领导外,还需因地制宜受当地人民政府委员会的统

---

[1]　时任中央人民政府法制委员会代理主任委员许德珩据此作了详细说明,参见许德珩:《关于"中华人民共和国人民法院暂行组织条例"的说明》,载《人民日报》1951 年 9 月 5 日。

一领导。[1]

(四) 审判机构。 人民法院由院长、副院长、审判员组成,最高人民法院另设委员若干人,秘书长一人。组织机构设刑事和民事审判庭(最高人民法院还可设其他专门审判庭)和行政部门。省级人民法院的行政部门还掌管所辖地区的司法行政工作。

(五) 审判组织。 县级和省级人民法院设审判委员会,负责处理刑事、民事的重要或疑难案件,并且在政策上和审判原则上进行指导。受制于当时审判人员严重短缺的情况,县级人民法院以独任制为主,甚至连省级人民法院的案件也可以独任审理。县级人民法院遇有重要或疑难案件,由审判员三人合议审判,或由审判委员会决议处理。省级和最高人民法院刑、民事案件由审判员三人合议审判,但省级人民法院对于无须合议审判的案件,可由审判员一人审判。

(六) 审判工作制度。 《人民法院暂行组织条例》吸收了老解放区长期行之有效的、并且在新中国建立后继续实行的几项审判工作制度,具体包括:人民陪审制度;就地调查、就地审判、巡回审判制度;公开审判制度;法纪宣传制度,等等。

新中国成立之初,法制尚不完备,许多规范性文件都具有过渡性质,还是称"通则""大纲""条例"等,很多还加上"暂行"二字,甚至以"草案"形式试行。[2] 从当时情况来看,《人民法院暂行组织条例》只是一个过渡性质的文件,内容也不尽全面、妥当,但它第一次以国家规范性文件形式统一了各级人民法院的组织体系、内部机构、审判组织和工作制度,具有重要的历史作用。

---

〔1〕　许德珩:《关于"中华人民共和国人民法院暂行组织条例"的说明》,载《人民日报》1951 年 9 月 5 日。

〔2〕　《加强人民司法工作的若干问题》(1950 年 11 月 9 日),载陶希晋:《新中国法制建设》,南开大学出版社 1988 年版,第 11 页。本文是作者在新法学研究院和第一期司法干部轮训班上的讲话。

1952 年司法改革运动

废除"旧法统"解决了"适用什么法律"的问题，建立人民法院解决了"什么机构适用法律"的问题，接下来，还需要解决"由什么人来适用法律"的问题。建政之初，由于司法干部紧缺，各级人民法院采取了"包下来"和"量才使用"政策，吸收了许多国民党法院工作人员，内部称"留用人员"，后统称"旧司法人员"。[1] 到 1952 年，各级人民法院有工作人员 28000 余人，其中"旧司法人员"6000 余名，占总人数的22%，且大部分从事审判工作。在不少大、中城市和省级以上法院审判部门中，"旧司法人员"占多数。[2]

1951 年年底，为响应中共中央关于增产节约的号召，政务院政治法律委员会与最高人民法院、最高人民检察署、司法部、法制委员会五个机关实行合署办公。[3] 在此期间，由于办公场所不足，五机关抽调一部分力量，到各大行政区开展调查研究。调研过程中，发现司法队伍仍存在"宽大无边""程序繁琐"和"效率低下"等问题。上述情况反映到中央人民政府和政务院后，得到中央高度重视。[4]

根据五机关的调查报告和各地反映的情况，部分法院和"旧司法人员"存在的问题包括：[5] **一是作风官僚**。不少审判人员习惯"坐堂

---

〔1〕 赵春燕：《最初的理想：新中国建国初期的法制话语与实践》，法律出版社 2012 年版，第 51 页。

〔2〕 史良：《关于彻底改造和整顿各级人民法院的报告》（1952 年 8 月 13 日），载张培田主编：《新中国婚姻改革和司法改革史料：西南地区档案选编》，北京大学出版社 2012 年版，第 280 页。

〔3〕 合署办公不是合并，只是为了比较集中地处理问题，执行当时中央关于精简节约的精神，但毕竟与司法工作特有的规律不相适应，到 1952 年 10 月又恢复了各部门的独立办公。郑谦、庞松等：《当代中国政治体制发展概要》，中共党史资料出版社 1988 年版，第 25 页。

〔4〕 《论加强人民司法工作》（1953 年 4 月 11 日），载《董必武法学文集》，法律出版社 2001 年版，第 150—151 页。

〔5〕 现在看来，受时代局限，这些评价和看法也有过头与失实之处。当时带队调研的王怀安同志曾在 2010 年一次访谈中坦承这一问题。参见崔敏：《1952 年司法改革运动的回顾与反思》，载孙琬钟、杨瑞广主编：《董必武法学思想研究文集》（第 13 辑），人民法院出版社 2014 年版。

问案、提笔下判",对人民群众的申诉以"诉讼程序""法庭威严"和"官无悔办"为由留难推脱,被人民群众称为"共产党法院,国民党掌握。"[1] **二是效率低下**。积压案件的"文牍主义"和"衙门作风"仍然存在,不利于及时清理积案。[2] **三是"宽大无边"**。对"反革命分子或不法地主"的罪行判称"证据不足""并非主谋""时效已过"或"犯罪未遂",对小特务判称"命令之下,职务之内",对大特务则认为是"虽系主谋,但未动手"。[3] 由于镇压力度不够,处理进度缓慢,形成"此地释放,彼处作案;今日释放,明日作案"的态势。[4] **四是行为不端**。许多"旧司法人员"有"贪赃枉法""欺男霸女"行为。上海法院在"三反""五反"中查出的贪污人员,"旧司法人员"占百分之七十以上。[5] **五是态度抵触**。有人抱怨新政权法律太少,不如"旧法"全面系统,"人民司法,无法可司"。[6] 彭真将上述现象归结为"组织不纯、思想不纯",并据此认为,"政法部门如果不改变旧观念、旧作风和旧办法,是不能适应运动性的政法任务的"。[7]

1952 年 1 月,政务院政法分党组在中央政法各部门"三反"运动情况报给中共中央的报告中提出,"三反"运动后,在司法部门中必须开展一个清除反动的旧法观点及其残余影响的活动,改进司法工作。[8] 这一活动,又被称为**"司法改革运动"**。为做好运动的领导与组织工作,在司法部设立了中央司法改革办公室,从最高人民法院和

---

〔1〕 陶希晋:《论司法改革》,载《政法研究》1957 年第 5 期。

〔2〕《论加强人民司法工作》(1953 年 4 月 11 日),载《董必武法学文集》,法律出版社 2001 年版,第 157 页。

〔3〕 李露:《建国初期"镇反"刑事政策实施研究》,中国政法大学出版社 2011 年版,第 73—77 页。

〔4〕《中央公安部关于全国公安会议向中央的报告》(1950 年 10 月),转引自杨奎松:《中华人民共和国建国史研究(1)》,江西人民出版社 2009 年版,第 183 页。

〔5〕 魏文伯:《从司法改革问题谈起》,载《法学》1958 年第 1 期。

〔6〕《必须认真开展司法改革运动》,载《新华日报》1952 年 9 月 2 日;强世功:《法制与治理:国家转型中的法律》,中国政法大学出版社 2003 年版,第 140—141 页。

〔7〕《彭真传》编写组:《彭真年谱》(第 2 卷),中央文献出版社 2012 年版,第 281 页。

〔8〕《彭真传》编写组:《彭真年谱》(第 2 卷),中央文献出版社 2012 年版,第 250 页。

司法部抽调干部组成,由最高人民法院委员会秘书长闵刚侯[1]任主任、司法部办公厅主任王怀安[2]任副主任,主持办公室工作。[3] 8月31日,中共中央印发《关于进行司法改革工作应注意的几个问题的指示》,强调"司法改革运动,必须是从清算旧法观点入手,最后达到组织整顿之目的"。

司法改革运动最早在问题较集中的华东地区开展,随后扩展至中南、华北、东北、西北、西南等地区,前后历时九个月,到1953年2月基本结束。从实际情况来看,司法改革运动的主要内容包括四个方面:"清理旧司法人员、肃清旧法思想、纠正旧司法作风、积极发展政法教育。"[4]经过司法改革运动,全国共有5000余名"旧法观点和旧司法做法严重、不适宜人民司法工作的人"被调离法院。[5] 留在司法机关工作的"旧司法人员"约有2369人,其中1142人继续从事审判工作。

---

[1] 闵刚侯(1904年—1971年),江苏南汇(今属上海市)。1932年毕业于东吴大学法律系,之后赴日本九州帝国大学学习法律。1937年在上海从事律师执业,同年加入全国各界救国联合会,被选为常委。抗日战争时期,在重庆负责救国会工作,期间曾任重庆战时书报供应所副所长、朝阳大学教授。抗战结束后回到上海继续担任律师,1945年加入中国民主同盟,任民盟华东执行部委员。1949年出席中国人民政治协商会议第一届全体会议。新中国成立后,历任最高人民法院秘书长,司法部副部长,民盟第三届中央常委、组织部部长、秘书长。是第一、二届全国人大代表,第二届全国政协委员,第三、四届全国政协常委。

[2] 王怀安(1915年—2015年),四川自贡人。1935年考入四川大学法律系,1938年加入中国共产党,后任四川大学党总支书记,领导学生运动。1942年调陕甘宁边区高等法院,先后任推事、法庭代庭长。1946年调哈尔滨市人民法院,先后任副院长、院长,东北行政委员会司法委员会委员,东北人民政府司法部处长、秘书长。新中国成立后,先后任最高人民法院委员,司法部办公厅主任、普通法院司司长、部长助理、党组成员、党组副书记,参与起草1954年人民法院组织法。1979年后,历任最高人民法院刑二庭庭长、审判委员会委员,党组成员、副院长,最高人民法院顾问。1986年1月退休后,任最高人民法院咨询委员会主任。1988年后,受组织委托,积极调研和推动民事审判方式改革,2007年被最高人民法院授予功勋天平奖章。

[3] 熊先觉:《1952—1953年司法改革运动》,载《炎黄春秋》2012年第5期。作者当时为中央司法改革办公室秘书,负责编写工作简报。

[4] 赵晓耕、段瑞群:《1952年司法改革运动与法学界的反思:以北京市旧司法人员清理与改造为视角》,载《北方法学》2017年第2期。

[5] 何兰阶、鲁明健主编:《当代中国的审判工作》(上册),当代中国出版社1993年版,第41页。

另外还调训了 500 人,经过训练后回去继续工作。[1] 与此同时,各级人民法院从群众团体、转业军人、群众运动积极分子中择优选拔了 6000 余人充实进入法院。

对 1952 年司法改革运动,董必武的评价是,"司法改革运动使中国的司法工作踏上了新的一步,成绩很大。"[2]这一运动是废除旧法统的延续与发展,进一步确立了人民司法的司法理念,改进了司法审判作风,完善了便民诉讼制度,推动形成了新中国的司法传统。[3] 与此同时,也应当看到这场运动的局限性。在改造"旧法观点"的同时,一些正确的司法理念也受到错误批判。如"法律面前人人平等"被说成是"同敌人讲平等,为敌人服务"。司法办案中一些必要的法律程序、法律文书、法律用语被称之为"烦琐程序""法言法语"和"衙门作风",以致后来有些法院变程序为手续、重政治轻证据,损害了司法公正与群众利益。[4] 一些政治上没有严重问题的审判业务专家被调出司法机关,甚至从事与法律完全无关的工作,影响到人民法院的人才储备和专业化建设。[5]

---

〔1〕　陶希晋:《论司法改革》,载《政法研究》1957 年第 5 期。

〔2〕　《论加强人民司法工作》(1953 年 4 月 11 日),载《董必武法学文集》,法律出版社 2001 年版,第 155 页。

〔3〕　公丕祥:"董必武与建国之初司法改革运动",载《江苏社会科学》2011 年第 4 期。

〔4〕　张愍:《试论 1952 年司法改革运动》,载《法律适用》2004 年第 8 期;黄文艺:《1952 年—1953 年司法改革运动研究》,载《江西社会科学》2004 年第 4 期。

〔5〕　例如,原最高人民法院华东分院外事审判组组长、精通外语和法律的沈钧被调到火葬场做杂务,有的审判人员被派到房管处或医院做 X 光挂号登记。参见陆锦碧、铁犁:《建国初期司法改革的得失》,载郭道晖、李步云、郝铁川主编:《中国当代法学争鸣实录》,湖南人民出版社 1998 年版,第 259—276 页。

三、1954 年《人民法院组织法》

1954 年《宪法》与审判制度

1952 年底,国内战争已经结束,全国土地改革基本完成,民主改革取得积极进展,国家财政工作完全统一,召开全国人民代表会议和制定宪法的时机基本成熟。1953 年 1 月 13 日,中央人民政府委员会决定成立中华人民共和国宪法起草委员会,启动宪法起草工作。[1]

经过反复研究讨论并广泛征求意见,1954 年 9 月 20 日,第一届全国人民代表大会第一次会议通过了《中华人民共和国宪法》(以下简称 1954 年《宪法》)。9 月 21 日下午,大会根据 1954 年《宪法》,还通过了《中华人民共和国国务院组织法》《中华人民共和国人民法院组织法》(以下简称 1954 年《人民法院组织法》)《中华人民共和国人民检察院组织法》和《中华人民共和国地方各级人民代表大会和地方各级人民委员会组织法》。

1954 年《宪法》第二章第六节规定了"人民法院与人民检察院",确立了国家的基本审判制度。**一是**审判机关的性质。第七十三条明确"中华人民共和国最高人民法院、地方各级人民法院和专门人民法院行使审判权"。**二是**院长任期与法院组织法定原则。第七十四条规定"最高人民法院院长和地方各级人民法院院长任期四年。人民法院的组织由法律规定"。**三是**最高人民法院的宪法地位和上下级法院关系。第七十九条明确最高人民法院是"最高审判机关",有权"监督地方各级人民法院和专门人民法院的审判工作","上级人民法院监督下级人民法院的审判工作。"**四是**人民法院与国家权力机关的关系。第八十条规定"最高人民法院对全国人民代表大会负责并报告工作;在

---

〔1〕　秦立海:《从〈共同纲领〉到"五四宪法"——1949—1954 年的中国政治》,人民出版社 2017 年版,第 198 页。

全国人民代表大会闭会期间,对全国人民代表大会常务委员会负责并报告工作。地方各级人民法院对本级人民代表大会负责并报告工作"。

1954 年《宪法》第七十五条至第七十八条确立了人民法院应该坚持的基本制度:**一是**独立审判制度。人民法院独立进行审判,只服从法律。**二是**人民陪审员制度。人民法院审判案件依照法律实行人民陪审员制度。**三是**审判公开制度。人民法院审理案件,除法律规定的特别情况外,一律公开进行。**四是**辩护制度。被告人有权获得辩护。**五是**保障公民用本民族语言文字进行诉讼的制度。各民族公民都有用本民族语言文字进行诉讼的权利。人民法院对于不通晓当地通用的语言文字的当事人,应当为他们翻译。在少数民族聚居或者多民族杂居的地区,人民法院应当用当地通用的语言进行审讯,用当地通用的文字发布判决书、布告和其他文件。

从启动起草到最终通过的十个月间,1954 年《宪法》草案先交中央政治局委员和在京中央委员 500 多人讨论,后又经全国各大城市民主党派、各人民团体、社会各方面代表人物共 8000 多人讨论,公布后又经过三个月全民讨论,宪法起草委员会也进行了反复研讨修改。[1]针对"人民法院和人民检察院"一节的内容,中央领导与各界人士提出过很多值得深入思考的问题与建议,有的后来被 1954 年《宪法》吸收,有的至今仍未定论。

当时,围绕条文表述提出的问题有:

人民法院行使的是"审判权"还是"司法权"?[2] "审判权"该表述为"审判业务"还是"审判职权"?"独立进行审判"与民主集中制是否冲突?是"人民法院独立进行审判",还是"审判员独立行使职权"?"只服从法律"是否应该调整为"只服从宪法与法律",是否有必要增加"不受任何政权机关的干涉"?"副院长"要不要写入宪法?是否设

---

〔1〕　蔡定剑:《历史与变革——新中国法制建设的历程》,中国政法大学出版社 1999 年版,第 47 页。

〔2〕　许崇德:《中华人民共和国宪法史》(上卷),福建人民出版社 2003 年版,第 237 页。

"候补审判员"？要不要增加"专门法院"的表述,并与"地方各级人民法院"并列？"专门法院"要不要加"人民"？是"人民陪审制"还是"人民陪审员制"？……[1]

针对条文内容延伸提出的问题包括:

人民法院与司法部是什么关系？职权如何划分？人民法院"独立行使职权"要独立到什么程度？人民法院是否受人民检察院监督？监督到何种程度为宜？要不要规定下级法院向上级法院请示制度？军事审判能否作为"审判公开"原则的例外情形？哪些案件可以不公开审判？"专门法院"到底包括哪些法院？向谁报告工作？能不能仿效德意志民主共和国设立行政法院？是否有必要设置审判部长以上高级干部的"特别法庭"？人民陪审员算不算法院组成人员……[2]

1954 年 9 月 15 日,毛泽东在第一届全国人民代表大会第一次会议的开幕词上自豪地宣告:"我们正在做我们的前人从来没有做过的极其光荣伟大的事业。我们的目的一定要达到。我们的目的一定能够达到。"[3]岁月匆匆,世事变迁,七十多年转瞬即逝,宪法、人民法院组织法几经更替修订,上述问题却从未沉入历史长河,无论是理论争议,还是司法改革,它们仍在不同时期交替闪现,也启发着共和国一代代法律人的思索与探讨。

首部法院组织法起草经过

1954 年《人民法院组织法》由最高人民法院和司法部负责起草,

---

〔1〕 韩大元:《1954 年宪法制定过程》,法律出版社 2014 年版,第 152、195、248—250、371 页。

〔2〕 韩大元:《1954 年宪法制定过程》,法律出版社 2014 年版,第 153、183 页。

〔3〕《为建设一个伟大的社会主义国家而奋斗》(1954 年 9 月 15 日),载中共中央文献研究室:《毛泽东文集》(第 6 卷),人民出版社 1993 年版,第 1982 页。

最初定名为《人民法院组织条例》。政务院政治法律委员会指定了三人组成起草小组，分别是：李木庵（司法部党组书记、副部长）[1]、贾潜（最高人民法院委员、刑庭庭长）、王怀安（最高人民法院委员、司法部办公厅主任），李木庵任组长。起草这部"条例"的依据有三：**一是**正在起草的宪法草案；**二是**土地革命时期以来革命根据地的司法经验；**三是**世界各国的法制资料，重点是苏联的宪法、法院组织法。[2]

　　初稿形成后，由董必武、彭真亲自核改。之后，彭真又召集陶希晋（中央人民政府法制工作委员会副主任委员）[3]、魏文伯（司法部副

---

　　〔1〕　李木庵（1884 年—1959 年），湖南桂阳人。1905 年毕业于京师法政专门学堂，先后任广州地方检察厅检察长、闽侯地方检察厅检察长、闽侯县知事和福建督军公署秘书等职。1925 年加入中国共产党。1936 年任中共西北支部宣传委员，参与组织成立西北各界抗日救国联合会。1941 年后历任陕甘宁边区高等法院院长、检察长，陕甘宁边区参议会参议员、法律顾问和中国解放区行动纲领起草委员会委员，中共中央法律委员会委员。新中国成立后，历任中央人民政府司法部党组书记、副部长、中央法制委员会委员、中央法制委员会刑事法规委员会主任委员和全国政协委员。1955 年任最高人民法院顾问、湖南省政协副主席。第二届全国政协委员。

　　〔2〕　王怀安：《1954 年〈人民法院组织法〉起草经过》，张向阳采访整理，载孙琬钟、应勇主编：《董必武法学思想研究文集》（第 7 辑），人民法院出版社 2008 年版，第 11 页。

　　〔3〕　陶希晋（1908 年—1992 年），江苏溧阳人。1929 年中央大学法学院肄业。1932 年参与组织领导正太铁路职工运动和石家庄抗日救亡运动。1935 年加入中国共产党。历任中共石家庄工作委员会工厂支部书记、工委宣传委员，中共石家庄市委书记。抗日战争时期，历任中共正太沿线特委书记，中共晋中特委书记、晋冀地委书记、晋东地委书记。抗日战争胜利后，历任中共晋冀鲁豫中央局秘书长、华北人民政府秘书长等职。中华人民共和国成立后，历任政务院政法委员会秘书长，政务院副秘书长，中央政法干校副校长，中央人民政府法制委员会常务副主任委员，国务院机关党组成员、副秘书长兼法制局局长、参事室主任，国务院法规编纂委员会主任，中国政治法律学会常务理事、党组副书记，中共中央政法领导小组成员，全国人大常委会法制委员会副主任，中国法学会顾问等职。

部长)〔1〕、张苏(最高人民法院副院长)〔2〕等讨论修改。历时一个月才完稿。1954 年 8 月下旬，毛泽东在审阅《人民法院组织条例(草案)》等五部条例时批示："'条例'似宜改称'法'。"〔3〕9 月 20 日，中央政治局讨论两院组织法草案时，毛泽东表扬法院组织法"写得好，熨熨帖帖"，符合国情。〔4〕 这一稿经中共中央审议后，又由毛泽东秘书田家英、语言学家吕叔湘和王怀安三人共同润色文字表述、推敲标点符号。〔5〕 定稿由第一届全国人民代表大会第一次会议通过。在这次大会上，董必武当选为最高人民法院第二任院长。

---

〔1〕 魏文伯(1905 年—1987 年)，湖北新洲人。1926 年加入中国共产党。1927 年参加南昌起义。土地革命战争时期，任共青团宜昌县委常委兼组织部长，北平郁文大学地下党支部书记，北平市委秘书长，山西省委、特委委员兼秘书长、宣传部长，抗日同盟军军事委员会秘书，东北军党的工委宣传委员。抗日战争时期，出任华中第一个抗日民主政府——安徽定远县的第一任县长。解放战争时期，历任华东局群委会副书记、民运部长、秘书长。新中国成立后，历任中共中央华东局秘书长、华东检察分署检察长、华东军政委员会政法委员会副主任、党组书记、华东政法学院院长、司法部副部长、最高人民法院，司法部联合党组书记，上海市委书记、社会主义学院院长、中顾委委员、中纪委副书记、司法部部长、中央政法委委员等职。

〔2〕 张苏(1901 年—1988 年)，河北蔚县人。1927 年加入中国共产党，从事秘密革命工作。1931 年在张家口被国民党当局逮捕，出狱后参加华北抗日救亡运动。全面抗日战争爆发后，历任晋察冀边区行政委员会委员、冀察区行政公署主任等职。后任察哈尔省人民政府主席、北岳区行政公署主任、张家口市军管会主任等职。新中国成立后，历任察哈尔省人民政府主席、中共中央华北局委员、华北行政委员会副主席、最高人民法院副院长、全国人大法案委员会主任委员、全国人大常委会副秘书长、最高人民检察院副检察长等职。是中共第八届候补中央委员、中央顾问委员会委员，第一届全国政协委员、第五届全国政协常务委员，第一、二、三届全国人大常务委员。

〔3〕 中共中央文献研究室编：《毛泽东年谱(1949—1976)》(第 2 卷)，中央文献出版社 2013 年版，第 267、273 页。

〔4〕 毛泽东收到人民法院组织法和人民检察署组织法草案后，认为前者"写得好，熨熨帖帖"，后者"别别扭扭"。彭真解释说，"对检察工作我们没有经验，现在只能写成这个样子。"《彭真传》编写组编：《彭真年谱》(第 2 卷)，中央文献出版社 2012 年版，第 489 页。后经毛泽东提议，将"人民检察署"修改为"人民检察院"。参见《王桂五论检察》，中国检察出版社 2008 年版，第 433 页。

〔5〕 黄晓云：《新中国司法界的不老松——记最高人民法院原副院长王怀安》，载《中国审判》2006 年第 12 期。

首部法院组织法的主要内容

1954 年《人民法院组织法》是重要的国家机构组织法,也是确立我国司法制度的支柱性法律。[1] 它总结了新民主主义革命时期以来的工作经验,适当吸收了苏联法制成果,结合过渡时期经济、政治的发展特点,全面规定了人民法院的性质、任务、体制、组织机构、审判原则和审判工作制度,是《人民法院暂行组织条例》的"发展与提高"。[2] 它的公布与实施,推动人民法院建设进入新阶段,意味着审判工作将从配合群众运动逐步向依照法律程序办案过渡。首部人民法院组织法的主要内容是:

(一)**人民法院行使国家审判权**。1954 年《人民法院组织法》第一条规定,"中华人民共和国的审判权由下列人民法院行使:(一)地方各级人民法院;(二)专门人民法院;(三)最高人民法院。"国家审判权的行使,关乎社会主义建设事业之保障,也关系到诉讼当事人的切身利益,必须确保审判权统一行使,维护法律的权威性、统一性和严肃性。"人民法院行使国家审判权"包含三个层次:**第一**,我国公民不受任何其他机关或团体的非法审判,即使存在违法犯罪行为,也只受人民法院的合法审判,不再允许群众运动中各种自行组织的"公审",更不允许"私设公堂"。**第二**,任何公民有违法犯罪行为,都不得拒绝人民法院合法审判,没有任何规避的特权。[3] **第三**,不得设置专属于某一阶层或群体的特权法院。[4]

(二)**人民法院的任务**。1954 年《人民法院组织法》第三条确定了人民法院的任务,即:"审判刑事案件和民事案件,并且通过审判活动,

---

〔1〕 郑淑娜主编:《中华人民共和国人民法院组织法释义》,中国民主法制出版社 2019 年版,第 1 页。

〔2〕 魏文伯:《对于"中华人民共和国人民法院组织法"基本问题的认识》,上海人民出版社 1956 年版,第 3 页。

〔3〕 王怀安:《我国人民司法制度的优越性》,载《人民日报》1954 年 10 月 16 日。

〔4〕 魏文伯:《对于"中华人民共和国人民法院组织法"基本问题的认识》,上海人民出版社 1956 年版,第 6 页。

惩办一切犯罪分子，解决民事纠纷，以保卫人民民主制度，维护公共秩序，保护公共财产，保护公民的权利和合法利益，保障国家的社会主义建设和社会主义改造事业的顺利进行。人民法院用它的全部活动教育公民忠于祖国、自觉地遵守法律。"

当然，人民法院毕竟是审判机关，上述任务的完成，不能偏离人民法院的审判职责。为防止出现理解偏差，最高人民法院后来专门发文强调，"保障国家的社会主义建设和社会主义改造事业的顺利进行"是司法工作在过渡时期的总任务，但法院应该运用自己的特有职能，即"通过审判活动"来为社会主义建设服务，为国家各个时期的中心工作服务。"如果法院干部离开审判工作岗位去参加中心工作，就失去法院的特有职能，必将消弱审判工作为中心工作服务的作用。"[1]

（三）人民法院与同级政府的关系。按照 1954 年《宪法》，人民法院不再是同级人民政府的下属部门，与国家行政机关（国务院和地方各级人民政府）和检察机关都由国家权力机关产生，向它负责并报告工作，从此形成"一府两院"的政治架构。1954 年《人民法院组织法》第十四条第一款确认了上述内容。

（四）人民法院的设置与审级。1954 年《人民法院组织法》第一条第二款在基层人民法院与省级人民法院之间增设了中级人民法院，明确地方各级人民法院包括基层人民法院（下设人民法庭）、中级人民法院、高级人民法院，实行两审终审制。第二条明确，高级人民法院和专门人民法院的设置，由司法部报请国务院批准；中级人民法院和基层人民法院的设置，由省、自治区、直辖市的司法行政机关报请省、直辖市人民委员会或者自治区自治机关批准。第十一条正式将《人民法院暂行组织条例》中**基本上**的"三级两审制"调整为**确定的**"四级两审制"。第二十六条明确专门人民法院包括军事法院、铁路运输法院、水上运输法院。

（五）人民法院的审判机构、审判人员和其他人员。1954 年《人民

---

〔1〕　最高人民法院、司法部 1954 年 12 月 7 日印发的《关于学习贯彻中华人民共和国人民法院组织法的指示》（〔54〕法行字第 12556 号）。

法院组织法》规定,人民法院可以设刑事审判庭、民事审判庭或者其他有必要设的审判庭。有选举权和被选举权的年满二十三岁的公民,可以被选举为人民法院院长,或者被任命为副院长、庭长、副庭长、审判员和助理审判员,但是被剥夺过政治权利的人除外。各级人民法院按照需要可以设助理审判员。地方各级人民法院助理审判员由上一级司法行政机关任免。最高人民法院助理审判员由司法部任免。助理审判员协助审判员进行工作。助理审判员,由本院院长提出经审判委员会通过,可以临时代行审判员职务。地方各级人民法院设执行员,办理民事案件判决和裁定的执行事项,办理刑事案件判决和裁定中关于财产部分的执行事项。各级人民法院设书记员,担任审判庭的记录工作并管理其他有关事务。

(六)审判活动原则和审判工作制度。1954 年《人民法院组织法》对照《宪法》规定,确定人民法院审判案件应当遵循下列原则:人民法院依法独立审判,只服从法律;一切公民在适用法律上一律平等;民族平等。这部法律还确立了公开审判制度、辩护制度、人民陪审员制度、合议制度、审判委员会制度、审判监督制度等审判工作的基本制度。

1954 年《人民法院组织法》奠定了人民法院的基本审判制度框架,许多制度和内容延续至今,并成为中国特色社会主义司法制度的核心组成部分,具有垂范久远的里程碑意义。1954 年 11 月,最高人民法院、司法部联合召开学习和贯彻《人民法院组织法》的司法工作座谈会。董必武指出,组织法的基本精神是"便利人民",同时要建立各种制度来"防止错判,减少错判"。[1]

1954 年 12 月 7 日,最高人民法院、司法部印发《关于学习贯彻中华人民共和国人民法院组织法的指示》(〔54〕法行字第 12556 号),强调 1954 年《人民法院组织法》是"以马克思列宁主义的理论为指南,以宪法关于法院组织和活动的原则为依据,从我国当前实际情况出发,总结了我国人民司法工作的历史经验,并**正确地吸收了苏联和各人民**

---

〔1〕《认真贯彻执行法院组织法和检察院组织法》(1954 年 11 月 19 日),载《董必武选集》,人民出版社 1985 年版,第 364 页。

民主国家司法工作的先进经验**来制定的"**。那么，1954 年《人民法院组织法》和据此建立的人民司法制度，又包含哪些苏联制度因素呢？

对苏联审判模式的借鉴参考

20 世纪上半叶，中国社会经历了一系列革命与战争，政权更迭频繁，但建立现代法律体系的过程基本没有中断。从清末修律到建立"六法体系"，一直延续着移植西方资本主义国家法制的实践。[1] 新中国在废除"旧法统"的同时，中断了"西法东渐"的移植实践，并将学习对象转向苏联法制。[2]

"苏联的今天就是我们的明天。"这一当时风行全国的口号，自然也适用于司法领域，因为"我们所走的道路就是苏联走过的道路"。[3] 由于苏联是联邦制，社会主义发展阶段也超前于我国，当时秉持的借鉴原则，**一是**结合中国国情、防止生搬硬套；**二是**注重简便易行、提升立法效率。为了全面了解苏联司法制度，我国不仅邀请苏联专家来华

---

〔1〕 梁治平：《法治：社会转型时期的制度建构——对中国法律现代化运动的一个内在观察》，载梁治平编：《法治在中国：制度、话语与实践》，中国政法大学出版社 2002 年版，第 110 页。关于清末以来移植西方法律的情况，参见王健编：《西法东渐：外国人与中国法的近代变革》，译林出版社 2020 年版。

〔2〕 当时立法工作秉持的主要原则是："（1）从中国实际出发，并以《共同纲领》为依据；（2）以马列主义和毛泽东思想为指导；（3）以苏联法律为学习对象，并以国民党反动政府及其他资产阶级法律为批判对象。"陈绍禹：《关于目前司法工作的几个问题（1950 年 7 月 27 日）》，载《中央政法公报》第 31 期。

〔3〕 《关于中华人民共和国宪法草案的报告》（1954 年 9 月 15 日），载《刘少奇选集》（下卷），人民出版社 1985 年版，第 154—155 页。

介绍讲授苏联审判模式[1]，还编译了大量介绍苏联法院情况的资料。[2]

从 1951 年的《人民法院暂行组织条例》，到 1954 年《宪法》[3]和《人民法院组织法》，都借鉴参考了 1936 年通过的《苏维埃社会主义共和国联盟宪法》(以下简称 1936 年《苏联宪法》)和苏联法院组织法相关规定。[4] 相关制度包括：

---

〔1〕 从 1949 年年底到 1950 年年底，苏联专家苏达尼可夫和贝可夫来到中国，作为中央政法干部学校的法律顾问，为中国政法干部开设了"苏维埃国家和法律的基础"的讲座，系统讲授马克思列宁主义的法学理论和苏联的各项法律制度。在中央人民政府司法部司法干部轮训班上，苏达尼可夫和贝可夫作了"列宁、斯大林论法院和检察机关的法律性的问题的重要原理""关于苏联社会主义的法制和检察工作的几个问题"和"苏维埃法院的任务和审判的概念"三次学术报告。参见何勤华：《关于新中国移植苏联司法制度的反思》，载《中外法学》2002 年第 3 期。苏达尼可夫和贝可夫的报告内容节选见参见张培田：《法的历程：中国司法审判制度的演进》，人民出版社 2007 年版，第 119—121 页。

〔2〕 [苏]高里亚柯夫：《苏联的法院》，张君悌译，新华书店 1949 年版；[苏]伊凡诺夫、托陀耳斯：《苏联的人民法院》，一之译，时代出版社 1950 年版；[苏]《苏联各盟员共和国及自治共和国法院组织法》，王相之译，新华书店 1950 年版；[苏]别尔洛夫：《人民法院工作组织》，杨旭译，时代出版社 1952 年版；[苏]卡列夫：《苏维埃司法制度》，赵涵舆、王增润等译，法律出版社 1955 年版；[苏]戈尔舍宁：《苏维埃法院》，王费安译，法律出版社 1956 年版；[苏]高里亚柯夫：《苏维埃的法院是世界上最民主的法院》，陈忠诚译，上海人民出版社 1955 年版；[苏]斯维尔德罗夫：《苏联法院对于家庭的保障》，樊立堂译，光明书局 1950 年版。最高人民法院办公厅编印：《苏联法院总结审判经验的工作》，1954 年版；最高人民法院办公厅编印：《苏联法院审理刑、民事案件的程序》，1955 年版；政务院政治法律委员会办公厅编印：《苏联专门法院、专门检察署概况》，1954 年版；司法部编印：《苏联司法实务》，1951 年版；司法部司法干部轮训班印：《苏联司法工作的几个问题》，1950 年版；最高人民法院华东分院、最高人民检察署华东分署编印：《苏联专家鲁涅夫同志在华东区关于法院、检察工作演讲的记录》，1954 年版；国内杂志对苏联司法的介绍，有爱平：《苏联的司法》，载《世界知识》1934 年第 5 期；李何：《苏联人民法院的选举》，载《世界知识》1952 年第 3 期；关于苏联司法制度的译介情况，参见刘毅：《他山的石头：中国近现代法学译著研究》，中国法制出版社 2012 年版，第 100—133 页。

〔3〕 据统计，1954 年宪法草案与苏联 1936 年宪法相似部分条款有 29 条，约占 1954 年《宪法》条文总数的 28%。参见韩大元：《1954 年宪法制定过程》，法律出版社 2014 年版，第 118 页。

〔4〕 赵园媛：《论五四宪法的苏联痕迹与中国特色》，载《社会科学论坛》2011 年第 8 期。许德珩：《关于"中华人民共和国人民法院暂行组织条例"的说明》，载《人民日报》1951 年 9 月 5 日。

第一，关于法院性质和审级设置。1936 年《苏联宪法》第一百零二条规定，"苏联最高法院、加盟共和国最高法院、边区法院和省法院、自治共和国和自治省法院、州法院，依照苏联最高苏维埃决议设立的苏联专门法院、人民法庭，行使苏联的审判权。"1954 年《宪法》第七十三条的表述与之相似，规定"中华人民共和国最高人民法院、地方各级人民法院和专门人民法院行使审判权"。因苏联是联邦制国家，而我国是单一制国家，所以在审级设置上也有所区别。1951 年《人民法院暂行组织条例》曾仿效苏联实行**"三级两审制"**，到 1954 年《人民法院组织法》时又改为**"四级两审制"**，并延续至今。

第二，关于人民法院的宣传教育任务。苏联十分重视法院审判活动对人民群众的宣传教育作用。"法院时常到工矿企业、国营农场、集体农场和人民群众中审理案件……像一个巨大的学校，教育到庭者遵守并尊重法律。"[1]建国之初，人民法院就把宣传教育作为工作方法和政治任务，看作"帮助法令政策推行的一个重要环节"，综合运用"组织通讯报导、广播、讲演、说书、演唱、墙报等方式"，教育人民知法守法。[2] 正确的审判，也被视为"教育人们的有力工具"。[3]《人民法院暂行组织条例》第三条第四款规定："人民法院应以审判及其他方法，对诉讼人及一般群众，进行关于遵守国家法纪的宣传教育。"1954年《人民法院组织法》设置专款规定了上述内容。[4]

第三，关于人民陪审员制度。1936 年《苏联宪法》第一百零三条规定："各级法院审理案件，除法律有专门规定的情况外，一律在人民陪审员参加下进行。"1954 年《宪法》第七十五条将"人民法院审判案件依照法律实行人民陪审员制度"作为审判基本原则。1954 年《人民法院组织法》第八条、第九条规定第一审案件原则上采取陪审合议制，

---

〔1〕 ［苏〕高里亚柯夫：《苏联的法院》，张君悌译，新华书店 1949 年版，第 83—84 页。

〔2〕 沈钧儒：《人民法院工作报告》（1950 年 6 月 17 日），载《人民日报》1950 年 6 月 18 日。

〔3〕 张志让：《宪法颁布后的中国人民法院》，载《政法研究》1954 年第 4 期。

〔4〕 1954 年《人民法院组织法》第三条第二款规定："人民法院用它的全部活动教育公民忠于祖国、自觉地遵守法律。"1979 年《人民法院组织法》第三条第二款规定："人民法院用它的全部活动教育公民忠于社会主义祖国，自觉地遵守宪法。"

由审判员与人民陪审员共同审理。[1]

第四,关于审判公开制度、辩护制度和使用本民族语言参与诉讼制度。1936年《苏联宪法》第一百一十一条规定:"苏联各级法院审理案件,除法律有特别规定外,一律公开进行,并保证被告人的辩护权。"第一百一十条规定:"诉讼用本加盟共和国、自治共和国或自治省的语言进行,保证不通晓该语言的当事人经过翻译了解案件内容,且有权用其本民族语言在法院陈述"。这些内容都体现在1954年《宪法》与《人民法院组织法》中。

第五,关于设立专门人民法院。苏联设置有军事法院、铁路运输沿线法院、水上运输沿线法院等专门法院。1953年召开的第二届全国司法会议决定借鉴苏联经验,逐步建立工矿区和水运、铁路沿线的专门法院(庭)。到1953年下半年,先后在鞍钢、西北建筑工程局、玉门油矿、淄博矿区、天津铁路局等工矿、铁路沿线建立了专门法庭。[2]1954年《宪法》起草期间,苏联法学专家建议"专门的法庭不应该被称为特别法庭"。[3] 宪法正文最终采用"专门人民法院"表述,而非"特别法院"。1954年《人民法院组织法》第二十六条明确专门人民法院包括军事法院、铁路运输法院、水上运输法院。第二十七条明确"专门人民法院的组织由全国人民代表大会常务委员会另行规定"。

第六,关于审判员选任和独立审判原则。在审判员的选任和职权方面,1954年《宪法》和《人民法院组织法》并未照搬苏联模式。按照1936年《苏联宪法》第一百零九条、第一百一十二条的规定,苏联审判员必须经过"普遍、平等、直接、无记名投票的选举"产生,每届任期五年。"**审判员独立**,只服从法律。"之所以这么规定,是因为苏联已有较

─────────────────────

〔1〕 1954年《人民法院组织法》第八条规定:"人民法院审判第一审案件,实行人民陪审员制度,但是简单的民事案件、轻微的刑事案件和法律另有规定的案件除外。"第九条第二款规定:"人民法院审判第一审案件,由审判员和人民陪审员组成合议庭进行,但是简单的民事案件、轻微的刑事案件和法律另有规定的案件除外。"

〔2〕 何兰阶、鲁明健主编:《当代中国的审判工作》(上册),当代中国出版社1993年版,第63页。

〔3〕 沈志华主编:《俄罗斯解密档案选编·中苏关系》(第5卷,1954.2—1955.7),东方出版中心2015年版,第33—34页。

发达的高等法学教育体系，能够按照高学历、高标准选任审判员，并有常态化的审判业务培训机制。[1] 1950 年 7 月，时任最高人民法院副院长吴溉之就在报告中坦承："我们人民法院的审判员，将来也是要**循着这个方向走的**，但是目前还不具备这种条件，还不可能这样做。目前我们各级人民法院院长和审判员，应该是由各级人民代表机关或各级人民政府委员会任免。"[2] 另外，考虑到我国法院坚持的是集体领导原则，实行民主集中制，所以 1954 年《宪法》和《人民法院组织法》最终使用的表述是"人民法院独立进行审判，只服从法律"，侧重发挥集体领导的作用。[3]

第七，关于人民法院报告工作制度。1954 年《宪法》结合新中国成立后的探索实践，明确"最高人民法院对全国人民代表大会负责并报告工作；在全国人民代表大会闭会期间，对全国人民代表大会常务委员会负责并报告工作。地方各级人民法院对本级人民代表大会负责并报告工作"。报告人主要是各级人民法院院长，面向的是经选举产生的人大代表。比较而言，苏联采取的是审判员工作报告制度，即由各级人民法院审判员向其辖区的选民或居民报告工作，报告地点主要在辖区的工厂、企业、机关、团体、集体农场等地。[4]

总体上看，我国借鉴或移植的苏联司法制度，具有一定先进性。如独立进行审判、审判公开、辩护制度等，尽管引入乃至后续适用时，都曾有不同声音，但都代表了正确方向，有利于司法公正与人权保障。相反，如"同志审判会"等制度就显然不合国情，几经推广未果，最终不

---

〔1〕 王怀安：《苏联司法干部是优秀的，干部工作的经验是丰富的》，载《政法研究》1955 年第 6 期。

〔2〕 《人民法院审判工作报告——最高人民法院吴溉之副院长在第一届全国司法会议上的报告》（1950 年 7 月 31 日），载中央人民政府政务院秘书厅资料室编：《政府工作报告汇编》（1950 年），人民出版社 1951 年版，第 85 页。

〔3〕 何勤华：《关于新中国移植苏联司法制度的反思》，载《中外法学》2002 年第 3 期。

〔4〕 史良：《对苏联司法工作的几点体会》，载《政法研究》1955 年第 6 期。

了了之。[1] 1954 年《人民法院组织法》对照苏联法院组织法,规定了军事法院、铁路运输法院、水上运输法院等,但苏联却在同一时期撤销了铁路、水运法院,只保留了军事法院。[2] 此外,当时规定第一审案件全部适用陪审合议制,也被认为过于理想化。实践证明,凡是经得住历史检验和国情实践的,最终都成为我国宪法法律制度的重要组成部分,反之则在后来历次法律修改和司法改革中,逐步被调整校正。

首部法院组织法的贯彻实施

1954 年《人民法院组织法》通过后,国务院批准增加了人民法院的干部编制,到 1955 年全国法院约有 35000 余人。1955 年 1 月起,各级人民法院开始按照合议制审理案件,并陆续成立审判委员会。1955 年 7 月,全国已经开过人民代表大会的地方,都已依法选举了同级人民法院院长,各项审判制度开始有序运行。[3]

针对当时法制尚不健全的情况,从 1954 年年底到 1956 年 2 月,最高人民法院积极开展总结审判经验活动。在时任副院长马锡五、张志让分别主持下,逐步统一了全国各级人民法院的民事、刑事审判程序和量刑规则,也为国家立法机关日后起草刑法、刑事诉讼法、民事诉讼

---

〔1〕　1953 年 4 月印发的《第二届全国司法会议决议》曾要求"在领导较强的国营工矿企业中,应重点试建同志审判会"。这一制度主要是学习苏联,同志审判会作为职工群众自己组织起来的自我教育机构,"受所在工矿企业工会和所在地法院的指导,主要任务是处理有关劳动、生产纪律的案件,轻微的责任事故和盗窃案件,以及职工群众间的纠纷",重点解决企业内部的劳动纪律问题。对于被教育者,"其制裁、教育方法一般是:当众批评、认错道歉、警告以及向生产企业行政领导提出记过、降薪、降职、撤职或开除等行政处分建议"。由于新中国成立初期政治运动较多,部分同志审判会逐步演变成情绪汹涌的批斗会,一些刑事、民事案件也不宜由职工自行处理,后逐渐不再实行。

〔2〕　[荷]V. 伯格、[加]Y. 鲁瑞:《苏联的专门法院:性质与活动》,魏新译,载《国外社会科学》1983 年第 9 期。

〔3〕　何兰阶、鲁明健主编:《当代中国的审判工作》(上册),当代中国出版社 1993 年版,第 60 页。

法提供了精心提炼、翔实可靠的资料。[1] 除了总结审判经验，最高人民法院还解答和处理了下级人民法院大量与审判案件有关的法律问题的请示，并编印《法院工作简报》，指导下级人民法院正确执行政策、法律。

1955 年 5 月，最高人民法院与司法部联合召开司法座谈会，检查和研究深入贯彻 1954 年《人民法院组织法》，研究改善审判作风问题。会议要求认真执行组织法规定的各项审判工作制度，纠正"先入为主"的做法，加强上级人民法院对下级人民法院的监督，帮助下级人民法院改进审判工作和作风。董必武在与各省市人民法院院长谈话时，针对当时正在进行的"肃清反革命分子运动"，专门谈到镇压反革命与贯彻执行法院组织法的关系，认为二者并"没有矛盾"，必须按照"正确、合法、及时"的要求开展审判工作。[2]

到 1956 年 2 月召开第三届全国司法工作会议时，经时任全国人大常委会副委员长彭真概括总结，**"以事实为依据，以法律为准绳"** 成为人民法院审判工作遵循的基本原则。各级人民法院结合"正确、合法、及时"的要求，不断改进审判作风，完善审判制度。广大法院干部奋发向上，辛勤工作，钻研业务，蔚然成风，从上到下呈现出一派朝气蓬勃的精神面貌，准备迎接国家经济发展与法制建设的新高潮。

---

〔1〕 1957 年 6 月 29 日，全国人大常委会在《关于〈中华人民共和国刑法草案（初稿）〉草拟经过和若干问题的说明》中，就将最高人民法院的《关于刑事案件的罪名、刑种和量刑幅度的初步总结（初稿）》列为起草刑法的重要依据材料之一。

〔2〕 《改善审判作风》（1955 年 6 月 15 日），法律出版社 2001 年版，载《董必武法学文集》，第 253—254 页。

第二讲 | 司法改革（上）：时代动力与历史阶段

> 一定要有一批大无畏的不惜以身
> 殉职的检察官和法官维护社会主义法
> 制的尊严。
>
> ——叶剑英

> 法律的神圣、法治的理想、司法的
> 作用，成就了我们这个星球井然有序的
> 生活。
>
> ——肖扬

> 只有正义和法律，才是国家值得尊
> 敬的基石。
>
> ——[奥]斯蒂芬·茨威格

　　改革开放作为"中国的第二场革命"，深刻影响了中国社会。1978 年以来，以党的十一届三中全会为标志，中国开启了改革开放的历史征程，从农村到城市，从试点到推广，从计划经济到市场经济，从经济体制改革到全面深化改革，中国特色社会主义制度逐步形成，并朝着更加成熟更加定型的方向不断发展。在此过程中，人民法院经过恢复重建、机制完善，逐步走向理念重塑、体制变革，从早期审判方式改革的探索试水，到不断朝着"深水区"涉险滩、闯难关，司法体制改革最终成为全面深化改革、全面依法治国的重要组成部分，迈上了在法治轨道上全面建设社会主义现代化国家的新征途。本讲着重回顾这一段波澜壮阔的历史，为下一讲从政治逻辑、决策机制和方法论层面的解析做好铺垫。

依循不同标准,对人民法院司法改革的历史阶段亦有不同划分模式,如以历任最高人民法院院长任期为历史节点〔1〕、以法院五个"五年改革纲要"为时间线索〔2〕、以司法改革与政法改革为领域界限〔3〕、以党的历次全国代表大会为政治坐标,等等。综合考虑司法改革在党和国家发展发展战略中的定位、改革的政治动员力度、改革的具体落实成效、改革成果在立法中的体现等多重因素,本讲将中国司法改革划分为三个历史阶段:推进民主法制建设阶段(1979 年—1996 年)、实施依法治国战略阶段(1997 年—2012 年)、全面建设法治中国阶段(2013 年—至今),并在介绍法制恢复重建历程、司法改革时代动力之后,分别阐述之。

一、1979 年《人民法院组织法》

七部重要法律之一

1979 年春天,**"民主与法制"**成为党和国家领导人讲话中频繁出现的高频词汇。刚刚结束的中国共产党十一届三中全会,决定停止使用"以阶级斗争为纲"的错误口号,把工作重心转移到社会主义现代化建设上来,并认真讨论了民主与法制问题。会议公报指出:

为了保障人民民主,必须加强社会主义法制,使民主制度化、法律

---

〔1〕 可以按江华院长任期内(1975 年 1 月—1983 年 6 月)、郑天翔院长任期内(1983 年 6 月—1988 年 4 月)、任建新院长任期内(1988 年 4 月—1998 年 3 月)、肖扬院长任期内(1998 年 3 月—2008 年 3 月)、王胜俊院长任期内(2008 年 3 月—2013 年 3 月)、周强院长任期内(2013 年 3 月—2023 年 3 月)、张军院长任期为(2023 年 3 月至今)划分为不同阶段。

〔2〕 可以分为"一五改革纲要"时期(1999 年—2003 年)、"二五改革纲要"时期(2004 年—2008 年)、"三五改革纲要"时期(2009 年—2013 年)、"四五改革纲要"时期(2014 年—2018 年)和"五五改革纲要"(2019 年—2023 年)时期 5 个阶段。

〔3〕 黄文艺:《新时代政法改革论纲》,载《中国法学》2019 年第 4 期。

化,使这种制度和法律具有稳定性、连续性和极大的权威,做到有法可依,有法必依,执法必严,违法必究。从现在起,应当把立法工作摆到全国人民代表大会及其常务委员会的重要日程上来。检察机关和司法机关**要保持应有的独立性**;要忠实于法律和制度,忠实于人民利益,忠实于事实真相;要保证人民在自己的法律面前人人平等,不允许任何人有超于法律之上的特权。[1]

1979 年 2 月 15 日,时任中共中央副主席、全国人大常委会委员长叶剑英在接见新华社记者时谈到,"健全法制以保障人民民主",已是当务之急。"检察机关和法院……一定要保持应有的独立性,一定要有一批大无畏的不惜以身殉职的检察官和法官维护社会主义法制的尊严。"[2]叶剑英这番话,来自对"文化大革命"(以下简称"文革")破坏法制教训的深刻反思。"文革"伊始,在"砸烂公、检、法"口号的煽动下,冲砸司法机关之风在全国蔓延,1954 年《人民法院组织法》等关于国家机构的法律被弃之不顾。[3] 到 1967 年 1 月,全国法院的组织机构已基本瘫痪,审判工作完全停顿,绝大多数审判人员被调离或下

---

〔1〕《中国共产党第十一届中央委员会第三次全体会议公报》(1978 年 12 月 22 日通过),载全国人大常委会办公厅、中共中央文献研究室编:《人民代表大会制度重要文献选编》(二),中国民主法制出版社、中央文献出版社 2015 年版,第 377 页。

〔2〕叶剑英:《尽快完善我国的法制》(1979 年 2 月 15 日),载全国人大常委会办公厅、中共中央文献研究室编:《人民代表大会制度重要文献选编》(二),中国民主法制出版社、中央文献出版社 2015 年版,第 386—387 页。

〔3〕直到 1987 年 11 月 24 日,第六届全国人大常委会第二十三次会议通过的《全国人民代表大会常务委员会关于批准法制工作委员会关于对 1978 年底以前颁布的法律进行清理情况和意见报告的决定》,才正式宣布 1954 年《人民法院组织法》因"已有新法代替"而失效。

放,无数干部群众被非法设立的"专案机构"审查迫害。[1]"文革"结束后,从党和国家领导人到普通民众,都强烈意识到,一旦司法机关缺位、法制保障缺失,社会秩序将荡然无存,基本人权将受到严重侵害。

从"无法无天"到"人心思法",首先就得实现"有法可依"。1979年2月13日,第五届全国人大常委会第六次会议决定设立全国人大常委会法制委员会,协助常委会加强法制工作,由刚刚恢复工作的彭真任主任,委员会成员包括胡乔木、谭政、王首道、史良、安子文、杨秀峰、沙千里、董其武、刘斐、胡愈之、荣毅仁、费孝通、季方、雷洁琼、胡启立等。法制委员会刚一成立,就按照邓小平关于"有比没有好,快搞比慢搞好"的讲话精神,先抓条件比较成熟、现实迫切急需的七部法律的起草工作。这七部法律分别是:全国人大和地方各级人大选举法、地方各级人大和地方各级政府组织法、法院组织法、检察院组织法、刑法、刑事诉讼法、中外合资经营企业法。新中国历史上效率最高、规模最大的一次集中立法工作就此拉开帷幕。

之所以"效率最高",除了上上下下一致重视,主要因为前期已有基础。七部重要法律中,只有中外合资经营企业法是"从无到有"。法院组织法、检察院组织法等四部国家机构方面的法律,早在1953年到1954年期间就已制定发布,主体内容仍能适用,结合实际情况修改完善即可。刑法在"文革"前已起草三十三稿,刑事诉讼法也于1963年就形成草案初稿。如果没有上述扎实的基础性工作,很难在三个月时间内,完成这么多重要立法的起草。[2]

---

〔1〕 陈光中等:《中国现代司法制度》,北京大学出版社2020年版,第133页;何兰阶、鲁明健主编:《当代中国的审判工作》(上册),当代中国出版社1993年版,第130页;在1970年8月22日关于"宪法修改稿"的讨论中,有人提出要取消人民法院,与公安机关合并,但也有意见认为从国际影响考虑,暂时保留法院系统更为妥当。1975年《宪法》采纳了后一种意见。参见许崇德:《中华人民共和国宪法史》(下册),福建人民出版社2003年版,第309页。检察机关在"文革"期间也遭到严重破坏,各级检察机关自1968年后被陆续撤销,1975年《宪法》第二十五条甚至规定"检察机关的职权由各级公安机关行使"。参见刘方:《新中国检察制度概略》,法律出版社2013年版,第225页。

〔2〕 王汉斌:《王汉斌访谈录:亲历新时期社会主义民主法制建设》,中国民主法制出版社2012年版,第11—12页。

按照分工,法院组织法由最高人民法院牵头起草,形成初稿后,再送法制委员会修改。早在 1979 年年初,最高人民法院就已着手相关调研工作。2 月 3 日,时任院长江华[1]签发了最高人民法院党组就修改 1954 年《人民法院组织法》向中央的报告,并附修正草案与说明,之后又根据形势需要提供了补充说明。最高人民法院党组提出的主要修改意见是:**第一**,在"人民法院独立进行审判"之后,增加规定"不受任何机关、团体或个人的干涉"。**第二**,在一切公民"适用法律一律平等"之后,增加规定"不允许有任何特权和歧视"。**第三**,在"人民法院的组织和职权"中,增加规定"最高人民法院对于在审判过程中如何具体应用法律、法令的问题,进行解释"。**第四**,除民事、刑事审判庭外,规定中级、高级人民法院可以设"经济审判庭"。[2] 当时的普遍看法是,1954 年《人民法院组织法》"比较成熟",多数内容可以继续沿用,不需要大篇幅修改。[3] 在后续讨论过程中,最高人民法院党组提出的第二、三、四项意见均被法院组织法草案吸收,[4]第一项意见虽暂时搁置,但之后被 1982 年制定的新宪法吸收,[5]1983 年又以修正方式纳入法院组织法。

---

[1] 江华(1907 年—1999 年),湖南江华人,瑶族。1925 年加入中国共产党。1927 年 5 月任中共湖南特委交通员,后任中共萍乡县委书记、茶陵县委书记,红四军前委秘书、秘书长兼军政治部秘书长,闽西特委秘书长,红三军团随营学校政委,红五军一师三团政委、师政治部主任。1934 年任红三军团直属处政治处主任,参加了长征。后历任军委警卫团政委,红二十八军政治部主任,军委四局局长。1939 年后,任山东纵队政治部主任,苏胶纵队司令员兼政委,山东纵队二旅政委,山东军区政治部主任。抗日战争胜利后,历任中共安东省工委副书记,辽宁省委第二书记,辽东军区第二政委,辽东分局组织部长兼社会部长,安东省委书记。新中国成立后,历任中共杭州市委书记兼市长,浙江省委副书记、第一书记,南京军区政委,第四、五届全国人大当选为最高人民法院院长(1975 年—1983 年)。是中共第八届中央候补委员、第十一届中央委员,中共中央顾问委员会常务委员。

[2] 《彭真传》编写组:《彭真传》(第 4 卷),中央文献出版社 2012 年版,第 1316 页。

[3] 《彭真传》编写组编:《彭真年谱》(第 5 卷),中央文献出版社 2012 年版,第 22 页。

[4] 1979 年《人民法院组织法》将"不允许有任何特权和歧视"中的"歧视"删去,表述为"不允许有任何特权"。不过,2018 年修订人民法院组织法时,在第五条"人民法院审判案件在适用法律上一律平等,不允许任何组织和个人有超越法律的特权"之后,增加了"禁止任何形式的歧视"。法院组织法在近四十年后,终于增加了禁止歧视的内容。

[5] 1982 年《宪法》第一百二十六条:"人民法院依照法律规定独立行使审判权,不受行政机关、社会团体和个人的干涉。"

1979 年 6 月 7 日,七部法律草案被提交第五届全国人大常委会第八次会议审议。按照彭真的说明,法院组织法、检察院组织法"都是在1954 年制定的法院、检察院组织法的基础上修改的"。法院组织法"修改较少,除了重申法院独立进行审判,只服从法律等原有的重要规定以外,还在基本任务、辩护制度、人民陪审和对已发生法律效力的错案纠正等问题上,作了若干补充和修改"。[1]

7 月 1 日,第五届全国人大第二次会议通过七部法律。作为我国第二部法院组织法,1979 年《中华人民共和国人民法院组织法》(以下简称 1979 年《人民法院组织法》)于 1980 年 1 月 1 日正式施行。由于首部人民法院组织法是 1954 年 9 月制定的,所以 1979 年《人民法院组织法》不能称作**"重新制定"**,规范表述是经第五届全国人大第二次会议**"重新修订并颁布施行"**。[2]

第二部法院组织法的内容

1979 年《人民法院组织法》共四十二条,比 1954 年《人民法院组织法》多出两条,结构仍保持"总则""人民法院的组织和职权"和"人民法院的审判人员和其他人员"三章,但章内不再分节。法院组织、组成人员和管理体制方面,审级继续保持四级两审;审判组织形式仍以合议制为主,第一审案件原则上采取陪审合议制;各级人民法院由院长、副院长、庭长、副庭长、审判员组成,根据需要设助理审判员;司法行政工作还是由司法行政机关管理。与 1954 年《人民法院组织法》相比,主要内容没有变化。

值得注意的是,1979 年《人民法院组织法》发布实施后,官方宣传解读的重心,多集中于其保留的两条基本原则,即"人民法院独立进行审判,只服从法律"和公民"在适用法律上一律平等"。其实,1954 年

---

〔1〕《关于七个法律草案的说明》(1979 年 6 月 26 日),载彭真:《论新时期的社会主义民主与法制建设》,中央文献出版社 1989 年版,第 10—11 页。

〔2〕《关于人民法院组织法修改的过程、指导思想、基本原则和主要内容》,载郑淑娜主编:《中华人民共和国人民法院组织法释义》,中国民主法制出版社 2019 年版,第 15 页。

《人民法院组织法》当年写入这两条，主要还是参照了苏联法律规定，观念上略超前于当时的法治观念。[1] 不仅通过后存在争议，在后来历次政治运动中，这两条都被指责为"以法抗党""向党闹独立"的"超阶级观点"和"资产阶级观点"。[2] 经历了"文革"的切肤之痛，人们才充分意识到，1954 年《宪法》和《人民法院组织法》确立的这两项基本原则不仅至关重要，也是加强社会主义民主和法制建设的必要措施。[3]

正是基于对"文革"教训的深刻反思，除前述最高人民法院党组所提修改建议外，1979 年《人民法院组织法》增补的其他内容，也主要侧重于加强司法人权保障，具体包括：**第一，**在关于人民法院任务的规定中，补充了"保护公民私人所有的合法财产，保护公民的人身权利、民主权利和其他权利"。**第二，**将被告人"有权获得辩护"单列为一条，将之前的"**可以**委托律师为他辩护"修改为"**有权**委托律师为他辩护"。**第三，**明确审判委员会实行"民主集中制"，将检察权"**有权列席**"审判委员会修改为"**可以列席**"。**第四，**增加了关于"各级人民法院对于当事人提出的对已经发生法律效力的判决和裁定的申诉，应当认真负责处理"的规定。**第五，**为防止出现冤错案件，补充规定"人民法院对于人民检察院起诉的案件认为主要事实不清、证据不足，或者有违法情况时，可以退回人民检察院补充侦查，或者通知人民检察院纠正"。严格意义上讲，前述部分内容规定在诉讼法中就可以了，而且在同批通过的刑事诉讼法中皆有体现，但是，在深刻总结反思"文革"教训的历史背景下，将这些内容写入人民法院组织法既体现了立法机关对司法人权问题的重视，更是一种政治宣示："法制建设的春天到了。"[4]

---

〔1〕 何勤华：《关于新中国移植苏联司法制度的反思》，载《中外法学》2002 年第 3 期。

〔2〕 陆锦碧、铁犁：《建国初期要不要及时制定法典的争议》，载郭道晖、李步云、郝铁川主编：《中国当代法学争鸣实录》，湖南人民出版社 1998 年版，第 101 页。

〔3〕 王汉斌：《王汉斌访谈录：亲历新时期社会主义民主法制建设》，中国民主法制出版社 2012 年版，第 22—23 页。

〔4〕 沈国明等：《法治中国道路探索》，上海人民出版社 2017 年版，第 90 页。

法院组织法的三次修正

1979 年《人民法院组织法》通过后,经历过 1983 年、1986 年、2006 年的三次修正,但调整的内容不多,到 2018 年才全面修订。[1] 前三次具体修正情况如下:

(一)第一次修正(1983 年)

1979 年《人民法院组织法》实施三年后,第五届全国人民代表大会第五次会议通过了《中华人民共和国宪法》(以下简称 1982 年《宪法》),调整完善了 1954 年《宪法》中涉及依法独立行使审判权的部分表述。1982 年 7 月,中共中央、国务院决定,人民法院的司法行政工作由人民法院自己管理。《中华人民共和国民事诉讼法(试行)》(以下简称《民事诉讼法(试行)》)也于 1982 年 10 月 1 日开始试行。此外,随着社会主义民主和法制建设不断深入,对审判机构、审判组织和审判人员也提出了新的更高要求。针对上述情况,经最高人民法院与全国人大常委会法制委员会共同研究,决定推动修正 1979 年《人民法院组织法》部分条文。

1983 年 9 月 2 日,第六届全国人大常委会第二次会议通过了《关于修改〈中华人民共和国人民法院组织法〉的决定》,对法院组织法作出下述修改:

第一,增加独立审判不受干涉的内容。将原第四条规定的"人民法院独立进行审判,**只服从法律**"修改为"人民法院依照法律规定独立行使审判权,**不受行政机关、社会团体和个人的干涉**"。新条文同原来的规定意思一样,但含义更为确切,也与 1982 年《宪法》第一百二十六条的表述一致。在 1982 年《宪法》起草过程中,"只服从法律"的表述被认为没有体现出人大对法院的监督和党的领导,"是不确切的,有点绝对化"。[2]

---

〔1〕 因 2018 年之前的修改篇幅均不大,故每次修正后的组织法仍统称 1979 年《人民法院组织法》。

〔2〕 肖蔚云:《我国现行宪法的诞生》,北京大学出版社 1986 年版,第 79 页。

第二,第一审不再以陪审合议制为原则。《民事诉讼法(试行)》已规定第一审民事案件的合议庭可以单独由审判员组成,也可以由审判员和人民陪审员共同组成。1982年《宪法》也已不再规定实行陪审制度。所以,修正后的法院组织法不再强调第一审案件以陪审合议制为原则,并相应删去原第九条关于"人民法院审判第一审案件实行人民陪审员陪审的制度,但是简单的民事案件、轻微的刑事案件和法律另有规定的案件除外"的内容,体现了对审判实际实事求是的态度。

第三,下放部分罪名的死刑核准权。原第十三条规定,死刑案件由最高人民法院判决或者核准。但是,1979年1月以来,由于经济转轨、社会转型和利益格局调整等复杂原因,社会治安恶化,杀人、强奸、抢劫等重大恶性犯罪频发。面对严峻的治安形势,中共中央决定以大、中城市为重点,大力整顿社会治安。[1] 1981年6月,第五届全国人大常委会第十九次会议作出决定,在1981年至1983年内,对犯有杀人、抢劫、强奸、爆炸、放火、投毒、决水和破坏交通、电力等设备的罪行需要判处死刑的,由省、自治区、直辖市高级人民法院判决或者核准。在社会治安问题仍然严重的情况下,1983年8月,中共中央决定,在全国范围内开展严厉打击严重刑事犯罪活动的斗争(以下简称"严打"斗争)。第六届全国人大常委会第二次会议随后通过了《关于严惩严重危害社会治安的犯罪分子的决定》和《关于迅速审判严重危害社会治安的犯罪分子的程序的决定》。

为了与前述几个决定保持一致,组织法原第十三条被修改为:"死刑案件除由最高人民法院判决的以外,应当报请最高人民法院核准。杀人、强奸、抢劫、爆炸以及其他严重危害公共安全和社会治安判处死刑的案件的核准权,最高人民法院在必要的时候,得授权省、自治区、

---

〔1〕　1979年《刑法》尚未正式施行,第五届全国人大常委会第十三次会议即于1979年11月作出决定,"在1980年内,对杀人、强奸、抢劫、放火等严重危害社会治安的现行刑事犯罪分子判处死刑案件的核准权,由最高人民法院授权给省、自治区、直辖市高级人民法院行使"。据此,最高人民法院于1980年3月18日印发《关于对几类现行犯授权高级人民法院核准死刑的若干具体规定的通知》,将上述案由中犯有严重罪行应当判处死刑的案件,授权各高级人民法院核准。

直辖市的高级人民法院行使。"至于反革命案件和贪污等严重经济犯罪案件判处死刑的,仍应报请最高人民法院核准。

第四,不再规定司法行政工作管理主体。原第十七条第三款规定:"各级人民法院的司法行政工作由司法行政机关管理。"1982年4月,司法部党组经研究提出,司法部不宜再管理法院的机构设置、编制、助理审判员的任免、审判制度、司法统计、装备和经费等工作,实际上也很难执行,建议相关工作全部移交最高人民法院管理。这年6月6日,中央批准了司法部的报告。[1] 考虑到中央已决定法院司法行政工作由法院自行管理,且这类分工较易发生变动,所以删去该款。同时,将原第二十二条第三项基层人民法院"在上级司法行政机关授予的职权范围内管理司法行政工作"、第四十二条"各级人民法院的设置、人员编制和办公机构由司法行政机关另行规定",都相应删去。此外,将第三十七条第一款中的助理审判员"由司法行政机关任免"的规定,修改为"**由本级人民法院任免**"。[2]

第五,不再履行指导司法助理员的职责。原第二十二条第二项规定,人民法院"指导人民调解委员会和人民公社司法助理员的工作"。由于司法助理员是政府工作人员,应由政府领导,不宜规定同时由基层人民法院指导,所以将之修改为"指导人民调解委员会的工作"。[3]

第六,提高审判人员的任职条件。原第三十四条规定,有选举权

---

〔1〕 关于将法院司法行政工作交回法院自行管理的决策过程和相关争议,参见时任司法部部长刘复之的回忆,载《刘复之回忆录》,中央文献出版社2010年版,第338—341页。

〔2〕 1982年8月6日,按照中央统一部署,司法部会同最高人民法院印发《关于司法厅(局)主管的部分任务移交给高级人民法院主管的通知》(〔82〕司法办字第218号),明确将"司法部主管的审批地方各级人民法院、各类专门人民法院的设置、变更、撤销、拟定人民法院的办公机构、人员编制,协同法院建立各项审判制度,任免助理审判员以及管理人民法院的物资装备(如囚车、枪支、司法人员服装等)、司法业务经费等有关事项,移交给最高人民法院管理。各省市(区)司法厅局管理的同类工作移交给各省市(区)高级人民法院管理"。参见孙业群:《司法行政权的历史、现实与未来》,法律出版社2004年版,第59页。

〔3〕 1982年1月13日,中共中央在《关于加强政法工作的指示》中,要求农村逐步设置司法助理员,普遍恢复城乡调解组织。司法助理员是基层政权的司法行政工作人员,在乡、镇、街道办事处和县(区)司法局的领导下工作,主要担负管理调解委员会和法制宣传教育的任务。参见《当代中国的司法行政工作》,当代中国出版社1995年版,第550页。

和被选举权的年满二十三岁的公民,只要没有被剥夺过政治权利,就可以被任命为审判员。随着改革开放不断深入,社会各界普遍认为,审判人员除政治条件外,还应当具有相当的法律专业知识,以提高其素质能力和工作水平。因此,在原条文增加一款,要求"人民法院的审判人员必须具有**法律专业知识**"。

第七,基层人民法院增设经济审判庭。1979 年《人民法院组织法》明确最高人民法院、高级人民法院、直辖市的中级人民法院和省、自治区辖的市中级人民法院设立经济审判庭。随着党和国家工作重心转向经济建设,基层人民法院受理的经济纠纷案件也日益增多,所以将原第十九条第二款中关于"基层人民法院可以设刑事审判庭和民事审判庭"的规定,修改为"基层人民法院可以设刑事审判庭、民事审判庭和**经济审判庭**"。[1]

第八,删去关于专门法院类别的表述。专门法院除军事法院外,究竟还需要设置哪些,各方面意见很不一致。此外,已经设置的铁路运输法院、水上运输法院、森林法院等当时主要由企业管理,并不在国家统一管理的司法系统之内,下一步究竟应当如何管理,存在很大争议。所以,这次将原第二条第一款第二项中的"专门人民法院"修改为"军事法院等专门人民法院",并删去了第二条第三款"专门人民法院包括:军事法院、铁路运输法院、水上运输法院、森林法院、其他专门法院"的规定。[2]

(二)第二次修正(1986 年)

1986 年 12 月 2 日,第六届全国人大常委会第十八次会议通过《关于修改〈中华人民共和国地方各级人民代表大会和地方各级人民政府

---

〔1〕　早在 1979 年 2 月,重庆市中级人民法院就设立了经济法庭,1979 年《人民法院组织法》实施后改称经济审判庭。最高人民法院也于 1979 年 9 月设立了经济审判庭,各省、自治区、直辖区高级人民法院在 1979 年年底到 1980 年相继设庭。根据工作需要,经各省、自治区、直辖市人大常委会决定,部分地方也在基层人民法院试建经济审判庭。到 1983 年年底,全国已有 87%的基层人民法院设立了经济审判庭。

〔2〕　《关于修改人民法院组织法、人民检察院组织法的决定等几个法律案的说明》(1983 年 9 月 2 日),载王汉斌:《社会主义民主法制文集》(上册),中国民主法制出版社 2012 版,第 86—95 页。

组织法〉的决定》，将《地方各级人民代表大会和地方各级人民政府组织法》原第二十八条第九项调整为第三十九条第十一项，规定："省、自治区、直辖市的人民代表大会常务委员会根据主任会议的提名，决定在省、自治区内按地区设立的和在直辖市内设立的中级人民法院院长的任免"。

因此，1979 年《人民法院组织法》原第三十五条第二款"在省内按地区设立的和在直辖市内设立的中级人民法院院长，由省、直辖市人民代表大会选举，副院长、庭长、副庭长和审判员由省、直辖市人民代表大会常务委员会任免"相应地一并修改为："在省、自治区内按地区设立的和在直辖市内设立的中级人民法院院长、副院长、庭长、副庭长和审判员，由省、自治区、直辖市的人民代表大会常务委员会任免。"

(三) 第三次修正 (2006 年)

法院组织法第三次修正的篇幅虽小，但颇具波折。2004 年 5 月以来，为了完成党中央关于"改革完善死刑复核程序"的部署，最高人民法院建议修改 1983 年修正过的人民法院组织法第十三条。在沟通过程中，有意见认为，刑法、刑事诉讼法已经明确死刑核准权由最高人民法院统一行使，法院组织法作为单行法，必须服从基本法，所以即使不修改原十三条，收回死刑案件核准权也不存在法律障碍。但是，最高人民法院坚持认为，必须"切掉这条法律尾巴"，才能彻底收回死刑核准权，防止社会治安一旦恶化，基本法规定又被单行法"绑架"，触发死刑核准权再次下放。经过审慎研究，立法机关最终同意将法院组织法修改列入 2005 年的立法计划。

事实上，为了贯彻落实党的十六大提出的"推进司法体制改革"任务，最高人民法院也希望借这次法律修改，确立一系列体制性改革的法律依据，所以，酝酿中的修改其实是一次全面修订。到 2005 年 8 月，最高人民法院牵头起草的法院组织法修订草案已修改至第十五稿。但是，在一些重大问题的改革上，有关部门始终存在较大分歧，修法安排也被顺延到 2006 年。如果再拖下去，就难以实现 2007 年 1 月 1 日统一行使死刑核准权的工作目标。至此，最高人民法院只能放弃"大修"规划，于 2006 年 4 月向中央报送了《关于修改〈中华人民共和国人民法院组织法〉第十三条的请示》。中央领导同志批准同意后,最高人民法院于9月29日向全国人大常委会正式提交了《关于提请审议〈中华人民共和国人民法院组织法〉修正案(草案)的议案》,建议修改第十三条。

2006年10月31日,第十届全国人大常委会第二十四次会议通过《关于修改〈中华人民共和国人民法院组织法〉的决定》,将原第十三条修改为"死刑除依法由最高人民法院判决的以外,应当报请最高人民法院核准",删去1983年修正时增补的内容。根据上述决定,最高人民法院自2007年1月1日起统一行使死刑核准权。另外,由于前几次修正删去了两条(即原第九条、第四十二条),按照2006年的修改决定,1979年《人民法院组织法》修改并对条款顺序作调整后,重新公布。

党的十八大之前,1979年《人民法院组织法》虽经历三次修改,但修改篇幅和内容均属微调,关于法院产生方式、管理体制、法官任免、人员分类等方面的内容,历次修正都未涉及。从积极方面讲,这维持了我国法院组织架构和人财物管理体制的稳定性、连续性,也为1995年制定《中华人民共和国法官法》打下了良好的制度基础。

另一方面,当人民法院完成了法官素质提升、审判方式改革等基础性工作,需要按照社会主义现代化法院的建设要求,建立新型审判权力运行机制,并力求在法官选任、干部管理、经费保障等方面打破地方约束时,1979年《人民法院组织法》就成为难以逾越或绕行的制度关隘。但是,既然法制春天已经来临,改革号角激荡神州,在时代大潮驱动下,司法改革只能以磅礴之势不断奔涌向前。

二、驱动司法改革的时代动力

改革是吐故纳新、权力组合、利益调整的过程。司法作为治国之重器,相对保守被动,注重恒久稳定,在回应时代变化、推进制度革新方面,总体上滞后于其他社会领域。但是,这一论断在当代中国却并不成立。1978年以来,从审判方式改革到推进司法改革,从深化司法体制改革到深化司法体制综合配套改革，改革创新始终是司法工作的主基调，并贯穿于改革开放全过程。司法改革之所以成为改革浪潮的"排头兵"，主要基于以下三个时代动力：**一是实行依法治国战略的形势驱动，二是推进法治市场经济的趋势使然，三是分阶段推进渐进式司法改革的现实需要**。

依法治国战略

1979 年《人民法院组织法》传承了 1954 年《人民法院组织法》的主要内容，但其发布实施的时间，正处于整个国家与社会的转型期。政治动荡刚刚停止，农村改革正在破冰，经济体制改革还在谨慎试水。所有人都意识到加强民主与法制的重要性，但是，对于如何加强民主、完善法制，建设什么样的民主与法制，还没有达成广泛共识。

1983 年"严打"斗争开始后，一边是"依法从重从快"的政策方针，一边是"以事实为根据，以法律为准绳"的法制准则，许多司法机关又陷入两难抉择。20 世纪八九十年代，在诉讼制度改革的推动下，审判方式改革如火如荼，但是，一旦涉及防止内外部干预、"公检法"职权配置、法院产生机制、干部管理体制、经费保障体制等深层次问题，改革就难以深入。这也充分说明，发挥司法在国家治理和社会治理中的重要作用，必须变"法制"为"法治"，使司法改革成为国家法治建设的重要组成部分。

1997 年，党的十五大报告正式将"依法治国"作为基本方略，并提出**"推进司法改革"**，司法改革真正上升到党和国家发展战略层面。之后，无论是党的十六大报告提出的**"推进司法体制改革"**，还是党的十七大报告提到的**"深化司法体制改革"**，都是推进实施依法治国基本方略、发展社会主义民主政治的有序延伸。

进入新时代，党的十八大报告要求**"进一步深化司法体制改革"**，提出到 2020 年**"依法治国基本方略全面落实"**。党的十八届三中、四中全会又就全面深化改革、全面依法治国作出部署，开创性地提出**"建设法治中国"**的长远目标，按下了司法改革的"快进键"，司法系统实现了历史性变革、系统性重塑、整体性重构,具备"四梁八柱"性质的制度框架初步建立。在此基础上,党的十九大报告又提出**"深化司法体制综合配套改革"**,并推动在 2035 年"法治国家、法治政府、法治社会基本建成,各方面制度更加完善,国家治理体系和治理能力现代化基本实现"。此后,《法治中国建设规划(2020—2025 年)》《法治社会建设实施纲要(2020—2025 年)》和《法治政府建设实施纲要(2020—2025 年)》接续出台,全面依法治国总体格局基本形成。

党的二十大报告首次把法治建设作为专章,重申要**"深化司法体制综合配套改革"**,提出到 2035 年基本实现社会主义现代化,从 2035 年到 21 世纪中叶把我国建成富强民主文明和谐美丽的社会主义现代化强国。现代化的国家必然需要现代化的法治支撑,现代化的法治必然包含现代化的司法制度。只要法治中国建设处于"进行时",司法改革就永远"在路上"。

法治市场经济

改革开放之初,人民法院就将为社会主义经济建设服务作为重要任务。不过,经济体制改革最初也是"摸着石头过河",许多情况下是实践推动政策走。观念和政策的突破,往往是对改革成效的追认,所谓"与时俱进"更多是"顺势而为"。[1] 从计划经济到有计划的商品经济,再到社会主义市场经济,市场的力量一步步得到释放,公正司法的作用也随之彰显。[2] 人们逐步意识到,市场体系不完善、市场规则不统一、市场秩序不规范、市场竞争不充分等一系列问题,必须靠公正、透明、稳定的规则之治解决,"市场经济就是法治经济"逐步成为共识。[3]

---

〔1〕　萧冬连:《筚路维艰:中国社会主义路径的五次选择》,社会科学文献出版社 2014 年版,第 189 页。

〔2〕　郑永年:《中国改革路线图》,东方出版社 2016 年版,第 215 页。

〔3〕　钱颖一:《市场与法治》,载李剑阁主编:《站在市场化改革前沿》,上海远东出版社 2001 年版,第 31—56 页。

另一方面,国家设立在地方的法院虽简称"地方各级人民法院",但并不归属于地方。长期以来,地方法院的审判人员是由地方人大及其常委会选举或任免,干部是由地方党委组织部门按权限管理,经费是由地方财政按支出责任保障,这一人财物管理体制,很容易被理解为法院就是"地方的法院",法官只是"地方的法官"。[1] 如此一来,人民法院服务保障党和国家发展大局的职能,实践中往往异化成服务保障地方利益,甚至沦为地方保护主义的法律工具。

我国作为单一制国家,审判权属于中央事权,应当由国家统一行使。国家为了便利操作与职能对应,通过宪法和法律在地方设置法院,明确地方法院由对应的地方国家权力机关及其常设机关产生和监督,但这一要求并不改变它们作为国家审判机关的性质。地方各级人民法院作出的生效裁判,在全国范围内都被认可,都具有强制执行力。[2] 所以,审判权的中央事权性质和人民法院的国家属性,必须不断通过司法改革宣示和强化。

在上述认识深化过程中,人民法院的角色逐步从地方经济发展的"保驾护航者",转化为"市场秩序的维护者"。尤其是党的十八届三中全会关于"建设统一开放、竞争有序的市场体系",使"市场在资源配置中起决定性作用"的决定,强化了人民法院维护统一市场秩序的职责。我国进入新发展阶段后,构建新发展格局必须以全国统一大市场为基础的国内大循环为主体,而不是让各地都搞省内、市内、县内的小循环,更不能以"内循环"的名义搞地区封锁。[3] 这就需要推动形成全国统一开发、竞争有序的商品和要素市场,消除歧视性、隐蔽性的区域市场壁垒,打破行政性垄断,坚决破除地方保护主义。[4] 按照上

---

[1] 蒋惠岭:《司法权力地方化之利弊与改革》,载《人民司法》1998 年第 2 期。

[2] 《肖扬法治文集》,法律出版社 2012 年版,第 580 页。

[3] 《新发展阶段贯彻新发展理念必然要求构建新发展格局》(2020 年 10 月 29 日),载习近平:《论把握新发展阶段、贯彻新发展理念、构建新发展格局》,中央文献出版社 2021 年版,第 13 页。该文为习近平同志在中共十九届五中全会第二次全体会议上的讲话。

[4] 《推动形成优势互补高质量发展的区域经济布局》(2019 年 8 月 26 日),载习近平:《论把握新发展阶段、贯彻新发展理念、构建新发展格局》,中央文献出版社 2021 年版,第 327 页。

述要求,人民法院在维护统一市场规则、促进正当市场竞争、保护企业合法产权、优化法治营商环境方面的作用还将进一步凸显,必须通过不断深化司法体制改革,为社会主义市场经济建设提供法治保障。

渐进式司法改革

与经济体制改革一样,关于我国司法体制改革的进度,也曾有“一步到位论”和“递推渐进论”之争。[1] 持**“一步到位论”**者认为,我国决定建立社会主义市场经济体制后,司法制度已经具备了彻底改革的条件,通过推行一体化、系统性的体制性改革,可以避免“零敲碎打”“修修补补”“各自为政”,即使司法改革进展适度超前于经济体制改革,也有利于营造强化社会公正、重塑信用关系、打破地方保护的制度环境,对建设社会主义市场经济整体有利。[2]

持**“递推渐进论”**者认为,我国还处于社会主义法治的建设和发展阶段,支撑现代化法治的某些基本条件尚不具备,司法体制改革不可能企求尽善尽美、一步到位,只能采取渐进方法分阶段推进,从技术性改良走向制度性变革。[3] 在内外部条件都不具备的条件下,想通过“一揽子方案”一蹴而就解决所有问题,既不可能,也不现实。“递推渐进论”内部又包括两种观点。**第一种观点**认为应当依托司法体制改革推动政治体制改革,通过建立司法审查制度,增强法院的政治独立性,扩大司法机关在国家权力架构中的制约监督作用。[4] 2008 年之

---

〔1〕　谭世贵:《中国司法改革研究》,法律出版社 2000 年版,第 51 页。

〔2〕　《中国法学会诉讼法学研究会 1998 年会综述》,载陈光中主编:《司法公正和司法改革:诉讼法理论与实践(1998 年卷)》,中国民主法制出版社 1999 年版,第 1157—1158 页。

〔3〕　龙宗智:《论司法改革中的相对合理主义》,载《中国社会科学》1999 年第 2 期。

〔4〕　章武生:《应把司法改革作为政治体制改革的突破口》,载《社会科学报》2007 年10 月 11 日。

后,持这类观点者逐渐变少。[1] **第二种观点**认为司法体制改革属于政治体制的重要组成部分,只能"跟着走",不能"越俎代庖"或"抢跑越位"。[2] 党的十六大报告将"推进司法体制改革"纳入"政治建设和政治体制改革"专章后,第二种观点逐步成为主流意见。"递推渐进论"者尽管认为改革是循序渐进的,也支持开展改革试点、鼓励基层积极探索,但认为司法体制改革的基本路径或时序应当是"顶层规划,自上而下",经济体制改革中"自下而上"的"小岗村经验"并不适用于司法改革。[3]

四十多年的改革历程说明,司法体制改革只能"递推渐进",只不过幅度有大有小,节奏或急或徐,但绝不可能"一步到位"。原因有三:

第一,司法职业化的推进和实现需要过程。人的问题不解决,制度就无法有效建构。司法现代化的前提是审判人员的职业化,取决于法学教育规模、干部配备政策、人员招录机制、法官培养模式、在职培训资源等诸多配套机制。如果审判人员素质偏低、法治人才供应不足,任何形式的司法改革都不可能有效组织开展,再好的法律也没有适格法官保证其正确实施。

改革开放之初,全国法院只有少数法官具有高等法律专业本科或专科学历,绝大多数人都没有接受过法律专业培训。这种情况下,不可能直接取消院庭长审核把关环节,也不具备推动"让审理者裁判,由裁判者负责"的现实条件。事实上,由于各地发展很不均衡,2001年修改的法官法将"通过国家统一司法考试"作为法官选任条件后,立法机关和有关部门仍采取了在"确有困难的地方"适当放宽学历条件、适度降低录取分数等"变通性"举措,防止中西部地区因入职"门槛高"

---

〔1〕 2008年12月18日,最高人民法院印发《最高人民法院关于废止2007年底以前发布的有关司法解释(第七批)的决定》(法释〔2008〕15号),废止了2001年7月24日作出的《关于以侵犯姓名权的手段侵犯宪法保护的公民受教育的基本权利是否应承担民事责任的批复》(法释〔2001〕25号)。

〔2〕 姜小川:《对司法改革理论上几个误区的思考》,载《理论前沿》2005年第22期。徐静村:《关于中国司法改革的几个问题》,载《西南民族学院学报(哲学社会科学版)》2000年第1期。

〔3〕 顾培东:《中国司法改革的宏观思考》,载《法学研究》2000年第3期。

等原因出现"法官荒"。即使到 2019 年修订法官法时,也只是将中西部地区担任法官的学历条件从之前的"高等院校法律专业专科毕业"修改为"高等学校本科毕业"。

第二,司法机关的专业化特性在国家政治体制内被认同和支持需要过程。"文革"结束后,我国的经济体制改革、民主法制恢复几乎同时起步,理论基础和实践经验同样薄弱,都存在"摸着石头过河"的探索。在改革开放之初的"转型期",各类制度都有一个调试完善和适应变化的过程,出现司法改革适度"超前"于经济体制改革乃至政治体制改革的现象也很正常。但是,一旦国家政治秩序和经济社会发展迈入正轨,有了明确、系统的战略发展规划,司法改革就不宜再扮演体制改革急先锋的角色,更不应该充当所谓"突破口",只能作为政治体制改革的组成部分,相对被动地反映体制改革成果。[1]

另一方面,在计划经济时代,法院审判工作总体上是按行政审批方式运转,法官被作为行政工作人员管理。受传统文化和现实因素影响,不少地方党政官员将法院视为政府下属机构,甚至认为法院按照司法规律提出的改革举措属于"闹独立""搞特殊"。例如,2002 年年底,法院系统曾提出将"公平、平等、中立"作为现代司法理念,但未得到广泛认同。[2] 另外,早在 2010 年 3 月,最高人民法院就在改革纲要中提出要研究建立"对非法干预人民法院依法独立办案行为的责任追究制度"和"违反法定程序过问案件的备案登记报告制度",但当时既未获得政治支持,实际上也难以推进实施。直到党的十八届四中全会通过的《中共中央关于全面推进依法治国若干重大问题的决定》提出要"建立领导干部干预司法活动、插手具体案件处理的记录、通报和责任追究制度"后,相关制度才得以有效建立,成为各级党政机关、领

---

〔1〕 苏永钦:《飘移在两种司法理念间的司法改革:台湾司法改革的社经背景与法制基础》,载张明杰主编:《改革司法:中国司法改革的回顾与前瞻》,社会科学文献出版社 2005 年版,第 433 页。

〔2〕 李国光:《我的大法官之路》,人民法院出版社 2015 年版,第 301 页;汪习根、孙国东:《中国现代司法理念的理性反思》,载《浙江社会科学》2006 年第 1 期;王振志、骆志鹏:《现代司法理念的误区及理性反思:以社会主义法治理念为视角》,载《福建法学》2007 年第 2 期。

导干部不得触碰的纪律"红线"。这也充分说明,防止干预司法活动制度的建立,必须与加强和改进党对全面推进依法治国的领导同步,不宜由司法机关自行提出和推进。只有科学厘清中国共产党的领导与人民法院依法独立审判之间的关系,全面提升领导干部的法治思维,使各级党政机关、领导干部成为促进公正司法、维护法律权威的表率,相关制度才有实施的政治土壤。

因此,相对务实的司法体制改革节奏,应当是先找到适合中国基本国情和根本政治制度的规律、路径,逐步在组织体系、职权配置、权力运行、诉讼机制等方面体现司法机关中立、被动、事后、个案、终局的特性,说明人民法院依法独立履职、彰显司法特性可能给国家法治形象、社会和谐稳定、经济有序发展、地方营商环境带来的制度性收益,据此争取其他党政机关和地方党委政府的认同和支持,通过深度融入政治体制改革和国家治理体系,水到渠成地实现战略目标。如果法院改革始终是"自说自话""单兵突进",又或片面强调审判权的特殊性、独立性,一味争取对应的职业待遇和保障,反而可能导致"司法改革越深入,司法工作越边缘"。

第三,司法机关的现代化特点被社会公众理解和接受需要过程。中国社会长期浸润在人情世故、差序格局、重礼轻刑、喜和厌讼的伦理之中,崇尚软性的尚礼,排斥硬性的尚法。[1] 普通民众对"不告不理""谁主张,谁举证""证据裁判""依法独立审判,不受外部干涉""不得违规过问干预""裁判一旦生效,不得随意更改"等司法规律和特点并不熟悉,有的甚至有抵触心理。许多人对法院和法官的认识,要么来自《人民的名义》《底线》《精英律师》《小镇大法官》等国产影视剧的艺术加工,[2] 要么来自《傲骨贤妻》(*The Good Wife*)、《波士顿法律》

---

[1] 《法律在中国社会中的作用》,载《瞿同祖法学论著集》,中国政法大学出版社2004年版,第418页;《礼与法》,载钱穆:《湖上闲思录》,生活·读书·新知三联书店2000年版,第49页;[日]仁井田陞:《中国法制史》,牟发松译,上海古籍出版社2011年版,第84—87页。王笛:《碌碌有为:微观历史视野下的中国社会与民众》(下卷),中信出版集团2022年版,第514页。

[2] 根据个人的观影体验,反映人民法院工作的影视剧,除2022年播出的《底线》外,较为深刻、写实的还有2001年播出的电视剧《大法官》、1986年播出的电影《T省的84、85年》。

(*Boston Legal*)、《皇家律师》(*Silk*)等西方律政剧的舶来想象,有的甚至将法官与检察官混为一谈,通通视为"抓坏人的",法院判决无罪就是"为犯罪分子开脱",又或是与"替坏人讲话的"律师"沆瀣一气"。

传统心理、制度想象一旦与司法现实发生"碰撞",必然产生各种矛盾与冲突,而司法专业化对精准度、程序性、可预期性的要求,有时会令当事人感觉司法机关"高高在上""不近人情""讲法不讲理",这里面固然有少数法官作风官僚、机械司法的因素,但也与整个社会对司法特性和诉讼程序的认知相关。司法专业化的正面效应常常因为上述"隔膜",或被情绪消解,或被偏见抵消。有时司法专业化程度越高,社会疏离感反而越强。

更重要的是,改革开放以来,我国法院在借鉴参照域外审判方式、证据制度过程中,也有一个试错校验和"本土化改造"的适应过程,其间也必会出现认识或执行上的偏差。例如,有的法院片面理解司法被动和中立,忽视了对特殊群体、困难群众的保护,使法庭沦为诉讼技巧的竞技场。有的法院矫枉过正,舍弃了"巡回审判""田间地头"的优良传统,过分强调"坐堂问案"和当事人的举证责任,对本可以调解或释明的问题简单"一判了之",息诉罢访效果不佳。如果司法专业化的发展最终以牺牲司法公信力为代价,显然是与司法改革初衷背道而驰的。

综上,司法体制改革若争取社会公众的理解与支持,既需要以自我革命的精神厉行改革,还必须做许多"润物细无声"的法治文化传播工作。**一是**立足司法规律,推动构建更加适应中国国情的现代化司法制度,实现实体公正与程序公正的统一、政治效果、法律效果与社会效果的统一。**二是**通过深化司法公开、强化文书说理,借助裁判文书公开、庭审公开等渠道,使司法审判成为"法治公开课",实现"公开审理一件,成功教育一片"的效果,改变公众对司法的偏见、误解或刻板印象。**三是**应通过拍摄贴近司法实际的影视剧、宣传片、公益广告等,为人民群众提供专业、精准、高效的法治宣传,推动法治文化深入人心,使遵循法治、尊重司法、守法行事成为一种生活方式。上述举措,需要各级党政机关、司法机关和整个社会的广泛参与,显然也并非一日之功。

三、推进民主法制建设（1979 年—1996 年）

具有里程碑意义的"中央 64 号文件"

1979 年《人民法院组织法》等七部法律通过后，全国人民代表大会又陆续审议通过经济合同法、民事诉讼法（试行）、专利法、继承法、民法通则等重要法律。1982 年 12 月 4 日通过的《中华人民共和国宪法》，重新确认了人民法院在国家机构中的地位、体制、活动原则和工作制度。1982 年《宪法》和各项重要法律的颁布实施，使审判工作进入了有法可依的新阶段。为适应改革开放和社会主义现代化建设的需要，国家相继成立和恢复建立了军事法院、铁路运输法院和海事法院，各级人民法院设立了刑事、民事、经济、行政审判庭、赔偿办公室等审判机构，法院机构设置趋于合理。

总的来看，这一时期的司法工作重心还是复查纠正错案、恢复组织机构、补充培训人员，但是，在各行各业高奏改革主旋律的年代，法院改革不应该也不可能缺位。在江华、郑天翔、任建新三位院长任期内，法院改革虽非主要任务，但一直稳步开展，为未来的系统推进打下良好基础。

首部刑法、刑事诉讼法（以下简称"两法"）1979 年通过时，我国个别地区仍实行党委审批案件制度。审判机关根据案件刑期长短或当事人身份，决定报哪一级党委审批。例如，五年到十年有期徒刑的案件，由县委审批；十年以上到无期徒刑的案件则由地委乃至省委审批。在一些地方，人大选举出来的法院院长，仅仅因为案件处理上与党委主要负责人有不同意见，就被直接调走。还有个别党委负责人竟然撕掉法院的判决。[1] 上述现象把党对司法工作的领导异化为"包办代

---

〔1〕《谈谈人民法院依法独立进行审判的问题》（1980 年 8 月 4 日），载《江华司法文集》，人民法院出版社 1979 年版，第 148—149 页。

替"，甚至将个人意志凌驾于宪法、法律之上，引起中央领导同志的警觉。1979 年 7 月 7 日，"两法"通过后的第七天，时任中共中央副秘书长、全国人大常委会法制委员会第一副主任胡乔木就致信彭真和负责中央日常工作的中共中央秘书长胡耀邦：

> 刑法、刑事诉讼法公布以后，建议中央发一个指示，着重说明各级党委要保证"两法"的严格执行（这是取信于民的大问题），并提出其中的几个关键性问题，因法律条文很多也很难懂，哪些与党委过去的习惯作法不合不是一眼就可以看出来的。附件所说的党委批案是其中之一，而且积重难返，非特别纠正不能解决问题。特此建议，当否请酌。[1]

收信后，彭真、胡耀邦均批示同意启动相关文件起草工作。[2] 起草工作由中央书记处研究室牵头负责。考虑到这项工作的政治性、理论性、业务性很强，中国社科院法学所的李步云、王家福、刘海年先后被借调至起草组工作，并提出了取消党委审批案件的初步建议。[3] 1979 年 9 月 9 日，经中央政治局批准，中共中央发出《关于坚决保证刑法、刑事诉讼法切实实施的指示》（以下简称《"两法"指示》），由于其文号为"中发〔1979〕64 号"，后被法学界统称为"中央 64 号文件"。《"两法"指示》强调，刑法、刑事诉讼法能否严格执行，是衡量我国是否实行**社会主义法治**的重要标志，并严肃批评了过去长期存在的轻视法制、以言代法、以权压法等现象。这也是中共中央的正式文件中第

---

〔1〕　彭真 9 月 9 日在胡乔木信上批示："耀邦同志：我同意乔木同志意见。请你批处。"同日，胡耀邦同志在胡乔木信上批示："愈明同志注意乔木意见。"参见《致彭真并转胡耀邦》（1979 年 7 月 7 日），载《胡乔木传》编写组编：《胡乔木书信集》，人民出版社 2002 年版，第 263—264 页。

〔2〕　刘政：《一个具有里程碑意义的法制文件——中共中央 1979 年 9 月 9 日〈指示〉》，载《中国人大》2005 年第 12 期。

〔3〕　陈磊：《李步云 为法学界解放思想开"第一腔"》，载 2018 年 9 月 10 日《法制日报》。

一次出现"社会主义法治"的表述。[1]

《"两法"指示》决定"取消各级党委审批案件的制度"，并对党委如何领导司法工作提出明确要求：**第一**，各级党政领导人，不论职务高低、权力大小，都不得以言代法，把个人意见当作法律，强令别人执行。**第二**，充分发挥司法机关的作用，切实保证人民法院独立行使审判权，使之不受其他行政机关、团体和个人的干涉。**第三**，有计划、有步骤地从党政机关、军队系统和经济部门，抽调一大批思想好、作风正、身体健康，有一定的政策和文化水平的干部，经过必要的训练后，分配到司法部门工作。对学过司法专业和做过司法工作，包括教学、研究工作的人员，进行一次普查、摸底，凡现在仍然适合做司法工作的，应尽量动员归队。**第四**，调整和充实省、地、县级司法机关的领导班子，三级法院院长都应当从具有相当于同级党委常委条件的干部中，慎选适当的人选担任。**第五**，党的各级组织、领导干部和全体党员，都要带头遵守法律。绝不允许有不受法律约束的特殊公民，绝不允许有凌驾于法律之上的特权。

《"两法"指示》总结了新中国成立以来司法工作的历史经验和教训，提出了加强和改善党对法院工作领导的具体措施，被时任最高人民法院院长江华称为"建国以来甚至是建党以来关于政法工作的**第一个最重要的最深刻的最好的文件**，是我国社会主义法制建设新阶段的重要标志"，[2]也是"一项重大改革的开端"。"对司法干部管理制度还必须进行大胆的改革，才有可能保障和实现人民法院独立进行审判、只服从法律的原则。没有这个改革，坚持依法独立审判，坚持法律面前人人平等，坚持以事实为根据、以法律为准绳，坚持依法办案，都会变成空话。"[3]后来的事实也证明，凡是贯彻执行《"两法"指示》比

---

〔1〕《中共中央关于坚决保证刑法、刑事诉讼法切实实施的指示》（1979 年 9 月 9 日），载全国人大常委会办公厅、中共中央文献研究室编：《人民代表大会制度重要文献选编》（二），中国民主法制出版社、中央文献出版社 2015 年版，第 459 页。

〔2〕《江华传》编审委员会：《江华传》，中共党史出版社 2007 年版，第 412 页。

〔3〕《改革司法工作，更好地为社会主义经济建设服务》（1980 年 8 月 16 日），载《江华司法文集》，人民法院出版社 1989 年版，第 153 页。

较坚决的地方,实施"两法"的情况就较好,办案质量较高;凡是不重视《"两法"指示》的地方,不依法办案现象就较为严重,甚至出现了新的冤错案件。

迈向现代化法官制度

对法院干部管理制度的改革,在改革开放之初即已启动。1978 年召开的第八次全国司法工作会议,提出了增加编制名额、扩大干部队伍的要求。《"两法"指示》不仅对干部来源、领导班子、院长人选作出指示,还恢复了由上级法院协助地方党委管理、考核有关干部的制度,明确地方党委对法院领导干部的调配应征得上级法院同意。

1980 年 1 月,邓小平在中央召集的干部会议上坦承:"我们现在能担任司法工作的干部,包括法官、律师、检察官、专业警察,起码缺一百万。……学过法律、懂得法律,而且执法公正、品德合格的专业干部很少。"[1]1985 年 9 月,中办印发《关于加强地方各级法院、检察院干部配备的通知》(中办发〔1985〕47 号),强调要大胆从受过法律专业教育和既懂得法律又有一定法院工作经验的人员中选拔法院干部。

也是自 1985 年开始,法院录用干部制度从"调配制"改为"招考制"。除国家分配的大专毕业生、研究生和一部分精选的适合法院工作的干部外,一律按照标准,通过统一考试和政审、体检,从城镇高中毕业生、在职工人和复员军人中择优录用。招考录用的干部均须经过半年的专业培训,然后分配工作。改革后录用的干部,主要充实审判业务部门,优化了法院干部的年龄结构和文化结构。[2]

在引入专业人才的同时,对原有人员的法律专业培训也势在必行。1979 年到 1984 年,各级法院通过上电视大学、函授大学等方式,对部分干部进行了法律专业培训,但还存在覆盖面小、系统性差、脱离

---

[1] 《目前的形势和任务》(1980 年 1 月 16 日),载《邓小平文选》(第 2 卷),人民出版社 1983 年版,第 198 页。

[2] 何兰阶、鲁明健主编:《当代中国的审判工作》(上册),当代中国出版社 1993 年版,第 196 页。

实务等问题,全国法院干部具有法律大专学历的不到 7%。1985 年 9 月,全国法院干部业余法律大学(以下简称"法院业大")正式创立,由时任最高人民法院院长郑天翔任校长。1988 年 4 月 9 日后,由新上任的任建新院长接任校长。"法院业大"经国家教育委员会审定备案,实行《法律(审判)专业证书》教育制度。按照"培养人才,质量第一"和"理论密切结合实际"的办学方针,采取"教授教法官"和"法官教法官"相结合的方式,对在职干部实施正规高等教育。这一做法,又被郑天翔称为"正规的业余,业余的正规"。[1]

"法院业大"总校设在最高人民法院,各省、自治区、直辖市高级人民法院设立分校,各中级人民法院设分部,基层人民法院设教学班。到 1995 年,"法院业大"有 11 万多人通过考试取得高等法律专业毕业证书,并顺利实现了法院干部教育培训的"七八九"规划,即全国法院干部中的 70%,审判人员中的 80%,院级领导干部中的 90%,达到法律专业大专以上知识水平。[2] 除"法院业大"外,1988 年 2 月,最高人民法院与国家教委联合创办中国高级法官培训中心,主要委托北京大学、中国人民大学对高级法官开展更加系统、专业的培训。上述做法都为法官法的后续制定和实施打下了良好基础。[3]

随着法院人事制度渐趋成熟,关于审判人员的权利、义务、任免、等级和保障等内容,已不宜仅由法院组织法规定。1988 年年底,全国

〔1〕《在全国法院干部业余法律大学开学典礼上的讲话》(1985 年 9 月 13 日),载《郑天翔司法文存》,人民法院出版社 2012 年版,第 169 页。

〔2〕 最高人民法院 1985 年提出了法院干部教育培训的"四六八"规划和"七八九"规划,"四六八"规划即:到 1991 年左右,法院干部中 40%,审判人员中 60%,院级领导干部中 80%,法律专业知识达到大专以上水平。"七八九"规划如正文所示。载《做好法院干部的教育培训工作》(1988 年 5 月 16 日),载《政法工作五十年:任建新文选》,人民法院出版社 2005 年版,第 186 页。

〔3〕 晓晨:《吃水不忘挖井人:纪念全国法院干部业余法律大学建校十周年》,载《法律适用》1995 年第 12 期。1997 年 11 月,最高人民法院在中国高级法官培训中心和全国法院干部业余法律大学基础上,组建了国家法官学院,"法院业大"大批培训法院干部成为大专层次的法律专门人才的任务也已基本完成。2001 年 7 月 5 日,"法院业大"给最后一届学历生颁发完毕业证书后,宣告完成了它的历史使命,其后续培训任务并入国家法官学院。"法院业大"前后办学 17 年,考试录取大专学历生 13 期,毕业 189162 人,在中国法官培训史上留下不可磨灭的贡献。

人大常委会将法官法列入立法规划。经过试点探索和反复论证,1995年2月28日,第八届全国人大常委会第十二次会议通过了《中华人民共和国法官法》(以下简称1995年《法官法》)。这部法律的通过与施行,意味着法官管理迈向了正规化、职业化、法制化。[1]

公开审判与审判方式改革

新中国成立之初,人民法院承袭革命根据地时期的优良传统,坚持群众路线的审判方式和作风,强调审判人员走出法庭,深入群众开展调查研究、查明案情事实。在民事审判中,这样的审判方式被概括为"深入群众、调查研究、调解为主、现场解决"。

体现在具体做法上,主要是"**四步到庭**":**第一步,**收到当事人诉状和诉讼材料后,先找当事人谈话,熟悉案情;**第二步,**根据当事人提供的线索和阅卷了解的情况,现场调查取证;**第三步,**"背靠背"做当事人思想工作,劝了原告劝被告,尽量促成调解;**第四步,**调解不成再开庭审理,经过调查取证,法官已有预设结论,有的甚至已报审判委员会讨论决定,开庭基本就成了"走过场"。[2] 从那一时期的人员素质和纠纷特点看,这一审判方式基本符合国情,也有利于实质性化解矛盾。改革开放之后,商品经济迅速发展,民事案件逐年大幅增加,传统审判方式成本高昂、效率低下、架空庭审的弊端逐步显现,被批评是"携卷调查,庭外理案,先定后审""法院大包大揽,越俎代庖",又或"当事人动动嘴,审判员跑断腿"。[3]

《民事诉讼法(试行)》1982年10月开始施行后,第一审主要实行普通程序,强调合议庭开庭审理。但是,多数法院还按照传统方式办

---

〔1〕 《人民日报》评论员:《政法队伍建设的一件大事》,载《人民日报》1995年3月3日。

〔2〕 王怀安:《论审判方式的改革》,人民法院出版社1996年版,第30页。也有论者将传统民事审判方式总结为七个步骤,即:第一步,审查诉状;第二步,询问当事人;第三步,实地调查;第四步,庭前调解;第五步,合议汇报;第六步,开庭审理;第七步,判决。参见景汉朝:《中国司法改革策论》,中国检察出版社2002年版,第107页。

〔3〕 王柏山、宋纯新主编:《辩论式审判方式操作实务》,人民法院出版社1996年版,第3页。

案,法官普遍感觉费时费力,当事人也觉得效率低、不透明。从 1986 年开始,许多法院开始改进民事审判方式。主要做法包括:**第一,强化审判公开**。实行公开调查、公开辩论、公开质证。**第二,强化庭审功能**。把法庭调查作为收集、核实证据的主要环节。**第三,强调当事人举证责任**。法官在法庭上就与案件有关的事实逐项调查询问,双方当事人或其诉讼代理人及时出示用来证明自己主张的一切证据。案情查明后,双方当事人再辩论、质证。通过公开审理,一般案件事实基本可以查清。个别当事人不便提供的证据,再由法庭进行调查。[1] 上述强化庭审功能的做法被概括为“核实证据、查清事实、分清是非、明确责任、讲清道理、公正判决”。它们极大减轻了法院工作量,也使整个审判活动置于公众监督之下,提升了办案质量和效率,真正从“调解型”法院转向“判决型”法院。[2]

在已退休的原最高人民法院副院长王怀安的总结推广下,上述基层实践逐步被高层认可。1988 年 7 月 18 日召开的第十四次全国法院工作会议,号召各级法院“认真执行公开审判制度”,对民事、经济纠纷案件“要依法强调当事人的举证责任,本着‘谁主张,谁举证’的原则,由当事人及其诉讼代理人提供证据,法院则应把主要精力用于核实、认定证据上”。需要强调的是,这时的**“公开审判”**,主要指法院认定的案件事实和证据,必须在开庭审理中经过公开调查、公开质证、公开辩论,也即“有话讲在法庭,有证举在法庭,事实查清在法庭,是非辩明在法庭,裁决公开在法庭,使胜诉者堂堂正正,败诉者明明白白,旁听者清清楚楚”,内容要侧重于以公开开庭审理为抓手推进审判方式改革,内涵要宽于后来提出的司法公开。[3]

第十四次全国法院工作会议还首度提出要加强合议庭职责。时任最高人民法院院长任建新在会议上着重批评了审判权力运行中的三个问题:**一是**许多法院把一些本应由合议庭决定的,不属于重大、疑

---

〔1〕 何兰阶、鲁明健主编:《当代中国的审判工作》(下册),当代中国出版社 1993 年版,第 273 页。

〔2〕 王亚新:《论民事、经济审判方式的改革》,载《中国社会科学》1994 年第 1 期。

〔3〕 王怀安:《再论审判方式改革》,载《人民司法》1995 年第 9 期。

难的案件,都提交审判委员会讨论;**二是**一些合议庭成员实际上未参与具体办案工作,合议制流于形式;**三是**一些案件本该适用普通程序,却适用简易程序,实行独任审理。

针对上述问题,会议要求:要切实加强合议庭的责任,使合议庭充分行使法律规定的职权;合议庭每一个成员对所审理的案件都要负责,重要审判活动应由合议庭集体进行;依法应当适用普通程序审理的案件,不得适用简易程序独任审理。提交审判委员会讨论的第一审案件,事先应当经过开庭审理,并经合议庭评议,提出处理意见。同时要求各级法院院长、庭长要尽可能亲自办案,担任审判长。[1] 从这一时期开始,审判方式改革的重心开始转向审判权力运行机制改革。对外"认真执行公开审判制度",对内"加强合议庭职责",成为审判方式改革的核心内容。最高人民法院也开始组织开展相关试点。

1991 年 4 月 9 日,第七届全国人大第四次会议通过《中华人民共和国民事诉讼法》(以下简称《民事诉讼法》),以法律形式固定了民事审判方式改革的成果。1994 年 7 月,最高人民法院召开全国民事审判工作座谈会,鼓励各级人民法院严格落实《民事诉讼法》规定,进一步改进民事审判方式。

1994 年,党的十四届三中全会首度提出"要改革和完善司法制度,提高司法水平",拉开了新时期司法改革的序幕。审判方式改革从民事、经济审判领域延伸至行政、刑事审判领域。[2] 根据王怀安的建议,最高人民法院于 1996 年召开"全国法院审判方式改革工作会议",研究深化审判方式改革,并制定印发了相关改革文件。[3] 1996 年 3 月 17 日,第八届全国人大第四次会议通过了《全国人民代表大会关于

---

〔1〕《充分发挥国家审判机关的职能作用 更好地为"一个中心、两个基本点"服务》,载《政法工作五十年:任建新文选》,人民法院出版社 2005 年版,第 205—206 页。

〔2〕 梁宝俭主编:《中国审判方式改革理论问题研究》,新华出版社 1999 年版,第 1 页。

〔3〕 1998 年 7 月 6 日,最高人民法院印发《关于民事、经济审判方式改革问题的若干规定》(法释〔1998〕14 号),分别规定了当事人举证和法院调查收集证据问题、做好庭前必要准备及时开庭审理问题、改进庭审方式问题、对证据的审核和认定问题、加强合议庭和独任审判员职责问题、第二审程序中的有关问题等,成为民事、经济审判方式改革一个重要的阶段性成果。

修改〈中华人民共和国刑事诉讼法〉的决定》，对 1979 年颁布的刑事诉讼法作出重大修改，改革了第一审庭审方式，防止开庭审判流于形式和先定后审。

回头来看，开始于 20 世纪 80 年代后期的审判方式改革实践，成为人民法院各项改革的一个重要切入点，推动了司法公开、审判管理、繁简分流、加强合议庭职责、审判长选任等一系列改革，为后续的司法责任制、法官员额制重大改革积累了宝贵经验、奠定了实践基础。在这一过程中，参与起草 1954 年《人民法院组织法》的司法耆宿王怀安老当益壮、奔走呼号，作出不可磨灭的贡献，可谓新中国司法改革史上里程碑式的人物。[1]

四、实施依法治国战略（1997 年—2012 年）

"一五改革纲要"（1999 年—2003 年）

1997 年 10 月，党的十五大报告确定了依法治国基本方略，并提出要"推进司法改革，从制度上保证司法机关依法独立公正地行使审判权和检察权，建立冤案、错案责任追究制度"，司法改革首次上升到党和国家发展战略层面。此后，中国共产党历次全国代表大会报告，都会对司法改革提出要求。最高人民法院按照党的十五大、十六大、十七大报告要求，分别于 1999 年、2005 年、2009 年印发三个"五年改革纲要"，作为法院系统推进实施依法治国基本方略的战略规划。

1999 年 3 月召开的第九届全国人大第二次会议，将依法治国基本方略载入宪法，并在《关于最高人民法院工作报告的决议》中明确提出，"要继续努力推进司法改革，完善审判工作的各项制度"。在时任

---

〔1〕 王怀安除参与制定 1954 年《人民法院组织法》、推动民事审判方式改革外，还对深化法院体制改革、法院干部管理制度改革作出过重要贡献。参见黄晓云：《新中国司法界的不老松——记最高人民法院原副院长王怀安》，载《中国审判》2006 年第 12 期；张憨：《老而弥坚，探索不已——我所敬重的王怀安同志》，载《中国审判》2006 年第 12 期。

最高人民法院院长肖扬的主持与推动下,最高人民法院于 10 月 20 日
印发了《人民法院五年改革纲要》(法发〔1999〕28 号,以下简称"一五
改革纲要")。

　　"一五改革纲要"强调,法院司法改革是国家政治体制改革的重要
组成部分,必须坚持以下基本原则:**一是**必须坚持党的领导,在党的领
导下依法推进各项改革,使改革始终沿着正确轨道前进。**二是**必须坚
持人民民主专政的国体和人民代表大会制度的政体,改革必须有利于
人民代表大会及其常委会加强对人民法院的监督,绝不受西方所谓
"三权鼎立"制度影响。**三是**必须坚持国家法制统一,明确地方各级人
民法院是国家设在地方的法院,而不是"地方的法院",不能成为地方
保护主义的工具。**四是**必须坚持从中国国情出发,立足中国实际,适
当借鉴域外法院的有益经验。[1] 这些原则,也被人民法院后来历次
司法改革重申与强调。

　　在上述基本原则指引下,"一五改革纲要"确定了清晰的改革目标
与路径:**一是**以庭审改革为核心,进一步深化审判方式改革,减少审判
的职权主义色彩,强化当事人的举证责任,实现法官居中裁判;**二是**以
强化合议庭和法官职责为重点,减少审判的行政化色彩,逐步实现
"审"与"判"的统一;**三是**以加强审判工作为中心,改革法院内设机
构,使审判人员和司法行政人员的力量得到合理配备;**四是**坚持党管
干部的原则,进一步深化法院人事管理制度的改革,建立一支政治强、
业务精、作风好的法官队伍;**五是**加强法院办公现代化建设,提高审判
工作效率和管理水平;**六是**健全各项监督机制,保障司法人员的公正、
廉洁;**七是**积极探索改革法院组织体系、干部管理体制、经费管理体制
等,为实现人民法院改革总体目标奠定基础。

　　主要内容方面,"一五改革纲要"提出了 39 项改革举措,涉及深化
审判方式改革、完善审判组织形式、科学设置内设机构、深化人事管理
制度改革、加强办公现代化建设、健全监督机制、探索深层次改革 7 个

---

〔1〕 祝铭山:《关于〈人民法院五年改革纲要〉的说明》,载最高人民法院研究室编:
《人民法院五年改革纲要》,人民法院出版社 2000 年版,第 72—86 页。

方面。"一五改革纲要"首度提出，要建立法官定编制度、法院人员按比例分类制度、审判长和独任审判员选任制度、法官助理制度、逐级遴选制度等。上述新提法新表述，当时还略显新鲜与陌生，但在未来二十多年的司法改革中，许多改革举措仍是其后续与延伸。当然，这既证明"一五改革纲要"的确切中要害，抓住了制约法院发展的根本性问题，具有战略前瞻性，同时也说明，解决这些问题确实需要一个漫长的过程，更仰赖政治、经济、社会、理念等各方面因素协同配合，不可能毕其功于一役。

《人民法院五年改革纲要》之所以没有依循之后惯例，冠名为"第一个五年改革纲要"，是因为就连起草者自己最初也认为，能够在五年之内完成人民法院司法改革的总体目标。[1] 回头来看，这一想法还是过于乐观和理想化了。事实上，当年提出的许多重要改革举措，还需要更多个五年，以及更多改革者的推动和努力，才可能真正"落地"。而中国特色社会主义司法制度的改革和完善，也远比预想中复杂和困难。

"二五改革纲要"（2004 年—2008 年）

进入 2000 年，最高人民法院将**"公正与效率"**作为人民法院新世纪的工作主题。2002 年 10 月，党的十六大报告提出要"推进司法体制改革"。相关内容篇幅之大，堪称史无前例，具体表述是：

> 按照公正司法和严格执法的要求，完善司法机关的机构设置、职权划分和管理制度，进一步健全权责明确、相互配合、相互制约、高效运行的司法体制。从制度上保证审判机关和检察机关依法独立公正地行使审判权和检察权。完善诉讼程序，保障公民和法人的合法权

---

〔1〕 根据我对参与"一五改革纲要"起草同志的访谈，当时认为一个"五年改革纲要"可以一劳永逸的解决所有问题，并没想到后来还需要若干个五年逐步推进实现。关于"一五改革纲要"的起草背景，参见祝铭山：《关于〈人民法院五年改革纲要〉的说明》，载最高人民法院研究室编：《人民法院五年改革纲要》，人民法院出版社 2000 年版，第 86 页。

益。切实解决执行难问题。改革司法机关的工作机制和人财物管理体制,逐步实现司法审判和检察同司法行政事务相分离。加强对司法工作的监督,惩治司法领域中的腐败。建设一支政治坚定、业务精通、作风优良、执法公正的司法队伍。

与党的十五大报告提出的"推进司法改革"相比,十六大报告关于司法改革的总体要求增加了**"体制"**二字,改革内容之多、涉及范围之广,也是前所未有的。那么,到底该如何准确界定**"司法体制改革"**呢?顾名思义,体制改革必然涉及体制性问题。按照第九届全国人大第三次会议 2000 年 3 月通过的《中华人民共和国立法法》,涉及人民法院的产生、组织、职权和诉讼制度的事项,只能制定法律。因此,所有可能需要修改宪法,以及需要制定或修改法律、法规、党内法规或党的重要政策性文件的司法改革,都属于司法体制改革。根据重大事项的请示报告要求,司法体制改革必须报党中央批准同意,有的还需要经立法机关授权。另外,司法体制改革是相对于**"司法工作机制改革"**而言的,后者是指司法机关在制度框架内,可以依照法定职责自行组织开展的改革,如仅涉及内部工作流程、运行机制的改革举措。

结合司法改革和法院工作实际,以下内容可以称为**"司法体制性问题"**:(1)人民法院与各级党委、党委政法委的关系。(2)各级人民法院的干部管理体制和权限。(3)各级人民法院的产生机制、法律职权,以及与对应国家权力机关的关系。(4)各级人民法院院长、副院长和其他审判人员的产生方式和选任条件。(5)各级人民法院的设置模式和设立权限。(6)专门人民法院的设立和撤并。(7)审判机关、检察机关、公安机关、国家安全机关、司法行政机关的职权配置和相互关系。(8)对人民法院审判工作的法律监督方式。(9)各级人民法院的机构设置和执行体制。(10)人民法院的审级设置、审级职能和诉讼程序。(11)人民法院的审判组织和审判权力运行机制。(12)各级人民法院的人员编制、员额比例、人员分类,以及法官遴选方式、人员招录机制。(13)人民陪审员的选任条件和参审方式。(14)人民法院的经费保障体制,等等。

无论司法体制的范围如何界定，体制性改革已不宜再由法院、检察院自行组织推进，而且有必要将党的十六大报告确定的改革任务具体化、条理化、明晰化。2003 年初，中央政法委结合十六大报告内容和政法工作实际，提出了 13 个需要抓紧研究的重大问题：(1)司法机关的机构设置、职权划分问题。(2)司法业务工作的管理体制问题。(3)司法机关依法独立公正行使职权的保证机制问题。(4)完善诉讼程序问题。(5)从制度上解决司法裁判的执行难问题。(6)改革司法机关的工作机制问题。(7)改革司法机关的人员编制和干部(特别是领导干部)管理体制问题。(8)改革司法机关经费装备的保障管理体制问题。(9)改革完善对司法工作的监督机制问题。(10)建立一整套科学的政法干部管理制度问题。(11)司法鉴定体制改革问题。(12)劳教制度改革问题。(13)理顺、健全依法治国、维护稳定工作的领导体制问题。[1] 上述问题，已经覆盖政法工作领导体制、组织体系、机构设置、诉讼程序、经费保障、干部管理等各个层面，需要群策群力、集思广益。

2003 年 4 月，中央政法委综合各方意见，正式向党中央提出《关于进一步推进司法体制改革的建议的请示》。中央政治局常委会专门开会研究，并于 5 月决定设立中央司法体制改革领导小组，全面领导司法体制改革工作，由时任中央政治局常委、中央政法委书记罗干任组长。[2] 成立以司法改革为主要职能的决策议事协调机构，这在党的历史上还是第一次。最高人民法院也于当月设立司法改革研究小组(后于 2008 年更名为司法改革领导小组)，由时任院长肖扬任组长。

2003 年 7 月，最高人民法院司法改革研究小组根据党组研究意见，向中央司法体制改革领导小组提出了《关于推进司法体制改革的建议》，一并报送了《关于司法体制改革的建议方案》。建议和方案包括设立最高人民法院大区分院，以及推进死刑复核、多元审级、再审之

---

〔1〕 林中梁编著：《各级党委政法委的职能及宏观政法工作》，中国长安出版社 2004 年版，第 616 页。

〔2〕 林中梁编著：《各级党委政法委的职能及宏观政法工作》，中国长安出版社 2004 年版，第 616 页。

诉、执行体制、劳动教养、诉讼收费、专门法院、干部管理、法官定编、职业保障和经费管理体制改革的系统性改革方案,随方案一并附上了同步修改 1982 年《宪法》、1979 年《人民法院组织法》和三大诉讼法相关内容的"一揽子"建议。[1] 这是人民法院站在新旧世纪交替的起点上,第一次系统、全面地阐述关于推进司法体制改革的建议。由于许多内容涉及组织架构、管理体制的重大变革,至今都还没有达成广泛共识(如是否建立以二审终审为基础、三审终审为补充的多元审级制度,省级以下地方人民法院法官是否由省级人大常委会统一任免等),最终也未能吸收到中央层面的司法体制改革方案中,但是,这些建议和分析论证凝聚了那一代法院改革者在世纪之初的问题意识和法治愿景,对新时代进一步深化司法体制改革仍具有重要的参考价值。

2004 年底,中共中央转发了《中央司法体制改革领导小组关于司法体制和工作机制改革的初步意见》(中发〔2004〕21 号),提出了司法体制和工作机制改革的 35 项任务。[2] 最高人民法院根据上述意见,于 2005 年 10 月 26 日制定印发了《人民法院第二个五年改革纲要(2004—2008)》(法发〔2005〕18 号,以下简称"二五改革纲要")。[3]

"二五改革纲要"包括改革和完善诉讼程序、法律统一适用机制、执行体制与工作机制、审判组织与审判机构、司法审判管理与司法政务管理、司法人事管理、内外部监督制约机制、探索法院体制改革 8 个方面,提出了 50 项改革举措。由于涉及法院产生机制、管理体制的改革没能成功纳入中央司法体制改革方案,"二五改革纲要"试图通过提

---

〔1〕 邵文虹、蒋惠岭:《中国法院体制改革论纲》,载孙谦、郑成良主编:《司法改革报告:中国的检察院、法院改革》,法律出版社 2004 年版,第 189—235 页。该文实际上是在法院系统所提改革建议基础上完成的。

〔2〕 中央司法体制改革领导小组办公室:《坚持和完善中国特色社会主义司法制度的伟大实践——党的十六大以来司法体制机制改革取得明显成效》,载《人民日报》2007 年 9 月 23 日。

〔3〕 早在 2002 年 4 月,最高人民法院就启动了"二五改革纲要"的起草工作,按照预定的进度安排和以往惯例,"二五改革纲要"应当于 2004 年印发,但是,由于中央关于司法体制和工作机制的改革意见是在 2004 年年底印发的。为了确保"二五改革纲要"与中央改革部署保持一致,最高人民法院又组织对"二五改革纲要"内容进行了全面修改,到 2005 年 10 月才正式印发。

级管辖、易地管辖等级别、地域管辖方式上的调整,打破地方保护主义,促进司法公正的实现。此外,为进一步深化审判方式改革,"二五改革纲要"还提出了强化合议庭和独任法官审判职责、改革审判委员会制度等基础性改革措施,并首度提出要研究制定各级人民法院的法官员额比例方案。

为了给未来可能到来的体制性改革预留空间,"二五改革纲要"仍将"探索司法体制改革"作为一项重要任务,提出要"继续探索人民法院的设置、人财物管理体制改革,为人民法院依法公正、独立行使审判权提供组织保障和物质保障"。在纲要起草者看来,改革是一个渐进的过程,当时看来属于"小打小闹""零敲碎打"的改革,可能就是未来体制改革必不可少的条件。[1] 之后的改革实践也将证明,那一时期所有的大胆假设与小心求证、试点经验与曲折教训,都是面向未来的探索和积累,每一步都功不唐捐。

通过落实"一五改革纲要""二五改革纲要",在肖扬院长十年任期内,人民法院司法改革在以下三大方面取得了重大突破性进展:[2]

第一,改革和完善死刑核准制度。 2007 年 1 月 1 日,最高人民法院开始统一行使死刑核准权,结束了部分死刑案件核准权下放 26 年的历史。同时,最高人民法院还完善了死刑二审程序和死刑复核程序,规定死刑案件二审必须开庭,核准死刑应当提讯被告人,听取被告人及其律师辩护意见,确保死刑案件审判质量。这一改革对于彰显法治文明,防止冤错案件,保障司法人权,具有重要而深远的意义。

第二,改革和完善审判制度。 通过完善法院内部制约机制,实现了立案与审判分立、审判与监督分立、审判与执行分立的"三个分立",各级人民法院设立了立案庭。最高人民法院改革完善了公开审判制度、民事和行政证据制度、审判监督制度、执行体制机制、人民陪审员制度、审判委员会制度、案件管辖制度、司法解释制度、未成年人审判制度、人民法庭工作机制等。2007 年 10 月 28 日,全国人大常委会作

---

〔1〕 蒋惠岭:《关于二五改革纲要的几个问题》,载《法律适用》2006 年第 8 期。

〔2〕 《肖扬法治文集》,法律出版社 2012 年版,第 585—586 页。以下三个方面,主要来自肖扬院长本人对十年司法改革成效的概括。

出《关于修改〈中华人民共和国民事诉讼法〉的决定》，巩固了民事审判监督、强制执行制度改革成果。

第三，改革和完善法官制度。推动修改 1995 年《法官法》，确立了全国统一司法考试制度，建立了条件严格、程序规范的法官选拔制度，未通过司法考试者不得任命为法官。2001 年 5 月，在最高人民法院的推动下，全国法官卸下传统肩章式制服与大盖帽，换穿西服式法官制服，并在庭审时身披法袍、使用法槌，赋予法官职业新的含义与形象。法官队伍结构、知识层次、整体素质得到优化，司法能力和司法水平显著提升。

在取得成绩的同时，推进实施"一五改革纲要""二五改革纲要"过程中，也存在一些梗阻和偏差。例如，各地为限缩院庭长案件审批范围、强化合议庭职责，陆续开展了审判长选任工作，但在选任出审判长之后，又将审判长作为一级领导看待，甚至赋予其一定行政管理职责，导致了新的"行政化"。有的地方在探讨法院上下级关系及管理体制时，提出要变监督指导关系为垂直领导关系，违背了司法规律，架空了审级制度。此外，实行国家统一司法考试后，任命为法官的"门槛"变高了，但是，由于我国区域发展很不平衡，一些理想化的改革举措难以平衡落地，中西部地区因司法考试通过率低、取得资格人员偏少，出现"法官荒"现象，基层法官后继乏人。[1] 更为严重的是，极少数法院一味求新出奇，自行其是，出现了"辩诉交易""弹劾法官""人民观审团"等违法改革举措，有的甚至偏离正确政治方向。上述现象，对后续改革价值取向和重心的调整产生了很大影响。

"三五改革纲要"(2009 年—2013 年)

2007 年 10 月，党的十七大报告提出，要"深化司法体制改革，优化司法职权配置，规范司法行为，建设公正高效权威的社会主义司法制

---

〔1〕　例如，广西壮族自治区全区法院 2002 年参加司法考试的 1091 人，仅通过 51 人。云南省法院系统 2002、2003 两年共有 2757 人参加司法考试，通过 146 人，怒江、迪庆等少数民族地区法院无人通过。

度，保证审判机关、检察机关依法独立公正地行使审判权、检察权"。这是党的代表大会工作报告中首度提到深化司法体制改革的目标，即**"建设公正高效权威的社会主义司法制度"**。司法**"权威"**也第一次被提升到与司法公正、司法效率同等重要的地位上来。

2008年2月，中央政法委按照"优化司法职权配置""落实宽严相济刑事政策""加强政法队伍建设""加强政法经费保障"四个重点专题，就如何深化司法体制改革开展调研，并据此形成改革方案。2008年12月底，中共中央转发了《中央政法委员会关于深化司法体制和工作机制改革若干问题的意见》（中发〔2008〕19号），按照前述四个专题提出60项改革任务，将改革重心放在解决影响司法公正、制约司法能力、危害司法权威的体制性、机制性、保障性障碍上。尤其是"加强政法队伍建设"和"加强政法经费保障"两大部分，立足我国现实国情，侧重补足机制短板，着力缓解西部和少数民族地区法律人才短缺的现实矛盾，推动将司法机关"分级负担、分级管理"的经费保障体制改革为"明确责任、分类负担、收支脱钩、全额保障"的体制。

根据上述意见，最高人民法院于2009年3月17日印发《人民法院第三个五年改革纲要（2009—2013）》（法发〔2009〕14号，以下简称"三五改革纲要"），从优化人民法院职权配置、落实宽严相济刑事政策、加强人民法院队伍建设、加强人民法院经费保障、健全司法为民工作机制5个方面，提出了30项改革举措，涉及132项具体任务。

相对于"二五改革纲要"，"三五改革纲要"既有政策延续、一以贯之的一面，也在改革理念和具体举措上作了细微调整。

政策延续方面。"三五改革纲要"实施期间，全国法院进一步改革完善了合议庭和审判委员会制度，规范了上下级人民法院审判业务关系，健全了民事、行政诉讼简易程序，提升了量刑规范化水平，持续深化司法公开，建立了指导性案例制度，系统加强了审判管理、刑事被害人救助、强制执行工作，推动将铁路运输法院一次性纳入国家司法管理体系。"二五改革纲要"部分未完成的改革规划，在这一时期也陆续形成制度成果，但内容作了适度调整。

理念调整方面。"三五改革纲要"弱化了法官职业化、专业化等表述,以促进社会和谐为主线,全国法院把"化解矛盾、案结事了、促进和谐、确保公正"作为审判工作目标,确立了"调解优先、调判结合"的工作原则,将调解贯穿于立案、审判、执行、信访工作全过程,推动建立"党委领导、政府支持、多方参与、司法推动"的多元纠纷解决机制,构建矛盾纠纷"大调解"体系。

　　这一时期,无论是中央层面的司法体制改革意见,还是"三五改革纲要",都把解决"制约人民法院科学发展的体制性、机制性、保障性障碍"作为重点,通过集中开展人员招录培养体制改革试点、司法经费保障体制改革,中西部地区基层法官断层状况有所缓解,人民法院经费保障状况得到较大改善。[1] 2009 年司法经费保障体制改革后,最高人民法院争取财政部下达全国法院的"中央政法转移支付资金"达到79.8 亿元,比上年度增加 53.46%,2010 年增加到 100 亿元,极大提升了各级法院的经费保障水平。[2] 到 2012 年,全国法院基本形成"明确责任、分类负担、收支脱钩、全额保障"的经费保障体制。通过明确各级政府的保障责任,中央和省级财政的转移支付力度大大加强,拓宽了贫困地区和基层法院的经费保障渠道,快速提高了保障水平。与2007 年相比,各级法院人均办案业务经费和业务装备经费增长了60.15%,中西部地区基层人民法院入不敷出、法官自掏腰包"贴钱"出差办案的现象终于成为历史。[3]

---

　　〔1〕　中央政法委员会政法研究所编:《司法在改革中前行》,中国长安出版社 2011 年版,第 462 页。

　　〔2〕　唐虎梅、郭丰、李军:《全国法院经费保障体制改革情况调研报告》,载《人民司法·应用》2011 年第 17 期。

　　〔3〕　唐虎梅、李学华、杨阳、郭丰:《人民法院经费保障体制改革情况调研报告》,载《人民司法·应用》2013 年第 21 期。

五、全面建设法治中国（2013 年—至今）

"四五改革纲要"（2014 年—2018 年）

2012 年 10 月，党的十八大报告提出要"进一步深化司法体制改革，坚持和完善中国特色社会主义司法制度，确保审判机关、检察机关依法独立公正行使审判权、检察权"。2013 年召开的中国共产党十八届三中全会，审议通过了《中共中央关于全面深化改革若干重大问题的决定》，将确保依法独立公正行使审判权检察权、健全司法权力运行机制、完善人权司法保障制度列入全面深化改革整体战略。2014 年召开的十八届四中全会，审议通过了《中共中央关于全面推进依法治国若干重大问题的决定》，将建设中国特色社会主义法治体系、建设社会主义法治国家确立为全面推进依法治国的总目标，从科学立法、严格执法、公正司法、全民守法等方面提出上百项重大改革举措，**"进一步深化司法体制改革"**开始以前所未有的力度展开。

2014 年 3 月，中办、国办印发了《关于深化司法体制和社会体制改革的意见》及其贯彻实施分工方案（中办发〔2014〕24 号），部署推动十八届三中全会决定涉及司法体制改革的内容。最高人民法院据此制定了《人民法院第四个五年改革纲要（2014—2018）》（法发〔2014〕12 号），并于 7 月 4 日以内部文件形式印发。[1]

---

〔1〕 严格意义上讲，"四五改革纲要"其实有两个版本，第一个版本是 2014 年 7 月印发的，考虑到年底即将召开党的十八届四中全会，会议还将部署进一步深化司法体制改革工作，纲要可能要结合中央的改革新要求予以增补，所以先以内部文件形式印发，主要供各高级人民法院掌握改革政策。2015 年 2 月，最高人民法院根据十八届四中全会决定优化完善纲要内容后，正式对外印发。在最高人民法院已经印发的五个"五年改革纲要"中，"四五改革纲要"是唯一有两个版本的纲要。不过，由于"四五改革纲要"印发时，由中央政法委主导的四项基础性司法体制改革举措（省以下法院、检察院人财物省级统管，司法责任制，司法人员分类管理，司法职业保障）已开始在部分省、直辖市试点推进，随着试点逐步深入，2015 年版"四五改革纲要"中的某些内容其实已落后于试点实践，如关于主审法官责任制、选任方式和审判长产生机制的内容，逐步被法官员额制改革的新政策所替代和覆盖。

　　党的十八届四中全会召开后,中办、国办又印发了《关于贯彻落实党的十八届四中全会决定、进一步深化司法体制和社会体制改革的实施方案》(中办发〔2015〕20号)。最高人民法院根据上述实施方案,补充完善了"四五改革纲要",于2015年2月以《最高人民法院关于全面深化人民法院改革的意见——人民法院第四个五年改革纲要(2014—2018)》(法发〔2015〕3号,以下简称"四五改革纲要")的名称印发。[1]

　　"四五改革纲要"把"尊重司法规律,体现司法权力属性"作为理论基础与价值取向。具体而言,就是严格遵循审判权作为判断权的权力运行规律,彰显审判权的中央事权属性,突出审判在诉讼制度中的中心地位,使司法改革成果能够充分体现审判权的独立性、中立性、程序性和终局性特征。[2]

　　"四五改革纲要"将2018年初步建成具有中国特色的社会主义审判权力运行体系作为目标。围绕这一目标,具体推出7个方面65项司法改革举措,涉及法院组织体系、司法管辖制度、法官履职保障、审判权力运行、法院人事管理等各个层面,并设定了"路线图"和"时间表":**一是**到2015年年底,健全完善权责明晰、权责统一、监督有序、配套齐全的审判权力运行机制;形成体系完备、信息齐全、使用便捷的人民法院审判流程公开、裁判文书公开和执行信息公开三大平台,建立覆盖全面、系统科学、便民利民的司法为民机制。**二是**到2016年年底,推动建立以审判为中心的诉讼制度,形成定位科学、职能明确、运行有效的法院职权配置模式。**三是**到2017年年底,初步建立分类科学、分工明确、结构合理和符合司法职业特点的法院人员管理制度。**四是**到2018年年底,推动形成信赖司法、尊重司法、支持司法的制度

---

　　〔1〕　为了与中央全面深化改革的要求对应,"四五改革纲要"的第二个版本打破前三个改革纲要的惯例,增加了一个主标题,并将"人民法院第四个五年改革纲要(2014—2018)"作为副标题。在解读与宣传中的标准表述一般是,"最高人民法院印发了《关于全面深化人民法院改革的意见》,并将之作为'人民法院第四个五年改革纲要'推进实施。"2019年印发的"五五改革纲要"延续了这一做法,也使用了"主标题+副标题"的名称。

　　〔2〕　贺小荣、何帆:《贯彻实施〈关于全面深化人民法院改革的意见〉应当把握的几个主要关系和问题》,载《人民法院报》2015年3月18日。

环境和社会氛围。[1]

与之前三个五年改革纲要相比，"四五改革纲要"是在中央全面深化改革、全面依法治国的整体进程中推进实施的。在此期间，中央层面先后设立了中央全面深化改革领导小组（党的十九届三中全会后改称"中央全面深化改革委员会"）、中央全面依法治国委员会，作为党中央的决策议事协调机构，分别负责全面深化改革、全面依法治国的顶层设计、总体布局、统筹协调、整体推进、督促落实。无论是自上而下的推动力度、配套举措，还是由点及面的落地效果、成果转化，都要优于以往任何一次司法体制改革。

截至 2018 年年底，"四五改革纲要"确定的 65 项改革举措已基本完成，涉及改革文件 256 件，司法体制改革成果被纳入新修订的人民法院组织法、法官法和《中国共产党政法工作条例》等重要党内法规。通过推进"四五改革纲要"，人民法院各项制度中具备"四梁八柱"性质的主体框架已搭建完成，重大改革领域均取得实质性突破。

一是以司法责任制为核心的审判权力运行体系初步建立。各级人民法院全面取消"逐层审批"的案件审理模式，明确独任庭、合议庭的办案主体地位，形成"谁审理、谁裁判、谁负责"的办案模式。全国 98% 以上案件的裁判文书由独任庭、合议庭直接签发，除审判委员会讨论决定的案件以外，院庭长不再审核签发自己未直接参加审理案件的裁判文书。

二是法院组织体系和机构职能体系进一步优化。最高人民法院设立 6 个巡回法庭和 2 个国际商事法庭，在北京、上海、广州设立知识产权法院，在上海设立金融法院，在杭州、北京、广州设立互联网法院，军事法院由过去按照军兵种和系统设置的模式改革为主要按照战区设置。

三是建立了以法官为重心的法院人员分类管理制度。将法院人员分为法官、审判辅助人员和司法行政人员三类，并分别实行不同的

---

〔1〕 最高人民法院司法改革领导小组办公室编：《〈最高人民法院关于全面深化人民法院改革的意见〉读本》，人民法院出版社 2015 年版，第 2 页。

管理制度。在最高人民法院和各省、自治区、直辖市设立法官遴选委员会,经过严格的考试、考核程序,从原来的 21 万余名法官中遴选产生 12.8 万余名员额法官,实行与行政职级脱钩分单独职务序列管理,配套建立与之对应的法官工资制度。

四是全面加强法官依法履职保障。以党内法规形式建立了领导干部、司法机关内部人员干预司法活动、过问具体案件的记录、通报和责任追究制度、保护法官依法履行法定职责制度,明确法官依法办理案件不受行政机关、社会团体和个人的干涉,任何单位或者个人不得要求法官从事超出法定职责范围的事务。各级人民法院普遍设立法官权益保障委员会,确保法官及其近亲属不因法官依法履职受到恐吓威胁、报复陷害、侮辱诽谤或暴力伤害。

五是司法公开工作取得历史性跨越。最高人民法院建立了审判流程、庭审活动、裁判文书、执行信息四大公开平台,构建开放、动态、透明、便民的阳光司法机制,"中国裁判文书网"已成为全球最大的裁判文书数据库。

六是全面实行立案登记制。自 2015 年 5 月 1 日起,各级人民法院改立案审查制为立案登记制,从制度上、源头上解决"立案难"问题。全国法院平均当场立案率达到 95.7%。此外,最高人民法院还开通 12368 诉讼服务热线投诉举报功能,提出整治年底不立案"四个严禁",严禁发号拖延立案、限号限制立案、以调代立、增设门槛,打通立案登记制改革"最后一公里"。

七是推动诉讼制度和人民陪审员制度改革。根据全国人大常委会授权,最高人民法院先后组织开展刑事案件速裁程序改革试点(后统一纳入认罪认罚从宽制度改革试点)、人民陪审员制度改革试点。2018 年 10 月 26 日,第十三届全国人大常委会第六次会议通过《关于修改〈中华人民共和国刑事诉讼法〉的决定》,将认罪认罚从宽制度纳入法律。2018 年 4 月 27 日,第十三届全国人大常委会第二次会议通过《中华人民共和国人民陪审员法》,以法律形式巩固了试点成果。

八是省以下地方法院财物逐步实行省级统一管理。为解决司法机关人财物受制于地方,司法活动易受地方保护主义干扰等问题,根据中央统一部署，采取先行试点的方式，推动部分中级、基层人民法院的经费保障级次从市县同级上收至省级，与高级人民法院的预算地位并行，一并作为省级财政一级预算单位，中级、基层人民法院收取的诉讼费和罚金、没收的财产、追缴的赃款赃物，统一上缴省级国库。

"五五改革纲要"（2019 年—2023 年）

2017 年 10 月，党的十九大报告作出"深化司法体制综合配套改革，全面落实司法责任制"的战略部署。为了在更高起点谋划和推进政法领域全面深化改革，中办印发了《关于政法领域全面深化改革的实施意见》（中办发〔2019〕32 号）。最高人民法院对照上述实施意见，于 2019 年印发了《最高人民法院关于深化人民法院司法体制综合配套改革的意见——人民法院第五个五年改革纲要（2019—2023）》（法发〔2019〕8 号，以下简称"五五改革纲要"）。

在进一步深化司法体制改革过程中，许多领域已经实现了历史性变革、系统性重塑、整体性重构。因此，改革的重点已经从前期的"夯基垒台、立柱架梁"，中期的"全面推进、积厚成势"，转移到加强"系统集成、协同高效"上。[1] 逻辑关联上，"五五改革纲要"并没有"另起炉灶"，其谋篇布局建立在对"四五改革纲要"落实情况的总结分析、科学评估基础上，提出的举措更侧重"四五改革纲要"核心内容的配套完善、更新升级，目的是激发后续改革的"联动效益"和"共生效应"，确保各项改革举措真正落地见效。[2]

"五五改革纲要"包含 10 个方面 65 项改革举措，通过科学构建完善人民法院坚持党的领导制度体系、人民法院服务和保障大局制度体系、以人民为中心的诉讼服务制度体系、开放、动态、透明、便民的阳光司法制度体系、以司法责任制为核心的审判权力运行体系、人民法院组织体系和机构职能体系、顺应时代进步和科技发展的诉讼制度体

---

〔1〕《习近平主持召开中央全面深化改革委员会第十次会议强调：加强改革系统集成协同高效，推动各方面制度更加成熟更加定型》，载《人民日报》2019 年 9 月 10 日。

〔2〕姜伟：《司法体制综合配套改革的路径和重点》，载《中国法学》2017 年第 6 期。

系、切实解决执行难长效制度体系、人民法院人员分类管理和职业保障制度体系、现代化智慧法院应用体系这10大体系,推动公正高效权威的中国特色社会主义司法制度更加成熟更加定型。

截至2022年年底,"五五改革纲要"确定的65项改革举措都已全面推开,涉及200多项改革文件。通过推进"五五改革纲要",最高人民法院设立了知识产权法庭,增设了海南自由贸易港知识产权法院、北京金融法院、成渝金融法院,加强了金融、破产、家事、互联网、知识产权、劳动争议、环境资源、国际商事、涉外海事、未成年人法庭等专门审判机构建设,并从以下几大方面推进了司法体制综合配套改革工作:

一是新型审判权力运行机制的配套方面。针对司法责任制全面推开后,部分法院存在的院庭长"不敢管,不愿管、不会管"和"类案不同判"现象,最高人民法院先后印发关于改革完善审判委员会制度、专业法官会议制度、"四类案件"监督管理机制、类案强制检索机制的指导意见,建立了院庭长和审判人员的权责清单,确立了"类案检索初步过滤,专业法官会议研究咨询,审判委员会讨论决定"的法律适用分歧解决机制。此外,每个省、自治区、直辖市都设立了法官惩戒委员会,按照法官惩戒工作程序有序运行,并与纪检监察工作精准衔接,实现有效保障与及时惩戒相结合。

二是法官员额制改革的配套方面。最高人民法院先后印发法官员额动态调整、有序退出、绩效考核方面的指导意见,避免员额配置"僵化不变"、入额法官"躺平无忧",通过设置科学、简便、可行的案件权重系数,实现对不同业务条线、不同岗位法官办案工作的可量化、可评价,充分发挥考核的"风向标"和"指挥棒"作用,促进法官员额有进有退、优胜劣汰。此外,最高人民法院还会同中组部联合印发《法官单独职务序列管理规定》,将"四五改革纲要"期间印发实施的试点办法转化为正式规定。同时,在中央有关职能部门的大力支持下,分阶段明确了与职务序列对应的法官退休年龄、医疗待遇、差旅待遇、住房待遇、公务交通补贴标准、养老保险所适用的政策,提升了法官等级的"含金量"。

三是司法人员分类制度改革的配套方面。针对法官助理"招录难"、人员分类后"内部流通难"等问题，最高人民法院探索建立从政法专业毕业生中招录人才的规范便捷机制，优化调整了法官助理的招录方式、条件和程序等，同时还健全了法院人员内部交流机制，畅通综合部门与审判业务部门人员的交流渠道，促进跨序列交流。

四是诉讼制度改革的配套方面。经全国人大常委会授权，最高人民法院先后组织开展民事诉讼程序繁简分流改革试点、四级法院审级职能定位改革试点。2021年12月24日，第十三届全国人大常委会第三十二次会议作出《关于修改〈中华人民共和国民事诉讼法〉的决定》，有力促进了民事案件繁简分流、轻重分离、快慢分道。正在推进的四级法院审级职能试点进程已经过半，初步实现"合适层级的法院审理合适的案件"的预期目标，推动案件"有序提级，梯次过滤"。最高人民法院依法"择案而审"，聚焦审理具有普遍法律适用指导意义的案件、关乎重大国家利益或社会公共利益的案件，以及可能存在"诉讼主客场"现象的案件，凸显其作为最高审判机关的宪法地位。

五是立案登记制改革的配套方面。从2019年开始，最高人民法院全面建立"就近受理申请、管辖权属不变、数据网上流动"的跨域立案联动办理机制，为人民群众提供普惠均等的诉讼服务。依托"人民法院在线服务"小程序，全国法院都可以实现手机"掌上立案"。面对社会矛盾纠纷成因、结构和形态的深刻变化，人民法院坚持把非诉讼纠纷解决机制挺在前面，逐步建成一站式多元纠纷解决和诉讼服务体系，从源头上减少诉讼增量。

六是互联网技术助力审判工作的配套方面。最高人民法院不断拓展人工智能、5G、区块链等新兴技术司法应用场景，大力推进电子卷宗随案同步生成和深度应用，先后印发《人民法院在线诉讼规则》《人民法院在线调解规则》和《人民法院在线运行规则》"三大在线规则"和规范和加强区块链、人工智能技术司法应用的指导意见，逐步形成"中国特色、世界领先"的数字正义制度体系。

七是人民陪审员制度改革的配套方面。随着人民陪审员法全面推进实施，全国人民陪审员总数达到33.2万余人，比2013年扩大了近 3 倍,其中 24.8 万通过随机抽选产生。最高人民法院陆续出台配套措施,规范任职回避、法官指引、七人合议庭的组建、事实问题清单等相关问题,发挥人民陪审员实质参审作用,在审判领域真正践行了全过程人民民主。

党的二十大与"深化司法体制综合配套改革"

2022 年 10 月,党的二十大报告首次单独把"坚持全面依法治国,推进法治中国建设"作为专章论述,要求"坚持法治国家、法治政府、法治社会一体建设,全面推进科学立法、严格执法、公正司法、全民守法,全面推进国家各方面工作法治化"。报告在**"严格公正司法"**部分对司法改革工作作出专门部署,提出:

公正司法是维护社会公平正义的最后一道防线。深化司法体制综合配套改革,全面准确落实司法责任制,加快建设公正高效权威的社会主义司法制度,努力让人民群众在每一个司法案件中感受到公平正义。规范司法权力运行,健全公安机关、检察机关、审判机关、司法行政机关各司其职、相互配合、相互制约的体制机制。强化对司法活动的制约监督,促进司法公正。加强检察机关法律监督工作。完善公益诉讼制度。

党的二十大报告重申十九大报告提出的"深化司法体制综合配套改革",是因为制度基础框架已经确立,但各地改革进展不均衡、落地程度有高低、配套水平有差异,还没有完全实现系统集成、协同高效的目标。党的十八大之后,人民法院才"做成了想了很多年,讲了很多年但没有做成的改革"。[1] 事实上,有的改革属于"想了很多年,讲了很多年",但一直没有付诸实施。例如,省级以下地方法院人财物省级统

　〔1〕《习近平对司法体制改革作出重要指示,坚定不移推进司法体制改革》,载《人民日报》2017 年 7 月 11 日。

管、四级法院审级职能定位、部分民事案件第二审独任制、专利等技术性较强的知识产权案件越级上诉、设立知识法院、金融法院等改革,因涉及重大立法、政策或机构调整,过去只存在于改革建议或改革纲要中,到新时代才从设想变为现实。有的改革属于"做了很多年",但没能上升为制度,要么仅在局部试点探索,要么因争议太大暂停,要么因配套不足搁置。例如,法官员额制、法官逐级遴选、法官单独职务序列、法院人员分类管理等,都是到新时代才全面施行,还需要适应不同地域、审级的情况。

当然,无论是"想了很多年"的设想,还是"做了很多年"的探索,一旦上升为制度,就必须接受司法实践检验。设计再精巧的制度,只有接触到诉求各异的人、参差多态的事,才可能激发活力、产生效能,又或查漏补缺、优化调整。如果对改革抱持"文件出台就是落实了,制度落地就可以不改了"的态度,就是典型的"只见制度不见人"。[1]从近几年的改革调研和督察情况看,前期推出的一部分改革举措,有的确实存在继续完善配套的空间。

一是需要优化调整的。例如,为配合法官逐级遴选制度,要求初任法官必须到基层人民法院任职,基本隔绝了较高层级法院法官助理成为本院法官的通道,导致上级人民法院的法官助理岗位"招录难",法官岗位又因缺乏住房安排、配偶工作、子女就学等配套激励措施出现"遴选难"。[2] 这就需要根据上述政策实施情况,本着对法院队伍建设和可持续发展负责任的态度,适时开展效果评估,优化完善相关制度,畅通法官助理入额通道,完善成为法官的多元通道。此外,伴随经济、人口和案件结构的变化,应推进法官员额、人员编制的跨域统筹使用,必要时调整部分地区的法官员额比例。

二是需要深入推进的。例如,部分省份因省内发展水平不均衡,担心降低经济发达地区法院的保障水平,暂缓实行省以下法院财物省

〔1〕 程金华:《中国司法改革的利益相关者——理论、实证与政策分析》,载《北大法律评论》2014 年第 2 辑,北京大学出版社 2014 年版,第 450 页。

〔2〕 左卫民:《省级统管地方法院法官任用改革审思:基于实证考察的分析》,载《法学研究》2015 年第 4 期。

级统管。截至 2021 年年底，全国实行省级统管的地方占 56.76%，实行市级统管的地方站 5.41%，进行部分试点改革的地方占 10.81%，尚未开展改革的地方占 27.03%。[1] 出现上述状况，固然有实事求是的考虑，但从长远看，在暂不能由中央统一保障法院经费的情况下，仍有必要立足我国国情，立足审判权的中央事权属性，按照财政分级保障、干部分级管理的基本制度，明确司法领域中央与地方财政事权、基础标准和支出责任。[2]

　　三是需要细化完善的。例如，2021 年 12 月修改的民事诉讼法明确"依法设立的调解组织"调解达成的调解协议可以申请司法确认。问题在于，目前关于设立调解组织所"依"之"法"仅限于《中华人民共和国人民调解法》，其他调解组织的设立依据、管理部门、监督办法等尚不明确，有必要制定多元纠纷解决机制促进法、商事调解法或统一调解法等法律，配套完善诉讼收费办法，真正实现把非诉讼纠纷解决机制挺在前面。此外，随着四级法院审级职能定位改革试点深入开展，不同层级法院的职能差异也将日益凸显，有必要建立与其审级职能、行政事务管理职能相匹配的内设机构体系。

　　总之，无论是党的二十大关于深化司法体制综合配套改革的新部署，还是优化改革举措的现实需要，都要求人民法院始终坚持人民至上、自信自立、守正创新、问题导向、系统观念、胸怀天下，持续深化司法改革。待中央就下一阶段改革重点和主要任务提出意见后，最高人民法院将据此制定《人民法院第六个五年改革纲要（2024—2028）》，作为未来五年深化人民法院司法体制综合配套改革的新规划。

---

〔1〕　唐虎梅：《司法经费理论研究与实践》，人民法院出版社 2022 年版，第 104 页。

〔2〕　王少南、唐虎梅、苏明等：《人民法院审判事权划分及经费保障问题研究报告》，载《人民法院司法行政管理研究与参考》（第 1 辑），人民法院出版社 2014 年版，第 61 页。

六、2018 年《人民法院组织法》

法院组织法的修订过程

为了从立法层面保障司法改革顺利推进，早在全面深化改革之初，对 1979 年《人民法院组织法》的全面修订工作就已启动。2013年，全国人大常委会将人民法院组织法（修改）列入"条件比较成熟、任期内拟提请审议的法律草案"的第一类立法规划项目之中，确定由全国人大内务司法委员会（以下简称"全国人大内司委"，2018 年 3 月后改称全国人大监察和司法委员会）牵头修改。

为配合修改法律，最高人民法院成立了人民法院组织法修改研究小组，研究起草人民法院组织法修改建议稿。经广泛征求意见、反复研究论证，最高人民法院于 2016 年 9 月正式向全国人大内司委提交了《人民法院组织法修改建议稿》。随后，全国人大内司委进一步深入开展调研论证，广泛凝聚各方共识，形成《中华人民共和国人民法院组织法（修订草案）》，并于 2017 年 8 月提交第十二届全国人大常委会第二十九次会议第一次审议。一审稿共 6 章 66 条，增加的主要内容包括：**一是**关于人民法院组织设置的新规定。**二是**深化司法体制改革的有关成果。例如，增设最高人民法院巡回法庭和跨行政区划法院、知识产权法院；落实司法责任制；司法人员分类管理和法官员额制，等等。**三是**专章规定了保障人民法院独立公正行使审判权的内容。

首次审议后，按照立法程序，全国人大常委会法制工作委员会（以下简称"全国人大常委会法工委"）还向中央有关部门、各省、自治区、直辖市人大常委会、部分高等院校、研究机构、基层立法联系点等征求意见，并将修订草案在"中国人大网"公布，征求社会公众意见。此外，全国人大常委会法工委还就专门人民法院和跨行政区划法院的设置、指导性案例的性质和效力、审判委员会制度等审议和征求意见中分歧较大的问题，委托专家学者论证。2018 年 5 月 2 日，第十三届全国人大宪法和法律委员会、监察和司法委员会、法制工作委员会联合召开座谈会,听取有关专家对修订草案的意见。

2018 年 6 月,第十三届全国人大常委会第三次会议对修订草案进行了第二次审议。二审稿相较于一审稿的变动主要有:**一是**规定人民法院依照宪法、法律和全国人大常委会的决定设置;**二是**新增规定指导性案例的具体性质;**三是**删除了跨行政区划法院设置的条款;**四是**对法院审判人员的任免机关及程序的规定进一步细化;**五是**规定不得要求法官从事超出法定职责的事务,不得干预司法活动、插手具体案件;**六是**综合考虑关于法官职业保障的内容与法官法有所重复,对此不再规定。

全国人大常委会法工委于 6 月 29 日发布公告,再次广泛征求社会各界意见,并在认真梳理 1000 多条反馈意见的基础上,进一步修改完善修订草案。8 月 24 日,中央全面依法治国委员会第一次会议审议了修订草案。10 月 16 日,全国人大常委会法工委召开修订草案通过前评估会,邀请全国人大代表、地方三级人民法院法官代表、律师和专家学者就法律出台的时机、部分规定的可行性、实施的社会效果和可能出现的问题进行评估。

10 月 23 日,第十三届全国人大常委会第六次会议审议了法院组织法修订草案第三次审议稿。三审稿共计 6 章 59 条,相较于二审稿的变动主要有:**一是**新增人民法院接受人民群众监督的内容,规定公民对人民法院工作依法享有知情权、参与权和监督权;**二是**完善人民法院审理案件的范围;**三是**对副院长、审判委员会委员的产生范围适当放宽;**四是**对审判委员会和专业委员会的关系作出规定;**五是**删除了关于指导性案例具体性质的规定,但保留了最高人民法院关于发布指导性案例职权的表述;**六是**删除了司法行政和司法警务工作的管理规定。

谁有权修订法院组织法

1979 年《人民法院组织法》是第五届全国人大二次会议通过的。

按照 1982《宪法》第六十七条第三项的规定，全国人大常委会对全国人民代表大会制定的法律，可以进行部分补充和修改，但是不得同该法律的基本原则相抵触。由于 2018 年提出的人民法院组织法修订草案对 1979 年《人民法院组织法》补充修改的内容比较多、幅度比较大，在审议过程中，有人提出，人民法院组织法修订草案是由常委会审议通过还是由代表大会审议通过，需要认真研究、妥善处理。

全国人大宪法和法律委员会经认真研究后认为，1979 年至今，常委会只对人民法院组织法作过小幅修改。这次对人民法院组织法的修改，主要是适应深化司法体制改革要求和司法实践发展的需要，对现行法律补充修改的内容较多，体例结构上需要有相应的安排，适宜采取**修订**的方式；同时，从修订草案的内容看，这次修法没有改变我国人民法院的性质、地位、职权、基本组织体系、基本活动准则等，修改的内容都是属于补充、完善、调整、优化性质的，与人民法院组织法的基本原则不存在相抵触的情形。因此，修订草案由全国人大常委会审议通过是可行的，符合宪法的有关规定。[1]

新原则，新内容

2018 年 10 月 26 日，第十三届全国人大常委会第六次会议表决通过了修订后的《中华人民共和国人民法院组织法》（以下简称 2018 年《人民法院组织法》）。[2] 此次修订人民法院组织法，主要秉持以下指导原则：**一是**严格在现行宪法框架下推进组织法修改工作，切实维护宪法权威。例如，总则第一条就明确规定"根据宪法，制定本法"；第三条规定人民法院依照宪法、法律和全国人大常委会的决定设置；第五条规定人民法院审判案件在适用法律上一律平等，不允许任何组织

---

〔1〕 《全国人民代表大会宪法和法律委员会关于〈中华人民共和国人民法院组织法（修订草案）〉审议结果的报告》（2018 年 10 月 22 日），载最高人民法院研究室编著：《〈中华人民共和国人民法院组织法〉条文理解与适用》，人民法院出版社 2019 年版，第 431 页。

〔2〕 姜启波、郭锋、袁春湘：《人民法院组织法修改的解读》，载《人民司法·应用》2019 年第 1 期。

和个人有超越法律的特权；第九条规定各级人民代表大会及其常务委员会对本级人民法院的工作实施监督等。**二是保持人民法院组织体系和法院组织法基本原则的稳定性。**坚持巩固司法改革最新成果，但对正在试点或者试点成效尚不明显、未能达成广泛共识的问题，在修订时仅作出原则性规定或暂不规定，为深化司法改革预留探索空间。例如，新组织法完善了最高人民法院巡回法庭审理案件的范围，但对跨行政区划法院暂未明确规定。**三是处理好法院组织法与诉讼法、法官法等相关法律的关系。**例如，1979 年《人民法院组织法》规定的有关公民用本民族语言进行诉讼的权利、被告人辩护权、两审终审制、再审、检察院监督、回避等，已在我国诉讼法中有详细规定，所以本次修订删除了这些内容。关于合议庭的有关规定内容，与诉讼法基本保持一致。有关法官履职保障等具体内容，则在法官法中予以规定。

2018 年《人民法院组织法》重构了 1979 年《人民法院组织法》的框架结构，将原来的 3 章调整为 6 章。**第一章**为总则，规定了立法的宗旨和依据，人民法院的性质、任务和设置，依法独立行使审判权、适用法律一律平等、司法公正、司法公开、司法责任制等基本原则，以及人民法院与人大的关系、最高人民法院的地位、上下级人民法院的关系和人民法院接受人民群众监督等内容。**第二章**为人民法院的设置与职权，规定四级法院的层级设置及其职权范围，其中包括兵团法院和专门法院的专门规定。**第三章**为人民法院的审判组织制度，对独任制、合议制、审判委员会、赔偿委员会制度作出规定。**第四章**为人民法院的人员组成，明确了法院系统内部的审判机构和非审判机构的设置，规定法官及司法辅助人员的地位和职权，着重规定人员分类管理制度、法官员额制度等。**第五章**为人民法院行使职权的保障，对人民法院独立公正行使审判权的保障作了专章规定。**第六章**为附则。

2019 年 4 月 23 日，第十三届全国人大常委会第十次会议审议通过了修订后的《中华人民共和国法官法》(以下简称 2019 年《法官法》)。随着 2018 年《人民法院组织法》和 2019 年《法官法》先后施行，党的十八大以来司法体制改革成果均在立法中得到体现。

第三讲 │ 司法改革(下):政治逻辑与决策机制

> 我们现在做的事都是一个试验。
>
> ——邓小平

> 对理论而言,前提假设越简单越好,涉及的因素越多越好,适用范围越宽越好。
>
> ——[美]阿尔伯特·爱因斯坦

> 中国的改革是我们时代最伟大的故事。
>
> ——[美]罗纳德·哈里·科斯

自从清末修律引入现代司法制度以来,围绕司法改革目标、重点与路径的争论,就从未止歇。[1] 新中国成立以来,司法改革成为实现社会主义法治的必由之路,虽历经坎坷,仍矢志不移。一代代中国法律人呐喊奔走、贡献智慧、探索耕耘,终于在新时代"做成了想了很多年,讲了很多年但没有做成的改革",[2] 逐步形成系统科学、行之有效的司法改革方法论。

作为人类社会发展百年进程中的最重大事件,读懂中国改革,才

---

〔1〕 [美]徐小群:《现代性的磨难:20 世纪初期的中国司法改革(1901—1937)》,杨明、冯申译,中国大百科全书出版社 2018 年版;王健编:《西法东渐:外国人与中国法的近代变革》,译林出版社 2020 年版。

〔2〕 《习近平对司法体制改革作出重要指示强调 坚定不移推进司法体制改革 坚定不移走中国特色社会主义法治道路》,载《人民日报》2017 年 7 月 11 日。

可能读懂中国。[1] 围绕改革开放 40 多年的经验与成就,已有不少研究。本讲在前一讲基础上,解释为何能够在新时代完成过去很多年没有做成的改革,并总结梳理中国司法改革的政治逻辑、决策机制和实践证明行之有效的改革方法论。

一、哪些因素决定改革成败

改革就是革故鼎新,改掉旧制度中僵化、落后、不合理的部分,建立完善适应时代发展的新制度,并确保其产生效能与活力。在和平时期,社会矛盾的调和与解决,主要依靠改革。改革涉及权力或利益的再分配,触动一些群体的既得利益,必然受到阻碍或反对。先秦至今,"变法与改制"几乎贯穿中国历史,有时甚至要与革命赛跑。[2] 从商鞅变法、胡服骑射到王莽改制,从永贞革新、庆历新政到王安石变法,再从张居正改革、洋务运动到戊戌变法,仅影响巨大的改革运动就有百余次。[3] 这其中,既有成功之壮举,亦有失败之惨痛,但总体以失败居多。直到始于 20 世纪 70 年代的改革开放,才取得历史性的重大成功,并推动中国跃居世界第二大经济体。

比较并总结历史上的制度变革,以下五个主要因素对改革成败起到决定性作用,即:政治动员能力、共识凝聚程度、科学实施步骤、法治保障力度、利益调整机制。下面,结合改革开放以来不同领域的体制改革情况,分析上述五个因素对改革的影响力。

政治动员能力

改革是全球潮流,但大国改革具有特殊性,那就是大国层次多、涉及利益广、发展不平衡,好不容易形成共识,也作出了改革决策,但能否自上而下层层传导,得到各方协同配合,取决于改革主导者的政治

---

〔1〕 严书翰、张占斌主编:《中国改革论》,学习出版社 2019 年版,第 1 页。

〔2〕 马立诚:《历史的拐点:中国历朝改革变法实录》,东方出版社 2016 年版,第 2 页。

〔3〕 漆侠主编:《中国改革史(先秦—清末)》,河北教育出版社 1997 年版。

动员能力。所谓**政治动员能力**,包括以下三个层面:

第一,政治方向锚定能力。改革不是推倒重来的革命,也不是温情脉脉的改良,必须处理好改革、发展、稳定的关系。这其中,最重要就是把握好改革与政治的关系。只要是国家层面的制度改革,无论是政治、经济、司法领域,还是文化、教育、医疗领域,相关决策首先是政治决策,必须在高层取得政治共识,才可能有机地嵌入国家政治制度。

这是因为,政治制度是用来调节政治关系、建立政治秩序、推动国家发展、维护国家稳定的。哪怕是政治制度改革,也不能突然就搬来一座"飞来峰",做脱离国情、囫囵吞枣式的"照搬照抄"。我国的基本政治制度,是中国共产党执政,各民主党派参政,不是三权鼎立、多党轮流坐庄,任何领域的改革,都应当与这个制度配套,而不是背道而驰。一旦改革被视为改旗易帜的"突破口",所有努力都可能一夜归零。古今中外,由于政治发展道路选择错误,而导致社会动荡、国家分裂、人亡政息的例子比比皆是。中国作为一个发展中大国,坚持正确的政治发展道路,更是一个关系根本、关系全局的重大问题。[1]

在我国,司法体制改革从来都是政治体制改革的重要组成部分。不可能脱离具体的政治语境,去做抽象的司法改革规划。更不应临摹外国的"法治蓝图",在中华大地上作"制度擘画"。必须承认,我国传统司法制度的确存在司法权力地方化、审判活动行政化等弊病。究其根源,在于管理体制上把司法机关等同于行政机关、运行模式上把审判权与行政权混为一谈。通过推进法治中国建设,可以改进党对司法工作的领导方式,优化法院人财物管理体制,但决不能借着"去地方化""去行政化"的名义,取消或弱化地方党委、法院党组对审判工作的领导。改革一旦偏离正确政治方向,必然难以持续,更不会有制度生命力。

第二,政策议程设置能力。改革诉求可能源自顶层设计,也可能基于部门提议、专家建议或民间呼吁。但是,从理论推演到纳入决策,

---

〔1〕《毫不动摇坚持人民代表大会制度,与时俱进完善人民代表大会制度》(2014 年 9 月 5 日),载习近平:《论坚持全面深化改革》,中央文献出版社 2018 年版,第 126 页。

其间须经历必要性分析、可行性论证、合法性审查等一系列过程。起初的 100 项改革动议,最终通过时可能不足 10 项,内容也可能经过反复斟酌、重重删改。一般来说,纳入改革战略规划的层面越高、所能贯彻的战略意图越精准、实施步骤越具有可操作性,说明改革推动者或利益相关者的政策议程设置能力越强。

所谓**"议程设置"**(Agenda-Setting),是指按照优先级顺序,对需要决策、讨论、传播的事务增删或排序。[1] 无论是立法规划、改革谋划,还是新闻策划,都需要合理设置议程、区分轻重缓急、厘清政策导向。在政治学领域,能够影响政治决策是一方面,而设置切实可行的政策议程则是更为重要的一方面。[2]

试举一例说明,假设一国最高法院想将"提高法官薪酬"纳入国家司法改革的战略规划。那么,从是否有利于实现部门意图、精准落地实施、确保制度连续的角度考虑,表述上从优到次的层级依次是:配套性表述、操作性表述、倾向性表述和原则性表述。从内容上看,**配套性表述**是"将法官薪酬提升为普通公务员的三倍,并实现与公务员薪酬的同步调整"。这样既有明确的目标,也能确保未来公务员工资增加后,法官工资能同步提升,始终保持在较高水平。所以是最优方案。**操作性表述**则是"将法官薪酬提升为普通公务员的三倍",侧重解决当下问题,且简洁明确,易于理解操作。**倾向性表述**则是"法官薪酬优于普通公务员",体现了政策倾向,至于增加多少,全看相关部门的推动力度。**原则性表述**则是"推动法官薪酬制度改革",至于是提升薪酬标准,还是调整薪酬结构,则靠后续沟通。当然,如果国家财政状况并不处于充裕状态,能不能将法官薪酬制度纳入司法体制改革范围,本身

---

〔1〕 有论者将我国的公共政策议程设置模式分为关门模式、动员模式、内参模式、借力模式、上书模式、外压模式 6 种。参见《中国公共政策议程设置的模式》,载王绍光:《安邦之道:国家转型的目标与途径》,生活·读书·新知三联书店 2007 年版,第 138—166 页。

〔2〕 Peter Bachrach & Morton Baratz, *Two Faces of Power*, 56 American Political Science Review 947-952(1962).

也是政策议程设置能力的体现。[1]

第三，政治资源调配能力。改革是一项复杂的系统工程，愈是全面深入，各个领域各个环节的关联性、互动性亦随之增强，每一项改革都会对其他改革产生重要影响。在此过程中，中央职能部门是否协同配合，地方各级政府是否及时因应，都决定了改革能否行稳致远。因此，越是重大改革，对改革主体的政治资源调配能力要求越高。调配得力，则左右逢源、上令下从；调配不力，则前后掣肘、令行不止。在现代化国家，有多大的政治权威，就有多强的政治资源调配能力，意味着在多大程度上可以有效统筹党政机关、有力协调中央地方，并通过督察问责确保改革举措落地见效。

以我国的死刑核准制度改革为例。2003 年 7 月，最高人民法院党组向中央司法体制改革领导小组报送了《关于推进司法体制改革的建议》，提出"死刑案件核准权由最高人民法院统一行使"，建议得到采纳。但是，这项改革不仅需要修改《人民法院组织法》关于"下放"死刑核准权的条文，还涉及人员调配、机构编制、办公用房、配套保障等一系列问题，亟须中央有关部门、各地党委政府、其他政法单位的配合与支持，光靠最高审判机关一家单兵突进，实现时间肯定遥遥无期。

2005 年 5 月 13 日，最高人民法院党组正式向中央提出《关于统一行使死刑核准权问题的报告》。5 月 19 日，中央政治局常委会充分讨论并一致同意了这个报告，并决定专门增加最高人民法院的机构和人员编制，拨款购置审判办公用房，做好机构人员和物质保障的充分准

---

〔1〕　历史上，为了稳定法官队伍，吸引更多优秀法治人才进入法院，最高人民法院在 1994 年提交的《法官法(草案)》和 2000 年提交的《法官法修正案(草案)》中，先后建议写入"法官工资适当从优""法官的工资福利待遇从优"等内容，都被立法机关以"避免各部门在工资上的攀比""不宜在法律中作这样的规定"为由删去。只到党的十八届四中全会提出要建立法官专业职务序列及工资制度后，相关改革才取得实质性进展，改革成果后来被写入 2019 年修订的《法官法》。参见《全国人大法律委员会关于法官法(草案)和检察官法(草案)审议结果的报告》(1994 年 12 月 21 日)，载周道鸾主编：《学习中华人民共和国法官法资料汇编》，人民法院出版社 1995 年版，第 22 页。《全国人大法律委员会关于〈中华人民共和国法官法修正案(草案)〉修改情况的汇报》(2001 年 4 月 18 日)，载胡康生主编：《中华人民共和国法官法释义》，法律出版社 2001 年版，第 122 页。

备。[1] 为了提升死刑二审案件质量，最高人民法院于 12 月 7 日印发《关于进一步做好死刑第二审案件开庭审理工作的通知》（法〔2005〕214 号），要求"自 2006 年 1 月 1 日起，对案件重要事实和证据问题提出上诉的死刑第二审案件，一律开庭审理，并积极创造条件，在 2006 年下半年对所有死刑第二审案件实行开庭审理"。但是，由于死刑二审开庭涉及检察机关阅卷等一系列配套工作，部分地方认为改革加大了看守所羁押压力、影响了审判效率，对相关工作抱有抵触情绪，直接影响到改革进程。

为确保改革顺利推进，2006 年 8 月 18 日，中共中央办公厅以中办发〔2006〕26 号文件批转了最高人民法院党组《关于统一行使死刑核准权问题的报告》，明确了统一行使死刑核准权的目标、原则和要求，要求自 2007 年 1 月 1 日起，死刑除依法由最高人民法院判决的以外，都应当报请最高人民法院核准。中办发〔2006〕26 号文件阐述了中央决定实施这项改革的深远意义，重申了党和国家在死刑问题上的一贯政策，强调全党要把思想统一到中央决策上来，为改革打下了坚强的政治领导和坚实的思想基础。

尽管此时距离"收回"死刑核准权已不到四个月，但是，因为有了最高政治权威的支持，后续各项工作推进都非常顺利。**一是法律准备方面。**第十届全国人大常委会第二十四次会议于 2006 年 10 月 31 日修改了人民法院组织法第十三条，删除了部分死刑案件授权高级人民法院核准的规定。**二是制度准备方面。**"两高"就死刑二审案件开庭审理程序达成一致并联合印发文件，[2] 到 2006 年下半年，全国各高级人民法院全部做到死刑二审案件开庭审理，并得到公安、检察机关的配合支持。**三是机构准备方面。**最高人民法院在原有的两个刑事审判庭基础上，增设了三个刑事审判庭。**四是人员准备方面。**在中组部配合下，经过组织推荐、初选、考察、面试等程序，最高人民法院从全国选调了一批优秀的刑事法官，并招录了部分刑事专业博士、硕士研

---

〔1〕 《肖扬法治文集》，法律出版社 2012 年版，第 6—7 页。

〔2〕 即 2006 年 9 月 21 日印发的《最高人民法院、最高人民检察院关于死刑第二审案件开庭审理程序若干问题的规定（试行）》（法释〔2006〕8 号）。

究生担任法官助理。在中央编制管理部门配合下,为了推进高级人民法院同步开展的死刑第二审开庭工作,经中央批准,为全国高级、中级人民法院增加了相应的专项编制。**五是配套措施方面。**在国家发改委、财政部的配合下,最高人民法院顺利添置了刑事审判庭的办公用房、办公设备,并逐步解决了选调法官的生活保障和亲属安置问题,达到稳定军心和凝聚队伍的目的。

通过上述过程,可以看出,如果没有中共中央站在历史的高度,充分调动各方面资源、积极排除各领域困难,死刑核准制度改革很可能半途而废。十五年的司法实践证明,这项改革是新中国法治建设史上的一个里程碑,对于正确实施国家法律,准确贯彻死刑政策,尊重和保障人权,防范冤错案件,促进法治文明,意义重大,影响深远。

共识凝聚程度

改革是中性词,很难事先预测对错。赞成改革的,未必就代表先进生产力或据有道德制高点;反对改革的,未必就是落后、保守或顽固势力。改革也不是一方打倒另一方,更多情况下需要协商、妥协乃至让步。在任何时期,凝聚广泛共识的改革,才能获得更多理解支持,得以顺利推进实施。[1] 问题是,一旦涉及利益格局调整、权力资源配置、思想观念转化,共识往往很难达成,需要把握好守成与变革的分寸、求同与存异的尺度。这种情况下,凝聚共识也是寻求改革"最大公约数"的过程。共识的凝聚程度,决定了改革推进的广度与深度。一般而言,以下四个方面对形成共识有较大影响。

第一,利益相关方的参与程度。改革需要多方参与,这样既能确保集思广益、科学决策,也有利于推动合作、争取支持。这里的**"多方"**,可以指体制内外、中央地方、理论实务、不同部门或各种界别。尤其是涉及多个职能部门的改革,如果相关部门在研议时缺位,又或意见不被采纳,涉及该部门职能的改革,就可能成为推进实施中的"短

---

〔1〕　华生:《中国改革:做对的和没做的》,东方出版社 2012 年版,第 140 页。

板"。在很多情况下，所谓"好的改革方案"可能不是某一方面特别满意的方案，而是各方面都能接受的方案。从这个角度讲，建立"领导小组""联席会议"等跨部门的议事协调机制，就显得尤为必要。

问题是，如果将"充分凝聚共识"作为判断改革方案是否"成熟"标准，也可能导致重大改革因无法达成共识而久拖不决，或者在酝酿商议阶段就将有分歧的内容拿掉，而有分歧的内容又恰恰是改革需要解决的重点和难点问题。如此一来，就可能催生一些"空心化"或"形式化"的改革文件。[1] 这也对改革的决策机制提出了更高要求，必须既讲民主，又有集中，避免"关起门搞改革"和"有异议就不改"两种极端现象。

事实上，改革文件起草过程中，有关职能部门或社会各界有分歧，至少说明有争议，要把有争议的内容写入文件，要么需要长时间的博弈协商，要么需要决策部门强力"拍板"。对于分歧特别大的内容，尤其是后续牵头部门强烈反对的举措，即使写进文件，配合机制和落实力度也可能受到影响。越是重大的改革，越是需要适度妥协，恰当的妥协既是长远眼光，也是大局意识。所以，对于非原则性的议题，有争议可以暂不规定，不规定不代表不做了；也可以考虑先原则性规定，为下一步适时推进预留空间。以上观点，也算我参与改革文件起草工作十五年来的微末体会。

第二，对价值取向的认同程度。任何一项改革举措的提出，背后都蕴含着特定价值取向。价值取向受立场、利益影响，可能体现为计划与市场、集中与分散、中央与地方、城市与农村、内需与外贸、沿海与内地等多种对立统一关系。如果价值取向过于偏狭，又或仅聚焦于特定部门或群体利益，就无法得到广泛认同，共识自然也难以凝聚。例如，司法界如果只呼吁提高地位、强化保障、扩大权力、增加机构、提高工资，改革诉求就会被认为是"本位主义"或"部门利益"，不可能被外

---

〔1〕 徐忠：《改革文件语焉不详背后的决策机制问题》，参见财新网，2022年12月4日访问。该文为时任中国人民银行研究局局长徐忠2019年2月16日在"中国经济50人论坛"2019年会上的发言。在改革推进过程中，也有人将这一过程戏称为"先去掉一个正确方案，然后在一堆不那么错误的方案中选择一个最平庸的方案"。

界信任和认可。[1]

对价值取向的判断,既要看阶段性,也要看实质性,还有修辞或表述的影响。例如,**从阶段性上看**,在经济体制改革之初,"让一部分人先富裕起来"是阶段性价值取向,能凝聚的共识有限,但长远战略考量是让先富裕者产生示范、带动作用,"最终达到共同富裕",这样就能争取到绝大多数人的拥护支持。**从实质性上看**,对法官施行略高于普通公务员的薪酬待遇,价值取向在于适应审判权的判断权特点,对审判人员提供相应职业保障,确保司法公正,而不是因为法院工作更辛苦、更麻烦、更危险,需要更多的物质鼓励。如果把后者作为价值取向,不仅得不到其他国家机关认同支持,公众认可度也不会高。过去,人民法院在推进法官素质提升过程中,经常使用"法官精英化"的概念,但是,在崇尚平均主义和集体主义的文化氛围里,越是倡导"精英化",越容易被边缘化,所以最后只能以"司法职业化"取而代之。**从修辞或表述上看**,"打破地方保护主义"的改革价值取向能够得到中央层面和企业界、理论界的认可,但地方政府可能会有抵触情绪,因为在他们看来,一些举措是为地方经济发展或社会稳定服务的,也造福了一方百姓,并非基于本位或私利。因此,使用"确保中央政令畅通、国家法制统一"和"打破诉讼主客场现象"等表述,表达的意思是一样的,但更有利于凝聚共识。

第三,改革相关理论成熟程度。正确的理论,是实践的先导。中国改革"摸着石头过河"的特点,又使得改革实践经常超前于理论,并不断修正之前的理论预设。改革实践与理论之争如影随形,改革越深化,争论越激烈。从初期的"计划为主,市场为辅",到1984年的"有计划的商品经济"、1987年的"计划调控市场,市场引导企业",再到1992年确立"社会主义市场经济"的目标模式,前后就经历了十四年理论"论战"。

从知识论的角度看,判断一项改革理论是否相对成熟,主要看五

---

〔1〕 邵文虹、蒋惠岭:《中国法院体制改革论纲》,载孙谦、郑成良主编:《司法改革报告:中国的检察院、法院改革》,法律出版社2004年版,第191页。

个标准，即：(1)**简洁性**(simplicity)，"如无必要，勿增实体"，原理越是简洁，理论解释力就越强。(2)**一致性**(consistency)，逻辑上能够自洽，不会自相矛盾，更不会用颠覆代替修正。(3)**准确性**(accuracy)，相关概念足够清晰，实现路径具有可操作性，但准确并不意味着正确，可以被检验、证伪也是准确性的重要特点。(4)**普适性**(scope)，是指理论适用范围的大小，可适用范围越大，理论就具有超越性和解释力，并非一时一地经验的描述。(5)**成果性**(fruitfulness)，理论推演的每个节点，都能够形成相应成果，往前有利于理论的拓展，往后有利于知识的应用。[1]

总体上看，越是前沿领域的改革，因为缺乏实践积累、实证素材，越需要理论论证支持。理论上能够说清讲透、自圆其说，对应的改革动议才可能"推得动，立得住，走得远"。例如，1996 年的刑事诉讼制度改革，就是在理论界的积极推动下，才在人权保障领域取得巨大进步。理论界起草的修改法律建议稿中，大约 65% 的内容被修正后的刑事诉讼法所采纳。[2] 此外，许多举措即使被纳入整体改革规划，但在具体落实的"次决策"[3]上，也需要科学理论配套跟进，否则可能因理解不同、各持一词，迟滞改革进程。例如，在改革整体规划上已提出要"推进以审判为中心的诉讼制度改革"。但是，对于如何理解"以审判为中心"，是以审判的标准为中心搜集证据，还是以法院的意见为中心推进办案流程，操作层面可能存在不同认识。还比如，改革规划已确定"推动建立省级以下地方法院法官统一由省级提名、管理并按法定程序任免的机制"。但这里的"省级提名"主体具体是谁？是高级人民法院党组还是省级法官遴选委员会？与地方人大常委会任免机制如何衔接？必须在理论上进一步论证，才有可能在执行上达成共识。

---

〔1〕 傅军：《奔小康的故事：中国经济增长的逻辑与辩证》，北京大学出版社 2021 年版，第 360—361 页。

〔2〕 陈光中：《刑诉法修改风雨路》，载于光远、杜润生等：《改革忆事》，人民出版社 2009 年版，第 259 页。

〔3〕 "次决策"又称二次决策，是基于第一次决策开展的再次决策，是对第一次决策目标的优化、对关键举措的再次细化。

第四,**改革文件了解知悉程度**。改革文件是改革内容的载体,也是各级主体贯彻执行的依据。改革文件的内容表述、印发范围、解读口径,都会影响到利益相关方、贯彻落实者的认同程度。**从内容表述上看**,有的改革文件内容语焉不详,举措指向不明,通篇都是"既要……又要……还要"式的循环辩证,下级单位内容上理解各异,执行时各取所需,执行效果自然不佳。**从印发范围上看**,如果改革文件内容只有极少数人知悉,自上而下的穿透力自然受到影响。过去,一些改革文件因涉及深层次利益,又或仅仅有一到两处敏感内容,就整体定上较高密级,基层单位主要负责人都不够级别看到文件,也根本没有办法开展思想工作,很难达到预期目的。**从解读口径上看,**改革决定是行动纲领,不是一套复杂理论或"说辞",对文件精神和内容的解读,应当"一个出口,步调一致",不能层层解读,层层加锁,最后"补丁摞补丁",下级部门无所适从,只能在圈里踏步,不敢越雷池一步。[1]而且,如果一个解读主体一个声音,众说纷纭,也根本不具备凝聚共识的基础。

科学实施步骤

无论政治体制,还是经济体制,都有着复杂的结构体系,触一发而动全身,采取什么样的改革步骤,选择什么领域为"切入点"或"突破口",必须对国情与形势有深刻把握,也需要高超的政治智慧。

从实施步骤上看,改革可以分为**激进式改革**(radical reform) 与**渐进式改革**(gradualist reform) 。激进式改革并非贬义词。很多情况下,改革者认为积弊太久,好不容易抓住时机,必须毕其功于一役,不能走温吞吞的改良路线,更"不能分两步迈过一个沟坎"。不过,实践也证明,脱离实际、急于求成的激进式改革总体上弊大于利。典型例子是俄罗斯20 世纪90 年代的"休克疗法"式改革,当权者推出"一揽子"改革规划,试图一步从旧体制跳跃到新体制,导致国内生产总值(GDP)

---

〔1〕　周其仁:《增强改革的双向穿透力》,载《财经界》2017 年第8 期。

急剧下跌近一半,发生大规模失业、恶性通胀和社会动荡,居民收入大幅下降。[1] 换言之,制度的沟坎并非都能一步跨过。面对一个过宽、过深的沟坎,采取一步跨过的策略必然掉入沟底。

许多西方经济学家认为,实行经济转轨,理所当然应是制度建设先行。可是,建立全国性的制度,并为之配备能够适应当地文化和环境的体制、法律和训练有素的人员,是一项旷日持久、费时耗力的工程。[2] 所以,中国在改革开放之初,走的是渐进式改革,采取了逐渐填平沟坎、缓步过坎的策略。具体而言,即经济改革先于政治改革,并采取"局部实验,双轨过渡"的改革路径,实现了从计划经济体制到市场经济体制的平稳转轨。[3] 渐进式改革分散了风险,减少了阻力,保留了纠错能力,在四十多年间实现了经济年均 9.6% 的高速增长,为全面深化改革打下了坚实基础。[4] 总体上看,确定科学的改革实施步骤,需要注重以下三个方面:

第一,把握好改革节奏。所谓"**改革节奏**",就是改革的步骤和时机,决定先改什么,后改什么,分几步改,什么时间改。改革的起始条件,会影响改革路径和发展模式。这一影响可以是正面的,也可以是负面的,更多可能是一体两面。[5] 改革开放之初,我国启动改革的一大特点,就是发展阶段低、人才储备少,制度建设刚起步。起点低,意味着尚不具备按照理想规划的条件。例如,"文革"结束后,在法院刚刚恢复重建,法律教育中断多年的情况下,暂时不可能对法官学历或法律专业知识提出高要求,更无法直接实行"谁审理,谁签发,谁负责"的现代化审判权力运行机制。

另一方面,起步低也意味着没有制度负担,"粗放型"发展空间大,

〔1〕 余力:《对话王小鲁、姚洋:俄罗斯改革比中国更成功吗?》,载《南方周末》2008 年 8 月 28 日。

〔2〕 [美]傅高义:《邓小平时代》,冯克利译,香港中文大学出版社 2012 年版,第 424 页。

〔3〕 张维迎、易纲:《中国渐进式改革的历史视角》,载景维民主编:《从计划到市场的过渡——转型经济学前沿专题》,南开大学出版社 2003 年版,第 310 页。

〔4〕 王小鲁:《改革之路:我们的四十年》,社会科学文献出版社 2019 年版,第 209 页。

〔5〕 萧东连:《探路之役:1978—1992 年的中国经济改革》,社会科学文献出版社 2019 年版,第 289 页。

可以边建章立制,边调整完善。在改革"分步走"阶段,某些领域可以设置"双轨制"和"过渡期",确保改革平稳有序推进。例如,在计划向市场的转型过程中,可以利用"人口红利"、便宜土地等比较优势,积极对接国际市场,依托价格双轨制过渡,之后通过跨国生产、跨国贸易、跨国投资,边干边学,逐步从比较优势转向相对优势,进而形成竞争优势。在工业化进程中,积极引进外资,从劳动密集型起步,先过渡到资本密集型,最终向知识密集型的高新技术产业挺进。

但是,一旦进入全面深化改革阶段,各项改革环环相扣、互为因果,设置较长的过渡期又可能导致后续规划接不上、权力责任不清晰、配套政策不统一,就必须在关键时刻"横切一刀"。例如,推进法官员额制改革时,为缓解人案矛盾,最初是想预留3~5年的过渡期,让未入额法官与员额法官在此期间组成合议庭共同办理案件,但是,随着司法责任制、法官单独职务序列和工资制度改革深入推进,"同权不同责""同工不同酬"等现象陆续出现,最终只能取消过渡期,明确未入额法官不得再以审判人员身份办理案件。

第二,选准改革切入点。改革如同治病,需要对症下药,找准问题症结和主要矛盾。例如,改革开放之初,大家都意识到计划管理体制存在问题,但到底问题到底出在"条条"(系统条线)的指导上,还是"块块"(地方政府)的管理上,一直存在争议。经过充分调研,理论界指出了经济管理体制改革的根本矛盾,即行政化管理与经济发展客观规律之间的矛盾。[1] 具体而言,就是两个企业能商量解决的问题,却必须层层上报,有的要与地方政府"协商",有的还要上级机关"盖章",把企业经营行为按行政系统运行来管,用行政方式割裂了企业与企业之间、地方与地方之间的经济联系。上述研究,对于后来确定经济管理体制改革的思路起到了至关重要的作用。

我国采取的是渐进式改革模式,但渐进递推不是平铺直叙,也需要确定政策实施顺序、优先突破领域。换言之,就是要找准改革的"牛鼻子",用基础性改革带动全局性改革。例如,我国的农业改革,就是

---

〔1〕 薛暮桥:《关于计划管理体制的一些意见》,载《经济研究参考资料》1979年第71期。

以"包产到户、包干到户"为突破口,通过实行家庭联产承包责任制打开局面。[1] 推进经济体制改革时,也曾有"以价格改革为中心"还是"以企业改革为中心"之争。[2] 当时甚至有经济学家断言:"中国的改革如果遭到失败,可能就失败在价格改革上;中国的改革如果获得成功,必然是因为所有制的改革获得成功。"[3] 牵住改革的"牛鼻子",才能在重要领域、关键节点上取得突破,起到牵一发动全身的作用。而一旦选错突破口或切入点,可能在很长一段时期内都绕不出"按下葫芦浮起瓢"的困境。

第三,有试错调整机制。制度可能是理性设计的产物,也可能经实践渐进演化形成。例如,农村改革一开始没有事先描绘的蓝图,而是"在农民、基层干部、地方政府和中央领导各个层次、各个方面的互动过程中完成"。[4] 有的改革虽有明确规划,但效果需要基层探索检验,通过不断试错,实现局部突破,最终全面推广。[5] 20 世纪 80 年代关于"价格改革"与"企业改革"两种思路之争中,之所以"以企业改革为中心"占据上风,原因之一就在于价格改革无法试点,后果难以预测,纠错成本过大。[6]

因此,改革的创新性、系统性越强,越需要完善试错机制,将试点作为重要的改革方法。试点可以探索改革的实现路径和实现形式,也可以通过把问题穷尽,让矛盾凸显,真正起到压力测试作用。具体而

〔1〕 赵树凯:《胡耀邦与"包产到户"政策突破》,载《中国改革》2018 年第 2 期;吴象:《伟大的历程:中国农村改革起步实录》,浙江人民出版社 2019 年版,第 144 页。

〔2〕 萧东连:《探路之役:1978—1992 年的中国经济改革》,社会科学文献出版社 2019 年版,第 190 页。

〔3〕 张军:《改变中国:经济学家的改革记述》,上海人民出版社 2019 年版,第 86 页。

〔4〕 《杜润生自述:中国农村体制变革重大决策纪实》,人民出版社 2005 年版,第 126 页。

〔5〕 郭树清:《"改革战略及其选择"的回顾与检讨》,载吴敬琏等主编:《中国经济 50 人看三十年——回顾与分析》,中国经济出版社 2008 年版。

〔6〕 《两种改革思路的比较》,载《厉以宁选集》,山西人民出版社 1988 年版,第 89—90 页。1988 年 3 月,为推动价格双轨制并轨,实行了"物价闯关",各地抢购成风,物价全面失控,只好于 1988 年 9 月调整思路,转向"治理整顿"。到 1992 年宣布实行社会主义市场经济后,价格才基本全面放开。参见管清友:《转型闯关——中国经济正在经历第三次改革闯关》,载林毅夫等:《读懂中国改革(1):新一轮改革的战略和路线图》,中信出版集团 2017 年版,第 75 页。

言,改革试点大致有以下功能:**一是**对新的制度或政策的实施效果还看不准,需要进行小范围实测,观察实效和完善改革方案。**二是**表明此事仅在小范围试行,有进退余地,容易与持不同意见者达成妥协。**三是**允许地方因地制宜推进改革,各地情况差距大,工作基础不同,有些政策不一定适合所有地方,或者不能同时起步,就分期分批推进。**四是**有极少数试点属于有关职能部门的"缓兵之计",当改革呼声很高,来自上下的压力很大时,先以"试点"方式缓解压力,再视情况决定后续政策。[1]

法治保障力度

我国历史上历次变法,都注重改革与法治的紧密结合,先变旧法,再立新法。20 世纪 90 年代,由于立法整体滞后于改革实践,因此有"良性违宪"或"良性违法"之说。这类观点认为,只要符合人民根本利益,可以违背宪法、法律以推进改革。[2] 问题是,为了现实利益而牺牲规范价值,并不利于法治建设。[3] 于法无据的改革措施,其正当性、合法性也存在争议,难以付诸实行,一旦遭遇阻力,更经不起质疑。

事实上,早在改革开放之初,我国就非常注重在法治轨道上推进改革。为了吸引境外客商直接投资,第五届全国人大第二次会议 1979 年 7 月 1 日通过的七部重要法律之一,就有《中华人民共和国中外合资经营企业法》。此外,为了确保经济特区有法可依,国务院 1979 年底就委托广东省起草经济特区条例,之后又责成国家进出口管委会组织论证。[4] 1980 年 8 月 26 日,第五届全国人大常委会第十五次会议

---

〔1〕《江小涓学术自传》,广东经济出版社 2020 年版,第 107—108 页。

〔2〕 郝铁川:《论良性违宪》,载《法学研究》1996 年第 4 期;郝铁川:《社会变革与成文法的局限性——再谈良性违宪兼答童之伟同志》,载《法学研究》1996 年第 6 期;童之伟:《"良性违宪"不宜肯定:对郝铁川同志有关主张的不同看法》,载《法学研究》1996 年第 6 期;童之伟:《宪法实施灵活性的底线——再与郝铁川先生商榷》,载《法学》1997 年第 5 期。

〔3〕 韩大元:《社会变革与宪法的社会适应性——评郝、童两先生关于"良性违宪"的争论》,载《法学》1997 年第 5 期。

〔4〕《谷牧回忆录》,中央文献出版社 2014 年版,第 352 页。

批准了这一条例,并决定在广东省深圳、珠海、汕头市和福建省厦门市设置经济特区。1981 年 11 月 26 日,第五届全国人大常委会第二十一次会议通过《关于授权广东省、福建省人民代表大会及其常务委员会制定所属经济特区的各项单行经济法规的决议》,授权广东省、福建省人大及其常委会,根据有关的法律、法令、政策规定的原则,按照该省经济特区的具体情况和实际需要,制定经济特区的各项单行经济法规,并报全国人大常委会和国务院备案。1992 年 7 月 1 日,第七届全国人大常委会第二十六次会议又通过了《关于授权深圳市人民代表大会及其常务委员会和深圳市人民政府分别制定法规和规章在深圳经济特区实施的决定》,进一步授予深圳经济特区制定特区立法的权力。

更为难得的是,为了保障经济体制改革和对外开放工作的顺利进行,1985 年 4 月 10 日,第六届全国人大第三次会议通过了《关于授权国务院在经济体制改革和对外开放方面可以制定暂行的规定或者条例的决定》,授权国务院对于有关经济体制改革和对外开放方面的问题,必要时可以根据宪法,在同有关法律和全国人大及其常委会的有关决定的基本原则不相抵触的前提下,制定暂行的规定或者条例,颁布实施,并报全国人大常委会备案。经过实践检验,条件成熟时由全国人大或其常委会制定法律。

因此,在改革过程中,无论"破"还是"立",都应当运用法治思维和法治方式。具体而言,主要应从以下三个方面判断改革的法治保障力度:**一是**在研究改革方案和改革措施时,是否同步考虑改革涉及的法律废、改、立问题,及时提出需求和建议。**二是**对于实践条件还不成熟、需要先行先试的,是否按照法定程序取得立法机关授权。**三是**实践证明行之有效的改革举措,能否以法律形式巩固确认。

利益调整机制

改革必然涉及利益的重新分配或重新调整。既得利益未必是特权利益,可能包括部门利益、地区利益、单位利益和个人利益等。改革受益面越大,拥护支持者就越多,阻力就越小,反之则可能寸步难行。

自下而上的改革,本身就是靠利益驱动;而自上而下的改革,也必须能令各方受益,才具有持久生命力。

中国经济体制改革取得成功的主要经验,就是推动**"增量改革"**,即在计划经济体制因阻力太大暂时"改不动"的情况下,允许和扶持集体企业、个体经济、私营企业、乡镇企业和三资企业的发展,促进"体制外"经济发展,逐步改变经济结构,进而促成竞争态势,推动国有企业和宏观调控体系改革,以增量改革启发和倒逼存量改革,实现"培育增量,改革存量"。[1] 到 2018 年,中国乡镇企业的就业人数达 1.6 亿,使中国大约 6.7 亿多的农村人口摆脱了贫困。总体而言,上述"做大蛋糕"的思路几乎贯穿经济改革各个领域,无论是对国有企业放权让利,还是在农村实行家庭联产承包责任制,乃至扩大对外开放和外贸企业的外汇留成,每一步改革举措的出台,都着眼于改进激励机制,以扩大经济总量。[2] 进入时代之后,"改革存量"的形式又改为推动"僵尸企业"有序退出市场、弱化政府对市场的干预、形成更加有利于公平竞争的统一市场环境。[3] 而苏联、东欧国家之所以选择激进式改革,就在于刚一起步就被迫拖上庞大的"存量",希望藉此促进新体制增量的成长,但因为过去的计划经济体制"统"得过死,经济整体陷入停滞状态。[4]

政治、司法等领域的"增量改革",则需在体制外惠及全体人民、夯实群众基础,[5]在体制内强化内生动力,提升内部人员的改革获得感,变外在推动为内在驱动,实现自我完善、自我发展。如果改革只令内部人员感受到更多负担、更多不便,就会出现"上面不推、下面不动"

〔1〕 萧东连:《筚路维艰:中国社会主义路径的五次选择》,社会科学文献出版社 2014 年版,第 187 页。
〔2〕 林毅夫、蔡昉、李周:《中国的奇迹:发展战略与经济改革》(增订版),格致出版社、上海三联书店、上海人民出版社 2012 年版,第 191 页。
〔3〕 张晓晶:《中国经验与中国经济学》,中国社会科学出版社 2022 年版,第 16 页。
〔4〕 樊纲:《渐进与激进:制度变革的若干理论问题》,载《经济学动态》1994 年第 9 期。
〔5〕 俞可平:《增量政治改革与社会主义政治文明建设》,载《公共管理学报》2004 年第 1 期;景跃进、张小劲、余逊达主编:《理解中国政治:关键词的方法》,中国社会科学出版社 2012 年版,第 75—76 页。

或者"进一步,退两步"的间断式改革现象。[1] 如果改革只是给审判人员减负担、提待遇,而当事人并没有感到诉讼效率、服务和公正度的提升,改革将得不到社会认同,更不具备可持续性。

二、多年未成的改革何以做成

过去为何未"做成"

1978 年以来,改革创新始终是法院工作的主基调。经历了 20 世纪八九十年代的审判方式改革、法官制度改革、诉讼制度改革,新型司法理念已初步确立,最高人民法院也于 21 世纪初明确了司法改革需要重点解决的三个问题:**一是**司法权力地方化,即地方各级法院的人事、经费都在同级地方控制之下,可能影响到国家法制统一、法院独立审判。**二是**审判活动行政化,即法院内部适用行政机关层层审核把关的方式处理案件、管理审判,效率低下,权责不清,不符合司法规律。**三是**法官职业大众化,法官被视为普通公务员,职业化"门槛"偏低,既缺乏有序"消化"不合格人员的"出口",也难以严格把控非专业人员进入法官队伍的"入口"。[2]

从 1999 年到 2009 年,最高人民法院先后推出三个"五年改革纲要",提出了 119 项改革举措,也取得死刑核准制度改革等重大成果。但是,到 2013 年之前,前述三大问题未能从根本上予以解决,一些改

---

〔1〕 李拯:《中国的改革哲学》,中信出版集团 2018 年版,第 4 页。

〔2〕 肖扬:《法院、法官与司法改革》,载《法学家》2003 年第 1 期。本文是时任最高人民法院院长肖扬 2002 年 12 月 8 日在中国人民大学"大法官讲坛"的演讲全文,被视为对 21 世纪人民法院司法改革思路的全面阐述。针对前述三个问题,肖扬院长从八个方面归纳了法院拟推出的改革规划:第一,改革法院体制;第二,改革法院的人财物管理体制;第三,建立、健全独立审判保障制度;第四,改革和完善法院的司法行政管理和审判管理制度;第五,完善诉讼程序制度,改革审判工作机制;第六,改革执行体制和执行工作机制,解决"执行难";第七,加强对司法工作的监督制度;第八,贯彻落实法官法,完善法官制度,建立一支高素质的职业化法官队伍。

革举措也没有达到预期效果。从这个角度讲,确实是做了很多事,但离"做成"还有一定距离。究其原因,大致包括以下四个方面:

第一,改革在体制变革上推动力不足,更侧重理念提升和机制性调整。尽管司法改革在党的十五大之后就被纳入党和国家整体战略,也的确在审判方式、审判组织、审判机构、再审制度和执行体制上有较大调整,但因为改革始终在政法领域内部谋划,政治动员能力有限,涉及法院组织体系、司法人财物管理体制的改革进展缓慢,没有达到突破司法权力地方化的预期效果。

一是法院组织体系方面。"一五改革纲要"就提出要"逐步建立起符合我国政体,确保法院依法独立公正地行使审判权的人民法院组织体系",研究建立海事高级法院。"二五改革纲要"也提出"在具备条件的大城市开展设立少年法院的试点工作"。此外,关于设立知识产权法院等专门人民法院、[1]探索建立与行政区划相对分离的法院组织体系的呼声也一直存在。[2] 但是,设立专门人民法院属于重大体制性改革,牵涉到不同部门、地方的利益,因各方意见分歧较大,上述规划与呼吁都从未提上过改革议程。

二是法院产生体制方面。法院的产生体制,决定了地方法院在多大程度上会受"地方"影响。尽管地方各级人民法院都是"国家的法院",但按照 1982 年《宪法》和 1979 年《人民法院组织法》,它们绝大多数是由同级人民代表大会产生,司法经费也主要由地方财政保障。为了打破各级法院对地方的依附性,历次司法改革中,理论界都有改革法院产生体制的呼吁。管理体制上,也有推动中央直管、省级统管或"下管一级"的建议。[3] 涉及的具体问题,包括法院由哪级人大产

〔1〕　吴伯明:《关于在我国设立知识产权法院的建议》,载《知识产权》2001 年第 3 期;倪必勇:《构建我国知识产权法院的若干设想》,载《法制与社会》2008 年第 3 期。

〔2〕　刘太刚:《重划司法辖区,强化国家统一意识》,载《法学杂志》1999 年第 2 期;李卫平:《关于司法管辖区制度的几点思考》,载《河南社会科学》2004 年第 4 期。

〔3〕　王旭:《论司法权的中央化》,载《战略与管理》2001 年第 5 期;刘作翔:《中国司法地方保护主义之批判——兼论"司法权国家化"的司法改革思路》,载《法学研究》2003 年第 1 期。

生、法官由哪级人大常委会任免、法院经费由哪级财政保障，等等。[1]上述设想体现在改革规划上的，只有"二五改革纲要"提出的"探索建立人民法院的业务经费由国家财政统一保障、分别列入中央财政和省级财政的体制"。但是，到了"三五改革纲要"阶段，又改为实行"明确责任、分类负担、收支脱钩、全额保障"的经费保障体制，虽然大幅增加了中央财政的转移资金支付力度，但仍然主要依赖地方财政保障。[2]

三是干部管理体制方面。1988 年 11 月 24 日，最高人民法院党组会同中组部印发通知，决定在黑龙江、浙江、福建三省和内蒙古自治区部分中级、基层人民法院开展法院干部管理体制改革试点。试点的主要内容，是将法院干部管理办法从"双重领导，以地方为主"改为"上级法院党组和地方党委共同管理，以法院党组管理为主"，试点目的则是为下一步制定《法官法》，探索强化上级人民法院对下级人民法官任免工作的"话语权"和"主导权"积累经验。但是，由于试点举措与1982 年《宪法》和《地方各级人民代表大会与地方各级人民政府组织法》关于审判人员由本级人大及其常委会选举或任命的规定存在冲突，所以未被 1995 年《法官法》吸收。法官法实施后，因试点工作没有法律依据，又缺乏后续政策支持，在各地陆续停止。

第二，改革系统性整体性协同性不够，先发举措因缺乏配套后继乏力。消除审判活动行政化倾向的努力，自 20 世纪 90 年代的审判方式改革就已开始。但是，由于各项改革举措环环相扣，一个环节不到位，就会消解前序改革的效果，并影响到改革整体效能。例如，推动审判活动"去行政化"，需要加强独任法官、合议庭职责，逐步取消院庭长审核把关环节。但这项改革的前提是，审判人员的业务素质和专业能力，要与其被赋予的权力相匹配，能胜任相应履职要求。

尽管三个"五年改革纲要"先后提出要探索建立法官"定编"或

---

〔1〕 邵文虹、蒋惠岭：《中国法院体制改革论纲》，载孙谦、郑成良主编：《司法改革报告：中国的检察院、法院改革》，法律出版社 2004 年版，第 200—201 页。

〔2〕 最高人民法院司法行政装备管理局课题组：《人民法院司法行政管理改革的路径与成效（一）》，载《人民法院司法行政管理研究与参考》（第 1 辑），人民法院出版社 2014 年版，第 37 页。

"员额"制度,但付诸实践的主要是审判长选任制度或独任审判员选任制度。问题是,即使选任出符合条件的人员,不适任人员仍在审判岗位上,在合议庭内还可以平等行权,并没有相应的"淘汰"机制。"一五改革纲要"曾提出试点"取消助理审判员",将之转为"法官助理",并于 2004 年开始试点,但因推进阻力太大、缺乏统一规划,最终不了了之。而选任出来的审判长、独任审判员,配套待遇因财政缺乏相应支出,根本无法到位,导致"办不办案一个样,干多干少一个样"。[1]对人才的待遇"加法"做不上去,对冗员的岗位"减法"又无法实现,"培育增量"与"盘活存量"的通道皆不通畅,改革自然难以整体推进。

第三,改革所涉理论问题论证不深入,一些观点脱离国情或司法实际。理论与改革的互动,主要包括提供理论支持、引介域外经验、完善政策框架和分析实施难点。[2] 新中国成立之初,人民法院制度建设的理论,除了源于革命根据地实践,主要来自苏联的经验和理论。改革开放之初,为了处理好计划与市场的关系,我国的经济体制改革曾重点参考过南斯拉夫、匈牙利、保加利亚等东欧社会主义国家的经验,[3]而司法体制改革的借鉴对象则直接拓展延伸至美国、英国、德国、日本等传统西方国家。但是,由于司法体制与政治体制"绑定"得过于紧密,即便是诉讼程序这类意识形态色彩较薄弱的领域,若没有经过实践检验和本土化改造,也很难照搬适用。

由于中国司法改革走的是前人未走之路,改革实践又通常超前于理论,因此,与如火如荼的改革实践相比,我国的司法改革理论还谈不上成熟深入。受西方思潮影响,一些理论也带着一厢情愿的"西方制度想象",不自觉间把西方司法作为预设模型,导致在现实难题和政治逻辑上无所适从,失去了适应能力和创新能力。[4] 有的理论刻意回

---

〔1〕　苏力:《法官遴选制度考察》,载《法学》2004 年第 3 期。

〔2〕　成思危:《改革的核心是制度创新》,载张维迎主编:《改革》,上海人民出版社 2013 年版,第 28 页。

〔3〕　柳红:《八〇年代:中国经济学人的光荣与梦想》,四川人民出版社 2019 年版,第 202 页。

〔4〕　[德]韩博天:《红天鹅:中国独特的治理和制度创新》,中信出版集团 2018 年版,第 3 页。

避政党因素,力图在"政治真空"中描述理想的司法图景,忽略了司法从来是政党政治中的重要组成部分。[1] 这种脱离中国政治特点与宪制架构的理论推演,自然没有落地可能。

在适当借鉴参考域外司法经验的同时,人们也逐渐意识到,不可能脱离政治制度构建司法制度,也无法照搬西方理论诠释中国制度。例如,同样是"依法独立行使审判权",中国宪法的制度设计初衷是确保司法公正、维护法制统一;西方法院的理论预设却可能是"司法独立"和"三权鼎立",甚至包含"法官不党"等政治延伸。还比如,在建立现代化的审判权力运行机制方面,中国法院的立论基础是民主集中制和法院整体本位;西方法院的论证依据则是法官个人本位,倡导"法官独立"。此外,在法院产生体制、相互制约配合、服务保障大局等领域,域外经验和西方理论也无法解释回应中国问题。在这方面,改革领域的争论其实只是政治争论的延伸,因为"每一种法治形态背后都有一套政治理论,每一种法治模式当中都有一种政治逻辑,每一条法治道路底下都有一种政治立场"。[2]

换言之,司法改革并不是重申几条原则,把这些原则写进宪法或法律就可以完成的,更不能把对标西方国家的法治模式作为司法现代化之路,如此一来,"让法院像法院,让法官像法官"的改革愿景,就可能异化为"让法院像西方法院,让法官像美国法官"。在中国推进司法改革,必须深入理解司法制度运作本身的具体规律,必须对司法改革可能所受的各种社会条件制约予以恰当考虑,对每一项措施都要尽可能细心论证,对可能的后果予以仔细分析、权衡和取舍。[3] 只有立足中国国情,坚持发展自己的理论体系,才能确保司法制度与政治道路同轨、制度优势与制度文明匹配。

〔1〕 苏力:《中国司法中的政党》,载苏力主编:《法律和社会科学》(第1卷),法律出版社2006年版,第283页。

〔2〕 《在省部级主要领导干部学习贯彻党的十八届四中全会精神全面推进依法治国专题研讨班上的讲话》(2015年2月2日),载中共中央文献研究室编:《习近平关于全面依法治国论述摘编》,中央文献出版社2015年版,第34—35页。

〔3〕 《经验的研究司法》,载苏力:《波斯纳及其他》(增订本),北京大学出版社2018年版,第165页。

第四，改革与立法工作未能相互促进，重要成果没有以法律形式巩固。前面提到的司法改革在体制变革上推动力不足等问题，很大程度上是受立法制约。因为法院的产生体制、法官的任免机制等内容，既规定于 1979 年《人民法院组织法》和 1995 年《法官法》，也是由 1982 年《宪法》及《地方各级人民代表大会和地方各级人民政府组织法》确定的。相关立法位阶高、关联性强，自然导致推动修改立法的门槛很高、难度较大。

前两个"五年改革纲要"实施期间，最高人民法院都曾积极推动修改 1979 年《人民法院组织法》，并提出过较系统的修法建议。"一五改革纲要"还明确提出"2001 年向全国人大常委会提出修改人民法院组织法的提案"。这么做的考虑，一方面是为改革推进扫清法律障碍，另一方面是为推动改革成果载入立法。到 2005 年 8 月，最高人民法院牵头起草的法院组织法修订草案已经修改至第十五稿。但是，由于多数建议涉及司法体制性问题，一些重大争议性事项也未达成共识，最终只推动删除了 1979 年《人民法院组织法》中关于下放死刑复核权的条款。

到党的十八大之前，除审判方式改革、再审制度改革部分成果由民事、刑事诉讼法巩固外，绝大多数改革举措都未能写入人民法院组织法和法官法。此外，由于还未形成完善的立法授权机制，所有司法改革试点只能在法律框架内运行，不能调整适用相关法律，无法充分发挥试点的试错和探路功能。

新时代，新课题

党的十八届三中、四中全会掀开了全面深化改革、全面依法治国的新篇章。2013 年召开的十八届三中全会推出 336 项重大改革举措、2014 年召开的四中全会推出 190 项重大改革举措，其中共有 129 项涉及司法改革。"新时代改革开放具有许多新的内涵和特点，其中很重要的一点就是制度建设分量更重，改革更多面对的是深层次体制机制问题。"[1]与过去相比，司法改革面临的新挑战包括：

第一，对改革顶层设计的要求更高。改革进入"深水区"，意味着要不断突破前人未曾涉足的政策"盲区"、有碍司法制度优化发展的观念"禁区"、矛盾错综复杂的利益"雷区"，对顶层设计也提出了更高要求。

一是触及全新领域，没有先例可循。十八届三中、四中全会提出建立省级以下地方法院人财物统管制度、设立最高人民法院巡回法庭和跨行政区划法院，都是前所未有的制度设计。过去只有人提出动议，或者仅有理论研讨，缺乏实践基础。顶层设计要具体到什么地步，哪些内容可以交给试点探路，都需要科学谋划、审慎考虑。

二是触动深刻利益，必须破冰推进。法官员额制改革、审判权力运行机制改革、以审判为中心的诉讼制度改革，涉及职业身份转化、权力资源分配、诉讼格局调整，触及不同部门、群体与个人的切身利益，必须有足够的力量和担当，才能突破利益固化的藩篱。

三是触碰现行法律，需要授权调整。人民陪审员制度、刑事案件认罪认罚从宽制度、民事诉讼程序繁简分流、四级法院审级职能定位等改革，涉及调整适用人民法院组织法、相关诉讼法的内容，应当先推动立法机关授权，调整适用部分法律条文，才能组织开展试点。而在党的十八大之前，立法机关都只曾授权国务院或地方人大制定条例、法规或规章，并没有授权司法机关调整适用法律的先例。

第二，更加注重改革的系统性整体性协同性。新时代深化司法体制改革涉及范围之广、触及层次之深、改革力度之大，都是前所未有，原有各项制度必须因时而变、随事而制。

一是系统集成性更强。全面落实司法责任制，必须以"权责利"的统一为前提，这就必须通过严格遴选选拔合格裁判者，通过实行员额制度优化司法资源配置，通过妥善分流安置，盘活内部存量，通过法官惩戒制度完善问责机制，通过强化职业保障激发内生动力。上述举措

---

[1] 习近平：《关于〈中共中央关于坚持和完善中国特色社会主义制度 推进国家治理体系和治理能力现代化若干重大问题的决定〉的说明》，载《人民日报》2019年11月06日。

必须配套实施,才可能形成合力。

二是整体联动性更强。改革推进有先后时序,但具体举措不能单兵突进、各自为战,否则无法形成整体效应。例如,十八届三中全会提出的省级以下地方法院人财物统管、司法责任制、司法人员分类管理、司法职业保障都属于基础性改革举措,相互之间关联性很强,适合整体"打包"、批次推进,又必须选准突破口,牵好"牛鼻子",才可能事半功倍。

三是协同耦合性更强。进入全面深化改革阶段后,各个领域之间的耦合性越来越强,一个领域的改革成败,往往以另一领域的改革为前提,单兵突击、零敲碎打的改革已面临边际效应递减的困局。[1] 越是如此,越需要厘清各项改革举措之间的整体关联性、层次结构性、先后时序性,确保改革在政策取向上相互配合、在实施过程中相互促进、在实际成效上相得益彰。[2]

第三,建章立制、构建体系的任务更重。随着改革不断深入,出现制度空白需要抓紧填补,原有制度框架需要相应调整,新的制度体系需要及时构建,相应地建章立制、构建体系的任务更重。

一是需要修订或制定的规范性文件层级更高。改革越是涉及深层次体制性问题,对配套改革文件的效力层级要求越高。类似人民法院组织法和法官法等基础性法律,必须根据改革情况全面修订。

二是需要制定的规范性文件种类和数量更多。改革成果以制度形式固定下来,才可能持续深入、落地见效,具备制度吸纳力。[3] 由于改革贯穿不同阶段、涉及不同领域,需要以法律法规、行政规章、司法解释和司法文件等多种形式落地。许多改革涉及党对司法工作的领导体制,相应的党内法规制度体系也亟须建立。

---

〔1〕　李拯:《中国的改革哲学》,中信出版集团 2018 年版,第 28 页。

〔2〕　陈一新:《勇攀新时代政法领域全面深化改革新高峰》,载《人民日报》2019 年 1 月 24 日。

〔3〕　制度吸纳力,即制度取得合法性和人民认同的能力。参见宋世明:《推进国家治理体系和治理能力现代化的理论框架》,载《中共中央党校(国家行政学院)学报》2019 年第 6 期。

三是需要构建的实施体系主体和层次更多元。深化司法体制改革不止是政法机关内部事务，还涉及全国人大监察和司法委、全国人大常委会法工委、中组部、中央编办、国家发改委、人力资源和社会保障部、财政部等部门，有的需要多部委联合发文，有的需要在中央、省级等层面协同推进，必须建立上下贯通、左右衔接的制度实施体系。

从立柱架梁到积厚成势

全面深化改革，前期重点是夯基垒台、立柱架梁，中期重点在全面推进、积厚成势，待具备"四梁八柱"性质的主体框架基本确立后，则应聚焦于加强系统集成、协同高效。[1] 党的十八届三中、四中全会确定了 129 项司法改革任务。只用四年时间，司法领域就完成了从立柱架梁到积厚成势的过程，实现了历史性变革、系统性重塑、整体性重构。到 2017 年党的十九大召开前，所有重要改革举措已在全国范围推开。

前面讲到了决定改革成败的主要因素，也分析了制约之前司法改革成效的原因。进入新时代以来，面对新的形势和挑战，司法领域之所以能够"做成了想了很多年、讲了很多年但没有做成的改革"，源自以下五个方面：

第一，确立了清晰明确的司法改革战略目标。改革的目标清晰明确，才有利于凝聚共识、推动落实。如果目标含糊不清、摇摆不定，将严重影响改革的穿透力。党的十八届三中全会提出了**全面深化改革的总目标**，就是完善和发展中国特色社会主义制度、推进国家治理体系和治理能力现代化。所谓**"完善和发展中国特色社会主义制度"**，就是到 2020 年，推动中国特色社会主义制度更加成熟更加定型，形成一套更完备、更稳定、更管用的制度体系。[2] 在这一总目标的统领下，三中全会明确了经济体制、政治体制、文化体制、社会体制、生态文明

---

〔1〕《习近平主持召开中央全面深化改革委员会第十次会议强调：加强改革系统集成协同高效，推动各方面制度更加成熟更加定型》，载《人民日报》2019 年 9 月 10 日。

〔2〕《为什么要提出全面深化改革的总目标》（2014 年 2 月 17 日），载习近平：《论坚持全面深化改革》，中央文献出版社 2018 年版，第 126 页。

体制和党的建设制度深化改革的分目标,并将司法改革列入"推进法治中国建设"板块统筹规划。党的十八届四中全会又提出了**全面推进依法治国的总目标**,即建设中国特色社会主义法治体系,建设社会主义法治国家,将"保证公正司法,提高司法公信力"作为对司法改革的具体要求。

　　司法制度上接国家治理之顶层,下连社会生产经济生活方方面面之基层,是中国特色社会主义制度的重要制度之一。[1] 深化司法体制改革,也必须聚焦和服务于全面深化改革、全面依法治国的总目标。所以,**深化司法体制改革的目标**应当是推动公正高效权威的中国特色社会主义司法制度更加成熟更加定型,实现审判体系和审判能力现代化,提升司法公正度和司法公信力,努力让人民群众在每一个司法案件中感受到公平正义。

　　从**阶段性目标**看,按照"四五改革纲要"和"五五改革纲要"的规划,是到 2018 年初步建成中国特色社会主义审判权力运行体系,到 2023 年建成系统完备、科学规范、运行有效的中国特色社会主义司法制度体系。党的二十大报告已经提出,到 2035 年要基本实现社会主义现代化,涉及法治领域的总体目标是基本实现国家治理体系和治理能力现代化,基本建成法治国家、法治政府、法治社会,未来五年的目标任务则是中国特色社会主义法治体系更加完善。具体到司法领域的工作目标,则是要"加快建设公正高效权威的社会主义司法制度,努力让人民群众在每一个司法案件中感受到公平正义"。

　　第二,建立了切实可行的决策议事协调机制。全面深化改革涉及方方面面的利益,单靠一个或某几个部门往往力不从心,所以需要建立更高层面的领导机制。党的十八届三中全会提出,中共中央成立全

---

　　〔1〕 所谓重要制度,是由国家的根本制度和基本制度派生而来、国家治理各领域各方面各环节的具体主体性制度,包括我国经济体制、政治体制、文化体制、社会体制、生态文明体制、法治体系、党的建设制度等。施芝鸿:《坚持和完善中国特色社会主义制度、推进国家治理体系和治理能力现代化必须坚持的总体要求和总体目标》,载《〈中共中央关于坚持和完善中国特色社会主义制度、推进国家治理体系和治理能力现代化若干重大问题的决定〉辅导读本》,人民出版社 2019 年版,第 176 页;何毅亭:《坚持和完善中国特色社会主义重要制度》,载《学习时报》2019 年 12 月 6 日。

面深化改革领导小组，负责改革总体设计、统筹协调、整体推进、督促落实。2013 年 12 月 30 日，中共中央政治局召开会议，决定成立中央全面深化改革领导小组，由习近平总书记任组长。中央全面深化改革领导小组的成立，改变了过去以归口管理方式推进各个领域改革的模式。

由党的总书记担任组长，由于以习近平同志为核心的党中央具有最高的政治权威和政治动员能力，也有利于最大程度破除部门利益阻碍、统筹督促改革落实。按照中央统一要求，全国法院按照"以案定额、按岗定员、总量控制、省级统筹"的原则，经过严格"考核+考试"程序，从原来的 21 万名法官中遴选产生 12.5 万名员额法官，主要配置在审判业务岗位，彻底打破了过去的改革绕不出审判人员"加法减法"、老人新人、"进口出口"等"利益圈"的定势。同时，省级以下地方法院人财物统管、四级法院审级职能定位、设立最高人民法院巡回法庭、知识产权法庭和知识产权法院、金融法院、互联网法院等重大改革，也在充分征求各方意见基础上顺利推进实施。

2018 年 3 月，按照党的十九届三中全会审议通过的《深化党和国家机构改革方案》，中央全面深化改革领导小组改为中央全面深化改革委员会，同时新组建了中央全面依法治国委员会。中央全面依法治国委员会负责全面依法治国的顶层设计、总体布局、统筹协调、整体推进、督促落实，也由习近平总书记任主任，下设立法、执法、司法、守法普法四个协调小组。

截至 2022 年 10 月，十八届中央全面深化改革领导小组、十九届中央全面深化改革委员会（领导小组）[1]共召开 67 次会议，其中 36

---

〔1〕 十八届中央全面深化改革领导小组共召开过 38 次会议。十九届中央全面深化改革领导小组分别于 2017 年 11 月 20 日、2018 年 1 月 23 日召开过 2 次会议，后更名为中央全面深化改革委员会，之后召开的会议改称为十九届中央全面深化改革委员会第 X 次会议，其中第一次会议于 2018 年 3 月 28 日召开。

次涉及司法改革议题,审议通过 65 个司法体制改革方案。[1] 十九届中央全面依法治国委员会共召开 3 次会议,审议通过《中华人民共和国人民法院组织法(修订草案)》《中华人民共和国人民检察院组织法(修订草案)》和《关于深化司法责任制综合配套改革的意见》等重要

---

[1]　中央深改委(组)审议通过的重要司法改革文件(与法院改革密切相关)情况如下,**十八届中央深改组**:《关于深化司法体制和社会体制改革的意见及贯彻实施分工方案》(第二次会议,2014 年 2 月 28 日);《关于司法体制改革试点若干问题的框架意见》《上海市司法改革试点工作方案》《关于设立知识产权法院的方案》(第三次会议,2014 年 6 月 6 日);《最高人民法院设立巡回法庭试点方案》《设立跨行政区划人民法院、人民检察院试点方案》(第七次会议,2014 年 12 月 2 日);《关于贯彻落实党的十八届四中全会决定进一步深化司法体制和社会体制改革的实施方案》(第九次会议,2015 年 1 月 30 日);《人民陪审员制度改革试点方案》《关于人民法院推行立案登记制改革的意见》(第十一次会议,2015 年 4 月 1 日);《关于招录人民法院法官助理、人民检察院检察官助理的意见》《关于进一步规范司法人员与当事人、律师、特殊关系人、中介组织接触交往行为的若干规定》(第十三次会议,2015 年 6 月 5 日);《关于完善人民法院司法责任制的若干意见》(第十五次会议,2015 年 8 月 18 日);《法官、检察官单独职务序列改革试点方案》《法官、检察官工资制度改革试点方案》(第十六次会议,2015 年 9 月 15 日);《关于在全国各地推开司法体制改革试点的请示》(第十九次会议,2015 年 12 月 9 日);《关于建立法官、检察官逐级遴选制度的意见》《关于从律师和法学专家中公开选拔立法工作者、法官、检察官的意见》(第二十二次会议,2016 年 3 月 22 日);《保护司法人员依法履行法定职责的规定》(第二十三次会议,2016 年 4 月 18 日);《关于推进以审判为中心的刑事诉讼制度改革的意见》(第二十五次会议,2016 年 6 月 27 日);《关于认罪认罚从宽制度改革试点方案》《关于建立法官、检察官惩戒制度的意见(试行)》(第二十六次会议,2016 年 7 月 22 日);《关于最高人民法院增设巡回法庭的请示》(第二十九次会议,2016 年 11 月 1 日);《关于办理刑事案件严格排除非法证据若干问题的规定》(第三十四次会议,2017 年 4 月 18 日);《关于设立杭州互联网法院的方案》(第三十六次会议,2017 年 6 月 26 日);《关于上海市开展司法体制综合配套改革试点的框架意见》《关于加强法官检察官正规化专业化职业化建设全面落实司法责任制的意见》(第三十八次,2017 年 8 月 29 日)。**十九届中央深改组**:《关于加强知识产权审判领域改革创新若干问题的意见》(第一次会议,2017 年 11 月 20 日);《关于建立"一带一路"国际商事争端解决机制和机构的意见》(第二次会议,2018 年 1 月 23 日)。**十九届中央深改委**:《关于设立上海金融法院的方案》(第一次会议,2018 年 3 月 28 日);《关于增设北京互联网法院、广州互联网法院的方案》(第三次会议,2018 年 7 月 6 日);《关于政法领域全面深化改革的实施意见》(第六次会议,2019 年 1 月 23 日);《关于加快推进公共法律服务体系建设的意见》(第七次会议,2019 年 3 月 19 日);《关于设立北京金融法院的方案》(第十七次会议,2020 年 12 月 30 日);《关于加强诉源治理推动矛盾纠纷源头化解的意见》(第十八次会议,2021 年 2 月 19 日)。此外,《关于设立成渝金融法院的方案》《关于完善四级法院审级职能定位的改革方案》也是由十九届中央深改委以传批方式审议通过的。

立法草案和司法改革文件。新的决策议事协调机制有利于超越部门本位利益,使各领域各层级机构在党的领导下各就其位、各司其职、各尽其责,有效避免了议而不决、决而不行。[1]

第三,将依法试点作为推进改革的重要方法。全面深化改革,必须处理好改革、试点与法治的关系。最高人民法院遵循重大改革先行试点、于法有据原则,按照中央全面深化改革领导小组印发的《关于加强和规范改革试点工作的意见》(中改组发〔2016〕2 号),对部分重大任务相继开展试点。凡是涉及突破现行法律的,均在试点之前向立法机关申请授权,并根据试点成效,决定是否推动修改法律,做到"在法治下推进改革,在改革中完善法治"。总体来看,司法改革试点包括三个大类:

第一类:需要协同推进的四项重大基础性改革试点。即省级以下地方法院人财物统管、司法人员分类管理、司法责任制、司法职业保障,这四项改革关联性、耦合性较强,需要整体推进,才能显现效能。在中央政法委部署推动下,全国分三个批次开展基础性改革试点,为全面推进改革积累经验:自 2014 年 6 月开始,上海、吉林、湖北、广东、海南、贵州、青海 7 个省、直辖市开展**第一批**试点;2015 年 6 月开始,山西、内蒙古、黑龙江、江苏、浙江、安徽、福建、山东、重庆、云南、宁夏 11 个省、自治区、直辖市开展**第二批**试点;2016 年 3 月开始,北京等其他 13 个省、自治区、直辖市及新疆维吾尔自治区生产建设兵团开展**第三批**试点。2016 年 7 月以后,所有改革举措在全国范围内全面推开。

试点过程中,部分地方探索将建立有别于普通公务员的司法人员分类管理制度作为突破口,但是,分类管理的最终目标是为了全面落实司法责任制,而完善相应的司法职业保障也必须以实行司法责任制才有说服力。所以,随着改革深入推进,司法责任制被视为必须牢牢牵住的"牛鼻子",并最终起到了以点带面的作用。[2]

---

〔1〕 张克:《从"领导小组"到"委员会":中央决策议事协调机构优化记》,载《小康》2018 年第 14 期。

〔2〕 《深化司法体制改革》(2015 年 3 月 24 日),载习近平:《论坚持全面深化改革》,中央文献出版社 2018 年版,第 158 页。

第二类:需要立法授权的重大改革试点。人民陪审员制度改革、刑事案件认罪认罚从宽制度改革、民事诉讼程序繁简分流改革试点、四级法院审级职能定位改革试点均涉及调整适用相关法律,试点方案经过了全国人大常委会授权。经过试点,前三项试点成果分别纳入2018 年制定的《中华人民共和国人民陪审员法》(以下简称《人民陪审员法》)、2018 年修改的刑事诉讼法、2021 年修改的民事诉讼法,并宣告结束。四级法院审级职能定位改革试点自 2021 年 8 月得到授权,将在 2023 年 8 月结束。

第三类:其他可以单独推进的司法改革试点。主要包括设立跨行政区划法院、完善行政案件跨区划集中管辖机制、完善办理刑事案件庭前会议规程、排除非法证据规程、第一审普通程序法庭调查规程等"三项规程"、推进刑事案件律师辩护全覆盖、完善律师代理申诉制度改革,等等。

司法改革试点工作充分发挥了试点对全局改革的示范、突破、带动作用,能够确保试点先行和全面推进相互促进,形成了很多可复制可推广的好做法好经验,也为全面深化司法体制改革发挥了重要探路作用。

第四,思想理论上统一了对重大问题的认识。随着厉行法治成为治本之策,一些重大理论问题相继被厘清。例如,依宪治国、依宪执政与西方"宪政"的本质区别、法治与政治的关系、党和法的关系、如何把握坚持党的领导和支持机关依法独立行使职权的关系,等等。[1] 在法院改革领域,人民法院经过反复研究,确定了深化改革的两大理论基点,**一是**审判权作为中央事权和判断权的司法性质论;**二是**努力让人民群众在每一个司法案件中感受到公平正义的司法价值论。并据

---

[1] 《在省部级主要领导干部学习贯彻党的十八届四中全会精神全面推进依法治国专题研讨班上的讲话》(2015 年 2 月 2 日),载中共中央文献研究室编:《习近平关于全面依法治国论述摘编》,中央文献出版社 2015 年版,第 34—35 页;中共中央宣传部编:《习近平新时代中国特色社会主义思想学习纲要》,学习出版社、人民出版社 2019 年版,第 106—107 页。

此构建了新一轮法院改革的逻辑结构。[1]

第五,司法改革成果以制度化方式逐步固定。全面深化改革过程中,制度建设任务十分繁重,建章立制工作紧跟改革进程,既有顶层设计,也有量身定做,并根据试点情况灵活调整,确保改革始终有据可依,也能适时回应问题。改革每完成一个关键阶段的任务,就以重要立法或党内法规形式巩固改革成果。

以四项重大基础性改革试点为例。试点之初,中央政法委先后印发《关于司法体制改革试点若干问题的框架意见》和《关于司法体制改革试点中有关问题的意见》,就人员分类、员额比例、法官遴选、责任形式、监督制约、干部管理、经费保障提出原则性意见,既预留了试点空间,又设定了政策红线,防止改革变形走样。随着试点深入推进,一些涉及重大政策性、体制性、保障性的问题逐渐凸显,必须靠顶层设计统筹。在不到三年时间里,中央政法委、中组部会同"两高"、人社部、财政部就司法责任制、省级统管、人员分类、职业保障制定印发大量指导意见、实施办法,为试点的顺利推进、全面推开提供了制度保障。

制度化、规范化在党内法规领域也有显著体现。2019 年 1 月 13 日起施行的《中国共产党政法工作条例》,确定了党领导政法工作的重要制度。[2] 中办、国办印发的《领导干部干预司法活动、插手具体案件处理的记录、通报和责任追究规定》《保护司法人员依法履行法定职责规定》,为确保人民法院依法独立公正行使审判权提供了坚强的党内制度保障。2017 年 10 月 25 日,中办印发《关于加强法官检察官正规化专业化职业化建设 全面落实司法责任制的意见》,以党内文件形式,巩固和确认了党的十八大以来的司法改革成果。2020 年 3 月 28 日,中办又印发《关于深化司法责任制综合配套改革的意见》,就党的十九大报告提出的全面落实司法责任制改革提出新要求。

---

〔1〕 贺小荣、何帆:《深化法院改革不应忽视的几个重要问题》,载《人民法院报》2015年 3 月 18 日;贺小荣:《人民法院"四五改革纲要"的理论基点、逻辑结构和实现路径》,载《人民法院报》2014 年 7 月 16 日。

〔2〕 《中央政法委负责人就〈中国共产党政法工作条例〉答记者问》,新华社北京 1 月18 日电。

全面深化改革的成果,也多数被重要立法吸收。1979 年《人民法院组织法》和 1995 年《法官法》先后完成史无前例的"大修"。2018 年《人民法院组织法》、2019 年《法官法》将司法责任制、法官员额制、法官单独职务序列、司法人员履职保障、设立最高人民法院巡回法庭和金融法院、知识产权法院等重大改革成果上升到国家法律层面。其他试点成果也被纳入新制定或修改的法律。

司法文件方面,推动改革落地见效的制度体系也初具规模。党的十八大以来(截至 2022 年 12 月 31 日),最高人民法院单独或会同其他部门共出台 380 多个改革文件,涉及编制机构、权力运行、诉讼制度、强制执行、干部管理、人员分类、工资制度、司法公开、经费保障等 10 多个领域,形成了系统完备的司法制度体系。

三、中国式司法改革方法论

统筹规划:战略阶段与分层实施

综合本讲与上一讲的内容,可以大致归纳出中国司法改革推进实施的政治逻辑:在中国共产党的领导下,根据党和国家在未来一段时期的法治发展战略,逐步形成司法改革的纲领、议程、规划与方案,由不同责任主体按照职责推进实施。

改革开放以来,司法改革从来都是作为政治改革的重要组成部分。只是在不同历史时期,改革的侧重点、整体性和制度建设分量存在差异。党的十五大后,司法改革开始上升到党和国家整体战略层面,从改革纲领的提出到改革议程的形成,从改革规划的作出到改革方案的出台,逐渐形成明晰的政治脉络和操作规程。

第一,改革纲领的提出。自 1997 年开始,党的历次全国代表大会报告都会提出关于司法改革的战略性、纲领性表述。如十五大报告的"推进司法改革"、十六大报告的"推进司法体制改革"、十七大报告的"深化司法体制改革"、十八大报告的"进一步深化司法体制改革"、十九大报告和二十大报告的"深化司法体制综合配套改革"。上述表述一般篇幅不大，但对确定下一时期的司法改革议程具有政策指引、提纲挈领功能。

党的十八届三中、四中全会分别以党的中央委员会名义，作出了《中共中央关于全面深化改革若干重大问题的决定》和《中共中央关于全面推进依法治国若干重大问题的决定》（以下简称"两个《决定》"）。两个《决定》中涉及司法改革的内容，也属于改革纲领范畴。相对于党的全国代表大会报告中的表述，两个《决定》内容要更为系统、全面。

第二，改革议程的形成。中央政法委作为中共中央领导政法工作的组织形式，会在党的全国代表大会之后就司法改革工作组织开展调研，全面了解司法体制和工作机制运行中存在的问题、解决的方案，并在广泛征求中央政法各部门（最高人民法院、最高人民检察院、公安部、司法部、国家安全部）和全国人大监察和司法委员会、全国人大常委会法制工作委员会等其他中央有关职能部门意见基础上，确定司法改革政策议程。

据此形成的关于司法改革的意见，经中央司法体制改革领导小组审议通过，报中共中央批准后，以中共中央名义转发。例如，党的十六大之后，中共中央转发了《中央司法体制改革领导小组关于司法体制和工作机制改革的初步意见》。党的十七大之后，中共中央转发了《中央政法委员会关于深化司法体制和工作机制改革若干问题的意见》。根据前述意见形成的分工方案，一般由中办、国办印发，交各项改革任务的牵头单位、协办单位贯彻执行。

党的十八届三中、四中全会作出两个《决定》后，中央政法委也组织细化了涉及司法体制和社会体制改革的内容，分别形成《关于深化司法体制和社会体制改革的意见》和《关于贯彻落实党的十八届四中全会决定 进一步深化司法体制和社会体制改革的实施方案》，先后报中央司法体制改革领导小组、中央全面深化改革领导小组审议通过，以中办、国办名义印发。

党的十九大召开后，中央政法委又组织制定了《关于政法领域全面深化改革的实施意见》，先后报中央司法体制改革领导小组、中央全面深化改革委员会审议通过，以中办名义印发。

　　总体而言，上述文件都会就司法改革作出整体规划，明确下一阶段的改革议程和重点举措，确定中央有关职能部门牵头或协办的改革任务内容，明确完成的时间要求和成果形式。

　　第三，改革规划的作出。历次司法改革中，由最高人民法院牵头或者与审判工作密切相关的改革任务总是最多。中央作出关于司法改革的部署后，最高人民法院会结合自身牵头或协办的改革任务，研究制定未来五年的改革规划，也即人民法院五年改革纲要。改革纲要经中央司法体制改革领导小组审议通过后，才可以印发实施。

　　历史上，除**"一五改革纲要"**系最高人民法院自行规划外，另外四个五年改革纲要均有对应的中央司法改革文件，作为任务来源和起草依据。例如，**"二五改革纲要"**对应《中央司法体制改革领导小组关于司法体制和工作机制改革的初步意见》。**"三五改革纲要"**对应《中央政法委员会关于深化司法体制和工作机制改革若干问题的意见》。**"四五改革纲要"**对应《关于深化司法体制和社会体制改革的意见》和《关于贯彻落实党的十八届四中全会决定 进一步深化司法体制和社会体制改革的实施方案》。**"五五改革纲要"**对应《关于政法领域全面深化改革的实施意见》。

　　人民法院五年改革纲要提出的改革举措，既有"规定动作"，也有"自选动作"。所谓**"规定动作"**，是指中央确定的司法改革任务，对成果形式、完成时间都有具体要求。五年改革纲要可以对内容细化扩充，但不得背离原意。例如，关于"深化司法公开"，两个《决定》只是要求"推进审判公开"，公开"司法依据、程序、流程、结果和生效法律文书，杜绝暗箱操作"，"加强法律文书释法说理"，"建立生效法律文书统一上网和公开查询制度"。为落实上述要求，"四五改革纲要"将"构建开放、动态、透明、便民的阳光司法机制"作为七大改革板块之一，并就完善庭审公开制度、建立审判流程公开、裁判文书公开、执行信息公开平台三大平台、完善减刑、假释、暂予监外执行公开制度、建立司法公开督导制度作出全面规划。

所谓**"自选动作"**,则是中央司法改革议程中并未涉及,但根据审判工作需要,有必要纳入下一阶段规划的改革举措。也有的是上一轮改革中未完全解决的问题,需要继续配套补充完善的。总体而言,"自选动作"都是法院自身就可以组织实施,不需要中央有关职能部门配合完成的。有些"自选动作"具有一定前瞻性,在当时还是法院的自我规划,但到下一阶段司法改革中,却有可能成为中央确定的"规定动作"。例如,"四五改革纲要"提出的"推动人民法院内设机构改革"和"探索以购买社会化服务的方式,优化审判辅助人员结构",都属于这类具有前瞻性的"自选动作"。

第四,改革方案的出台。最高人民法院在印发"五年改革纲要"的同时,会同步研究制定分工方案,确定院内牵头部门或协办部门,并组织推进实施。凡是中央确定,由最高人民法院牵头的改革任务,形成改革方案后,原则上不能径行发布,还应当提交中央司法体制改革领导小组、中央全面深化改革委员会或中央全面依法治国委员会审议。例如,《关于设立知识产权法院的方案》《最高人民法院设立巡回法庭试点方案》《人民陪审员制度改革试点方案》《关于人民法院推行立案登记制改革的意见》《关于完善人民法院司法责任制的若干意见》《关于设立杭州互联网法院的方案》等方案或意见,都是由最高人民法院牵头制定,按照上述程序报经中央批准后,才印发实施的。

需要强调的是,有的改革任务在中央改革议程中可能只是一项任务,但经过改革纲要细化分解,可能衍生成许多方案和意见。仍以司法公开为例,单是"推进审判公开"和"加强法律文书释法说理"两项任务,在"四五改革纲要"实施期间,最高人民法院就印发了《关于推进司法公开三大平台建设的若干意见》《关于人民法院在互联网公布裁判文书的规定》《关于人民法院执行流程公开的若干意见》《关于进一步加强国家赔偿司法公开工作的若干意见》《关于企业破产案件信息公开的规定(试行)》《关于人民法院通过互联网公开审判流程信息的规定》《关于进一步深化司法公开的意见》《关于加强和规范裁判文书释法说理的指导意见》等改革文件。

总之,依循上述**"改革纲领的提出→改革议程的形成→改革规划**

的作出→改革方案的出台" 的运行逻辑,顶层的战略意图才能细化、分解到责任单位,进而形成可以落地见效的具体方案。当然,以上只是政策性文件的出台机制。纸面上的规定能否真正适用于司法实践,并产生治理效能,归根结底还得看执行主体和监督机制。

领导小组:科学决策与议事协调

领导小组是具有中国特色的组织形式,其功能随时代变迁和政治需要不断变化,但在公共决策中一直扮演重要角色。[1] 中央层面的领导小组,可以追溯至 1958 年成立的中央财经、政法、外事、科学、文教 5 个工作小组,当时侧重以"归口管理"方式解决"以党领政"问题,强化党中央对重要领域,也即财经、政法、外事、科学、文教等各"口"工作的领导。[2]

改革开放之后,为完善跨部门的议事协调机制,党中央在组织人事、宣传文教、政治法律、财政经济、外事统战、党建监察等重要领域设立了各类领导小组,如中央财经领导小组、中央农村工作领导小组、中央外事工作领导小组,等等。中央层面的领导小组一般由党和国家领导人担任组长,成员单位视工作需要而定,不受党口政口、业务条线限制。领导小组的人员构成,可以反映出政策事项在整个治理议程设置中的重要程度和优先性。

制度定位上,领导小组属于决策议事协调机构,功能主要包括:决策咨询评估、推动达成共识、提出政策建议、实现党政协同、监督政策

---

〔1〕 [美]李侃如:《治理中国:从革命到改革》,胡国成、赵梅译,中国社会科学出版社 2010 年版,第 219 页。

〔2〕 1958 年 6 月 10 日,党的八届四中全会结束后,中共中央发出《关于成立财经、政法、外事、科学、文教各小组的通知》,决定成立财经、政法、外事、科学及文教等 5 个小组,并强调这 5 个"中央工作小组"直属中央政治局和书记处,向他们直接报告工作。

执行,等等。[1] 表现形式上,还包括各类委员会、专项小组、工作小组、联席会议、指挥部,等等。尽管各类领导小组并不在党政机关组织机构图中,但它们深度嵌入党的治国理政模式,有利于发挥"集中力量办大事"的政治优势、解决长期执政条件下党政军群关系问题。

具体运行过程中,领导小组可以超越部门利益,但不能代替部门职能;可以推动凝聚共识,但不能采取命令主义或久拖不决;可以激励创新思路,但不能闲置现有制度;可以发挥"集中力量办大事"的优势,但不能架空相关工作机制。改革开放以来,如何处理决策议事协调机构与现有制度体系之间的关系,确保重大决策论证科学、民主、中立、高效,一直是社会各界广泛关注的问题。[2]

由于领导小组跨越中央部委而设,必须有办事机构处理会议、公文、督办事宜,所以中央领导小组都会在与小组管辖事务联系最密切的部委设立办公室,如中央文化体制改革和发展工作领导小组办公室设在中央宣传部、中央巡视工作领导小组办公室设在中央纪委国家监委。也有一些领导小组综合性、专业性较强,办公室单独设置,如中央财经领导小组办公室。[3] 具体到司法改革领域,主要的决策议事协调机构包括中央全面深化改革委员会、中央司法体制改革领导小组和最高人民法院司法改革领导小组等。

(一) 中央全面深化改革委员会(领导小组)

党的十八大以来,领导小组制度进入发展演化的新阶段。2013 年成立的**中央全面深化改革领导小组**下设 6 个**专项小组**,即:经济体制和生态文明体制改革专项小组、民主法制领域改革专项小组、文化体制改革专项小组、社会体制改革专项小组、党的建设制度改革专项小

〔1〕 赖静萍:《当代中国领导小组制度变迁与现代国家成长》,江苏人民出版社 2015 年版,第 178 页;周望:《中国"小组机制"研究》,天津人民出版社 2010 年版,第 180 页;程同顺、李向阳:《当代中国"组"政治分析》,载《云南行政学院学报》2001 年第 6 期;陈玲:《制度、精英与共识:寻求中国政策过程的解释框架》,清华大学出版社 2011 年版,第 46—47 页;吴晓林:《"小组政治"研究:内涵、功能与研究展望》,载《求实》2009 年第 3 期。

〔2〕 杨雪冬:《"小组政治"与制度弹性》,载《人民论坛》2014 年第 15 期;邵宗海:《具有中国特色的中共决策机制——中共中央工作领导小组》,韦伯文化出版社 2007 年版。

〔3〕 周望:《理解中国治理》,天津人民出版社 2019 年版,第 23 页。

组、纪律检查体制改革专项小组。专项小组负责研究相关领域重要改革问题,协调推动有关专项改革政策措施的制定和实施。其中,**社会体制改革专项小组**同时也履行中央司法体制改革领导小组的职能,组长与成员单位是一致的。

中央全面深化改革领导小组设有专门办事机构,即**中央全面深化改革领导小组办公室**(以下简称"中央改革办"),下设秘书局、协调局、督察局等。凡是中央确定的改革任务,由中央改革办统筹规划、督办进展。改革任务牵头单位形成改革方案后,需先征求协办部门意见,再报所属专项小组审议,之后才可报请中央全面深化改革领导小组审议。审议通过后的方案经中央批准,即可印发实施。中央改革办还适时组织对改革方案落实情况开展督察,及时推广经验、纠正偏差、通报问题。

从 2014 年到 2018 年,中央全面深化改革领导小组在中央政治局及其常委会领导下,与各专项小组、中央改革办、全国各省(自治区、直辖市)设立的全面深化改革领导小组、中央部委的改革责任机制形成了上下贯通、有机衔接的工作网络,实现了改革政策、方案、力量、进度的一体统筹、分步推进、分层落实。在此期间,中央全面深化改革领导小组召开过 40 次会议,审议了 400 个重要改革文件,推动各方面出台1500 多项改革实施举措。[1]

2018 年 3 月,根据党的十九届三中全会审议通过的《深化党和国家机构改革方案》,中央全面深化改革领导小组改为**中央全面深化改革委员会**,实现了由任务型组织向常规型组织的转型,决策职能和综合协调职能得到了进一步强化。相比于领导小组,委员会的职能范围更广、机构设置更规范、参与成员更多元、统筹协调更有力、决策议事权威性更高,有利于完善党对重大工作的科学领导和决策,形成有效管理和执行的体制机制,也符合世界各国决策议事协调机构运行的普遍规律。[2]

---

〔1〕　穆虹:《建立健全党对重大工作的领导体制机制》,载《人民日报》2018 年 4 月 18 日。

〔2〕　张克:《从"领导小组"到"委员会"——中央决策议事协调机构优化记》,载《小康》2018 年第 14 期。

（二）中央司法体制改革领导小组

党的十六大之后，中央政治局常委会专门研究了司法体制改革问题，决定设立**中央司法体制改革领导小组**。2003 年 5 月，领导小组正式成立，由时任中央政治局常委、中央政法委书记罗干任组长。小组成员包括：最高人民法院院长、最高人民检察院检察长、公安部部长、司法部部长、国家安全部部长、中央政法委秘书长，以及全国人大内务司法委员会（根据党的十九届三中全会审议通过的《深化党和国家机构改革方案》，现已改称"全国人大监察和司法委员会"）、中央机构编制委员会办公室等有关部委负责人。

根据当时的改革任务，中央司法体制改革领导小组的主要职责是：按照党中央统一部署，研究落实中央确定的司法体制改革任务；向党中央提出司法体制改革方案的建议；组织经中央批准的司法改革意见的实施。[1] 中央司法体制改革领导小组的成立，使得中央对司法改革的领导进一步制度化、规范化和组织化。[2] 随着司法体制改革深入推进，领导小组的职能也不断拓展，因改革内容越来越多地涉及司法机关人财物管理体制，领导小组成员单位也相应增加了中央组织部、财政部、人力资源和社会保障部等部门，但组长一直由中央政法委书记担任。党的十八届三中全会后，中央司法体制改革领导小组同时履行社会体制改革专项小组的职能。党的二十大之后，由于深化司法体制改革的工作机制已经建立并有效运行，根据中央有关政策精神，不再保留中央司法体制改革领导小组及其办公室，有关协调职责由中央政法委承担。

（三）最高人民法院司法改革领导小组

早在 1998 年，最高人民法院就成立了**司法改革小组**，负责起草人民法院"一五改革纲要"，组织协调法院各项改革工作。2003 年，最高人民法院成立**司法改革研究小组**，由时任党组书记、院长肖扬任组长。小组负责研究提出法院改革方案，研究起草人民法院"二五改革纲

---

〔1〕 林中梁：《各级党委政法委的职能及宏观政法工作》，中国长安出版社 2004 年版，第 606 页。

〔2〕 万毅：《转折与展望：评中央成立司法改革领导小组》，载《法学》2003 年第 8 期。

要"。研究小组没有专门办事机构,主要依托最高人民法院研究室和中国应用法学研究所的工作力量。

2007 年 4 月 2 日,为强化司法改革研究小组专门办事机构的职能,最高人民法院党组决定单设司法改革研究小组办公室,从最高人民法院相关部门、部分下级人民法院选配得力人员,组建新的**司法改革研究小组办公室**,按内设正厅级机构对待。[1] 2008 年 9 月 12 日,最高人民法院司法改革研究小组更名为最高人民法院**司法改革领导小组**,组长由最高人民法院党组副书记、常务副院长兼任,办事机构一并更名为最高人民法院**司法改革领导小组办公室**(以下简称"最高人民法院司改办")。[2]

2014 年 1 月 6 日,根据全面深化司法体制改革的新形势新任务,最高人民法院调整了司法改革领导小组,由时任党组书记、院长周强任组长,院内各部门主要负责人作为小组成员。[3] 最高人民法院司法改革领导小组不定期召开小组会议,研究确定改革要点、审议改革方案、听取进度汇报、讨论决定重大问题。需要指出的是,最高人民法院司法改革领导小组只是最高人民法院党组领导下的议事协调机构。涉及司法改革的重大方案,经院司法改革领导小组审议通过后,仍要报最高人民法院党组讨论通过,才可报送中央或印发实施。除最高人民法院外,各高级人民法院也陆续设立司法改革领导小组,作为司法改革事务的议事协调机构。

自 2007 年 4 月组建以来,最高人民法院司改办历任主任依次为

---

〔1〕《关于成立最高人民法院司法改革研究小组及其办公室的通知》(法政〔2007〕76号,2007 年 4 月 2 日)。

〔2〕《关于最高人民法院司法改革研究小组更名及人员调整的通知》(法政〔2008〕207号,2008 年 9 月 12 日)。

〔3〕《关于调整最高人民法院司法改革领导小组的通知》(法组〔2014〕207 号,2014 年 1 月 6 日)。

景汉朝、卫彦明、俞灵雨、贺小荣、胡仕浩。[1] 司改办下设规划处、调研处、指导处、协调处。主要职能是：（1）与中央改革办、中央司改办沟通联络、上传下达，就法院司法改革工作与中央有关职能部门联络协调。（2）组织研究提出法院系统关于全面深化改革、全面依法治国的建议。（3）组织研究制定人民法院五年改革纲要和年度改革工作要点，并负责院内分工、台账管理和督促落实工作。（4）组织召开最高人民法院司法改革领导小组会议、全国法院司法体制改革推进会、人民法院司法改革工作会议、互联网司法推进会等与法院改革相关的会议。（5）组织开展司法改革理论研究，发布司法改革专项课题，搜集整理域外司法改革资料。（6）统一管理法院司法改革试点工作。（7）协助院党组、院司法改革领导小组指导全国法院司法改革工作，组织开展司法改革督察。（8）总结推广法院改革经验，编写司法改革案例、司法改革动态，协调法院司法改革宣传工作。（9）承办最高人民法院党组交办的重要司法改革项目。

最后一项职能，也是最高人民法院司改办的一大特点。那就是既做统筹协调、规划指导工作，也牵头推进重点改革项目。党的十八大以来，最高人民法院司改办在起草完成"四五改革纲要""五五改革纲要"的同时，还牵头承担过全面落实司法责任制、推动裁判文书上网、设立最高人民法院巡回法庭、设立互联网法院、制定在线诉讼规则、优化法治营商环境、防止领导干部干预司法、法官依法履职保障、人民陪审员制度改革试点、民事诉讼程序繁简分流改革试点、四级法院审级职能定位改革试点等重大改革项目，有机融合了"参谋部"和"尖刀

---

[1] 景汉朝担任最高人民法院司改办主任时，已是最高人民法院审判委员会副部级专职委员，因司改办是正厅级机构，主任职位属于"高配"。后来，景汉朝又先后任最高人民法院办公厅主任、党组成员、副院长、中央政法委副秘书长、第十三届、第十四届全国人大社会建设委员会副主任委员。卫彦明后来先后任最高人民法院执行局局长、河北省高级人民法院党组书记、院长，现已退休。贺小荣后来先后任最高人民法院行政审判庭长、民二庭庭长、审判委员会副部级专职委员、党组成员、副院长。胡仕浩后来先后任最高人民法院民三庭庭长、第一巡回法庭副庭长、研究室主任、审判监督庭庭长。

连"的职能。[1]

改革试点:政策实验与探索试错

　　试点也是具有中国特色的改革方法论之一。以"实验县""模范乡"等方式开展政策实验的工作方法,在革命战争时期的土地改革、生产运动、整风运动等实践中即已适用。[2] 新中国成立后,"政策试点"工作方法的应用范围进一步扩大,被概括为"以点带面,重点突破,点面结合,逐步推广",又或"抓典型、搞试验、调查研究、解剖麻雀"。[3]

---

　　[1]　关于最高人民法院司改办组建以来牵头制定和推进的改革文件,从本书作者与司法改办历任主要负责同志、相关承办同志联合署名的理解与适用文章可窥一斑。例如,贺小荣、何帆:《贯彻实施〈关于全面深化人民法院改革的意见〉应当把握的几个主要关系和问题》,载《人民法院报》2015 年 3 月 18 日;贺小荣、何帆、马渊杰:《〈最高人民法院关于巡回法庭审理案件若干问题的规定〉的理解与适用》,载《人民法院报》2015 年 1 月 29 日;贺小荣、何帆、危浪平:《〈人民陪审员制度改革试点工作实施办法〉的理解与适用》,载《人民法院报》2015 年 5 月 22 日;贺小荣、何帆:《〈人民法院落实《领导干部干预司法活动、插手具体案件处理的记录、通报和责任追究规定》的实施办法〉的理解与适用》,载《人民法院报》2015 年 8 月 20 日;胡仕浩、何帆:《〈人民法院落实《保护司法人员依法履行法定职责规定》的实施办法〉的理解与适用》,载《人民法院报》2017 年 2 月 8 日;胡仕浩、何帆、李承运:《〈关于互联网法院审理案件若干问题的规定〉的理解与适用》,载《人民司法·应用》2018 年第 28 期;刘峥、何帆、李承运:《〈人民法院在线诉讼规则〉的理解与适用》,载《人民司法·应用》2021 年第 19 期;刘峥、何帆、李承运:《〈民事诉讼程序繁简分流改革试点实施办法〉的理解与适用》,载《人民法院报》2020 年 1 月 17 日;刘峥、何帆、李承运:《正确贯彻实施新民事诉讼法需重点把握的七个问题》,载《人民司法·应用》2022 年第 10 期;刘峥、何帆:《〈关于完善四级法院审级职能定位改革试点的实施办法〉的理解与适用》,载《人民司法·应用》2021 年第 31 期;刘峥、何帆、危浪平:《〈关于深化司法责任制综合配套改革的实施意见〉的理解与适用》,载《人民司法·应用》2020 年第 25 期;刘峥、何帆、马骁:《〈关于规范合议庭运行机制的意见〉的理解与适用》,载《人民司法·应用》2022 年第 34 期;刘峥、何帆、马骁:《〈关于完善人民法院专业法官会议工作机制的指导意见〉的理解与适用》,载《人民法院报》2021 年 1 月 14 日。此外,司改办还牵头承办了健全多元化纠纷解决机制、建立司法确认制度、规范上下级法院审判业务关系、推动裁判文书上网、建设司法公开"三大平台"、加强裁判文书说理等重要改革项目。

　　[2]　《邓子恢传》编辑委员会:《邓子恢传》,人民出版社 1996 年版,第 70—91 页。《李雪峰回忆录:太行十年》,中共党史出版社 1998 年版,第 105—107 页。

　　[3]　万里:《决策民主化和科学化是政治体制改革的一个重要课题——在全国软科学研究工作座谈会上的讲话》(1986 年 7 月 31 日),载《人民日报》1986 年 8 月 15 日。

新中国成立之初,就已在试点时机、地区选取、干部配备、试点总结方面,形成了比较成熟的理论。[1]

改革开放后,试点成为推进制度创新和经济增长的重要机制。[2]在"解放思想,实事求是"的政策感召下,从政治体制改革到经济体制改革、农村土地改革,党和国家领导人均倡导以试点方式探索实践、形成经验。具体要求包括:"在全国的方案拿出来以前,可以先从局部做起,从一个地区、一个行业做起,逐步推开。中央各部门要允许和鼓励它们进行这种试验"[3];"有些问题,中央在原则上决定以后,还要经过试点,取得经验,集中集体智慧,成熟一个,解决一个,由中央分别作出决定,并制定周密的、切实可行的、能够在较长时期发挥作用的制度和条例,有步骤地实施"[4];"改革固然要靠一定的理论研究、经济统计和经济预测,更重要的还是要从试点着手,随时总结经验,也就是要'摸着石头过河'";[5]在经济体制改革领域,试点基本成为必经阶段,几乎"逢改必试"。[6]

随着改革开放不断深入,除单项政策试点外,试点的综合性也不断增强,陆续出现了经济特区(1980 年)、综合改革试点(1981 年)、专项试验区(1987 年)、综合配套改革试点(1992 年)和综合配套试验区(2005 年)等试点模式。根据试点目标,又可以分为探索型试点、测试型试点、示范型试点等。通过推进试点并全面推广,实现控制改革风

---

〔1〕 刘子久:《论试点》,载《学习》1953 年第 10 期。《人民日报》社会论:《典型试验是一个科学的方法》,载《人民日报》1963 年 9 月 20 日。

〔2〕 〔德〕韩博天:《红天鹅:中国独特的治理和制度创新》,石磊译,中信出版集团2018 年版,第 66 页。

〔3〕 《解放思想,实事求是,团结一致向前看》(1978 年 12 月 13 日),载《邓小平文选》(第 2 卷),人民出版社 1994 年版,第 150 页。

〔4〕 《党和国家领导制度的改革》(1980 年 8 月 18 日),载《邓小平文选》(第 2 卷),人民出版社 1994 年版,第 341 页。

〔5〕 《经济形势与经验教训》(1980 年 12 月 16 日),载《陈云文选》(第 3 卷),人民出版社 1995 年版,第 279 页。

〔6〕 朱光磊:《当代中国政府过程》(第 3 版),天津人民出版社 2008 年版,第 151 页。

险、化解推行阻力、降低改革成本、提高成功概率等效果。[1]

司法改革领域的试点开始于20世纪80年代末。1988年11月，最高人民法院会同中央组织部在黑龙江、浙江、福建、内蒙古四省区启动了地方法院干部管理体制改革试点。为确保当时正在起草的法官法经得起实践检验，从1991年8月开始，最高人民法院又先后在上海、黑龙江、广西、吉林、云南部分法院和海南全省法院就法官法草案开展试点。这些试点对于科学制定1995年《法官法》起到了重要作用。

此外，从1989年到1995年，最高人民法院还选择19个中级人民法院、34个基层人民法院开展了审判方式改革试点。受最高人民法院党组委托，时任最高人民法院咨询委员会主任王怀安负责试点的推进和指导工作。王怀安带领指导组人员，以旁听庭审、庭后研讨、逐案总结、查阅案卷等方式，及时发现经验、指出不足，并注重用彼地经验启发此地改革。[2] 试点工作为制定1991年《民事诉讼法》和1996年修改《刑事诉讼法》提供了实践经验，也有力带动了审判长和独任审判员选任制度改革、合议庭和审判委员会制度改革，为深入推进司法改革奠定了基础。

到前三个"五年改革纲要"实施期间，最高人民法院又陆续就法官助理制度、设立未成年人案件综合审判庭、知识产权民事、刑事、行政案件"三审合一"、量刑规范化、小额诉讼程序、行政诉讼简易程序、民事执行活动法律监督等开展了试点。这一时期关于诉讼制度改革的试点，内容大都属于填补立法空白或细化法律规定，与法律条文并不冲突，成果也大都被之后修改的诉讼法吸收。

尽管从印发"一五改革纲要"时起，最高人民法院就开始加强对试点工作的统一领导，并在之后历个"五年改革纲要"中强调重大试点应当层报最高人民法院审批。但是，由于司法改革已是时代潮流，各地

---

[1] 周望：《中国"政策试点"研究》，天津人民出版社2013年版，第47、55—65、133—140页。

[2] 《为建立优于西方高于传统有中国特色的审判方式而努力》(1995年12月)，载王怀安：《论审判方式的改革》，人民法院出版社1996年版，第71—73页。

法院均有试点创新冲动。各类改革试点倏忽而起,又倏忽而灭。部分法院未经批准,就开展"先例判决""辩诉交易""人民观审团"和"被告认罪普通程序"等试点,因突破现行法律,遭遇强烈质疑与批评。[1]有的试点缺乏期限限制,部署时沸沸扬扬,但久试不结,到期没有"验收",结束没有"销号",探索没有结论。有的法院将试点片面理解为"政策优惠",只想借试点争取编制、职级、经费上的待遇,不落实责任。有的试点照搬顶层设计,不结合基层实际探索创新,压根儿没有发挥试错作用。针对上述问题,最高人民法院在 2003 年进行了专项清理,基本解决了"重大改革未经审批"和"违法改革"等问题。[2]

党的十八大之后,司法改革试点的重要性更加凸显,并呈现出如下特点:**第一,推进主体上。**重大试点由中央政法委统筹推进,方案提交中央全面深化改革委员会(领导小组)审议通过,不再由司法机关自行组织开展。**第二,试点内容上。**关联性较强的举措"打包"开展综合试点,以系统集成方式推动改革成效整体提升。党的十九大前,还单独在上海开展了司法体制综合配套改革试点。[3] **第三,试点批次上。**全国各省(自治区、直辖市)分三个批次开展综合试点,每个批次都兼顾东中西部地区。**第四,试点文件上。**既有中央政法委出台的框架意见,也有"两高"印发的指导意见,试点地区也会制定实施细则、配套方案,内容根据试点情况不断调整。**第五,试点方法上。**需要调整适用现行法律的,由全国人大常委会作出授权决定,并限期结束,期间要以中期报告形式向常委会会议报告试点情况。

---

〔1〕 刘松山:《再论人民法院的"司法改革"之非》,载《法学》2006 年第 1 期;万毅:《转折与展望:评中央成立司法改革领导小组》,载《法学》2003 年第 8 期。

〔2〕 2002 年召开的第十八次全国法院工作会议,首次提出要加强对人民法院改革措施的管理和协调。最高人民法院据此发布了《关于人民法院出台重要改革措施报批与备案工作的通知》(法〔2003〕68 号)和《关于人民法院重要改革措施审批和备案工作分工与运作程序问题的通知》(法〔2003〕69 号),前者面向全国各级人民法院,后者面向最高人民法院院内各单位。

〔3〕 2017 年 8 月 29 日,十八届中央全面深化改革领导小组第三十八次会议审议通过《关于上海市开展司法体制综合配套改革试点的框架意见》。党的十九大报告提出要"深化司法体制综合配套改革"后,综合配套改革开始整体推进,未再单独开展试点。

在推进各类试点过程中,最高人民法院在总结经验和梳理问题基础上,制定印发了《关于加强和规范重大司法改革试点工作的意见》(法〔2020〕255号),逐步形成相对系统的试点方法论:

第一,试点审批上,由最高人民法院统一管理。 重大司法改革试点应当是现行法律、司法解释或者司法文件未明确规定,或者有必要调整适用现行法律、司法解释或者司法文件的改革举措。中央授权最高人民法院组织实施或者最高人民法院自行部署的重大司法改革试点,由最高人民法院司法改革领导小组统筹安排、整体推进、督促落实,试点方案和实施办法应当以最高人民法院名义印发。各高级人民法院根据探索和创新需要,可以安排改革试点,但应当从严控制数量、规模,试点方案应当报最高人民法院司法改革领导小组审议同意。未经最高人民法院批复同意或者通知要求,不得扩大试点范围或者调整试点方案。对于领域相近、功能互补的重大改革举措,应当统筹开展综合改革试点。

第二,试点内容上,必须确保重大试点于法有据。 人民法院开展重大司法改革试点,应当坚持以宪法、法律为依据。试点需要调整适用现行法律的,由全国人大常委会作出授权决定后方可组织实施。对于全国人大常委会作出的授权决定,应当按照决定要求定期报告试点工作;实践证明可行的,应当及时提出修改或者制定有关法律的议案;需要进一步试点的,应当及时提出延长试点期限的议案;对于实践证明不宜调整的,恢复施行有关法律规定。

第三,试点选取上,注重科学统筹和有序实施。 选取试点法院时,应当统筹考虑工作基础、区域分布、审级职能、人案结构,体现代表性、差异性、示范性,避免过于集中,防止过多过滥。

第四,试点机制上,建立动态调整和退出机制。 对中央已经部署开展试点的,不再另行安排内容雷同试点;对综合改革试点已经包含有关改革举措的,不再另行开展单项试点;对相近领域已经开展试点的,适时吸收合并,不再新增试点。

第五,试点期限上,适时全面清理规范。 重大司法改革试点项目期限一般为一年,原则上不超过两年。对试点期间法律已经制定或者修改，以及已经全面复制推广的试点，以通知形式宣布结束；对进展缓慢、组织不力、违法违规的试点，提前预警、督促整改，必要时提前停止、依纪问责；对需要整合的试点，及时宣布合并；对已经到期的试点，及时总结销号；对实践证明效果不佳的试点，及时调整方案或者暂时停止。

党的十九大后，中央政法委未再就司法改革组织综合试点。最高人民法院按照"五五改革纲要"的规划，经全国人大常委会授权，先后于 2019 年 12 月、2021 年 8 月就"民事诉讼程序繁简分流改革""完善四级法院审级职能定位改革"组织开展试点。下面以已结束的民事诉讼程序繁简分流改革试点为例，简要梳理新时代之后特有的立法机关授权试点模式：

1. 试点立项。2019 年 1 月 15 日，习近平总书记在中央政法工作会议上指出，"要深化诉讼制度改革，推进案件繁简分流、轻重分离、快慢分道。"中共中央办公厅 2019 年印发的《关于政法领域全面深化改革的实施意见》，将"推进民事诉讼制度改革"作为重点改革任务。同年印发的人民法院"五五改革纲要"确定了改革主要内容，即："41. 推进民事诉讼制度改革。进一步完善案件繁简分流机制，健全完善立体化、多元化、精细化的诉讼程序，推进案件繁简分流、轻重分离、快慢分道。优化司法确认程序适用。探索扩大小额诉讼程序适用范围。进一步简化简易程序，完善简易程序与普通程序的转换适用机制。探索推动扩大独任制适用范围。探索构建适应互联网时代需求的新型管辖规则、诉讼规则，推动审判方式、诉讼制度与互联网技术深度融合。深入总结司法实践经验，推动修改民事诉讼法"。

2. 试点方案。由于试点内容可能调整适用民事诉讼法，最高人民法院司改办组成调研组，于 2019 年上半年开始在全国法院调研，形成研究报告和《民事诉讼程序繁简分流改革试点方案》。试点方案经最高人民法院司法改革领导小组审议通过后，于 2019 年 7 月 11 日提交中央政法委全体会议审议，7 月 19 日提交政法领域全面深化改革推进会讨论。11 月 28 日，中央司法体制改革领导小组审议通过了试点方案。

3. 试点授权。2019 年 12 月 23 日,时任最高人民法院院长周强向全国人大常委会作《关于授权最高人民法院在部分地区开展民事诉讼程序繁简分流改革试点工作的决定(草案)》的说明。12 月 28 日,第十三届全国人大常委会第十五次会议作出《关于授权最高人民法院在部分地区开展民事诉讼程序繁简分流改革试点工作的决定》,授权最高人民法院在北京、上海、广东等 15 个省(自治区、直辖市)20 个城市的 305 家法院组织开展民事诉讼程序繁简分流改革试点,试点时间为两年。试点期间,试点法院暂时调整适用《中华人民共和国民事诉讼法》第三十九条第一款、第二款,第四十条第一款,第八十七条第一款,第一百六十二条,第一百六十九条第一款,第一百九十四条。

4. 试点启动。2020 年 1 月 15 日,最高人民法院召开试点工作动员部署会议,同步印发《民事诉讼程序繁简分流改革试点方案》(法〔2020〕10 号)和《民事诉讼程序繁简分流改革试点实施办法》(法〔2020〕11 号),正式启动为期两年的试点工作。

5. 试点指导。最高人民法院建立专项试点工作联席会议制度,制定了试点数据统计口径,建立了试点工作月报机制。2020 年 4 月 15 日、10 月 23 日,最高人民法院先后印发《民事诉讼繁简分流改革试点问答口径(一)》(法〔2020〕105 号)和《民事诉讼繁简分流改革试点问答口径(二)》(法〔2020〕272 号),公布了对 59 个试点常见问题的答复。2020 年 9 月 30 日,最高人民法院印发《民事诉讼程序繁简分流改革试点相关诉讼文书样式》(法〔2020〕261 号),明确了与试点新增程序相关的诉讼文书样式。[1]

6. 中期报告。2021 年 2 月 27 日,时任最高人民法院院长周强向全国人大常委会作《关于民事诉讼程序繁简分流改革试点情况的中期报告》,报告一年来试点工作情况。2 月 28 日上午,第十三届全国人大常委会第二十六次会议分组审议了中期报告,既充分肯定了试点成

---

〔1〕 关于最高人民法院在民事诉讼程序繁简分流改革试点期间出台的指导性文件情况,参见最高人民法院司法改革领导小组办公室编著:《民事诉讼程序繁简分流改革试点工作读本》,人民法院出版社 2021 年版。

效,也提出了中肯的意见建议。会后,全国人大常委会办公厅向最高人民法院反馈了《对民事诉讼程序繁简分流改革试点情况中期报告的意见和建议》。针对上述意见建议,最高人民法院提出了贯彻落实意见,并加大了对试点工作的指导力度。

7. 提交草案。2021年4月,全国人大常委会法工委会同最高人民法院启动民事诉讼法修改调研工作,并在南京召开部署动员会议。之后,又在北京、上海、成都、郑州、武汉、杭州、宁波、苏州召开多场调研论证会,书面收集意见建议500余条,研究形成17万字的修法论证材料。2021年10月19日,在第十三届全国人大常委会第三十一次会议上,时任最高人民法院院长周强作了关于《中华人民共和国民事诉讼法(修正草案)》的说明。常委会会议对修正草案作了"一读"。

8. 修改法律。2021年12月24日,经"二读"审议,第十三届全国人大常委会第三十二次会议作出关于修改民事诉讼法的决定,新法于2022年1月1日实施。民事诉讼法修改的条文,涉及司法确认、小额诉讼、简易程序、独任审理和在线诉讼,都属试点工作内容。[1]

按照全国人大常委会的授权决定,民事诉讼程序繁简分流改革试点届满时间是2021年12月,而最高人民法院作为试点组织实施主体,于2021年10月就提出了民事诉讼法修正草案。当时,曾有人批评试点还没有结束,不应仓促启动法律修改工作,认为最高审判机关操之过急。其实,关于法律的修改完善,全国人大常委会《关于授权最高人民法院在部分地区开展民事诉讼程序繁简分流改革试点工作的决定》的表述是"试点期满后,对实践证明可行的,应当修改完善有关法律;对实践证明不宜调整的,恢复施行有关法律规定"。一旦试点届满,立法授权即告终止,涉及法律调整的试点举措将不能继续适用,如果待那时再研究如何修法,已收案件按旧法还是新章处理,试点法院

---

[1] 关于2021年修改民事诉讼法的主要背景和内容,参见何帆:《2021年新修正民事诉讼法评述》,载微信公众号"法影斑斓"2021年12月24日,2022年12月4日访问;最高人民法院民事诉讼法修改起草小组:《民事诉讼法修改条文对照与适用要点》,法律出版社2022年版。

将无所适从,只能申请延长试点期限。例如,2015年4月启动的人民陪审员制度改革试点,试点期限为二年,本应于2017年4月期满。但是,由于试点届满时,对法律如何制定或修改还缺乏共识,全国人大常委会遂于2017年4月作出《关于延长人民陪审员制度改革试点期限的决定》,将试点期限延长一年。试点于2018年4月期满后,才通过《中华人民共和国人民陪审员法》,以立法形式确认了试点成果。

如果每个试点都为了迁就法律修改的时间而延长期限,立法机关授权决定的预定期限将形同虚设。因此,自人民陪审员制度改革试点之后,全国人大常委会法工委一般会在试点进程过半时,会同最高人民法院启动法律修改的论证工作,并为全国人大常委会预留合理的审议时间。需要"两读"通过的,通常预留四个月时间;需要"三读"通过的,则需要预留六个月时间,有时甚至更长。例如,按照全国人大常委会《关于授权最高人民法院组织开展四级法院审级职能定位改革试点工作的决定》,四级法院审级职能定位改革试点将于2023年8月到期,届时将可能修改民事诉讼法和行政诉讼法,其中,因民事诉讼法涉及涉外编等重大内容的修改,可能需要"三读"通过,中间还要考虑2023年3月的全国"两会"时间,这样就得预留半年以上时间。所以,最高人民法院按照立法机关要求,于2022年12月27日向全国人大常委会第三十八次会议提交了民事、行政诉讼法修正草案。需要指出的是,在试点结束前提交法律修正草案,只是为立法机关的后续充分审议预留时间,并非对试点成果的照单全收。立法机关在审议过程中,认为试点举措存在争议,又或法律不宜调整的,也可以恢复执行原来的法律规定。这也正是全过程人民民主在改革试点和立法工作中的充分体现。

综上所述,"**制定方案→立法授权→试点先行→中期报告→修改法律**"是党的十八大以来形成的重要改革方法论,也是试错测压、成效检验、风险评估的科学过程。依托试点的科学立法,自然也不会是顺"试"而行,一"试"就灵。党的二十大之后,根据中央的统一部署,最高人民法院还将就一些重大改革项目组织开展试点,推动司法改革方法论更加成熟定型。2023年3月13日,第十四届全国人大第一次会议通过关于修改《中华人民共和国立法法》的决定,将原第十三条改为第十六条,明确全国人大及其常委会可以根据改革发展的需要,决定就"特定事项"授权在"规定期限和范围"内暂时调整或暂时停止适用法律的部分规定;同时增加规定:暂时调整或暂时停止适用法律的部分规定的事项,实践证明可行的,由全国人大及其常委会及时修改有关法律;修改法律的条件尚不成熟的,可以延长授权的期限,或者恢复施行有关法律规定。通过上述修改,完善了立法决策与改革决策相衔接、相统一的制度机制,为新时代的改革方法论提供了法律依据。

改革督察:政策落地与实效评估

制度的生命力在于执行。制度框架搭建起来,一旦执行力不足,就会成为影响治理效能的"短板"。[1] 制度执行力在效果层面的体现,就是制度穿透力。顶层出台的制度,在基层能否落实?是简单转发文件,还是"一个杆子插到底",真正让制度落地见效?这些问题的答案,决定了在中国这样一个行政层次多、发展不平衡的大国,通过改革形成的制度优势能否转化为国家治理效能。

改革可以确立基本制度框架,但具体执行上可能存在"温差":有的地方搞"左顾右盼"式的观望式执行,只希望上级多定制度、多出政策,自己不愿在建章立制、推动落实方面下功夫;有的地方搞"断章取义,为我所用"的选择性执行,凡是涉及加待遇、出政绩的就执行,凡是需要压担子、加责任的就搁置;有的地方搞"阳奉阴违,变形走样"的变通式执行,故意曲解制度内容,贯彻落实大打折扣;有的地方形式主义、官僚主义作风严重,以文件贯彻文件,照搬照套,不接地气;有的地方法院领导干部制度意识不强,带头办"简单案",把不住"质效关",不能以身作则、率先垂范。

针对上述问题,对已经推出的改革开展督察,成为抓落实的重要

---

〔1〕 韩正:《加强党对坚持和完善中国特色社会主义制度、推进国家治理体系和治理能力现代化的领导》,载《人民日报》2019 年 11 月 15 日。

方法。党的十八大以来,历次全面深化改革委员会(领导小组)会议都会强调督察的重要性,要求把抓改革落实、督察问效摆到重要位置,构建上下贯通、横向联动的督察工作格局。具体而言,就是由中央改革办、改革牵头部门和地方共同对改革举措落实情况开展督促、监督、检查,既督任务、督进度、督成效,又察认识、察责任、察作风。通过督察发现问题、总结经验,对改革抓得实、有效果的通报表扬,对执行不力、落实不到位的问责追责,做到"改革推进到哪里、督察就跟进到哪里"。

早在 2011 年,最高人民法院就曾派出 7 个督察组,到 13 个省(自治区、直辖市)就"三五改革纲要"落实情况开展督察。当时主要采取地方法院自查和最高人民法院实地督察相结合的方式进行,自查形成的报告供实地督察参考。党的十八大之后,司法改革领域逐步形成了上下贯通、横向联动的督察工作格局。

第一,督察模式。中央层面,中央改革办、中央政法委、最高人民法院都肩负司法改革督察职责。2014 年以来,各家既有单独组织的督察,也有联合开展的督察。大致包括以下三种模式:

1. **中央改革办组织开展督察。**由中央改革办对中央全面深化改革委员会(领导小组)审议通过的改革文件落实情况开展督察。一般先到中央牵头部门和协办部门进行督察调研,了解进展情况、基本数据、典型经验、主要问题和工作建议,之后再选取若干省(自治区、直辖市)明察暗访。最后形成的督察报告,会评述改革落实情况,指出存在的主要问题,提出工作建议。督察报告会以中央改革办名义发送至改革牵头部门,后者对报告中反映的主要问题和工作建议进行研究,提出分析意见和改进措施,明确整改时限,并将书面意见报告中央改革办。中央改革办根据整改落实情况,再向中央全面深化改革委员会(领导小组)报告。2015 年以来,中央改革办先后就司法公开、人民陪审员制度改革、立案登记制、司法责任制、法官员额制、法官单独职务序列、省以下人民法院内设机构改革、切实防止冤假错案、以审判为中心的刑事诉讼制度改革等重点改革项目开展过专项督察。

2. **中央政法委组织开展督察。**中央政法委一般会同最高人民法院、最高人民检察院开展联合督察。这类督察一般属于综合性督察,重点督察司法责任制、法官员额制、法官单独职务序列等基础性改革内容。督察报告一般会向"两高"和相关省份的党委政法委反馈,并要求报送书面整改意见。

作为政法领域司法改革的主管部门,中央政法委可以根据改革督察反映出的问题,针对性推出新的政策,强化改革纪律、纠正改革偏差。例如,针对 2016 年改革督察中发现的法官、检察官入额论资排辈、平衡照顾、入额后办案责任不落实等问题,中央政法委于 2017 年 3 月印发《关于严格执行法官、检察官遴选标准和程序的通知》,进一步明确了遴选标准和办案要求。最高人民法院也于 2017 年 4 月配套印发《关于加强各级人民法院院庭长办理案件工作的意见(试行)》,要求各级法院院庭长入额后必须办理案件,并规定了院庭长办案的形式、类型、数量、考核和保障机制。

3. 最高人民法院自行开展督察。2016 年以来,除配合中央政法委开展联合督察外,最高人民法院每年都会自行组织一至两次司法改革督察。由于是法院系统内部的督察,相对于中央改革办、中央政法委的督察,主要有以下三个特点:**一是督察规格高。**一般由最高人民法院院领导带队,院内相关职能部门参加。**二是督察覆盖面广。**分成若干督察组,对全国所有省(自治区、直辖市)辖区内法院进行全面督察,基本实现了"全覆盖,无死角"。**三是督察内容丰富。**除对司法责任制、法官员额制等基础性改革开展综合督察外,最高人民法院相关牵头部门还分别就人民陪审员制度改革试点、立案登记制改革、刑事被告人认罪认罚从宽制度改革、领导干部过问案件记录制度等改革项目组织过专项督察。**四是分层抓落实。**除最高人民法院组织督察外,也要求各高级人民法院由院领导带队,深入辖区法院督察指导,形成"一级抓一级、层层抓落实"的督察责任制。

第二,督察方式。从 2016 年到 2018 年,经过 4 轮集中改革督察,最高人民法院初步形成了一套科学的督察工作方法。2018 年 10 月,最高人民法院印发《人民法院司法改革督察工作办法(试行)》(法〔2018〕272 号),将**司法改革督察**界定为:"根据中央对司法体制改革的总体部署和最高人民法院司法改革工作整体安排,由最高人民法院针对司法改革任务推进落实情况开展的调查研究、监督指导和整改落实活动"。具体机制是：

1. **归口管理**。最高人民法院司法改革领导小组归口管理司法改革督察工作,负责集中审议年度督察计划和督察方案,组织实施督察任务,反馈督察情况,监督整改落实,督促落实问责等相关工作。最高人民法院司改办承担督察活动的组织协调等事务。各高级人民法院定期督察本辖区人民法院司法改革任务推进落实情况。

2. **督察事项**。司法改革督察围绕下列事项展开：(1)中央关于司法体制改革重大决策部署的贯彻落实情况；(2)最高人民法院部署的司法改革工作任务和年度工作要点推进落实情况；(3)中央和最高人民法院有关司法改革重要指示、批示及其他交办事项的贯彻落实情况；(4)信访投诉举报、社会舆论关注及其他群众反映强烈的司法改革事项；(5)其他应当接受督察的司法改革事项。

3. **督察组织**。执行督察任务时应当制定督察方案,明确督察组成员、督察时间、督察主题、督察要求等内容。确定督察主题时应当征求有关业务部门意见。督察以最高人民法院政治部、司改办、督察局等部门为主体,单独或者联合组成督察组。联合督察应当邀请与督察主题相关的业务部门、中央和地方有关单位、地方人民法院参加；也可以邀请人大代表、政协委员、专家学者、特邀咨询员、特约监督员或者其他有关人员参加。

4. **督察方法**。督察一般坚持明察与暗访相结合,通过集体座谈、个别谈话、实地走访、接受举报等多种途径,灵活运用下列方法：(1)听取受督察人民法院司法改革工作情况介绍；(2)向当地人大代表、政协委员、专家学者、律师、当事人及地方有关党政机关了解相关工作,听取意见建议；(3)旁听庭审,查阅、调取、复制与督察内容相关的文件、卷宗和数据信息等材料；(4)实地考察司法改革任务推进落实情况；(5)随机抽选人民法院工作人员进行座谈,当面听取意见建议；(6)向督察主题涉及的有关人员了解情况；(7)开展问卷调查和数据统计。我个人参与过的几次督察活动,每次都会查看办案系统、查阅案件卷宗,并随机抽选内部人员座谈,也确实能发现入额把关不严、院庭长办案落实不力等问题，并非"听听汇报，收收材料""你说什么，我记什么"的"来料加工"式督察。[1]

5. **督察报告**。督察组一般在督察任务执行完毕后一个月内形成督察报告，全面总结分析改革进度、落实成效、存在的问题及其成因，并就如何解决问题和反馈督察情况提出工作建议。督察中发现的需要由中央有关部门统筹解决的问题，由最高人民法院司法改革领导小组研究决定后，及时向中央改革办和中央政法委报告。

6. **情况通报**。对于督察中发现的问题，可以即时反馈的，由督察组向受督察人民法院当面反馈意见；需要研究后反馈的，由最高人民法院司法改革领导小组研究决定或者最高人民法院院领导批准后，采取集中通报或者单独书面反馈等形式向相关人民法院反馈意见。2016 年以来，最高人民法院每年都会召开 1 次司法改革推进会，一般会在推进会上发布督察情况通报，点名指出相关法院存在的突出问题，并提出限期整改要求。对确属改革成效显著、具有借鉴意义的成功经验，最高人民法院也会以司法改革案例等形式宣传推广，发挥典型示范作用。

7. **整改问责**。受督察人民法院应当根据督察情况反馈和整改要求制定整改落实方案，明确牵头负责部门及人员采取整改措施，并于督察反馈后两个月内向上级人民法院层报整改落实情况。其他人民法院结合集中通报开展自查自纠，并书面报告整改落实情况。最高人民法院会及时核查相关人民法院整改落实情况。对于未落实整改或者整改不符合中央和最高人民法院司法改革精神的，将及时指出问题，要求继续整改。具有下列情形的，将追究相关人员责任：(1)未按照中央要求或者最高人民法院部署开展改革或者试点工作的；(2)改革推进过程中明显违反司法改革精神或者存在其他违规行为造成不

---

[1] 本书作者曾随中央政法委督察组到某法院督察领导干部办案情况，该院先是说办案管理系统出了故障无法打开，在督察组负责人一再要求下，终于"修好"了，打开一看：领导干部办的全是简单案件，连一起称不上疑难、复杂的普通案件都没有。此外，在当地领导不在场的情况，与内部人员个别交流座谈，也能发现改革工作中存在的深层次问题。由此可见，没有督察来"揭伤疤""挤脓包"，问题根本就暴露不出来。

良后果的;(3)推进落实改革任务进度严重滞后的;(4)对人民群众或者人民法院工作人员的投诉举报不重视、不处理的;(5)对上级部门的整改要求推诿扯皮、拒不整改的;(6)其他需要追究工作责任的情形。追究责任的,应当根据职责和权限,按照有关规定采取约谈、公开通报批评等措施;情节严重的,可以建议有关部门作出组织处理、给予纪律处分等。

第三,实效评估。对改革举措落地情况开展实效评估,有利于梳理出存在的突出短板和弱项,有针对性地推动解决。衡量改革的实效性,不能只看部门本位利益,也不能只看单项改革执行落实情况,而是要从司法改革发展全局出发,从战略层面统筹考虑相关制度的集成效果,把人民群众的获得感、幸福感、安全感放在实效评估的第一位。

在司法改革领域,最高人民法院结合司法改革督察和调研工作,逐步完善实效评估机制。例如,每次制定新的"五年改革纲要"前,都会总结梳理前一个"五年改革纲要"的完成情况、实施成效,形成分析报告,在此基础上确定哪些调整方向、哪些需要接续发力、哪些需要配套完善。只有这样,才能防止一个纲要一套思路,避免新旧改革断档失序。在"五年改革纲要"实施期间,最高人民法院也会分阶段、分项目开展实效评估,看改革是否达到预期效果,是否需要配套跟进,及时"补短板,强弱项"。[1]

关于改革实效的评价方式,已经有上级督察、自我评估与第三方评估相结合、实证研究与问卷调查相结合、定量分析与定性分析相结

---

[1]　最高人民法院课题组:《司法改革方法论的理论与实践》,法律出版社 2011 年版,第 152—153 页。

合等行之有效的经验,理论界也有不少研究成果。[1] 从实际运行情况看,评价改革落地实效,必须注意以下几个方面:

1. **指标设计必须体现司法规律,但应当立足国情和改革实际。**任何国家和地区的司法改革,都应当考虑司法公正、司法效率、司法为民、司法文明等因素,并将之作为改革的评价标准。但在指标设计上,应当考虑与本国政治制度的兼容性、匹配性,而不是追随带有政治烙印的所谓"国际标准"。例如,美国律师协会曾建立司法改革指数体系(Judicial Reform Index,简称 JRI),适用于其发起的"中东欧和中亚法律行动"(the American Bar Association's Central European and Eurasian Law Initiative,简称 ABA/CEELI),以评估东欧原社会主义国家法院的司法改革效果。但这些指标的制度预设前提,都是基于"三权鼎立"和"司法独立"理论,有着鲜明的政治价值导向,关于司法公正度、法官廉洁度的评价,也是为上述政治目的服务的,这种用本国意识形态标准引导他国司法改革的做法,最终未能成功。[2] 实践中,一些第三方评估者也参照 JRI 指标、欧盟的"国际卓越法院联盟评估框架"(the International Framework for Court Excellence,简称 IFCE)等西方指标体系设计评估中国法院司法改革成效的指标,效果自然不佳。

2. **实效评估应当考虑内外部评价,但应注重改革阶段性与所涉利**

---

[1] 国内陆续开展过的司法改革评估包括:2009 年成都中级人民法院组织的法官形象与法院形象评估问卷调查;2013 年江西省高级人民法院开展的司法公信力评估;2014 年中国政法大学领衔建立的"中国司法文明指数"评估指标体系;2015 年上海市第一中级人民法院开展的司法公信力第三方评估;2016 年中国社科院法学所对深圳市中级人民法院"基本解决执行难"的评估;2017 年中国法学会对深圳市司法体制改革开展的第三方评估;2017 年上海市高级人民法院研究建立的司法评估指标体系。相关研究成果,参见中国法学会编:《深圳市司法体制改革第三方评估报告》,法律出版社 2017 年版;孙笑侠:《司法职业性与平民性的双重标准——兼论司法改革与司法评估的逻辑起点》,载《浙江社会科学》2019 年第 2 期;江国华、周海源:《司法体制改革评价指标体系的建构》,载《国家检察官学院学报》2015 年第 2 期;严晓英:《民间机构在司法改革中的作用——以台湾民间司法改革基金会为例》,载《云南大学学报(法学版)》2008 年第 2 期;宋英辉、向燕:《关于司法改革实验项目中开展有效比较的思考》,载《国家检察官学院学报》2011 年第 1 期。

[2] 关于美国律师协会的司法改革指数体系在东欧原社会主义国家失败的运用情况,参见吴云:《通往正义之路:从教科书模式到中国司法改革的探索》,法律出版社 2011 年版。

益。司法改革是复杂的系统,会受多重变量影响。新入额法官司法能力和责任意识的提升,新的审判权力运行机制与传统审批模式的磨合,都会有一个过程,因此,对改革成效的评估和判断,应当有一个合理周期,不宜过早就成败下结论。另一方面,改革之初,新旧利益博弈、政策解读不力、红利尚未兑现等因素,都可能导致负面杂音大于正面声音,如指责遴选不公、抱怨负担不减、担心收入下降,等等。因此,无论是主流媒体的正面报道,还是社交媒体上的负面"吐槽",都不宜作为评价改革成效的依据。

此外,试点本身就是一个试错的过程,内设机构如何设置才合理,辅助人员如何配置才科学,都应预留"试错"空间,允许多元尝试,不能秉持"一试就灵"的心态推进改革。例如,试点之初,有的法院取消案件审批,效率提升了,"类案不同判"现象却可能抬头,发回重审率随之上升。又比如,有的法院法官忙着准备入额考试,再加上实行立案登记制后,案件数量递增,影响到人均结案率、法定审限结案率。上述现象,有的是机制配套问题,有的是阶段性因素,必须统筹考虑,才可能作出科学判断。

3. **应当完善对改革效果的描述,确保改革成效可以感知并有说服力**。实践中,有的改革宣传虽然使用了大量数据,但法院内外都缺乏认同。例如,有的法院宣传称:"XX 法院进入试点以来,一线审判力量增加18%,法官责任意识更重,人均结案率增加27%,法定审限内结案率提升12%,服判息诉率、当庭裁判率大幅上升,人民群众满意度飞跃提升,法官职业保障落实到位,人员流失得到有效遏制。"

上述关于改革成效的描述就过于感性,缺乏科学论证。例如,"一线审判力量增加18%"的内涵是什么?"审判力量"到底该如何界定?员额制以后,一线法官究竟增加了还是减少了?多少一线法官未能入额?又有多少领导岗位或综合部门的法官"回流"一线?审判辅助人员增补了多少?多少人是编制内的,多少人是聘用制或购买社会服务的?如何判断法官的"责任意识"加强了,职业尊荣感提升了?"人民群众满意度提升"的判断标准又是什么?这些感性认知,必须通过数据和实例来描述与论证。

至于人均结案率提升的原因和标准，也值得进一步推敲。改革后人均结案率大幅攀升，意味着改革前法官们都在消极怠工，还是改革后辅助人员迅速增补到位？当时，许多试点法院的未入额法官仍在一线办案，人均结案率有没有将未入额法官计入办案人员基数，还是把他们的办案量都算到入额法官办案量上？都需要科学解释。此外，不同审级法院受理的案件类型不同，繁简程度也有差异，单纯用当庭裁判率、一审服判息诉率、二审瑕疵改判发回率来描述改革成果，内部认可度并不高。

其实，哪些数据适合用来展现、描述改革成效，只要结合审判实际设置，其实并不复杂。例如，关于审判资源优化配置的判断数据可以包括：一线办案人员在在编人员中的比例、在队伍总数中的比例；改革前后法官人数和分布、辅助人员人数和分布，以及二者的配比情况；院庭长直接办案情况（可以对参与办案的方式、办理案件的类型进行更为细致的分析）；未入额法官转岗、安置和分流情况。上述概括未必全面，但大致能勾勒出改革成效的轮廓。

至于人民群众对改革的"获得感"，应分解成若干指标，从当事人及其代理人角度评判，例如：司法便民措施是否到位、诉讼服务中心功能是否齐全、审判流程能否公开查询、诉前调解是否违背当事人意愿、庭审排期等待时间是否合理、法官是否回应律师的合理诉求、结案效率是否提升、裁判文书说理是否强化、适用法律是否统一、胜诉利益是否尽快兑现……通过大数据的汇总和分析，应当能得出客观、公允的结论。相反，靠在立案大厅、街坊邻里发问卷的所谓"满意度调查"，早已远远落后于时代。而由法院"自说自话"，评价改革给人民群众提升多少"获得感"和"满意度"，社会公信力显然也不会高。

第四讲 | 政法体制中的人民法院

> 我们要坚持党的领导,不能放弃这一条,但是党要善于领导。
>
> ——邓小平

> 司法工作者,若不懂政治,有法也必不会司。
>
> ——谢觉哉

中国共产党的领导是中国特色社会主义最本质的特征,也是社会主义法治的制度底色。党与政、党与法的关系,是政治和法治关系的集中反映。新中国成立以来,经过不断探索和实践,坚持党的领导、人民当家作主、依法治国有机统一,逐步成为社会主义法治建设的基本经验。这一经验体现在司法制度领域,就是政法体制和党管政法原则。中国共产党作为执政党,通过领导立法、制定政策、设立组织、推荐干部,将执政理念和意图全面落实到司法各个领域和环节,并领导其他机关和社会组织共同支持司法工作。本讲以习近平法治思想为指引,着重从历史、制度和实践运行层面,阐述人民法院如何深度嵌入政法体制,在中国共产党的领导下依法独立行使审判权,实现"党"与"政"的紧密结合、"政"与"法"的有效协同。

一、新中国政法体制的形成与发展

政务院政治法律委员会及其分党组干事会

1949 年 9 月 29 日，中国人民政治协商会议第一届全体会议通过《中华人民共和国中央人民政府组织法》(以下简称《中央人民政府组织法》)，明确中央人民政府委员会组织政务院，作为国家政务的最高执行机关。政务院在成立之初，下设 34 个委、部、会、院、署、行，并分为两级。其中，地位较高的为政治法律委员会、财政经济委员会、文化教育委员会和人民监察委员会。"每个委员会相当于政务院的一个分院。"[1]这一时期的"政务院政治法律委员会"虽被简称为"政法委"，但与后来的党委政法委有本质上的不同。前者属于政务院系统，后者则是党委领导和管理政法工作的职能部门。

按照主持《中央人民政府组织法》起草工作[2]的董必武所作说明，政务院下属机构有 30 个"专管行政部门"，"如果每周开一次政务会议，一个部门的工作，每月无法轮到讨论一次。"为便于"联合和指导与其工作有关的各部门工作"，所以将政法、财经、文教委员会列一级。各部工作受双重领导，"一方面受政务院的领导，另一方面又受其所隶属的指导委员会的领导"。[3]

1949 年 10 月 19 日，中央人民政府委员会第三次会议任命董必武为政务院副总理、政治法律委员会主任，陈云为政务院副总理、财政经济委员会主任，郭沫若为政务院副总理、文化教育委员会主任。三个

---

〔1〕 《周恩来教育文选》，教育科学出版社 1984 年版，第 71 页。

〔2〕 《中央人民政府组织法》的起草工作由新的政治协商会议筹备会第四小组负责，董必武为组长，黄炎培为副组长，小组推选张志让等 7 人先准备了一个讨论提纲，经小组讨论形成一致意见后，由董必武、张奚若、阎宝航、王昆仑、张志让 5 人负责起草初步草案。雷洁琼：《追忆六十年前的今天：1949 年 9 月 26 日》，载《人民日报》2009 年 9 月 26 日。

〔3〕 《中华人民共和国中央人民政府组织法的草拟经过及其基本内容》(1949 年 9 月 22 日)，载《董必武法学文集》，法律出版社 2001 年版，第 22 页。

委员会的主任皆由政务院副总理兼任，以示地位高于归其指导的部、会、院、署、行。会议同时任命了政治法律委员会的四位副主任，分别是彭真（中共北京市委书记）、张奚若（教授，中央人民政府委员）、陈绍禹（法制委员会主任委员）、彭泽民（中国农工民主党中央监察委员会主席），秘书长为陶希晋（政务院副秘书长）。

10月21日，董必武主持召开政务院政治法律委员会（以下简称"政务院政法委"）第一次委员会。政务院政法委共47名委员，[1]当天有40位到场。董必武在致词中，说明政法委隶属于政务院，任务是指导内务部、公安部、司法部、法制委员会、民族事务委员会的工作，并受毛泽东主席和周恩来总理的委托，**"指导与联系"**最高人民法院、最高人民检察署和人民监察委员会。[2] 会议推选陈绍禹、陶希晋、张奚若、谢觉哉、罗瑞卿、刘格平、史良、沈钧儒、蓝公武、许宝驹、郭春涛11人负责起草政法委组织及工作条例，以陈绍禹为召集人。[3]

之后形成的政务院政法委第一次会议纪要阐明：（1）政务院政法委是工作机构，而非立法机构，因为立法权在中央人民政府委员会；（2）政法委既是指导机构，又是议事和执行机构；（3）政法委在性质上等于政务院专管政府部门的组织，由政务院决定的政法事项，要先由

---

〔1〕 除主任、副主任、秘书长外，委员包括沈钧儒（最高人民法院院长）、罗荣桓（最高人民检察署检察长）、吴溉之（最高人民法院副院长）、张志让（最高人民法院副院长）、李六如（最高人民检察署副检察长）、蓝公武（最高人民检察署副检察长）、谢觉哉（内务部部长）、武新宇（内务部副部长）、陈其瑗（内务部副部长）、罗瑞卿（公安部部长）、杨奇清（公安部副部长）、史良（司法部部长）、李木庵（司法部副部长）、张曙时（法制委副主任委员）、许德珩（法制委副主任委员）、陈瑾昆（法制委副主任委员）、李维汉（民委主任委员）、乌兰夫（民委副主任委员）、刘格平（民委副主任委员）、赛福鼎（民委副主任委员）、吴玉章（中央人民政府委员）、邓颖超（全国妇联副主席）、廖承志（全国青联主席）、谢雪红（台盟主席）、张文（民革中常委）、王葆真（民革中常委）、李任仁（民革中执委）、周鲸文（民盟中委）、刘王立明（民盟中委）、叶笃义（民盟中委）、郭冠杰（农工党中执委）、郭则沉（农工党中执委）、黄琪翔（农工党）、陈铭枢（三民主义同志联合会中常委）、郭春涛（三民主义同志联合会中常委）、许宝驹（三民主义同志联合会中常委）、陈演生（致公党中常委）、易礼容（全国总工会常委）、李秀真（农民劳动英雄）、邓初民（教授）、吴耀宗（基督教青年会全国协会编辑部主任）、周善培（实业界）、颜惠庆（慈善界）、林仲易（律师）、章士钊（律师）、江庸（律师）。

〔2〕《董必武年谱》编纂组编：《董必武年谱》，中央文献出版社2007年版，第348页。

〔3〕《彭真传》编写组编：《彭真年谱》（第2卷），中央文献出版社2012年版，第70页。

政法委审查。[1]

　　中央层面的"指导和联系"关系明确后，各大区、省（自治区、直辖市）、地区（市）人民政府内部，也开始对应设置政治法律委员会。1951年3月11日，彭真提出，"为保证各项工作任务的完成，应在省级以上人民政府逐步建立政治法律委员会（专署、县人民政府有必要又有条件时可在适当首长主持下设立政法联合办公室），负责指导与联系民政、公安、司法、检署、法院、监委等机关的工作，并处理相互间的组织与工作关系。"[2]1951年5月31日，政务院、最高人民法院、最高人民检察署联合印发《关于省以下政府建立政法委员会的指示》。到1952年，全国省级以上人民政府都建立了政法委，尽管并未要求政法委必须是"很大的机构"，[3]甚至没有硬性要求县一级设立，[4]但各专署、县人民政府实际上也普遍设立了政法联合办公室。

　　对于何谓"指导和联系"关系，董必武后来又作了进一步说明：

　　政法委员会是指导各个政法部门工作的机构。我们在大行政区和省设立政法委员会，就是为了帮助总的领导上解决政法部门的具体领导问题。政法委员会的任务，就是帮助行政首长解决政法部门的具体问题，它和政法部门是"指导与联系"的关系。对这几个字的解释是：**当指导者指导之，当联系者联系之。**这样做，从政府组织法上讲，从实际工作上讲，都不受影响，并不因此影响各政法部门在政府中的地位，也不影响各部门的独立业务，相反会因政法委员会的指导与帮

[1]　林中梁：《各级党委政法委的职能及宏观政法工作》，中国长安出版社2004年版，第65—66页。

[2]　《关于政法工作的情况和目前任务》（1951年5月11日），载彭真：《论新中国的政法工作》，中央文献出版社1992年版，第28页。这是彭真在政务院第八十四次政务会议上的报告。报告经同次会议批准，于1951年5月21日以政务院命令形式公布。

[3]　《逐步建立和充实政权机构》（1951年11月4日），载《董必武政治法律文集》，法律出版社1986年版，第200页。

[4]　时任政务院政法委主任董必武1954年1月曾表示，经请示周恩来总理，县一级可以不设立政法联合办公室。参见《关于〈一九五四年政法工作的主要任务〉的说明》（1954年1月14日），载《董必武政治法律文集》，法律出版社1986年版，第301—302页。

助,而更加强各政法部门的业务。因为现在除公安、民政部门稍有基础外,其他政法部门基础都很差,因此工作上还必须更多采取通力合作、机动用人的办法,否则工作就更无法开展。至于政法委员会本身,除了"指导与联系"政法各部门外,就没有什么别的工作,在各部门的工作逐步建立与加强之后,政法委员会本身即将逐渐被否定。[1]

从上述说明和解读情况看,政务院政法委是中央人民政府设置的主管政治法律工作的综合职能部门,而非直属于中共中央的工作部门。尽管政务院政法委有时也被简称为"中央政法委员会",但这里的"中央"是相对于地方而言的,是"中央人民政府"的简称,并非"中共中央"。对于法院、检察院工作,各级政府政法委只有指导和联系之权,并无领导职能,其指示也不得抵触政法各部门上级机关的业务方针政策。甚至在时任政务院政法委主任董必武看来,法院、检察院工作全面加强之后,政法委是否应长期存在,都值得进一步研究。

事实上,《中国人民政治协商会议共同纲领》与《中央人民政府组织法》确立的中央人民政府,是由中国共产党、各民主党派和无党派民主人士共同组成的民主联合政府。[2] 政务院政法委的 47 名委员中,有中共党员 17 位、民主党派或无党派人士 30 位,此外,最高人民法院院长沈钧儒、副院长张志让、最高人民检察署副检察长蓝公武、司法部部长史良也都是党外民主人士。

考虑到中央人民政府的民主联合政府性质,中共中央并未直接对中央人民政府各部门发号施令。但是,如何实现党对参加政府工作的党员干部的日常管理,并使党的路线、方针和政策通过各级政府系统全面贯彻执行,已成为建政之初迫切需要解决的问题。按照董必武当

---

〔1〕《关于改革司法机关及政法干部补充、训练诸问题》(1952 年 6 月 24 日),载《董必武法学文集》,法律出版社 2001 年版,第 127 页。

〔2〕 政务院 4 名副总理有 2 位党外人士,15 名政务委员中有 9 位党外人士,30 个部、会、院、署、行的正职负责人中,党外人士有 13 位。63 位部、会、院、署、行副职中,党外人士有 29 位,占 46%。参见中共中央文献研究室编:《中华人民共和国开国文选》,中央文献出版社 1999 年版,第 403—427 页。

时的设想：

党对国家政权的正确关系应该是：一、对政权机关工作的性质和方向应给予确定的指示；二、通过政权机关及其工作部门实施党的政策，并对它们的活动实施监督；三、挑选和提拔忠诚而有能力的干部（党与非党的）到政权机关去工作。[1]

1949 年 11 月 2 日，中共中央政治局会议决定在最高人民法院和最高人民检察署设**联合党组**，罗荣桓为书记。会议还决定周恩来为政务院党组书记，董必武、陈云为第一、第二副书记。[2] 11 月 9 日，中共中央作出《关于在中央人民政府内组织中国共产党党委会的决定》《关于在中央人民政府内建立中国共产党党组的决定》，要求"政务院成立党组。最高人民法院及最高人民检察署成立联合党组。党组设书记一人，必要时设副书记一人至三人。党员人数超过十人以上者，得设干事会，担任经常工作。在干事会以下，按人数及工作性质，划分小组"。同时明确，"上述之政务院党组，与最高人民法院及最高人民检察署联合党组之间，无领导关系，均分别直属于中央政治局领导。凡党中央一切有关政府工作的决定，必须保证执行，不得违反。"[3]

1950 年 1 月 9 日，周恩来主持召开政务院党组全体会议，宣布成立政务院党组干事会，在政务院政法委等 4 个委员会分别设立分党组。周恩来指出："政务院党组有三层组织，即政务院党组干事会、各委分党组干事会和各部党组小组"，党组各级组织的任务是"把党中央的路线、方针和政策贯彻下去，不仅使每个党员都了解，还应对党外人士进行说服和教育，要遇事与人商量，团结别人共同做事。在重大原

---

〔1〕 《论加强人民代表会议的工作》（1951 年 9 月 23 日），载《董必武法学文集》，法律出版社 2001 年版，第 110 页。

〔2〕 会议同时决定，中央人民政府委员会、全国政协委员会、人民革命军事委员会中负责的共产党员，直接受中央政治局领导，不另设党组。《彭真传》编写组编：《彭真年谱》（第 2 卷），中央文献出版社 2012 年版，第 73 页。

〔3〕 中共中央党史研究室：《中国共产党历史》（第 2 卷），中共党史出版社 2011 年版，第 108 页。

则问题上，党组的意见必须一致"。[1] 会上，周恩来宣布董必武为政务院政法委分党组书记，彭真、陶希晋、谢觉哉、罗瑞卿、陈绍禹、李木庵、张曙时、乌兰夫为干事。[2] 按照隶属关系，政务院政法委分党组干事会须将所联系与指导的司法机关业务情况报政务院党组干事会，并根据后者的指示推进工作。与此同时，政务院政法委分党组干事会虽对"两高"联合党组没有领导之权，但"两高"工作实际上也是由政务院政法委分党组书记代为联系，并未直接向中央政治局报告。这也间接导致政法领域一些重大政策与事项不能及时被中央了解和掌握。[3]

1950 年 9 月 13 日，针对政法系统各部门请示报告机制不畅问题，毛泽东主席要求"作一总检查，并加督促"。[4] 9 月 17 日，政务院政法委分党组召开第七次干事会，会议决定，"今后凡有全国性的重大问题，均应及时专题呈报毛主席、党中央和党组，并尽可能向主席和中央各负责同志作口头报告"，同时决定把报告制度作为"政法各部门整风之一项"。[5] 1952 年 8 月，根据周恩来的提议，政务院党组干事会更名为中央人民政府党组干事会，成员由 11 人扩展至 26 人，直属中央政治局及书记处领导。[6] 这一时期，政务院多次发文强调各部门必

---

〔1〕 中共中央文献研究室编：《周恩来年谱（1949—1976）》（上卷），中央文献出版社 1998 年版，第 21 页。

〔2〕 《董必武年谱》，中央文献出版社 2007 年版，第 360 页。

〔3〕 侯猛：《当代中国政法体制的形成及意义》，载《法学研究》2016 年第 6 期。

〔4〕 相关批语是直接写给周恩来总理的："政法系统各部门，除李维汉管的民族事务委员会与中央有接触外，其余各部门，一年之久，干了些什么事，推行的是些什么政策，谁也不知道，是何原因，请查询。以上情况，请作一总检查，并加督促。"《关于检查督促政府各部门向中央报告工作的批语》（1950 年 9 月 30 日），载《建国以来毛泽东文稿》（第 1 册），中央文献出版社 1987 年版，第 513 页。《董必武年谱》编纂组编：《董必武年谱》，中央文献出版社 2007 年版，第 379 页。

〔5〕 会议提出："我们过去以为负担政府部门的工作报告政务院，党内由分党组报告政务院党组就够了，不知道党组是保证党的政策实行，决定政策是党的中央。党员在政府中做负责工作，不仅应向政府和政府的党组作报告，并应向主席和中央报告，以致造成错误"。参见《彭真传》编写组编：《彭真年谱》（第 2 卷），中央文献出版社 2012 年版，第 134—135 页。

〔6〕 王立峰：《政府中的政党：中国共产党与政府关系研究》，中国法制出版社 2013 年版，第 143 页。

须严格执行定期报告制度,并重新规定了报告办法。[1]

尽管调整了名称和规模,但政府各部门党组工作仍需经中央人民政府党组干事会方能报中央,体制上并无实质变化。1952 年 12 月,毛泽东主席再次强调党中央及各级党委对政府、财经工作、工业建设的领导责任,要求"一切主要的和重要的方针、政策、计划都必须统一由党中央规定"。[2] 为进一步从体制上解决问题,1953 年 3 月 10 日,中共中央印发《关于加强中央人民政府系统各部门向中央请示报告制度及加强中央对于政府工作领导的决定(草案)》,撤销了中央人民政府党组干事会,暂时保留政务院政法委分党组干事会,与其他各部门党组一并"直接受中央领导",为了明确领导责任和分工,决定"政法工作(包括公安、检察和法院工作),由董必武、彭真、罗瑞卿负责"。[3]这也是首次以明确中央领导同志归口领导的形式,建立了党中央对政法工作的直接领导之权。

1953 年 4 月 7 日,中共中央转发了政务院政法委分党组关于加强司法工作的报告,要求"县以上各级党委,应加强对司法工作的领导与检查,并指定一个常委管理司法工作。司法机关负责同志应主动地及时地向党委反映情况,严格遵守请示报告制度,以取得党委的密切领导。党委讨论有关司法工作的问题时,应尽可能吸收司法部门党员负

---

[1] 报告办法是:(1)每月做一次综合报告,应由党组负责人执笔,内容以执行中央政策、业务进行情况为主;(2)重要问题做请示报告或专题报告,专题报告以简短及时为原则,字数不限;(3)专业会议后做简况报告;(4)各业务部门的业务情况按月或按旬统计报告。参见中共中央文献研究室编:《周恩来年谱(1949—1976)》(上卷),中央文献出版社 1998 年版,第 253 页。

[2] 《党对政府工作的领导责任》(1952 年 12 月),载中共中央文献研究室:《毛泽东文集》(第 6 卷),人民出版社 1993 年版,第 1908 页。

[3] 文件要求,"今后政府工作中一切主要的和重要的方针、政策、计划和重大事项,均须事先请示中央,并经过中央讨论和决定或批准以后,始得执行","今后政府各部门的党组工作必须加强,并应直接接受中央的领导。因此,现在的中央人民政府党组干事会已无存在的必要,应即撤销。但根据中央人民政府现在的组织情况,并使同一系统的各个部门便于联系起见,政务院各委的党组组织,暂时仍应存在,直接受中央领导,并分管其所属的各部、会、院、署、行的党组。"参见《中共中央关于加强中央人民政府系统各部门向中央请示报告制度及加强中央对于政府工作领导的决定(草案)》(1953 年 3 月 10 日),载中共中央文献研究室编:《建国以来重要文献选编》(第 4 册),中央文献出版社 1993 年版,第 70 页。

责同志参加"。[1] 4 月 19 日,彭真在主持政法工作座谈会时进一步强调,政法委分党组对中央起助手作用,主要联系指导公安部、内务部、司法部、法制委员会、最高人民法院、最高人民检察署和政法干校工作。[2]

综上,到 1954 年《宪法》颁布前,党对政法工作的领导,主要通过以下形式:**第一,**在最高人民法院、最高人民检察署设立联合党组,公安部、司法部分别设立党组小组。[3] 1954 年之后,"两高"不再设立联合党组。中共中央于 1954 年 10 月设立最高人民法院党组,1955 年 1 月设立最高人民检察院党组。[4] 地方各政法机关有的设立党组,有的则是在地方人民政府党组下成立政法分党组,加强对政法机关的政治领导。[5] **第二,**逐步实现归口领导。在中央层面指定董必武、彭真、罗瑞卿等中央领导同志负责政法工作。在地方明确公安、检察、法院工作由党委归口领导,由一名党委常委具体负责政法工作。**第三,**在中央层面成立政务院政法委分党组干事会,在地方层面成立政法委分党组或党委领导的政法联合办公室。

1954 年《宪法》颁布后,中央人民政府被定位为国务院,各级人民法院改对本级人民代表大会负责并报告工作,不宜再由国务院内设的委员会对口指导。1954 年 10 月 26 日,国务院政法委分党组干事会向所属各部委党组发出通知:自 10 月 25 日起,政法委分党组宣告结束,停止工作。今后内务部、公安部、司法部的工作直接向罗瑞卿请示报

---

〔1〕《加强司法工作》(1953 年 3 月 14 日),载彭真:《论新中国的政法工作》,中央文献出版社 1992 年版,第 77 页。

〔2〕 林中梁编著:《各级党委政法委的职能及宏观政法工作》,中国长安出版社 2004 年版,第 66 页。

〔3〕 因时任最高人民法院院长沈钧儒为民主人士,所以由时任副院长、中共党员吴溉之任最高人民法院党组小组负责人。1953 年 7 月,吴溉之因病休养,政务院政法委分党组干事会第二十九次会议决定最高人民法院党组小组和司法部党组小组组成临时联合党组小组,由时任司法部副部长、党组小组负责人魏文伯领导。参见《彭真传》编写组:《彭真年谱》(第 2 卷),中央文献出版社 2012 年版,第 382 页。

〔4〕 中共中央组织部等编:《中国共产党组织史资料》(第 5 卷),中共党史出版社 2000 年版,第 83 页。

〔5〕 钟金燕:《政法委制度研究》,中央编译出版社 2016 年版,第 82 页。

告。最高人民法院、最高人民检察院的工作，直接向全国人大常委会请示报告。

11 月 1 日，国务院政法委正式撤销，成立国务院第一办公室（又称"政法办公室"），主任为罗瑞卿，副主任为吴德峰、朱其文，下设内务、司法、监察、秘书室四个单位。在工作职能上，国务院政法办公室名义上分管政法事务，但对"两高"工作不再有联系、指导之权。1960年 12 月，国务院决定撤销政法办公室。1963 年 4 月 17 日，中央决定设立国务院内务办公室，统一管理公安部、内务部、民族事务委员会和宗教事务局四个单位的政策性问题和重要事务。

中共中央法律委员会与政法小组

为加强党对政法工作的领导，1952 年 7 月，中共中央曾考虑参照中央组织部、中央宣传部的设置模式，设立中央政法工作部，[1] 但后来因故搁置，只在天津、辽宁、山东等地部分省委、市委设立了地方政法工作部。[2] 国务院政法委于 1954 年 11 月撤销后，中央层面缺乏直接联系法院、检察院工作的机构。1955 年 12 月 7 日，时任最高人民法院院长董必武致信中共中央副主席刘少奇并报毛泽东主席，提出："目前政法机关的设置，各部门党组分别直属党中央，政法各部门缺少一个统一的协调组织。因此，建议在党中央设立一个法律委员会或法律工作组，协助中共中央加强对国家机关中政治法律工作部门的协调和统一领导。"[3]

---

〔1〕《关于加强党中央办事机构问题》（1952 年 7 月 15 日、18 日），载中共中央文献研究室、中央档案馆编：《建国以来刘少奇文稿》（第 4 册），中央文献出版社 2005 年版，第 333-337 页。

〔2〕 1955 年 10 月，《中共中央批转中央组织部 1955 年 8 月 1 日的工作报告》中提出："中央及省委和大城市的市委在可能时，应设立政法工作部（原文注：中共中央没有设立政法工作部）。……其主要任务是：（一）管理干部；（二）检查党的决议、政策的执行情况；（三）管理党的基层组织的工作；（四）指导有关部门政治机关的工作。"参见中共中央组织部等编：《中国共产党组织史资料》（第 9 卷），中共党史出版社 2000 年版，第 341 页。

〔3〕《董必武年谱》编纂组编：《董必武年谱》，中央文献出版社 2007 年版，第 458 页。

在董必武的倡议下，经中共中央批准，中共中央法律委员会于1956年7月6日成立，并召开第一次会议。会议由主任委员彭真主持，董必武（最高人民法院院长）、张鼎丞（最高人民检察院检察长）、罗瑞卿（公安部部长）、陈养山（司法部副部长）出席，高克林（最高人民法院党组副书记、副院长）列席。会议确定法律委员会的主要任务是："办理中央交办的工作，研究法律工作的方针政策和各部门的分工制约等问题，不受理具体案件。"[1]各有关部门的党组直接对中央负责，向中央请示报告。10月15日，中共中央政治局批准中央书记处成员分工，彭真协助邓小平负总责，并负责联系政法、统战和港澳部门的工作。中共中央法律委员会的成立，被认为是"在组织上解决了国家机关中政法部门的统筹和协调问题"，[2]尽管存在时间并不长，但有效协调解决了"两高"和公安部之间在法律适用和实践做法中的一些分歧。[3]

1958年6月10日，中共中央印发《关于财政、政法、外事、科学、文教小组的通知》，决定成立中央政法小组，"这些小组是党中央的，直隶中央政治局和书记处，向它们直接做报告。大政方针在政治局，具体部署在书记处。"[4]小组由彭真、董必武、乌兰夫、罗瑞卿、张鼎丞组成，彭真任组长，10月10日改由罗瑞卿任组长。

在中央层面，"一府两院"的政法事务统筹由中央政法小组协调，后者直接隶属于中央政治局、中央书记处。到1960年，绝大多数省份都在省级层面建立了省委政法部或政法领导小组。1960年之后，受各

〔1〕《彭真传》编写组编：《彭真年谱》（第3卷），中央文献出版社2012年版，第158页。

〔2〕《董必武传》（下册），中央文献出版社 2006 版，第915—916页。

〔3〕刘忠：《"党管政法"思想的组织史生成（1949—1958）》，载《法学家》2013年第2期。

〔4〕《对中央决定成立财经、政法、外事、科学、文教各小组的通知稿的批语和修改》（1958年6月8日），载《建国以来毛泽东文稿》（第7册），中央文献出版社1992年版，第268—269页。

种政治因素影响,中央政法小组组长和成员又经历多次调整。[1] "文化大革命"开始后,政法机关受到严重破坏,各级党委中主管政法工作的机构亦不复存在。1972年3月,时任中央政法小组组长谢富治病故后,小组正式停摆。

1978年6月20日,中共中央批准恢复成立中央政法小组,协助中央处理最高人民法院、最高人民检察院、公安部、民政部四个部门的部分政策方针问题。由于"文化大革命"刚刚结束,这时的中央政法小组侧重"研究工作中带有方针、政策性的重要问题",更具参谋助手色彩,而非领导机构。[2] 1980年1月24日,中央政法委员会成立后,中央政法小组随即撤销。

党委政法委的创建与发展

1980年1月24日,中共中央印发《关于成立中央政法委的通知》(中发〔1980〕5号),决定设立中央政法委员会,由彭真任书记。中央政法委员会在中央领导下,研究处理全国政法工作的重大问题,向中央提出建议;协助中央处理各地有关政法工作的请示报告;协调政法各部门的工作,对政法各部门共同的有关全局的问题,根据中央的方针、政策、指示,统一认识,统一部署,统一行动;调查研究贯彻执行中央方针政策和国家法律法令的情况;调查研究政法队伍的组织情况和思想情况;办理中央交办的其他工作。[3]

1980年2月6日,彭真主持召开中央政法委第一次会议。会议强

---

〔1〕 中央政法小组历任组长依次为:彭真(1958年6月—10月)、罗瑞卿(1958年10月—1960年12月)、谢富治(1960年12月—1966年5月)。1960年12月14日调整确定的小组成员为:谢富治、张鼎丞、谢觉哉、徐子荣、吴德峰、武新宇、梁国斌。1965年1月19日调整确定的小组成员为:谢富治、张鼎丞、杨秀峰、曾山、徐子荣、张苏、吴德峰、刘春、武新宇、王维纲、肖贤法。1965年2月增加严佑民、甘重斗为小组成员。参见林中梁编著:《各级党委政法委的职能及宏观政法工作》,中国长安出版社2004年版,第69页。

〔2〕 俞敏声主编:《中国法制化的历史进程》,贵州人民出版社1997年版,第232页。

〔3〕 林中梁编著:《各级党委政法委的职能及宏观政法工作》,中国长安出版社2004年版,第71页。

调"政法各部门党组要直接向中央请示报告"。同时明确中央政法委的任务，一是"给中央当参谋，调查研究，提出意见，提出工作计划"；二是"做组织工作"；三是"给中央做秘书工作，承办中央交办的事情"。也即"当参谋（不是当司令员、政委），组织干事和秘书"。办事机构"不要太大，很小了也不成，成立秘书、理论、调查研究三个组"。[1]

　　在地方层面，各级党委政法委也有序建立。中共中央 1982 年 1 月 13 日印发的《关于加强政法工作的指示》进一步重申，"各级党委的政法委员会是党委的一个工作部门"，职能体现在"联系、指导政法各部门的工作；协助党委和组长部门考察和管理干部；组织和开展政策、法律和理论的研究工作；组织党内联合办公，妥善重大疑难案件；组织和推动各方面落实综合治理的措施"。[2] 各级党委政法委已实际承担起组织协调政法各部门工作的职能。

　　党的十三大之后，在探索党政分开的政治体制改革背景下，1988 年 5 月 19 日，中共中央发出《关于成立中央政法领导小组的通知》，决定撤销中央政法委员会，成立中央政法领导小组。中央政法领导小组的职能是指导和协调政法方面的工作，一般不开政法工作会议，不发文件。[3] 不过，绝大多数省级以下党委政法委并未随之撤销。同时，中央层面也强调，"政法工作不但不能有丝毫削弱，而且必须大大加

─────────

〔1〕《在中央政法委员会第一次会议上的讲话纪要》（1980 年 2 月 6 日），载彭真：《论新中国的政法工作》，中央文献出版社 1992 年版，第 216—218 页。

〔2〕《中共中央关于加强政法工作的指示》（1982 年 1 月 13 日），载中共中央文献研究室编：《三中全会以来重要文献选编》（下册），人民出版社 1982 年版，第 1104 页。

〔3〕关于撤销中央政法委的原因，时任中央政法委研究室主任林中梁的解释是：1988 年前后，国家正探索政治体制改革，以利克服以党代政、以言代法等问题。当时，有人反映，县级党委政法委存在越俎代庖现象，超越职责范围代替政法部门行使职权。因此，一些人提出取消县级党委政法委。后来许多人，包括某些中央政法部门的负责同志，也认为按照党政分开的原则，各级党委政法委都应当撤销。参见林中梁编著：《各级党委政法委的职能及宏观政法工作》，中国长安出版社 2004 年版，第 72—73 页。当时的中央政法小组领导同志也提出，这么做是考虑到"凡是政法部门职责范围内的事，都由政法各部门依法去办，从而使党真正从具体领导管理状况中摆脱出来，集中力量加强对政法工作的政治思想领导和方针政策领导，使政法工作更好地为建立社会主义商品经济新秩序作出贡献，保障改革开放和社会主义现代化建设的顺利进行"。《加强和改善党对政法工作的领导》（1989 年 1 月 19 日），载《乔石谈民主与法制》（上册），人民出版社、中国长安出版社 2012 年版，第 173—179 页。

强","既不能以党代政,又不能截然分家,重大的问题党委还得讨论"。[1] 党委"在法律范围内对政法部门的执法工作进行政策性的指导和协调","原则上不要去直接干预政法部门办理的具体案件","各级政法部门则必须自觉地接受和争取党委领导,要经常主动地向党委请示报告工作,重大问题也要及时请示报告,决不能借口党政分开、依法办事而脱离党的领导,自行其是"。[2]

1990 年 3 月 6 日,中共中央决定撤销中央政法领导小组,恢复设立中央政法委员会,由乔石任书记。4 月 2 日,中共中央印发《关于维护社会稳定加强政法工作的通知》,明确政法委恢复后,"主要对政法工作进行宏观指导和协调,当好党委的参谋和助手,其主要办事机构主要做调查研究工作,不要过于具体干预各部门的业务,使各级政府切实担负起对所属的公安、安全、司法部门业务工作的领导责任,以保证法院、检察院依法独立行使审判权、检察权,充分发挥政法各部门的职能作用。"[3] 为了加强党对社会治安综合治理工作的领导,中央政法委增加了"指导社会治安综合治理"的任务,"对极个别重大影响的、政策性特别强的或者有重大争议的疑难案件,协调有关部门的意见,具体办案由各部门依法各司其职"。文件同时明确各地党委政法领导机构的名称统一为政法委员会,并加强必要的建设,其职责任务可以由各省、自治区、直辖市党委参照中央政法委的职责任务确定。[4] 按照上述通知,各级党委政法委的建设普遍得到加强,机构名称、职责任务、人员编制、机构设置也更为规范。

1994 年至 1999 年,中共中央办公厅又先后印发一系列文件,明确"中央政法委员会是党中央领导政法工作的**职能部门**,从宏观上**组织**

〔1〕《关于做好政法工作的若干问题》(1988 年 5 月),载《乔石谈民主与法制》(上册),人民出版社、中国长安出版社 2012 年版,第 151—154 页。

〔2〕《加强和改善党对政法工作的领导》(1989 年 1 月 19 日),载《乔石谈民主与法制》(上册),人民出版社、中国长安出版社 2012 年版,第 173—179 页。

〔3〕《加强社会主义民主和法制 维护社会稳定》(1990 年 2 月 28 日),载《乔石谈民主与法制》(上册),人民出版社、中国长安出版社 2012 年版,第 193—194 页。

〔4〕《中共中央关于维护社会稳定加强政法工作的通知》(1990 年 4 月 2 日),载中共中央文献研究室编:《十三大以来重要文献选编》(中册),人民出版社 1992 年版,第 1006 页。

领导中央政法各部门的工作","各级党委政法委员会是党领导政法工作的**职能部门**,担负着十分重要的职责","应当承担起从宏观上统一组织领导政法工作的责任,重大问题报党委决策。这是加强党的领导,提高政法部门整体效能的客观需要。"[1]

　　总体而言,从新中国成立到21世纪初,党管政法的组织架构逐步成型。从最初归属于政府的政治法律委员会,到后来隶属于党中央的法律委员会和政法小组,再到后来的中央政法委和各级党委政法委。政法委员会的职能从"联系与指导"发展为"组织领导"政法部门的工作,从各级党委"参谋助手"性质的"工作部门"转换为"职能部门",逐步有了自己的办事机构。各级党委政法委的运作逻辑也逐渐清晰规范:组织上受同级党委领导;重大问题报党委决策;发挥宏观上统一组织领导政法工作职能;协调政法各部门关系,但不干预政法各部门具体业务。[2] 党委政法委制度日益成为中国特色社会主义政法体制的重要组成部分。

二、"党管政法"与政法工作条例

新时代政法体制的成熟定型

　　进入21世纪,党委政法委制度进入稳步发展时期,但政法委的个案协调职能逐渐受到质疑,政法委制度的合法性、正当性一度成为理

---

〔1〕　这些文件分别是中共中央办公厅1994年3月12日印发的《中共中央政法委员会机关职能配置、内设机构和人员编制方案》、1995年6月7日转发的《中共中央政法委员会关于加强各级党委政法委员会工作的通知》、中共中央1997年5月12日批准印发的《中共中央政法委员会工作制度》、中共中央1999年4月15日印发的《关于进一步加强政法干部队伍建设的决定》。

〔2〕　周尚君:《党管政法:党与政法关系的演进》,载《法学研究》2017年第1期。

论界讨论的话题。[1] 这一时期,中共中央先后印发《关于加强和改进党对政法工作领导的意见》(2005 年)、《关于进一步加强人民法院、人民检察院工作的决定》(2006 年),明确"各级党委政法委是党领导、管理政法工作的职能部门和重要组织形式",但未详细阐明各级党委政法委与政法各部门之间的关系,尤其是在具体个案办理中的关系。

2014 年 1 月 7 日,原"全国政法工作会议"改称"中央政法工作会议",并召开首次会议。习近平总书记在这次会议的讲话中指出:

> 党委政法委是党委领导和管理政法工作的职能部门,是实现党对政法工作领导的重要组织形式。一些人把矛头对准党委政法委,要求取消党委政法委,就是想取消党对政法工作领导的制度。党委政法委要明确职能定位,善于议大事、抓大事、谋全局,把握政治方向、协调各方职能、统筹政法工作、建设政法队伍、督促依法办事、创造执法环境,保障党的路线方针政策贯彻落实,保障宪法法律统一正确实施,推动依法治国基本方略落实,推动法治中国建设。党委政法委要带头在宪法法律范围内活动,善于运用法治思维和法治方式领导政法工作,在推进国家治理体系和治理能力现代化中发挥重要作用。[2]

2014 年 10 月 23 日,党的十八届四中全会通过的《中共中央关于全面推进依法治国若干重大问题的决定》,正式明确了党委政法委的职能定位和领导方式:

> 政法委员会是党委领导政法工作的组织形式,必须长期坚持。各级党委政法委员会要把工作着力点放在把握政治方向、协调各方职

〔1〕 吴英姿:《党政与司法关系的规范化》,载《江苏警官学院学报》2005 年第 1 期;周永坤:《论党委政法委员会之改革》,载《法学》2012 年第 5 期;严励:《地方政法委"冤案协调会"的潜规则应该予以废除》,载《法学》2010 年第 6 期;陈永生:《冤案的成因与制度防范——以赵作海案件为样本的分析》,载《政法论坛》2011 年第 6 期。

〔2〕 《党的领导和社会主义法治是一致的》(2014 年 1 月 7 日),载习近平:《论坚持全面依法治国》,中央文献出版社 2020 年版,第 44 页。

能、统筹政法工作、建设政法队伍、督促依法履职、创造公正司法环境上，带头依法办事，保障宪法法律正确统一实施。

2018 年 3 月，中共中央印发《深化党和国家机构改革方案》，决定以推进党和国家机构职能优化协同高效为着力点，改革机构设置，优化职能配置，深化转职能、转方式、转作风，提高效率效能，积极构建系统完备、科学规范、运行高效的党和国家机构职能体系。其中，涉及政法领域的机构改革内容主要包括：**第一**，组建中央全面依法治国委员会，办公室设在司法部。**第二**，配合国家监察体制改革，将检察机关查处贪污贿赂、失职渎职以及预防职务犯罪等职责交由新组建的各级监察委员会行使。**第三**，不再设立中央社会治安综合治理委员会及其办公室，有关职责交由中央政法委员会承担。**第四**，不再设立中央维护稳定工作领导小组及其办公室，有关职责交由中央政法委员会承担。**第五**，将中央防范和处理邪教问题领导小组及其办公室职责划归中央政法委员会、公安部。**第六**，将司法部和国务院法制办公室的职责整合，重新组建司法部，作为国务院组成部门，不再保留国务院法制办公室。**第七**，组建国家移民管理局，加挂中华人民共和国出入境管理局牌子，由公安部管理。**第八**，按照"军是军、警是警、民是民"原则，将列武警部队序列、国务院部门领导管理的现役力量全部退出武警，将国家海洋局领导管理的海警队伍转隶武警部队，将武警部队担负民事属性任务的黄金、森林、水电部队整体移交国家相关职能部门并改编为非现役专业队伍，同时撤收武警部队海关执勤兵力，彻底理顺武警部队领导管理和指挥使用关系。为落实上述改革举措，政法口机构改革、[1]跨军地改革和司法体制综合配套改革开始统筹推进，政法领域全面深化改革至此进入新的阶段。

2019 年 1 月 18 日，中共中央印发《中国共产党政法工作条例》

---

〔1〕　值得注意的是，深化党和国家机构改革启动后，涉及政法领域的机构改革被统称为"政法口"机构改革，频繁出现在政法机关领导人讲话和会议报道中。参见《郭声琨在政法口机构改革推进会上强调：树牢四个意识 强化责任担当 坚决按时高质量完成好各项改革任务》，载《法制日报》2018 年 4 月 4 日。

（以下简称《政法工作条例》）。《政法工作条例》首次以党内基本法规的形式，阐明了党领导政法工作的方针政策，规范了党领导政法工作的体制机制、主要内容、方式方法，明确了党委政法委的职能定位和"上下左右"关系。[1] 根据《政法工作条例》，结合党和国家机构改革后的政法机构职能和《中国共产党重大事项请示报告条例》（2019 年 2 月 28 日）、《中国共产党党组工作条例》（2019 年 4 月 15 日）等其他党内法规，新时代中国特色社会主义政法体制逐步成熟定型。

"党管政法"的"上下左右"关系

所谓**"党管政法"**，是指坚持和加强中国共产党对政法工作的绝对领导，领导政法单位依法履行专政职能、管理职能、服务职能，具体是通过中共中央和县级以上地方党委、党委政法委员会、政法单位党组（党委）领导和组织实现的。**"政法单位"**是党领导下从事政法工作的专门力量，主要包括审判机关、检察机关、公安机关、国家安全机关、司法行政机关等单位。在领导革命和执掌政权的长期实践中，中国共产党把党和国家工作分为军事、组织、宣传、财经、外事、统战、政法、群团等系统或"口"，分别设置相应的党的职能部门，实行归口领导和管理。[2] 审判、检察、公安、国家安全、司法行政等工作属于政法口，由党委政法委归口管理。[3] "党管政法"的具体组织形式，包括以下四个层次：

一是党中央对政法工作实施绝对领导。由中共中央决定政法工

---

〔1〕 于晓虹、杨惠：《党政体制重构视阈下政法工作推进逻辑的再审视——基于〈中国共产党政法工作条例〉的解读》，载《学术月刊》2019 年第 11 期。

〔2〕 "系统"，又称"口"，是指职能相近的党政机构组成的体系。"归口管理"是 20 世纪 50 年代后期，经历了新中国成立初期党政"适度分离"的摸索，党政关系紧密联系后，党通过党内职能部门对国家和社会事务实行有效管理和控制。参见赖静萍：《当代中国领导小组制度变迁与现代国家成长》，江苏人民出版社 2015 年版，第 128—130 页；周望：《中国"小组机制"研究》，天津人民出版社 2010 年版；景跃进等主编：《当代中国政府与政治》，中国人民大学出版社 2016 年版，第 23 页。

〔3〕 黄文艺：《政法范畴的本体论诠释》，载《中国社会科学》2022 年第 2 期。

作的大政方针,决策部署事关政法工作全局和长远发展的重大举措,管理政法工作中央事权和由中央负责的重大事项。

二是地方党委对本地区政法工作的领导。在党中央集中统一领导下,县级以上地方党委负责贯彻落实党中央关于政法工作的大政方针,执行党中央以及上级党组织关于政法工作的决定、决策部署、指示等事项,做到"管方向、管政策、管原则、管干部",研究解决政法工作中的重大问题。

三是各级党委政法委作为党委领导和管理政法工作的职能部门,发挥牵头抓总、统筹协调、督办落实等作用,保证党的路线方针政策和党中央重大决策部署贯彻落实,保证宪法法律正确统一实施。

四是各政法单位党组(党委)对本单位或者本系统政法工作的领导。党组(党委)贯彻党中央关于政法工作的大政方针,执行党中央以及上级党组织关于政法工作的决定、决策部署、指示等事项,履行好"把方向、谋大局、定政策、促改革、抓落实"的职责。

除上述组织层次外,还包括相应的请示、报告、决策、执行、监督和责任机制,确保党对政法工作的领导和管理上下贯通、决策科学、执行有力、权责明确。

实现党对政法工作的绝对领导,既需要各主体履行好各自职责,也需要处理好"上下左右"的关系。这种"上下左右"关系,实际是所谓"条条"与"块块"的关系。[1] 在中国的党政体制语境下,**"条条"**一般指党政部门系统内部的上下级关系,如中央政法委与地方各级党委政法委之间的关系、最高人民法院与地方各级人民法院、专门人民法院之间的关系,而**"块块"**则是同级党政各机关之间的关系,如地方党委与党委政法委之间的关系、党委政法委与同级人民法院党组之间的

---

〔1〕 "条条"与"块块"最早是由毛泽东主席提出的。1956 年 2 月 14 日,毛泽东在听取薄一波汇报国务院第三办公室工作时说:"我去年出了一趟,跟地方同志谈话,他们流露不满,总觉得中央束缚了他们。地方同中央有些矛盾,若干事情不放手让他们管。他们是块块,你们是条条,你们无数条条往下达,而且规格不一,也不通知他们;他们的若干要求,你们也不批准,约束了他们。"参见薄一波:《若干重大决策与事件的回顾》(上册),中共中央党校出版社 1991 年版,第 483 页。

关系。

一是党中央与中央政法委、中央政法各单位党组（党委）的关系。中央政法委员会、中央政法单位党组（党委）都在党中央领导下履行职责、开展工作，对党中央负责，受党中央监督，向党中央和总书记请示报告工作。

二是党委与党委政法委的关系。党委政法委在党委领导下履行职责、开展工作。党委政法委作为党委的参谋助手，调查研究政法领域重大实践和理论问题，提出重大决策部署和改革措施的意见建议，协助党委决策和统筹推进政法改革发展和各项工作。同时，在党委领导下，服从和执行党委决定，协调推动政法各单位执行党委决定，做到对党委负责、受党委监督、向党委请示报告工作。

三是上下级党委政法委之间的关系。上下级党委政法委是指导关系，而非领导关系。中央政法委员会指导地方各级党委政法委员会工作，上级党委政法委员会指导下级党委政法委员会工作。这里的**"指导"**，是指通过召开会议、印发文件、组织培训等多种形式，帮助和督促下级党委政法委提高政治站位、理顺工作关系、落实决策部署、提升素质能力，推动解决实际问题。下级党委政法委在同级党委领导下，自觉接受上级党委政法委指导，贯彻执行上级党委政法委决策部署，主动做好请示报告工作，负责任地提出加强和改进政法工作的意见建议。

四是党委政法委与政法各单位党组（党委）的关系。党委政法委指导、支持、监督政法单位依照宪法和法律独立负责、协调一致地开展工作，做到总揽不包揽、协调不替代。政法单位党组（党委）向同级党委请示报告重大事项和汇报重要工作，一般应当同时抄报同级党委政法委，并主动向党委政法委请示报告有关重要事项。

党委政法委的设置和职能

《政法工作条例》明确，中央和县级以上地方党委设置政法委员会。乡镇（街道）党组织配备政法委员，在乡镇（街道）党组织领导和县级党委政法委员会指导下开展工作,这也意味着"党管政法"进一步向基层延伸。

党委政法委员会有十项主要职责任务:

1. 坚持党对政法工作的绝对领导,执行党的路线方针政策和党中央重大决策部署,推动完善和落实政治轮训和政治督察制度。

2. 贯彻党中央以及上级党组织决定,研究协调政法单位之间、政法单位和有关部门、地方之间有关重大事项,统一政法单位思想和行动。

3. 加强对政法领域重大实践和理论问题调查研究,提出重大决策部署和改革措施的意见和建议,协助党委决策和统筹推进政法改革等各项工作。

4. 了解掌握和分析研判社会稳定形势、政法工作情况动态,创新完善多部门参与的平安建设工作协调机制,协调推动预防、化解影响稳定的社会矛盾和风险,协调应对和妥善处置重大突发事件,协调指导政法单位和相关部门做好反邪教、反暴恐工作。

5. 加强对政法工作的督查,统筹协调社会治安综合治理、维护社会稳定、反邪教、反暴恐等有关国家法律法规和政策的实施工作。

6. 支持和监督政法单位依法行使职权,检查政法单位执行党的路线方针政策、党中央重大决策部署和国家法律法规的情况,指导和协调政法单位密切配合,完善与纪检监察机关工作衔接和协作配合机制,推进严格执法、公正司法。

7. 指导和推动政法单位党的建设和政法队伍建设,协助党委及其组织部门加强政法单位领导班子和干部队伍建设,协助党委和纪检监察机关做好监督检查、审查调查工作,派员列席同级政法单位党组(党委)民主生活会。

8. 落实中央和地方各级国家安全领导机构、全面依法治国领导机构的决策部署,支持配合其办事机构工作;指导政法单位加强国家政治安全战略研究、法治中国建设重大问题研究,提出建议和工作意见,指导和协调政法单位维护政治安全工作和执法司法相关工作。

9. 分析政法舆情动态,指导和协调政法单位和有关部门做好依法办理、宣传报道和舆论引导等相关工作。

10. 完成党委和上级党委政法委员会交办的其他任务。

党委政法委的组成人员和决策机制

各级党委政法委实行民主集中制，由书记主持委员会的工作。政法委机关在委员会领导下，负责处理政法委的日常工作，秘书长主持政法委员会机关的工作。各级党委政法委员会委员集体研究制定本级政法委的部署、决定、规定和要求，并将之贯彻落实到本部门本系统的工作中。

中央政法委书记目前由中央政治局委员、中央书记处书记担任。[1] 从 2002 年至 2022 年，中央政法委副书记均由国务委员、公安部部长兼任。1980 年以来，中央政法委的成员在基本构成上为单位成员制，即每个成员单位一名委员。即使成员单位"一把手"调整，接任者亦自动成为代表该单位的中央政法委委员。中央政法委委员除书记、副书记外，一般包括中央政法各单位主要负责人，即最高人民法院党组书记、院长；最高人民检察院党组书记、检察长；公安部党委书记、部长；国家安全部党委书记、部长；司法部党组书记、部长；[2] 中央政法委秘书长。2008 年之后，中国人民武装警察部队司令员被增加为中央政法委委员。因军内侦查机关保卫部和军事检察院、军事法院受中

---

〔1〕 中央政法委 1980 年成立以来，书记多数由中央政治局委员或中央书记处书记担任，个别阶段由中央政治局常务委员会委员担任。首任书记彭真（1980 年至 1983 年）为中央政治局委员；第二任书记陈丕显（1983 年至 1985 年）为中央书记处书记；第三任书记乔石（1985 年至 1992 年）为中央政治局委员、中央书记处书记，1987 年当选为中央政治局常委；第四任书记任建新（1992 年至 1998 年）为中共中央书记处书记，同时兼任最高人民法院党组书记、院长；第五任书记罗干（1998 年至 2007 年）为中央政治局委员、中央书记处书记，2002 年当选为中央政治局常委；第七任书记孟建柱（2012 年至 2017 年）为中央政治局委员、中央书记处书记；第八任书记郭声琨（2017 年至 2022 年）为中央政治局委员、中央书记处书记；第九任书记陈文清（2022 年至今）为中央政治局委员、中央书记处书记。

〔2〕 1983 年 9 月 2 日，第六届全国人大常委会第二次会议通过《全国人大常委会关于国家安全机关行使公安机关的侦查、拘留、预审和执行逮捕的职权的决定》。国家安全部于 1983 年成立后，成为中央政法委成员单位。

国人民解放军总政治部领导,为便于协调军地互涉案件,总政治部副主任过去亦是中央政法委委员。2016 年 1 月中央深化国防和军队改革后,总政治部改为军委政治工作部,另增设中央军委政法委,改由中央军委政法委书记担任中央政法委委员。

历史上,因职能与政法工作存在一定联系,全国人大常委会有关部门、民政部曾是中央政法委成员单位,1989 年重新成立中央政法委后,两家单位不再是成员之一。[1] 同样不再是中央政法委成员单位的还有已撤销的中央社会治安综合治理委员会办公室。1991 年 3 月,中共中央决定成立中央社会治安综合治理委员会(以下简称"中央综治委"),作为协助党中央、国务院领导全国社会治安综合治理工作的常设机构,主任一般由中央政法委书记兼任。中央综治委下设办公室,同中央政法委机关合署办公,中央综治办主任为中央政法委委员。2018 年 3 月之后,按照中共中央印发的《深化党和国家机构改革方案》,不再设立中央综治办及其办公室,有关职责交由中央政法委承担。

1990 年 4 月,中共中央印发《关于维护社会稳定加强政法工作的通知》,要求地方党委政法委书记一般"由同级党委中的一位常委或副书记担任",同时要求"各级政法委员会都要有同级人民政府负责人中的一位副职参加"。[2] 截至目前,不少地方党委政法委书记仍由党委副书记兼任。1999 年 4 月印发的《中共中央关于进一步加强政法队伍建设的决定》则要求"各级政法委员会的书记,一般不得兼任同级其他政法部门的领导职务"。[3] 然而,考虑到公安工作的重要性和特殊性,2003 年 11 月印发的《中共中央关于进一步加强和改进公安工作的决定》,又要求"各级党委可根据实际情况和干部任职条件,在领导班子职数范围内,有条件的地方逐步实行由同级党委常委或政府副职兼

---

〔1〕　刘忠:《政法委的构成与运作》,载《环球法律评论》2017 年第 3 期。

〔2〕　《中共中央关于维护社会稳定加强政法工作的通知》(1990 年 4 月 2 日),载中共中央文献研究室编:《十三大以来重要文献选编》(中册),人民出版社 1992 年版,第 1006 页。

〔3〕　《中共中央关于进一步加强政法干部队伍建设的决定》(1999 年 4 月 15 日),载《十五大以来重要文献选编》(中册),人民出版社 2001 年版,第 829 页。

任省、市、县三级公安机关主要领导"。[1] 按照这一要求,在很多地方出现党委政法委书记兼任公安厅(局)长现象。这样显然不利于政法机关之间互相制约,更不利于人民法院、人民检察院依法独立行使审判权、检察权。2010 年,按照中央有关政策精神,省级党委政法委书记原则上不再兼任公安厅(局)长。党的十八大之后,党委政法委书记兼任公安厅(局)长情形逐步减少,各级公安厅(局)长改由同级政府副职兼任。例如,地级市公安局长一般兼任当地政府副市长。地方各级党委政法委的人员组成,并不与中央政法委一致,除人民法院、人民检察院、公安部门、国家安全部门、司法行政部门等政法单位主要负责人外,有的还包括当地民政部门主要负责人。

党委政法委实行全体会议制度,政法委机关实行秘书长办公会议制度。党委政法委全体会议讨论和决定职责范围内的政法工作重大事项。全体会议由书记召集和主持,根据需要可以安排政法委机关或有关部门负责同志列席会议。全体会议一般定期或不定期召开,议题按下列方式产生:党中央或者党委交办的需要全体会议传达学习、集体研究的事项;书记决定提交全体会议研究的事项;政法各单位党组(党委)、下级党委政法委和党委政法委机关提出,报经书记批准的事项。对会议决定的事项,形成会议纪要,由书记签发,所涉政法部门和有关单位都应当贯彻执行。[2]

党委政法委应当贯彻执行党中央以及同级地方党委、上级党委政法委决定、决策部署、指示等事项,并发挥统筹协调职能作用,协助党委指导、督促有关政法单位党组(党委)、下级党委政法委坚决执行党中央以及上级党组织决定、决策部署、指示等事项,推动工作落实。

---

〔1〕 《中共中央关于进一步加强和改进公安工作的决定》(2003 年 11 月 18 日),载中共中央文献研究室编:《十六大以来重要文献选编》(上册),中央文献出版社 2004 年版,第503 页。

〔2〕 林中梁编著:《各级党委政法委的职能及宏观政法工作》,中国长安出版社 2004年版,第 57—58 页。

三、人民法院党组制度

党组是中国共产党在中央和地方国家机关、人民团体、经济组织、文化组织和其他非党组织的领导机关中设立的领导机构,在本单位发挥领导核心作用。2019 年 4 月 15 日,中共中央印发《中国共产党党组工作条例》(以下简称《党组工作条例》),以党内法规形式明确了党组的设立、职责、组织原则、决策与执行、监督与追责。[1]

新中国成立初期,"两高"曾设联合党组。1954 年,最高人民法院党组正式设立,各级人民法院陆续设立党组。[2] 人民法院党组制度作为"党管政法"的关键一环,是实现党与审判机关有效对接的桥梁和纽带,在司法政策制定、司法事项决策、司法人事安排等方面都起到决定性作用,是实现党对司法工作绝对领导的重要组织形式。

法院党组的设立机关

党组的设立,应当由党中央或者本级地方党委审批。最高人民法院党组由中共中央批准设立,向中共中央报告工作。同理,江苏省高级人民法院党组由中共江苏省委批准设立,南京市中级人民法院党组由中共南京市委批准设立,南京市鼓楼区人民法院党组由中共南京市

---

〔1〕 2015 年 6 月,中共中央曾印发《中国共产党党组工作条例(试行)》,作为党组工作方面第一部专门党内法规。条例试行后,特别是党的十九大以来,党中央对加强新时代党的建设提出一系列新要求,之后出台的《关于新形势下党内政治生活的若干准则》等党内法规对党组工作也提出明确要求,进一步充实了党组职责,根据上述新要求新变化,中共中央于 2019 年 4 月印发了修订后的《中国共产党党组工作条例》。

〔2〕 1960 年 11 月,最高人民法院、最高人民检察院曾短暂与公安部合署办公,"两高"各派一人参加公安部党组。"文革"期间,法院党组建制被撤销,有的改称党的核心小组,到 1978 年才陆续恢复。参见《中共中央关于中央政法机关精简机构和改变管理体制的批复》,载中共中央文献研究室编:《中共中央文件选集》(第 35 卷,1949 年 10 月—1966 年 5 月),人民出版社 2013 年版,第 388 页。《中共中央关于建立党组、党委问题的补充通知》(1978 年 4 月 5 日),载中央办公厅法规室编:《中国共产党党内法规选编(1978–1996)》,法律出版社 2009 年版,第 709 页。

鼓楼区委批准设立。在省、自治区内按地区设置的中级人民法院的党组由省、自治区党委批准设立，在直辖市设置的中级人民法院的党组，由直辖市党委批准设立。[1]

按照《党组工作条例》，"党组必须服从批准它成立的党组织领导"，"党组不得审批设立党组"。换言之，省以下地方人民法院实行人财物省级统管后，中级、基层人民法院党组仍服从批准其成立的同级地方党委的组织领导，而不是只接受上级人民法院党组的"垂直领导"。

政法单位中，公安机关、国家安全机关均设党委，而非党组。这里的**"党委"**，实质上是"党组性质党委"。按照《党组工作条例》，**党组性质党委**是党在对下属单位实行集中统一领导的国家工作部门中设立的领导机构，在本单位、本系统发挥领导作用。这些国家工作部门一般还有"政治要求高、工作性质特殊、系统规模大"等特点。[2] 党组性质党委由上级党组织直接批准设立，不同于由选举产生的地方党委和基层党委。党组性质党委除履行党组相关职责外，还领导或者指导本系统党组织的工作，讨论和决定下属单位工作规划部署、机构设置、干部队伍管理、党的建设等重要事项。

哪些法院设立分党组

按照《党组工作条例》，中级以上人民法院的派出机构经批准，可以设立分党组。分党组的设立，由党组报本级党委组织部门审批。设立分党组的单位，其下属单位不再设立分党组。例如，最高人民法院党组在六个巡回法庭均设有分党组，巡回法庭分党组由最高人民法院党组报中共中央组织部审批后设立，在最高人民法院党组领导下开展工作。最高人民法院巡回法庭分党组书记一般由最高人民法院院领

---

[1] 在直辖市设置的金融法院、知识产权法院、海事法院等专门人民法院党组，也是由直辖市党委批准设立。

[2] 刘文健：《中央政府及其工作部门党组制度变迁研究》，载《党内法规理论研究》2020年第1期。

导（副院长或副部级审判委员会专职委员）兼任。[1] 巡回法庭分党组审议通过的重要规范性文件，应及时报最高人民法院党组批准，并送最高人民法院本部有关业务归口部门备案。

实践中，还有一些人民法院并非派出机构，但也设有分党组。主要包括：

1. 部分铁路运输法院。有的省份仅有铁路运输基层法院，没有铁路运输中级法院，这些法院转制后改由所在地高级人民法院管理，但其党组不是由省委直接设立，而是由高级人民法院党组报省级党委组织部批准后设立分党组。例如，银川铁路运输法院分党组由宁夏回族自治区高级人民法院党组设立，徐州铁路运输法院分党组由江苏省高级人民法院党组设立。当然，也有部分铁路运输基层法院单独设置党组，如福州铁路运输法院党组、贵阳铁路运输法院党组等。

2. 部分因特殊需要设置的基层人民法院。这类法院多设置于各类开发区、高新区、科技园区等，没有对应的地方党委，相关管委会党组或党工委亦不得再审批设立党组，所以通常由所在地中级人民法院党组报市委组织部审批后设立分党组。例如，河南自由贸易试验区郑州片区人民法院、南阳高新技术产业开发区人民法院、南京江北新区人民法院、葛洲坝人民法院等法院，均只设分党组。

3. 部分互联网法院。广州互联网法院自 2018 年设立后，其分党组由广州市中级人民法院党组批准设立，分党组书记同时也是广州市中级人民法院党组成员。但是，北京、杭州互联网法院党组均单独设置。

法院党组的组成人员

人民法院党组设书记，必要时可以设 1~2 名副书记。党组书记主持党组全面工作，负责召集和主持党组会议，组织党组活动，签发党组

---

〔1〕 最高人民法院巡回法庭设立以来，庭长统一由最高人民法院副院长或副部级审判委员会专职委员兼任。

文件。党组副书记协助党组书记工作,受党组书记委托履行相关职责。党组成员根据党组决定,按照授权负责有关工作,行使相关职权。党组书记空缺时,上级党组织可以指定党组副书记或党组其他成员主持党组日常工作。党组议事决策时,党组书记、副书记和其他党组成员地位平等,表决时也只享有一票的平等权利。

党组成员除应当具备党章和《党政领导干部选拔任用工作条例》规定的党员领导干部基本条件外,还应当有 3 年以上党龄,其中厅局级以上单位的党组成员应当有 5 年以上党龄。[1] 党组成员并非选举产生,任免一般由批准设立党组的党组织决定。地方人民法院党组成员的任免,还应当按照干部管理权限,书面征求有关上级人民法院党组意见。分党组成员的任免由上级单位党组决定。

各级人民法院党组的组成人员、党内地位,因层级、地域的不同,存在一定差异:

1. **党组书记**。人民法院党组书记原则上由院长担任,仅在个别地区分设。[2] 最高人民法院党组书记为院长。唯一例外是首任院长沈钧儒,因其为党外人士,联合党组工作由中共党员、时任最高人民法院副院长吴溉之负责。此外,董必武出任最高人民法院第二任院长前,就已是中央政治局委员,卸任后还担任过中央政治局常委。[3] 第三任院长谢觉哉履任前是中央候补委员,卸任后被增补为中央委员。[4] 第七任院长任建新任内曾兼任中央政法委书记、中央书记处书记。除前述四位外,杨秀峰、江华、任天翔、肖扬、周强、张军等历任最高人民法院院长,任内均为中央委员,同时也是中央政法委委员。

早在 1979 年 9 月,中共中央就在《关于坚决保证刑法、刑事诉讼法切实实施的指示》中提出:"对省、地、县司法机关的领导班子,进行

〔1〕 在人民法院组织体系中,厅局级以上单位包括最高人民法院、高级人民法院、中级人民法院、军事法院、金融法院、知识产权法院、海事法院和直辖市内的基层人民法院。

〔2〕 按照中央有关政策,新疆维吾尔自治区各级人民法院党组书记、院长分设(生产建设兵团分院除外)。党组书记与院长分设时,院长一般为党组副书记。

〔3〕 董必武同志曾是中共七届、八届、九届中央政治局委员、十届中央政治局常委。

〔4〕 谢觉哉同志 1956 年在中共八大上当选为中央候补委员,1966 年 5 月在中共八届十一中全会上递补为中央委员。

必要的调整和充实。这三级的公安厅(局)长、法院院长和检察长,都应当从具有相当于**同级党委常委条件**的干部中,慎选适当的同志担任。"1985年9月1日,中共中央办公厅在《关于加强地方各级法院、检察院干部配备的通知》(中办发〔1985〕47号)中明确,基层人民法院院长一般配备副县长一级干部;中级人民法院院长一般配备副专员一级干部;高级人民法院院长一般配备副省长一级干部。至此,地方各级人民法院院长进入省、市、县领导序列。地方各级人民法院党组书记一般也是同级地方党委委员和党委政法委委员。[1]

依照惯例,**中央党政领导干部**的排序并不统一,一般是:中共中央政治局常委、中共中央政治局委员、中央书记处书记、全国人大常委会副委员长、国务院副总理、国务委员、国家监察委员会主任、最高人民法院院长、最高人民检察院检察长、全国政协副主席。**地方党政领导干部**的排序并不统一,一般是:地方党委常委、人大常委会副主任、政府副职、政协副主席、法院院长、检察院检察长,也有个别地方"两长"排序在政协副主席之前。[2]

2. 党组副书记。在最高人民法院,党组副书记由分管日常工作的副院长(俗称"常务副院长")担任。最高人民法院常务副院长的岗位于1998年设置,并被明确为正部长级。党的十六大后,最高人民法院常务副院长为中央候补委员。党的十七大至2022年年底,最高人民法院常务副院长均为中央委员。如果设两名党组副书记,常务副院长之外的另一名党组副书记通常为副部长级,但也存在过两名党组副书

---

〔1〕 按照2016年印发的《中国共产党地方委员会工作条例》第七条第一款,党的地方委员会委员、候补委员配备应当具有代表性,符合党龄、年龄、性别、专业等方面要求。人选应当包括书记、副书记和常委会其他委员,一般还应当包括同级政府领导班子成员,同级人大常委会、政协、法院、检察院主要负责人,同级党委和政府有关部门主要负责人,同级工会、共青团、妇联主要负责人,下一级党委和政府主要负责人,以及适当比例的基层党员。

〔2〕 中央与地方党政领导排序的一个细微差别是:在中央层面,最高人民法院院长、最高人民检察院检察长排序在全国政协副主席之前;地方层面,许多地方的政协副主席排序在地方"两长"之前。2007年以来,每次在地方调研司法改革问题,这都是地方"两长"反映较多的一个问题,认为地方上的前述排序不符合审判、检察机关的宪法地位。

记均为正部长级的情况。[1]

在地方人民法院，党组副书记并非常设岗位。部分省份仅在高级人民法院党组设副书记，中级、基层人民法院党组不设副书记。高级人民法院党组副书记一般为常务副院长。[2] 高级人民法院常务副院长为正厅长级。如果设两名党组副书记，常务副院长之外的另一名党组副书记也可以是正厅长级。目前有三分之一的高级人民法院配备了两名正厅长级党组副书记。

3. **党组成员**。在最高人民法院，除党组书记、副书记外，其他党组成员包括副院长、政治部主任、中央纪委国家监委驻最高人民法院纪检监察组组长。党组成员均为副部长级。实践中，应注意**"党组成员"**与**"领导班子成员"**的区别。"领导班子成员"外延较大，既包括党组成员，也包括其他院领导。例如，最高人民法院的非中共党员的副院长、审判委员会专职委员均为副部长级，但并非党组成员，只列席党组会议。

在地方人民法院，党组组成人员除院长、副院长、政治部（处）主任、派驻本单位的纪检监察组组长外，还可能包括审判委员会专职委员、执行局局长、办公室主任等。除党组书记、副书记循例在先，人民法院党组成员的排序依据，首先看职务高低，职级相同的则看担任同等级别职务的时间先后，而非进入该法院党组的时间或职务类别。

需要指出的是，纪检监察组长、政治部（处）主任、审判委员会专职委员等并非自始就具备党组成员资格，而是有一个历史发展过程：（1）纪检监察组长。1991 年 4 月，中央纪委在《关于中央纪委派驻纪检组和各部门党组纪检组、纪委若干问题的规定（试行）》（中纪发〔1991〕1 号）中明确，"派驻纪检组组长和党组纪检组组长应参加所在部门的党组"。纪检监察组长加入所驻人民法院党组遂成为惯例。（2）政治部（处）主任。1999 年 4 月，中共中央在《关于进一步加强政法干部队伍建设的决定》（中发〔1999〕6 号）明确，"政工部门的主要领导干部由

---

[1] 时任最高人民法院副院长张军担任党组副书记期间（2008—2012 年），于 2011 年 11 月明确为正部长级。

[2] 新疆维吾尔自治区各级人民法院的党组副书记为院长。

同级副职兼任或同级副职干部专任"。同年 7 月,最高人民法院在《关于贯彻中共中央〈关于进一步加强政法干部队伍建设的决定〉建设一支高素质法官队伍的若干意见》(法发〔1999〕22 号)中要求,各级人民法院"政治部主任、纪检组长要由副院长级干部担任。任免政治部主任、纪检组长要征得上级人民法院的同意,任免副主任、副组长要向上级人民法院备案"。各级人民法院政治部(处)主任据此陆续成为党组成员。(3)审判委员会专职委员。2006 年 5 月,中共中央印发《关于进一步加强人民法院、人民检察院工作的决定》(中发〔2006〕11号),明确各级人民法院可以根据工作需要,设置两名左右审判委员会专职委员,按照同级党政部门副职规格和条件配置。此后,各级人民法院均按照文件要求配备了审判委员会专职委员。最高人民法院的审判委员会专职委员为副部长级,但不是党组成员。[1] 地方人民法院的审判委员会专职委员与副院长同级,有的可以进入党组。

人民法院党组成员按照工作分工安排,分管相应工作,做到"事事有人管,人人有专责"。"分管"对象既可能是党建和意识形态方面的工作,也可能是政务管理、综合业务或审判执行工作。[2] 尽管履行"分管"职责时,也同时在行使人民法院副院长、纪检监察组长、政治部(处)主任的职权,但这种党组成员依照工作程序参与重要业务和重要决策的模式,实际上有利于推动党的路线、方针、政策与法院工作和审判执行业务深度融合,也彰显了集体领导与个人分工负责相结合的组织原则。

法院党组的主要职责

按照党章和《党组工作条例》,结合人民法院自身职能,各级人民

---

〔1〕　在此之前,中央编办经商中组部并报中央编委批准,已经同意最高人民法院按照副部级条件设置若干名审判委员会专职委员。参见《中央机构编制委员会办公室关于最高人民法院审判委员会、最高人民检察院检察委员会配备副部级专职委员问题的复函》(2004年 5 月 17 日,中央编办〔2004〕47 号)。

〔2〕　张文波:《功能、身份与政治——人民法院党组的治理机制》,载《交大法学》2018年第 3 期。

法院党组的共同职责是：

1. 履行政治领导责任。在本院严格贯彻执行党的路线、方针、政策，及时传达学习党中央和上级党组织重要会议精神，将人民法院的运行和发展纳入党的战略目标实施轨道，发挥好把方向、管大局、保落实的重要作用。

2. 履行从严治党责任，加强对本院党的建设的领导。党组书记作为党建第一责任人严格履责，其他党组成员根据分工抓好职责范围内党的建设工作。

3. 讨论和决定本院的重大问题。例如：贯彻落实党中央以及上级党组织决策部署的重大举措；需要向上级党组织、党委政法委或上级人民法院请示报告的重大事项；本院重要工作部署或重大改革事项；向对应人大及其常委会所作的年度工作报告、专项工作报告等；以本院名义印发的司法政策性文件；本院重要人事任免事项；对法院工作人员的纪律处分；本院重大项目安排、大额资金使用等事项；本院机构设置、人员编制、员额配置事项；审计、巡视巡察、督察检查、考核奖惩等重大事项；党风廉政建设和反腐败工作方面的重要事项；重大意识形态、思想动态的政治引导，发挥价值引领作用；[1]基层党组织和党员队伍建设方面的重大事项；其他应当由党组讨论和决定的重大问题。

4. 贯彻党管干部原则，完善干部培养选拔机制，加强干部教育培训，从严监督管理干部。

5. 贯彻党管人才原则，加强本院人才队伍建设。

6. 加强对本院统战工作和工会、共青团、妇联等群团工作的领导，重视对党外干部、人才的培养使用，更好团结带领党外干部和群众。

7. 加强对本院机关和派出机构、直属单位党组织工作的指导，支持机关党委履行对机关和派出机构、直属单位党组织工作的领导职责。

8. 履行党风廉政建设主体责任，支持驻院纪检监察组履行监督

---

〔1〕 张瑞：《论法院党组在司法活动中的价值引领职能》，载《政治与法律》2022年第2期。

责任。

最高人民法院党组在最高审判机关发挥领导核心作用,同时肩负着确保党的路线、方针、政策在全国法院系统不折不扣贯彻执行的政治责任。除前述重要事项外,还讨论和决定下列重大问题:(1)研究决定需要向党中央请示报告的重大事项。(2)研究决定拟提请全国人大常委会审议的议案。(3)根据党中央的决策部署,研究确定全国法院工作的具体任务,并组织贯彻实施。(4)研究全国法院工作中的重大事项,指导地方各级人民法院、专门人民法院党组工作。(5)研究全国法院审判执行工作态势情况。(6)研究推动人民法院司法体制改革,研究制定司法解释、司法政策性文件。最高人民法院发布的司法解释,应当经审判委员会讨论通过。除司法解释之外,最高人民法院也会单独或会同其他中央单位印发"意见""通知""办法""规程"等司法政策性文件,这类文件印发或会签前,都要经党组讨论决定。(7)按照干部协管职能,研究各高级人民法院院长人选提名,并提出意见。(8)其他应当由最高人民法院党组讨论和决定的重大问题。

法院党组的组织原则

人民法院党组及其成员必须坚决执行党中央决策部署以及上级党组织决定,始终坚持党中央的集中统一领导,坚决维护党中央权威,确保中央政令畅通。人民法院党组对有关重要问题作出决定时,应当根据需要,充分征求本院各单位党组织和党员群众的意见,重要情况应当及时通报。人民法院党组实行集体领导制度。凡属党组职责范围内的事项,必须执行少数服从多数的原则,由党组成员集体讨论和决定,任何个人或者少数人无权擅自决定。

人民法院党组书记应当带头执行民主集中制,不得凌驾于组织之上,不得独断专行、搞"一言堂"或"一票否决"。党组其他成员应当对党组讨论和决定的事项积极提出意见和建议。党组成员必须坚决服从党组集体决定,有不同意见的,在坚决执行的前提下,可以声明保留,也可以向上级党组织反映,但不得在其他场合发表不同意见。以党组名义发布或者上报的文件、发表的文章，党组成员代表党组的讲话和报告，应当事先经党组集体讨论或者传批审定。党组成员署名发表或者出版同工作有关的文章、著作、言论，应当事先经党组审定或者党组书记批准。党组成员在调查研究、检查指导工作或者参加其他公务活动时发表的个人意见，应当符合党中央、上级党组织和上级人民法院党组的有关精神。

法院党组的议事决策

人民法院党组按照"集体领导、民主集中、个别酝酿、会议决定"的原则，在权限范围作出决策，实行科学决策、民主决策、依法决策。党组作出重大决策，一般应当经过调查研究、征求意见、充分酝酿等程序，进行风险评估和合法合规性审查，经集体讨论和决定。党组讨论和决定人事任免事项，应当严格按照《党政领导干部选拔任用工作条例》等有关规定执行。

人民法院党组决策一般采用党组会议形式。党组会议一般每周召开 1 次，遇有重要情况可以随时召开，根据工作需要也可不定期召开。具体运行和决策机制是：

1. **党组会议的议题**。党组会议议题由党组书记提出，或者由党组其他成员提出建议、党组书记综合考虑后确定。实践中，也可由内设机构就某一议题是否提交党组会议讨论请示分管院领导，由分管院领导报党组书记确定。会议议题应当形成议题清单，提前书面通知党组成员。党组会议的议题设置，一定程度上体现了人民法院党组对政治方向、工作重点、未来规划的把握。[1]

党组会议的议题，包括而不限于：传达学习某个文件、会议或讲话精神，研究贯彻落实意见；研究某个报告、方案、请示或文件的审议稿；研究讨论重大决策、重要干部任免、重要项目安排和大额度资金使用等"三重一大"事项；研究讨论重大案件所涉事项；研究讨论纪检监察

---

〔1〕 郭松：《法院党组制度的历史变迁与功能实现》，载《中外法学》2022 年第 4 期。

事项,等等。

2. **党组会议的召开**。党组会议由党组书记召集并主持。党组书记因故不能到会时,由党组书记委托党组副书记主持。党组会议应当有半数以上党组成员到会方可召开,讨论和决定干部任免、处分党员事项必须有三分之二以上党组成员到会。党组成员因故不能参加会议的应当在会前请假,对会议议题的重要意见可以用书面形式表达。党组会议议题涉及本人或者其亲属以及存在其他需要回避情形的,有关党组成员应当回避。党组会议讨论决定的事项,应及时向请假的党组成员传达。

3. **党组会议的列席人员**。根据工作需要,召开党组会议可以请不是党组成员的本院领导班子成员列席。因为是领导班子成员,这些人员一般可以全程列席,并发表意见,但不参与表决。在部分法院,办公厅(室)、政治部(处)、研究室、新闻局(处)、机关党委主要负责人也可以固定列席党组会议,但一般不列席人事、纪检监察议题。会议召集人还可以根据议题,指定有关人员列席会议。列席人员一般是内设机构主要负责人,按照工作需要也可以是相关负责人或承办人,列席人员有的需要汇报相关议题工作内容、贯彻落实意见,有的需要回答党组成员提问。

4. **党组会议的表决和决策**。党组会议议题提交表决前,应当充分讨论。表决可以采用口头、举手、无记名投票或者记名投票等方式进行,赞成票超过应到会党组成员半数为通过。未到会党组成员的书面意见不得计入票数。口头表决实行会议主持人末位表态制。会议研究决定多个事项的,应当逐项进行表决。党组会议由专门人员如实记录,决定事项应当编发会议纪要,并按照规定存档备查。实践中,人民法院党组会与院长办公会讨论的事项重合度较高。因此,许多法院会将党组会与院长办公会议套开,讨论时不做阶段划分。会后根据事项差异,分别撰写党组会纪要和院长办公会纪要。

5. **党组决策的督办落实**。党组决策一经作出,应当坚决执行。党组成员应当在职责范围内认真抓好党组决策贯彻落实。党组应当建立有效的督查、评估和反馈机制,确保党组决策落实。2015 年以来,最高人民法院党组先后制定印发《中共最高人民法院党组工作规则》《中共最高人民法院党组会议会务规范》和《中共最高人民法院党组会议决议督办工作办法》，确保党组会议运行有序、决议有效落实。按照前述党组会议决议督办工作办法，由最高人民法院办公厅对各单位落实党组会议决议情况进行督促检查。

法院党组与审判委员会

实践中，对于人民法院党组讨论决定本院重大事项、审判工作重大问题，并不存在争议。但是，法院党组能不能研究具体个案，并就如何处理作出结论呢？如果相关案件之后又提交审判委员会讨论，审判委员会是否必须执行党组决议？对上述问题，存在截然不同的认识。**一种意见**认为，法院党组既然在本单位发挥"领导核心作用"，自然可以讨论决定包括案件处理在内的一切问题，形成决议之后，亦可不再提交审判委员会讨论。[1] **另一种意见**认为，法院党组可以讨论决定重大事项，但不宜研究具体案件，审判委员会才是"最高审判组织"，有权决定任何与案件有关的争议性问题，也可以不执行党组关于案件处理的决议。

事实上，单凭对"领导核心作用"和"最高审判组织"的字面理解和含义比较，很难触及法院党组、审判委员会的制度定位及其政治底色，只会得出极端或偏颇的结论。**从制度规定上看**，党内法规并未限制党组研究案件，并预留了操作空间。例如，按照《政法工作条例》第十五条第三项，法院党组可以研究"影响国家政治安全和社会稳定的重大事项或者**重大案件**，制定依法处理的原则、政策和措施"。对于特别重大案件的重要进展和结果情况，相关法院党组还应当按照《中国共产党重大事项请示报告条例》向党中央或对应党委报告，报告之前一般也会集体研究。**从政治定位上看**，党对司法工作的领导核心作

---

[1]　王琳：《人民法院党组功能考察》，载《领导科学论坛》2015 年第 3 期。

用,在于管方向、管政策、管原则、管干部,而不是包办具体事务。[1]
具体到法院内部,一般不以党组织决议的形式代替司法裁判,党组也
不宜取代法定审判组织确定个案裁判结果。

基于上述制度和政治上的考量,关于法院党组研究案件和审判委
员会讨论决定案件的关系,应当从以下三个方面认识:

1. **研究范围聚焦维护政治安全和社会稳定。**作为党设立的领导
机构,法院党组肩负政治领导责任,当然可以研究案件,也应当研究案
件,但主要是"影响国家政治安全和社会稳定"的重大案件。近年来,
一些案件看似普通,实则包含敏感议题,除当事人和利益相关者外,各
方势力基于不同动机都会积极发声,甚至借自媒体炒作。众声喧哗之
际,矛头所指经常从个案本身和司法机关,转向我国根本政治制度。
对这类案件,党组当然不能坐视不管。实践中,有必要纳入党组研究
范围的案件包括:有全国性影响或在本辖区有重大影响的案件;涉及
外交、国防事务的案件;涉及金融秩序、企业破产、环境污染、校园安全
等,可能引发群体性事件的案件;可能直接或间接影响国家政治安全、
社会稳定的案件;有关地区、部门之间存在分歧,经反复协商仍不能达
成一致的重大案件,等等。

2. **研究内容侧重把握政治方向和政策原则。**有必要提交党组研
究的案件范围,与应对提交审判委员会讨论决定的案件范围是高度重
合的,这也更加说明了分工协同、各有侧重的重要性。党组研究案件
的目的,是从政治上统筹把握,确定依法处理的原则、政策和措施,为
合议庭、审判委员会下一步的审理和讨论提供指导、厘清思路,而不是
要越俎代庖,替审判组织解决事实认定或法律适用上的争议。一个比
较好的范例是,2018 年 5 月,浙江省高级人民法院在审理社会广泛关
注的"蓝色钱江保姆纵火案"之前,就以党组会形式专题研究了该案第
二审开庭准备工作及风险因素,并提出坚持法治思维和法治方式、坚
持实事求是和证据裁判、坚持回应关切和引导舆论三条工作原则,并

---

[1] 《党的领导和社会主义法治是一致的》(2014 年 1 月 7 日),载习近平:《论坚持全
面依法治国》,中央文献出版社 2020 年版,第 44 页。

未涉及证据采信、事实认定、适用法律等问题。事实上也证明，党组意见在引导二审走向、确保庭审顺利进行和推动办案取得政治效果、法律效果、社会效果统一方面发挥了重要作用。[1]

3. **党组意图主要通过合议庭和审委会实现。**党组确定的案件处理原则、政策和措施，如果不涉及裁判事项，可以由合议庭在案件审理中具体实现；对如何裁判具有指导意义，又属于审判委员会讨论范围的事项，应当按程序提交审判委员会讨论决定。法院党组成员绝大多数也是审判委员会委员，参与审判委员会讨论本身就属于"依照工作程序参与重要业务和重要决策"，可以确保党组的正确意图得到精准贯彻。但是，作为法定审判组织，审判委员会的决定具有法律效力，审判委员会委员也要对本人发表的意见和表决承担法律责任。既然责任是明确的，应当允许审判委员会按照民主集中制依法决断，而非确认预先设定的结论。

---

[1] "蓝色钱江保姆纵火案"被告人一审被判处死刑，随着舆情炒作，该案重心逐渐从"放火杀人"转向"追究消防、物业责任"，甚至有人质疑司法机关"掩盖事实真相"，被别有用心的人作为攻击我国政治制度、司法制度的工具。因此，法院党组必须担负相应的政治责任，研究提出了三条原则性意见：第一，必须坚持法治思维和法治方式，严守公平正义底线，对诉讼中被告人及其辩护人、被害人提出的合法合理诉求，要严格遵守法律规定，充分保障其合法正当权利，能满足的尽量满足，不能满足的做好释法说理，决不能有任何诉讼程序上的瑕疵。第二，要始终坚持实事求是原则，庭审的任务就是查明事实真相，收集证据一定要全面客观，一定防止凭个人好恶有所取舍，要准确判断单位、个人的行为性质、个人的失职渎职只能由个人负责，不能让别人为其"买单"。第三，要讲究策略，使二审成为公正司法、全民普法的"公开课"，适时适度发声，提供权威信息，回应公众关切，消除公众误解，引导社会舆论，实现法律效果和社会效果的有机统一。参见李占国：《正确处理党的领导与依法独立办案的关系》，载《政治与法律》2022 年第 1 期。

四、"党管干部"与法院干部选任

审判机关干部管理的特殊性

"政治路线确定之后,干部就是决定的因素。"[1]任何政党成为执政党后,党的干部就成为运作国家权力的主体。[2]在我国,中国共产党是执政党,所有国家工作人员,无论是党员还是非党员,无论是在党政机关还是人民团体工作,都是党的干部,都应该坚持和服从党的领导,接受党组织的监督和管理。这里的"干部",泛指所有国家工作人员,并不局限于领导干部。

"党管干部"作为中国共产党干部人事工作的根本原则,包括三层含义:**第一**,党制定干部工作的路线、方针、政策,指导干部人事制度改革。**第二**,各级党组织按照干部管理权限,组织实施好各级各类干部的选拔任用、监督管理。**第三**,党组织推荐的干部人选严格按照法定程序,经国家权力机关依法选举和任命,成为国家政权机关的领导人员和工作人员。

人民法院作为党领导下的政治机关和国家审判机关,干部选任工作必须严格遵循党管干部原则。考虑到人民法院承担职能和组成人员的特殊性,与其他国家机关相比,在落实党管干部原则具有以下特点。

第一,干部实行双重管理。为彰显审判权的中央事权属性,严格落实《宪法》对"人民法院依照法律规定独立行使审判权"的要求,地方法院干部实行双重管理,以地方党委为主,上级人民法院党组协管。

第二,人员实行分类管理。人民法院实行人员分类管理,主要包

---

〔1〕《中国共产党在民族战争中的地位》(1938年10月14日),载《毛泽东选集》(第2卷),人民出版社1991年版,第494页。

〔2〕 王海峰:《干部国家——一种支撑和维系中国党建国家权力结构及其运行的制度》,复旦大学出版社2012年版,第344页。

括法官、审判辅助人员、司法行政人员，其中法官实行有别于其他公务员的单独职务序列管理，各类人员中又包括担任审判职务、行政职务的领导干部，干部选任程序、标准要考虑与法官法、公务员法的充分衔接。

第三，**严格进行专业把关**。在其他国家机关，需要党组织推荐并经过法定程序选举、任命的，主要是领导干部，但人民法院具有一定特殊性，除院长、副院长、审判委员会委员、庭长、副庭长外，普通审判员也需由院长提请本级人大常委会任命。初任法官人选除需满足法定条件外，还必须通过设立在省一级的法官遴选委员会的专业能力审核。因此，在人民法院干部选任中，除政治标准外，还必须格外重视与岗位需求相匹配的专业能力。

从"分部分级"到"分级分类"

新中国成立之初，中共中央根据当时干部工作的需要，于 1953 年11 月印发《关于加强干部管理工作的决定》，要求逐步建立在中央和各级党委统一领导下的分部分级管理干部制度。

所谓**"分部管理"**，是指按工作需要，将全国干部分为 9 类，分别由中央和各级党委管理。这 9 类干部是：军队、文教、计划工业、财政贸易、交通运输、农林水利、政法、党群、党外干部。一类俗称一"口"，如"文教口""政法口"。按照最初的规划，每"口"干部均设一"部"管理。当时，全国政法干部约 32 万多人。中组部在 1955 年 8 月给中央的报告中建议，"中央及省委和大城市的市委在可能时，应设立政法工作部"，管理政法干部，指导有关部门政治机关的工作。[1] 1954 年 5 月，中组部设立政法干部管理处。当时的考虑是由中组部先设"处"暂管，未来再移交中央政法工作部管理。[2] 后来，中央政法工作部因故没

---

〔1〕《中共中央批转中央组织部 1955 年 8 月 1 日的工作报告》(1955 年 10 月 28 日)，载中共中央文献研究室编著：《中共中央文件选集》(第二十卷，1955 年 8 月—10 月)，人民出版社 2013 年版，第 400 页。

〔2〕余兴安主编：《当代中国人事制度》(上册)，中国社会科学出版社 2022 年版，第 5 页。

有成立,仅部分省委、市委设立了地方政法工作部。"分部管理"的优势,是打破了革命战争时期"一揽子"管理干部的模式,适应不同领域的工作特点,向职级定位、分门别类、科学管理干部的方向迈出了一大步。

所谓**"分级管理"**,是指实行党的干部职务名称制,各类干部按职务级别,分别由中央或各级党委管理。凡属担负全国各个方面重要职务的干部由中央管理,其他干部则由中央局、分局及各级党委分工管理。干部职务名称制是从苏联借鉴过来的一种干部管理方法,是以"清单"形式明确中央、地方党委和党委组织部的干部管理权限。[1] 1955 年 1 月 4 日,中共中央在《关于颁发中共中央管理的干部职务名称表的决定》中强调,凡列入职务名称表的干部的任免、调动,均须报中央批准,并明确"最高人民法院不担负管理下级人民法院干部的责任"。[2] 列入中央管理的干部职务名称表的政法干部约 800 人。9 月,中共中央又发出通知,要求各地区、各部门均应制定自己的干部职务名称表,完善分部分级管理机制。其中,法院、检察、监察、公安、民政、司法行政部门的干部被列为一类。[3] 1956 年年底,中央组织部在总结经验基础上,缩小了中央管理干部的范围,从之前的"下管三级"调整到"下管两级",即只管到地方党委中的省(部)级、厅(局)级干部。

改革开放之后,为适应经济体制改革发展的需要,中央在干部管理上提出了"管少、管好、管活"和分级分类管理的原则。所谓**"分类管理"**,就是不再用管理党政干部的单一模式管理所有人员,将干部分为党的机关工作人员、国家机关工作人员、企业单位工作人员、事业单位工作人员、群众团体工作人员,其中,对党和国家机关人员探索实行

---

〔1〕 王立峰:《政府中的政党:中国共产党与政府关系研究》,中国法制出版社 2013 年版,第 237 页。

〔2〕《中共中央关于颁发中共中央管理的干部职务名称表的决定》(1955 年 1 月 4 日),载中共中央文献研究室编著:《中共中央文件选集》(第十八卷,1955 年 1 月—3 月),人民出版社 2013 年版,第 13 页。

〔3〕 陈凤楼:《中国共产党干部工作史纲(1921—2002)》,党建读物出版社 2003 年版,第 122—123 页。

公务员制度，之后再根据审判、检察机关的特点细化实行法官、检察官制度。

在分级管理方面，中组部于 1984 年 7 月印发《关于修订中共中央管理的干部职务名称表》的通知，将干部管理权限从"下管两级"调整为"下管一级"。[1] 具体到人民法院干部，逐步形成中央、最高人民法院党组、地方党委、地方人民法院党组按干部权限分级管理的模式。

在中央层面，分为由中央管理和向中央备案两类：

1. 由中央管理的人民法院干部。主要包括：最高人民法院党组书记、院长、党组副书记、副院长、党组成员、纪检监察组长、政治部主任、审判委员会委员；各高级人民法院院长。值得注意的是，最高人民法院审判委员会委员仅院长、副院长、专职委员为副部长级以上干部，还有部分委员可能是审判庭庭长、研究室主任、执行局长等，这些干部本身的职务为正厅长级，但如果被选任为审判委员会委员，同样属于中央管理的干部，一般简称"中管干部"。

2. 向中央备案的人民法院干部。主要包括：最高人民法院政治部副主任、各审判庭庭长、副庭长、其他内设机构（办、室、局、中心、部）担任正、副厅长级别职务者；各高级人民法院副院长；副省级城市中级人民法院院长。向中央备案干部的任免，需要向中组部报送备案报告，中组部一个月内不提异议，任免机关才可以宣布任免决定。

在最高人民法院，除由中央管理的干部外，其他干部由本院党组管理。同理，各高级人民法院的院长由中央管理，副院长、政治部主任等领导班子成员由省级党委（党委组织部）管理，没有列入党委管理范围的人员由高级人民法院党组管理。中级、基层人民法院院长由省级党委（党委组织部）管理，领导班子成员可由省级党委（党委组织部）委托当地市地级党委管理，没有列入党委管理范围的人员由所在人民法院党组管理。

---

〔1〕 1980 年 5 月 20 日，中央组织部在 1955 年颁发的干部职务名称表基础上，重新颁发了《中共中央管理的干部职务名称表》。适应当时的形势需要，为排除干部选派工作中的派性干扰，仍维持了"下管两级"的管理模式。当时中共中央管理的干部约有 1.3 万人。参见余兴安主编：《当代中国人事制度》（上册），中国社会科学出版社 2022 年版，第 221 页。

从"双重管理"到"省级统管"

所谓**"干部双重管理"**,是指按照有关规定和干部管理权限,以一个单位为主、另一个单位协助的方式,对有关部门、单位领导班子和领导干部进行管理。为主管理的叫**主管单位**,协助管理的叫**协管单位**。干部双重管理一般包括三种类型:**第一,**以上级业务部门、单位党组为主管理,地方党委协助管理;**第二,**以地方党委为主管理,上级业务部门、单位党组协助管理;**第三,**以一个部门、单位党组为主管理,另外一个部门、单位党组协助管理。

"文革"结束后,中共中央在《关于坚决保证刑法、刑事诉讼法切实实施的指示》提出:"为了保持县以上公、检、法机关领导骨干的相对稳定,恢复由上级公、检、法机关协助地方党委管理、考核有关干部的制度。地方党委对公、检、法机关党员领导干部的调配,应征得上级公、检、法机关的同意。"中组部1983年印发的《关于改革干部管理体制若干问题的规定》(中组发〔83〕15号)明确,法院的干部管理实行**"双重管理,以地方为主"**的办法。1984年1月10日,最高人民法院党组印发了《关于各级人民法院党组协助党委管理法院干部的办法》(法组字〔1984〕3号),初步确立了上级人民法院党组协助地方党委管理下级法院干部的模式。

第一,"双重管理,以地方为主"管理模式的运行。为规范干部双重管理工作,中组部1991年印发了《关于干部双重管理工作若干问题的通知》(组通字〔1991〕35号),明确任免调动干部,主管单位须事先征求协管单位意见。针对政法干部的特点,中组部、中央政法委1999年又印发了《关于适当调整地方政法部门领导干部双重管理办法有关问题的通知》(组通字〔1999〕41号),进一步明确了"实行双重管理、以地方党委为主"的管理模式。此外,为强化党委政法委在政法干部协管中的职能,中组部、中央政法委还曾印发《关于中央政法委协助管理政法部门领导干部有关问题的通知》(组通字〔1997〕14号)。2007年5月,中组部、"两高"党组在联合印发的《关于进一步加强地方各级人民法院、人民检察院干部选拔任用工作有关问题的意见》(中组发〔2007〕6号)中,又对加强主协管双方在领导干部管理上的协调配合作了要求。

综合前述文件明确的双重领导模式,地方党委任免、调动人民法院党组书记、院长的,必须事先征得上一级人民法院党组的同意;任免、调动领导班子成员的,必须事先征求上一级人民法院党组的意见,然后再作出决定或报上级党委审批,并按有关规定程序办理。上级人民法院党组应当及时研究,并在规定时限内书面答复。例如,高级人民法院的领导班子,除党组书记、院长外,一般由省级党委管理,但由最高人民法院党组协管,相关人员的任免、调动需要征求最高人民法院党组的意见。

上级人民法院党组协助地方党委做好下级人民法院领导干部的培养、选拔、管理和领导班子配备工作。下级人民法院领导干部的任免,按照干部管理权限,党委组织部会同上一级人民法院考察后,征求同级党委和党委政法委的意见,或由党委组织部会同上一级人民法院和同级党委政法委共同考察提出任免意见,按有关程序报批。地方人民法院领导班子后备干部名单,在报同级党委组织部的同时,还应同时抄报同级党委政法委和上一级人民法院党组。地方党委组织部门和人民法院党组应就人民法院领导班子建设定期通报情况、交换意见,一般每年至少一次,遇有重要情况随时沟通协商。

第二,"双重管理,以上级法院党组为主"管理模式试点。1988年8月9日,为配合正在进行的法官法起草工作,最高人民法院党组向中央建议,探索改革"双重领导,以地方为主"的法院干部管理模式,在部分中级、基层人民法院试行"上级法院党组和地方党委共同管理,以上级法院党组管理为主"的管理办法。具体考虑是,将中级人民法院副院长和基层人民法院正、副院长等审判人员由地方党委管理为主,改为由高级、中级人民法院党组为主管理。[1]

---

〔1〕《中共最高人民法院党组关于开展地方各级人民法院干部管理体制改革的一些意见》(1988年8月9日),载最高人民法院政治部编:《法院组织人事工作文件汇编》(中册),人民法院出版社2000年版,第1401—1402页。

经中央领导同志批准，中组部、最高人民法院党组于 1988 年 11 月 24 日印发《关于开展地方各级人民法院干部管理体制改革试点工作的通知》（法组〔1988〕38 号），决定在黑龙江省、浙江省、福建省、内蒙古自治区开展试点。实际参加试点的中级人民法院共 8 个、基层人民法院 77 个。[1] 按照随通知一并下发的《地方人民法院干部管理体制改革的暂行办法》，试点地区高级人民法院院长、副院长和中级人民法院院长管理办法不变。中级人民法院副院长和基层人民法院院长由高级人民法院党组和当地市地级党委共同管理，以高级人民法院党组管理为主。基层人民法院副院长由中级人民法院党组和县区级党委共同管理，以中级人民法院党组管理为主。

试点启动后，取得了一定成效，法院领导干部的专业性得到加强，但也存在一些配套衔接问题。1995 年《法官法》实施后，地方人民法院的院长、副院长仍主要依托同级人大及其常委会产生，关于上级人民法院依托法官委员会管理下级法院法官的意见并未被立法机关采纳，[2] 试点继续探索的意义已经不大。1999 年 4 月，中共中央在《关于进一步加强政法干部队伍建设的决定》明确："地方各级政法部门继续实行干部双重管理。地方党委决定任免政法部门的领导干部，要征得上一级政法部门党组（党委）的同意。"尽管同年印发的人民法院"一五改革纲要"仍然提出，要"对 1988 年以来在一些地区试行的地方法院领导班子成员以上级人民法院党组为主管理，地方党委协助管理的做法进行总结，肯定试点取得的成果，认真研究试点中存在的问题，

---

〔1〕 黑龙江省参加试点的有牡丹江市、鸡西市、绥化地区 3 个中级法院和所辖 29 个基层法院；内蒙古自治区参加试点的是包头市中级法院和所辖 8 个基层法院；福建省参加试点的是福州、漳州、南平 3 个中级法院和所辖 34 个基层法院；浙江省参加试点的是绍兴市中级法院和所辖 6 个基层法院。

〔2〕 按照最高人民法院提出的法官法草案，法官委员会有权对法院院长的选举和罢免提出建议，并有权管理下级法院的法官。一些常委委员和地方、部门的同志认为，这一规定无法与宪法、地方各级人大和地方各级人民政府组织法关于审判人员任免的规定相衔接，建议将法官委员会修改为法官考评委员会，删去了法官委员会有权管理下级法院法官的规定。参见《全国人大法律委员会关于法官法（草案）和检察官法（草案）审议结果的报告》，载周道鸾主编：《学习中华人民共和国法官法资料汇编》，人民法院出版社 1995 年版，第 21—22 页。

提出解决的办法",并打算"根据维护法律权威和司法统一的要求,积极探索人民法院干部管理体制改革,更好地实现党的领导和人大的监督",前述 4 个省区的干部管理制度改革试点还是陆续停止了。[1] 这些试点尽管未能得到推广,但为未来推动省以下地方法院干部省级统管积累了宝贵经验。

第三,省级统管后的双重管理模式。为确保人民法院依法独立行使审判权,党的十八届三中全会通过的《中共中央关于全面深化改革若干重大问题的决定》提出要改革司法管理体制,推动省以下地方法院人财物统一管理。在随后开展的深化司法体制改革试点中,开始探索由省级党委管理一定领导层级的法院干部,具体内容是:中级、基层人民法院院长由省级党委(党委组织部)管理,其他领导班子成员可以由省级党委委托当地市地级党委管理。确定地方人民法院领导班子人选时,应当听取高级人民法院党组意见。政法系统外领导干部调入中级、基层人民法院担任院长的,应当征得高级人民法院党组同意。

试点全面推开并顺利结束后,中办 2017 年 10 月 25 日印发的《关于加强的法官检察官正规化专业化职业化建设 全面落实司法责任制的意见》(厅字〔2017〕44 号)明确:"市地级、县级法院院长、检察院检察长由省级党委(党委组织部)管理,其他领导人员可委托当地市地级党委管理。"换言之,改革之前,中级人民法院院长多数为副厅长级(直辖市、副省级城市和计划单列市为正厅长级),本来就属于省级党委管理;基层人民法院院长多数为副处长级(副省级城市、计划单列市为正处级,仅直辖市为副厅长级),一般由市地级党委管理。改革之后,所有基层人民法院院长"升格"为省级党委管理,转化为省管干部。在多数省份,中级、基层人民法院领导班子成员由省级党委委托当地市地级党委管理;极个别省份将三级法院领导班子统一交由省级党委管

---

〔1〕 1996 年 1 月,内蒙古自治区暂停试点工作;2006 年,经省委组织部同意,黑龙江高院停止试点工作;2008 年 2 月,经浙江高院与绍兴市委组织部协商结束对绍兴市法院干部管理试点改革工作;2004 年 5 月,福州市委下发〔2004〕43 号文件,改变了由上级法院党组管理为主的福州法院干部管理权限;2010 年、2011 年,漳州市委、南平市委经与福建省高院沟通,也不再开展试点工作。

理。这样的好处，是减少了地方因素对法院干部人事安排的影响，但由于报省委组织部审批、考察时间周期较长，一定程度上也影响了法院领导干部的选任效率，不利于及时补缺。

2019年3月17日，中共中央结合新时代党的组织路线和干部工作方针政策，重新修订印发了《党政领导干部选拔任用工作条例》。2021年5月30日，中办又印发了新的《干部双重管理工作规定（试行）》。按照新的条例和规定，实行干部双重管理的职务范围根据工作需要确定，可以包括领导班子所有成员、部分成员，也可以只将领导班子正职纳入。除特殊情形外，内设机构领导职务不纳入双重管理范围。根据工作需要和协管职务的职责任务，协管职务分为重点协管职务、一般协管职务。人民法院领导班子成员为重点协管职务，重点协管职务之外的双重管理职务，属于一般协管职务。

双重管理干部的考察工作，由主管单位负责组织实施。考察下级人民法院领导班子拟任人选，根据工作需要，主管单位可以会同协管单位进行。协管单位不得对协管职务拟任人选自行考察或重复考察。干部任免需要主管单位在任免前与协管单位沟通的，可以采取征得同意、征求意见的方式，一般以书面方式进行。下级人民法院党组书记、院长人选应征得上级人民法院同意，其他领导班子成员应征求上级人民法院意见。协管单位收到主管单位关于干部任免事项的沟通意见后，应当及时研究提出意见予以答复，一般应当在10个工作日内答复，特殊情况最长不得超过1个月，超过1个月未答复的，视为同意。双方意见不一致时，院长的任免报上级党委组织部门协调，副院长、政治部（处）主任等副职的任免由主管单位决定，事后告知协管单位。对地方人民法院院长、副院长的人选，上级人民法院党组和地方党委意见不一致时，应当严格按条例和工作规定的程序办理。

从"组织推荐"到"法律任免"

向国家机关推荐人民法院领导干部和审判人员，是党领导司法工作的组织保证。选举或任免审判人员，则是宪法和法律赋予国家权力机关及其常设机关的职权。"党管干部"原则在司法领域依法运行的一个重要环节,就是要严格按照法律程序,将党组织推荐的审判人员人选选任至相应岗位。

早在 1983 年 9 月 8 日,中组部就印发了《关于任免国家机关和其他行政领导职务必须按照法律程序和有关规定办理的通知》,规定凡依法由各级人大选举产生或由人大常委会决定任免的职务,必须严格遵守 1979 年《人民法院组织法》等法律规定,严格按程序办理。拟任职的人选报请党委审查决定后,下达通知时应用"同意提名某同志担任某项职务"的提法,然后由有关国家机关按法定程序提请人大选举,或报请人大常委会审查决定。在此之前,不得以党委名义任命,更不得对外宣布。

1984 年 4 月 26 日,中共中央又印发《关于任免国家机关领导人员必须严格依照法律程序办理的通知》,强调:按照干部管理权限,经各级党委审查同意,须由各级人大选举产生或由人大常委会决定任免的人选,人大代表和常委会组成人员有权提出不同意见,对这些意见,有关党委应该认真加以考虑。如果意见有道理,应该重新考虑人选;如果认为人选不宜改变,或者认为提的意见不全面或与事实有出入,应该耐心说明、解释;如果多数代表或委员不同意,不得勉强要求保证通过。[1]

2014 年上半年推动深化司法体制改革试点期间,部分试点省份拟在省一级设立法官选任委员会,负责省级范围内初任法官和入额法官的资格审查和考核事宜。经过慎重研究并广泛征求意见,中央政法委、最高人民法院建议将"法官选任委员会"名称更改为"法官遴选委员会"。之所以改"选任"为"遴选",**一是**考虑到按照"党管干部"原则,委员会只有专业把关之权,无权从政治、廉洁等方面综合考量,不宜代替党组织行使干部推荐权力。**二是**法官人选最终应该按照宪法、法律规定,提交相应的人大常委会决定任免,委员会有"遴选"之责,但

---

〔1〕《中共中央关于任免国家机关领导人员必须严格依照法律程序办理的通知》(1984 年 4 月 26 日),载最高人民法院政治部编:《法院组织人事工作文件汇编》(中册),人民法院出版社 2000 年版,第 1393—1394 页。

没有"任命"之权。因此,试点期间出台的框架指导意见,明确法官遴选委员会仅能从专业角度提出法官人选,并将人选名单、岗位需求、任职资格、拟任人选等情况面向社会公示,由组织人事、纪检监察部门分别在政治素养、廉洁自律等方面考察把关,党委(党组)按照权限审批,人大常委会依照法律程序任免。相关实践也最终被 2018 年《人民法院组织法》第四十七条、2019 年《法官法》第十六条所吸收。

《党政领导干部选拔任用工作条例》在第八章专门规定了干部选任工作的"依法推荐、提名和民主协商"程序。具体到审判人员选任工作,因为有的是院长、副院长等院领导职务,按照干部管理权限,应当由相关**党委**向人大或其常委会推荐;有的是审判委员会委员、庭长、副庭长、审判员等由所在人民法院党组管理的干部,一般由相关人民**法院党组**向人大常委会推荐。运行流程上,包括以下几个层次:

第一,依法提名和事先推荐。党委(法院党组)向人大或其常委会推荐需要由其选举、任命、决定任命的审判人员人选,应当事先向人大临时党组织或人大常委会党组和人大常委会组成人员中的党员介绍推荐意见。

第二,介绍情况和推荐理由。党委向人大推荐由人大选举、决定任命的法院领导干部人选,应当以本级党委名义向人大主席团提交推荐书,介绍所推荐人选的有关情况,说明推荐理由。党委(法院党组)向人大常委会推荐由人大常委会任命、决定任命的审判人员人选,应当在人大常委会审议前,按照规定程序提出,介绍所推荐人选的有关情况。

第三,通报情况和民主协商。领导班子换届,党委推荐人民法院院长人选,应当事先向民主党派、工商联主要领导成员和无党派代表人士通报有关情况,充分民主协商。

第四,解释说明和重新推荐。党委(法院党组)推荐的审判人员人选,在人大选举、决定任命或者人大常委会任命、决定任命前,如果人大代表或者人大常委会组成人员对所推荐人选提出不同意见,党委(法院党组)应当认真研究,并作出必要的解释或者说明。如果发现有事实依据、足以影响选举或者任命的问题,党委(法院党组)可以建议人民代表大会或者人大常委会按照规定程序暂缓选举、任命、决定任命，也可以重新推荐人选。

五、党支持司法的制度运行

坚持党的领导与依法独立行使审判权

坚持党的领导，具体体现在党领导立法、保证执法、支持司法、带头守法上。[1] **"党支持司法"**，是指各级党组织和领导干部要支持司法机关开展工作，支持司法机关依法独立公正行使职权。如何正确认识坚持党的领导与人民法院依法独立行使审判权的关系，经历过一个曲折的历史过程，但最终形成了成熟、有效的制度机制。

1954 年《宪法》第七十八条规定："人民法院独立进行审判，只服从法律。"这其中，"只服从法律"主要参考了 1936 年《苏联宪法》第一百一十二条的表述，即"审判员独立，只服从法律"。事实上，在 1954年《宪法》制定过程中，围绕第七十八条的存废和表述，存在较大争议，主要观点包括：**一是**认为我国法院独立审判的主客观条件还不成熟，规定而不实行，不利于确立宪法权威。**二是**担心这么规定，不利于发挥集体领导和集体审判的优势，甚至会被视为"三权鼎立"。**三是**认为"独立"容易产生歧义，会被当作独立于党的领导和上级人民法院的监督。**四是**认为"只服从法律"的表述过于绝对，建议将之改为"可服从法律"。**五是**建议明确法院不受哪些机关的干涉，要么概括表述为"不受任何政权机关的干涉"，要么给予更加精确的界定。**六是**建议明确"只服从法律"中的"法律"是否包括宪法和其他有法律效力的条例、

---

〔1〕 《把党的领导贯彻到依法治国全过程和各方面》(2014 年 10 月 23 日)，载习近平：《论坚持党对一切工作的领导》，中央文献出版社 2019 年版，第 78—79 页。

命令。[1]

尽管存在上述争议,1954 年《宪法》第七十八条还是首次确立了我国宪法中的独立审判原则,并被 1954 年《人民法院组织法》全盘吸收。宪法的这一规定,也被视为根据民主集中制、集体领导与个人负责相结合的组织原则所确定的组织制度。[2] 当时的主要考虑是:"如果法院不能独立行使权力,处处受行政机关的干涉,法院的作用就没有多大意义了,法律也没有多大意义了。所以,必须独立行使审判权,这样法院的权力就大了,责任也就大了。"[3] 从配套举措上看,检察监督、陪审制度、辩护制度、集体领导、上诉制度、调查研究、证据与口供并重、死刑复核等机制,都有利于防止独立审判出现"专断"、产生错案。[4]

对于独立审判可能脱离党的领导、人大监督或中心工作的顾虑,董必武、彭真等政法工作领导人后来都作了解读和澄清:

第一,独立审判不是脱离党的领导。"法院实行独立审判制,检察机关实行垂直领导制,不是不要党的领导。……党领导我们制定法律,党也领导我们贯彻和执行法律,党的领导并不影响独立审判。"[5]"我们一切工作都是在党的领导下进行的,但党的领导不是每个具体案件都要党委管,如果这样,那还设法院这些机构干什么。党是依靠机关里的党组来领导。整个工作的原则、方针和政策,那是党委应该考虑的,法院应该把政策应用到具体工作中去,那就应该向党委请示,请党委考虑。""作为司法工作人员,不能因独立审判对党闹独立,一切

---

〔1〕　上述意见主要来自宪法起草委员会办公室整理的《宪法草案初稿讨论意见汇编》,主要反映了政协组织的宪法草案座谈会和各地提出的制宪建议。参见韩大元:《论1954 年宪法上的审判独立原则》,载《中国法学》2016 年第 5 期。

〔2〕　张子培:《批判资产阶级"法官自由心证"原则》,载《政法研究》1958 年第 2 期。

〔3〕　《中华人民共和国宪法草案(1954 年宪法)的基本精神和主要内容》,载张友渔:《宪政论丛》(下册),群众出版社 1986 年版,第 24 页。

〔4〕　刘崑林:《对"人民法院独立审判,只服从法律"的认识》,载《政法研究》1955 年第1 期。

〔5〕　《在全国检察业务会议上的报告》(1954 年 11 月 21 日),载彭真:《论新中国的政法工作》,中央文献出版社 1992 年版,第 114 页。

方针、政策都需要党的领导,要向党请示报告,请示党检查工作。"[1]

第二,独立审判不是拒绝外部监督。"法院独立进行审判活动是指其机关组织而言,而不是指审判员个人。同时,这种独立也只是相对的。法院要向本级人民代表大会和它的常委会负责并报告工作,下级法院要受上级法院的监督,还要受检察院的监督,所以说法院并不是什么特权机关。所谓独立行使职权,是指法院只依照法律行使自己的审判权,依法判案。"[2]

第三,独立审判不是远离中心工作。"人民法院审判案件根据事实依法判决,不受任何机关、团体和个人的干涉和影响……并不是说人民法院孤立办案,它必须按照国家方针、政策和国家法律办事,依靠人民、联系人民和接受人民群众的监督,同地方国家机关的活动取得一致,以便更好地实现全国人民的意志,服务于社会主义建设事业。"[3]

受当时国内外政治形势变化影响,1954 年《宪法》第七十八条并没有得到很好的落实。对于死刑等特定类型的案件,相关文件仍要求司法机关向党委请示报告,甚至报党委批准,普通案件也需要按刑期长短、情节轻重报党委审批。[4] 从 1957 年开始,1954 年《宪法》确定的独立审判原则开始受到批判,被认为是"司法独立所产生,与社会主义法制原则水火不相容"。[5] 人民法院独立进行审判被说成"向党闹

---

〔1〕 《在军事检察院检察长、军事法院院长会议上的讲话》(1957 年 3 月 18 日),载《董必武选集》,人民出版社 1985 年版,第 458—461 页。

〔2〕 《在全国检察业务会议上的报告》(1954 年 11 月 21 日),载彭真:《论新中国的政法工作》,中央文献出版社 1992 年版,第 111—112 页。

〔3〕 魏文伯:《对于"中华人民共和国人民法院组织法"基本问题的认识》,上海人民出版社 1956 年版,第 3 页。

〔4〕 《中共中央关于镇压反革命活动的指示》(1950 年 10 月 10 日)提出:"在判处死刑时,党内必须经过省委、大市委、区党委及受委托的地委批准。"《中共中央关于死刑案件审批办法的指示》(1957 年 9 月 10 日)要求:"应该报请省、市、自治区党委批准的案件,高级人民法院的党组必需报请省、市、自治区党委批准,再由高级人民法院加以核准或者判决,然后报最高人民法院核准执行。如果检察、公安机关或者被告对案件的判决有不同意见,高级人民法院报最高人民法院核准时,应当将不同的意见附载。"

〔5〕 康树华:《"司法独立"的反动本质》,载《政法研究》1958 年第 2 期。

独立性",甚至是"以法抗党"。[1] 关于"党对法院工作的领导是通过制定法律来实现的。法律是人民的意志,也是党的意志,审判员服从了法律,就等于服从了党的领导"的正确观点,被视为"反对党对人民法院工作的领导",[2]党委审批具体案件则被看作"防止错案的重要保证"。[3] 1958 年 6 月 23 日至 8 月 20 日召开的第四届全国司法工作会议,提出"人民法院必须绝对服从党的领导,成为党的一个驯服工具","不仅要服从党的方针政策的领导,而且要服从党对审判具体案件以及其他一切方面的批示和监督。"[4]这与以董必武为代表的"在党的领导下独立审判"的正确立场完全背道而驰,也在司法领域带来思想认识上的混乱。

1960 年开始,党和国家领导人也开始反思因忽视法制而导致的严重问题。响应中共中央关于"大兴调查研究之风"的号召,最高人民法院开始深入调研,着手解决司法工作中存在的严重问题。1962 年 5 月 23 日,时任中共中央副主席刘少奇就中央政法小组如何起草《关于 1958 年以来政法工作的总结报告》,作了一次重要谈话。他指出:

法院独立审判是对的,是宪法规定了的。党委和政府不应干涉它们判案子……不要提政法机关绝对服从各级党委领导。它违法,就不能服从。如果地方党委的决定同法律、同中央的政策不一致,服从哪一个? 在这种情况下,应该服从法律、服从中央的政策。[5]

刘少奇的谈话,有力支持了人民法院依法独立审判,也对纠正偏

---

〔1〕 吴德峰:《为保卫社会主义法制而斗争》,载《政法研究》1958 年第 1 期。

〔2〕 若泉、何方:《不许篡改人民法院的性质》,载《人民日报》1957 年 12 月 24 日。

〔3〕 王乃漈、陈启武:《对"人民法院独立进行审判,只服从法律"的理解》,载《法学》1958 年第 2 期。

〔4〕 上述内容主要来自会议主要文件《关于检查八年来工作和今后意见的报告》。会议情况参见《第四届全国司法工作会议的来龙去脉及其严重影响》,载《司法实践与法治探索——张愻司法论文集》,人民法院出版社 2007 年版,第 205—206 页。

〔5〕 《政法工作和正确处理人民内部矛盾》(1962 年 5 月 23 日),载《刘少奇选集》(下卷),人民出版社 1985 年版,第 452 页。

差、总结经验、改进工作具有重大指导意义。1962 年 10 月 31 日至 11 月 12 日召开的第六次全国司法工作会议，通过了最高人民法院起草的《关于人民法院工作若干问题的规定》，确定了各级人民法院在审判工作中共同遵守的基本准则。这一规定共十条，所以又被称为“法院工作十条”。“法院工作十条”重申了严格执行审判权由人民法院行使和“人民法院独立进行审判，只服从法律”原则，推动审判工作回到正轨。[1] 上述努力，因 1966 年 5 月“文化大革命”的发生戛然而止。1975 年、1978 年通过的两部宪法，都取消了 1954 年《宪法》确定的人民法院独立审判原则。

“文革”结束后，各方面都开始深刻总结反思破坏法制的惨痛教训。党的十一届三中全会公报提出“检察机关和司法机关要保持应有的独立性”。叶剑英、彭真等党和国家领导人也呼吁“法院……一定要保持应有的独立性，一定要有一批大无畏的不惜以身殉职的检察官和法官维护社会主义法制的尊严”。[2] “法律是党领导制定的。党委领导也是正确执行法律，根据政策规定方针、政策。至于一个个的具体案件，除有些特殊的要党委过问外，仍然由检察院、法院独立去处理。”[3]

1979 年 9 月 9 日，中共中央发出《关于坚决保证刑法、刑事诉讼法切实实施的指示》（以下简称《“两法”指示》），正式提出：

今后，加强党对司法工作的领导，最重要的一条，就是切实保证法律的实施，充分发挥司法机关的作用，切实保证人民检察院独立行使检察权，人民法院独立行使审判权，使之不受其他行政机关、团体和个人的干涉。国家法律是党领导制定的，司法机关是党领导建立的，任

---

〔1〕 何兰阶、鲁明健主编：《当代中国的审判工作》（上册），当代中国出版社 1993 年版，第 110—114 页。

〔2〕 叶剑英：《尽快完善我国的法制》（1979 年 2 月 15 日），载全国人大常委会办公厅、中共中央文献研究室编：《人民代表大会制度重要文献选编》（二），中国民主法制出版社、中央文献出版社 2015 年版，第 386—387 页。

〔3〕 《在广东省和广州市公检法汇报会上的讲话要点》（1980 年 2 月 1 日），载彭真：《论新中国的政法工作》，中央文献出版社 1992 年版，第 214 页。

何人不尊重法律和司法机关的职权,这首先就是损害党的领导和党的威信。党委与司法机关各有专责,不能互相代替,不应互相混淆。为此,中央决定取消各级党委审批案件的制度。对县级以上干部和知名人士等违法犯罪案件,除极少数特殊重大情况必须向上级请示者外,都由所在地的司法机关独立依法审理。对于司法机关依法作出的判决和裁定,有关单位和个人都必须坚决执行;如有不服,应按照司法程序提出上诉,由有关司法机关负责受理……党对司法工作的领导,主要是方针、政策的领导。各级党委要坚决改变过去那种以党代政、以言代法,不按法律规定办事,包揽司法行政事务的习惯和做法……各级司法机关中的党组织和党员干部,要主动向同级党委汇报请示工作,并充分发挥工作中的主动性、积极性和创造性。要表彰那些大公无私、刚直不阿、精通业务的司法人员。对于利用职权,对司法机关的工作非法进行干涉和施加影响的干部,对于渎职失职、屈从权势、徇私舞弊、贪赃枉法的司法人员,必须依法严加查究。

《"两法"指示》首次以中共中央文件的形式,明确坚持党的领导与人民依法独立审判并不冲突,取消了各级党委审批案件的制度,规范了党领导司法工作的方式,对于推进社会主义法制建设、加强人民法院思想建设和组织建设,具有划时代的长远意义。

宪法层面,1982年《宪法》第一百二十六条恢复了"人民法院依照法律规定独立行使审判权"的表述,但将"只服从法律"修改为"不受行政机关、社会团体和个人的干涉"。原表述被认为过于"绝对化",不够精准,[1]新表述既反向排除了行政机关、社会团体和个人的干涉,又为党的领导和人大及其常委会、检察机关的监督留下了制度空间,[2]而且"表述更为确切",[3]事实上,在坚持党的领导和依法接受

---

〔1〕 肖蔚云:《我国现行宪法的诞生》,北京大学出版社1986年版,第79页。

〔2〕 蔡定剑:《宪法精解》(第2版),法律出版社2006年版,第441页。

〔3〕 《关于修改人民法院组织法、人民检察院组织法的决定等几个法律案的说明》(1983年9月2日),载王汉斌:《社会主义民主法制文集》(上册),中国民主法制出版社2012版,第86—95页。

监督等方面，1982 年《宪法》第一百二十六条与 1954 年《宪法》第七十八条的精神是完全一致的。[1]

随着改革开放不断深入，党对司法工作的领导方式逐步成型。党的十五大在不断总结党执政经验基础上，提出了依法治国这一党领导人民治理国家的基本方略，并推动"中华人民共和国实行依法治国，建设社会主义法治国家"的表述写入宪法。党的十六大进一步提出改革和完善党的领导方式和执政方式，把依法执政确定为党治国理政的基本方式。党的十八届四中全会于通过的《中共中央关于全面推进依法治国若干重大问题的决定》，通过明确"三个统一"和"四个善于"的方式，科学概括了如何实现"坚持党的领导、人民当家作主、依法治国有机统一"。

按照《中共中央关于全面推进依法治国若干重大问题的决定》，推动实现"坚持党的领导、人民当家作主、依法治国有机统一"，就是要坚持党领导立法、保证执法、支持司法、带头守法，做到"三个统一"和"四个善于"。所谓**"三个统一"**，就是把依法治国基本方略同依法执政基本方式**统一起来**，把党总揽全局、协调各方同人大、政府、政协、审判机关、检察机关依法依章程履行职能、开展工作**统一起来**，把党领导人民制定和实施宪法法律同党坚持在宪法法律范围内活动**统一起来**。所谓**"四个善于"**，就是**善于**使党的主张通过法定程序成为国家意志，**善于**使党组织推荐的人选通过法定程序成为国家政权机关的领导人员，**善于**通过国家政权机关实施党对国家和社会的领导，**善于**运用民主集中制原则维护中央权威、维护全党全国团结统一。

具体到对党**"支持司法"**的理解，主要包括以下几个层次：

第一，党支持司法是以坚持党的绝对领导为前提的。我国 2018 年修改《宪法》时，在第一章"总纲"第一条第二款"社会主义制度是中华人民共和国的根本制度"之后增写一句，内容为："中国共产党领导是中国特色社会主义最本质的特征。"主要考虑就是：中国共产党是执

---

[1] 刘松山：《健全宪法实施和监督制度若干重大问题研究》，中国人民大学出版社 2019 年版，第 286 页。

政党,是国家的最高政治领导力量。中国共产党领导是中国特色社会主义最本质的特征,是中国特色社会主义制度的最大优势。《宪法》从社会主义制度的本质属性角度对坚持和加强党的全面领导进行规定,有利于把党的领导落实到国家工作全过程和各方面。实践中,司法工作由党中央集中统一领导,各级党委依照《政法工作条例》领导和管理,各级人民法院党组及时向党委请示报告重大事项、发挥政治核心作用、党组成员依照工作程序参与重大业务和重要决策,确保司法工作始终沿着正确方向前进。

第二,党的政策和国家法律不是对立关系,司法机关依法独立公正行使职权就是贯彻落实党的政策。司法机关所"依"之"法",是指"国家法律",它与党的政策都是人民根本意志的反映,在本质上是一致的。党的政策是国家法律的先导和指引,是立法的依据和司法的重要指导。党通过法定程序,使党的主张成为国家意志、形成法律,通过法律保障党的政策有效实施。党的政策成为法律后,实施法律就是贯彻党的意志。人民法院依法独立公正行使审判权,就是执行党的政策。[1]

第三,党区分不同事务类型,科学确定对司法工作的领导方式。党主要发挥总揽全局、协调各方的领导核心作用,对司法工作的领导是管方向、管政策、管原则、管干部,不是包办具体事务。[2] 因此,决不能以党委决定改变、代替司法裁判,领导干部也不能借党对政法工作的领导之名干预审判工作,更不能代替人民法院对具体案件作出处理。[3] 党对司法工作的领导,主要是政治领导、思想领导和组织领导。所谓**政治领导**,就是由党中央决定司法工作大政方针,确立司法工作的政治立场、政治方向、政治原则、政治道路,严明政治纪律和政

---

〔1〕 《党的领导和社会主义法治是一致的》(2014年1月7日),载习近平:《论坚持全面依法治国》,中央文献出版社2020年版,第43页。

〔2〕 《党的领导和社会主义法治是一致的》(2014年1月7日),载习近平:《论坚持全面依法治国》,中央文献出版社2020年版,第44页。

〔3〕 周强:《党的各级组织和领导干部必须在宪法法律范围内活动》,载《人民日报》2016年11月22日。

治规矩等内容。所谓**思想领导**,是指党确定司法工作的指导思想和行动指南,管理司法机关的意识形态。所谓**组织领导**,是指党确定领导司法工作的组织形式、队伍建设要求,在司法工作中落实党管干部原则,选优配强人民法院领导干部。[1]

第四,党通过完善党内法规,支持司法机关排除、抵制各类不当干预。确保司法机关依法独立公正行使职权,必须着力解决领导机关和领导干部违法违规干预问题。实践中,一些党政领导干部出于个人利益,打招呼、批条子、递材料,或者以其他明示、暗示方式插手干预个案,甚至让执法司法机关做违反法定职责的事。在中国共产党领导的社会主义国家里,是绝对不允许的。按照中央有关要求,对来自群众反映司法机关办案中存在问题的举告,党政领导干部可以依法按程序批转,但不得提出倾向性意见,更不能替司法机关拍板定案。[2]

需要强调的是,1982 年《宪法》确立的独立审判原则,也即"人民法院依照法律规定独立行使审判权",是宪法根据审判权特点作出的特殊制度安排,与西方所谓"司法独立"有本质不同。新中国成立之初,法律界对西方"司法独立"思想的批判,主要针对"三权鼎立"的政治设定和关于司法机关应当"非党化""超阶级""超政治"的呼吁。[3] 其实,"司法独立"(Judicial Independence)只是一个表述,对于何谓"司法独立",不同国家和地区的人民,基于千差万别的国情体验和价值判断,可能存在多种认识,并据此选择不同的"独立"模式和法治道路。

历史上,为推动实现司法公正,国际社会也曾有过阶段性共识。例如,1985 年 8 月 2 日至 9 月 6 日召开的第七届联合国预防犯罪和罪犯待遇大会,曾通过《关于司法机关独立的基本原则》(*Basic Principles on the Independence of the Judiciary*),并经联合国大会决议核可。文件提出的保障司法机关独立性的基本原则是:确保法院依法独立审判应

---

[1] 黄文艺:《论党法关系的规范性原理》,载《政法论坛》2022 年第 1 期。

[2] 《严格执法,公正司法》(2014 年 1 月 7 日),载习近平:《论坚持全面依法治国》,中央文献出版社 2020 年版,第 50 页。

[3] 康树华:《"司法独立"的反动本质》,载《政法研究》1958 年第 2 期。

当写入宪法和法律;法院审理案件不受非法干涉;仅法院有司法审判权;给予法院公平履职保障;确保法官具有专业资质;法院自主决定内部分配案件;法官任期薪酬受法律保障;法官依法享受职业豁免,等等。严格意义上讲,上述内容并不涉及意识形态和政治偏见,所以能够在一定程度上凝聚共识。

然而,一段时期以内,对西方"司法独立"的界定逐步被一些人绝对化,认为所谓"司法独立"应包含以下前提与特征:**一是**法院与政治或政党绝缘,法官不属于任何党派;**二是**法院作为整体的独立,以三权鼎立的政制安排为前提,司法权力不从属于任何一个政治分支;**三是**法院拥有宪法解释权和司法审查权,能够宣布法律违宪而无效;**四是**法官终身任职;**五是**法官绝对独立,可以以个人名义独立行使审判权。

上述界定,其实已超越许多国家的政治制度、宪法法律和基本国情,并非普遍的制度安排。但总有声音将之视为"普世标准",认为符合标准才是真正的"独立"、实质的"法治",反之则是"专制"和"落后"的司法。对于这种为别人"量身定制"一套制度标准,别人不予接受,就扣上各种"帽子"的做法,近些年在许多领域交替上演,只能视之为司法意识形态的"刻意灌输"和"强迫交易"。

从党的十五大报告到十八大报告,都有"保证"或"确保"审判机关、检察机关"依法独立公正地行使审判权和检察权"的表述。[1] 党的十八大以来,党中央推出一系列重大改革举措,从制度安排上确保人民法院依法独立行使审判权:**一是**改革司法管理体制,推动省以下地方法院人财物统一管理,探索建立与行政区划适当分离的司法管辖制度,完善四级法院审级职能定位,保证国家法律统一正确实施。**二是**全面落实司法责任制,明确除审判委员会讨论决定的案件以外,院长庭长对其未直接参加审理案件的裁判文书不再审核签发,实现"让审理者裁判、由裁判者负责"。**三是**建立领导干部干预司法活动、插手

---

〔1〕　党的十五大报告的表述是"从制度上保证司法机关依法独立公正地行使审判权和检察权";十六大报告是"从制度上保证审判机关和检察机关依法独立公正地行使审判权和检察权";十七大报告是"保证审判机关、检察机关依法独立公正地行使审判权、检察权";十八大报告是"确保审判机关、检察机关依法独立公正行使审判权、检察权"。

具体案件处理的记录、通报和责任追究制度。任何党政机关和领导干部都不得让司法机关做违反法定职责、有碍司法公正的事情,任何司法机关都不得执行党政机关和领导干部违法干预司法活动的要求。**四是**建立司法人员履行法定职责保护机制。非因法定事由,非经法定程序,不得将法官调离、辞退或者作出免职、降级等处分,并强化了对法官的人身安全保护机制。**五是**建立符合法官职业特点的工资制度和职务序列,法官工资高于普通公务员一定比例,即使不遴选到上级法院、不担任领导职务,也可以晋升至较高法官等级,享受对应薪酬待遇。

上述改革举措,构成了落实宪法独立审判原则的党内法规、法律制度体系,也是中国特色社会主义司法制度的重要组成部分,体现了制度优势和治理效能。

司法重大事项请示和报告制度

2016 年 10 月 27 日,党的十八届六中全会通过《关于新形势下党内政治生活的若干准则》,强调"全党必须严格执行重大问题请示报告制度",要求:

全国人大常委会、国务院、全国政协,中央纪律检查委员会,最高人民法院、最高人民检察院,中央和国家机关各部门,各人民团体,各省、自治区、直辖市,其党组织要定期向党中央报告工作。研究涉及全局的重大事项或作出重大决定要及时向党中央请示报告,执行党中央重要决定的情况要专题报告。遇有突发性重大问题和工作中重大问题要及时向党中央请示报告,情况紧急必须临机处置的,要尽职尽力做好工作,并迅速报告。

中共中央 2019 年 2 月 28 日印发《中国共产党重大事项请示报告条例》,以党内法规形式规范了重大事项请示报告制度。具体到政法领域,中共中央办公厅于 2017 年 4 月印发《政法机关党组织向党委请示报告重大事项规定》(中办发〔2017〕30号),规范了各级人民法院、人民检察院、公安机关、司法行政机关党组(党委)向批准其设立的党委请示报告重大事项的程序。《政法工作条例》印发后,该文件内容被吸收到条例中,具体执行以条例规定的内容为准。

所谓**"重大事项"**,是指超出党组织和党员、领导干部自身职权范围,或者虽在自身职权范围内但关乎全局、影响广泛的重要事情和重要情况,包括党组织贯彻执行党中央决策部署和上级党组织决定、领导经济社会发展事务、落实全面从严治党责任,党员履行义务、行使权利,领导干部行使权力、担负责任的重要事情和重要情况。所谓**"请示"**,是指下级党组织向上级党组织,党员、领导干部向党组织就重大事项请求指示或者批准。所谓**"报告"**,是指下级党组织向上级党组织,党员、领导干部向党组织呈报重要事情和重要情况。接受归口指导、协调或者监督的单位党组织,向上级党组织请示报告一般应当抄送负有指导、协调或者监督职责的单位党组织。一般来说,"事前为请示,事后为报告",有请示自然有批复,而报告则不尽然,所以,与报告相比,请示的强制性、程序性要求更高一些。[1]报送请示应当一文一事,不得在报告等非请示性公文中夹带请示事项。

在司法领域,考虑到人民法院职能的特殊性,"重大事项"当然也包括重大案件进展和处理情况。从对象上看,最高人民法院党组向党中央和总书记请示报告工作。地方人民法院党组向同级党委请示报告重大事项和汇报重要工作,一般同时抄报同级党委政法委员会。人民法院党组每年应当向同级党委报告全面工作情况,遇有重要情况及时请示报告。关于重大事项的请示报告,各级人民法院党组书记为第一责任人,对相关工作负总责。

人民法院党组请示报告工作一般应当以党组名义进行。特殊情况下,可以根据工作需要以党组书记名义代表党组请示报告。请示报告应当逐级进行,一般不得越级请示报告。特殊情况下,才可以按照有关规定直接向更高层级党组织请示报告。中共中央办公厅负责接

---

〔1〕　段瑞群:《政法领域中请示报告制度的理解与适用》,载《理论与改革》2020年第5期。

受办理向党中央请示报告的重大事项，并统筹协调和督促指导各地区各部门向党中央的请示报告工作。地方党委办公厅（室）负责接受办理向本级党委请示报告的重大事项，并统筹协调和督促指导本地区的请示报告工作。中央全面深化改革委员会、中央全面依法治国委员会作为党中央的决策议事协调机构，可以在其职权范围内接受下级党组织的请示报告并作出处理。

关于最高人民法院党组请示和报告的对象和范围，《政法工作条例》区分了向党中央请示、向党中央报告、向中央政法委请示、向中央政法委报告四种情况：

第一，向党中央请示的事项。 最高人民法院党组应当及时向党中央请示的事项包括：（1）司法工作重大方针政策、关系司法工作全局和长远发展的重大事项；（2）维护国家安全特别是以政权安全、制度安全为核心的政治安全重大事项；（3）维护社会稳定工作中的重大问题；（4）重大司法体制改革方案、重大立法建议；（5）拟制定的法院队伍建设重大政策措施；（6）司法工作中的其他重大事项。下列事项一般不必向党中央请示：属于最高人民法院党组自身职权范围内的日常工作；党中央就有关问题已经作出明确批复的；事后报告即可的事项等。

第二，向党中央报告的事项。 最高人民法院党组应当及时向党中央报告的事项包括：（1）党中央决定、决策部署、指示等重大事项贯彻落实重要进展和结果情况；（2）对影响党的路线方针政策和宪法法律正确统一实施重大问题的调查研究报告；（3）具有全国性影响的重大突发案（事）件重要进展和结果情况；（4）加强法院队伍建设的重大举措；（5）半年和年度工作情况；（6）党中央要求报告的其他事项。定期报告按照规定的时间进行。专题报告根据工作进展情况适时进行，突发性重大事件应当及时报告，并根据事件发展处置情况做好续报工作。下列事项一般不必向党中央报告：具体事务性工作；没有实质性内容的表态和情况反映等。

第三，向中央政法委请示的事项。 最高人民法院党组应当向中央政法委员会请示的事项包括：（1）涉及司法工作全局、需要提请中央政法委员会研究决定的重大事项；（2）有关地区、部门之间存在分歧，经反复协商仍不能达成一致,需要中央政法委员会协调的重大事项;(3)重大司法体制改革方案和措施;(4)出台重要司法解释、司法政策性文件,提出涉及重大体制和重大政策调整的立法建议;(5)党中央交办的重大事项和需要中央政法委员会统筹研究把握原则、政策的重大事项;(6)司法工作中涉及国家安全特别是政治安全等重大事项的相关政策措施问题;(7)拟以中央政法委员会名义召开会议或者印发文件;(8)应当向中央政法委员会请示的其他重大事项。

第四,向中央政法委报告的事项。最高人民法院党组应当向中央政法委员会报告的事项包括:(1)全面贯彻党的基本理论、基本路线、基本方略,贯彻落实党中央决策部署情况;(2)贯彻落实党中央关于政法工作的重要指示精神情况;(3)贯彻落实中央政法委员会工作部署、指示和决定情况;(4)重大工作部署以及推进情况,年度工作情况;(5)重大司法改革部署以及推进情况;(6)司法工作中涉及国家安全特别是政治安全的重大事项处理情况;(7)履行全面从严治党主体责任情况,落实党建工作责任制、党风廉政建设责任制、司法领域意识形态工作责任制等情况;(8)领导干部干预司法活动、插手具体案件处理情况;(9)应当向中央政法委员会报告的其他事项。

实践中,地方各级人民法院党组向同级党委、党委政法委请示报告的事项,结合自身职能,参照上述范围确定。提出请示报告的人民法院党组在贯彻执行党中央以及上级党组织决定、决策部署、指示等过程中,认为原请示报告事宜需要作出调整的,必须按照"谁决策、谁审批"的原则,报原决策单位审批,但在批准前应当坚决执行。

干预司法活动的记录、通报和责任追究制度

党的十八届四中全会通过的《中共中央关于全面推进依法治国若干重大问题的决定》指出:

各级党政机关和领导干部要支持法院、检察院依法独立公正行使职权。建立领导干部干预司法活动、插手具体案件处理的记录、通报

和责任追究制度。任何党政机关和领导干部都不得让司法机关做违反法定职责、有碍司法公正的事情,任何司法机关都不得执行党政机关和领导干部违法干预司法活动的要求。对干预司法机关办案的,给予党纪政纪处分;造成冤假错案或者其他严重后果的,依法追究刑事责任……司法机关内部人员不得违反规定干预其他人员正在办理的案件,建立司法机关内部人员过问案件的记录制度和责任追究制度……依法规范司法人员与当事人、律师、特殊关系人、中介组织的接触、交往行为。严禁司法人员私下接触当事人及律师、泄露或者为其打探案情、接受吃请或者收受其财物、为律师介绍代理和辩护业务等违法违纪行为,坚决惩治司法掮客行为,防止利益输送。

为落实十八届四中全会的决定要求,2015 年 3 月,中共中央办公厅、国务院办公厅印发《领导干部干预司法活动、插手具体案件处理的记录、通报和责任追究规定》(中办发〔2015〕23 号)。文件明确,对司法工作负有领导职责的机关,因履行职责需要,可以依照工作程序了解案件情况,组织研究司法政策,统筹协调依法处理工作,督促司法机关依法履行职责,为司法机关创造公正司法的环境,但不得对案件的证据采信、事实认定、司法裁判等作出具体决定。司法机关依法独立公正行使职权,不得执行任何领导干部违反法定职责或法定程序、有碍司法公正的要求。对领导干部干预司法活动、插手具体案件处理的情况,司法人员应当全面、如实记录,做到全程留痕,有据可查。同时,文件还明确了领导干部"违法干预司法活动"的五种情形。

同月,中央政法委印发《司法机关内部人员过问案件的记录和责任追究规定》(中政委〔2015〕10 号),建立了防止司法机关内部人员干预办案、转递材料、打探案情、说情打招呼的机制。2015 年 9 月 6 日,最高人民法院、最高人民检察院、公安部、国家安全部、司法部又联合印发了《关于进一步规范司法人员与当事人、律师、特殊关系人、中介组织接触交往行为的若干规定》。上述三个文件相辅相成、有机统一,既为各级党政机关、领导干部、司法机关内部人员划出了红线,也为确保人民法院依法独立行使审判权提供了制度保障,又被统称为**防止干**

预司法"三个规定"。

为推动落实"三个规定",最高人民法院于 2015 年 8 月 19 日印发《人民法院落实〈领导干部干预司法活动、插手具体案件处理的记录、通报和责任追究规定〉的实施办法》(法发〔2015〕10 号)和《人民法院落实〈司法机关内部人员过问案件的记录和责任追究规定〉的实施办法》(法发〔2015〕11 号),明确了内外部过问行为的记录对象、录入流程、例外情形、报送程序和特别事项,以及对法院相关工作人员的问责、保障措施。最高人民法院配套建立了联通四级法院的人民法院"三个规定"记录报告平台,记录报告内外部人员过问案件信息,并实行月报告制度,基本实现"全员覆盖"。从最高人民法院院长到基层人民法庭书记员,全国法院工作人员每月集中填报,相关部门按月分析通报。

2018 年《人民法院组织法》将相关内容以法律形式固定下来。

2018 年《人民法院组织法》

第五十二条第二款 对于领导干部等干预司法活动、插手具体案件处理,或者人民法院内部人员过问案件情况的,办案人员应当全面如实记录并报告;有违法违纪情形的,由有关机关根据情节轻重追究行为人的责任。

对于该款内容,可以结合前述党内法规、司法文件统一理解与把握。

第一,建立内外部人员过问案件记录制度的总体思路。"三个规定"印发后,各地法院普遍反映,文件对于减少不当干预、防止插手案件,具有重大现实意义和威慑作用,但是,受制于当前的司法环境和履职保障水平,将干预、插手行为的判断、记录、报告义务完全交给一线审判人员,操作上存在难度。为此,最高人民法院在制定实施办法和搭建平台时,确定了"全面记录、专库录入、整体报送、不实问责"的总体思路,即:(1)任何组织、个人在诉讼程序之外递转的涉及具体案件的函文、信件或者口头意见,人民法院工作人员均应当全面、如实、及时地予以记录。（2）人民法院在案件信息管理系统中设立内外部人员过问案件信息专库。相关过问信息录入案件信息管理系统时，应当同步录入专库。（3）人民法院逐月汇总分析内外部人员过问信息专库中的内容，列出特别报告事项，报送相关党委政法委和上一级人民法院。（4）人民法院工作人员不记录或者不如实记录的，以及主管领导授意不记录或者不如实记录的，应视情给予相应纪律处分。

确定上述思路的整体考虑是：**一是**有利于强化威慑作用，让任何敢于干预、插手案件的组织、个人都有所忌惮，知道任何名义和形式的过问都将被如实记录、汇总报送；**二是**有利于减轻审判人员的记录压力，避免发生因害怕得罪地方党政机关、领导干部，而自行过滤过问信息，进而不予记录或不全面如实记录的情况；**三是**有利于上级党委和纪检监察部门全面掌握情况，及时发现违法干预、插手案件等违纪违法线索。[1]

第二，全面如实记录的对象。内外部人员过问案件记录制度中的**"领导干部"**，是指在各级党的机关、人大机关、行政机关、政协机关、监察机关、检察机关、军事机关以及公司、企业、事业单位、社会团体中具有国家工作人员身份的领导干部，也包括离退休领导干部。

所谓**"人民法院内部人员"**，包括人民法院领导干部、工作人员和办案人员。其中，人民法院领导干部是指各级人民法院及其直属单位内设机构副职以上领导干部；人民法院工作人员，是指人民法院在编人员；人民法院办案人员是指参与案件办理、评议、审核、审议的人民法院的院长、副院长、审委会委员、庭长、副庭长、合议庭成员、独任法官、审判辅助人员等人员。人民法院退休离职人员、人民陪审员、聘用人员有相关行为的，参照适用。

全面记录的对象是领导干部和内外部人员过问案件的信息，并不局限于干预司法活动、插手具体案件处理的信息。按照《现代汉语词典》的解释，**"过问"**是中性词，意为"参与此事；发表意见；表示关心"。

---

〔1〕 贺小荣、何帆：《〈人民法院落实〈领导干部干预司法活动、插手具体案件处理的记录、通报和责任追究规定〉的实施办法〉的理解与适用》，载《人民法院报》2015 年 8 月 20 日。

实践中,外部单位、领导干部过问案件的方式、渠道和事由较多,有的冠以监督之名,有的是以组织名义,有的只在涉案材料上批示"依法办理"。只有对上述信息全面、如实、及时地予以记录,并留存相关材料,才有利于全程留痕、永久存储、有据可查,打消审判人员的顾虑或心理负担。具体记录时,只要构成"过问"即可,不需要详细区分哪些属于干预司法活动、插手具体案件处理,哪些属于过问案件情况。对于案件当事人及其关系人通过非正当渠道邮寄的涉案材料,收件的人民法院工作人员视情退回或者销毁,不转交办案单位或者办案人员。

第三,全面如实记录的方式。信息技术具有数字化、可视化、全程留痕等特点,符合司法工作特点和管理规律,为落实"全面记录"要求提供了重要支撑。人民法院通过在案件信息管理系统中设立内外部人员过问信息专库,明确录入、存储、报送、查看和处理相关信息的流程和权限,就可以实现相关制度落地运行。

实践中,内外部过问信息既可能体现在公文、书信、函件中,也可能以口头、视听资料或电子数据等方式表达。对于利用手机短信、微博客、微信、电子邮件等网络信息方式过问具体案件的,应当记录信息存储介质情况;对于以口头方式过问具体案件的,还应当记录发生场所、在场人员等情况,并由其他在场的人民法院工作人员签字确认。

第四,关于不需要列入专库的例外情形。实践中,在部分涉及国家利益、社会公共利益的案件中,一些党政机关、行业协会商会、社会公益组织和依法承担行政职能的事业单位提出的参考意见,对公正、合理、稳妥地审理案件具有重要价值,不宜一概将之视为干预。也有法院提出,在一些涉及地方利益或部门利益的案件中,一些组织会以发"红头文件"形式,对人民法院变相施加压力,试图影响案件结果,应当予以规制。

综合考虑上述情形,《人民法院落实〈领导干部干预司法活动、插手具体案件处理的记录、通报和责任追究规定〉的实施办法》借鉴域外法院"法庭之友"制度中的合理成分,明确了不列入外部过问信息专库的条件:(1)必须是党政机关、行业协会商会、社会公益组织和依法承担行政职能的事业单位提供的参考意见;(2)必须是涉及国家利益、社会公共利益的案件;(3)必须受人民法院委托或者许可,如在可能引起金融风险的案件中,人民法院可以委托金融监管机构进行风险评估,并就案件处理方式提出参考意见;(4)必须严格依照工作程序,如果相关工作人员未以发文发函、加盖公章形式提出意见,仍应当录入专库,并告知其所在单位;(5)相关材料应当存入案件正卷,供案件当事人及其诉讼代理人查询,并对人民法院依法独立公正行使审判权的情况进行监督。

第五,关于特别报告事项。人民法院每月汇总分析内外部人员过问信息专库内容,报送同级党委政法委和上一级人民法院;记录内容涉及同级党委或者党委政法委主要领导干部的,应当报送上一级党委政法委和上一级人民法院。人民法院认为领导干部干预司法活动、插手具体案件处理情节严重,可能造成冤假错案或者其他严重后果的,应当立即报告,并层报最高人民法院。

实践中,领导干部的下述行为可以作为特别报告事项:(1)在审判、执行等环节为案件当事人请托说情的;(2)要求人民法院工作人员私下会见、联系案件当事人或者其辩护人、诉讼代理人、近亲属以及其他与案件有利害关系的人的;(3)授意、纵容身边工作人员或者亲属为案件当事人请托说情的;(4)以听取汇报、开协调会、发文件、打电话等形式,超越职权对案件处理提出倾向性意见或者具体要求的;(5)要求人民法院立案、不予立案、拖延立案或者人为控制立案的;(6)要求人民法院采取中止审理、延长审限、不计入审限等措施拖延结案或者压缩办案时间结案的;(7)要求人民法院对保全标的物、执行标的物采取、暂缓或者解除扣押、查封和冻结措施的;(8)要求人民法院选择特定鉴定机构、资产评估机构、拍卖机构或者破产企业资产管理人的;(9)要求人民法院将执行案款优先发放给特定申请执行人的;(10)要求人民法院对案件拖延执行或者作中止执行、终结执行处理的;(11)要求人民法院将刑事涉案财物发还特定被害人或者移交特定机关的;(12)要求人民法院对当事人采取强制措施,或者要求对被依法采取强制措施的当事人解除、变更强制措施的;(13)要求人民法院在减刑、假释案件审理过程中对罪犯从严或者从宽处理的;(14)批转案件当事人或者其辩护人、诉讼代理人、近亲属以及其他与案件有利害关系的人单方提交的涉案材料或者专家意见书的;(15)其他有必要作为特别报告事项的行为。

保障法官依法履行法定职责

近年来,一些地方党政机关未充分考虑司法机关的职业特点,以行政指令或"摊派"方式安排法官从事招商引资、行政执法、治安巡逻、交通疏导、卫生整治、行风评议等超出法定职责范围的事务,既损害了司法机关客观、中立、公正的形象,也使法官难以专注于行使审判职权。此外,针对法官、审判辅助人员及其近亲属的威胁、侮辱、骚扰和暴力侵害事件增多,凸显了对司法人员履职保障的不足,主要体现在缺乏组织保障、硬件支撑、救济渠道、协调机制等方面。因此,《中共中央关于全面推进依法治国若干重大问题的决定》提出要"建立健全司法人员履行法定职责保护机制"。

2016 年 7 月 21 日,中共中央办公厅、国务院办公厅印发《保护司法人员依法履行法定职责规定》(中办发〔2016〕51 号),明确规定:1. 法官依法履行法定职责受法律保护。非因法定事由,非经法定程序,不得将法官调离、免职、辞退或者作出降级、撤职等处分。2. 法官非因故意违反法律、法规或者有重大过失导致错案并造成严重后果的,不承担错案责任。对干扰阻碍司法活动,威胁、报复陷害、侮辱诽谤、暴力伤害司法人员及其近亲属的行为,应当依法从严惩处。3. 任何单位或者个人不得要求法官从事超出法定职责范围的事务。人民法院有权拒绝任何单位或者个人安排法官从事超出法定职责范围事务的要求。

2017 年 2 月,最高人民法院印发《人民法院落实〈保护司法人员依法履行法定职责规定〉的实施办法》(法发〔2017〕4 号),细化完善了工作要求。相关内容亦被 2018 年《人民法院组织法》第五十二条第一款吸收,即"任何单位或者个人不得要求法官从事超出法定职责范围的事务"。

　　涉及错案责任追究、法官履职保障的内容，本书后文将予以介绍。这里重点谈谈什么是**"超出法定职责范围的事务"**。《保护司法人员依法履行法定职责规定》印发后，仍有部分地方以红头文件、行政摊派等形式，要求法院派员协助交警执勤、参与治安巡逻。少数地方法院仍安排法官从事卫生环境整治等事务，并作为政绩宣传。上述现象均引起争议，并在新闻媒体、社交网络上造成不良影响。

　　综合考虑各方意见和工作实际，《人民法院落实〈保护司法人员依法履行法定职责规定〉的实施办法》以列举方式，将"招商引资、行政执法、治安巡逻、交通疏导、卫生整治、行风评议等"界定为"超出法定职责范围的事务"，要求各级法院不仅应当拒绝任何单位、个人安排法官从事上述事务的要求，也"不得以任何名义安排法官从事上述活动"，并严禁人民法院工作人员参与地方招商、联合执法。

　　在实施办法起草过程中，有地方法院建议将"征地拆迁"也列入"超出法定职责范围的事务"，但按照相关法律和司法解释，征地拆迁领域部分案件仍由人民法院负责裁决并组织执行，因此，实施办法未将征地拆迁工作完全排除于法定职责犯罪之外，但严禁人民法院工作人员提前介入土地征收、房屋拆迁等具体行政管理活动，杜绝参加地方牵头组织的各类"拆迁领导小组""项目指挥部"等临时机构。[1]现实中，对于文明城市创建、交通秩序维护等工作，人民法院应当通过依法公正审理相关案件、适时发布典型案例、完善以案说法机制等法定职责范围内的方式参与，以依法履职的实际成效，为地方提供诚信有序的市场环境和公平正义的法治环境，而不是让审判人员走上街头，做超出法定职责范围之外的事。

---

〔1〕　胡仕浩、何帆：《〈人民法院落实《保护司法人员依法履行法定职责规定》的实施办法〉的理解与适用》，载《人民法院报》2017年2月8日。

第五讲 | 国家权力机关与人民法院

> 我们讲监督,不要把应由国务院、法院、检察院管的事也拿过来。如果这样,就侵犯了国务院、法院、检察院的职权。而且第一我们管不了,第二也管不好。
>
> ——彭真

> 我们评历史上一切制度,都该注意到每一制度之背后的当时的人的观念和理论。
>
> ——钱穆

人民代表大会制度是我国的根本政治制度。它既是中国共产党领导国家政权机关的制度载体,也是实现全过程人民民主的制度依托。在我国,各级人民代表大会及其常务委员会(乡镇人大不设常务委员会),组成国家权力机关及其常设机关。其中,全国人大作为最高国家权力机关,与其常委会行使国家立法权;部分地方人大作为地方国家权力机关,依照宪法、法律行使地方立法权。[1] 探究中国司法的

---

〔1〕 按照 2022 年 3 月 11 日修正的《地方各级人民代表大会和地方各级人民政府组织法》第十条:省、自治区、直辖市人大根据本行政区域的具体情况和实际需要,在不同宪法、法律、行政法规相抵触的前提下,可以制定和颁布地方性法规,报全国人大常委会和国务院备案。设区的市、自治州人大根据本行政区域的具体情况和实际需要,在不同宪法、法律、行政法规和本省、自治区的地方性法规相抵触的前提下,可以依照法律规定的权限制定地方性法规,报省、自治区人大常委会批准后施行,并由省、自治区人大常委会报全国人大常委会和国务院备案。省、自治区、直辖市以及设区的市、自治州人大根据区域协调发展的需要,可以开展协同立法。

制度逻辑，正确认识党法关系是前提，而只有深刻把握人民法院与国家权力机关的多层次关系，才能厘清各级国家审判机关如何产生、怎样负责、受何监督，进而明确人民法院行使审判权力和推进司法改革的法律边界。

具体而言，人民法院依法独立行使审判权所依之"法"，是由全国人大及其常委会所"立"；人民法院在地域、审级上的设置，是由全国人大及其常委会所"定"；人民法院的审判人员，是由各级人大及其常委会所"任"；不适任的人民法院院长或审判人员，由各级人大及其常委会罢免、撤换或撤职；从最高人民法院到基层人民法院，人民法院每年都要向对应的人大报告工作、向其常委会报告专项工作；人民法院行使审判权是否独立、是否依法、是否公正，需要各级人大及其常委会支持与监督；最高人民法院的司法解释，要接受全国人大常委会备案审查；最高人民法院组织的重大司法改革，涉及调整适用现行法律的，需要全国人大常委会授权，才能组织开展。本讲从历史、文本和实践维度，阐述人民法院与国家权力机关的上述关系。

一、最高政权机关、中央人民政府和最高审判机关

作为"政府"组成部分的法院

1949 年 9 月 29 日，中国人民政治协商会议第一届全体会议通过了《中国人民政治协商会议共同纲领》(以下简称《共同纲领》)，明确"**国家最高政权机关**为全国人民代表大会。全国人民代表大会闭会期间，中央人民政府为行使国家政权的最高机关"。因国家初建，国内军事行动还没有完全结束，"许多革命工作还在开始，群众发动不够充分"，尚不具备普选的条件，"召开全国人民代表大会的条件还不够成熟"。[1] 在普

---

〔1〕《中央人民政府委员会关于召开全国人民代表大会及地方各级人民代表大会的决议》(1953 年 1 月 14 日)，载全国人大常委会法制工作委员会宪法室编：《中华人民共和国制宪修宪重要文献资料选编》，中国民主法制出版社 2021 年版，第 322 页。

选的全国人民代表大会召开前,中国人民政治协商会议和它的地方委员会暂时分别执行全国和地方人民代表大会的职权。

　　这次会议同时通过了《中央人民政府组织法》,明确了国家名称属性、政府组织原则和政权组织架构,按照该法第二条的规定,"中华人民共和国政府是基于民主集中原则的人民代表大会制的政府。"值得注意的是,在中央国家机关层面,此时最高人民法院与中央人民政府并非**并列**关系,而是**从属**关系。这是因为,无论是《共同纲领》,还是《中央人民政府组织法》,当时关于"政府"一词的表述,仍依循广义的"大政府"概念,泛指整个国家统治系统,包括一切国家机关,涵摄范围略接近于英文中的"Government"。例如,在权力分立体制下,政府(Government)之下囊括立法分支(国会)、行政分支(即总统麾下的执行分支)和司法分支(最高法院),最典型的就是美国联邦政府体制。

　　概念相近并不意味着实质等同。事实上,新政权的政府组织原则是民主集中制,正好与三权鼎立原则针锋相对。[1] 按照民主集中制原则,中国人民政治协商会议全体会议选举产生中央人民政府委员会,并付之以行使国家权力的职权。中央人民政府委员会由 1 名主席、6 名副主席、56 名委员和 1 名秘书长组成,并组织政务院,**作为**国家政务的最高执行机关;组织人民革命军事委员会,**作为**国家军事的最高统辖机关;组织最高人民法院和最高人民检察署,**作为**国家的最高审判机关及检察机关。中央人民政府委员会是"人民代表大会闭幕期间的最高权力机

　　〔1〕　董必武认为,在三权鼎立体制下,议会制度"是剥削阶级在广大人民面前玩弄手腕、分取赃私,干出来的一种骗人的民主制度。司法是最精巧的统治工具,同样是为当权的阶级服务的"。参见《中华人民共和国中央人民政府组织法的草拟经过及其基本内容》(1949 年 9 月22 日),载《董必武法学文集》,法律出版社 2001 年版,第 19 页。

关",〔1〕对内领导国家政权,〔2〕法律地位要高于现在的全国人民代表大会常务委员会(以下简称"全国人大常委会")。〔3〕

按照上述组织架构,新中国成立之初的中央人民政府是集立法、行政、司法、军事等诸权力于一体的国家机关,既是立法机关,又是工作机关,是典型的"议行合一"体制。〔4〕 中央人民政府之下包括中央人民政府委员会、政务院、人民革命军事委员会、最高人民法院、最高人民检察署。从1949年10月到1954年9月,中央人民政府委员会实际上履行了立法机关的职能,通过了婚姻法、土地改革法、工会法、人民法院暂行组织条例、最高人民检察署暂行组织条例、各级地方人民检察署暂行组织通则、惩治反革命条例、惩治贪污条例等多部法律。〔5〕 而最高人民法院和最高人民检察署也是"受中央人民政府委

---

〔1〕 周恩来:《关于人民政协的几个问题》,载全国人大常委会办公厅、中央文献出版社编:《人民代表大会制度重要文献选编(一)》,中国民主法制出版社、中央文献出版社2015年版,第45页。

〔2〕 按照《中央人民政府组织法》第七条,中央人民政府委员会,依据中国人民政治协商会议全体会议制定的共同纲领,行使下列职权:一、制定并解释国家的法律,颁布法令,并监督其执行。二、规定国家的施政方针。三、废除或修改政务院与国家的法律、法令相抵触的决议和命令。四、批准或废除或修改中华人民共和国与外国订立的条约和协定。五、处理战争及和平问题。六、批准或修改国家的预算和决算。七、颁布国家的大赦令和特赦令。八、制定并颁发国家的勋章,奖章,制定并授予国家的荣誉称号。九、任免下列各项政府人员:甲、任免政务院的总理、副总理,政务委员和秘书长、副秘书长,各委员会的主任委员、副主任委员,委员,各部的部长、副部长,科学院的院长、副院长,各署的署长、副署长及银行的行长、副行长。乙、依据政务院的提议,任免或批准任免各大行政区和各省市人民政府的主席、副主席和主要的行政人员。丙、任免驻外国的大使,公使和全权代表。丁、任免人民革命军事委员会的主席、副主席、委员,人民解放军的总司令,副总司令,总参谋长,副参谋长,总政治部主任和副主任。戊、任免最高人民法院的院长、副院长和委员,最高人民检察署的检察长、副检察长和委员。十、筹备并召开全国人民代表大会。

〔3〕 阚珂:《人民代表大会那些事》,法律出版社2017年版,第56页。

〔4〕 《中华人民共和国中央人民政府组织法的草拟经过及其基本内容》(1949年9月22日),载《董必武法学文集》,法律出版社2001年版,第20页。

〔5〕 杨向东:《建国初期(1949—1954)行政组织法认识史》,山东人民出版社2013年版,第29页。

员会的领导"。[1] 因此,最高人民法院当时的正式名称是"中华人民共和国中央人民政府最高人民法院",而非现在的"中华人民共和国最高人民法院"。

"垂直领导"还是"双重领导"

按照《共同纲领》第十二条第一款,"人民行使国家政权的机关为各级人民代表大会和各级人民政府"。"各级人民代表大会选举各级人民政府。各级人民代表大会闭会期间,各级人民政府为行使各级政权的机关。"当时,各级人民代表大会事实上还没有建立起来,各级人民政府是"实际上的经常工作着的政权机关","既在实质上,又在形式上,是议行合一的机关"。[2] 因此,各级人民法院与同级人民政府也非并列关系。

对于地方法院与地方政府的关系。1951年《人民法院暂行组织条例》第十条第二款规定,"各级人民法院(包括最高人民法院分院、分庭)为同级人民政府的组成部分,受同级人民政府委员会的领导和监督。"这种归属、领导和监督关系,其实是中央人民政府与最高人民法院的关系在地方政权组织形式上的投射。对此,时任中央人民政府法制委员会代理主任委员许德珩给出的解释是:

关于各级人民法院与同级人民政府的领导关系,即"垂直领导"还是"双重领导"问题,曾有过不同的意见。我们经过多方面的研究和交换意见的结果,认为下级法院应该受上级法院和该级人民政府委员会的双重领导。在现在,只有这样,才能行得通,只有这样才有利而无弊,至少是利多而弊少。这不仅因为中国的革命政权是由地方发展到中央,而且因为中国是一个大国,现在中国革命才刚刚取得基本的胜

---

〔1〕 周恩来:《关于人民政协的几个问题》,载全国人大常委会办公厅、中央文献出版社编:《人民代表大会制度重要文献选编(一)》,中国民主法制出版社、中央文献出版社2015年版,第46页。

〔2〕 许崇德:《中华人民共和国宪法史》(上卷),福建人民出版社2003年版,第61页。

利,对于由帝国主义和封建主义的长期统治所造成的政治经济不平衡,以及我们现在工作上的不平衡,在短期间还很难完全克服。各地方不同的情况,和目前各种困难的条件,要求我们的最高法院分院以下各级人民法院除受其上级人民法院垂直领导外,同时,还需要因地制宜受当地人民政府委员会的统一领导,否则,最高人民法院,在具体工作上就不可能对全国司法工作实现其正确的领导。[1]

这一时期,各省、市、县人民政府委员会之下均设有人民法院,人民政府委员会每月举行一次会议,人民法院院长都可以出席该会议。

司法人员任免方面,当时各级法院院长、副院长的任免都还需政务院经办审核。按照政务院、最高人民法院1950年3月印发的《关于任免司法工作人员暂行工作办法草案》,最高人民法院分院院长、副院长由大行政区人民法院提经政务院,会同最高人民法院,提请中央人民政府委员会批准任免。中央直属省、市人民法院及其分院院长、副院长由中央直属省、市人民政府提请中央人民政府委员会,会同最高人民法院任免。大行政区直属省、市人民法院及其分院院长、副院长由大行政区人民政府提请政务院,会同最高人民法院任免。各级地方人民政府提请任免各级人民法院院长、副院长,应将名单简历及审查意见直接报告中央人民政府司法部,由司法部分报政务院及最高人民法院核定后,以两院名义同行之。[2]

"一府一委两院"的形成

1954年《宪法》明确全国人民代表大会是"最高国家权力机关",也是"行使国家立法权的唯一机关",由全国人民代表大会选举(或决

---

〔1〕 许德珩:《关于"中华人民共和国人民法院暂行组织条例"的说明》,载《人民日报》1951年9月5日。

〔2〕 《政务院、最高人民法院关于任免司法工作人员暂行办法草案》(行政文件〔1950〕11—6号,1950年3月17日),载最高人民法院办公厅编:《最高人民法院重要司法文献选编》,人民法院出版社2010年版,第595页。

定任命）产生国家主席、国务院、最高人民法院和最高人民检察院，意味着我国迈出"议行合一"的制度框架，走向了"议行分设"。[1] 宪法起草期间，毛泽东主席建议，"中央人民政府委员会的职权，大部分移到全国人民代表大会和常务委员会去"。[2] "常务委员会应按照过去中央人民政府委员会的方式进行工作。"[3]

与此同时，"中央人民政府"的定义也发生了变化，逐步被定位为"执行和号令机关"，相关职能实际上改由国务院承担。[4] 例如，1954年《宪法》第四十七条明确，国务院"即中央人民政府，是最高国家权力机关的执行机关，是最高国家行政机关"。这样一来，"中央人民政府"与最高人民法院、最高人民检察院就从之前的从属关系，转化成并列关系，作为"一府两院"共同向全国人民代表大会负责。原来的"地方各级人民政府"，则改称"地方各级人民委员会"，是地方各级人民代表大会的执行机关，也是地方各级国家行政机关，与地方各级人民法院也不再是领导关系。换言之，"以后市长是不能管法院的"。[5]

1982年《宪法》继承和发展了1954年《宪法》的主要内容，继续将人民代表大会制度作为我国的根本政治制度，扩大了全国人大常委会

---

〔1〕　蔡定剑：《中国人民代表大会制度》（第4版），法律出版社2003年版，第91页；何俊志：《作为一种政府形式的中国人大制度》，上海人民出版社2013年版，第45页。

〔2〕　此为毛泽东同志1954年3月23日在宪法起草委员会第一次全体会议上的插话。参见许崇德：《中华人民共和国宪法史》（上卷），福建人民出版社2003年版，第122页。

〔3〕　《彭真传》编写组编：《彭真年谱》（第2卷），中央文献出版社2012年版，第498页。

〔4〕　根据1954年《宪法》起草者之一田家英的解释，国务院是国家权力机关的"执行"机关，对下级管理机关则是"号令"机关。参见韩大元：《1954年宪法制定过程》，法律出版社2014年版，第99页。许崇德：《中华人民共和国宪法史》（上卷），福建人民出版社2003年版，第126页。

〔5〕　张友渔：《宪政论丛》（下册），群众出版社1986年版，第23页。

的职权，彻底恢复了"一府两院"的国家机构设置。[1] 2018年修改《宪法》时，为了贯彻和体现深化国家监察体制改革的精神，在第三章"国家机构"第六节后增加一节，作为第七节"监察委员会"，就国家监察委员会和地方各级监察委员会的性质、地位、名称、人员组成、任期任届、领导体制、工作机制等作出规定，原第七节"人民法院和人民检察院"转为第八节。与此相适应，第一章"总纲"第三条第三款中的"国家行政机关、审判机关、检察机关都由人民代表大会产生"被修改为"国家行政机关、监察机关、审判机关、检察机关都由人民代表大会产生"。宪法第一百零四条中的"监督本级人民政府、人民法院和人民检察院的工作"被修改为"监督本级人民政府、监察委员会、人民法院和人民检察院的工作"。上述修改，反映了设立国家监察委员会和地方各级监察委员会后，全国人大及其常委会、地方各级人大及其常委会、国务院和地方各级人民政府职权的新变化以及工作的新要求，也确立了"一府一委两院"的政权组织新架构。

在上述架构下，国家行政机关、监察机关、审判机关、检察机关都由人民代表大会产生，对它负责，受它监督。人大行使立法权、监督权、重大事项决定权、选举和任免权，既支持"一府一委两院"高效推进各项事业，又确保行政权、监察权、审判权、检察权依法正确行使。

---

〔1〕 1968年12月，各级检察机关被撤销，到1978年《宪法》颁布时才得以恢复。1982年《宪法》起草期间，有领导同志提出，检察机关可以考虑同司法部合并，不再设立独立于行政部门之外的人民检察院。宪法修改委员会秘书处研究后认为，检察机关独立于行政部门之外，有利于独立行使职权，确保司法公正。时任秘书处副秘书长王汉斌、张友渔联名撰写了意见，建议保留人民检察院，彭真审阅修改后，报邓小平审核，邓小平批示："检察院仍维持现状，不与司法部合并。"参见王汉斌：《王汉斌访谈录：亲历新时期社会主义民主法制建设》，中国民主法制出版社2012年版，第111—112页。

二、由国家权力机关产生

各级人民法院如何产生

《宪法》第三条第三款规定："国家行政机关、监察机关、审判机关、检察机关都由人民代表大会**产生**，对它负责，受它监督。"第一百三十三条规定："最高人民法院对全国人民代表大会和全国人民代表大会常务委员会负责。地方各级人民法院对**产生它**的国家权力机关负责。"2018年《人民法院组织法》第十五条第二款规定："专门人民法院的设置、组织、职权和法官任免，由全国人民代表大会常务委员会规定。"综合上述内容，关于人民法院的"**产生**"，可以从以下四个层面把握。

第一，人民法院的产生依据。人民法院作为国家政权机关和审判机关，是行使国家权力、实现国家职能的核心力量之一，其产生方式、组织原则、职权范围和行使职权的具体程序，直接反映国家机构的本质，也体现了国家审判力量是否掌握在人民手中，因此，相关事项必须由全国人大及其常委会制定法律予以规范。[1] 按照《中华人民共和国立法法》(以下简称《立法法》)，各级人民法院的产生、组织和职权，只能由法律规定，属于最高国家权力机关及其常设机关的专属立法权范畴。人民法院的产生依据，也只能是《宪法》、法律和全国人大常委会的决定。

第二，人民法院的产生方式。《宪法》第一百二十九条第一款确定了人民法院的基本组织类型，即"最高人民法院、地方各级人民法院和军事法院等专门人民法院"。只有在创设新疆建设兵团法院等新类型的特殊法院或设置新的专门人民法院时，才需要全国人大常委会作出决定。而其他地方各级人民法院的产生，则是通过选举或任命产生法

---

〔1〕　乔晓阳主编：《中华人民共和国立法法讲话》(修订版)，中国民主法制出版社2007年版。

院院长，再由院长提请人大常委会任命产生副院长、审判委员会委员、庭长、副庭长、审判员等其他审判人员完成的。换言之，各级人大是以产生审判人员的方式产生对应审判机关的，但这种"产生"并非创设机关意义上的"产生"，[1] 后者属于最高国家权力机关的权限。

第三，人民法院的产生主体。对应不同人民法院的类型，其产生主体包括三大类，即：各级国家权力机关；各级国家权力机关的常设机关；最高国家权力机关的常设机关和中央军事委员会。

第一类：各级国家权力机关。产生最高人民法院的是最高国家权力机关，产生地方各级人民法院的是地方国家权力机关。例如，最高人民法院由全国人民代表大会产生，四川省高级人民法院由四川省人民代表大会产生，成都市中级人民法院由成都市人民代表大会产生，成都市武侯区人民法院由成都市武侯区人民代表大会产生。

第二类：各级国家权力机关的常设机关。(1) 在省、自治区内按地区设置的中级人民法院、因特殊需要设置的中级人民法院(如河北雄安新区中级人民法院等)，由对应的省、自治区人大常委会产生。(2) 在直辖市内设立的中级人民法院，由直辖市人大常委会产生。(3) 海事法院、知识产权法院、金融法院等专门人民法院，由所在地的市人大常委会或对应的省人大常委会产生。(4) 因特殊需要设置的基层人民法院(如开发区法院、工业园区法院、合作区法院、自贸区法院、综合试验区法院等)，由所在地的市人大常委会产生。(5) 新疆维吾尔自治区生产建设兵团设置的各级人民法院，由自治区人大常委会产生。

第三类：最高国家权力机关的常设机关和中央军事委员会。根据《宪法》第六十七条第十二项，全国人大常委会根据最高人民法院院长的提请，任命中国人民解放军军事法院院长。实践中，各级军事法院的院长、审判人员的任免，主要按照中央军事委员会明确的军官任免权限和程序办理。考虑到中央军事委员会是《宪法》规定的领导全国武装力量的国家机构，军事法院作为军队单位，其产生机关应当是中央军事委员会，对后者负责并报告工作。

---

〔1〕 赵娟：《人大与法院关系的再审视》，载《江苏社会科学》2019 年第 1 期。

第四,产生人民法院的法律后果。各级人民法院对**产生它**的国家权力机关负责。这也意味着,"产生、负责、监督"在制度上是一体的、在逻辑上是连贯的,由谁产生,就对谁负责,受谁监督。最高人民法院和地方各级人民法院每年定期向产生它的人民代表大会报告工作,并接受相关人大及其常委会的监督。需要注意的是,按照《宪法》第一百二十六条、第一百三十八条,地方各级监察委员会、各级人民检察院除了对产生它们的国家权力机关负责外,还需要分别对上一级监察委员会、上级人民检察院负责,这也是由上下级监察委员会、人民检察院在工作上的领导关系决定的。

人民法院设置法定原则

法院设置,是指国家综合考虑行政区划、审级设置、经济区域、专门属性和工作需要,决定因何事在何地设立何种组织形式的法院,并依法确定其层级规格、管辖范围、上诉法院、任免机制和监督机关。在我国,设置法院属于**中央事权**,除军事法院如何设置由中央军事委员会决定外,这一权力只能由最高国家权力机关及其常设机关依法行使,地方国家权力机关无权设置法院。

法院作为国家审判机关,其组织体系的统筹规划、新型法院的创设布局,都应当符合宪法、法律规定。[1] 这一要求,又被称为**法院设置法定原则**。《宪法》第一百二十九条第三款规定"人民法院的组织由法律规定",可以理解为将法院的组织形式授权给《人民法院组织法》等法律规定。[2] 改革开放以来,我国除依法设置的地方各级人民法院、专门人民法院外,还存在新疆生产建设兵团法院和开发区法院等因特殊需要设置的法院,它们有的是由全国人大常委会决定设立

---

〔1〕 侣化强:《法院的类型、创设权归属及其司法权配置》,载《中外法学》2020年第5期。

〔2〕 蔡定剑:《宪法精解》(第2版),法律出版社2006年版,第439页。也有论者认为,我国宪法里"人民法院的组织"中的"组织"应作目的性限缩,它不应是对内设置和配置问题,而是对外设置和建制问题,即依照管辖权来设置法院。参见王锴:《论组织性法律保留》,载《中外法学》2020年第5期。

的,有的并无法律或全国人大常委会的决定作为依据。为确保法院设置于法有据,2018 年《人民法院组织法》第三条专门确立了**人民法院设置法定原则**,即"人民法院依照宪法、法律和全国人民代表大会常务委员会的决定设置"。〔1〕 具体而言：

第一,宪法是人民法院设置的总依据。从词源上看,"宪法"本身就有组织、结构或机构之意。〔2〕 从内容上看,国家机构也是宪法最主要的内容之一。在我国,《宪法》是国家机关最基本的组织依据,人民法院的设置首先应当坚持宪法原则、遵守宪法规定。宪法本身也会就法院组织体系作出概括性规定,如《宪法》第一百二十九条第一款就明确"中华人民共和国设立最高人民法院、地方各级人民法院和军事法院等专门人民法院"。当然,考虑到修改宪法需要最严格的程序,宪法关于法院设置的内容也不宜过细。〔3〕

第二,法律是人民法院设置的基本依据。这里的"法律",主要指人民法院组织法。2018 年《人民法院组织法》按照宪法要求,以最高人民法院、地方各级人民法院和专门人民法院为基本组织体系架构,确认了新疆生产建设兵团法院、知识产权法院、金融法院的组织法地位,赋予各类法院在组织法上的设置依据。**一是**在第十二条中规定,我国人民法院分为最高人民法院、地方各级人民法院和专门人民法院。**二是**对地方各级人民法院和专门人民法院作进一步规定。其中,

---

〔1〕 2017 年 8 月,十二届全国人大常委会第二十九次会议对人民法院组织法(修订草案)进行了初次审议。修订草案第四条首次明确了人民法院设置法定原则,具体表述是："人民法院依照本法规定设立;本法没有规定的,根据全国人民代表大会常务委员会的决定设立。"考虑到宪法是人民法院机构设置的总依据,设立人民法院必须符合宪法和法律的规定。全国人大常委会宪法和法律委员会经研究,建议将修订草案第四条修改为："人民法院依照宪法、法律和全国人民代表大会常务委员会的决定设置。"参见《全国人民代表大会宪法和法律委员会关于〈中华人民共和国人民法院组织法(修订草案)〉修改情况的汇报》,载郑淑娜主编：《中华人民共和国人民法院组织法释义》,中国民主法制出版社 2019 年版,第 225 页。

〔2〕 许崇德、胡锦光主编：《宪法》(第 6 版),中国人民大学出版社 2018 年版,第 208 页。

〔3〕 有论者认为,《人民法院组织法》的内容宜细不宜粗,防止法院自我立法、扩张机构。刘练军：《"人民法院的组织由法律规定"之规范分析》,载《吉林大学社会科学学报》2020 年第 3 期。

第十三条规定：“地方各级人民法院分为高级人民法院、中级人民法院和基层人民法院。”第十五条第一款规定：“专门人民法院包括军事法院和海事法院、知识产权法院、金融法院等。”**三是**第二十条、第二十二条和第二十四条分别对高级人民法院、中级人民法院和基层人民法院的设置作进一步规定。第二十条明确高级人民法院包括省高级人民法院、自治区高级人民法院、直辖市高级人民法院。第二十二条明确中级人民法院包括省、自治区辖市的中级人民法院、在直辖市内设立的中级人民法院、自治州中级人民法院、在省、自治区内按地区设立的中级人民法院。第二十四条明确基层人民法院包括县、自治县人民法院、不设区的市人民法院、市辖区人民法院。**四是**第十四条和第十五条第二款规定，在新疆生产建设兵团设立的人民法院的组织、案件管辖范围和法官任免，以及专门人民法院的设置、组织、职权和法官任免，由全国人民代表大会常务委员会规定。

第三，全国人民代表大会常务委员会的决定是人民法院设置的重要依据。1984 年之后，根据形势发展和国家战略需要，全国人大常委会先后作出《关于在沿海港口城市设立海事法院的决定》《关于新疆维吾尔自治区生产建设兵团设置人民法院和人民检察院的决定》《关于在北京、上海、广州设立知识产权法院的决定》《关于设立上海金融法院的决定》等一系列决定，设置了海事法院、新疆生产建设兵团法院、知识产权法院、金融法院。采取上述形式的好处，是相对灵活机动，可以避免频繁修改人民法院组织法，未来修改法律时再统一确认。

地方各级人民法院的设置

关于我国专门人民法院的设置，本书将专章阐述，这里暂不展开。过去，由于开发区法院、工业区法院等因特殊需要设置的法院超出了对“地方人民法院”的理解范畴，合法性也受到质疑。[1] 尽管也有论

---

〔1〕　刘松山：《开发区法院是违宪违法设立的审判机关》，载《法学》2005 年第 5 期。关毅：《法院设置与结构改革研究》，载《法律适用》2003 年第 8 期。

者提出"行政区划为主,特定经济区域为辅"的地方人民法院设置原则,但并未得到官方认可。[1] 不过,按照立法机关的解读,2018年《人民法院组织法》实施后,对实践中存在的其他形式的人民法院,可以一并归入地方(普通)人民法院体系管理,[2]所以,这类法院的合法性已不存在问题。考虑到2018年《人民法院组织法》也只明确了部分地方人民法院的设置模式,这里结合各地实际,系统梳理现有的地方人民法院设置情形:

(一)对应行政区划设置的地方人民法院

行政区划是国家权力再分配的基本形式,也是政治统治、政府管理、经济活动、民族分布、自然条件、风俗习惯和人口密度等多种要素在地域空间上的客观反映。[3] 按照宪法第九十五条第一款,省、直辖市、县、市、市辖区、乡、民族乡、镇设立人民代表大会和人民政府,为一级行政区划,其中,省、直辖市、县、市、市辖区设立对应的人民法院、人民检察院。

新中国成立之初,我国曾设立东北、华东、华南、西北、西南、华北6个大行政区,1954年8月后陆续撤销。[4] 1954年《宪法》第五十三条确立了省、自治区、直辖市;自治州、县、自治县、市;乡、民族乡、镇三个行政区划层级。其中,"直辖市和较大的市分为区","自治州分为县、自治县、市"。1954年《人民法院组织法》增加了"中级人民法院"层级,主要与较大的市、自治州对应,同时在省、自治区内按地区设立、在直辖市内设立。**"较大的市"**属于低于省、高于一般市、县的市,也是地级市的前身。**"地区"**主要指省、自治区人民政府在必要的时候,经国务院批准,设立的若干行政公署(专员公署),作为它的派出机关,代表

〔1〕 张泗汉:《改革、调整法院设置,完善法院组织体系》,载《人民司法》1995年第4期。

〔2〕 郑淑娜主编:《中华人民共和国人民法院组织法释义》,中国民主法制出版社2019年版,第19页。

〔3〕 靳尔刚、张文范主编:《行政区划与地名管理》,中国社会出版社1996年版,第4—5页;赵聚军:《中国行政区划改革研究:政府发展模式转型与研究范式转换》,天津人民出版社2012年版,第8页。

〔4〕 关于新中国成立之初的大行政区撤设情况,参见范晓春:《中国大行政区:1949—1954年》,东方出版中心2011年版。

省、自治区人民政府领导和监督县级政府的工作。这些地区或专区并非一级行政区划,也没有对应的国家权力机关。

改革开放后,我国开始推行"地市合并"与"撤地设市",大幅合并或撤销之前的地区(专区),建立地级市,逐步从"地区领导县体制"转化为"地级市领导县体制",[1]中级人民法院从此主要与地级市行政区划相对应。截至目前,我国对应行政区划设置人民法院的主要情况是:

第一,高级人民法院层面。高级人民法院是完全对应省、自治区、直辖市设置的,仅新疆维吾尔自治区高级人民法院设有生产建设兵团分院和伊犁哈萨克自治州分院。

第二,中级人民法院层面。有对应行政区划和地方国家权力机关的中级人民法院主要包括:(1)省辖市的中级人民法院。例如,陕西省西安市中级人民法院。(2)自治区辖市的中级人民法院。例如,广西壮族自治区柳州市中级人民法院。(3)自治州中级人民法院。例如,四川省阿坝藏族羌族自治州中级人民法院、贵州省黔西南布依族苗族自治州中级人民法院、湖北省恩施土家族苗族自治州中级人民法院、湖南省湘西土家族苗族自治州中级人民法院等。

第三,基层人民法院层面。有对应行政区划和地方国家权力机关的基层人民法院包括:(1)县人民法院。例如,湖北省谷城县人民法院。(2)自治县人民法院。例如,广东省乳源瑶族自治县人民法院、重庆市秀山土家族苗族自治县人民法院等。(3)不设区的市人民法院。例如,浙江省余姚市人民法院、甘肃省敦煌市人民法院等。[2] (4)市辖区人民法院。例如,郑州市二七区人民法院、昆明市西山区人民法院等。

―――――――――

〔1〕 刘君德、范今朝:《中国市制的历史演变与当代改革》,东南大学出版社 2015 年版,第 188 页。

〔2〕 不设区的市包括两类:一是县级市,与县、自治县、市辖区级别相同;二是地级市,如嘉峪关、东莞、中山。这里"不设区的市"与 2018 年《人民法院组织法》第二十四条第二项保持一致,特指县级市。

(二) 未对应行政区划设置的地方人民法院

受多种因素影响，我国除专门人民法院外，还有部分地方人民法院没有按行政区划设置，也没有对应的国家权力机关，通常由上一级人民法院对应的国家权力机关的常设机关产生。主要包括以下几种情况：

第一，**在省、自治区内按地区设置的中级人民法院。**"地市合并""撤地设市"全面推行后，我国目前仅存 7 个"地区"，主要集中在黑龙江省、西藏自治区和新疆维吾尔自治区。设置于这些地区的中级人民法院有：黑龙江省大兴安岭地区中级人民法院；西藏自治区阿里地区中级人民法院；新疆维吾尔自治区阿克苏地区中级人民法院、喀什地区中级人民法院、和田地区中级人民法院、伊犁哈萨克自治州塔城地区中级人民法院、伊犁哈萨克自治州阿勒泰地区中级人民法院。比较特殊的是，伊犁哈萨克自治州包括两个地区中级人民法院，自治州本身并没有设置对应的中级人民法院。

第二，**在直辖市内设置的中级人民法院。**我国目前设有北京、上海、天津、重庆四个直辖市。直辖市是国家最高一级的行政区划之一（与省、自治区、特别行政区并列），属于特大型城市，为便利群众诉讼，可以在辖区内设置若干个中级人民法院。目前，北京市内设立四个中级人民法院（第四中级人民法院作为跨行政区划法院试点，与北京铁路运输中级法院合署办公），上海市内设立三个中级人民法院（第三中级人民法院作为跨行政区划法院试点，与上海知识产权法院、上海铁路运输中级法院合署办公），天津市内设立三个中级人民法院，重庆市内设立五个中级人民法院。

第三，**配合"省管县"改革在省内设置的中级人民法院。**20 世纪90 年代，我国曾在湖北省（1994 年）、河南省（1997 年）试点"省管县"改革。为配合改革，两省分别设立了省级直管的汉江、济源中级人民法院，作为相关县级市基层人民法院的上一级人民法院。

1. **湖北省汉江中级人民法院。**1994 年，仙桃、潜江、天门、随州四个县级市和神农架林区改由湖北省直管。改革之前，仙桃、潜江、天门三市基层人民法院的上级人民法院为荆州市中级人民法院，随州市人民法院的上级人民法院为原襄樊市(现襄阳市)中级人民法院；神农架林区人民法院的上级人民法院为十堰市中级人民法院。为理顺管辖机制、便利群众诉讼，经中央机构编制委员会办公室(以下简称"中央编办")、最高人民法院批准，于1999年10月设立汉江中级人民法院，在仙桃市办公，辖区为仙桃、潜江、天门、随州和神农架林区"四市一林区"。2000年，随州市升格为地级市，对应设立随州市中级人民法院。神农架林区人民法院因距离汉江中院太远，上诉案件后来继续由十堰市中级人民法院管辖，之后又改由宜昌市中级人民法院管辖至今。

2. **河南济源中级人民法院**。1997年，国家决定将县级市济源市改为河南省直辖。2001年8月，经中央编办、最高人民法院批准，设立河南省济源市中级人民法院，作为济源市人民法院的上一级人民法院。因济源市并非地级市，2003年3月，又将该院更名为河南省济源中级人民法院，体现其属性特征。

第四，按照"省直管市县"体制在省内设置的中级人民法院。海南1988年4月建省后，所有县、县级市、自治县均由省直辖，没有对应的地级市管理。为便于相关基层人民法院的上诉管辖，1991年7月设立了海南省海南中级人民法院。2008年7月，经最高人民法院批准，将海南省海南中级人民法院更名为海南省第一中级人民法院，下辖文昌市、琼海市、万宁市、五指山市、澄迈县、定安县、屯昌县、陵水黎族自治县、保亭黎族苗族自治县、琼中黎族苗族自治县的10个基层人民法院；将原洋浦经济开发区中级人民法院更名为海南省第二中级人民法院，下辖儋州市、东方市、临高县、白沙黎族自治县、昌江黎族自治县、乐东黎族自治县、洋浦经济开发区的7个基层人民法院。值得注意的是，儋州市2015年2月升格为地级市后，并没有对应设置中级人民法院，儋州市人民法院的上一级人民法院仍为海南省第二中级人民法院。

第五，内蒙古的盟中级人民法院。"盟"是内蒙古自治区根据行政管理需要设置的地级行政区域，类似于各省过去设立的地区或专区。从1983年开始，内蒙古开始"撤盟设市"，目前仅剩三个盟，分别设置对应的中级人民法院，即：内蒙古自治区兴安盟中级人民法院、锡林郭勒盟中级人民法院、阿拉善盟中级人民法院。各盟均设行政公署，作为内蒙古自治区人民政府的派出机构。内蒙古自治区人大常委会在各盟分别设立工作委员会，对盟中级人民法院实行法律监督和工作监督，每年听取和审议盟中级人民法院的工作报告。

第六，在未设区的地级市设置的基层人民法院。在我国，甘肃省嘉峪关市，海南省三沙市、三亚市，广东省东莞市、中山市建市时没有设置市辖区，基层人民法院并未与区级行政区划对应，形成较特别的基层人民法院设置模式。

1. **嘉峪关市、三沙市、三亚市的基层人民法院。**上述五个地级市中，有三个城市仅设一家基层人民法院，分别受理地级市内应当由基层人民法院管辖的案件，即嘉峪关市城区人民法院、三沙群岛人民法院、三亚市城郊人民法院。需要指出的是，三沙市目前已设置西沙区、南沙区两个行政区，三亚市目前已设置海棠区、吉阳区、天涯区、崖州区四个行政区，但并未增设对应的区人民法院，相关案件仍由三沙群岛人民法院、三亚市城郊人民法院受理。

2. **东莞市第一、第二、第三人民法院。**东莞市于 1988 年 1 月升格为地级市，同年成立东莞市中级人民法院。由于东莞市未设县级区，下辖 28 个镇、4 个街道，最初仅设置东莞市人民法院一家基层人民法院。进入 21 世纪，随着东莞市经济社会快速发展，案件数量激增，群众诉讼不便情况突出，经最高人民法院批准，于 2009 年 1 月 1 日撤销东莞市人民法院，设立东莞市第一、第二、第三人民法院。

3. **中山市第一、第二人民法院。**中山市的情况与东莞市类似，下辖 15 个镇、8 个街道，建市时仅设有中山市人民法院，2008 年 10 月撤销该院，分别设立中山市第一、第二人民法院，上一级人民法院为中山市中级人民法院。

第七，因特殊需要设置的中级人民法院。为疏解北京非首都功能，推动京津冀地区协同发展，中共中央、国务院于 2017 年 4 月决定设立河北雄安新区，作为河北省管辖的国家级新区。新区管理机构为河北雄安新区管理委员会。2019 年 1 月，经中央编办、最高人民法院批准，河北雄安新区中级人民法院正式成立。

第八，因特殊需要设置的基层人民法院。主要指因配合经济技术开发区、高新技术产业开发区、国家级新区、自由贸易试验区等建设而设立的人民法院。例如，广东自由贸易区南沙片区人民法院、深圳前海合作区人民法院、横琴粤澳深度合作区人民法院、深圳深汕特别合作区人民法院、兰州新区人民法院、大连高新技术产业园区人民法院、苏州工业园区人民法院、福建平潭综合实验区人民法院、郑州航空港经济综合实验区人民法院、四川天府新区成都片区人民法院、开封城乡一体化示范区人民法院，等等。需要注意的是，上海浦东新区、天津滨海新区已属于一级行政区划，有对应的人大、政府，所以上海浦东新区人民法院、天津滨海新区人民法院属于对应行政区划设置的人民法院。

第九，为集中管辖特殊类型案件设置的基层人民法院。设置这类法院的目的，就是为集中管辖特殊类型的专业化案件，但因为尚不具备成为专门人民法院的条件，所以仍作为基层人民法院管理。最典型的就是 2017 年、2018 年先后设立的杭州互联网法院（与杭州铁路运输法院合署办公）、北京互联网法院、广州互联网法院。三家法院都是经中央全面深化改革委员会批准设立的，暂时属于集中管辖特定类型互联网案件的基层人民法院。[1]

有权设立人民法院的主体

与注重系统性、制度性的"设置"相比，"设立"主要针对具体机构的组建。所谓**法院设立**，主要指有权机关批准成立特定人民法院。这里的**"有权机关"**包含两类主体：

第一类是最高国家权力机关及其常设机关。例如，全国人大常委会作出《关于设立成渝金融法院的决定》，决定在成渝双城经济圈地区设立金融法院。这时"设置"与"设立"工作通过设立决定一并完成。

---

〔1〕 胡仕浩、何帆、李承运：《〈关于互联网法院审理案件若干问题的规定〉的理解与适用》，载《人民司法·应用》2018 年第 28 期。

第二类是最高审判机关。这并不意味着最高人民法院有权设置法院，而是包括两种情况：

1. 基于全国人大常委会的授权。例如，第六届全国人大常委会第八次会议 1984 年 11 月 14 日通过的《关于在沿海港口城市设立海事法院的决定》，已经明确"海事法院的设置或者变更、撤销，由最高人民法院决定"。所以，最高人民法院可以在 1990 年、1992 年分别印发《关于设立海口、厦门海事法院的决定》和《关于设立宁波海事法院的决定》。

2. 没有创设新的法院组织形式，由最高人民法院在机构管理权限范围内，根据《人民法院组织法》关于地方人民法院的规定，决定相关人民法院的设立、更名或撤销。[1] 例如，国务院 1994 年 8 月 21 日印发《关于同意浙江省撤销台州地区设立地级台州市的批复》（国函〔1994〕86 号）后，最高人民法院于 1994 年 10 月 26 日印发《关于设立浙江省台州市中级人民法院等人民法院的批复》（法〔1994〕126 号），同意设立台州市中级人民法院。另外，陕西省子长县改为子长市后，最高人民法院于 2019 年 8 月 20 日印发《关于同意撤销子长县人民法院设立子长市人民法院的批复》（法〔2019〕183 号），"同意撤销子长县人民法院，设立子长市人民法院，管辖所辖行政区划内的案件，其上一级人民法院为陕西省延安市中级人民法院"。2018 年 12 月 25 日，最高人民法院还印发《关于同意图们铁路运输法院更名为延边铁路运输法院的批复》（法〔2018〕362 号），"同意图们铁路运输法院更名为延边铁路运输法院"。上述撤销、设立、更名均有据可依，无须全国人大常委会批准或决定。

1954 年《人民法院组织法》并未严格区分法院的"设置"与"设立"。该法第二条规定，"高级人民法院和专门人民法院的设置，由司法部报请国务院批准；中级人民法院和基层人民法院的设置，由省、自治区、直辖市的司法行政机关报请省、直辖市人民委员会或者自治区

----

〔1〕 关于行政区划型法院的撤设机制，参见吴志刚：《行政区划型法院撤设机制的形态、机理与改革》，载《甘肃政法学院学报》2019 年第 1 期。

自治机关批准"。[1] 上述规定,与当时人民法院还未普遍设置,组织形式尚不明确有关。

1979年《人民法院组织法》第四十二条规定:"各级人民法院的设置、人员编制和办公机构由司法行政机关另行规定。"司法部遂于1980年11月22日印发《关于报批设置人民法院手续的通知》(〔80〕司发普字第263号),规定"今后凡设置或撤销基层以上人民法院,均由司法行政机关报各省、市、自治区司法厅(局)转报我部审批或备案。待我部批准后,由各地司法厅(局)函请最高人民法院颁发印章"。

1982年8月20日,根据中央统一部署,"司法部主管的审批地方各级人民法院、各类专门人民法院的设置、变更、撤销"之权统一划归最高人民法院。[2] 1979年《人民法院组织法》第四十二条随即于1983年修订时被删除。此后,最高人民法院又于1984年6月6日和1988年10月18日分别印发《关于报批新设、更名、撤销各级人民法院和刻制印章的通知》(〔84〕法司字第87号)和《关于再次印发〔84〕法司字第87号文的通知》(法〔司〕发〔1988〕22号),强调"凡是新设、更名和撤销的人民法院,均由高级人民法院向我院提出正式报告,经我院正式批准后生效"。

党的十五大后,为配合中央关于机构改革的精神,中共中央办公厅印发了《地方各级人民法院机构改革意见》(中办发〔2001〕9号)。该意见在推动人民法院机构设置、职能配置、人员编制、干部配备改革的同时,明确了地方各级人民法院在机构上的设立权限。地方各级人民法院依法设置,原则上一个行政区划对应一个人民法院。因特殊需要设置的人民法院,由高级人民法院商省级机构编制主管部门、当地党委和人大常委会等有关部门同意后,报最高人民法院审批。

---

　〔1〕　该条为邓小平同志所加,参见中共中央文献研究室编:《邓小平年谱》(中册),中央文献出版社2009年版,第1192页。

　〔2〕　《司法部、最高人民法院关于司法厅(局)主管的部分任务移交给高级人民法院主管的通知》(〔82〕司发办字第218号,1982年6月8日)。1982年6月26日,《国务院关于司法部机构编制的复函》(〔82〕国函字115号)同意司法部撤销普通法院司和专门法院司,并将包括法院撤设事宜在内的法院内部司法行政工作全部移交给最高人民法院。

这里的**"因特殊需要设置"**，一般指两种情况：**第一，**在同一行政区划内，原法院管辖区域面积过大、人口较多、案件量持续、大幅度增加，需要增设人民法院。例如，前述撤销东莞市人民法院，增设东莞市第一、第二、第三人民法院的情况。**第二，**为配合国家级新区、经济技术开发区、高新技术产业开发区、规模较大的省级开发区建设，需要新设置人民法院。因特殊需要设置的人民法院，其内设机构数额和人员编制的审批程序是：中级人民法院的机构编制，由最高人民法院审核，中央机构编制主管部门审批。基层人民法院的机构编制，由高级人民法院审核，省级机构编制主管部门审批。人民法庭的设置、变更和撤销，由基层人民法院提出，经中级人民法院审核，报高级人民法院审批。上述审批和管理程序一直执行至今。

例如，河北雄安新区中级人民法院就是 2018 年 9 月 7 日经中央编办批复设立，2019 年 1 月 10 日正式挂牌成立。2019 年 1 月 9 日，最高人民法院配套印发《关于河北雄安新区中级人民法院及所辖基层人民法院案件管辖问题的批复》（法发〔2019〕1 号），明确了该院的管辖范围。[1] 至于专门人民法院，一般需要全国人大常委会作出决定后，最高人民法院才可以设立。如果是海事法院，鉴于全国人大常委会已经有授权性规定，经中央编办批准后，最高人民法院即可设立。例如，2019 年 2 月 18 日，最高人民法院印发《关于同意撤销南京铁路运输法院设立南京海事法院的批复》（法〔2019〕39 号），批复"同意撤销南京铁路运输法院，设立南京海事法院"，明确"南京海事法院按中级人民法院组建，其上一级法院为江苏省高级人民法院，相关法律职务由江苏省人民代表大会常务委员会任免"，"南京海事法院的机构编制、内设机构数量、领导职数等按照《中央编办关于设立南京海事法院的批复》（中央编办复〔2019〕5 号）执行"。

---

〔1〕 由于雄安新区管辖范围相对特殊，所以需要最高人民法院以司法文件形式确定。按照该文件，雄安新区中级人民法院管辖雄安新区及其托管区域（包含任丘市苟各庄镇、鄚州镇、七间房乡和高阳县龙化乡等 4 个乡镇）范围内的案件。雄安新区周边区域，包括石家庄、保定、廊坊、沧州辖区内环境资源案件（包括刑事、民事、行政案件）集中由雄安新区法院管辖。

2019 年 8 月 15 日,中共中央印发《中国共产党机构编制工作条例》。人民法院机构、编制、领导职数的配备和调整,均适用该条例。长远来看,有必要结合条例内容,就人民法院的设立、更名、裁撤程序和审批权限制定专门的规范性文件,尤其应规范因特殊需要设立的人民法院的设立标准、审批程序。[1]

最高人民法院院长的产生

全国人大及其常委会的一项重要职权,就是产生中央层级的其他国家机关,包括最高人民法院。按照 1982 年《宪法》第六十二条第八项,"选举最高人民法院院长"是全国人大的职权之一。[2] 第一百二十九条第二款进一步明确,"最高人民法院院长每届任期同全国人民代表大会每届任期相同,连续任职不得超过两届"。2018 年《人民法院组织法》第四十二条第一款、2019 年《法官法》第十八条第二款均规定了最高人民法院由全国人大选举产生的内容。

由于最高人民法院的任期与全国人大的任期相同,所以,全国人大选举最高人民法院院长,一般在换届的人大会议上进行。按照惯例,每届全国人大第一次会议,都会通过一个选举和决定任命的办法,按照该办法**选举产生**国家主席、副主席、中央军事委员会主席、全国人大常委会委员长、副委员长、秘书长、委员、国家监察委员会主任、最高人民法院院长、最高人民检察院检察长;**决定**国务院总理、副总理、国务委员、各部部长、各委员会主任、中国人民银行行长、审计长、秘书长、中央军事委员会副主席、委员的人选。例如,2023 年 3 月 10 日通过的《第十四届全国人民代表大会第一次会议选举和决定任命的办法》。根据历届历次会议的上述办法,选举最高人民法院院长的基本

---

〔1〕 2011 年 3 月 25 日,最高人民法院政治部曾印发《关于因特殊需要设置人民法院相关问题的意见》(法政〔2011〕90 号),初步规范了因特殊需要设置人民法院的条件,以及审核、考察、呈报、审批程序。

〔2〕 1975 年《宪法》第七十五条第一款曾规定:"各级人民法院院长由本级人民代表大会的常设机关任免。"

程序是:

第一步:提名。最高人民法院院长的人选,由大会主席团根据中共中央的建议提名,经各代表团酝酿协商后,再由主席团根据多数代表的意见确定正式候选人名单。最高人民法院院长的人选,无须在全国人大代表中提名,可以提名代表,也可以提名代表之外的人。[1] 一般而言,选举最高人民法院院长,与选举全国人大常委会委员长、副委员长、秘书长、国家主席、副主席、中央军事委员会主席、国家监察委员会主任、最高人民检察院检察长一样,进行等额选举。等额选举即候选人数与应选人数相等的选举。

第二步:投票。全国人大每次换届选举时,要进行三次投票。第一次全体会议选举中华人民共和国主席、副主席;选举中华人民共和国中央军事委员会主席;选举全国人民代表大会常务委员会委员长、副委员长、秘书长。第二次全体会议:决定国务院总理的人选;决定中华人民共和国中央军事委员会副主席、委员的人选;选举中华人民共和国国家监察委员会主任;选举最高人民法院院长;选举最高人民检察院检察长;选举全国人民代表大会常务委员会委员。第三次全体会议:决定国务院副总理、国务委员、各部部长、各委员会主任、中国人民银行行长、审计长、秘书长的人选。

选举采用无记名投票方式。对于选举产生的人选,大会将向代表印发选举票。对选举票上的候选人,代表可以表示赞成,可以表示反对,也可以表示弃权。表示反对的,可以另选他人;表示弃权的,不能另选他人。另选他人姓名模糊不清的,由总监票人进行复核确认后,不计入另选他人票。在大会选举中,收回的选举票等于或者少于发出的选举票,选举有效;多于发出的选举票,选举无效,应重新进行选举。每张选举票所选的人数,等于或者少于应选名额的为有效票,多于应选名额的为无效票。

第三步:有效当选。选举的人选获得的赞成票超过全体代表的半

---

[1] 全国人大常委会委员长、副委员长、秘书长、委员的人选,必须在全国人大代表中提名。

数,始得当选。计票结束后,由总监票人向大会执行主席报告选举的计票结果,由大会执行主席向大会宣布选举结果。

第四步:宪法宣誓。根据《全国人民代表大会常务委员会关于实行宪法宣誓制度的决定》,全国人大选举产生最高人民法院院长后,进行宪法宣誓。宣誓仪式由大会主席团组织。需要指出的是,各级人民法院院长当选后,自动成为所在人民法院的审判委员会委员、审判员,不必再履行任命手续。[1]

地方人民法院院长的产生

我国《宪法》规定了地方各级人民法院院长的产生方式。按照《宪法》第一百零一条第二款,县级以上的地方各级人民代表大会选举并且有权罢免本级人民法院院长。正如前述,由于地方各级人民法院的设置形式较为复杂,院长的产生机制也存在差异。产生的具体办法主要规定于《中华人民共和国地方各级人民代表大会和地方各级人民政府组织法》(以下简称《地方组织法》)、2018 年《人民法院组织法》、2019 年《法官法》和全国人大常委会关于设置新疆生产建设兵团法院的决定中。

(一)按行政区划设置的地方人民法院院长的产生

我国地方各级人民法院绝大部分是按行政区划设置的,一般都有对应的地方人大,院长主要由本级人大选举产生。按照《地方组织法》,产生的主要过程是:

第一步:提名。地方各级人民法院院长的人选,由本级人大主席团或者代表依照联合提名。代表联合提名的,须遵循以下规定:省、自治区、直辖市的人大代表 30 人以上书面联名,设区的市和自治州的人大代表 20 人以上书面联名,县级人大代表 10 人以上书面联名,可以提出本级人民法院院长候选人。主席团提名的候选人人数,每一代表

---

〔1〕 按照司法部 1957 年 6 月 18 日《关于法院审判人员任免的一些问题的复函》(〔57〕司人字第 1024 号),人民法院院长被任命为院长后即为本院审判委员会委员,并担任审判委员会会议主持人,不必另设主任委员。

与其他代表联合提名的候选人人数,均不得超过应选名额。不同选区或者选举单位选出的代表可以酝酿、联合提出候选人。代表联名提出的候选人同主席团提出的候选人具有同样的法律地位,都必须依法列入候选人名单,交代表酝酿、讨论,不能随意删减代表联名提出的候选人。

县级以上地方各级人大换届选举本级国家机关领导人员时,提名、酝酿候选人的时间不得少于两天。两天时间不一定都得讨论选举问题,可以穿插安排其他议程,主要是留给代表考虑、选择人选的时间。

与最高人民法院院长不同的是,地方各级人民法院的候选人数可以多一人,进行差额选举;如果提名的候选人只有一人,也可以等额选举。

第二步:投票和当选。选举采用无记名投票方式。代表对于确定的候选人,可以投赞成票,可以投反对票,可以另选其他任何代表或者选民,也可以弃权。获得过半数选票的候选人人数超过应选名额时,以得票多的当选。如遇票数相等不能确定当选人时,应当就票数相等的人再次投票,以得票多的当选。

第三步:宪法宣誓。地方各级人民法院院长,在依照法定程序产生后,进行宪法宣誓。

本级人民法院院长任期未满,出现死亡、罢免、辞职等情形时,可以补充选举。地方各级人大补选人民法院院长时,候选人数可以多于应选人数,也可以同应选人数相等。选举办法由本级人大决定。在人民代表大会闭会期间,本级人民法院院长因故不能担任职务时,根据主任会议的提名,常委会可以从副院长中决定代理院长的人选。

(二)在省、自治区内按地区设立的和在直辖市内设立的中级人民法院院长的产生

在省、自治区内按地区设立的中级人民法院、在直辖市内设立的中级人民法院较为特殊,没有对应的人民代表大会,院长不能通过选举方式产生,只能通过直接任命的形式产生。1954年《人民法院组织法》曾规定,在省内按地区设立的和在直辖市内设立的中级人民法院院长,由省、直辖市人民代表大会选举产生。而1979年的《人民法院组织法》仅规定,在省、自治区内按地区设立的和在直辖市内设立的中级人民法院院长,由省、自治区、直辖市的人大常委会任免,但未规定具体提名主体。

2018年《人民法院组织法》第四十三条第二款明确,在省、自治区内按地区设立的和在直辖市内设立的中级人民法院院长,由省、自治区、直辖市人大常委会根据主任会议的提名决定任免。根据《地方组织法》第五十四条,省、自治区、直辖市、自治州、设区的市的人大常委会主任、副主任和秘书长组成主任会议;县、自治县、不设区的市、市辖区的人大常委会主任、副主任组成主任会议。主任会议处理常务委员会的重要日常工作。

(三)按照特殊需要设立的人民法院院长的产生

因特殊需要设置的中级人民法院院长,根据省级人大常委会主任会议的提名,由省级人大常委会任命,提请人应当向常委会会议作出说明。例如,河北省第十三届人大常委会第七次会议2018年11月23日通过的《河北省人民代表大会常务委员会关于河北雄安新区中级人民法院和河北省人民法院雄安新区分院人事任免暂行办法》,就明确河北省人大常委会根据主任会议的提名,决定河北雄安新区中级人民法院院长的任免。

因特殊需要设置的基层人民法院院长,一般根据高级人民法院院长(所在地为直辖市)或中级人民法院院长(所在地为地级市)的提名,由所在地的市人大常委会任命。例如,按照《重庆市各级人民法院代表大会常务委员会人事任免条例》,重庆两江新区人民法院(重庆自由贸易试验区人民法院)院长由重庆市人大常委会根据重庆市高级人民法院院长的提名任命。还比如,按照《武汉市人民代表大会常务委员会人事任免办法》,武汉经济技术开发区人民法院院长、武汉东湖技术开发区人民法院院长由武汉市人大常委会根据武汉市中级人民法院院长的提名任命。

（四）新疆维吾尔自治区高级人民法院生产建设兵团各级法院院长的产生

按照《全国人民代表大会常务委员会关于新疆维吾尔自治区生产建设兵团设置人民法院和人民检察院的决定》，新疆维吾尔自治区高级人民法院生产建设兵团分院院长、中级人民法院院长，由自治区高级人民法院院长提请自治区人大常委会任免。基层人民法院院长由新疆维吾尔自治区高级人民法院生产建设兵团分院任免。自治区人大常委会任命的地区中级人民法院院长、自治区高级人民法院生产建设兵团分院和兵团中级人民法院院长换届后，由主任会议或提请机关重新提请自治区新一届人大常委会会议审议任命。

专门人民法院院长的产生

（一）军事法院院长的产生

《宪法》第六十七条第十二项明确，全国人大常委会根据最高人民法院院长的提请，任免中国人民解放军军事法院院长。其他军事法院院长，由中央军事委员会按照军官任免权限和程序任免。

（二）海事法院院长的产生

按照《全国人民代表大会常务委员会关于在沿海港口城市设立海事法院的决定》，海事法院院长由所在地的市人大常委会主任提请本级人大常委会任免。实践中，上海、天津、广州、宁波、海口、大连、青岛、北海海事法院院长由所在地的市人大常委会任免，武汉、南京海事法院院长分别由湖北省、江苏省人大常委会主任会议提请本级人大常委会任免。

（三）知识产权法院院长的产生

北京、上海、广州知识产权法院院长由所在地的市人大常委会主任会议提请本级人大常委会任免。海南自由贸易港知识产权法院院长由海南省人大常委会主任会议提请海南省人大常委会任免。

（四）金融法院院长的产生

北京、上海金融法院院长由所在地的市人大常委会主任会议提请本级人大常委会任免。成渝金融法院院长由重庆市人大常委会主任会议提请重庆市人大常委会任免。

各级法院审判人员的产生

各级人民法院的"审判人员"除院长外,还包括副院长、审委会委员、庭长、副庭长、审判员。在 2018 年《人民法院组织法》修订过程中,就各级人民法院的庭长、副庭长是否应当由人大常委会任免,曾有过反复。《人民法院组织法》修订草案没有将庭长、副庭长列入人大常委会任免范围,主要考虑是:根据司法责任制改革精神,庭长、副庭长不再审核签发未参审案件的法律文书,可以考虑仅将之作为人民法院的内部管理职位,不再由人大常委会任免。在审议过程中,有的常委员、部门和地方提出,庭长、副庭长由人大常委会任免,是现行法官法、《地方组织法》的规定。实践中,庭长、副庭长还履行了与其职务对应的审判监督管理职权,这些都属于人民法院依法独立行使审判权的组成部分。因此,2018 年《人民法院组织法》保留了庭长、副庭长由人大常委会任免的规定。[1]

按照修订后的人民法院组织法、法官法和全国人大常委会有关决定,各级人民法院除院长外的其他审判人员产生机制是:

(一)最高人民法院其他审判人员的产生

最高人民法院其他审判人员,由院长提请全国人大常委会任免。最高人民法院巡回法庭庭长、副庭长,由院长提请全国人大常委会任免。巡回法庭普通法官本身就是最高人民法院法官,到巡回法庭任职,无须再由全国人大常委会另行任免。

对最高人民法院其他审判人员的任免案由最高人民法院向全国人大常委会提出。提交任免案时,提请人应提交被提名人的简历和任免理由。由委员长会议决定提请常委会审议。常委会审议议案时,常

---

〔1〕 郑淑娜主编:《中华人民共和国人民法院组织法释义》,中国民主法制出版社 2019 年版,第 162—163 页。

委会办公厅将任免人选的有关材料印发常委会组成人员。常委会要分组审议任免名单。审议中提出的问题，必要时由最高人民法院相关部门负责人回应和解释。分组审议后，任免案即交付表决，表决任免案由常委会全体组成人员过半数通过，一般采用无记名方式。任免案的表决结果，由会议主持人当场宣布。对最高人民法院副院长的任免，采用逐人表决。对最高人民法院其他审判人员的任免，一般情况下合并表决。前述人选表决通过后，由常委会公布，并向最高人民法院复文。

（二）地方各级人民法院其他审判人员的产生

地方各级人民法院其他审判人员，由院长提请本级人大常委会任免。在省、自治区内按地区设立的和在直辖市内设立的中级人民法院的其他审判人员，由高级人民法院院长提请省、自治区、直辖市人大常委会任免。

因特殊需要设置的中级人民法院其他审判人员，由高级人民法院院长提请省、自治区、直辖市人大常委会任免。因特殊需要设置的基层人民法院其他审判人员，由中级人民法院院长提请所在地的市人大常委会任免；所在地的市为直辖市时，由高级人民法院院长提请。例如，重庆两江新区人民法院（重庆自由贸易试验区人民法院）的审判人员就是由重庆市高级人民法院院长提请市人大常委会任免。

新疆维吾尔自治区高级人民法院生产建设兵团分院、中级人民法院其他审判人员，由自治区高级人民法院院长提请自治区人大常委会任免；基层人民法院其他审判人员，由新疆维吾尔自治区高级人民法院生产建设兵团分院任免。

地方各级人大常委会通常会制定人事任免办法。按照各地惯例或要求，人民法院提请地方人大常委会审议的人事任免案，以议案或报告形式提出，并附拟任命审判人员的个人情况材料。经主任会议决定，提请常委会会议审议。常委会会议正式审议前，会自行组织或委托本级人民法院组织宪法和法律知识考试，考试成绩书面报告常委会组成人员。常委会会议审议时，**有的**地方会安排提请任命的人民法院院长到会作提请报告或说明，**有的**会要求相关审判人员到会与常委会组成人员见面,**有的**会要求拟任命的人民法院副院长到会作拟任职发言。

常委会会议表决人事任免案,采用无记名表决形式。对人民法院副院长,一般逐人表决。对于其他审判人员,常委会组成人员审议意见比较一致的,可以合并表决。拟任命人员必须获得常委会全体组成人员过半数赞成,始得通过。与全国人大常委会不同的是,地方人大常委会通过任命后,会颁发任命书,任命书由人大常委会主任签署,但代理院长一般不颁发任命书。审判人员依法定程序产生后,由人大常委会公布,履职前应公开进行宪法宣誓。常委会对其任命的审判人员,可以要求其报告履职情况并进行评议。人大换届时,人民法院院长之外的审判人员职务无变动的,不再重新任命。

(三)专门人民法院其他审判人员的产生

军事法院其他审判人员的任免,根据《现役军官法》《法官法》的规定,按照军官任免权限和程序办理。海事法院其他审判人员,由海事法院院长提请所在地的市级或省级人大常委会任免。北京、上海、广州知识产权法院其他审判人员,由知识产权法院院长提请所在地的市人大常委会任免。海南自由贸易港知识产权法院其他审判人员,由海南自由贸易港知识产权法院院长提请海南省人大常委会任免。北京、上海金融法院其他审判人员,由金融院长提请所在地的市人大常委会任免。成渝金融法院其他审判人员,由成渝金融法院院长提请重庆市人大常委会任免。

三、对国家权力机关负责

从向政协报告到向人大报告

新中国刚成立时,由中国人民政治协商会议全体会议暂时执行国家权力机关职权。1950 年 6 月 17 日,时任最高人民法院院长沈钧儒在中国人民政治协商会议第一届全国委员会第二次会议上作《人民法院工作报告》，报告内容包括"各级人民法院建设概况""人民法院的当前任务""加强干部、充实机构、加强领导"三个板块。

当时，并无法律规定哪些人、哪些单位需要向全国人民代表大会报告工作。[1] 之所以请最高人民法院院长报告人民法院工作，主要是考虑到国家初建、百废待兴，司法机关作为国家政制的重要组成部分，有必要向国家权力机关报告建设情况。事实上，会议还一并听取了刘少奇副主席、周恩来总理、陈云副总理、薄一波副主任、聂荣臻代总参谋长关于土地改革、政治、经济、财政、税收、文化教育和军事工作的报告，内容基本涵盖国家制度建设各个领域。

1950 年 7 月 26 日召开的第一届全国司法会议上，时任政务院政治法律委员会副主任兼法制委员会主任委员陈绍禹在《关于目前司法工作的几个问题》的报告中，批判旧法院"在组织上表示自己高高在上，对人民不负责任"，并提到"人民法院是人民政权的组成部分，人民法院的院长和审判员由人民代表机关或人民政府委员会任免，并对其任免机关负责和报告工作"。[2] 向国家权力机关报告工作，此时已被视为区分新旧法院的重要标志，也是彰显新中国法院人民政权属性、体现对人民负责特点的制度创新。

1951 年《人民法院暂行组织条例》虽未直接体现"报告工作"内容，但在起草说明中，明确提出"在组织制度上，人民法院是人民政府的组成部分，它对人民政府委员会和上级法院负责并报告工作；同时在工作上又表现来自人民、属于人民和对人民负责，二者是完全一致的"。[3] 这也进一步说明，"报告工作"已从建国之初的特殊安排，逐步转变为长期坚持的常态化机制，适用范围亦不再局限于最高人民法院。1951 年 10 月 28 日，沈钧儒院长延续上一年惯例，在政协第一届

---

〔1〕 沈钧儒：《人民法院工作报告》（1950 年 6 月 17 日），载《人民日报》1950 年 6 月 18 日。

〔2〕 陈绍禹：《关于目前司法工作的几个问题》（1950 年 7 月 27 日），载《中央政法公报》第 31 期。

〔3〕 许德珩：《关于"中华人民共和国人民法院暂行组织条例"的说明》，载《人民日报》1951 年 9 月 5 日。

全国委员会第三次会议作了发言。[1] 1952 年、1953 年,最高人民法院均未报告工作。[2]

　　1954 年《宪法》制定过程中,将人民法院向对应国家权力机关负责并报告工作的实践转换为宪法规定,逐步成为社会各界共识。在此期间,也曾有关于"共和国主席是否有权要最高人民法院报告工作?""人民代表大会闭会期间法院是否需要向地方政府报告工作?"的讨论和建议,但未被采纳。[3] 最终,1954 年《宪法》第八十条明确,"最高人民法院对全国人民代表大会负责并报告工作;在全国人民代表大会闭会期间,对全国人民代表大会常务委员会负责并报告工作。地方各级人民法院对本级人民代表大会负责并报告工作。"1954 年《人民法院组织法》第十四条第一款的表述与之一致,以彰显人民法院"属于人民,来自人民,必须接受人民代表大会的监督"。[4]

　　新宪法实施后,经过各级法院探索实践,逐步形成了法院工作报告制度的模式。**第一步**:人民法院向同级人大报告上一年度工作。[5]
第二步:人大代表听取和讨论法院工作报告,提出肯定、建议或批评意

---

　　〔1〕　在正式文件中,最高人民法院在 1951 年、1954、1955、1956 年、1959 年、1960 年会议上的报告均被称为"发言",而非"报告",仅 1957 年的被称为"报告"。1963 年与最高人民检察院的联合报告被称为"联合发言"。1964 年及之后的报告才被定名为"最高人民法院工作报告"。

　　〔2〕　彭美:《法院工作报告制度研究:以最高人民法院工作报告为样本》,中国检察出版社 2011 版,第 96 页。

　　〔3〕　韩大元:《1954 年宪法制定过程》,法律出版社 2014 年版,第 152、154 页。

　　〔4〕　曹杰、王汝琪、刘方、王业媛:《学习中华人民共和国人民法院组织法的体会》,载北京政法学院编:《中华人民共和国审判法参考资料汇编》(第 2 辑),1956 年印行,第 276 页。

　　〔5〕　1955 年 8 月 13 日,司法部在《关于中级人民法院如何向省级人民代表大会与省人民委员会报告工作的问题的批复》(〔55〕司普字第 1822 号)提出,对谁报告工作即对谁负责,中级人民法院向专员公署报告工作,在法律上没有依据,但为了取得专员公署的监督和支持,可以在一定时期内主动向专员公署的最高会议报告工作,书面工作报告可抄送专员公署。

见。[1] **第三步**:人大根据代表们的审查意见,对法院报告作出决议。
第四步:人民法院结合决议内容和代表意见,进一步改进工作。[2]

受各种政治因素影响,从 1966 年到 1976 年,全国人大仅在 1975 年 1 月召开过一次会议,法院工作报告制度也陷入全面停滞状态。"文革"结束后,1979 年《人民法院组织法》延续 1954 年《人民法院组织法》的规定,在第十七条第一款继续规定"最高人民法院对全国人民代表大会和全国人民代表大会常务委员会负责并报告工作。地方各级人民法院对本级人民代表大会及其常务委员会负责并报告工作"。

然而,1982 年《宪法》却取消了法院报告工作的表述,仅在第一百二十八条规定:"最高人民法院对全国人民代表大会和全国人民代表大会常务委员会负责。地方各级人民法院对产生它的国家权力机关负责。"换言之,1982 年《宪法》只要求最高人民法院和地方各级人民法院对产生它的国家权力机关"负责",并没有要求"报告工作"。

对于这一变化,参与制定 1982 年《宪法》的张友渔教授给出的解释是:

> 人大和人大常委会对行政机关的监督要比审判机关、检察机关的监督更多,更直接一些。新宪法第九十二条规定国务院要向人大、人大常委会报告工作。而对法院、检察院就没有作出这样的硬性规定,第一百二十八条、第一百三十三条,都只规定对人大、人大常委会负责,而没有"并报告工作"这个尾巴。可以报告也可以不报告,就灵活一点。这是因为,国务院是最高国家权力机关的执行机关,它是具体执行人大、人大常委会原则上决定的东西,所以执行情况必须报告。法院、检察院的工作、性质不同,可以作工作报告,也可以不作工作报

---

〔1〕 例如,在北京市第一届人大第三次会议上,各区人大代表对市、区人民法院工作提出 540 多条意见,经归纳为 385 条,其中属于表扬的有 64 条,属于批评的有 202 条,属于建议的有 119 条,同时还对最高人民法院提出了 3 条意见。参见《最高人民法院自第一届全国人民代表大会第一次会议以来的工作》(1955 年 7 月 3 日),载《董必武法学文集》,法律出版社 2001 年版,第 269—270 页。

〔2〕 建南:《人民法院对人民代表大会负责并报告工作——北京市司法工作实践中的经验》,载《政法研究》1955 年第 6 期。

告,根据实际需要决定。不宜硬性规定必须作工作报告,但也不能硬性规定不作工作报告。需要报告的还得报告,并且人大、人大常委会可以要它作报告。[1]

参与宪法起草的肖蔚云教授也提出,"这一条写了人民法院对各级人大和它的常务委员会负责,而没有写报告工作。这就是说报告工作有灵活性,可以是口头的,也可以是书面的"。[2] 从当时的历史背景看,经过对"文革"破坏法制教训的深刻反思,各方面都高度重视审判、检察机关"应有的独立性",并把灵活报告机制作为体现审判、检察机关性质、特点的特殊考虑。

1982 年《宪法》虽不再有"报告工作"的要求,但这项沿袭多年的机制并未终止。1983 年 6 月 7 日,时任最高人民法院院长江华依循惯例,向第六届全国人大第一次会议报告了过去五年的工作。1983 年 9 月 2 日,第六届全国人大常委会第二次会议作出修改人民法院组织法的决定,部分内容对照 1982 年《宪法》作了调整。例如,将原第四条规定的"人民法院独立进行审判,只服从法律"修改为"人民法院依照法律规定独立行使审判权,不受行政机关、社会团体和个人的干涉",以与新宪法第一百二十六条的表述保持一致。然而,修改后的人民法院组织法仍然保留了"并报告工作"的表述,并没有向新宪法"看齐"。显然,至少在最高人民法院看来,保留人民法院报告工作机制,从政治上看确有必要,也能够体现"一府两院"的宪法地位。[3]

21 世纪初,因辽宁省沈阳市、湖南省衡阳市先后出现市人大关于当地中级人民法院工作报告的决议未能通过的情况,引起理论界关于

〔1〕　张友渔:《宪政论丛》(下册),群众出版社 1986 年版,第 359—360 页。

〔2〕　肖蔚云:《我国现行宪法的诞生》,北京大学出版社 1986 年版,第 192 页。

〔3〕　有研究认为,向人大报告工作可能是最高人民法院"争取"来的权利,旨在保持与国务院同样的宪法地位。上述猜测尚无文献支撑。左卫民、冯军:《寻求规范与技术的合理性:最高法院与全国人大的关系研究》,载左卫民等:《最高法院研究》,法律出版社 2004 年版,第 220 页。

人民法院工作报告制度的讨论。[1] 在"衡阳事件"中，部分牵头投反对票的人大代表本身即是案件当事人。有论者据此认为，法院向人大报告工作并交付表决，既缺乏宪法依据，也可能影响到法院独立行使审判权，建议取消报告工作机制，或者"只报告，不表决"。[2] 也有人认为，为了避免反对票过高，法院院长可能会要求法官在具体案件中迎合或妥协个别人大代表的意愿，加剧法院内部的行政化倾向。[3]

但是，在立法机关看来，尽管 1982 年《宪法》没有法院"报告工作"的规定，但司法机关向国家权力机关报告工作，已经是宪法惯例，甚至可以说，向人大报告工作本身就可以成为向人大"负责"的一种具体方式，"包括一年一次的定期报告工作和根据要求的工作汇报"。[4] 早在 1987 年 6 月，时任全国人大常委会委员长彭真就在第六届全国人大常委会第二十一次会议联组会上强调过，"全国人大和它的常委会监督国务院、中央军委、最高人民法院、最高人民检察院的工作，主要是审查他们的工作报告"。[5]

1989 年以来，陆续制定的宪法性法律，如全国人大议事规则、全国人大常委会议事规则、各级人大常委会监督法等，从制度上确认了人大及其常委会听取人民法院全面工作报告和专项工作报告的机制。时至今日，向人大报告工作已成为人民法院接受国家权力机关监督、体现全过程人民民主的制度体现，是中国特色社会主义司法制度的重要组成部分。

---

〔1〕 《沈阳市人大不通过案：吹皱一池春水》，载《中国青年报》2001 年 2 月 16 日；周永坤、朱应平：《否决一府两院报告是喜是忧》，载《法学》2001 年第 5 期；焦洪昌、姚国建：《人民法院对人民代表大会报告工作的宪法分析——兼评由沈阳市人大不通过法院工作报告所引发的争议》，载方流芳主编：《法大评论》（第 1 卷第 1 辑），中国政法大学出版社 2001 年版，第 438—466 页。

〔2〕 王亚琴、樊军：《人大监督法院工作若干问题研究》，载孙谦、郑成良主编：《司法改革报告：中国的检察院、法院改革》，法律出版社 2004 年版，第 402—406 页；邵新：《全面深化改革背景下法院报告工作制度之完善建议》，载《中国法律评论》2014 年第 2 期。

〔3〕 张泽涛：《法院向人大汇报工作与司法权的行政化》，载《法学评论》2002 年第 6 期。

〔4〕 蔡定剑：《宪法精解》（第 2 版），法律出版社 2006 年版，第 443 页。

〔5〕 《一不要失职，二不要越权》，载彭真：《论新时期的社会主义民主与法制建设》，中央文献出版社 1989 年版，第 362 页。

向人大报告年度工作

1989 年 4 月 4 日通过的《中华人民共和国全国人民代表大会议事规则》[1]（以下简称《全国人大议事规则》）第三十条规定，"全国人民代表大会每年举行会议的时候，全国人民代表大会常务委员会、国务院、最高人民法院、最高人民检察院向会议提出的工作报告，经各代表团审议后，会议可以作出相应的决议。"该条明确了最高人民法院年度报告工作的时间、审议的组织单位和报告的审议结果，解决了制度运转中的最后一个问题，亦即人大对法院年度报告工作要不要表决的问题。[2] 2018 年修订《人民法院组织法》时，尽管仍有不同声音，[3]但修订后的《人民法院组织法》仍然保留了"报告工作"的内容。

2018 年《人民法院组织法》

第九条　最高人民法院对全国人民代表大会及其常务委员会负责并报告工作。地方各级人民法院对本级人民代表大会及其常务委员会负责并报告工作。

各级人民代表大会及其常务委员会对本级人民法院的工作实施监督。

2021 年 3 月 11 日，第十三届全国人民代表大会第四次会议作出《关于修改〈中华人民共和国全国人民代表大会议事规则〉的决定》。根据修改后的《全国人大议事规则》和法院报告工作实际，最高人民法院向全国人大报告工作的基本制度安排是：

---

〔1〕　该法于 2021 年 3 月 11 日经第十三届全国人民代表大会第四次会议修改，原第三十条改为第三十三条。

〔2〕　侯欣一：《法院向人民代表大会报告工作制度的形成及发展：以最高人民法院年度报告为例》，载《法学家》2020 年第 5 期。

〔3〕　张翔：《"应有的独立性"、报告工作与制度变革的宪法空间——关于〈人民法院组织法（修订草案）〉第 11 条的修改意见》，载《中国法律评论》2017 年第 6 期。

第一,由谁报告。宪法、法律并未明确规定由谁向全国人大报告工作。当然,无论依循惯例,还是履职本分,作报告者都应是各级人民法院院长。对此,最高人民法院 1998 年 12 月 24 日印发的《关于人民法院接受人民代表大会及其常务委员会监督的若干意见》也明确,"人民法院每年由**院长**向人大报告上一年工作,这是接受人大监督的重要体现"。

历史上,代表人民法院向全国人大作工作报告者,主要是最高人民法院院长,仅有过两次例外:**第一次**是 1959 年 4 月 25 日的第二届全国人大第一次会议上,因董必武同志已表示不再担任最高人民法院院长,〔1〕改由时任最高人民法院党组副书记、副院长高克林向大会报告法院工作。**第二次**是 1963 年 11 月 28 日的第二届全国人大第四次会议上,由时任最高人民法院院长谢觉哉、最高人民检察院检察长张鼎丞共同向大会作了联合发言。发言内容主要涉及司法机关开展农村社会主义教育运动和城市五反运动情况,并未区分法院、检察院各自的工作。实践中,代表地方人民法院向同级人大报告工作的,一般也是院长。地方人大会议召开前,原任院长已经调整的,通常由党组书记、代院长报告工作。

第二,何时报告。法院向同级人大报告工作的时间,一般是人大每年举行会议的时候。按照《全国人大议事规则》第二条,全国人大于每年第一季度举行,会议召开的日期由全国人大常委会决定并予以公布。遇有特殊情况,全国人大常委会可以决定适当提前或者推迟召开会议。提前或者推迟召开会议的日期未能在当次会议上决定的,全国人大常委会可以另行决定或者授权委员长会议决定,并予以公布。

例如,2019 年 12 月 28 日,第十三届全国人大常委会第十五次会议决定,第十三届全国人大第三次会议于 2020 年 3 月 5 日在北京召开。鉴于后来发生新冠肺炎重大疫情,常委会第十六次会议于 2020 年 2 月 24 日决定,适当推迟召开第十三届全国人大第三次会议,具体

〔1〕 1959 年 3 月 25 日,董必武同志已致信中共中央,再次请求中央考虑自己的能力和体力,不再安排担负国家机关的任何实际职务。参见《董必武年谱》编纂组:《董必武年谱》,中央文献出版社 2007 年版,第 487 页。

开会时间由全国人大常委会另行决定。2020年4月29日,常委会第十七次会议作出《关于第十三届全国人民代表大会第三次会议召开时间的决定》,决定大会于2020年5月22日在北京召开。

第三,报告什么。法院一般向人大报告上一年度的工作。每逢"换届之年",也即每届人大第一次会议上,则报告过去五年的工作。例如,2018年3月9日,时任最高人民法院院长周强在第十三届全国人大第一次会议上所作的工作报告,就是报告过去五年的主要工作。

年度工作报告通常也是全面工作报告,涉及法院工作各个方面。历史上也有若干次例外,除前述1963年的"两高"联合发言外,时任最高人民法院院长谢觉哉1960年4月10日在第二届全国人大第二次会议上的发言,仅聚焦于最高人民法院和各高级人民法院执行特赦罪犯工作的情况,未涉及其他工作。[1] 总体而言,历年法院工作报告都会体现鲜明的时代特征,以及人民法院围绕当时的党和国家中心工作而彰显的政治功能。[2]

党的十八大以来,最高人民法院历年工作报告的主要内容,大致包括以下几个方面:坚持党对人民法院工作的绝对领导、维护国家安全和社会稳定、服务保障党和国家大局、满足人民群众日益增长的多元司法需求、深化司法体制改革和智慧法院建设、锻造忠诚干净担当的过硬法院队伍、自觉接受监督等,有时也会根据上一年度工作重点,将部分内容单列一部分报告。例如,2019年3月12日在第十三届全国人大第二次会议上的报告,就在"2018年主要工作"之外,专节汇报了"2016年以来推进'基本解决执行难'情况"。2020年5月25日在

---

〔1〕 1959年9月17日,第二届全国人民代表大会常务委员会第九次会议根据毛泽东主席提出的中国共产党中央委员会的建议,作出了关于特赦确实改恶从善的罪犯的决定。同日,刘少奇主席发布了特赦令。最高人民法院和各地高级人民法院,同公安、检察机关密切协作,经过认真的审查,特赦了一批确实改恶从善的罪犯。凡是特赦释放的罪犯,都得到了妥当安置,开始了新生活。

〔2〕 喻中:《论最高人民法院实际承担的政治功能——以最高人民法院历年"工作报告"为依据》,载《清华法学》(第7辑),清华大学出版社2006年版,第35～54页;时飞:《最高人民法院政治任务的变化:以1950—2007年最高人民法院工作报告为中心》,载《开放时代》2008年第1期。

第十三届全国人大第三次会议上的报告,开篇也用一长段篇幅,报告了人民法院上半年在防控疫情、维护稳定和便民诉讼方面的情况。

一般而言,最高人民法院工作报告包含本院、地方各级人民法院和专门人民法院的工作。中级以上人民法院的工作报告,包含辖区各级人民法院的工作。直辖市中级人民法院和专门人民法院因没有对应的人大,一般由所属高级人民法院向同级人大代为报告工作。实践中,也有论者认为,上下级人民法院在审判业务上是监督关系而非领导关系,上级人民法院不宜向同级人大报告下级人民法院审判工作。[1]

2004年3月10日,时任最高人民法院院长肖扬在第十届全国人大第二次会议上所作的工作报告,体例和内容均有重大创新,报告不再以全国法院工作为主要内容,而是聚焦最高审判机关自身工作,逐项报告了2003年的审判工作、监督指导、司法解释、司法为民、法院改革、司法管理和队伍建设情况,令人耳目一新。[2] 不过,最高人民法院毕竟是宪法确定的最高审判机关,除审判工作外,与各级人民法院还存在司法政策、司法改革、经费保障、队伍建设等各方面关系,有必要向全国人大报告全国法院工作、展示整个法院系统的工作成效。这样既符合设置法院报告工作制度的初衷,也体现了最高人民法院的宪法地位和职能定位。[3] 因此,经过唯一一次探索"试水",从2005年至今,《最高人民法院报告》又恢复了报告全国法院工作的模式。

第四,如何审议。 按照《全国人大议事规则》,全国人大会议期间一般有以下几种会议形式:主席团会议、大会全体会议、代表团会议、代表团小组会议和特别会议。最高人民法院院长向大会全体会议报告工作后,报告一般会提交各代表团审议。审议工作报告,主要以代

---

〔1〕 彭美:《法院工作报告制度研究——以最高人民法院工作报告为样本》,中国检察出版社2011版,第213页。

〔2〕 倪寿明:《重新架构报告,回归宪法原则》,载《人民法院报》2004年3月11日。马守敏:《最高人民法院工作报告令人耳目一新》,载《人民法院报》2004年3月12日。

〔3〕 事实上,美国联邦最高法院每年元旦以首席大法官名义在官方网站发布的《联邦司法年度报告》(Federal Judiciary Report),内容也涵盖整个联邦法院系统的工作。参见[美]琳达·格林豪斯:《美国最高法院》,何帆译,译林出版社2017版,第53—54页。

表团会议和代表团小组会议方式进行。近年来,海南、西藏、青海、宁夏、香港、澳门、台湾等人数较少的代表团,是由代表团会议审议,其余各代表团均分小组审议工作报告。

在我国,人大代表的"审议权就是对会议议题进行讨论、发言(国外还包括辩论)的权利"。[1] 对法院工作报告的审议,一般以发言形式进行。既包括对法院工作的总体评价,也包括对报告措辞、数据和表述的修改意见。各个代表团审议时,人民法院均会派员到各团组旁听。旁听人员会记录代表们提出的意见,也会视情回应代表提问。审议讨论情况,会由大会秘书处编制成简报,印发各代表团参考。人民法院会根据简报和听会人员带来的意见,统筹考虑如何进一步修改报告,并将情况反馈给相关代表。

第五,表决什么。法院工作报告经审议后,大会秘书处研究形成关于法院工作报告的决议草案。决议草案经主席团会议通过后,也应当提交各代表团审议。根据各代表团的审议意见,由主席团会议决定提交大会最后一次全体会议表决。我们常说"大会高票通过法院工作报告",实际上提交表决的是大会关于报告的决议,而非报告本身。当然,代表的投票情况,最终反映的还是对人民法院工作和报告的态度。

历史上,政协全国第二次会议 1950 年 6 月 23 日通过的是《关于同意各项工作报告的决议》,实际上是"一揽子"通过了各机关所作的工作报告。[2] 1982 年 12 月 10 日,第六届全国人大第五次会议则是一并通过了《关于最高人民法院工作报告和最高人民检察院工作报告

---

〔1〕 蔡定剑:《中国人民代表大会制度》(第 4 版),法律出版社 2003 年版,第 196 页。

〔2〕 涉及法院部分的内容是:"中国人民政治协商会议第一届全国委员会第二次会议一致同意沈钧儒院长的人民法院工作报告,并认为:一、对在职司法干部应加强政策与业务的学习;二、清理积案为当前急务,但在清案工作中,必须注意诉讼程序的简化,审判方法的改进,以及各地新的经验的交流;三、人民法院工作是保护人民权利、镇压反动势力、建立并巩固革命秩序的有力武器,希望各级人民政府对各级人民法院予以具体协助并加强领导。"

的决议》。[1] 1983 年 6 月 7 日，第六届全国人大第一次会议作出《关于最高人民法院工作报告的决议》。至此，全国人大每年均会就"两高"报告分别作出决议，并提交大会表决。[2] 决议会表明大会对法院工作报告的基本评价，还会对如何贯彻报告提出原则性意见。例如，2022 年 3 月 11 日，第十三届全国人民代表大会第五次会议通过的《关于最高人民法院工作报告的决议》，全文如下：

第十三届全国人民代表大会第五次会议听取和审议了最高人民法院院长周强所作的工作报告。会议充分肯定最高人民法院过去一年的工作，同意报告提出的 2022 年工作安排，决定批准这个报告。

会议要求，最高人民法院要以习近平新时代中国特色社会主义思想为指导，深入贯彻习近平法治思想，全面贯彻落实党的十九大和十九届历次全会精神，深刻认识"两个确立"的决定性意义，增强"四个意识"、坚定"四个自信"、做到"两个维护"，坚持党的绝对领导，坚持统筹发展和安全，自觉践行全过程人民民主，忠实履行宪法法律赋予的职责，充分发挥审判机关职能作用，深化司法体制改革，推进智慧法院建设，健全中国特色一站式多元纠纷解决和诉讼服务体系，巩固提升审判执行质效，巩固政法队伍教育整顿成果，扎实推动新时代人民法院工作高质量发展，切实履行好维护国家安全、社会安定、人民安宁的重大责任，推动建设更高水平的平安中国、法治中国，以实际行动迎接党的二十大胜利召开！

---

[1] 决议内容是："中华人民共和国第五届全国人民代表大会第五次会议批准江华院长所作的最高人民法院工作报告，批准黄火青检察长所作的最高人民检察院工作报告。会议认为，人民法院和人民检察院应当根据本次会议通过的《中华人民共和国宪法》赋予的职权，充分发挥审判机关和法律监督机关的职能，在工作中坚持有法必依，执法必严，违法必究，保护国家和人民的权益，保障社会主义现代化建设的胜利发展。"

[2] 也有论者访谈相关当事人后指出，1984 年 5 月 31 日第六届全国人民代表大会第二次会议关于最高人民法院工作报告的决议，是时任最高人民法院院长郑天翔主动要求大会表决的，此后才形成表决惯例。参见邵新：《全面深化改革背景下法院报告工作制度之完善建议》，载《中国法律评论》2014 年第 2 期。

向人大常委会报告专项工作

1987 年 11 月 24 日,第六届全国人大常委会第二十三次会议通过的《中华人民共和国全国人民代表大会常务委员会议事规则》(以下简称《全国人大常委会议事规则》)第二十二条,规定了全国人大常委会全体会议听取国务院及国务院各部、各委员会和最高人民法院、最高人民检察院向常委会的**工作报告**。对"一府两院"而言,这一"工作报告"即"专项工作报告"。

为区别于向全国人大所作的年度工作报告,第十一届全国人大常委会第八次会议于 2009 年 4 月 24 日作出的修改决定,将前述内容修改为"常务委员会全体会议听取国务院、最高人民法院、最高人民检察院的**专项工作报告**"。第十三届全国人大常委会第三十五次会议 2022 年 6 月 24 日作出的修改决定,将原第四章名称"听取和审议**工作报告**"修改为"听取和审议报告",该章项下原第二十二条被改为第三十三条,涉及听取专项工作报告的内容是:

《全国人大常委会议事规则》(2022 年 6 月 25 日起施行)

第三十三条第一款 常务委员会根据年度工作计划和需要听取国务院、国家监察委员会、最高人民法院、最高人民检察院的专项工作报告。

除了《全国人大常委会议事规则》,第十届全国人大常委会第二十三次会议 2006 年 8 月 27 日通过的《中华人民共和国各级人民代表大会常务委员会监督法》(以下简称《监督法》)第八条至第十四条,明确了各级人大常委会听取和审议人民法院专项工作报告的机制。

第一,为何报告。人大常委会监督人民法院,关键是要处理好依法监督与人民法院独立行使审判权的关系。人大是国家权力机关,不是审判机关,工作监督不能代替办理司法个案。人大常委会通过听取和审议人民法院专项工作报告,督促司法机关完善内部监督机制,重点解决审判工作中群众反映强烈、带有共性的问题,如告状难、执行难、赔偿难、刑讯逼供、超期羁押、错案不纠、司法不公等问题。既依法加强人大常委会对人民法院工作的监督,增强监督实效,又能保障人民法院依法独立行使审判权。因此,专项工作监督是人大常委会监督人民法院的主要形式。[1]

第二,报告什么。按照《监督法》第八条,各级人大常委会每年选择若干关系改革发展稳定大局和群众切身利益、社会普遍关注的重大问题,有计划地安排听取和审议本级人民法院的专项工作报告。常委会听取和审议专项工作报告的年度计划,经委员长会议或者主任会议通过,印发常委会组成人员,并向社会公布。

专项工作报告的议题,可以根据下列途径反映的问题确定:(1)本级人大常委会在执法检查中发现的突出问题;(2)本级人大代表对人民法院工作提出的建议、批评和意见集中反映的问题;(3)本级人大常委会组成人员提出的比较集中的问题;(4)本级人大专门委员会、常委会工作机构在调查研究中发现的突出问题;(5)人民来信来访集中反映的问题;(6)社会普遍关注的其他问题。人民法院可以主动向本级人大常委会要求报告专项工作。

总之,确定专项工作报告议题的标准,最重要是突出"问题"意识,相关主题应具有突出性、集中性、普遍性。以问题为导向确定议题,实际上是把委员、代表所关心关注的问题融入专项工作报告,是把"询问"和"质询"固化到专项工作报告,更是人大常委会监督工作的创新和发展。[2] 例如,党的十八大以来,全国人大常委会就先后听取审议过人民法院关于人民陪审员决定执行和人民陪审员工作情况的报告(2013年)、规范司法行为工作情况的报告(2014年)、行政审判工作情况的报告(2015年)、深化司法公开促进司法公正情况的报告(2016年)、全面深化司法改革情况的报告(2017年)、解决"执行难"工作情

---

〔1〕 李飞主编:《中华人民共和国各级人民代表大会常务委员会监督法释义》,法律出版社2008年版,第31页。

〔2〕 李飞主编:《中华人民共和国各级人民代表大会常务委员会监督法释义》,法律出版社2008年版,第39页。

况的报告(2018 年)、加强刑事审判工作情况的报告(2019 年)、加强民事审判工作依法服务保障经济社会持续健康发展情况的报告(2020年)、知识产权审判工作情况的报告(2021 年)、涉外审判工作情况的报告(2022 年)。[1]

第三,如何报告。常委会听取和审议专项工作报告前,委员长会议或者主任会议可以组织本级人大常委会组成人员和本级人大代表,对有关工作进行视察或者专题调查研究。例如,2021 年,为协助全国人大常委会听取审议最高人民法院关于人民法院知识产权审判工作情况的报告,加强知识产权保护,实施创新驱动发展战略,全国人大常委会领导和全国人大监察司法委组成人员分别带队赴海南、吉林等 7 个省(市)调研,听取法院系统以及检察机关、行政机关、企业、学者和律师的意见,专门召开学者和律师座谈会,了解知识产权审判工作中存在的问题和困难,分析梳理近几年全国人大代表关于知识产权保护工作的议案、建议,当面听取有关代表的意见建议,形成常委会调研报告印发常委会会议。常委会听取和审议专项工作报告前,常委会办事机构应当将各方面对该项工作的意见汇总,交由本级人民法院研究并在专项工作报告中作出回应。专项工作报告由人民法院负责人向本级人大常委会报告。

第四,是否决议。常委会组成人员对专项工作报告的审议意见交由本级人民法院研究处理。人民法院应当将研究处理情况由其办事机构送交本级人大有关专门委员会或者常委会有关工作机构征求意见后,向常委会提出书面报告。不过,历史上也有过一次特例。2018年 10 月 24 日至 25 日,第十三届全国人大常委会第六次会议听取、审议了《最高人民法院关于人民法院解决执行难工作情况的报告》。2019 年 4 月 21 日,第十三届全国人大常委会第十次会议又专门听取了《最高人民法院关于研究处理对解决执行难工作情况报告审议意见的报告》,体现了最高国家权力机关对解决执行难工作的高度重视。

实践中,代表大会听取和审议"一府两院"的工作报告后,都要作

---

〔1〕　部分专项报告内容,参见最高人民法院办公厅编:《党的十八大以来最高人民法院专项工作报告汇编》,人民法院出版社 2018 年版。

出决议,表示批准报告,并就有关工作予以强调。常委会听取和审议专项工作报告,一般不作决议,只是在少数情况下才作出决议。这种制度安排上的差别,可以理解为,代表大会是听取"一府两院"全面的工作报告,对过去一年的工作进行总结,对新的一年的工作进行安排,需要确定报告的法律效力,作为工作部署安排的依据。而专项工作报告只是对某一方面工作的报告,通常这方面工作已有相关法律、法规,因此一般情况下不需作决议,只有在必要时才需要作出决议。对于必要时如何判断,法律未作规定。目前,全国人大常委会也还没有这方面的先例可循。

一般而言,人大常委会会综合以下两个因素,考虑是否有必要就专项工作报告作决议:**一是**对报告的专项工作需要继续加大监督力度,如报告机关对审议意见不予重视,未作相应的研究处理,引起常委会组成人员不满;**二是**报告的事项特别重要,需要由常委会形成决议,表示明确意见,支持报告机关开展工作。常委会作出决议的,报告机关要严格执行决议,按照决议改进工作,并在规定的期限内,将执行决议的情况向常委会报告。[1]

2022 年 6 月 24 日修改《全国人大常委会议事规则》时,有的常委委员提出,常委会会议听取工作报告后,委员长会议可以根据工作报告的有关内容提出议案,建议增加有关规定。经宪法和法律委员会研究,增加了相关规定。具体表述是:

《全国人大常委会议事规则》(2022 年 6 月 25 日起施行)

第三十五条 常务委员会组成人员对各项报告的审议意见交由有关机关研究处理。有关机关应当将研究处理情况向常务委员会提出书面报告。

常务委员会认为必要的时候,可以对有关报告作出决议。有关机关应当在决议规定的期限内,将执行决议的情况向常务委员会报告。

---

[1] 李飞主编:《中华人民共和国各级人民代表大会常务委员会监督法释义》,法律出版社 2008 年版,第 50 页。

委员长会议可以根据工作报告中的建议、常务委员会组成人员的审议意见，提出有关法律问题或者重大问题的决定的议案，提请常务委员会审议，必要时由常务委员会提请全国人民代表大会审议。

应人大常委会决定要求报告工作

党的十八大以来，实践中还有两类人民法院向人大常委会报告工作的情形。严格意义上讲，这两类情形既不属于年度工作报告，也不属于专项工作报告，但都属于人民法院在重大改革事项上向国家权力机关负责的表现形式。

第一种情形：根据全国人大常委会决定要求，报告重大改革事项推进实施情况。党的十八大以来，依循人民法院设置法定原则，全国人大常委会先后就设立知识产权法院、金融法院、建立国家层面知识产权案件上诉审理机制作出过决定。为全面了解重大决策落地效果、及时研究解决存在问题，立法机关均会要求最高人民法院在决定施行一定时间后，向常委会报告实施情况。

上述要求最早出现在第十二届全国人大常委会第十次会议通过的《关于在北京、上海、广州设立知识产权法院的决定》中。在决定草案研究过程中，有些常委委员认为，关于知识产权法院未来的合理布局、设立专门的知识产权上诉法院等问题，都需要在实践中逐步探索、积累经验，有关情况可由最高人民法院向全国人大常委会报告。全国人大法律委员会经与中央政法委员会、最高人民法院共同研究，建议在决定正文中增加一条，规定："本决定施行满三年，最高人民法院应当向全国人民代表大会常务委员会报告本决定的实施情况。"〔1〕根据前述决定的要求，2017 年 8 月 29 日，时任最高人民法院院长周强在第十二届全国人大常委会第二十九次会议上，作了《最高人民法院关于知识产权法院工作情况的报告》。报告汇报了三年来知识产权法院工作情况，分析了当前面

---

〔1〕《全国人民代表大会法律委员会关于〈关于在北京、上海、广州设立知识产权法院的决定（草案）〉审议结果的报告——2014 年 8 月 31 日在第十二届全国人民代表大会常务委员会第十次会议上》，载中国人大网，2022 年 12 月 4 日访问。

临的问题和困难，提出了下一步工作措施和建议。

依循上述惯例，2018 年 10 月 26 日，第十三届全国人大常委会第六次会议在《关于专利等知识产权案件诉讼程序若干问题的决定》中，也明确"本决定施行满三年，最高人民法院应当向全国人民代表大会常务委员会报告本决定的实施情况"。2022 年 2 月 27 日，时任最高人民法院院长周强在第十三届全国人大常委会第三十三次会议上，作了《最高人民法院关于〈全国人民代表大会常务委员会关于专利等知识产权案件诉讼程序若干问题的决定〉实施情况的报告》。3 月 4 日，全国人大常委会办公厅向最高人民法院反馈了会议审议意见，最高人民法院根据审议意见形成研究处理情况的书面报告。审议意见和研究处理情况报告，均以适当方式向全国人大代表通报，并向社会公开。

第二种情形：根据全国人大常委会决定要求，报告重大改革试点中期推进情况。党的十八大以来，按照重大改革于法有据的原则，凡是需要调整适用现行法律的改革，均由全国人大常委会以授权决定形式先行试点。2014 年 6 月 27 日，第十二届全国人大常委会第九次会议通过的《关于授权最高人民法院、最高人民检察院在部分地区开展刑事案件速裁程序试点工作的决定》首次提出，"试点进行中，最高人民法院、最高人民检察院应当就试点情况向全国人民代表大会常务委员会作出中期报告。"2015 年 11 月 3 日，第十二届人大常委会第十七次会议审议了最高人民法院、最高人民检察院关于刑事案件速裁程序试点情况的中期报告，并在会后公布了审议意见，由此开创了全国人大常委会审议司法改革试点牵头组织机关中期报告的先例。

2015 年之后，全国人大常委会又先后授权最高人民法院单独或会同有关部门组织开展了人民陪审员制度改革试点（2015 年 4 月 24 日）、刑事案件认罪认罚从宽制度试点（2016 年 9 月 3 日）、民事诉讼程序繁简分流改革试点（2019 年 12 月 28 日）、四级法院审级职能定位改革试点（2021 年 8 月 20 日），授权决定均要求就试点情况向常委会作中期报告。由于前述试点期限均为两年，最高人民法院均在试点一年后向全国人大常委会作了中期报告。

值得一提的是，关于重大改革试点的授权决定均只要求就试点情况作中期报告,至于试点期满后,决定一般要求都是"试点期满后,对实践证明可行的,应当修改完善有关法律;对实践证明不宜调整的,恢复施行有关法律规定",并未要求再提交试点总结报告。事实上,前述几项试点最终也都是以修改或制定法律的形式结束的。2021 年 12 月 24 日,第十三届全国人大常委会第三十二次会议根据民事诉讼程序繁简分流试点情况,通过了《关于修改〈中华人民共和国民事诉讼法〉的决定》。试点结束后,我们考虑到最高人民法院既是试点牵头组织机关,又是民事诉讼法修正草案的提案机关,尽管立法机关并未提出要求,还是有必要以总结报告形式,完整呈现试点和修法工作情况,实现改革试点的完美"闭环"。基于上述想法,我们研究起草了《最高人民法院关于民事诉讼程序繁简分流改革试点及民事诉讼法修改工作情况总结的报告》,于 2022 年 3 月报送全国人大常委会。

四、受国家权力机关监督

司法解释的备案与审查

对司法解释开展备案审查,是宪法法律赋予全国人大及其常委会的一项重要监督职权。这里所说的**"司法解释"**,是最高人民法院作出的属于审判工作中具体应用法律的解释。1955 年 6 月 23 日,第一届全国人大常委会第十七次会议通过的《关于解释法律问题的决议》,明确"凡关于审判过程中如何具体应用法律、法令的问题,由最高人民法院审判委员会进行解释"。1979 年《人民法院组织法》第三十二条正式明确了司法解释的法律地位,规定"最高人民法院对于在审判过程中如何应用法律、法令的问题,进行解释"。1981 年 6 月 10 日,第五届全国人大常委会第十九次会议通过的《关于加强法律解释工作的决议》进一步明确:"凡属于人民法院审判工作中具体应用法律、法令的问题,由最高人民法院进行解释。凡属于人民检察院检察工作中具体应用法律、法令的问题,由最高人民检察院进行解释。最高人民法院和最高人民检察院的解释如果有原则性的分歧，报请全国人民代表大会常务委员会解释或决定。"2018年《人民法院组织法》第十八条第一款再次明确"最高人民法院可以对属于审判工作中具体应用法律的问题进行解释"。

为了规范司法解释工作，最高人民法院于1997年6月23日印发《最高人民法院关于司法解释工作的若干规定》（法发〔1997〕15号），明确司法解释"具有法律效力"，可以与有关法律规定一并作为人民法院裁判依据，在司法文书中援引。既然司法解释已是人民法院的重要裁判依据，当然有必要纳入立法机关的监督范围。2004年5月，全国人大常委会在法制工作委员会（以下简称"法工委"）内设立法规备案审查室，专门承担对行政法规、地方性法规、司法解释的具体审查研究工作。针对实践中出现的司法解释违背立法原意，以及超越司法机关解释权限等现象，2005年12月16日，第十届全国人大常委会第四十次委员长会议通过了《司法解释备案审查工作程序》，为司法解释备案审查工作的开展提供了具有可操作性的依据。2006年《监督法》则在第五章"规范性文件的备案审查"第三十一条至第三十三条中，正式建立了"两高"司法解释的备案审查工作程序。

为落实前述法律和规范性文件要求，最高人民法院重新制定印发了《最高人民法院关于司法解释工作的规定》（法发〔2007〕12号），进一步规范了司法解释的起草、发布、施行、备案、编纂、修改和废止流程。2021年6月8日，为了配合即将制定印发的《人民法院在线诉讼规则》，最高人民法院作出《关于修改〈最高人民法院关于司法解释工作的规定〉的决定》（法发〔2021〕20号），在"解释""规定""批复"和"决定"基础上，将"规则"作为司法解释的第五种形式。[1]

---

　　〔1〕　按照《最高人民法院关于司法解释工作的规定》第六条，对在审判工作中如何具体应用某一法律或者对某一类案件、某一类问题如何应用法律制定的司法解释，采用"解释"的形式。根据立法精神对审判工作中需要制定的规范、意见等司法解释，采用"规定"的形式。对规范人民法院审判执行活动等方面的司法解释，可以采用"规则"的形式。修改或者废止司法解释，采用"决定"的形式。对高级人民法院、解放军军事法院就审判工作中具体应用法律问题的请示制定的司法解释，采用"批复"的形式，使用"法释"文号。实践中，各审判部门答复下级法院的个案请示等，一般采用"答复"形式，使用"他字"文号，不得采用"批复"形式。

党的十八届四中全会提出要"加强备案审查制度和能力建设,把所有规范性文件纳入备案审查范围"。党的十九届四中全会通过的《中共中央关于坚持和完善中国特色社会主义制度推进国家治理体系和治理能力现代化若干重大问题的决定》提出,要推进合宪性审查工作,加强备案审查制度和能力建设,依法撤销和纠正违宪违法的规范性文件。为落实上述要求,2019 年 12 月 16 日,第十三届全国人大常委会第四十四次委员长会议通过了《法规、司法解释备案审查工作办法》,按照"有件必备、有备必审、有错必纠"的基本原则,优化调整了之前的备案审查工作机制。2005 年发布的《司法解释备案审查工作程序》同时废止。作为配套工作机制,法工委还制定了《法规、司法解释备案审查工作规程(试行)》《对提出审查建议的公民、组织进行反馈的工作办法》等内部文件。[1]

按照 2006 年《监督法》和 2019 年《法规、司法解释备案审查工作办法》,全国人大常委会办公厅负责报送备案的司法解释的接收、登记、分送、存档等工作,具体由常委会办公厅秘书局承担;相关专门委员会、全国人大常委会法工委负责对报送备案的司法解释的审查研究工作。

第一,对司法解释的备案机制。司法解释应当自公布之日起三十日内报送全国人大常委会备案。最高人民法院制定的司法解释由本院办公厅报送;"两高"共同制定的司法解释,由主要起草单位的办公厅报送。报送备案时,最高人民法院一般将备案报告、有关司法解释文本、说明、修改情况汇报及审议结果报告等有关文件(以下统称备案文件)的纸质文本装订成册,一式五份,一并报送常委会办公厅。常委会办公厅对接收备案的司法解释进行登记、存档,并根据职责分工,分送有关专门委员会和法制工作委员会审查研究。每年一月底前,最高人民法院应当将上一年度制定、修改、废止的司法解释目录汇总报送全国人大常委会办公厅。常委会办公厅通过全国人大常委会公报和

---

〔1〕 梁鹰:《备案审查工作的现状、挑战与展望——以贯彻执行〈法规、司法解释备案审查工作办法〉为中心》,载《地方立法研究》2020 年第 6 期。

中国人大网向社会公布上一年度备案的司法解释目录。

在报送备案过程中,常委会办公厅实际上已对备案文件进行了形式审查。形式审查一般在收到备案文件之日起十五日内进行。对符合法定范围和程序、备案文件齐全、符合格式标准和要求的,常委会办公厅予以接收,并通过全国人大常委会备案审查信息平台发送电子回执;对不符合法定范围和程序、备案文件不齐全或者不符合格式标准和要求的,以电子指令形式予以退回并说明理由。因备案文件不齐全或者不符合格式标准和要求被退回的,报送机关应当自收到电子指令之日起十日内按照要求重新报送备案。例如,2021 年,全国人大常委会办公厅就在备案工作中发现 23 件法规、司法解释存在施行日期不明确、缺少标准文本、公布日期早于批准日期、报送备案不及时、备案文件不齐全等问题,及时发函纠正,并在一定范围内通报,督促报备机关规范报备行为,有关报备机关均进行了认真整改。[1]

第二,对司法解释的审查方式。 对司法解释的审查属于事后审查。但是,按照最高人民法院起草司法解释的工作程序,司法解释草案提交审判委员会讨论前,应当先送全国人大相关专门委员会或全国人大常委会相关工作部门征求意见。司法解释征求意见稿送全国人大常委会法工委办公室后,刑事类一般转刑法室办理,民商事类一般转民法室或经济法室办理,行政类一般转行政法室办理,综合类一般会汇总多个业务室意见,涉及重大事项的也会征求法规备案审查室意见。立法机关反馈的意见,司法解释起草部门原则上都会"照单全收",即使有不同意见,也会从工作层面进一步沟通,力求达成一致。[2] 审判委员会研究讨论司法解释草案时,会重点审查是否充分反映了立法机关的主要意见。某种程度上讲,前述征求意见、沟通协调的过程,更类似于一种事前"审查",只不过不属于法律意义上的强

---

〔1〕 沈春耀:《全国人民代表大会常务委员会法制工作委员会关于 2021 年备案审查工作情况的报告——2021 年 12 月 21 日在第十三届全国人民代表大会常务委员会第三十二次会议上》,载《中华人民共和国全国人民代表大会常务委员会公报》2022 年第一号。

〔2〕 根据笔者几次牵头起草司法解释的经历,征求意见稿发出后,凡是法工委反馈的不同意见,起草部门都会采纳。

制性要求。

由于司法解释是对法律具体适用的解释,许多问题是在印发实施后的适用过程中才可能出现。因此,征求意见时不持异议,并不意味着事后审查没有问题。对司法解释的事后审查方式,包括依职权审查、依申请审查、移送审查、专项审查四类。

一是依职权审查。是指专门委员会、法工委依据法律赋予的备案审查职权,对报送全国人大常委会备案的司法解释进行的审查研究。[1] 例如,2015 年 6 月,法工委审查发现民事诉讼法司法解释中有关拘传原告和被执行人的规定与民事诉讼法的规定不一致,经与最高人民法院沟通,推动后者于 2017 年 2 月印发《最高人民法院关于认真贯彻实施民事诉讼法及相关司法解释有关规定的通知》(法〔2017〕369 号),规定在审判和执行过程中依法审慎适用拘传措施,保护当事人合法权益。[2] 2009 年 7 月,法工委审查发现《最高人民法院关于审理非法行医刑事案件具体应用法律若干问题的解释》(法释〔2008〕5 号)中将个人未取得《医疗机构执业许可证》开办医疗机构的行为认定为非法行医犯罪,与刑法规定不一致,经反复沟通并跟踪督促,最高人民法院于 2016 年 12 月作出《关于修改〈关于审理非法行医刑事案件具体应用法律若干问题的解释〉的决定》(法释〔2016〕27 号),删除了将前述行为认定为非法行医犯罪的内容。[3] 需要强调的是,对司法解释中涉及宪法的问题,由宪法和法律委员会、法工委主动进行合宪性审查研究,提出书面审查研究意见,并及时反馈制定机关。

----

〔1〕 实践中,有论者认为这种依职权审查属于主动审查,也有观点认为,备案之后的审查应当依循不告不理原则,否则可能有先入为主之嫌。参见刘松山:《备案审查、合宪性审查和宪法监督需要研究解决的若干重要问题》,载《中国法律评论》2018 年第 4 期。

〔2〕 全国人大常委会法制委员会法规备案审查室编著:《规范性文件备案审查案例选编》,中国民主法制出版社 2020 年版,第 106—108 页。

〔3〕 沈春耀:《全国人民代表大会常务委员会法制工作委员会关于十二届全国人大以来暨 2017 年备案审查工作情况的报告——2017 年 12 月 24 日在第十二届全国人民代表大会常务委员会第三十一次会议上》,载《中华人民共和国全国人民代表大会常务委员会公报》2018 年第一号。全国人大常委会法制委员会法规备案审查室编著:《规范性文件备案审查案例选编》,中国民主法制出版社 2020 年版,第 108—110 页。

二是依申请审查。具体又分为根据审查要求审查和根据审查建议审查两个途径。

第一类是根据审查要求审查:国务院、中央军事委员会和省、自治区、直辖市的人大常委会认为司法解释同法律规定相抵触的,又或"两高"之间认为对方作出的司法解释同法律规定相抵触的,可以向全国人大常委会书面提出审查要求,由常委会办公厅接收、登记,报秘书长批转有关专门委员会会同法工委审查。

第二类是根据审查建议审查:其他国家机关和社会团体、企业事业组织以及公民认为司法解释同法律规定相抵触的,可以向全国人大常委会书面提出审查建议,由法工委接收、登记,并依法审查研究。必要时,送有关专门委员会进行审查、提出意见。例如,最高人民法院之前在司法解释中规定,人身损害赔偿案件中,对城镇居民和农村居民分别以城镇居民人均可支配收入和农村居民人均纯收入为标准计算残疾赔偿金和死亡赔偿金。有公民对此提出合宪性审查建议,认为因计算标准不一致导致司法审判实践中出现不公平现象,与宪法有关精神不一致。法工委审查认为,随着社会发展进步,国家提出城乡融合发展,城乡发展差距和居民生活水平差距将逐步缩小,城乡居民人身损害赔偿计算标准的差异也应当随之取消。2019 年 9 月,最高人民法院授权各省、自治区、直辖市高级人民法院、新疆生产建设兵团分院开展统一城乡人身损害赔偿标准试点工作。试点期间,法工委建议在总结试点经验的基础上,适时修改完善人身损害赔偿制度,统一城乡居民人身损害赔偿标准。[1] 2022 年 4 月 24 日,最高人民法院印发《关于修改〈最高人民法院关于审理人身损害赔偿案件适用法律若干问题的解释〉的决定》(法释〔2022〕14 号),正式明确在人身损害赔偿案件中,统一采用城镇居民标准计算残疾赔偿金、死亡赔偿金和被扶养人

---

〔1〕 沈春耀:《全国人民代表大会常务委员会法制工作委员会关于 2020 年备案审查工作情况的报告——2021 年 1 月 20 日在第十三届全国人民代表大会常务委员会第二十五次会议上》,载《中华人民共和国全国人民代表大会常务委员会公报》2021 年第二号。

生活费。[1]

　　经法工委初步研究,审查建议有下列情形之一的,可以不启动审查程序:(1)建议审查的司法解释已经修改或者废止的;(2)此前已就建议审查的司法解释与制定机关作过沟通,制定机关明确表示同意修改或者废止的;(3)此前对建议审查的司法解释的同一规定进行过审查,已有审查结论的;(4)建议审查的理由不明确或者明显不成立的;(5)其他不宜启动审查程序的情形。

　　三是移送审查。移送审查是中央各机关备案审查工作机构之间通过衔接联动机制转送的问题进行的审查,通过开展移送审查,各备案审查工作机构可以相互配合,避免出现因分工领域不同造成的问题长期无人过问、无人解决的情况。2015 年,中共中央办公厅曾印发工作指导性文件,要求建立党委、人大、政府和军队系统之间的规范性文件备案审查衔接联动机制。按照上述要求,法工委与中央办公厅法规局、中央军委办公厅法制局、最高人民法院研究室、最高人民检察院法律政策研究室、司法部法治督察局、省级人大常委会建立了备案审查衔接联动机制。对有关机关通过备案审查衔接联动机制移送给全国人大常委会办公厅的司法解释,由法工委进行审查。实践中,对地方人民法院制定的属于审判工作范围的规范性文件提出的审查建议,由法工委移送制定机关所在地的省级人大常委会,并同时移送最高人民法院。

　　四是专项审查。法工委结合贯彻党中央决策部署和落实常委会

───────────

〔1〕　实践中,根据公民和有关组织审查建议推动司法解释修改的例子有很多。例如,2017 年 3 月,第十二届全国人大第五次会议期间,有 45 位全国人大代表分别联名提出 5 件建议,要求对最高人民法院制定的《最高人民法院关于适用〈中华人民共和国婚姻法〉若干问题的解释(二)》第二十四条关于夫妻共同债务承担的规定进行审查。在法工委积极推动下,2018 年 1 月,最高人民法院印发《最高人民法院关于审理涉及夫妻债务纠纷案件适用法律有关问题的解释》,对夫妻共同债务的认定标准和举证责任分配进行了细化和完善,有关问题得到妥善解决。此外,根据有关组织审查建议,法工委对最高人民法院关于适用公司法的规定(二)中有关公司股东、董事清算责任的规定,进行审查研究。2019 年 11 月,最高人民法院通过适当方式对公司债券案件审理中“怠于履行清算义务的认定”和“因果关系抗辩”作了明确,解决了不适当扩大股东清算责任的问题。

工作重点，对事关重大改革和政策调整、涉及法律重要修改、关系公众切身利益、引发社会广泛关注等方面的司法解释进行专项审查。在开展依职权审查、依申请审查、移送审查过程中，发现可能存在共性问题的，可以一并对司法解释进行专项审查。例如，2020 年 5 月 28 日，第十三届全国人民代表大会第三次会议审议通过了《中华人民共和国民法典》，自 2021 年 1 月 1 日起实施。配合民法典的贯彻实施，法工委开展了民法典涉及法规、规章、司法解释专项审查和集中清理工作。清理中发现需要修改或者废止的司法解释 233 件。最高人民法院按照清理工作要求，于 2020 年 12 月 29 日印发《关于废止部分司法解释及相关规范性文件的决定》（法释〔2020〕16 号），废止了 1990 年发布的《关于银行工作人员未按规定办理储户挂失造成储户损失银行是否承担民事责任问题的批复》等 89 件司法解释，新制定 7 件司法解释，于 2021 年 1 月 1 日与民法典同步施行，分别涉及适用民法典的时间效力、担保制度、物权、婚姻家庭、继承、建筑工程合同、劳动争议等方面。[1]

在审查研究过程中，专门委员会、法工委认为有必要共同审查的，可以召开联合审查会议。有关专门委员会、法工委在审查研究中有较大意见分歧的，经报秘书长同意，向委员长会议报告。专门委员会、法工委一般应当在审查程序启动后三个月内完成审查研究工作，提出书面审查研究报告。审查报告体现了审查机构在审查研究工作中的立场、观点和工作方法等，是针对可能存在问题的司法解释启动纠正程序的重要依据。[2]

第三，对司法解释的审查标准。 对司法解释进行审查研究，主要秉持以下四个标准：

一是合宪性审查标准。 审查司法解释是否存在违背宪法规定、宪法原则或宪法精神的问题。其中，宪法精神不一定是宪法条文明文规定的内容，有时需要从宪法文本乃至宪法制定的历史背景、制定过程、

〔1〕 梁鹰：《2020 年备案审查工作情况报告述评》，载《中国法律评论》2021 年第 2 期。

〔2〕 全国人大常委会法制工作委员会法规备案审查室：《〈法规、司法解释备案审查工作办法〉导读》，中国民主法制出版社 2020 年版，第 96 页。

主要任务等文本以外的因素中推导、论证、引申出来。

二是政治性审查标准。审查司法解释是否存在与党中央的重大决策部署不相符或者与国家的重大改革方向不一致的问题。

三是合法性审查标准。审查司法解释是否违背法律规定。所谓**"违背法律规定"**，具体包括下列几类情形：（1）违反《立法法》，对只能制定法律的事项作出规定；（2）超越权限，违法设定公民、法人和其他组织的权利与义务，或者违法设定国家机关的权力与责任；（3）与法律规定明显不一致，或者与法律的立法目的、原则明显相违背，旨在抵消、改变或者规避法律规定；（4）违反授权决定，超出授权范围；（5）对依法不能变通的事项作出变通，或者变通规定违背法律的基本原则；（6）违背法定程序；（7）其他违背法律规定的情形。

四是合理性审查标准。审查司法解释是否明显不适当。所谓**"明显不适当"**，具体包括下列几类情形：（1）明显违背社会主义核心价值观和公序良俗；（2）对公民、法人或者其他组织的权利和义务的规定明显不合理，或者为实现立法目的所规定的手段与立法目的明显不匹配；（3）因现实情况发生重大变化而不宜继续施行；（4）变通明显无必要或者不可行；（5）其他明显不适当的情形。

第四，对司法解释的审查处理。专门委员会、法工委在审查研究中发现司法解释可能存在前述四个方面情形的，主要依循下述步骤处理。

第一步：与司法解释的制定机关沟通协商。存在问题需要予以纠正的，在提出书面审查研究意见前，可以先行沟通，要求及时修改或者废止。经沟通，制定机关同意修改或废止司法解释，并书面提出明确处理计划和时限的，可以不再提出书面审查研究意见，审查中止。

例如，2017年5月，法工委收到公民对《最高人民法院关于审理劳动争议案件适用法律若干问题的解释（三）》（法释〔2010〕12号）[1]的审查建议，认为司法解释将劳动者因用人单位未足额缴纳社会保险

---

〔1〕　该司法解释已被《最高人民法院关于废止部分司法解释及相关规范性文件的决定》（法释〔2020〕16号）废止，相关内容统一整合至《最高人民法院关于审理劳动争议案件适用法律问题的解释（一）》（法释〔2020〕26号）。

费用发生的争议排除在劳动争议案件受案范围之外,与《中华人民共和国社会保险法》第八十三条的规定不符。法工委法规备案审查室函告最高人民法院并要求说明情况。最高人民法院在情况说明中,表示司法解释实施时,社会保险法尚未出台,相关内容却是与法律存在冲突,正在积极考虑予以修改,拟将所有社会保险争议纳入人民法院受案范围。法工委遂不再向最高人民法院提出书面审查研究意见。[1]

第二步:向司法解释的制定机关提出书面审查意见。经沟通没有结果的,向制定机关提出书面审查研究意见,要求在两个月内提出书面处理意见。审查研究意见一般包括两个部分:**一是**关于司法解释存在不合法或不适当问题的内容;**二是**对司法解释存在问题如何处理的意见。[2] 制定机关收到审查研究意见后,逾期未报送书面处理意见的,专门委员会、法工委可以发函督促或者约谈有关部门负责人,限期要求报送处理意见。制定机关按照书面审查研究意见对司法解释进行修改、废止的,审查终止。

第三步:向全国人大常委会提出议案。制定机关未按照书面审查研究意见及时修改、废止司法解释的,专门委员会、法工委可以依法向全国人大常委会提出议案。议案提出后,经委员长会议决定提请常委会会议审议。议案有两种:(1)要求制定机关修改、废止相关司法解释的议案。经全国人大常委会会议审议,可以作出决议,责令制定机关予以修改、废止。议案通过后,制定机关必须执行,立即修改或废止同法律规定相抵触的司法解释。(2)由全国人大常委会作出法律解释的议案。全国人大常委会通过的法律解释同法律具有同等效力,司法解释同全国人大常委会的解释不一致的,即行失效。关于司法解释被废止后的溯及力问题,需要综合权衡各方当事人和其他关系人的利益以

---

〔1〕 全国人大常委会法制工作委员会法规备案审查室编著:《规范性文件备案审查案例选编》,中国民主法制出版社 2020 年版,第 91—92 页。

〔2〕 全国人大常委会法制工作委员会法规备案审查室:《规范性文件备案审查理论与实务》,中国民主法制出版社 2020 年版,第 152 页。

及社会利益,同时还要考量对法秩序安定性的影响,慎重作出处理。[1]

　　经审查研究,认为司法解释不存在前述四个方面情形,但存在其他倾向性问题或者可能造成理解歧义、执行不当等问题的,可以函告制定机关予以提醒,或者提出有关意见建议。

　　第五,对司法文件的审查方式。全国人大常委会对最高人民法院制定的司法解释以外的其他规范性文件进行的审查,以及地方各级人大常委会对依法接受本级人大常委会监督的人民法院制定的有关规范性文件的备案审查,可以参照适用2019年《法规、司法解释备案审查工作办法》。例如,2018年,根据公民审查建议,法工委对浙江省高级人民法院《关于部分罪名定罪量刑情节及数额标准的意见》中有关非医学需要鉴定胎儿性别一定条件下构成非法行医罪的规定,以及浙江省人民检察院、浙江省高级人民法院、浙江省公安厅联合发布的《关于非医学需要鉴定胎儿性别行为适用法律的若干意见》进行研究,认为上述意见有关内容是对刑法具体应用问题所作的解释,违反了《全国人大常委会关于加强法律解释工作的决议》及《立法法》关于审判工作中具体应用法律问题的解释应当由最高人民法院作出、其他审判机关不得作出具体应用法律问题的解释的规定,属于应当清理的带有司法解释性质的文件。法工委随即督促最高人民法院、最高人民检察院、浙江省人大常委会及时予以纠正,相关规定已经停止执行。[2]

　　对于高级人民法院制定的规范性文件,法工委已督促最高人民法院建立了审判业务文件、参考性案例备案制度,并明确要求高级人民法院的审判业务庭以及中级、基层人民法院不得制定审判业务文

---

〔1〕　全国人大常委会法制工作委员会法规备案审查室:《规范性文件备案审查理论与实务》,中国民主法制出版社2020年版,第172—173页。

〔2〕　沈春耀:《全国人民代表大会常务委员会法制工作委员会关于2018年备案审查工作情况的报告——2018年12月24日在第十三届全国人民代表大会常务委员会第七次会议上》,载《中华人民共和国全国人民代表大会常务委员会公报》2019年第一号。

件。[1] 从实践运行看,对地方人民法院制定的规范性文件的监督和审查,过去主要还是依托上级人民法院开展。目前,地方各级人大正按照《法治中国建设规划(2020—2025 年)》的要求,"将地方法院、检察院制定的规范性文件纳入本级人大常委会备案审查范围",接受人大监督。

接受询问和质询

询问和质询都是人大常委会行使监督权的重要形式。1982 年《宪法》起草期间,草案最初将国务院、最高人民法院、最高人民检察院和国务院各部、各委员会都确定为质询对象。但后来有人提出,审判机关、检察机关依法独立行使职权不应受质询,所以删除了对"两高"质询的内容。[2] 最初通过的 1982 年《宪法》第七十三条仅规定"全国人民代表大会代表在全国人民代表大会开会期间,全国人民代表大会常务委员会组成人员在常务委员会开会期间,有权依照法律规定的程序提出对国务院或者国务院各部、各委员会的质询案。受质询的机关必须负责答复"。

不过,1987 年通过的《全国人大常委会议事规则》和 1992 年通过的《全国人民代表大会和地方各级人民代表大会代表法》又将"两高"增列为质询对象。后者审议期间,也有部门担心对司法机关的质询涉及具体案件的审理,影响到司法公正。但立法机关最终没有采纳上述意见,主要考虑是:监督"两高"也是全国人大的一项职权,而质询是监督的一种重要形式,只要质询不针对具体案件,而是围绕"两高"违背

---

〔1〕 相关文件包括《关于规范高级人民法院制定审判业务文件编发参考性案例工作的通知》(法〔2020〕311 号)《人民法院审判业务文件、参考性案例备案工作办法》(法办〔2021〕133 号)。相关工作机制将在本书关于最高人民法院统一法律适用职能的部分介绍。
〔2〕 蔡定剑:《宪法精解》(第 2 版),法律出版社 2006 年版,第 353 页。

宪法和法律规定的行为即可。[1]

《监督法》在第六章"询问和质询"第三十四条至第三十八条,确定了两种监督形式的运行机制。所谓**"询问"**,是指各级人大常委会审议议案和有关报告时,本级人民政府或者有关部门、人民法院或者人民检察院应当派有关负责人员到会,听取意见,回答询问。所谓**"质询"**,是指全国人大常委会组成人员十人以上联名,省、自治区、直辖市、自治州、设区的市人大常委会组成人员五人以上联名,县级人大常委会组成人员三人以上联名,可以向常委会书面提出对本级人民政府及其部门和人民法院、人民检察院的质询案。

与其他监督方式相比,询问和质询具有简便性、经常性、针对性、互动性等特点,有利于监督工作迅速触及问题、得到回应、互动交流、产生实效。二者的共同点在于:(1)常委会组成人员的询问权和质询权,都是来源于人大常委会的监督权;(2)询问和质询,都是以常委会组成人员的个人名义提出问题,要求有关机关作出答复,以达到及时了解情况、督促改进工作之目的;(3)对询问和质询的答复,既可以是口头答复,也可以是书面答复。

询问和质询的主要区别是:

一是侧重点不同。询问是常委会组成人员在审议讨论议案和有关报告时,就议案、报告中不清楚、不理解等事项向有关机关提出问题,要求答复;质询是常委会组成人员对有关机关工作中不理解、有疑问的问题,提出疑问和质疑,要求答复。询问的功能,主要是获取情况,同时也有批评的功能;质询的功能,主要是批评,同时也有获取情况的功能。因此,两者之间的侧重点有所不同。

二是程序要求不同。询问的程序比较简便,随问随答;质询的程序比较严格,必须依照一定程序进行。

三是与议案和报告的关联性不同。询问是在审议议案和报告过

---

〔1〕　曹志:《关于〈中华人民共和国全国人民代表大会和地方各级人民代表大会代表法(草案)〉的说明——1992年3月27日在第七届全国人民代表大会第五次会议上》,载《中华人民共和国第七届全国人民代表大会第五次会议文件汇编》,人民出版社1992年版,第114页。

程中提出的,因此,询问的问题大多与正在审议的议案和报告有关,但为了加深对议案和报告的理解,询问也不完全局限于议案和报告本身,与议案和报告内容相关的问题也可以提出;质询在会议期间随时可以提出,质询的问题可以与正在审议的议案和报告有关,也可以没有关系。

四是提出形式不同。询问可以由常委会组成人员个人提出,也可以几个人联合提出,可以口头提出,也可以书面提出;质询只能由一定人数的常委会组成人员书面联名提出,不能口头提出。

五是答复主体不同。询问可以由被询问机关的负责人答复,也可以由被询问机关下属机构的有关负责人答复;质询必须由受质询机关的负责人答复。

六是答复时间和方式不同。询问通常由有关机关当场口头答复,如果对答复不满意,可以当场跟进提出询问,只有在不能当场口头答复的,经说明原因后,才另定时间答复或者书面答复;质询由委员长会议或者主任会议确定答复的时间和方式。委员长会议或者主任会议可以决定在当次会议答复,也可以在下次会议答复;可以口头答复,也可以书面答复。有关机关答复后,如果提出质询案的常委会组成人员过半数对答复不满意的,可以要求再次答复;经委员长会议或者主任会议决定,由受质询机关再作答复。[1]

实践中,询问是各级人大常委会对人民法院行使监督职权的常见方式。询问的提出和答复程序是:

第一,询问主体。主要是常委会组成人员。列席常委会会议的本级人大代表、专门委员会成员、常委会工作机构负责人和下一级人大常委会负责人等,也可以提出询问。询问可以个人单独提出,也可以几个人联合提出;可以口头提出,也可以书面提出。

第二,询问时间。应当是常委会会议期间审议议案和有关报告的时候。常委会闭会期间,如果常委会组成人员提出问题,要求有关机

---

〔1〕 李飞主编:《中华人民共和国各级人民代表大会常务委员会监督法释义》,法律出版社 2008 年版,第 127—128 页。

关答复,可以采取提出建议、批评和意见的形式,由常委会办事机构交有关机关作出答复。

第三,**询问内容**。应当与正在审议的议案和有关报告有关,但为了加深对议案和报告的理解,以便深入进行审议,询问也不一定仅仅限于议案和有关报告本身,凡与议案和有关报告相关的问题,都可以提出询问。

第四,**询问对象**。应当是正在审议的议案和报告所涉及工作的相关机关,不一定是议案或报告的提出机关。例如,常委会会议审议最高人民法院关于民事诉讼程序繁简分流改革试点情况的中期报告时,假如有常委会组成人员对诉讼收费制度改革的配套推进情况感兴趣,就应该向司法部提出询问,因为后者才是这项改革的牵头部门。

第五,**答复询问**。常委会会议审议议案和有关报告时,人民法院应当派有关负责人员到会。例如,每次常委会会议需要审议最高人民法院提交的议案或报告的,常委会办公厅都会提前要求最高人民法院安排若干分管院领导和熟悉相关工作的司局级干部(一般要求 6 名)参加分组审议,听取意见,回答询问。询问提出后,通常由参会法院人员当场口头答复,不能当场答复的(所提问题不属于人民法院职责范围,又或所提问题比较复杂,需要补充相关数据和材料等),经说明原因后,可以在下次会议上答复或者书面答复。对地方各级人民法院而言,"有关负责人员"可以是人民法院院长、副院长、审判委员会专职委员,也可以是内设机构负责人(正副职皆可)。

专题询问是询问的一种特殊形式。2010 年 3 月,第十一届全国人大三次会议通过的全国人大常委会工作报告中首次提出,要选择代表普遍关心的问题听取国务院有关部门专题汇报,请国务院有关部门主要负责同志到会听取意见、回答询问、答复问题。2010 年 6 月,全国人大常委会首次对国务院有关部门开展专题询问后,各省级人大常委会陆续组织开展专题询问,湖南省人大常委会还率先对"两院"工作进行了专题询问。2015 年,全国人大常委会制定印发了《关于改进完善专题询问工作的若干意见》,安徽、吉林、江苏等省份的人大常委会也相继制定过专题询问办法。

2018 年 10 月 24 日至 25 日，第十三届全国人大常委会第六次会议听取、审议了《最高人民法院关于人民法院解决执行难工作情况的报告》。10 月 25 日上午，以常委会联组会议形式，对最高人民法院进行了历史上**首次专题询问**。所提问题包括：基本解决"执行难"的标准是什么？谁来评判是否达到标准？（全国人大监察和司法委副主任委员、中国法学会副会长张苏军）如何发挥其他部门职能作用，切实解决查人找物难题？（全国人大监察和司法委副主任委员、台盟中央常务副主席李钺锋）对执行不能的案件有什么解决办法？政府有没有专门救助的资金？（全国人大常委会委员、全国人大监察和司法委委员鲜铁可）如何在执行工作中充分运用云计算、大数据等技术手段？（全国人大常委会委员、全国人大教科文卫委员会委员李巍）地方政府拒不执行法院判决怎么解决？（全国人大常委会委员谭耀宗）如何通过"保基层、强基层、暖基层"，为基层法院执行工作提供更有利、更坚实的保障？（全国人大代表陈玮）如何正确厘清"执行难"与"执行不能"的界限？（全国人大代表马银萍）对于上述问题，时任最高人民法院院长周强和其他分管院领导、公安部和财政部有关负责人[1]均给予详细解答。

《全国人大常委会议事规则》原本没有关于"专题询问"的规定，2022 年 6 月修改时增加了相关内容，具体表述是：

《全国人大常委会议事规则》（2022 年 6 月 25 日起施行）

第三十七条 常务委员会围绕关系改革发展稳定大局和人民切身利益、社会普遍关注的重大问题，可以召开联组会议、分组会议，进行专题询问。

根据专题询问的议题，国务院及国务院有关部门和国家监察委员会、最高人民法院、最高人民检察院的负责人应当到会，听取意见，回答询问。

---

〔1〕 公安部有关负责人到场回答了公安机关如何协助人民法院在执行工作中查人找物的问题，财政部主要负责人到场回答了关于司法救助制度运行和资金安排的问题。

专题询问中提出的意见交由有关机关研究处理,有关机关应当及时向常务委员会提交研究处理情况报告。必要时,可以由委员长会议将研究处理情况报告提请常务委员会审议,由常务委员会作出决议。

对人民法院院长的罢免和撤换

2018 年《人民法院组织法》第四十四条第二款规定:"各级人民代表大会有权罢免由其选出的人民法院院长。在地方人民代表大会闭会期间,本级人民代表大会常务委员会认为人民法院院长需要撤换的,应当报请上级人民代表大会常务委员会批准。"

第一,对人民法院院长的罢免。罢免是指对违法失职的国家公职人员,在任期届满以前,依法解除其职务的行为。罢免与免职不同,带有惩罚性质,是对违法失职行为的惩戒。

1. **最高人民法院院长的罢免。**按照《宪法》第六十三条,全国人大有权罢免最高人民法院院长。《全国人大组织法》第二十三条确定了罢免的启动程序:全国人大主席团、三个以上的代表团或者十分之一以上的代表,可以提出对最高人民法院院长的罢免案,由主席团提请大会审议。这也充分体现了"谁选举、谁任命、谁罢免"的人事任免原则。

2. **地方人民法院院长的罢免。**按照《地方组织法》,县级以上的地方各级人大有权罢免由它选出的人民法院院长。具体程序是:县级以上的地方各级人大举行会议时,主席团、常务委员会或者十分之一以上代表联名,可以提出对本级人民法院院长的罢免案,由主席团提请大会审议。罢免案应当写明罢免理由。法律对人民法院院长的罢免理由没有规定,只要代表认为同级人民法院院长有不称职或其他不适宜担任院长的情况,就可以启动罢免程序,但一般应当涉嫌明显违纪违法行为。被提出罢免的人员,有权在主席团会议或大会全体会议上提出申辩意见,或者书面提出申辩意见。在主席团会议上提出的申辩意见或者书面提出的申辩意见,由主席团印发会议。向县级以上的地方各级人大提出的罢免案,由主席团交会议审议后,提请全体会议表决，以全体代表的过半数通过；或者由主席团提议，经全体会议决定，组织调查委员会，由本级人大下次会议根据调查委员会的报告审议决定。如果组织调查委员会的决议没有被通过，主席团即应将罢免案交付表决。

第二，**对地方人民法院院长的撤换**。各级人大一般一年只开一次会议，每次会议会期也比较短，如果出现本级人民法院院长不适宜继续担任院长职务的情况时，不能及时撤换，将影响法院工作。因此，在地方人大闭会期间，本级人大常委会认为人民法院院长需要撤换的，应当报请上级人大常委会批准。

撤换地方人民法院院长的决定，由本级人大常委会作出。法律并未规定撤换议案由谁提出、如何审议、是否允许申辩、如何提请表决等，具体可由地方各级人大及其常委会规定。尽管法律没有规定撤换理由，但是，一般应涉嫌违纪违法行为，如果是因组织安排工作调整、因身体健康原因不能继续履职等原因，由本人主动辞职即可，无须使用撤换手段。

人大常委会作为本级人大的常设机关，其行使撤职权实际是人大罢免权的延伸。

对审判人员的撤职

《监督法》第四十四条至第四十六条规定了对人民法院院长之外其他审判人员的撤职程序。按照前述规定，县级以上地方各级人大常委会在本级人大闭会期间，可以决定撤销由它任命的本级人民法院副院长、庭长、副庭长、审判委员会委员的职务。

需要明确的是，人大常委会决定的"撤职"不同于公务员纪律处分中的"撤职"。公务员因违法违纪应当承担纪律责任的，依照《公务员法》给予处分。处分是一种纪律制裁方式，分为：警告、记过、记大过、降级、撤职、开除六种，一般由公务员所任职务的任免机关批准。人大常委会决定撤职与纪律处分中的撤职相比，后果都是解除公务员所担任的职务，其区别在于：撤职处分属于纪律监督，是按纪律处分的条件和标准对违纪人员给予的处理,被处分人员有权申诉和申请复议。人大常委会决定撤职,体现了人大常委会对所决定任命公务员的政治监督,包含了对公务员的纪律监督,也包括对公务员履职行为的监督。在程序上,不存在被撤职人员进行申诉和申请复议的问题。[1]

　　"撤职"也不同于前述对地方人民法院院长的"撤换"。二者的共性在于,都不是因工作调整、离退休、身体健康等原因的正常免职,是对有违纪违法或失职渎职行为的审判人员,在其正常卸任之前,依法撤销(解除)其职务的行为,具有惩戒性质。二者的主要不同之处在于:**一是主体不同**。撤换的主体是本级人大常委会,但须报请上级人大常委会批准;撤职的主体是本级人大常委会,但仅限于县级以上地方人大常委会。[2] **二是对象不同**。撤换的对象是地方人民法院院长;撤职的对象是由本级人大常委会任命的人民法院副院长、庭长、副庭长、审判委员会委员、审判员。特殊情况下,人大常委会也可以撤销人民法院院长职务,但仅限于省级人大常委会对其任命的中级人民法院院长或专门人民法院院长。在省、自治区内按地区设立和在直辖市内设立的中级人民法院,以及金融法院、部分知识产权法院和海事法院,其院长由所在省、自治区、直辖市人大常委会主任会议提名,人大常委会任免。因此,省级人大常委会同时对他们享有撤职权。

　　对前述审判人员撤职案的提出主体,主要包括三类:**一是审判人员所在的县级以上人民法院**。撤职案原则上应当由人民法院院长提出。**二是县级以上地方各级人大常委会主任会议**。主任会议提出撤职案,应经主任会议成员讨论,以少数服从多数通过。**三是县级以上地方各级人大常委会五分之一以上的组成人员书面联名**,但需要由主任会议决定是否提请常委会审议;或者由主任会议提议,经全体会议决定,组织调查委员会,由常委会根据调查委员会的报告审议决定。常委会组成人员提出撤职案,比代表提出罢免案的要求更高,主要是

------

〔1〕　李飞主编:《中华人民共和国各级人民代表大会常务委员会监督法释义》,法律出版社 2008 年版,第 156 页。

〔2〕　郑淑娜主编:《中华人民共和国人民法院组织法释义》,中国民主法制出版社 2019 年版,第 171 页。

因为常委会组成人员的人数比较少。如果几名委员即可联名提出撤职案，不利于保证撤职案提出的严肃性。常委会组成人员参加联名提出撤职案，应当认真研究领衔人提出的撤职理由是否成立，相关材料是否充分，经慎重考虑后决定是否参与联名。

对审判人员的撤职案，一般应当写明撤职的对象和理由，并提供有关的材料。撤职案提出后，其处理程序主要有两种：**一是**对于事实清楚、证据确凿的撤职案，由本级人大常委会主任会议直接提请本级人大常委会会议审议。县级以上人民法院和主任会议提出的撤职案，有关部门会在之前开展大量的调查取证工作，一般符合事实清楚、证据确凿的要求。因此，通常情况下会直接提请常委会会议审议。**二是**对于撤职案指控的事实是否成立，证据和事实尚不清楚的，由主任会议决定暂不提请常委会会议审议，而是向常委会提议组织特定问题的调查委员会，由以后的常委会会议根据调查委员会的报告审议决定。这样可以避免在有关事实尚未搞清楚的情况下草率作出决定。对于常委会组成人员联名提出的撤职案，主任会议会根据撤职案所提出的事实和证据等情况，决定是提请常委会会议审议，还是提议组织特定问题调查委员会，待查清有关问题和事实后再审议决定。

撤职案在提请表决前，被提出撤职的人员有权在常务委员会会议上提出申辩意见，或者书面提出申辩意见，由主任会议决定印发常委会会议。撤职案的表决采用无记名投票的方式，由常委会全体组成人员的过半数通过。

第六讲 | 审级设置与四级两审制

> 从土里长出过光荣的历史，自然也
> 会受到土的束缚。
>
> ——费孝通

> 只有那些以某种具体和妥帖的方
> 式，将刚性与灵活性完全结合在一起的
> 法律制度，才是真正伟大的法律制度。
>
> ——[美]博登海默

法院是代表国家行使审判权的唯一机关。正如政权有中央、地方之分，国家也会依特定标准，分别在纵向、横向上划分层次、设置法院、匹配职能、确定管辖，形成一国的法院组织体系。横向上一般为**地域标准**，可以对应行政建制，设置各级法院，也可以划分若干司法区或巡回区，确定相应法院的地域管辖范围。纵向上主要为**审级标准**，可以**按职能**形成最高法院、上诉法院、初审法院，也可以**按科层**形成最高法院、高级法院、中级法院和基层法院。

我国是单一制国家，只设置了一套统一的法院组织体系。它由宪法和法律确立，实行四级两审制，上下级人民法院在审判工作上为**监督指导**关系。四级两审制总体上符合我国国情，也有利于诉讼分流、职能分层和资源配置，但也存在四级法院审级职能定位不清、审理模式趋同等短板，最高人民法院通过审理具体案件统一法律适用的作用发挥得还不够。针对上述问题，经全国人大常委会授权，最高人民法院于2021年8月在本院和北京、上海、广东等12个省、直辖市组织开展了四级法院审级职能定位改革试点工作，推动"合适层级的法院审理合适的案件"。本讲以四级两审制的形成、完善与发展为线索,结合最高审判机关的职权变迁,介绍人民法院的审级制度。

一、审级的概念、功能与职能

审级的概念

审判机关在**纵向上**的有序分布,形成上下级法院关系。这里的"**上下级**",是指依法具备审判监督对应关系的上级与下级,上级法院有权监督下级法院的审判业务。例如,作为最高审判机关,最高人民法院是全国所有法院的上级人民法院。浙江省高级人民法院是杭州市中级人民法院的上一级人民法院。湖北省武汉市中级人民法院虽然比湖北省襄阳市樊城区人民法院的层级高,但二者之间没有审判监督关系,前者不是后者的上级人民法院。

上下级法院关系,可能涉及各个领域,如审判业务、司法人事、司法政务、经费保障、司法统计、司法调研、执行实施、司法警务等。**审级**,则是上下级法院在审判业务领域的关系与层次。[1] 它首先是一个**法院组织体系概念**,解释了法院如何从纵向上分层设置、上下级法院之间是何关系、上级法院对下级法院作出的裁判有何处理权限、最高法院又有哪些专属特殊处理权限。同时,它也是一个**诉讼制度概念**,解释了诉讼案件经过几级法院几次复审后,裁判才发生法律效力,以及通过什么法律途径纠正生效裁判的错误。从国家治理技术上看,司法制度是实现社会控制的重要途径。审级制度正是通过司法等级制(Judicial Hierarchy),将国家法律沿着审级架构的脉络,辐射适用至

---

[1] 有论者认为,"审级就是法院审判之层级"。史庆璞:《法院组织法:建构与实证》(增订 4 版),五南出版股份有限公司 2017 年版,第 69 页;也有论者认为,"所谓审级者,即上级法院有变更下级法院裁判之权力,以求审判之周详及法律解释之统一"。吕丁旺:《法院组织法论》(7 版),一品文化出版社 2010 年版,第 42 页。

全部管辖区域。[1]

审级的功能

顾名思义,审级之"级"主要指组织法或行政监督意义上的层级关系,而审级之"审"则是指审判中的程序保障,亦即救济途径意义下的层级关系。[2] 从这两层意义上看,审级制度大致包括以下功能:

第一,保障诉讼利益。审级的设置,首要目的是确保人民获得正确、周全、审慎的裁判结果。合理的审级层次,便于当事人及时寻求司法救济,兑现胜诉权益。相反,审级过于简化或过于繁复,都可能损及当事人权益,必须分情形处理:**一是**设置不同的审级层次。例如,按照案件类型或所涉利益,确定级别管辖标准,明确哪些案件由较高层级法院一审。**二是**设置不同的终审条件。例如,对于小额诉讼,可以考虑一审终审;对于存在重大法律争议的案件,有些国家和地区实行三审终审;死刑案件则应当经最高法院核准。**三是**设置不同的救济程序。例如,区分案件所涉法律适用问题的规则意义,确定是否可以越级上诉;区分生效裁判存在的错误类型,确定向哪一级法院申请再审。

第二,实现有效监督。上级法院通过审理上诉案件和再审案件等,监督下级法院的审判工作,纠正裁判错误或偏差。需要强调的是,设置上诉制度和再审制度,并不意味着不信任下级法院的审判能力和职业操守,而是为体现国家对审判工作的庄重审慎态度。一个诉讼案件,经过若干层级法院审理,可以逐步吸收当事人不满,增强人民对最终裁判之信赖,进而提升社会公众对审判机关的信心与信任。[3]

第三,推动案件分流。国家设置审级,隐含着这样一个制度前提,即:法院层级越高,审理的案件越少越重要,配备的法官素质和审判能

---

〔1〕 傅郁林:《审级制度的建构原理——从民事程序视角的比较分析》,载《中国社会科学》2002 年第 4 期。

〔2〕 姜世明:《法院组织法》(修订 4 版),新学林出版股份有限公司 2014 年版,第 264 页。

〔3〕 史庆璞:《法院组织法:建构与实证》(增订 4 版),五南出版股份有限公司 2017 年版,第 69 页。

力相应越高。问题是,一个简单案件经过一审,上诉到二审法院,乃至进入再审法院,也不会因此变得更重要。所以,理想的审级制度,应当能够实现案件自下而上的有效、合理分流,确保只有数量较少、更具重要性或影响力、规则意义较强的案件能够进入最高审判机关。

第四,配置审判资源。 国家可以根据审级职能,确定相应的机构设置模式、权力运行机制、诉讼费用标准、审理期限长短,配备法官员额、辅助人员,并据此对法官的资历、素质和等级提出要求。前已述及,法院层级越高,涉及的案件越重大、问题越复杂,对法官的审判经验、业务能力要求也就越高。有的国家最高法院有违宪审查权限,案件政治属性很强,对大法官的意识形态、政治派别有较严格的审查标准。此外,由于较高层级法院偏重法律审,配备的辅助人员一般更侧重审判研究,而非普通事务性工作。例如,日本最高法院即配备了辅助法官研究的司法调查官,这些人同时也是下级法院法官,这就与基层法院配备的法官助理和书记官有显著不同。[1]

第五,分摊压力风险。 法院设置权通常归属于中央,但毕竟设置于地方。按照各国宪制和法院组织制度,有的地方法院人财物由中央直接管理,有的则委托地方管理。后者在审理涉及地方利益的案件时,难免会受地方因素影响,有时甚至受到政治压力。例如,美国多数州法院实行选举制,每到换届之年,法官判案还必须考虑选民感受,否则就无法留任。在我国,也曾有"县法院审不了县政府"的说法。相对而言,法院层级越高,越超脱于下级法院对应的"地方",抗外部干预能力越强,审级设置在一定程度上分摊了压力和风险。

第六,统一法律适用。 下级法院数量众多,法院与法院之间、法官与法官之间,法律见解难免有异,经当事人循级上诉或申请再审,可以推动法律适用分歧由较高层级法院解决,通过具有指导意义的裁判,实现统一法律适用的功能。在推行判例制度的国家和地区,最高法院

---

[1] 傅郁林:《以职能权责界定为基础的审判人员分类改革》,载《现代法学》2015 年第 4 期。

填补空白的法律解释具有规则创制功能,被称为"司法造法",[1]也有地方称之为"法之续造"。[2]

在决定审级制度如何设计时,必须综合考虑上述功能的配置与平衡。所谓**配置**,是指某一具体功能更适宜在哪类诉讼程序实现。例如,在没有法律审程序的前提下,案件分流的功能如何在上诉程序中体现。所谓**平衡**,是指同一诉讼程序发挥不同功能的优先等级。例如,上诉制度的首要功能是对当事人诉讼权益的救济,而非统一法律适用,后者不应优先于当事人利益。[3]

审级的职能

中共中央印发的《法治中国建设规划(2020—2025 年)》明确提出要"明确四级法院职能定位,充分发挥审级监督功能"。审级职能的定位,直接影响到审级程序设置和审判资源配置。所谓**审级职能**,更多内嵌于诉讼制度,是各级法院在审判工作中承上启下的职责与功能。在含义上,"**职能**"的范围要宽于"**职权**",后者指各级法院审理的案件范围,主要由法院组织法和诉讼法明确。

与其他国家和地区相比,我国法院在审级职能配置上的特性在于:**第一**,并无初审法院、上诉法院等审判职权上的严格界分。四级法院都有权审理第一审案件,基层以上人民法院都有第二审权限。**第二**,没有严格意义上的法律审程序,无论一审、二审、再审还是死刑复核,均贯彻全面审理原则,既审查事实问题,也审查法律问题。**第三**,最高人民法院在审级职能上的特殊性不够明显,受案范围的规定刚性过强,缺乏"择案而审"的自主性。

---

〔1〕 苏永钦:《司法造法几样情——从两大法系的法官造法看两岸的司法行政造法》,载《中德私法研究(17):司法造法与法学方法》,北京大学出版社 2018 年版。

〔2〕 例如,我国台湾地区"民事诉讼法"第四百六十九条之一即规定,第三审法院许可上诉的标准,应当是"以从事法之续造、确保裁判之一致性或其他所涉及之法律见解具有原则上重要性为限"。

〔3〕 [日]伊藤真:《民事诉讼法》(第 4 版补订版),曹云吉译,北京大学出版社 2019 年版,第 473 页。

立足中国国情，科学定位四级法院审级职能，必须兼顾法院层级和诉讼程序，着重考虑以下问题：

第一，如何从制度上凸显最高人民法院的宪法地位。作为宪法确定的最高审判机关，最高人民法院监督全国法院的审判工作。在职权配置上，仅制定司法解释、发布指导性案例、复核死刑案件、法定刑以下核准等属于最高审判机关的专有职权，但其审级职能、管辖范围、审判方式与高级人民法院的差异并不明显，在案件选择上自主权不够，履行宪法所赋监督权限的制度空间不大。

第二，统一法律适用的功能应主要配置在哪一类诉讼程序。在部分实行三审终审制的国家，统一法律适用的功能主要依托第三审完成。而我国实行两审终审制，一些具有规则意义的案件，受制于诉讼标的额等因素，只能由基层人民法院一审、中级人民法院二审，难以进入较高层级法院审理范围。因此，如果不实行三审制，只能依循以下三个途径，在诉讼制度框架内完善法律统一适用机制：**一是依托第一审级别管辖制度，完善提级管辖机制。**由较低层级法院按照诉讼法中关于管辖权转移的规定，将具有规则意义的案件交上一级法院审理。**二是依托第二审上诉制度，建立越级上诉机制。**例如，不服中级人民法院关于特殊类型案件第一审裁判的，可以越过高级人民法院，直接上诉至最高人民法院。**三是依托再审之诉，**在再审审理环节通过纠正原审适用法律错误，解决上下级法院或下级法院之间的法律适用分歧。当然，再审并非诉讼常态，与三审制或前述两种途径相比，这是以颠覆生效裁判为代价，实现统一法律适用的目标，不利于维护裁判的既判力和程序的安定性。

第三，是否设立专门的法律审程序。我国司法传统上，一般很少将事实认定问题和法律适用问题剥离考虑，诉讼制度安排上也没有事实审和法律审的区分。在两审终审制的制度框架下，为实现对当事人诉讼权益的充分救济，不可能放弃事实查明的职能，直接依托第二审程序建立纯粹的法律审程序。而在德国、日本等大陆法系国家，第三审贯彻法律审行之有年，第一审、第二审的质量已足够"坚实"，第三审救济已非"刚需",第三审才进一步改采许可上诉制。[1] 尽管在人民陪审员制度、专业法官会议制度、审判委员会制度等改革中,都曾有将法律适用问题单独剥离处理的司法实践和制度构建,但能否将之与某一审级的特定诉讼程序"绑定",实现仅针对法律适用问题的审理,仍是一个有待实践探索的课题。

"塔型"与"筒型"之辩

关于审级制度架构的讨论中,"塔型"与"筒型"是对立的两种制度模型。[2] "塔型"和"筒型"的构成与描述,是以审级的过滤分流功能为基准,而非各级法院受理的各类案件数量规模。

所谓"**塔型**",是指案件自下而上,依照繁简类型、疑难程度、所涉利益,分层解决、有序过滤、依法终结,简单案件基本在较低层级法院终结,事实争议主要由中间层级法院解决,较高层级法院偏重解决法律争议和政策问题,最高法院通过审理重要案件、制定司法政策,确保法律正确统一适用。

所谓"**筒型**",是指审级定分止争效能不强,所有案件无论繁简,均能走至审级最后一环,甚至纠结于事实认定,多次发回、循环往复、终审不终,导致大量上诉、申请再审和发回重审案件"囤积"于中间层级法院,产生审级上的"中梗阻"。

总体而言,塔形曲线越明显,坡度越顺滑,说明审级过滤分流功能越强;反之,若自下而上呈筒形,无论中部凸起还是首部畸大,都说明审级过滤分流效果不佳。从当事人的角度看,尽管司法公正度、公信力、权威性对服判息诉有一定影响,但为了最大程度维护或争取诉讼利益,多数人还是会选择把既有程序"走到底",即使止步于特定诉讼阶段,更多也只是基于诉讼成本或风险的考量。因此,无论两审终审

---

〔1〕　聂鑫:《第三审为法律审?——近代中国的学说、立法与司法实践》,载《法律科学》2022年第5期;林钰雄主编:《最高法院之法治国图像》,元照出版公司2016年版,第41—42页。

〔2〕　傅郁林:《审级制度的建构原理——从民事程序视角的比较分析》,载《中国社会科学》2002年第4期;傅郁林:《论最高法院的职能》,载《中外法学》2003年第5期。

还是三审终审，又或将再审之诉作为特别救济途径，若想建构理想的"金字塔型"模型，必须在审级架构中设置相应的机制"阀门"，防止纠纷过多涌入较高层级法院，尤其是最高法院。

为实现上述目标，相关国家和地区的主要做法包括：**一是**调整级别管辖。不单纯以诉讼标的额作为确定级别管辖的标准，确保绝大多数第一审案件由最基层法院管辖。**二是**完善小额诉讼制度。部分简单金钱给付纠纷一审终审，或仅向原审法院上诉。[1] **三是**增加法院层级，如美国于 1891 年在联邦最高法院和联邦地区法院之间增设联邦巡回上诉法院，替最高法院分流了大量第二审案件。[2] **四是**建立许可上诉制度。提起第三审上诉须经第三审法院许可，并满足法定条件，如德国、日本和我国台湾地区。[3] **五是**取消最高法院的强制管辖规定。如美国国会 1925 年通过《司法法》缩减联邦最高法院的强制管辖范围，1988 年彻底取消其强制管辖权。[4] **六是**对特定审级的诉讼提出附加条件。如德国、我国台湾地区即要求向特定法院起诉或提起第三审上诉，适用律师强制代理制度。[5] 在美国、德国联邦最高法院出庭，还必须是联邦最高法院许可并赋予其出庭资格的律师。[6] 当然，在发挥审级阻断、过滤、分层功能的同时，各国也会设定相关程序，确保有统一法律适用价值或规则意义的案件能够进入较高层级法院，如建立中间上诉制度[7]、法律问题先予确认制度、飞跃上诉制度[8]，

---

〔1〕 例如，按照我国台湾地区"民事诉讼法"，对于小额诉讼程序的第一审裁判，可以向原审地方法院提起上诉，但必须以合议庭形式审理，而且对第二审裁判不得上诉或抗告。

〔2〕 陈杭平：《统一的正义：美国联邦上诉审及其启示》，中国法制出版社 2015 年版，第 25 页。

〔3〕 郑雅萍：《金字塔型诉讼制度中最高法院之建构》，载《月旦法学杂志》2018 年第 8 期。

〔4〕 林超骏：《许可上诉制、美国最高法院与金字塔型诉讼建构》，载《台北大学法学论丛》第 109 期。

〔5〕 张文郁：《论律师强制代理制度下第三审法院之审理》，载《月旦法学杂志》2018 年第 8 期。

〔6〕 丁启明译：《德国民事诉讼法》，厦门大学出版社 2016 年版，第 16 页。

〔7〕 陈杭平：《比较法视野中的中国民事审级制度改革》，载《华东政法大学学报》2012 年第 4 期。

〔8〕 方斯远：《我国飞跃上诉的制度构建：兼论有限三审制的改革路径》，载《中国法学》2020 年第 5 期。

等等。

从相关国家和地区完善审级制度的实践来看,建构"塔型"审级架构,必须完成以下基础性制度建设和理论论证工作:

第一,夯实第一审的审判质量。如果第一审在查明和认定事实方面质效不佳,将极大影响后续审理阶段定分止争的效果。这里的审判质量,既取决于程序设置、法官素质,也受诉前纠纷化解效果和审判资源投入影响。如果用极为有限的基层法官去应对庞大数量的案件,哪怕法官再专业、再尽责,也会导致"萝卜快了不洗泥"。所以,必须在加强多元化纠纷解决机制建设基础上,推动人员、编制和员额向基层人民法院投入、向审判一线倾斜。

第二,明确特定诉讼程序阶段的价值取向。尽管审级制度兼具诉讼权益救济、上诉监督纠错、统一法律适用等功能,但案件进入较高审级后,必须有所侧重,锚定第三审上诉程序或再审程序的价值取向。[1] 尤其是实行许可上诉制的国家和地区,在决定案件能否进入第三审程序时,是以"有错必纠"为出发点,还是更多考虑案件本身在统一法律适用方面的价值,对审级制度的过滤分流效果有重大影响。

第三,确保最高法院的案件数量和审判资源精准匹配。最高法院是"金字塔"的"塔尖",即使"择案而审",案件也不宜过多。所以,设计审级制度时,确定最高法院的案件总量是一项关键工作。数量适度,才能确保最高法院法官聚焦于审理重要案件、统一法律适用等核心职能,而非疲于结案,疏于指导。在这个问题上,美国联邦最高法院的"选案"机制较为独特,每年从近 8000 个调卷复审令申请中选出近 80 件案件审理,大法官人数恒定为九人。但是,这一机制之所以能运行至今,是因为社会公众已接受联邦最高法院每年固定办理 80 件案件的"惯例",更遑论州法院系统分流了 97% 以上的案件,且每位大法

---

〔1〕 许政贤:《最高法院法律审功能之反思:理论与实证之分析》,载《月旦法学杂志》2018 年第 9 期。

官配备了 3~4 名法官助理。[1]

相比之下,大陆法系国家最高法院的结案压力相对较大。例如,日本最高法院是由 15 名法官处理每年约 6000 件案件,韩国大法院则是由 12 名大法官处理每年约 40000 件案件,[2]实际辅助办案的则是从下级法院抽调的资深法官,如日本最高法院靠 30 名调查官,韩国大法院靠 118 名研究官。[3] 德国 5 个联邦最高法院(最高、行政、财政、劳动、社会)共有 324 名法官,每年审理 18000 件案件。

所以,在我国这样的超大型单一制国家,最高人民法院这一"塔尖"之下,是 31 家高级人民法院、400 多家中级人民法院、3100 多家基层人民法院。每年 3000 多万件的庞大"塔基"案件基数,决定了"塔尖"案件体量不可能过低,更不能按照美国联邦最高法院那样的模式运转。对这一点,必须有清醒的认识,才不致陷入制度想象的误区。[4] 我国台湾地区近年推进所谓"金字塔型诉讼制度"改革,拟把第三审打造为"彻底的法律审",还未待实践结果显现,就计划把"最高法院"法官从 105 名缩编为 14 名,被有识之士批评为"削足适履"。[5]

---

〔1〕 [美]H. W. 佩里:《择案而审:美国最高法院案件受理议程表的形成》,傅郁林、韩玉婷、高娜译,中国政法大学出版社 2010 年版,第 246—247 页。关于美国的法院组织体系和审级架构,另参见[美]亨利·J. 亚伯拉罕:《司法的过程:美国、英国和法国法院评介》(第七版),泮伟江、宦盛奎、韩阳译,北京大学出版社 2009 年版。

〔2〕 苏永钦:《司法制度之回顾与前瞻》,元照出版公司 2021 年版,第 220 页。

〔3〕 傅郁林:《以职能权责界定为基础的审判人员分类改革》,载《现代法学》2015 年第 4 期。

〔4〕 何帆:《中国特色审级制度的形成、完善与发展》,载《中国法律评论》2021 年第 6 期。

〔5〕 苏永钦:《夏虫语冰录(一二七):新境界还是大迷航》,载《法令月刊》2018 年第 8 期。

二、四级两审制的形成

四级两审制的含义

一国之内的法院设置,受制于该国政体、版图、人口和从中央到地方的政府组织架构。基于不同的历史传统、诉讼制度和国情因素,各国审级制度有较大差异:有的实行**三级三审制**,如美国联邦法院以地区法院为第一审,巡回上诉法院为第二审,最高法院为第三审。有的实行**四级三审制**,如日本法院由简易裁判所、地方裁判所合掌第一审,地方裁判所、高等裁判所分掌第二审,高等裁判所、最高裁判所负责第三审。有的实行**三级两审制**,如洪都拉斯共和国法院。有的在不同司法体系实行不同审级制度,如德国联邦宪法法院为一审终审制,普通法院体系为四级三审制,税务法院体系为两级两审制,其他如行政法院、劳工法院、社会事务法院为三级三审制。有的区分案件类型,实行**多元审级制**,即部分简单案件一审终审,其他案件两审或三审终审。[1]

我国法院目前主要实行四级两审制,仅对基层人民法院按照小额诉讼程序审理的案件、最高人民法院审理的第一审案件实行一审终审。所谓**四级两审制**,是指法院组织从纵向上共分四个层级(最高人民法院、高级人民法院、中级人民法院、基层人民法院),实行两审终审。依法设立的专门人民法院根据审级职能,对应不同层级法院的规格。例如,知识产权法院、金融法院、海事法院、战区军事法院均为中级人民法院规格。

---

〔1〕 史庆璞:《法院组织法:建构与实证》(增订4版),五南出版股份有限公司2017年版,第70页。

"普设法院"与审级繁简

我国古代，司法与行政不分，民事与刑事不分，检察与审判不分。所谓司法审级，实际上是"逐级审转复核制"，基本与行政机关的"审批"层级等同，不仅层次繁多、牵涉甚广，而且程序烦琐、耗时良久。[1]这一设计体现了"慎刑"思想，但缺陷在于叠床架屋、封闭运行、效率低下、易于翻覆。

清末修律，仿行德国、日本体制，除中央层面设大理院外，地方设高等审判厅、地方审判厅、初级审判厅三级审判机关，初步搭建起四级三审制的审级制度框架。[2]这么设置的优势，是与中央、省、府、县四级行政建制对应，整齐划一，层次清晰，便于诉讼，所谓"正其名称而明其权限，标其审级而定其程序"。[3]然而，上述制度安排，意味着要在中华大地上"普设法院"。[4]在近乎空白的基础上建构起一整套覆盖全国的法院组织体系，需投入巨额经费、培训大量法官，当时清廷已羸

---

〔1〕 以清代为例，发生在地方的死罪案件往往需要经过州县→府、直隶州厅→道→按察司（臬司）→督抚→刑部/三法司，前后六级六审方可完结，最后还需经皇帝圣裁（勾决），相当于七级七审。徒罪以上案件，无论被告是否服判，都必须解送上司衙门复审，其中相对较重的案件（除无关人命的普通徒罪案件外）至督抚尚不能结案，还需上报刑部核覆。民事案件一般由州县官一审审结，但也可沿府、道上诉至各省布政使（藩台），乃至户部。参见那思陆：《中国审判制度史》，上海三联书店 2013 年版，第 240 页。

〔2〕 按照清廷 1909 年颁布的《法院编制法》，四级三审制的基本内容为：凡民事、刑事案件，向初级审判厅起诉者，经该厅判决后，如有不服，准向地方审判厅控诉。经二审判决后，如仍不服，准向高等审判厅上告。高等审判厅进行第三审判决，即为终审。凡民刑案件，向地方审判厅起诉者，经该厅判决后，如有不服，准向高等审判厅控诉。判决后，如仍不服，准向大理院上告。大理院判决即为终审。参见李启成：《晚清各级审判厅研究》，北京大学出版社 2004 年版，第 80 页。

〔3〕 方征善：《巡回裁判制议》，载《法律评论》1926 年第 157 期。

〔4〕 王泰升：《清末及民国时代中国与西式法院的初次接触：以法院制度及其设置为中心》，载《"中研院"法学期刊》2007 年第 1 期。

弱不堪,不可能再有那么庞大的资源支撑。[1]

民国初创,北洋政府仍实行四级三审制。但是,由于人才缺乏、经费短绌,政府于 1914 年大幅裁撤初级审判厅,改由县知事兼理司法,或在县一级设司法公署、在地方审判厅附设简易庭,[2]地方审判厅也减少了三分之一。[3] 因交通不便,各级审判机关普遍设立分支机构,如大理院设分院、高等审判厅设分厅或高等分庭、地方审判厅设分庭,等等。[4]

南京国民政府成立后,通令各省,改大理院为最高法院,各级审判厅改称法院。[5] 1932 年 10 月 28 日公布的《法院组织法》改四级三审制为三级三审制,中央设最高法院,各省设高等法院,县市设地方法院,以三审为原则,二审为例外,且第三审为法律审。[6] 之所以改"四级"为"三级",**一是为减少设立法院的资源投入。**[7] 初级审判厅裁

---

〔1〕 曾任北洋政府司法总长的罗文干后来检讨,"吾国法院组织采用大陆制,然大陆各国能普设者,不惟其财政充裕,可以支持,亦由其数百年法律学校之培养人才,得充任用。且版图较小,设备易完故也"。当时,全国有 1700 多个县,如果按照《法院编制法》普设法院,仅推事、检察官就需要 26000 余人,每年经费也需要 5000 余万元,不仅所需经费远非国家财政所能承担,合格法官数量也无从寻觅。这是基于上述原因,从清廷、北洋政府到南京国民政府,在全国普设法院的设想一直未能实现。参见罗文干:《法院编制改良刍议》,载《法学丛刊》,1930 年第 3 期。

〔2〕 裁撤初级审判厅后,如果第一审案件都在地方审判厅,第三审案件将全部集中大理院,所以采取了折衷办法,在地方审判厅内附设简易庭,审理原来由初级审判厅管辖的案件。如不服简易庭判决,可以上诉至所属地方审判厅。这样相当于在一级法院设立两个审级,被学者称之为"虚四级主义"。参见李光夏:《法院组织法论》,上海大东书局 1947 年版,第 36 页。上述做法,被批评为"以同一法院强分之为两级,同一法院之裁判强名之为两审,四级名实,至此已俱亡矣"。参见王用宾:《二十五年来之司法行政》,载《现代司法》1936 年第 1 期。

〔3〕 张生、李麒:《中国近代司法改革:从四级三审制到三级三审》,载《政法论坛》2004 年第 5 期。

〔4〕 聂鑫:《近代中国的司法》,商务印书馆 2019 年版,第 126—134 页。

〔5〕 1927 年武汉国民政府曾短暂实行所谓二级二审制,一般案件二审终审,死刑案件三审终审。

〔6〕 郑保华:《法院组织法释义》,上海法学编译社 1937 年版,第 58—59 页。

〔7〕 由于战乱频发、人才匮乏,地方法院设立情况并不理想。截至 1947 年,全国虽设立 37 家高等法院(含 119 家高等法院分院),但只有 748 个县设立了新式地方法院。参见谢冠生:《战时司法纪要》,司法行政部 1948 年版,"二"之第 1 页。

撤后,"四级"之说早已名存实亡。考虑到国土辽阔,普设法院仍有较大难度,《法院组织法》明确:县或市区域狭小者,可以合数县或市设一地方法院;县或市区域辽阔者,地方法院可以设立分院;高等法院若所辖区域辽阔,也可以设立分院。**二是**为进一步提升诉讼效率。四级三审制实施以来,"狡黠者挟其财力,一再上诉抗告,致使一些小案也要经年累月,法律保民之宗旨反而为其程序繁杂而破坏"。[1] 通过压缩法院层级,遏制案件积压,可以推动"诉讼之早结,减少人民缠讼之苦"。[2] **三是**为推动司法层级与行政建制相对应。南京国民政府废除了北洋政府时期存在的道(府)一级地方行政组织,地方行政建制实行省、县两级制。少一个行政层级,则对应减少一级审判机关。[3]

三级三审制实行后,由于诉讼迟滞问题严重,一直存在改行三级两审制的呼吁,司法行政部也打算于 1949 年探索将民刑诉讼"以二审为原则,三审为例外,以减人民讼累",后因南京国民政府败退台湾而作罢。[4]

从三审制到"基本上的两审制"

1931 年,中华苏维埃共和国临时中央政府在江西瑞金成立后,中央设临时最高法庭(后改为最高法院),地方设省、县、区三级裁判部,实行四级两审制,上下级裁判部为垂直领导关系。[5] 抗战军兴,国共开始第二次合作,为适应抗日民族统一战线需要,各边区法院参照南

---

〔1〕 李光灿、张国华主编:《中国法律思想通史》(四),山西人民出版社 1996 年版,第 559 页。

〔2〕 《法院组织法及司法章则》(1932 年),中国第二历史档案馆藏,档号二(2)—412,转引自蒋秋明:《南京国民政府审判制度研究》,光明日报出版社 2011 年版,第 33 页。

〔3〕 1930 年后,为解决行政管理的不便,省、县之间逐级设立了许多行政督察专员公署,但这些专员公署只是"省政府之辅助机关",并非在省、县之间重新增设一级政府。参见钱端升等:《民国政制史》(下册),上海人民出版社 2008 年版,第 487—509 页。

〔4〕 蒋秋明:《南京国民政府审判制度研究》,光明日报出版社 2011 年版,第 41 页。

〔5〕 肖居孝编著:《中央苏区司法工作文献资料选编》,中国发展出版社 2015 年版,第 13—14 页。

京国民政府 1935 年实施的《法院组织法》，曾短暂实行三级三审制。例如，陕甘宁边区在延安、绥德、新正、庆阳等地设地方法院，[1] 边区设高等法院，具体案件由地方法院一审，边区高等法院二审，中央最高法院是第三级的终审。[2] 1939 年 4 月 4 日公布的《陕甘宁边区高等法院组织条例》第二条明确"边区高等法院受中央最高法院之管辖"。[3] 1941 年 10 月 15 日公布的《晋冀鲁豫边区高等法院组织条例》第二条也规定"边区高等法院受国民政府最高法院之管辖"。[4]

上述规定意味着，不服边区高等法院裁判的，可以上诉至位于国统区重庆的国民政府最高法院。当时，最高法院主要实行法律审。[5] 由国民党控制下的最高审判机关审查边区发布的政策、法规，在政治上很容易陷入被动。即使不考虑政治因素，突破地理、战事等重重障碍上诉至重庆，也不具备现实操作性。对于上述问题，一种解决方案是"暂设两审，至于不服第二审之案件，用再审制度为之补救"，另一种解决方案为另设终审机关。[6] 1942 年 7 月 10 日，陕甘宁边区政府发布《关于设立审判委员会受理第三审案件的命令》，决定在边区政府内暂设五人组成的审判委员会，受理第三审案件。[7] 边区政府审判委员会 1942 年 8 月建立后，审理了许多重要案件，但因案件逐级上诉至三审，判决不能及时生效，加之其他政治因素，审判委员会最终于 1944

---

〔1〕 有的县还没有设立地方法院，案件由县政府的承审员或裁判员审理。

〔2〕 雷经天：《陕甘宁边区的司法制度（边区通讯）》，载《解放》周刊 1938 年第 50 期。

〔3〕 韩延龙、常兆儒编：《革命根据地法制文献选编》（中卷），中国社会科学出版社 2013 年版，第 827 页。

〔4〕 韩延龙、常兆儒编：《革命根据地法制文献选编》（中卷），中国社会科学出版社 2013 年版，第 853 页。

〔5〕 居正：《最高法院厉行法律审之步骤》，载范忠信、尤陈俊选编：《为什么要重建中国法系——居正法政文选》，中国政法大学出版社 2009 年版，第 246 页。

〔6〕 刘全娥：《陕甘宁边区司法改革与"政法传统"的形成》，人民出版社 2016 年版，第 138—139 页。

〔7〕 陕西省档案馆、陕西省社会科学院合编：《陕甘宁边区政府文件选编》（第 6 辑），档案出版社 1988 年版，第 248—249 页。

年 2 月被撤销。[1] 之后,陕甘宁边区改实行二审制,以边区高等法院
为终审机关。

解放战争期间,无论是新解放区,还是老根据地,普遍存在二审
制、三审制并行的情况。例如,东北解放区、晋冀鲁豫边区太行公署、
苏北行政公署等实行三审制,山东省胶东区行政公署等实行两审
制。[2] 晋察冀、晋冀鲁豫两个边区高等法院合并为华北人民法院后,
以"两审制为原则,三审制为例外"。[3] 按照 1948 年 10 月 23 日发布
的《华北人民政府为统一各行署司法机关名称 恢复各县原有司法组
织及审级的规定的通令》,"县司法机关为第一审机关,行署区人民法
院为第二审机关,华北人民法院为终审机关;各直辖市人民法院为各
该市第一审机关,华北人民法院为第二审机关。一般案件即以二审为
止。如有不服要求第三审时,由华北人民政府主席指定人员组成特别
法庭,或发还华北人民法院复审为终审审理之。"[4] 根据通令要求,华
北地区先后设立 300 多个人民法院,形成了大行政区、行署和直辖市、
县三级人民法院。

1949 年 10 月 22 日,最高人民法院正式组建。省一级法院已不宜
作为终审机关。全国解放在即,到底实行两审制,还是实行三审制,已
涉及法制统一问题。上海、广东等地均就此问题请示最高人民法院。

〔1〕 关于边区政府审判委员会裁撤的具体原因与经过,参见刘全娥:《陕甘宁边区司
法改革与"政法传统"的形成》,人民出版社 2016 年版,第 143—146 页;张希坡:《马锡五与马
锡五审判方式》,法律出版社 2013 年版,第 59—60 页。

〔2〕 按照 1946 年 2 月 12 日施行的《晋冀鲁豫边区关于审级及死刑核定的暂行规定》,
"一般民刑案件以县(市)政府为第一审机关,专员公署为第二审机关,行署为第三审机关。"
1946 年 8 月 11 日发布的《太行行署关于重新规定审级审核制度的通令》规定,"确定民刑事
案件,均为三级三审制,审级之划分如下:1. 市地方法院、县政府或县司法处为第一审机关。
2. 专署为第二审机关。3. 行署为第三审机关,为本区域民刑事案件终审机关。"1947 年 4 月
29 日公布的《山东省胶东区行政公署现行民刑审级制度及诉讼程序简化办法》明确,"县为第
一审,行署为第二审。当事人不服县判,得上诉行署,行署判决即为终判。"参见韩延龙、常兆儒
编:《革命根据地法制文献选编》(中卷),中国社会科学出版社 2013 年版,第 949 页、954 页。

〔3〕 韩延龙、常兆儒编:《革命根据地法制文献选编》(中卷),中国社会科学出版社
2013 年版,第 853 页。

〔4〕 韩延龙、常兆儒编:《革命根据地法制文献选编》(中卷),中国社会科学出版社
2013 年版,第 927—928 页。

最高人民法院、司法部多次批复强调:"在法院组织法未颁布前,目前一般案件,如对县(市)法院判决不服时,可向省人民法院或其分院上诉;再不服,可向最高人民法院分院上诉。最高人民法院分院即为终审机关。而某些重大案件,也可迳由省法院、大行政区直属市院或最高人民法院分院受理。所以要看案件实际情况而定,不必拘泥于'三级三审制'。"[1]

"不必拘泥",意味着倡导两审终审。但是,实践中哪些案件允许第三审上诉,才有利于充分保障当事人上诉权利,标准仍难以把握。[2] 针对有关请示,最高人民法院复函指出:

> 人民法院应采**基本上三级二审制**,这原则在中央早已确定。依此原则,省级人民法院对于不服县级人民法院第一审判决所为上诉案件的判决,除重大或疑难案件应于判决书内记明准许上诉外,一般即为终审判决。如诉讼人仍有不服而向原第二审法院提起第三审上诉者,原第二审法院仍应按照上述标准予以审查处理;如诉讼人迳向第三审法院提起上诉时,第三审法院亦仍得按照上述标准斟酌处理。如上诉虽不含上述标准而确合于再审条件者,亦得依再审条件处理。[3]

1951 年 9 月,中央人民政府委员会颁布《中华人民共和国人民法院暂行组织条例》(以下简称《人民法院暂行组织条例》)。在审级制度上,《人民法院暂行组织条例》具有以下特点:

第一,**实行基本上的三级两审制。**所谓"**基本上**"的三级两审制,就是不完全等于三级两审制,还有例外的三审终审和一审终审。以县级人民法院为基本的第一审法院,省级人民法院为基本的第二审法

---

〔1〕 上述请示与答复内容,参见《最高人民法院关于审级组织领导系统诸问题的指示》(1950 年 3 月 24 日)、《最高人民法院、司法部关于审级诸问题的批复》(司示字第 89 号,1950 年 5 月 3 日)、《最高人民法院、司法部关于审判方针、各级法院、监狱编制、法院领导关系及审级管辖问题的批复》(司示字第 132 号,1950 年 6 月 22 日)。

〔2〕 《司法部关于审级制度怎样贯彻基本上三级二审而又充分保障诉讼当事人的上诉权利的函》(司一函字第 694 号,1951 年 7 月 4 日)。

〔3〕 《最高人民法院关于审级制度问题意见的复函》(1951 年 7 月 28 日)。

院，一般以二审为终审。对省级人民法院所作的重大或疑难案件的二审判决，准许当事人提起第三审上诉。全国性重大的侵害国家利益的、侵害公共财产的和其他特别重大的刑、民事案件，由最高人民法院或其分院为一审终审。之所以作上述规定，是为了"既能保障人民的诉讼权利，又能及时有效地制裁反革命活动，而又防止了某些狡猾分子，故意拖延时间，无理取闹，造成当事人以及社会人力财力的损失。同时，这样的规定，又照顾了中国的实际情况：中国地域辽阔，交通不便，情况复杂，案件又多，三级三审，是使人民为诉讼长期拖累，耽误生产，所以采取了基本上的三级两审制，这是一种实事求是，为人民服务的审级制"。[1]

第二，特定类型案件可以越级上诉或移送上级法院审理。这是《人民法院暂行组织条例》针对解放初期的司法状况作出的特殊制度安排。考虑到多数第一审法院不仅"干部少"，而且"政策和业务水准是低的"，[2]为充分保障当事人诉讼权益，诉讼人如因原辖人民法院不能公平审判而越级起诉或越级上诉时，上级人民法院应依法予以必要的处理。县级人民法院对于其所受理的刑事、民事案件，认为案情重大，宜由省级人民法院审判的，应向省级人民法院声请移送审判。

第三，省级以上法院可设分院或分庭。为便利人民诉讼，《人民法院暂行组织条例》在法院设置上作出适当调整。大城市人民法院之下设区人民法院。省人民法院可以视需要设分院或分庭，在其所辖区域内执行省人民法院的职务，但其判决不得上诉于省人民法院。最高人民法院可以在各大行政区或其他区域设分院或分庭，在其所辖区域内执行最高人民法院的职务，但重大或疑难的案件，应报请最高人民法院本部审查处理。

---

〔1〕 许德珩：《关于"中华人民共和国人民法院暂行组织条例"的说明》，载《人民日报》1951年9月5日。

〔2〕 沈钧儒：《人民法院工作报告》（1950年6月17日），载最高人民法院办公厅编：《最高人民法院历任院长文选》，人民法院出版社2010年版，第10页。

撤销大区分院与"确定的两审制"

建政之初,作为一种临时性过渡安排,全国设华东、中南、西南、西北、东北五个大区政府。[1] 最高人民法院对应设置五个大区分院,1952 年 4 月又在华北区增设华北分院。大区分院是"各地区的终审机关,并代表最高人民法院对管辖的各级人民法院,实施监督领导的责任"。[2] 客观上看,大区分院分担了最高人民法院本部相当一部分案件压力。以 1953 年为例,六个大区分院全年受理上诉及本身一审案件共达 15062 件:华东 2970 件,中南 1546 件,西南 1517 件,西北 2103 件,东北 2300 件,华北 4626 件。[3]

1954 年 6 月,中央人民政府决定撤销大区一级党政机构。[4] 为防止案件全部集中到北京,尽管曾有保留最高人民法院分院的考虑和建议,各分院还是被统一撤销。[5] 在此之前,是否继续实行基本上的三级两审制,预留三审终审的例外情形,是 1954 年《人民法院组织法》起草时的争议焦点之一。[6] 大区分院撤销后,解决审级问题已成当

---

[1]　关于新中国成立初期各大行政区的设置、调整和撤销情况,参见范晓春:《中国大行政区:1949 年—1954 年》,东方出版中心 2011 年版。

[2]　沈钧儒:《人民法院工作报告》(1950 年 6 月 17 日),载最高人民法院办公厅编:《最高人民法院历任院长文选》,人民法院出版社 2010 年版,第 10 页。

[3]　《最高人民法院关于撤销各大区分院与加强最高人民法院的意见》(行政文件〔1954〕14 号,1954 年 6 月 28 日)。

[4]　《中央人民政府关于撤销大区一级行政机构和合并若干省、市建制的决定》(1954年 6 月 19 日中央人民政府委员会第 32 次会议通过)。

[5]　如彭真同志在 1954 年 5 月 27 日就提出:"撤销大区一级的最高法院分院和最高检察署分署,要慎重考虑……大区一旦撤销,全国三四十个单位的案子都集中到最高法院来,老百姓上诉或控告很不方便,而且高院案件增多,很容易产生官僚主义。这个问题很大,困难不少。"6 月 19 日召开的政务院政法委员会党组干事会第四十七次会议也曾决定只将华北分院交最高法院接管,其他大区分院继续存在。但是,按照中央统一部署,7 月 16 日发出的政务院政法委员会党组干事会《关于撤销大区各政法部门和加强中央各政法部门的意见》还是决定撤销各大区最高人民法院分院。参见《彭真传》编写组编:《彭真年谱》(第 2卷),中央文献出版社 2012 年版,第 459、465、471 页。

[6]　《彭真传》编写组编:《彭真年谱》(第 2 卷),中央文献出版社 2012 年版,第 458 页。

务之急。[1] 当时,县级法院的上一级法院即是省级法院。省级法院虽然可以设置分院,但分院只是省级法院的派出机关,它的判决和裁定就是省级法院的判决和裁定,最高人民法院大区分院撤销后,如果当事人不服省级法院一审裁判,只能直接向最高人民法院上诉。这样就形成了三个"不便":群众上诉不便;省级法院掌握和监督全省(自治区)的审判工作不便;大量上诉案件集中到最高人民法院,使案件难以及时处理,形成拖延积压,亦是不便。[2]

"三审"变"两审"在多数地区已是既定事实,最终调整只是下决心的问题。而破解三个"不便"难题的关键,在于"三级"变"四级",即对应行政建制上的地区或专员公署一级,在县级法院与省级法院之间增加一个法院层级:**中级人民法院**。[3] 基层人民法院设在县(自治县)、市、市辖区;中级人民法院设在省、自治区内的地区、较大的市、自治州;高级人民法院设在省、自治区、直辖市。通过设立四级人民法院,辅之以"实行四级两审终审制,这样一般的案件不必到省,到最高法院的案子也只是少数,便利群众就近上诉"。[4]

基于上述考虑,1954 年《人民法院组织法》第一条第二款将地方各级人民法院分为"基层人民法院、中级人民法院、高级人民法院。"第十一条第一款明确人民法院审判案件,"实行两审终审制"。之所以选择"四级",是因为"一般案件以基层人民法院为第一审,上诉到中级人民法院就可以终审;就是由中级人民法院为第一审的案件,上诉到高级人民法院也就可以终审了"。这样就"使绝大部分案件都能够在

----

[1] 董必武同志认为,"这次大行政区撤销,法院的问题就需要考虑。我们规定是三审终结,现在实际是多级。三审后告到毛主席那里,又得重审。大区的法院是最高法院,应该是法律审,不应该是事实审,但是,现在事实审很多。他不服就告,你还能不管?所以这个事实要考虑。"《关于人民监察工作》(1954 年 11 月 21 日),载《董必武法学文集》,法律出版社 2001 年版,第 225—226 页。

[2] 魏文伯:《对于"中华人民共和国人民法院组织法"基本问题的认识》,上海人民出版社 1956 年版,第 14 页。

[3] 关于增设中级人民法院的情况,参见刘忠:《四级两审制的发生和演化》,载《法学研究》2015 年第 4 期。

[4] 《彭真传》编写组编:《彭真年谱》(第 2 卷),中央文献出版社 2012 年版,第 481 页。

本省、本地区或本市内得到及时的解决,既便利群众诉讼,又便于高级人民法院和最高人民法院集中注意力量,加强重要案件的审判工作和对下级法院的审判监督工作"。[1]

而从两审终审制从"基本上"变为确定,则是因为"从过去几年实际情况来看,一般群众特别是劳动人民,上诉三审的案件并不多,实行两审终审制,可以便利群众诉讼,迅速结案,是切合实际的。要做到正确而及时地审判案件,不在于增多审级,而在于健全各级人民法院的组织和制度的建设,特别是加强基层人民法院和中级人民法院的建设,使绝大部分案件能在这两级人民法院得到圆满解决"。[2] 对于确属重大、疑难的案件,由中级以上的人民法院进行第一审。基层、中级人民法院认为案情重大的案件,还可以请求移送上级人民法院审判。死刑案件未经高级人民法院或最高人民法院核准,不得执行。[3]

1954 年《人民法院组织法》实施后,仍有若干中级以上的人民法院在审理第二审案件时准许当事人上诉第三审。根据最高人民法院 1954 年 10~12 月的收案数字统计,民事三审上诉案件仍占民事收案总数 62%,刑事三审上诉案件亦占刑事收案总数的 30%。这种情况,不但违反法律,也不利于提升审判效率。为此,最高人民法院、司法部于 1955 年 2 月 4 日联合发布《关于贯彻执行两审终审制的通知》(法行字第 956 号、司普字〔55〕144 号)。具体要求是:

> 各中级(包括尚未改为中级法院的省分院)以上人民法院必须明确准许上诉三审已无法律根据,今后对所受理的案件必须遵照法院组织法认真负责地实行两审终审制。法院组织法关于审级制度的规定是鉴于我国地区辽阔,交通不便,如果审级过多,势必造成诉讼拖延,对人民不利,而两审终审既便利人民诉讼,又可以办案迅速,是切合广

---

〔1〕 魏文伯:《对于"中华人民共和国人民法院组织法"基本问题的认识》,上海人民出版社 1956 年版,第 14—15 页。

〔2〕 魏文伯:《对于"中华人民共和国人民法院组织法"基本问题的认识》,上海人民出版社 1956 年版,第 15 页。

〔3〕 张志让:《宪法颁布后的中国人民法院》,载《政法研究》1954 年第 4 期。

大人民的利益的。各级法院在宣判时应向当事人充分说明二审终审制的好处，并说明第二审判决就是终审判决。同时，在审理案件时须发挥独立负责精神，加强调查研究，防止草率粗糙，务求判决正确。宣判以后如果发现原终审判决在认定事实上或者在适用法律上确有错误时，即应根据组织法第十二条第一款的规定予以纠正。

至此，"四级两审制"的审级制度框架初步确立。1979 年《人民法院组织法》基本延续了这一设置模式。之后历次司法改革，虽然也有恢复三审终审制的呼声，但终未上升至立法层面。

三、四级两审制的完善

从领导监督到监督指导

上下级人民法院在审判工作上的关系，是由《宪法》、《人民法院组织法》、诉讼法和全国人大常委会相关决定共同确定的。法律设置审级，一个重要目的是增加当事人的救济层次，保障生效裁判的审慎度与公正性。如果上级法院直接介入下级法院个案裁判，或者以指令方式就裁判结果作出要求，相当于架空了当事人的上诉权利，不利于维护其诉讼利益。因此，在审判工作上，应当维持审级独立，上级法院对下级法院不应有命令或指挥之权。

新中国成立之初，《人民法院暂行组织条例》第十条规定"下级人民法院的审判工作受上级人民法院的**领导**和**监督**"。之所以使用"领导"一词，是考虑到法院组织体系尚在恢复之中，基层审判力量仍处"量少质弱"阶段，必须从各方面加强集中统一管理，确保司法质效。1954 年《宪法》参照苏联宪法，删除了"领导"表述，在第七十九条第二款规定"最高人民法院**监督**地方各级人民法院和专门人民法院的审判工作，上级人民法院**监督**下级人民法院的审判工作"。1954 年《人民法院组织法》第十四条第二款也明确"下级人民法院的审判工作受上级人民法院**监督**"。"监督"可以针对宏观审判工作,也可以特指具体案件,但不能与"领导"关系混同。即使按照当时相对保守的解释,下级法院可以结合具体案件,请示审判方针、政策,但不得请示案件的具体解决方法,"上级人民法院也不宜命令或指示下级人民法院如何解决某一具体案件"。[1]

改革开放之后,1982 年《宪法》再次从宪法层面明确了上下级人民法院在审判工作上为监督与被监督的关系。之后历次修宪和修改《人民法院组织法》,这一表述均未调整。2018 年《人民法院组织法》第十条第二款规定,"最高人民法院**监督**地方各级人民法院和专门人民法院的审判工作,上级人民法院**监督**下级人民法院的审判工作。"

按照宪法和法律规定,上级法院对下级法院监督的内容和范围是**"审判工作"**,即审理和判决案件的工作,而审理和判决案件工作的全部内容,就是认定事实、适用法律。换言之,这种"监督"的具体表现,就是看下级人民法院在审理和判决案件时认定事实是否清楚、适用法律是否准确、裁判结果是否公正。

多数情况下,上级法院对下级法院审判工作的监督是个案、事后的,而且必须依法、依程序进行,具体表现形式是:**第一**,上级法院有权审判对下级法院的判决和裁定不服的上诉案件和人民检察院提起抗诉的案件。**第二**,上级法院有权审理按照审判监督程序提起的案件。**第三**,最高人民法院对地方各级人民法院和专门人民法院已经发生法律效力的判决和裁定,上级法院对下级法院已经发生法律效力的判决和裁定,如果发现确有错误,有权提审,或者指令下级法院再审。[2]

不过,如果监督仅限于个案与事后,也存在监督成本问题。假设发生如下情形:辖区法院经常就某一类法律适用问题请示上级人民法院;上级人民法院在审理上诉案件时,发现某些错误会重复出现;最高人民法院在审理再审案件时,发现各高级人民法院在某领域存在法律

---

〔1〕 王乃潫、陈启武:《对"人民法院独立进行审判,只服从法律"的理解》,载《法学》1958 年第 2 期。

〔2〕 郑淑娜主编:《中华人民共和国人民法院组织法释义》,中国民主法制出版社 2019 年版,第 67 页。

适用不一致现象。上述情形如果频繁、批量出现,就不宜仅以个案监督方式纠偏,而应考虑以宏观、事前的方式进行监督。例如,最高人民法院可以通过对具体应用法律的问题作出解释,又或发布指导性案例,确保国家法律正确统一适用。这一监督模式,也被称为对审判工作的"**指导**"。

严格意义上讲,"监督"也包含"指导"之意。对上级人民法院来说,审理上诉、再审案件,又或直接审理新型、疑难、复杂的第一审案件,本身就具有对下级人民法院审判工作的"指导"意义。但是,考虑到"监督"侧重个案、事后,"指导"侧重宏观、事前,实践中对两个概念还是有所区分。[1] 2010 年 12 月 28 日印发的《最高人民法院关于规范上下级人民法院审判业务关系的若干意见》(法发〔2010〕61 号,以下简称 2010 年《审判业务关系意见》),首次在司法政策性文件中将"指导"与"监督"并列,就是考虑到了上述区别。[2] 按照该意见第一条,"最高人民法院**监督指导**地方各级人民法院和专门人民法院的审判业务工作。上级人民法院**监督指导**下级人民法院的审判业务工作。监督指导的范围、方式和程序应当符合法律规定"。

至于审判指导的形式,可以按照上级人民法院的层级确定权限,具体表现形式是:(1)**最高人民法院**通过审理案件、制定司法解释或者规范性文件、发布指导性案例、召开审判业务会议、组织法官培训等形式,对地方各级人民法院和专门人民法院的审判业务工作进行指导。(2)**高级人民法院**通过审理案件、制定审判业务文件、发布参考性案例、召开审判业务会议、组织法官培训等形式,对辖区内各级人民法院和专门人民法院的审判业务工作进行指导。(3)**中级人民法院**通过审理案件、总结审判经验、组织法官培训等形式,对基层人民法院的审判

---

[1] 罗书臻:《明确监督指导范围程序、保障依法独立行使审判权——最高人民法院司改办负责人就〈关于规范上下级人民法院审判业务关系的若干意见〉答记者问》,载《人民法院报》2011 年 1 月 29 日。

[2] 本书作者是这一文件的起草人,在研究论证和征求意见过程中,也有人建议使用"监督、指导"的表述,考虑到监督与指导的密切关系,未在二者之间插入顿号。

业务工作进行指导。[1]

从 2010 年《审判业务关系意见》前述内容可以看出,各级法院的审判指导职能是按层级递减的。[2] 其中,制定司法解释、发布指导性案例是最高人民法院的专属职权,高级人民法院可以在辖区内发布参考性案例,也可以制定审判业务文件,但后者应当经审判委员会讨论通过。2012 年 1 月 18 日,"两高"联合印发《关于地方人民法院、人民检察院不得制定司法解释性质文件的通知》(法发〔2012〕2 号),规定"地方人民法院、人民检察院一律不得制定在本辖区普遍适用的、涉及具体应用法律问题的'指导意见'、'规定'等司法解释性质文件,制定的其他规范性文件不得在法律文书中援引"。[3]

随着经济社会快速发展,法律、司法解释内容总会落后于司法实践,为及时提供审判指导、统一法律适用,高级人民法院仍会制定印发一些审判业务文件,有的已经构成对法律具体应用问题的解释,甚至与立法原意相悖。例如,2018 年 7 月,某省高级人民法院制定的《关于部分罪名定罪量刑情节及标准的意见》涉及非医学需要鉴定胎儿性别的规定,就被全国人大常委会法制工作委员会认定违反《立法法》的规定,致函最高人民法院、制定机关所属的省人大常委会,要求督促该高级人民法院立即停止有关做法,及时废止前述规定。[4]

针对上述问题,2020 年 12 月 1 日,最高人民法院印发《关于规范高级人民法院制定审判业务文件编发参考性案例工作的通知》(法

---

〔1〕　参见 2010 年《审判业务关系意见》第八、九、十条。也有论者将上下级法院在审判工作上的关系概括为审级监督关系、业务指导关系、审判管理关系、政策主导关系、督查督办关系、内审控制关系、协调联动关系、司法巡查关系、知识生产传输和支配影响关系。参见杜豫苏:《上下级法院审判业务关系研究》,北京大学出版社 2015 年版,第 19—35 页。

〔2〕　何帆:《论上下级法院的职权配置:以四级法院职能定位为视角》,载《法律适用》2012 年第 8 期。

〔3〕　早在 1987 年 3 月 31 日,最高人民法院就印发过《关于地方各级法院不宜制定司法解释性质文件问题的批复》(〔1987〕民他字第 10 号),明确地方各级法院不宜制定具有司法解释性质的文件。但可以制定一些其他文件,供审判人员办案时参考;也可以召开一定范围的会议,交流经验。

〔4〕　全国人大常委会法制工作委员会法规备案审查室编著:《规范性文件备案审查案例选编》,中国民主法制出版社 2020 年版,第 110—112 页。

〔2020〕311 号),要求高级人民法院制定审判业务文件只能采用"纪要""解答""审判指南"等形式,不得使用"规定""解释""决定""批复"或"指导意见"等司法解释或司法解释性质文件的名称,不得采用"条、款、项、目"等法律、司法解释的体例。通知同时强调,高级人民法院的审判业务庭,以及中级、基层人民法院不得制定审判业务文件,编发的案例不得称为指导性案例或参考性案例。[1] 按照通知要求,高级人民法院今后制定审判业务文件应当报送最高人民法院审查。高级人民法院制定的审判业务文件、编发的参考性案例,应当在正式印发后十五日内报送最高人民法院备案。

为了落实前述备案审查工作要求,2021 年 4 月 6 日,最高人民法院办公厅又印发了《人民法院审判业务文件、参考性案例备案工作办法》(法办〔2021〕133 号)。备案工作办法明确了审判业务文件的认定标准,即:"1. 对新类型、疑难复杂案件的法律适用、事实认定、证据审查以及诉讼程序等问题的审判经验总结;2. 对当事人的实体和程序权利义务有实际影响;3. 指导辖区内人民法院审判执行工作,统一法律适用和裁判尺度;4. 供辖区内人民法院在审判执行工作中作为参考"。[2] 按照备案工作办法,对高级人民法院报送的审判业务文件,由最高人民法院研究室根据本院内部职能分工确定审查部门,分送审判业务部门或综合业务部门进行审查。[3] 研究室对审查部门提出的

---

〔1〕 按照有关工作要求,正在实行试点工作的中级人民法院或经济特区所在地的中级人民法院确需制定适用于本辖区人民法院的特别审判业务规范的,报辖区内高级人民法院,由高级人民法院制定适用于该辖区的审判业务文件。

〔2〕 按照备案工作办法,下列文件不属于审判业务文件:(1)人事任免、职能分工、教育培训、表彰奖励、纪律处分、装备财务等内部司法行政管理类文件;(2)没有裁判规则内容的会议纪要、工作程序和技术操作规程;(3)具体事项、案件的通报或处理决定;(4)裁判文书制作规范、案件评查、流程管理等审判管理类文件;(5)贯彻落实不含有裁判规则内容的政策、会议精神或上级机关要求的文件;(6)其他不涉及审判业务规范的文件。

〔3〕 按照审查工作办法,审查部门应当按照下列要求对审判业务文件的内容进行审查:(1)符合宪法、法律规定,不存在重复、冲突;(2)符合司法解释、指导性案例,不存在重复、冲突;(3)符合社会主义核心价值观;(4)坚持问题导向,解决审判实际问题;(5)主要争议问题与解决方案准确、妥当;(6)内容有相应的法律依据,符合相关法律原则精神;(7)其他应当审查的内容。

审查意见进行复核后,草拟审查意见复函。复函应当经常务副院长审签后送办公厅函复高级人民法院,使用"法办函"文号发文。截至2022 年 6 月 30 日,最高人民法院根据前述通知和工作办法,共审查备案高级人民法院报送的审判业务文件 162 个、参考性案例 219 件,杜绝了不同地区适用法律、办案标准的不合理差异。[1]

从案件请示到诉讼化改造

受历史和现实因素影响,上下级人民法院在审判工作上的关系,具有较强的行政化色彩。自下而上层面,有案件请示、内审机制等;自上而下层面,则有提前介入、挂牌督办、内部附函等。基于各种现实考虑,一些下级人民法院将上级人民法院视为理所当然的"上级领导",把协调各方关系、摆脱地方干预、解决上访纷扰的希望寄托在后者身上,而一些上级人民法院也当仁不让地在审判工作中主动承担起"领导"与"指挥"职能。一些学者甚至将法院系统的垂直管理,视为破解司法地方化的"良方"。[2] 事实上,这种做法不仅会令行政化变本加厉,更是以牺牲上下结构的审级独立,来换取外部结构的所谓审判独立。[3]

上下级人民法院之间在审判工作上关系的异化,以及"去行政化"改革的努力,在案件请示做法上体现得最为明显。所谓"**案件请示**",是指下级人民法院在审理案件过程中,就案件处理或法律适用中的疑难问题,以口头或书面形式向上级法院请示,上级法院予以答复的工作机制。相关做法最早可追溯至最高人民法院 1958 年 9 月 19 日印发的《关于改进请示解答工作的函》。当时,审判工作中许多涉及党的

---

〔1〕　周强:《最高人民法院关于四级法院审级职能定位改革试点情况的中期报告——2022 年 8 月 30 日在第十三届全国人民代表大会常务委员会第三十六次会议上》,载中国人大网,2022 年 12 月 4 日访问。

〔2〕　赵小军、赵化宇:《关于实现我国高院跨区设置、法院垂直管理暨三审终审制度之构想》,载《甘肃政法学院学报》1999 年第 3 期。

〔3〕　廖中洪:《"垂直领导":法院体制改革重大误区》,载《现代法学》2001 年第 1 期;俞静尧:《司法独立结构分析与司法改革》,载《法学研究》2004 年第 3 期。

方针、政策方面的问题，法律尚无明文规定，下级人民法院也难以把握。按照该函精神，对于在审判工作执行党的方针、政策方面遇有不能解决的问题，一般由高级人民法院研究后提出意见，向所在地党委请示解决。至于下级人民法院在审判过程中应用法律、法令的问题（即对已有法律、法令在审判工作中具体应用问题），则由各高级人民法院研究后提出意见，报送最高人民法院解释。

改革开放之后，最高人民法院陆续印发通知，规范各类案件的请示做法。[1] 到 1999 年，又发文作出统一要求。按照最高人民法院1999 年 1 月 26 日印发的《关于审判工作请示问题的通知》（法〔1999〕13 号），请示的范围可以包括法律适用问题和具体案件。对于审判案件如何具体应用法律的问题，需要最高人民法院作出司法解释的，高级人民法院可以向最高人民法院请示。至于具体案件，高级人民法院向最高人民法院请示的案件必须是：(1)适用法律存在疑难问题的重大案件；(2)依照有关规定应当报最高人民法院审核的涉外、涉港澳、涉台和涉侨案件。报送请示案件的事实、证据问题由高级人民法院负责。案件事实不清、证据不足的不得报送请示。

案件请示的程序要求则包括：**第一，**必须书面请示、书面答复。向最高人民法院请示问题，必须写出书面报告。最高人民法院答复请示问题，应当采用书面形式。**第二，**必须逐级报送。中级、专门人民法院不得越过高级人民法院向最高人民法院直接请示，不得以内设机构或法官个人名义请示。**第三，**所请示的问题或案件应当经过每一级法院审判委员会讨论。向最高人民法院提交的书面报告中，应当写明高级人民法院审判委员会的意见及理由。有分歧意见的，要写明倾向性意见。

关于案件请示做法存废的争议，自 20 世纪 90 年代以来就一直存

---

〔1〕 主要包括《最高人民法院关于报送民事请示案件有关问题的通知》（〔85〕法民字第 5 号，1985 年）；《最高人民法院关于报送请示案件应当注意的问题的通知》（1986 年）；《最高人民法院经济审判庭关于请示问题注意的事项》（法经〔1990〕147 号，1990 年）；《最高人民法院关于行政案件如何向上请示及加强调研工作的通知》（1990 年）；《最高人民法院关于报送刑事请示案件的范围和应注意事项的通知》（法〔1995〕151 号，1995 年）。

在。支持者所持理由包括：**第一，**案件请示有利于弥补成文法存在的原则性、滞后性等不足，及时高效地解决司法实践中出现的新类型问题。**第二，**案件请示有利于确保案件审判质量和法律适用统一，防止因下级人民法院水平参差不齐，影响案件质效。**第三，**案件请示有利于帮助下级人民法院抵御来自外界或地方的压力，尤其是不正当的插手与干预。[1]

反对者所持理由包括：**第一，**案件请示违反了亲历性原则，上级人民法院仅凭书面报告，就对案件如何处理作出结论，有可能影响裁判公正。**第二，**案件请示架空了审级制度，实际上也变相剥夺了当事人的上诉权利，导致两审终审制形同虚设。**第三，**案件请示属于法院的内部工作程序，当事人既不知悉，也无法参与，有"暗箱操作"之嫌。**第四，**下级人民法院既可能通过案件请示转嫁压力，也可以利用案件请示推卸责任，不利于明确违法审判责任。**第五，**案件请示在诉讼法上没有依据，也缺乏时间限制，导致案件久拖不决、效率低下。[2]

最高人民法院也注意到案件请示做法面临的质疑，将之列入完善上下级人民法院审级监督关系的重要改革内容，并于 1999 年 1 月印发前述《关于审判工作请示问题的通知》。时任院长肖扬也在 2000 年 3 月 10 日向第九届全国人民代表大会第三次会议所作的《最高人民法院工作报告》中提出：

着力解决案件审理过程中长期存在的混淆审级的问题，规定上级人民法院未经法定程序，不得介入下级人民法院的案件审理，下级人民法院只能就审理重大疑难案件适用法律问题向上级人民法院请示，既加快了办案节奏，又保证了审判活动的依法进行，维护了当事人的

---

〔1〕　侯猛：《案件请示制度合理的一面——从最高人民法院角度展开的思考》，载《法学》2010 年第 8 期。

〔2〕　李华：《案件报送请示制度剖析》，载《法学》1997 年第 2 期；谭世贵：《案件请示制度：是否还有出路？》，载《中国律师》1998 年第 9 期；万毅：《历史与现实交困中的案件请示制度》，载《法学》2005 年第 2 期；沙永梅：《案件请示制度之废除及其功能替代——以中级法院的运作为出发点》，载《河北法学》2008 年第 7 期。

诉讼权利。

到"二五改革纲要"时期，改革思路又发生了变化，从"规范和限制"转向"改造和取消"。[1] 改革规划的具体表述是：

《人民法院第二个五年改革纲要（2004—2008）》

12. 改革下级人民法院就法律适用疑难问题向上级人民法院请示的做法。对于具有普遍法律适用意义的案件，下级人民法院用以根据当事人的申请或者依职权报请上级人民法院审理。上级人民法院经审查认为符合条件的，可以直接审理。

当时的考虑是，将案件请示机制并入法律轨道，对之进行诉讼化改造。所谓**"诉讼化改造"**，是指按照诉讼法确定的程序重塑案件请示机制，并使之取代案件请示做法的功能。[2] 例如，当时的三大诉讼法均有管辖权转移的规定。[3] 下级人民法院对它所管辖的第一审民事、行政、刑事案件，认为需要由上级人民法院审理的，可以报请上一级法院审理。因此，只要按照诉讼法上述规定，明确相关标准与程序，就可能变"请示"为"移送"，实现改造目标。尽管"三五改革纲要"关于上下级法院审判工作关系的表述又回归保守，变成**"规范人民法院向上级法院请示报告制度"**，但诉讼化改造的整体思路并未变化。[4]

作为落实"二五改革纲要""三五改革纲要"相关改革的具体举措，2010年《审判业务关系意见》在第三、四、五条规定，基层、中级人民法院对于已受理的下列第一审案件，必要时可以根据相关法律规定，书面报请上一级人民法院审理：(1)重大、疑难、复杂案件；(2)新类型案件；(3)具有普遍法律适用意义的案件；(4)有管辖权的人民法院不宜行使审判权的案件。上级法院对下级法院提出的移送审理请

---

〔1〕 蒋惠岭：《关于二五改革纲要的几个问题》，载《法律适用》2006年第8期。

〔2〕 蒋惠岭：《论案件请示之诉讼化改造》，载《法律适用》2007年第8期。

〔3〕 即当时的民事诉讼法第三十九条、行政诉讼法第二十三条、刑事诉讼法第二十三条。

〔4〕 何帆：《改革案件请示做法的路径》，载《法制资讯》2009年第5期。

求,应当及时决定是否由自己审理,并下达同意移送决定书或者不同意移送决定书。上级法院认为下级法院管辖的第一审案件,属于前述类型,有必要由自己审理的,可以决定提级管辖。

然而,受制于各方面因素,2010 年《审判业务关系意见》并没有取消案件请示机制,加之下级人民法院普遍缺少主动向上级人民法院移送案件的动力,提级管辖机制并未产生预期效果。[1] 此外,文件起草过程中,关于提级管辖案件的判断标准、提级管辖的审查机制和时限、第二审案件能否报请提级管辖,以及是否赋予当事人申请权、异议权和参与权,都存在较大争议,未能设定相关程序,也在很大程度上降低了提级管辖的适用可能。严格意义上讲,当时对案件请示的诉讼化改造是一次不彻底的改革。这一遗憾,直到 2021 年 8 月启动四级法院审级职能定位改革试点才得以弥补。

从申诉复查到再审之诉

定分止争是司法获得权威的基础,程序没有终结力,裁判没有确定力,司法就没有权威性可言。所以,再审程序作为两审终审制的补充,只能是针对生效裁判可能出现的重要错误而设置的特别救济程序,并非一个独立的审级。在我国,再审程序的启动方式,包括上级人民法院或本院院长依职权启动再审、检察机关抗诉再审和当事人申请再审。对生效裁判的监督纠正,具有较强的行政"职权主义"色彩,"最初不是考虑给当事人用的"。[2]

1979 年《人民法院组织法》第十四条第四款仅规定"各级人民法院对于当事人提出的对已经发生法律效力的判决和裁定的申诉,应当**认真负责处理**"。实践中,申诉只有通过人民法院或人民检察院依职权启动程序加以转化,才能启动再审,申诉本身不是启动再审的法定方式。1982 年《民事诉讼法(试行)》虽然建立了当事人对生效裁判的

---

〔1〕 何帆:《论上下级法院的职权配置——以四级法院职能定位为视角》,载《法律适用》2012 年第 8 期。

〔2〕 孙祥壮:《民事再审程序原理精要与适用》,中国法制出版社 2010 年版,第 28 页。

申诉制度，但只需法院"复查审理"，并可以"通知驳回"，当事人的申诉也存在无主体限制、无时间限制、无审级限制、无次数限制、无事由限制等问题。[1]

1991 年《民事诉讼法》变"申诉"为"申请再审"，明确"当事人对已经发生法律效力的判决、裁定，认为有错误的，可以向原审人民法院或者上一级人民法院申请再审"，但在具体实施过程中，仍存在多头申诉、反复申诉和法院重复审查等现象，导致"应当再审的未能再审，应当及时再审的长期未能再审，不少当事人申请再审的权利得不到保障"。[2]

针对上述问题，最高人民法院逐步实行审监分立改革。2000 年 8 月 7 日，最高人民法院决定撤销告诉申诉庭，成立立案庭和审判监督庭，并把"将无限申诉变为有限申诉，将无限再审变为有限再审，既维护公民的申诉权，又维护法院裁判的权威性和稳定性，逐步建立有中国特色的现代审判监督机制"作为审判监督改革的总体目标。[3]

2005 年 10 月印发的《人民法院第二个五年改革纲要（2004—2008）》进一步提出要改革民事、行政案件审判监督制度，"探索建立再审之诉制度，明确申请再审的条件和期限、案件管辖、再审程序等事项"。在各方力量的推动下，2007 年 10 月 28 日，全国人大常委会作出《关于修改〈中华人民共和国民事诉讼法〉的决定》，对申请再审机制进行了诉权化改造，将原有的申请再审选择性管辖规定，修改为"可以向上一级人民法院申请再审"，即通称的"申请再审一律上提一级"。通过这种方式，打消当事人关于原审法院不能自行纠错的疑虑，也即防止"自己的刀削不了自己的把"。

为避免大量再审案件因"上提一级"集中到较高层级法院，最高人

〔1〕 李琪、王朝辉：《我国民事再审制度与法律续造》，载《法律适用》2014 年第 9 期。

〔2〕 王胜明：《关于〈中华人民共和国民事诉讼法修正案（草案）〉的说明》（2007 年 6 月 24 日），载《中华人民共和国民事诉讼法（全国人大常委会公报版）》，中国民主法制出版社 2007 年版，第 68 页。

〔3〕 江必新主编：《最高人民法院关于适用民事诉讼法审判监督程序司法解释理解与适用》，人民法院出版社 2008 年版，第 28 页。

民法院于 2008 年 2 月印发通知,调整了高级、中级人民法院管辖第一审民商事案件标准。[1] 尽管如此,"一律上提"还是导致上级法院再审任务量大幅攀升。考虑到"有的当事人不愿意到上一级法院申请再审,特别是地域跨度较大的边疆省区尤甚",以及当事人一方人数众多的案件往往会影响社会稳定[2],立法机关最终同意"开小口子",在 2012 年修改《民事诉讼法》时,明确"当事人一方人数众多或者当事人双方为公民的案件,也可以向原审人民法院申请再审"。在这次修法过程中,最高人民法院曾建议将事实问题的申请再审管辖权复归原审法院,将纯粹法律争议的案件上提一级审理,但立法机关认为法律审和事实审的理论与实践准备均不足,未予采纳。[3]

2014 年 11 月,全国人大常委会作出修改《行政诉讼法》的决定,在明确对县级以上地方政府所作的行政行为提起诉讼的第一审行政案件均由中级人民法院管辖的同时,[4] 建立了行政案件"申请再审上提一级"机制。由于案件在不同审级之间繁简分流的机制不够健全,加之对行政案件滥诉的制约机制不足,大量行政第二审案件和行政再审申请案件向高级人民法院集中,部分省份的行政案件出现"上重下轻"的"倒挂"态势。与此同时,最高人民法院受理的民事、行政再审申请案件数量也快速增长,再审申请驳回率一直在 90% 以上,存在较严重的"程序空转"现象。

总体而言,在两审终审制纠错效能不足的情况下,建立再审之诉一定程度上强化和拓宽了当事人的救济渠道,但由于提起再审的诉讼

〔1〕 《最高人民法院关于调整高级人民法院和中级人民法院管辖第一审民商事案件标准的通知》(法发〔2008〕10 号,2008 年 2 月 3 日)。

〔2〕 全国人大常委会法制工作委员会民法室编:《中华人民共和国民事诉讼法:条文说明、立法理由及相关规定》(2012 年修订版),北京大学出版社 2012 年版,第 323 页。

〔3〕 孙祥壮:《民事再审程序:从立法意图到司法实践》,法律出版社 2016 年版,第 242 页。

〔4〕 2014 年调整《行政诉讼法》关于中级人民法院的级别管辖标准时,全国人大常委会法制工作委员会行政法室给出的理由是:"以县级以上地方人民政府为被告的案件主要集中在土地、林地、矿藏等所有权和使用权争议案件,征收征用土地及其安置补偿案件等,这类案件一般在当地影响较大,案件相对复杂,且易受到当地政府的干预。规定这类案件由中级人民法院管辖,有助于人民法院排除干扰,公正审判。"参见全国人大常委会法制工作委员会行政法室编著:《中华人民共和国行政诉讼法解读》,中国法制出版社 2014 年版,第 52 页。

门槛过低、政策弹性不够,原本定位于特别救济途径的再审近乎成为"第三审",不仅损害了生效裁判既判力,也加剧了较高层级法院的人案矛盾。

从循级上诉到越级上诉

前已述及,1951 年的《人民法院暂行组织条例》曾短暂规定过"越级上诉"制度,主要是考虑到建政之初下级法院工作基础较为薄弱。1954 年《人民法院组织法》施行后,改行逐级上诉制度。1979 年《人民法院组织法》第十二条第一款规定:"地方各级人民法院第一审案件的判决和裁定,当事人可以按照法律规定的程序向上一级人民法院上诉。"相应地,刑事、民事、行政诉讼法也明确,当事人不服第一审裁判的,只能向**上一级**人民法院提起上诉。

进入 21 世纪,随着司法体制改革逐步深入,有论者将建立越级上诉制度作为打破地方保护主义的重要途径。[1] 最高人民法院设立巡回法庭后,为进一步发挥巡回法庭打破诉讼"主客场"现象、统一巡回区法律适用的功能,也曾有过建立越级上诉制度的构想和建议。[2] 具体考虑是,不服中级人民法院关于特定类型案件第一审裁判的,可以越过高级人民法院层级,直接上诉至最高人民法院巡回法庭,但最终因与有关职能部门存在较大分歧而搁置。

2018 年《人民法院组织法》第十六条确定了最高人民法院的案件管辖权,其第二项明确最高人民法院可以审理"按照全国人民代表大会常务委员会的规定提起的上诉、抗诉案件"。这实际上是从组织法层面,为越级上诉至最高人民法院开了"口子"。具体背景是,第十九

---

〔1〕 景汉朝:《公正与效率的制度保障》,载《法律适用》2002 年第 1 期;杨永波、张悦:《建立一审终审与三审终审相结合的审级制度》,载《法律适用》2003 年第 6 期;齐树洁:《论我国民事上诉制度的改革与完善——兼论民事再审制度之重构》,载《法学评论》2004 年第 4 期。

〔2〕 李舒瑜:《最高法第一巡回法庭拟探索"飞跃上诉"制:前 11 个月结案 843 件,申请再审案件比超七成》,载《深圳特区报》2016 年 1 月 20 日;刘贵祥:《巡回法庭改革的理念与实践》,载《法律适用》2015 年第 7 期;叶伶俐:《我国建立飞跃上诉的正当性逻辑与制度设计——以提高审级效能和统一法律适用为视角》,载《山东法官培训学院学报》2019 年第 1 期。

届中央全面深化改革领导小组第一次会议审议通过的《关于加强知识产权审判领域改革创新若干问题的意见》,决定"建立国家层面知识产权案件上诉审理机制"。[1] 2018 年 10 月 26 日,全国人大常委会通过《关于专利等知识产权案件诉讼程序若干问题的决定》,规定当事人对特定类型知识产权民事、行政案件第一审判决、裁定不服,提起上诉的,由最高人民法院审理。

根据这一决定,结合 2018 年《人民法院组织法》第十六条第二项之规定,最高人民法院知识产权法庭可直接受理不服知识产权法院、中级人民法院第一审案件判决、裁定而提起上诉的案件。这是一种**全新的**上诉制度安排。这种直接上诉制度,在维持四级两审终审制基本制度构架不变、不新设法院、不改变审级的前提下,通过提高二审法院层级,实现了国家层面知识产权案件的上诉审理机制。[2] 这一制度调整的目的,初衷是为解决知识产权案件二审司法终审权分散和裁判标准不统一问题,[3] 促进知识产权案件的审理专门化、管辖集中化和程序集约化,但从长远来看,也为其他类型案件的越级上诉预留了制度空间。

需要强调是,越级上诉并不同于所谓"飞跃上诉"。所谓飞跃上诉,是指第一审判决作出后,双方当事人对事实问题并无争议,经达成合意,直接越过第二审,向第三审法院提起上诉,并按第三审法律程序进行审理的制度。实行飞跃上诉的国家和地区,一般实行三审终审制。其中,第一审、第二审为事实审,第三审为法律审。所以,德国一

---

〔1〕 国务院 2008 年 6 月 5 日印发的《国家知识产权战略纲要》(国发〔2008〕18 号)提出过要"探索建立知识产权上诉法院"。但是,随着改革深入推进,到 2018 年底,相关表述最终变为"建立国家层面知识产权案件上诉审理机制"。在完善跨行政区划法院组织体系过程中,也曾经有过推动设立跨行政区划上诉法院的构想,甚至考虑过据此对已经设立的最高人民法院巡回法庭加以改造。

〔2〕 宋晓明、王闯、李剑、廖继博:《〈关于知识产权法庭若干问题的规定〉的理解与适用》,载《人民司法·应用》2019 年第 7 期。

〔3〕 罗东川:《建立国家层面知识产权案件上诉审理机制,开辟新时代知识产权司法保护工作新境界——最高人民法院知识产权法庭的职责使命与实践创新》,载《知识产权》2019 年第 7 期。

般将飞跃上诉称为"跳跃的法律审上诉",日本则称之为"跳跃上告"。这里的"跳跃",是指跳过第二审,径行第三审,而非越过上一级法院仍进行第二审。[1] 总体上看,飞跃上诉是以节约审级为手段,以事实无争议的案件为适用范围,以当事人合意为适用条件,以诉讼经济为制度目的的特殊上诉制度安排。德国、日本、我国台湾地区"民事诉讼法"都规定了飞跃上诉制度。[2]

2018 年《人民法院组织法》和全国人大常委会相关决定确定的越级上诉机制与域外飞跃上诉制度相比,存在下述区别:**一是审理阶段不同**。越级上诉越过的是高级人民法院,但诉讼阶段不变,仍属第二审程序,适用相关规则;飞跃上诉越过的是第二审审级,进入的是第三审程序。**二是审理范围不同**。越级上诉针对的是有争议的事实问题和法律问题,上诉无须经对方当事人同意;飞跃上诉涉及审级权益取舍,双方当事人必须达成书面合意,且只针对有争议的法律问题。[3] **三是审理方式不同**。越级上诉适用第二审程序,全面审查有争议的事实问题和法律问题;飞跃上诉适用第三审法律审程序,一般通过组织言词辩论,听取双方律师意见。

---

〔1〕 关于相关国家和地区飞跃上诉制度的介绍,参见陈启垂:《上诉审程序修正平议——以飞跃上诉为中心》,载《月旦法学杂志》2003 年第 5 期;吴明轩:《民事诉讼法修正后关于第三审程序之规定》,载《月旦法学杂志》2003 年第 8 期。

〔2〕 杨万明主编:《〈中华人民共和国人民法院组织法〉条文理解与适用》,人民法院出版社 2019 年版,第 120 页。

〔3〕 德国、日本以及我国台湾地区的相关法律,对飞跃上诉的适用要件均有细致规定。如德国飞跃上诉的合法要件包括第一审法院的终局判决、对造的同意、许可申请、第二审上诉的舍弃、确定力的阻断、诉讼卷宗送交的要求、对许可申请的裁判。参见毋爱斌、苟应鹏:《知识产权案件越级上诉程序构造论——〈关于知识产权法庭若干问题的规定〉第 2 条的法教义学分析》,载《知识产权》2019 年第 5 期。

四、新型审级制度的构建

四级法院审级职能的新定位

党的十八大之后,完善审级制度改革再次提上议事日程。《中共中央关于全面推进依法治国若干重大问题的决定》提出,要"完善审级制度,一审重在解决事实认定和法律适用,二审重在解决事实法律争议、实现二审终审,再审重在解决依法纠错、维护裁判权威"。这一表述更加聚焦于一审、二审、再审等诉讼程序,而非法院组织体系,而程序调整又涉及诸多法律修改、诉讼格局变化,各方面还未达成共识,体现在法院司法改革规划上,"路线图"也并不清晰,更多是既往改革纲要思路的延续。

《人民法院第四个五年改革纲要(2014—2018)》

19. 完善审级制度。进一步改革民商事案件级别管辖制度,科学确定基层人民法院的案件管辖范围,逐步改变主要以诉讼标的额确定案件级别管辖的做法。完善提级管辖制度,明确一审案件管辖权从下级法院向上级法院转移的条件、范围和程序。推动实现一审重在解决事实认定和法律适用,二审重在解决事实和法律争议、实现二审终审,再审重在依法纠错、维护裁判权威。

从落实情况看,"四五改革纲要"确定的完善审级制度举措,**一是**2015 年、2018 年关于民商事级别管辖的两次调整,[1]但这更多是顺应经济社会发展形势的需要,提升高级、中级人民法院管辖第一审民

---

[1] 《最高人民法院关于调整高级人民法院和中级人民法院管辖第一审民商事案件标准的通知》(法发〔2015〕7 号,2015 年 4 月 30 日)、《最高人民法院关于调整部分高级人民法院和中级人民法院管辖第一审民商事案件标准的通知》(法发〔2018〕13 号,2018 年 7 月 17 日)。

商事案件的标准,实际上还停留在以诉讼标的额确定级别管辖的传统思路上。**二是** 2015 年印发的关于指令再审和发回重审的司法解释,[1]该文件重点在于规范民事再审审理程序,并未改变再审审理的基本格局。

尽管如此,关于审级制度的调研一直在深入推进,存在的问题也逐步明晰,即:**一是**审级职能定位不够清晰。上下级法院审理模式高度"同质化",缺乏自下而上的有效分流机制,影响到人员编制、法官员额、内设机构的合理化配置,也限制了各自职能的有效发挥。**二是**案件提级审理机制不够健全。确定民事案件级别管辖的标准主要是诉讼标的,刑事案件主要是所涉罪名与量刑种类,行政案件主要是被告级别。一些具有普遍法律适用指导意义或关乎重大社会公共利益的案件,以及可能存在诉讼主客场现象的案件,受各种因素制约,难以进入高级以上人民法院审理,不利于发挥较高层级法院排除外部干预、统一法律适用的优势。**三是**民事、行政再审申请的标准和程序有待优化,未能充分发挥"阻断""过滤"无理缠诉、任意滥诉的效能,既不利于维护生效裁判权威,又因过分挤占司法资源,影响到依法及时纠正司法错误。

党的十九大后,审级制度改革的重心逐步放在四级法院职能的科学定位上。中共中央办公厅 2019 年 5 月印发的《关于政法领域全面深化改革的实施意见》提出,要"明确四级法院职能定位,健全完善案件移送管辖和提级审理机制,完善民事再审申请程序,探索将具有法律适用指导意义、关乎社会公共利益的案件交由较高层级法院审理"。按照上述要求,审级制度改革的思路也逐渐清晰。

《人民法院第五个五年改革纲要(2019—2023)》

29. 优化四级法院职能定位。完善审级制度,充分发挥其诉讼

---

〔1〕 《最高人民法院关于民事审判监督程序严格依法适用指令再审和发回重审若干问题的规定》(法释〔2015〕7 号,2015 年 2 月 16 日)。

分流、职能分层和资源配置的功能,强化上级人民法院对下监督指导、统一法律适用的职能。健全完善案件移送管辖和提级审理机制,推动将具有普遍法律适用指导意义、关乎社会公共利益的案件交由较高层级法院审理。推动完善民事、行政案件级别管辖制度。推动完善民事、行政再审申请程序和标准,构建规范公正透明的审判监督制度。

2020 年上半年,最高人民法院经认真调研,研究形成《关于完善四级法院审级职能定位的改革方案》(以下简称《审级改革方案》)。《审级改革方案》确立了四级法院的审级职能定位,即:**基层人民法院**重在准确查明事实、实质化解纠纷;**中级人民法院**重在二审有效终审、精准定分止争;**高级人民法院**重在再审依法纠错、统一裁判尺度;**最高人民法院**监督指导全国审判工作、确保法律正确统一适用。《审级改革方案》经反复征求意见,于 2021 年 5 月经中央全面深化改革委员会审议通过,6 月由中央司法体制改革领导小组印发。

审级制度改革的基本思路

《审级改革方案》提出了完善民事、行政案件级别管辖制度、完善案件管辖权转移和提级审理机制、改革民事、行政申请再审标准和程序、完善诉讼收费制度、健全最高人民法院审判权力运行机制等重大改革举措。其中,关于完善行政案件级别管辖制度、改革民事、行政申请再审标准和程序两项内容涉及调整适用相关法律。

按照中央关于"重大改革必须于法有据"的要求,最高人民法院于 8 月 17 日提请全国人大常委会授权在本院和北京、天津、辽宁、上海、江苏、浙江、山东、河南、广东、重庆、四川、陕西 12 个省、直辖市开展为期两年的试点。8 月 20 日,第十三届全国人民代表大会常务委员会第三十次会议作出《关于授权最高人民法院组织开展四级法院审级职能定位改革试点工作的决定》(以下简称《审级授权决定》),批准开展试点,同意试点法院在试点期间调整适用《民事诉讼法》第一百九十九条[1]、《行政诉讼法》第十五条、第九十条。

2021年9月27日,最高人民法院印发《关于完善四级法院审级职能定位改革试点的实施办法》(法〔2021〕242号,以下简称《审级试点实施办法》),拉开四级法院审级职能定位改革试点的序幕。因应审级职能重新定位,各类案件的级别管辖、提审机制、再审制度均会调整,四级人民法院的人员编制、机构设置、运行机制也将随之变化。[2] 可以说,随着试点渐次推进,新中国成立以来涉及法院层级最全、涵盖诉讼领域最广、系统集成程度最高的一次审级改革探索就此展开。[3] 更为重要的是,《审级试点实施办法》区分了向高级人民法院和最高人民法院申请再审的标准,探索由最高审判机关"择案而审",对下一步完善审级理论、优化审级架构、修改相关法律,具有重要而深远的意义。

完善四级法院审级职能定位是一项系统工程。《审级改革方案》和《审级试点实施办法》确定的基本思路是:

第一,既"放下去"又"提上来",推动纠纷自下而上有效过滤、精准提级。通过完善民事案件级别管辖标准,逐步实现第一审民事案件主要由基层人民法院审理、少量由中级人民法院审理。同时,科学确定金融法院、知识产权法院、海事法院等专门人民法院第一审民事案件的级别管辖标准,确保其充分发挥服务保障党和国家重大战略的功能。按照案件可能受地方因素影响的程度,合理确定以县级、地市级人民政府为被告提起的第一审行政案件的管辖范围。在实现审判重心下沉的同时,通过完善提级管辖的标准和程序,推动具有规则意义、涉及重大利益,以及有利于打破"诉讼主客场"、地方保护主义的案件

---

〔1〕 《民事诉讼法》2021年12月24日修改后,原第一百九十九条的条文序号调整为第二百零六条。

〔2〕 刘峥、何帆:《〈关于完善四级法院审级职能定位改革试点的实施办法〉的理解与适用》,载《人民司法·应用》2021年第31期。

〔3〕 周强:《深入开展四级法院审级职能定位改革试点 推动构建公正高效权威的中国特色社会主义司法制度》,载《人民司法·应用》2021年第31期。

进入较高层级法院审理。

对于**"放下去"**的案件,并非"一放了之",而是综合考虑下级人民法院的人员编制、审判能力和案件压力,通过参与诉源治理、强化繁简分流、调整编制员额、优化资源配置,打造基础坚实的第一审,实现绝大多数案件在基层、中级人民法院公正高效审结,事实、法律争议在两审之内实质性解决。对于**"提上来"**的案件,充分发挥较高层级人民法院熟悉辖区审判情况、抗外部干预能力强等优势,配套完善繁案精审、类案同判、风险防控、案例转化机制,逐步实现"审理一件,指导一片",强化其示范、指导意义。[1]

第二,既"调结构"又"定职能",不断优化最高审判机关受理的案件类型。 从收案类型、诉讼机制、审理方式、权力运行上,进一步凸显最高人民法院作为最高审判机关的宪法地位。优化调整向最高人民法院申请再审的案件范围,完善最高人民法院再审提审的标准和程序。通过审理特定类型的案件,充分发挥最高人民法院在法制统一、监督指导、政策制定和社会治理方面的职能。建立最高人民法院裁判直接转化为指导性案例的工作机制,推动相关裁判成为优化司法解释制定方式和内容,以及修改、废止司法解释的重要渊源。

第三,既"做优化"又"强配套",通过诉讼制度改革带动机构机制更科学。 通过调整四级法院案件结构,构建梯次过滤、层级相适的案件分布格局。在上述工作基础上,进一步完善与审级职能相匹配的编制、员额配备和机构设置。对于向最高人民法院申请再审的案件,逐步探索建立律师强制代理制度,配套完善相应的法律援助机制。推动修订《诉讼费用交纳办法》,探索建立申请再审案件预收费制度,充分发挥诉讼收费制度的杠杆调节作用,遏制滥诉行为,减少群众讼累。

《审级试点实施办法》是落实《审级改革方案》的文件之一,但内容上更侧重诉讼制度安排,涉及机构编制调整、完善诉讼收费制度、完善民事案件级别管辖制度、完善法律适用分歧解决机制等方面的内容,有的需要会同中央有关职能部门协同推进,有的还需要研究制定

---

〔1〕 何帆:《中国特色审级制度的形成、完善与发展》,载《中国法律评论》2021年第6期。

专门规范性文件。

审级制度改革的主要内容

按照《审级改革方案》《审级试点实施办法》,审级制度改革将在既往改革基础上,将重心放在以下四个方面:

第一,审判重心的逐步下沉。 完善民事、行政案件级别管辖标准,推动审判重心有序下沉,是审级制度改革的一项基础工作。

民事案件方面。 最高人民法院先后印发《关于调整高级人民法院和中级人民法院管辖第一审民事案件标准的通知》(法发〔2019〕14号)、《关于调整中级人民法院管辖第一审民事案件标准的通知》(法发〔2021〕27号)、《关于第一审知识产权民事、行政案件管辖的若干规定》(法〔2022〕109号)、《关于涉外民商事案件管辖若干问题的规定》(法释〔2022〕18号),推动绝大多数第一审民事案件主要由基层人民法院审理、少量由中级人民法院审理。

行政案件方面。 按照《审级试点实施办法》,试点期间,下列以县级、地市级人民政府为被告的第一审行政案件,由试点地区基层人民法院管辖:(1)政府信息公开案件;(2)不履行法定职责的案件;(3)行政复议机关不予受理或者程序性驳回复议申请的案件;(4)土地、山林等自然资源权属争议行政裁决案件。这类案件审理难度不大,也基本不存在地方干预,交由基层人民法院管辖有利于就地实质性化解争议。

实践中,对于因土地房屋征收、征用、补偿、责令停产停业、吊销相关证照等对当事人合法权益可能产生较大影响的行政行为引起的第一审行政案件,仍由中级人民法院管辖,确保案件能够得到公正审理。但是,在确定案件级别管辖时,必须严格按照《最高人民法院关于正确确定县级以上地方人民政府行政诉讼被告资格若干问题的规定》(法释〔2021〕5号),准确理解"谁行为,谁被告"的被告确定规则。通过试点,可以进一步判断究竟哪些行政案件适合由基层人民法院管辖,哪些适合跨行政区划管辖,哪些仍应由更高层级法院管辖。

　　第二,提级管辖机制的细化。审判重心下沉后,必须从制度上确立将特殊类型案件"打捞"至较高层级法院审理范围的机制。《审级试点实施办法》在 2010 年《审判业务关系意见》基础上,着力弥补当年司法改革留下的短板与遗憾,进一步明确特殊类型案件的识别标准和自下而上流转的操作流程,激活提级管辖机制。

　　识别标准方面。《审级试点实施办法》将 2010 年的四类案件细化为五类案件,即:(1)涉及重大国家利益、社会公共利益,不宜由基层人民法院审理的。这里的"重大"利益与"不宜由基层人民法院审理"是并列关系,实践中应统筹考虑相关利益的涉及广度、关联深度、覆盖群体、政策依据、政策制定部门和案件审理难度等多重因素,综合判断是否应当上提至中级人民法院管辖。(2)在辖区内属于新类型,且案情疑难复杂的。这里的"新类型"仅限于"辖区内",即在相关基层人民法院或其上一级人民法院辖区内属于新类型,且案情疑难复杂的案件。[1] (3)具有普遍法律适用指导意义的,即"法律、司法解释规定不明确或者司法解释没有规定,需要通过司法裁判进一步明确法律适用的案件"。(4)上一级法院或者其辖区内同级法院之间近三年裁判生效的同类案件存在重大法律适用分歧,截至案件审理时仍未解决的。这里的"上一级人民法院",是指在审判工作上有直接监督关系的上级人民法院。之所以强调"近三年",是根据法律修改完善、法制统一进程确定的合理界限,实践中可以从案件受理之日起算。(5)由中级或高级人民法院一审更有利于公正审理的。主要指受地方因素影响较大,又或存在"诉讼主客场"现象,基层或中级人民法院不宜行使管辖权的案件。这类案件由更高层级法院审理,有利于防止外部干

---

　　〔1〕　例如,一些涉及互联网新业态、金融创新产品的案件,在沿海和经济发达地区基层人民法院较为常见,但在中西部部分地区属于新类型疑难案件。这类案件交由当地中级人民法院一审,既可以为辖区其他基层人民法院未来审理类似案件作出示范,也便于高级、最高人民法院在后续上诉、再审程序中及时发现新情况、新问题。如果案件仅属不常见的新类型,但案情相对简单、审理难度不大的,可以仍由基层人民法院管辖。

预,提升司法公信力。[1]

上述第一、二类案件,仅适用于基层人民法院交中级人民法院审理案件的范围。从司法实践看,上述五类案件由较高层级法院二审或再审,有利于确保司法公正和法律适用统一。从价值导向看,提级管辖旨在解决法律适用分歧、排除外部干预,而非单纯把有规则意义的案件提至上级法院审理。

操作流程方面。《审级试点实施办法》明确下级人民法院对所管辖的第一审案件,认为属于前述五类"特殊类型案件"的,可以报请上一级人民法院审理。上一级人民法院也有权主动提级管辖。有条件的法院,可以探索建立当事人申请提级管辖机制,发挥当事人的制约监督作用。对于具有普遍法律适用指导意义的案件,经最高人民法院批准,还可以层报高级人民法院管辖。案件提级管辖后,可以经上诉、再审程序,由更高层级法院审理。上述举措,既解决了案件"下交上"标准不清、机制不畅、动力不足问题,也有利于较高层级法院及时发现、提审适宜由其审理的案件。

第三,再审之诉的分级分层。现行民事、行政诉讼法确立的有限再审制度总体符合我国国情,但未进一步细分再审申请对应的法院层级和标准。一些案件终审生效后,败诉当事人不考虑裁判对错,仅因"上提一级"增加了改变生效裁判的可能性,就随意申请再审。这样既不利于维护生效裁判权威,也占用了最高人民法院、高级人民法院的大量司法资源。

《审级试点实施办法》针对上述问题,按照申请再审的对象,调整了民事、行政诉讼法关于再审申请原则上"上提一级"的规定。当事人对中级人民法院作出的民事、行政生效裁判,认为有错误的,仍按现行诉讼法向高级人民法院申请再审。

当事人对高级人民法院作出的民事、行政生效裁判,符合下列情

---

[1] 之所以未在条文中使用"诉讼主客场""跨行政区划"等表述,是因为这类情况较为复杂,不能仅从跨地域等单一要素判断。例如,同样是当事人跨省、自治区、直辖市的案件,既可以是电商购物纠纷,也可以是外来投资纠纷,而前者一般不存在地方干预现象,所以不宜把当事人分处数地的情况都称为"诉讼主客场"。

形之一的,才可以向最高人民法院申请再审:(1)再审申请人对原判决、裁定认定的基本事实、主要证据和诉讼程序无异议,但认为适用法律有错误;(2)原判决、裁定经高级人民法院审判委员会讨论决定的。通过上述规定,实现了再审之诉的分级分层,也有利于凸显最高审判机关的宪法地位。从这一点上看,试点是再审之诉的优化调整,并不会将之改造为实质意义上的第三审。

　　第四,最高人民法院职能的优化。最高审判机关也是审判机关,第一要务仍应是审理案件,只不过审理的案件应符合其职能定位。《审级试点实施办法》从以下几个层面,探索构建最高人民法院"择案而审,审理一件,指导一片"的新型审判监督指导机制。**一是**建立将部分申请再审案件交高级人民法院审查的机制。**二是**明确最高人民法院应当提审的案件范围。**三是**完善高级人民法院对申请再审案件的审查处理程序。**四是**完善最高人民法院处理法律适用问题的工作机制,逐步形成适合最高审判机关职能定位和案件特点的庭审模式。涉及最高人民法院职能优化的内容,将在本讲最后一节重点论述,这里暂不展开。

审级制度改革的未来

　　从新中国确立四级两审制,到改革开放后构建再审之诉、规范案件请示、完善提级管辖、探索越级上诉,四级法院审级职能定位改革试点,中国特色的审级制度从形成、完善到发展,都没有可资借鉴对照的外国蓝本,也没有可供依循指引的成熟理论,回应的均是有时代特征的本土问题,是一个动态连续的过程,完全是处于"进行时"的中国改革故事。

　　按照《审级授权决定》,两年试点期满后,如果实践证明可行,就应当修改完善有关法律。试点期间授权调整的三个法律条文,仅涉及行政案件级别管辖制度和民事、行政再审管辖制度。但是,审级制度改革是一项复杂的系统性工程,包括而不限于级别管辖和再审管辖制度,还关系到法院组织体系、诉讼制度、审判组织、工作机制之间的耦合联动。从 2021 年 8 月到 2023 年 8 月,试点效果如何,既取决于司法实践检验、配套机制应援,也可能受其他重大改革举措的影响,不宜以静态视角观察。

具体而言,应从系统集成、协同高效的角度,结合以下几项制度领域,认真审视其与审级制度改革的关联互动。

第一,与法院组织体系改革的关联。审级架构与法院设置之间的关联性最强,尤其是专门人民法院和其他跨行政区划设置的法院。[1] 党的二十大之后,法院组织体系层面的下述三个变量,将对审级架构产生重要影响:**一是**是否推广设立跨行政区划的法院和配套上诉机制;[2]**二是**如何增设专门人民法院,是否进一步优化完善知产、海事、金融、环资等案件在国家层面的上诉审理机制;**三是**如何继续深化最高法院巡回法庭制度改革,巡回法庭在审级设置上如何更贴合民众需求和司法实践。前已述及,2018 年《人民法院组织法》已为健全完善面向最高法院的越级上诉机制预留制度空间,尽管此次试点未涉及越级上诉内容,但相关举措在审级制度改革中未来一定有用武之地。

第二,与诉讼繁简分流改革的关联。民事诉讼程序繁简分流改革试点取得重大成效,优化司法确认程序、完善小额诉讼程序、完善简易程序规则、扩大独任制适用范围、完善在线诉讼规则等试点成果已被纳入 2020 年修正的《民事诉讼法》,对行政诉讼程序繁简分流也有重大示范意义。[3] 未来,还可以探索完善示范性诉讼、代表人诉讼、诉的强制合并和附带上诉机制,强化分流效能。总之,在审判重心逐步下沉,短期无法普遍增编加人的情况下,诉讼程序的繁简分流有利于缓解人案矛盾,强化基层、中级人民法院的司法效能,打造基础坚实的第一审。长远来看,四级法院审级职能定位改革决定了案件如何在上

---

〔1〕 [美]劳伦斯·鲍姆:《从专业化审判到专门法院:专门法院发展史》,何帆、方斯远译,北京大学出版社 2019 年版,第 3 页。

〔2〕 按照党的十八届四中全会决定部署,已在北京、上海设立两个跨行政区划法院。而"深化与行政区划适当分离的司法管辖制度改革""推动整合铁路运输法院、林区法院、垦区法院等机构"仍是政法领域全面深化改革的重要任务之一。

〔3〕 最高人民法院司法改革领导小组办公室编著:《民事诉讼程序繁简分流改革试点工作读本》,人民法院出版社 2021 年版。

下级人民法院之间繁简分流，也必然与相关改革产生联动效应。

第三，与诉讼收费制度改革的关联。司法是重要的公共资源，面对海量案件，必须充分发挥诉讼收费的杠杆调节作用，实现"有升有降，负担合理"，才能推动把非诉纠纷解决机制挺在前面，遏制滥诉行为，减少群众讼累。尤其是审级制度改革，更有必要配套修订《诉讼费用交纳办法》，推动建立申请再审案件预收费制度。对于生效裁判经审查确实存在错误而启动再审程序的，可以退还已缴纳的申请再审受理费；如果审查结果是驳回再审申请，则不予退费。这样有利于遏制任意提起再审的现象，让再审制度回归特殊救济程序的定位。

第四，与法院审判模式改革的关联。《审级试点实施办法》将对原审事实、证据、程序问题的审查任务交给高级人民法院，最高人民法院主要审查法律适用问题，但裁定提审后，仍是依法全面审理，只不过庭审更加聚焦解决法律争议。试点期间，各级法院将不断完善法律问题的识别、转化和提炼机制，探索形成中国特色的法律问题处理模式，并在提级管辖、上诉和再审程序中寻求制度对应，为进一步深化审级制度改革奠定更加坚实的实践基础。

五、最高人民法院的审判职权

作为最高审判机关的最高人民法院

《宪法》和《人民法院组织法》规定，最高人民法院是中华人民共和国的最高审判机关，监督地方各级人民法院和专门人民法院的审判工作。"**最高**"，意味着审级层次最高、司法权威最高、裁判效力最高。**作为党领导下的政治机关**，最高人民法院党组每年向中央政治局常委会和中央政治局报告工作、最高人民法院党组书记每年向党中央和总书记书面述职。**作为国家最高审判机关**，最高人民法院院长每年向全国人大报告全国法院工作，并向全国人大常委会专项报告工作。可以说，最高人民法院的职能决不仅限于审理案件和对下监督指导，还肩负着政治责任统领、法院队伍建设、司法行政管理、统一法律适用等职能。随着四级法院审级职能定位改革逐步深入，最高人民法院的职能还将不断优化完善。

无论最高人民法院有哪些附加职能，司法审判均是其核心职权。与地方各级人民法院相比，最高人民法院裁判的规则意义、政策效应、所涉利益和执行能力，决定了它在国家治理体系中的影响力和话语权。因此，明确哪些案件能够进入最高人民法院，以及赋予最高人民法院在选择案件方面多大的自主权，是其审判职权配置的首要内容。

在我国，最高人民法院的审判职权主要由《人民法院组织法》和三大诉讼法规定，相关司法解释亦有涉及。2018 年修订的《人民法院组织法》第十六条明确了最高人民法院对具体个案的审理职权范围。

2018 年《人民法院组织法》

第十六条 最高人民法院审理下列案件：

（一）法律规定由其管辖的和其认为应当由自己管辖的第一审案件；

（二）对高级人民法院判决和裁定的上诉、抗诉案件；

（三）按照全国人民代表大会常务委员会的规定提起的上诉、抗诉案件；

（四）按照审判监督程序提起的再审案件；

（五）高级人民法院报请核准的死刑案件。

审判机构设置方面，最高人民法院设有立案庭、5 个刑事审判庭、3 个民事审判庭、环境资源庭、行政庭、审监庭、赔偿办和执行局，同时还设有 6 个巡回法庭、1 个知识产权法庭。按照 2018 年《人民法院组织法》第十九条，"最高人民法院可以设巡回法庭，审理最高人民法院依法**确定**的案件"。"巡回法庭是最高人民法院的**组成部分**。巡回法庭的判决和裁定即最高人民法院的判决和裁定。"这就意味着，**在机构性质上**，巡回法庭并非独立的法院，而是最高人民法院的常设审判机构。**在审级关系上**，巡回法庭并非独立的审级，与最高审判机关同一审级。

最高人民法院管辖什么案件,巡回法庭就可以管辖什么案件。巡回法庭的裁判文书盖最高人民法院印章,具有终审效力,不存在上诉问题。当事人如果不服,只能向最高人民法院提出申诉或申请再审。

　　为了避免"管辖区域"和"辖区"等表述引起歧义,最高人民法院按照"巡回区"设定了巡回法庭审理或办理案件的范围。[1] 第一巡回法庭设在广东省深圳市,巡回区为广东、广西、海南、湖南四省区。第二巡回法庭设在辽宁省沈阳市,巡回区为辽宁、吉林、黑龙江三省。第三巡回法庭设在江苏省南京市,巡回区为江苏、上海、浙江、福建、江西五省市。第四巡回法庭设在河南省郑州市,巡回区为河南、山西、湖北、安徽四省。第五巡回法庭设在重庆市,巡回区为重庆、四川、贵州、云南、西藏五省区市。第六巡回法庭设在陕西省西安市,巡回区为陕西、甘肃、青海、宁夏、新疆五省区。最高人民法院本部直接受理北京、天津、河北、山东、内蒙古五省区市有关案件。

　　需要注意的是,巡回法庭不同于新中国成立初期的最高人民法院大区分院。**一是机构地位不同。**大区分院是大行政区政府的组成部分,受同级人民政府委员会的领导和监督;巡回法庭是最高人民法院的组成部分,没有对应的同级党政机构,与巡回区地方党政机关也不存在隶属关系。**二是巡回区域不同。**大区分院依托的大行政区是革命战争时期全国战区划分的结果;巡回法庭是根据地理区域、案件数量、国家战略需要等多种因素确定巡回区的。**三是工作职能不同。**大区分院除审判案件外,还可以制定司法解释、监督指导下级法院审判工作、管理下级法院少部分司法行政事务等;巡回法庭的主要职能是办案,不负责制定司法解释和管理司法行政事务。**四是人员配置不同。**大区分院具有一定独立性,内部机构相对完整,组成人员相对固定;巡回法庭内部不设审判机构,仅设综合办公室、诉讼服务办公室,法官和其他工作人员由最高人民法院派驻,定期轮换。

---

　　〔1〕 贺小荣、何帆、马渊杰:《〈最高人民法院关于巡回法庭审理案件若干问题的规定〉的理解与适用》,载《人民法院报》2015 年 1 月 29 日。

终审职权的"刚性"配置

如果以选择案件的自主权为标准，可以将最高人民法院审判职权分为**"刚性职权"**与**"弹性职权"**。所谓**"刚性"**，是指按照法律程序，相关案件一旦报请或诉至最高人民法院，最高人民法院必须受理，并作出法律处理。所谓**"弹性"**，是指相关案件依法可以由最高人民法院审理，但是否受理和审理，最高人民法院可以依职权或自由裁量权决定。[1]

按照 2018 年《人民法院组织法》第十六条、三大诉讼法相关规定和司法实践，属于最高人民法院刚性职权范围内的案件主要包括：

1. **对高级人民法院判决和裁定的上诉、抗诉案件。**最高人民法院是高级人民法院的上一级法院，对高级人民法院判决和裁定的上诉、抗诉案件，应当而且只能由最高人民法院审理。这类案件，学理上又称为"权利性上诉"或"当然上诉"案件。实践中，高级人民法院第一审的刑事、行政案件较为少见，最高人民法院受理的第二审案件也以民事案件为主。[2] 但是，随着民事案件级别管辖标准的进一步下沉，普通第二审民事案件数量已结构性减少。

2. **按照全国人大常委会的规定提起的上诉、抗诉案件。**当事人对专利等专业技术性较强的知识产权民事、行政案件第一审判决、裁定不服，可以按照全国人大常委会《关于专利等知识产权案件诉讼程序若干问题的决定》，直接向最高人民法院提起上诉，这类案件目前在最

---

〔1〕 何帆：《最高人民法院审判职权的"刚性"与"弹性"配置》，载《政法论坛》2023 年第 2 期。

〔2〕 聂鑫：《中国最高审判体制的刑民分立——传统与现代化》，载《中国法学》2022 年第 4 期。

高人民法院受理的第二审案件中占比较高。[1]

3. 对高级人民法院作出的已经发生法律效力的行政或民事判决、裁定、调解书申请再审的案件。 四级法院审级职能定位改革试点之前,按照当时的《民事诉讼法》第一百九十九条、《行政诉讼法》第九十条,当事人对已经发生法律效力的民事、行政判决、裁定,认为有错误的,可以向上一级人民法院申请再审,也即民事、行政再审审查"上提一级"。实践中,对于申请再审材料符合条件的,最高人民法院均应受理,编立"民申字""行申字"案号,并启动民事、行政再审审查程序。[2] 这类案件都由合议庭审查,无论启动再审还是驳回申请,均应作出裁定。2016 年以来,民事、行政再审申请案件是最高人民法院受理的主要案件类型,每年均占总收案数的 65%~70%左右。[3]

除上述案件外,一些案件基于法律规定和诉讼程序安排,也应当由最高人民法院办理,主要包括:高级人民法院报请核准的死刑案件;[4]高级人民法院报请核准的在法定刑以下判处刑罚的案件;[5]高级人民法院报核的仲裁司法审查案件;[6]不服高级人民法院作出

---

〔1〕　最高人民法院知识产权法庭设立 3 年来,共受理第二审案件 9458 件,审结 7680件。2021 年受理案件占全院案件的 15%,其中民事和行政二审案件分别占全院的 68%和100%。参见周强:《最高人民法院关于〈全国人民代表大会常务委员会关于专利等知识产权案件诉讼程序若干问题的决定〉实施情况的报告——2022 年 2 月 27 日在第十三届全国人民代表大会常务委员会第三十三次会议上》,载中国人大网,2022 年 12 月 4 日访问。

〔2〕　《最高人民法院关于统一再审立案阶段和再审审理阶段民事案件编号的通知》(法〔2008〕127 号)。

〔3〕　刑事申诉再审审查、国家赔偿申诉审查、行政赔偿申请再审审查案件数量相对较少,本书不作分析。

〔4〕　按照 2018 年《人民法院组织法》第十七条,死刑除依法由最高人民法院判决的以外,应当报请最高人民法院核准。

〔5〕　按照《刑法》第六十三条第二款,犯罪分子虽不具有刑法规定的减轻处罚情节,但根据案件的特殊情况(主要指涉及政治、国防、外交等特殊情况),经最高人民法院核准,也可以在法定刑以下判处刑罚。

〔6〕　按照《最高人民法院关于仲裁司法审查案件报核问题的有关规定》(法释〔2017〕21 号)第二条、第三条,部分仲裁司法审查案件需要依最高人民法院的审核意见作出裁定。2021 年 12 月,最高人民法院印发《关于修改〈最高人民法院关于仲裁司法审查案件报核问题的有关规定〉的决定》(法释〔2021〕21 号),限缩了报核范围。

的罚款、拘留决定申请复议的案件；高级人民法院因管辖权问题报请裁定或者决定的案件；高级人民法院报请批准延长审限的案件；执行复议案件；司法协助案件，等等。

终审职权的"弹性"配置

属于最高人民法院弹性职权范围内的案件主要包括：

1. **法律规定由其管辖的和其认为应当由自己管辖的第一审案件。**主要包括三类：**一是**按照三大诉讼法，[1]在全国有重大影响的第一审民事案件、全国性的重大第一审刑事案件和全国范围内重大、复杂的第一审行政案件。之所以将这类案件归入"弹性职权"范围内，是因为案件是否"在全国有重大影响"，基本上由最高人民法院解释。这里的"重大影响"或"全国性"，都是诉讼法意义上的，与案件本身的影响力并无必然关联。[2] **二是**最高人民法院认为应当由自己管辖的第一审案件。改革开放以来，除"林彪、江青反革命集团案"外，最高人民法院没有审理过其他第一审刑事案件，也没有审理过第一审行政、普通民事案件。**三是**当事人协议管辖或者最高人民法院提级管辖的第一审国际商事案件。[3] 主要指按照《最高人民法院关于设立国际商事法庭若干问题的规定》（法释〔2018〕11号）受理的第一审国际商事案件。截至2022年年底，最高人民法院国际商事法庭已受理27起案件。

2. **最高人民法院依职权启动再审的案件。**按照三大诉讼法[4]，最高人民法院对地方各级人民法院、专门人民法院已经发生法律效力

---

〔1〕 即《民事诉讼法》第二十一条、《刑事诉讼法》第二十二条、《行政诉讼法》第十七条。

〔2〕 事实上，近年一些在全国范围内有重大影响的案件，第一审基本由中级人民法院审理。

〔3〕 按照《最高人民法院关于设立国际商事法庭若干问题的规定》（法释〔2018〕11号）第二条，当事人依照《民事诉讼法》第三十四条的规定协议选择最高人民法院管辖且标的额为人民币3亿元以上的第一审国际商事案件；高级人民法院对其所管辖的第一审国际商事案件，认为需要由最高人民法院审理并获准许的案件，等等。

〔4〕 《民事诉讼法》第一百九十八条第二款、《刑事诉讼法》第二百五十四条第二款、《行政诉讼法》第九十二条第二款。

的判决、裁定、调解书,发现确有错误的,有权提审。因缺乏常态化启动机制,相关案件数量极少。

3. 最高人民法院经再审审查,认为原判决、裁定确有错误,裁定提审的案件。对于原判决、裁定确有错误的案件,最高人民法院有权提审,也可以指令原审人民法院或者其他人民法院再审。按照最高人民法院有关司法解释和审判指导性文件,上一级法院审查并裁定再审的案件,一般应当提审,并明确了应当提审的情形。[1] 实践中,每年进入最高人民法院再审审理程序的案件,应编立"民再字""行再字"案号。

根据最高人民法院 2018 年、2019 年、2020 年、2021 年的工作报告,最高审判机关受理和审理的案件总量一直处于"高位"运行状态。2018 年,受理 34794 件,审结 31883 件;2019 年,受理 38498 件,审结 34481 件;2020 年,受理 39347 件,审结 35773 件;2021 年,受理 33602 件,审结 28720 件。从前述审判职权的"刚性""弹性"配置情况可以看出,最高人民法院受理的"刚性"案件占较大比例,约占 95%以上;"弹性"案件则不到 5%,案件自主选择和调控空间不大。另一方面,占"刚性"案件比例最高的民事、行政再审审查案件,必须组成合议庭审理,而这些案件多数没有规则意义,驳回比例也高。行政再审申请的驳回率一直在 96%以上,民事也在 90%以上,存在严重的"程序空转"现象,也占用了大量审判资源。

"择案而审"何以成为可能

按照《审级改革方案》,既然最高人民法院的职能定位侧重监督指

---

[1] 《最高人民法院关于民事审判监督程序严格依法适用指令再审和发回重审若干问题的规定》(法释〔2015〕7 号)第三条明确,对于可以指令再审的案件,有下列情形之一的,应当提审:(一)原判决、裁定系经原审人民法院再审审理后作出的;(二)原判决、裁定系经原审人民法院审判委员会讨论作出的;(三)原审审判人员在审理该案件时有贪污受贿,徇私舞弊,枉法裁判行为的;(四)原审人民法院对该案无再审管辖权的;(五)需要统一法律适用或裁量权行使标准的;(六)其他不宜指令原审人民法院再审的情形。

导全国法院的审判工作，就不宜办理太多"刚性"案件。所以，弱化"刚性"、强化"弹性"，是调整"塔尖"案件结构的重要步骤。那么，哪些"刚性"应当弱化，而且可以弱化呢？

第一，从发展阶段看，为持续深化以审判为中心的刑事诉讼制度改革，死刑核准权作为最重要的刑事政策抓手，在未来相当长一段时期内仍不宜下放。这是最高人民法院为推动我国刑事法治作出的特殊贡献，也是必须承担的历史担当。同理，为统筹把握量刑政策，兼顾国法天理人情，法定刑以下判处刑罚的核准权仍应是最高审判机关的职权。

第二，从发展趋势看，综合案件体量、人民需求和诉讼效率等因素，我国建立三审终审制的条件还不成熟，但确实有必要减少"当然上诉"至最高人民法院的案件数量。通过调整民事级别管辖标准，直接上诉至最高人民法院的普通民事第二审案件数量会进一步减少。另外，通过对设立三年来运行情况的客观评估，最高人民法院知识产权法庭直接受理的"越级上诉"案件范围也还有优化完善空间。

第三，从远景需要看，尽管对最高人民法院保留第一审管辖权一直存在争议[1]，但从最高人民法院国际商事国际法庭运行情况看，保留初审管辖权具有实践必要性。[2] 另外，从政治、外交、国防等特殊情况看，第一审管辖权即使"备而不用"，也比删除之后出现特殊紧急情况，需要立法机关临时作出决定或修改法律更为主动。

第四，从实践必要看，占最高人民法院受理案件总量较大比例的是再审申请案件，所以，"择案而审"的关键，是合理调整再审之诉的标准和范围。总体而言，通过 2007 年、2012 年两次修改《民事诉讼法》、2014 年修改《行政诉讼法》确定的民事、行政再审审查"上提一级"机

---

〔1〕 潘剑锋：《第一审民事案件原则上应由基层法院统一行使管辖权》，载《法律适用》2007 年第 6 期；张显伟、杜承秀：《质疑最高法院作为初审法院——兼论民事诉讼级别管辖的完善》，载《阴山学刊》2006 年第 2 期。

〔2〕 杨临萍：《"一带一路"国际商事争端解决机制研究——以最高人民法院国际商事法庭为中心》，载《人民司法·应用》2019 年第 25 期；王瑛、王婧：《国际商事法庭管辖权规则的不足与完善——基于我国国际商事法庭已审结案件的分析》，载《法律适用》2020 年第 14 期。

制,一定程度上推动了再审制度的规范化、科学化,但仍有优化调整的空间。党的十八大以来,随着新型审判权力运行机制更加成熟定型,"三个规定"铁律逐步发力生威,高级人民法院的再审纠错能力显著提升。对于因《民事诉讼法》《行政诉讼法》规定的涉及事实认定、证据采信、诉讼程序、贪赃枉法方面的事由申请再审的案件,由原审高级人民法院另行组成合议庭或交其他审判庭审查,能有效防控"自审自纠"风险,也更有利于发挥高级人民法院熟悉辖区情况、便于查证事实、统筹协调各方、实质化解纠纷的优势。[1] 因此,在保留中级人民法院裁判生效案件民事、行政再审审查"上提一级"的前提下,适度调整向最高人民法院申请再审的标准,减少强制由后者管辖的再审申请审查案件数量,可以达到弱化"刚性"职权的效果。如此一来,民事、行政再审之诉的价值取向,可以确定为:向高级人民法院提出的再审申请,在再审审查和审理环节,更侧重依法纠错职能,兼顾统一辖区法律适用职能;向最高人民法院提出的再审申请,在再审审查和审理环节,更侧重确保法律正确统一适用的职能。按照中央关于重大改革于法有据的要求,相关改革必须立法机关作出授权方可开展试点。

　　按照上述考虑,一系列改革举措已在《审级改革方案》通过前后渐次展开,既为审级改革夯实基础,也弱化了最高人民法院受理案件的"刚性职权"。**一是**完善小额诉讼制度。2020 年 1 月 15 日启动的民事诉讼程序繁简分流改革试点扩大了小额诉讼的适用范围,符合法定条件或经当事人合意选择,相当一部分小额民事纠纷将一审终审,试点成果亦被 2021 年 12 月修正的新民事诉讼法吸收。**二是**调整高级人民法院第一审民事案件级别管辖标准。最高人民法院印发的《关于调整高级人民法院和中级人民法院管辖第一审民事案件标准的通知》,规定高级人民法院主要管辖诉讼标的额 50 亿元人民币以上或其他在本辖区有重大影响的第一审民事案件。按照测算,高级人民法院第一审民事案件将大幅减少,最高人民法院受理的第二审案件数量和

---

〔1〕 刘峥、何帆:《〈关于完善四级法院审级职能定位改革试点的实施办法〉的理解与适用》,载《人民司法·应用》2021 年第 31 期。

比例也将进一步下降。**三是调整中级人民法院第一审民事级别管辖标准。**最高人民法院印发的《关于调整中级人民法院管辖第一审民事案件标准的通知》,规定中级人民法院管辖诉讼标的额 5 亿元以上的第一审民事案件(当事人住所地均在或者均不在受理法院所处省级行政辖区的),绝大多数第一审普通民事案件将主要由基层人民法院管辖。第一审知识产权民事案件、涉外民商事案件的级别管辖后续也都作了调整,进一步向基层"下沉"。**四是调整仲裁司法审查案件报核范围。**最高人民法院作出修改《关于仲裁司法审查案件报核问题的有关规定》的决定(法释〔2021〕18 号),把当事人住所地跨省级行政区域的非涉外涉港澳台仲裁司法审查案件的最终审核权下放至高级人民法院,相关报核案件数量能压缩 90% 以上。**五是探索完善行政申请审查机制。**最高人民法院印发《关于办理行政申请再审案件若干问题的规定》(法释〔2021〕6 号),探索将部分行政申请再审案件交原审高级人民法院审查。

在上述工作基础上,2021 年 10 月 1 日实施的《审级试点实施办法》与之后陆续印发的《最高人民法院关于落实四级法院审级职能定位改革试点案件提级管辖和报请再审提审工作有关要求的通知》(法〔2022〕52 号)、《最高人民法院民事、行政再审申请审核工作规程(试行)》(法办〔2022〕410 号)等文件,初步构建了最高人民法院"择案而审"的工作机制。

第一,建立分层次申请再审机制。调整民事、行政诉讼法关于再审申请原则上"上提一级"的规定。当事人对中级人民法院作出的民事、行政生效裁判,认为有错误的,仍按现行诉讼法向高级人民法院申请再审。当事人对高级人民法院作出的民事、行政生效裁判,符合下列情形之一的,才可以向最高人民法院申请再审:(1)再审申请人对原判决、裁定认定的基本事实、主要证据和诉讼程序无异议,但认为适用法律有错误的。[1] 这里的**"无异议"**,是指对原判决、裁定认定的基本事实、认定事实的主要证据、适用的诉讼程序没有异议。如果事实、证

---

〔1〕 这里的"适用法律有错误",包含行政案件中适用法规有错误的情形。

据、程序存在问题,即便是有新的证据,也较适宜由原审高级人民法院审查纠正。(2)原判决、裁定经高级人民法院审判委员会讨论决定的。审判委员会是法院内部的最高审判组织,如果案件结果是由审判委员会讨论决定,很难再由原审高级人民法院自审自纠。

为了便于最高人民法院立案庭和各巡回法庭、知识产权法庭诉讼服务中心及时高效审核再审申请材料、精准研判案件所涉法律问题,《审级试点实施办法》强化了对再审申请书的形式要求。当事人在民事、行政再审申请书中,除了应提供申请再审立案程序要求载明的事项,还应声明对原审事实、证据、程序问题没有异议。同时,再审申请书还应载明案件所涉法律适用问题的争议焦点、生效裁判适用法律存在错误的论证理由和依据,必要时还可以附类案检索报告。再审申请书不符合前述要求的,最高人民法院应给予充分指导和释明。再审申请人无正当理由逾期未予补正的,可以按撤回申请处理。考虑到实践中多数再审申请人并不具备提炼法律问题、论证法律错误的能力,《试点实施办法》明确最高人民法院立案庭、诉讼服务中心等"窗口部门"应当向当事人释明委托律师作为诉讼代理人的必要性。

第二,建立将申请再审案件交高级人民法院审查机制。对于案件可能存在基本事实不清、诉讼程序违法、遗漏诉讼请求情形的,或者原判决、裁定适用法律可能存在错误,但不具有法律适用指导意义的,最高人民法院可以决定交原审高级人民法院审查。

所谓**"基本事实不清、诉讼程序违法、遗漏诉讼请求"**,主要指案件事实、程序有明显缺失或瑕疵,且与能否认定适用法律错误存在前提或因果关系。例如,在融资性贸易中,原审本应通过追加当事人方式来认定是借贷还是买卖,但因为未追加当事人,根据两方当事人的合同内容只能定性为买卖,导致出现定性错误。此外,有的问题看似涉及事实认定,其实是举证责任分配规则适用问题,在决定是否交原审高级人民法院审查时必须格外慎重。当然,即使存在需要查证的事实,最高人民法院认为案件具有法律适用指导意义的,也可以自行审查。

所谓**"不具有法律适用指导意义"**,主要指所涉法律适用错误比较明显，但不具备规则意义，没有必要由最高人民法院审查纠正的案件。例如，在《中华人民共和国民法典》正式施行之前，就直接适用其作为裁判依据的案件。这类适用已经失效或尚未施行的法律，以及明显违反法律适用规则的低级错误，适宜由原审高级人民法院自行纠正。

第三，明确最高人民法院应当审查的案件范围。具体包括：（1）原审裁判所涉法律问题未在现行法律及司法解释中予以明确的；（2）原审裁判所涉法律问题存在较大的裁判观点分歧的；（3）原审裁判结果不符合现行有效的法律及司法解释的；（4）原审裁判法律适用错误、事实认定不清、程序违法，但由本院审查更有利于案件公正审理的；（5）本院认为应当审查的其他情形。

第四，明确最高人民法院应当提审的案件范围。试点工作开始后，由最高人民法院裁定再审的案件，应当以提审为原则，以指令再审为例外。应当提审的案件范围包括：（1）具有普遍法律适用指导意义的案件，主要指法律、司法解释规定不明确或司法解释没有规定，需要通过司法裁判明确法律适用标准的案件。原审案件第一审已因法律适用问题提级管辖的，更应特别关注。（2）最高人民法院或者不同高级人民法院之间近三年裁判生效的同类案件存在重大法律适用分歧，截至案件审理时仍未解决的。主要包括两类案件：**一是**最高人民法院内部各审判机构之间存在"类案不同判"情形的；**二是**不同高级人民法院之间的重大法律适用分歧需要解决并统一的。高级人民法院生效裁判与最高人民法院同类案件生效裁判存在重大法律适用分歧的，也可以纳入再审提审范围。（3）最高人民法院认为应当提审的其他情形。主要指根据案件所涉利益、社会影响和个案情况，更适宜由最高人民法院提审的案件，如存在严重外部干预或"诉讼主客场"现象的案件。

就具体流程而言，2021年10月1日之后，对于再审申请材料符合条件的，最高人民法院统一编立"民登字""行登字"号，之后交三名法官审核，参照合议庭规则运行。这些"登"字号审核件并不属于案件，审核工作也并非"办案"。之所以强调这一点，是因为审核工作是对案件所涉法律适用问题是否适合由最高人民法院审查的判断，目的是确定"应当在哪个法院立案审查",本质是"案件分流",不宜按再审审查标准全面深入审查。经过三名法官审核,决定交高级人民法院审查的,发出"民决字""行决字"决定书;符合转入再审审查程序条件的,编立"民申字""行申字"号,视情作出驳回再审申请、再审提审或指令再审的裁定;符合应当提审条件的,裁定提审的,编立"民再字""行再字"号,进入再审审理程序。

综上,经过"再审申请书审核(是否符合向最高人民法院申请再审条件)→再审申请材料审核(是否有必要由最高人民法院再审审查)→再审审查(原审裁判适用法律是否确有错误)→裁定提审/指令再审/驳回再审申请",最高人民法院完成了对再审案件"择案而审"的过程。

第五,完善高级人民法院对申请再审案件的审查处理程序。高级人民法院在审查过程中,认为原判决、裁定适用法律确有错误,且符合最高人民法院再审提审标准的,经审判委员会讨论决定后,可以报请最高人民法院审理。之所以要求**"经审判委员会讨论决定"**,既是为确保上报程序的严肃性,也有利于高级人民法院全面、审慎地考虑案件所涉问题和报送的必要性。由于上述案件由高级人民法院报请,并经过审判委员会讨论,最高人民法院收到请求后,不再重复启动再审审查程序,认为有必要由自己审理的,可以直接裁定提审,反之则作出不同意提审的批复。

试点期间,以下三类民事、行政案件,高级人民法院经审判委员会讨论决定后,可以报请最高人民法院审理:**一是**辖区中级或专门人民法院作出生效裁判,当事人依法向高级人民法院申请再审的案件。一些原审由中级人民法院裁判生效的案件,也可以循此途径进入最高人民法院,实际上构成了再审案件管辖权的向上转移。在试点之前,并没有这样的程序通道。**二是**高级人民法院作出生效裁判,当事人向原审高级人民法院申请再审的案件。**三是**当事人向最高人民法院申请再审,最高人民法院初步审核后,决定交高级人民法院再审审查的案件。这类案件"下交"后,是否还能报请最高人民法院再审,存在两种意见:**第一种意见**认为,最高人民法院既已决定交高级人民法院审查,再允许后者报请前者审理,有程序反复之嫌,实践中不应准许。**第二**

种意见认为，最高人民法院决定将案件交高级人民法院审查，只是初步审核之后的判断，不排除高级人民法院在审理过程中，又发现适宜由最高人民法院审理的情形，允许报请在制度设计上更为周延。而且，相关申请经高级人民法院审判委员会讨论决定，程序上也足够慎重，应当允许。经认真研究，最终采纳了第二种意见。[1]

考虑到民事案件第一审管辖权下沉后，大量案件将由基层人民法院一审、中级人民法院二审，向高级人民法院申请再审，建立上述程序通道，辅之以《审级试点实施办法》建立的提级管辖机制，更有利于特殊类型案件进入最高人民法院"择案而审"的范围。

总之，最高人民法院作为宪法确定的最高审判机关，在审判职权、组织体系、员额配置、权力运行等方面，完全可以有别于其他各级人民法院。审判职权方面，最高人民法院应当依托此次试点工作，完善专属职权，强化"弹性职权"，优化案件结构，重塑适宜自身职能定位的审判权力运行机制。例如，探索组建跨审判机构的合议庭、专业法官会议；建立本院裁判转化为指导性案例机制；探索建立符合再审之诉特点的律师强制代理机制，庭审重点围绕案件所涉法律适用问题和公共政策问题的争议焦点展开，引入"法庭之友"机制，逐步形成具有最高审判机关特色的庭审模式。

"择案而审" ≠ 法律审

四级法院审级职能定位改革试点开始后，有意见认为，最高人民法院的"择案而审"机制聚焦审查"法律适用错误"，是为了探索只做"法律审"。这一理解是错误的。《审级试点实施办法》将当事人向最高法院申请再审的条件限定为认为存在"法律适用错误"的案件，目的是强化最高法院统一法律适用、解决重大法律分歧的职能，并不意味着最高法院只做"法律审"。

---

[1] 刘峥、何帆：《〈关于完善四级法院审级职能定位改革试点的实施办法〉的理解与适用》，载《人民司法·应用》2021 年第 31 期。

在前述"登"字号审核件办理过程中,如果所涉问题有法律适用指导价值,或者属于审判业务条线、巡回区内存在较大法律适用分歧的问题,哪怕原审裁判的事实、程序或证据存在问题,也可以转立"申"字号。此外,原审裁判法律适用确有错误、事实认定不清、程序违法,但由本院审查更有利于案件公正审理的,也可以转立"申"字号。转立"申"字号案件后的审查或审理工作,仍应当是事实问题和法律问题并重,不存在单纯的"法律审"。

其实,"择案而审"的目的,是为优化最高审判机关的职能定位、资源配置和案件结构,并非压缩案件数量。尽管最高人民法院受理的民事、行政再审申请案件数量大幅减少将是客观趋势,但决定试点效果的核心因素,不是案件总量下降了多少,而是最高人民法院通过调整审判职权,审理了多少有利于确立裁判规则、打破"诉讼主客场"的案件,以及这些案件对于维护重大国家利益和社会公共利益、统一法律适用起到多大的作用。

从试点中期报告可以看出,截至 2022 年 6 月 30 日,最高人民法院新收民事、行政申请再审审查案件 2275 件,较试点前下降 85.33%,占全部民事、行政案件比例从试点前 63.93%降至 19.36%,案件数量结构明显优化,有效解决了再审申请滥诉和审查程序空转问题。此外,最高人民法院还审结民事、行政二审案件 2712 件,再审提审案件 625 件,解决了算法发明专利无效的判断标准、横向垄断协议行政处罚的计罚基数、授益行政行为中授益相对人的权利义务等一批法律适用问题,初步实现了优化审级职能的预期目标。

有人或许会问,案件总量少了,最高人民法院是否还有必要保留380 多名法官?事实上,"择案而审"既需要"择"的深谋远虑、专业精准、敢于担当,也需要"审"的谦抑审慎、进退有度、治理得当,上述审判工作和大量审判监督指导工作,仍需要相当数量的审判人员完成。"弹性职权"的强化,意味着最高人民法院有了更多参与现代化治理、提升司法知识增量的机会。两年的试点与实践,将为未来进一步修改民事、行政诉讼法提供科学、实证的第一手素材,也会成为推动最高人民法院审判职权现代化的坚实一步。

第七讲 │ 专门人民法院与专门法庭

> 狐狸机巧百出，不敌刺猬一计防御。
>
> ——[英]以赛亚·伯林

专门法院作为审判专业化的最高组织形式，是一国司法制度的重要组成部分。但是，专门法院在我国的发展历程，最初并非以专业化为导向。新中国成立伊始，曾参照苏联法院模式，设立过军事法院、铁路运输法院、水上运输法院，之后还在部分油田、林区、垦区和核工业基地设立过保障特殊行业或部门的法院。20世纪80年代中期，通过在沿海、沿江港口城市设立10个海事法院，启动了专门人民法院的专业化、战略化、国际化发展之旅。党的十八大以来，为服务国家发展战略，我国先后设立4个知识产权法院、3个金融法院，增设1个海事法院，优化调整了军事法院组织体系，探索设立3个互联网法院，在部分城市设立国际商事法庭、破产法庭、环境资源法庭、劳动法庭等专门审判机构，中国特色的专门人民法院制度和专业化审判格局逐步成型。

一、审判专业化和专门审判机构

审判专业化的评价标准

现代社会，审判本身就是一项专门技艺，专业化和精细化程度随经济社会发展而提升。[1] 近代以来,随着社会分工日趋细密,司法逐步介入专利、海事、公司、金融、医疗等专业领域的纠纷,推动专门知识、专业技术、行业规则、审判方式的汇聚与结合,审判专业化也就应运而生。

对审判专业化程度的判断,可以针对法官个人,也适用于司法组织机构。对法官而言,有通才型与专才型两类。[2] 英美法系一般注重通才型法官的培养,法官呈现出的公共形象大都是司法"全科医生",并不区分专业领域。[3] 但是,即使在所谓综合型法院(Generalist Court),也存在各类专业化审判机构或组织,通过相对固定的案件分配机制,推动法官成为某一领域的审判专家。[4] 大陆法系法院注重分庭管理,专业设定更接近政府的行政分工,甚至认为"依审判领域划分专业,是司法架构之基础",[5] 法官很早即有刑民专业之分,随着商事、劳动、社会等审判机构逐步建立,分工愈加精细。

在司法领域,专业与非专业、专门与非专门,其实是相对而言的。德国、法国早期设立的商事法院(庭)中,既有熟悉法律的职业法官,也有不具备专门法律背景,经同行推选,有丰富从商经历的"商人法官"。[6] 这种情况下,所谓专业,并不在于是否掌握法律这项专门技

---

〔1〕 苏力:《法律活动专门化的法律社会学思考》,载《中国社会科学》1994 年第 6 期。

〔2〕 所谓专才型也是相对的,例如,相对于通才型法官来说,某位法官可能更擅长审理知识产权案件。在知识产权审判领域,法官又可能分别侧重专利类、商标类、著作权类等不同类型案件的审理。

〔3〕 最典型的通才型法官形象代言人,当属美国联邦最高法院 9 位大法官。从政教关系、言论自由、持枪权利、州际贸易,到专利、版权、垄断、破产、环境、金融,大法官们几乎什么案子都能审、什么判决都能写,当然,这也与他们配备了来自不同专业领域的法官助理和法律顾问相关。参见[美]琳达·格林豪斯:《美国最高法院》,何帆译,译林出版社 2017 年版,第 32—45 页。

〔4〕 [美]劳伦斯·鲍姆:《从专业化审判到专门法院:专门法院发展史》,何帆、方斯远译,北京大学出版社 2019 年版,第 4 页。

〔5〕 Williams, Victor. *A Constitutional Charge and a Comparative Vision to Substantially Expand and Subject Matter Specialize the Federal Judiciary*, 37 William and Mary Law Rev. 535-671 (1996).

〔6〕 曹志勋:《商事审判组织的专业化及其模式》,载《国家检察官学院学报》2015 年第 1 期。

艺,而是看对商事行业、惯例、规则是否了解,进而能够公正、高效、专业地解决纠纷,并达到令行业认同、信服、遵从的效果。在法律专业领域内,按照纯粹的部门法划分,又可以分为刑事、民事、行政等审判领域。当然,现实中的纠纷形形色色,刑民交叉、民行交叉的案件比比皆是,并不会精准与部门法对应。随着司法向更加专业的领域延伸,原本分属"大民事"项下的商事、劳动、金融、医疗、建筑工程、环境保护等审判机制,又会演进成相对独立的"专业",甚至吸附同领域的刑事、行政案件,形成"同一领域,三审合一"的格局。即使在知识产权审判领域,随着业务不断细分,也涵盖专利类、商标类、著作权类、反不正当竞争类等专业类型。总之,审判专业化的划分,是一个动态的发展过程。过去被称为专业化的,现在未必再被视为专业,仅仅只是内部机构职能划分的不同,如传统的刑事审判庭、民事审判庭;过去被拆分的刑事、民事审判,又可能因为"三审合一"式的专门管辖调整,而再次聚合在同一专业审判领域内。

对司法组织机构而言,评判组织机构(法院、法庭、审判庭、合议庭或审判团队)审判专业化程度的高低,取决于人员、架构、机制、配套、保障等多重要素。概言之,评判标准一般包括:(1)是否有足够数量的专业化审判人员,一般称为法官集中度(concentration of judges);(2)是否有相应的管辖制度(专门管辖、指定管辖、集中管辖)或内部的专业化案件分配机制,确保特定类型案件足够集中,一般称为案件集中度(concentration of cases);(3)法官是否具备特定领域的专业学位、工作经历或专门知识,并享有定期培训或研修机会;(4)专业化法官能否在特定审判岗位久任,并有配套的分案、考核、激励、保障机制;[1](5)是否有专业化法官的专门遴选机制,辅之以相应的遴选标准,并赋予入选者特定专业资质(核发法官专业证书)或审判资格(ticketing);[2]

----

[1] 黄嘉烈:《有关专业法庭之司法改革:专业法庭与专业法官》,载汤德宗主编:《司法改革十周年的回顾与展望会议实录》,"中央研究院"法律学研究所筹备处 2010 年版,第463 页。

[2] 林超骏:《概论英国当前司法改革架构下之法官选任制度》,载《月旦法学杂志》2006 年第 6 期。

(6)是否有专家参审〔1〕、专业陪审员、专业化辅助人员或专家辅助审判机制,如技术调查官、专家证人或鉴定人等;(7)是否要求特定类型的案件或程序实行律师强制代理机制,〔2〕又或要求在专门法院(庭)出庭的律师必须享有特定专业资质;〔3〕(8)是否与专业化的替代性纠纷解决机制(ADR)紧密衔接;〔4〕(9)是否有专业化的法律适用分歧监测、解决机制;(10)是否设立专门法院(庭)或专业化审判机构,并形成专业化组织体系;(11)是否设置专门的统一上诉机构;(12)上述机构设置、人员配置和配套机制是否有立法保障,如专门法院组织法、诉讼特别程序法、专业化案件审理法等。对一国司法体系而言,上述因素越是齐全,说明特定审判领域的专业化程度越高,司法竞争力越强。

专门法院和专门法庭

专业化审判的组织形式,依照从属关系、规模大小、稳定程度、管辖形式的不同,主要包括以下几种:

1. **专门法院**(Specialized Court)。专门法院在一国法院组织体系内,有着独立的法律地位,与内设于综合型法院的专业化法庭或审判庭相比,具有**独立性**;与同等层级的综合型法院相比,具有**平等性**;与法院自主设立的专业化审判组织相比,受国家法律保障,具有**法定性**。

---

〔1〕 专家参审一般指由职业法官与非职业法官共同组成法庭,审理专业化案件,如德国商事法庭中的"荣誉职法官"(ehrenamtlicher Richer),一般从熟悉商事惯例、从事商事行业人士中遴选。参见邱琦:《医疗专庭与专家参审:以德国、法国商事法庭为借镜》,载《月旦法学杂志》2010 年第 10 期。

〔2〕 林孟皇:《设置专业法庭的时代背景、必要性与问题解决之道》,载《司法改革杂志》2009 年第 10 期。

〔3〕 例如,在英国高等法院后座审判庭科技与工程法庭(Technology and Construction Court,TCC)的出庭律师,一般应是"科技与工程法庭讼务律师协会"或"科技与工程法庭事务律师协会"会员,并接受过法庭安排的训练课程。参见颜玉明:《从英国工程专业法院之发展谈专业审理机制之现况与期许》,载《月旦法学杂志》2010 年第 2 期。

〔4〕 张心悌、朱德芳:《商业法庭于美国发展现况与趋势之研究》,载《月旦法学杂志》2010 年第 2 期。

此外，有些国家和地区的专门法院是跨行政区划设置，为便利审判和群众诉讼，也会视情设立分院或派出法庭。

为了节约司法成本和审判资源，也有地区将不同专业化类型的案件集中到一个专门法院。例如，我国台湾地区1999年9月在高雄设立少年法院，2021年6月改组为高雄少年及家事法院，分设少年法庭、家事法庭；2008年设立智慧财产法院，2021年7月通过制定"商业事件审理法"、修正"智慧财产及商业法院组织法"，将智慧财产法院改组为智慧财产及商业法院。

根据不同标准，国际社会设有不同类型的专门法院。从**政治安排**上看，有宪法法院、行政法院。这类法院的职能设定，更多是政治权力配置的结果，有的虽然名为"法院"，其实放在立法或行政分支下管理，并非真正意义上的司法机关。从**专业划分**上看，有商事法院、知识产权、破产法院、国际贸易法院等。从**规制领域**上看，有财税法院、社会法院、劳动法院等。从**适用对象**上看，有未成年人法院、原住民法院、移民与难民法院、少年法院等。[1] 从**特定法律程序**上看，有遗嘱检验法院、小额索赔法院等。

2. **综合型法院的专门分院或附设法院**(Subordinate Court)。有些国家虽以设置综合性型法院为主，但基于成本和管理的考虑，会通过设置专门分院或附设法院的形式，建立相对独立的专门审判机构。这些法院虽然名为"法院"，但没有独立的法律地位，有的连法官性质、待遇都与正式法官存在差异，只是在司法行政事务上具有相对独立的权限。[2] 例如，依附于东京高等法院设立的日本知识产权高等法院，其实只是东京高等法院的特别支部。依附于美国94个联邦地区法院设立的联邦破产法院，就属于附设法院。破产法院法官过去属于破产公断人(referee)序列，不受美国宪法第三条确定的"终身任职"保障，并

---

〔1〕 有论者认为，这类法院属于特殊法院，而非专门法院。参见关毅：《法院设置与结构改革研究》，载《法律适用》2003年第8期；侣化强：《法院的类型、创设权归属及其司法权配置》，载《中外法学》2020年第5期。

〔2〕 邰中林：《境外知识产权专门法院制度对我国的启示与借鉴》，载《法律适用》2010年第11期。

非严格意义上的"联邦法官"。[1]

3. **专门法庭**(Specialized Tribunal)和专业审判组织。专门法庭是设在具有上诉案件审判权的综合型法院项下,具有相对独立地位的专业化审判机构,法律地位和规模要高于专业化的审判庭(division)、审判团队(chamber)、合议庭(collegial bench)、专业法官小组(list),等等。

在比较研究中应当注意,受历史因素和表述习惯影响,域外许多专门法庭虽冠以"court"之名,但并非严格意义上的专门"法院"。例如,2017年6月组建的英格兰及威尔士商事与财产法庭(Business and Property Courts),就只是整合了英格兰及威尔士高等法院后座审判庭(Queen's Bench Division)与衡平审判庭(Chancery Division)的审判资源,以商事与财产法庭的形式迁移到统一场所办公,形成一个专业化集中审判区域,并非严格意义上的"法院"。2015年1月设立的新加坡国际商事法庭,实际上也只是新加坡最高法院高等法庭下的一个审判机构。[2]

比较研究中,还应注意区分专门法庭与行政裁判所(administrative tribunal)、特别法庭(special court)的差异。审理社会保障或劳动纠纷的机构在一国可能是专门法院,但在另一国可能只是某个行政机关下属的裁判所。**特别法庭**又称特设法庭,一般是针对特别重大案件专门设立的临时审判机构,案件审理完毕即告撤销。在国际法领域,联合国曾推动设立过前南斯拉夫问题国际刑事法庭(ICTY)[3]、卢旺达问

---

〔1〕 按照美国宪法,联邦法院和法官有"宪法第一条法院(法官)"和"宪法第三条法院(法官)"之分。从20世纪80年代开始,破产法院和破产法官开始积极争取宪法第三条地位,希望法院能够单独设置、法官可以终身任职。但上述呼吁,遭到首席大法官和其他联邦法官的坚决抵制。

〔2〕 关于新加坡国际商事法院的法律地位,参见 Report of the Singapore International Commercial Court Committee 12-13(2013)。

〔3〕 该法庭设立背景和运行情况,参见凌岩:《跨世纪的海牙审判:记南斯拉夫国际法庭》,法律出版社2002年版。

题国际刑事法庭(ICTR)[1]、塞拉利昂问题特别法庭(SCSL)、柬埔寨法院特别法庭(ECCC)和黎巴嫩问题特别法庭(STL)。

新中国司法历史上,曾两度设立特别法庭。**第一次**是 1956 年 4 月,第一届全国人大第三十四次会议通过《关于处理在押日本侵略中国战争中战争犯罪分子的决定》,要求成立最高人民法院特别军事法庭,并任命了庭长、副庭长、审判员。最高人民法院特别军事法庭根据上述决定,分别在辽宁、太原两地审理了 45 名日本侵华战争犯罪案件被告人。[2] **第二次**是 1980 年 9 月,第五届全国人大常委会第十六次会议根据"两高"的建议,通过了《关于成立最高人民检察院特别检察厅和最高人民法院特别法庭检察、审判林彪、江青反革命集团案主犯的决定》,以特别法庭形式审判了林彪、江青反革命集团案主犯。审判任务完成后,第五届人大常委会第七次会议于 1981 年 3 月通过了《关于撤销最高人民检察院特别检察厅和最高人民法院特别法庭的决议》。

近年来,最高人民法院依托部分地方中级人民法院,设立了知识产权法庭、破产法庭、国际(涉外)商事法庭、环境资源法庭、金融法庭和劳动法庭等专门审判机构。这些法庭一般由最高人民法院批复设立,按规定程序报相应机构编制管理部门批准。专门法庭相对独立办公,可以在省级行政区划内跨地域管辖第一、二审案件,是我国法院在专业化审判组织形式上的最新创新举措。

总体而言,上述各种专业化审判组织中,专门法院的资源集中度最高、专业程度最强、制度保障也最到位,是审判专业化的最高组织形式,也最受司法研究者青睐。近年来,各国家和地区均将提升专业化审判标准作为优化营商环境的重要手段,加强了知识产权、国际商事和金融等专门法院(庭)的设置。例如,阿联酋于 2014 年设立迪拜国际金融中心法院(DIFCC)、2015 年设立阿布扎比全球市场法院(ADGMC),哈萨克斯坦于 2017 年设立阿斯塔纳国际金融中心法院

---

[1] 该法庭设立背景和运行情况,参见凌岩:《卢旺达国际刑事法庭的理论与实践》,世界知识出版社 2010 年版。

[2] 王战平主编:《最高人民法院特别军事法庭审判日本战犯纪实》,人民法院出版社 2005 年版,第 22—23 页。

（AIFCC），[1] 比利时于 2018 年设立布鲁塞尔国际商事法院（BIBC）。另外，卡塔尔于 2009 年设立卡塔尔国际法庭和争端解决中心（QICDRC），新加坡于 2015 年设立新加坡国际商事法庭（SICC，依托新加坡最高法院高等法庭），法国于 2018 年设立巴黎国际商事法庭（IC-CP-CA，依托巴黎上诉法院），荷兰于 2019 年设立荷兰国际商事法庭（NCC，依托阿姆斯特丹上诉法院、地区法院）。我国也于 2018 年 6 月，在深圳、西安分别设立了最高人民法院第一、第二国际商事法庭（CICC）。

为提升国际法治竞争力，争取成为国际纠纷解决"优选地"，各国新设立的专门法院（庭）均加强了国际化色彩，主要创新举措包括：**一是选择英语作为审判工作语言。二是选任国际法官**。例如，新加坡国际商事法庭就提出，首席大法官可视案件类型，指派特定国际法官（International Judge）与国内法官组成合议庭。**三是赋予当事人较大幅度的管辖选择权**，可以协议选择与争议没有实际连接点的法院。[2] **四是允许适用普通法审理案件。五是允许外国律师代理案件并出庭**。值得注意的是，选任国际法官、扩大当事人协议管辖的范围，都涉及宪法、法律调整。制度调整的力度，往往也能体现有关国家增强司法国际竞争力的决心。例如，为了能够选任国际法官，新加坡就专门修改了本国宪法中关于法官提名和任职资格的规定。

正反声音：设还是不设

在单一制国家，设立专门法院是中央事权和国家权力。是否设立特定类型的专门法院，既涉及司法成本、人员投入、诉讼格局方面的衡量，也触及不同群体利益，甚至会影响到社会治理能力、司法政策走向、法治环境评价，因此，各国在设立专门法院过程中，都存在正反两方面呼声。提出相关动议的，既包括有关职能部门、最高司法机关、地

---

〔1〕 张新庆：《中国国际商事法庭建设发展路径探析》，载《法律适用》2021 年第 3 期。

〔2〕 刘元元：《中国国际商事法庭司法运作中的协议管辖：挑战与应对措施》，载《经贸法律评论》2020 年第 6 期。

方各级政府,也涵盖专业监管部门、行业企业协会、特定利益群体等。

实践中,支持设立专门法院的主要动力包括:

1. 资源配置因素。设立专门法院,能够充分汇聚有专门知识和审判经验的法官,有利于建立与专业化审判特点更加匹配的诉讼机制、证据规则、考核标准。同时,技术平台、辅助人员等资源配置也更加周全。例如,破产案件中,债权申报、财产分配等都是专有程序和规则,债务人财产权益的处分主要由债权人会议按照法定规则议事表决,而非法官听证裁断。尤其是,破产程序一审终审,没有上诉和复议机制,不能回转,而且程序参与人众多、审判周期长,需要单独的监督机制、考核体系、办案平台。以上也都是呼吁设立破产法院的重要动因。

2. 政策偏好因素。设立专门法院,有的是为顺应执政党或政府的经济、社会、区域发展战略需要,有的是为扶持特定产业,有的则是为保障少年儿童、妇女、原住民等特定群体的权益。例如,我国台湾地区设立少年及家事法院,就是为实现"保障未成年人健全之自我成长、妥善处理家事纷争,并增进司法专业效能"的政策目标。为实现上述目标,该院根据少年及家事案件的特点,设置了少年调查官、少年保护官、家事调查官、心理测验员、心理辅导员和佐理员,确保政策有效实现。基于共同的价值取向,专门法院会逐步形成统一的组织目标和政策使命,这样也更有利于政策实施到位。[1]

3. 行业治理因素。专门法院的裁判在特定领域具有政策导向、规则制定功能,可与相关行政主管部门、专业监管部门协同推动行业治理。例如,对于设立上海、北京金融法院,中国人民银行、中国银行保险监督管理委员会、中国证券监督管理委员会当时就持积极推动态度,认为有利于规范资本市场发展,健全金融治理,强化上海作为国际金融中心、北京作为国家金融管理中心的城市定位。

4. 司法效率因素。由于管辖案件范围高度集中,专业化案件由专门法院审理后,有利于形成统一的审判流程、工作规程、裁判标准,法

---

〔1〕　〔美〕劳伦斯·鲍姆:《从专业化审判到专门法院:专门法院发展史》,何帆、方斯远译,北京大学出版社 2019 年版,第 45—46 页。

官们对特定行业的政策、规则和技术标准也比较熟悉,这样就大大减少了与行政主管部门、专业监管部门、律师和当事人的沟通成本,案件审理的效率自然也会显著提升。

5. 法制统一因素。专业化案件的集中审理,可以避免因地域管辖、分散审理导致的法律适用不统一问题,进而有效解决法律适用分歧,加强法院裁判的可预测性。发挥统一法律适用职能的,既可以是行使第一审专门管辖权的专门法院,也可以是专门的上诉机构。最典型的就是美国 1982 年设立的联邦巡回上诉法院(CAFC),通过集中管辖上诉案件,极大统一了专利领域的法律适用。

6. 法治环境因素。设立专门法院,能够彰显国家保护特定领域的决心和力度,也有利于优化法治化、国际化营商环境,强化区域司法竞争力。例如,美国特拉华州衡平法院在公司法审判领域十分专业,不仅结案高效,裁判结果也受各州法院认可,因此,美国超过一半的上市公司和《财富》500 强中 63%的公司都选择在特拉华州注册成立,使得该州成为全美公司注册首选地。[1] 在我国,政府出台有关政策或选取政策试点城市时,也会把专门法院设置作为一个重要考虑因素。例如,《国务院办公厅关于印发知识产权综合管理改革试点总体方案的通知》(国办发〔2016〕106 号)在选择试点城市时,就将"设有知识产权法院的地方"作为条件之一。[2]

实践中,反对设立专门法院的代表性观点包括:**一是**司法成本过于高昂。与在综合型法院内设立专门审判机构相比,新设专门法院需要配备办公场所、机构编制、工勤人员,同时还要增设相应的组织人事、政务保障机构。**二是**容易形成专业壁垒。长期在专门法院工作,

---

〔1〕 Michal Barzuza, *Price Considerations in the Market for Corporate Law*, 25 Cardozo L. Rev. 127, 140–41(2004).

〔2〕 该文件确定的改革试点地方选择条件:(1)经济发展步入创新驱动转型窗口期,创新资源和创新活动集聚度高,专利、商标、版权等知识产权数量质量居于全国前列;(2)设有或纳入国家统筹的国家自主创新示范区、国家综合配套改革试验区、全面创新改革试验区、自由贸易试验区等各类国家级改革创新试验区和国家战略规划重点区域,或设有知识产权法院的地方;(3)知识产权战略推动地区经济发展成效显著,知识产权管理体制和市场监管体制机制改革走在前面,知识产权行政执法力量较强,知识产权行政执法效能突出。

不利于法官全面拓展审判领域、健全知识结构。[1] 有时还会因法官审判经验过于单一,影响其遴选至更高层级法院。此外,长期与特定行业或律师打交道,还可能催生本位主义,排斥其他专业领域的意见,甚至形成利益共同体。**三是冲击传统管辖格局**。专门法院不可能像普通法院那样普遍设置,管辖区域过大,不利于当事人诉讼;管辖范围过大,则易与综合性法院产生管辖权争议。

伴随我国进入新发展阶段,围绕专门人民法院建设的呼声更趋多元。**有的**要求设立破产法院、家事法院、少年法院、税务法院、国际商事法院、环境资源保护法院等新类型专门人民法院;**有的**倡导在现有专门人民法院基础上,设置国家层面的专门上诉法院,如国家知识产权法院、国家海事法院等;**有的**建议完善专门法院设置模式,探索跨省级行政区划设立专门法院;**有的**呼吁将互联网法院从集中管辖法院转化为专门人民法院。

与此同时,也有意见认为,目前专门人民法院的设立标准和设置模式有待进一步明确。例如,2022 年 2 月 28 日,全国人大宪法和法律委员会就在对《关于设立成渝金融法院的决定(草案)》审议结果的报告中,转述了部分常委会组成人员的意见,认为"今后设立专门人民法院,应当根据宪法和有关法律的规定和精神,从我国法院组织体系的整体性、结构性、合理性出发,科学论证,统筹考虑,审慎研究",并"建议请最高人民法院和有关方面认真研究"。[2]

---

〔1〕　Dane P. Wood, *Generalist Judges in a Specialized World*, 50 SMU L. Rev. 1755, 1755-57(1997).

〔2〕　《全国人民代表大会宪法和法律委员会对〈关于设立成渝金融法院的决定(草案)〉审议结果的报告》,载中国人大网,2022 年 12 月 4 日访问。

二、专门人民法院发展历程和类型

从"法律要下工矿"到服务国家战略

　　新中国成立之初，我国在专门人民法院设置上，主要效仿苏联模式，更注重军事斗争与和平建设并存时期"抓建设、促生产、防破坏"的现实需要，把"保护社会主义财产，巩固铁路、水上运输纪律，打击破坏交通犯罪行为"作为设置导向，[1]将设立专门审判机构作为司法深入工厂、矿山和铁路，服务经济建设的重要手段，也即"法律要下工矿"。[2]早在1953年3月，中央人民政府政务院政治法律委员会就要求抓紧研究"在工矿、铁路、航运等方面建立专门法院"工作。[3]

　　1953年4月召开的第二届全国司法会议提出，要"有计划有重点地逐步建立与健全工矿区和铁路、水运沿线的专门法庭"，主要任务是"处理与工矿、铁路、水运有关的反革命破坏案件，贪污和盗窃案件以及因消极怠工，玩忽职守致使生产或国家财产蒙受重大损失和危害职工安全的责任事故"，以及"辖区内大的私营工矿企业中的劳资纠纷案件"。考虑到在设立专门法院或法庭方面还缺乏经验，会议要求"刚建立时也不要什么责任事故都拿来审判"，"先搞最重大的案件，逐步推广到一般案件。"[4]

　　1954年《宪法》第七十三条规定"中华人民共和国最高人民法院、地方各级人民法院和专门人民法院行使审判权"，确立了专门人民法院的宪法地位。1954年《人民法院组织法》第二十六条明确了军事法

---

　　〔1〕　中央人民政府政务院政治法律委员会办公厅编印：《苏联专门法院与专门检察署概况》，1954年1月版，第2—3页。

　　〔2〕　董必武：《司法工作必须为经济建设服务》（1955年4月5日），载最高人民法院办公厅编：《最高人民法院历任院长文选》，人民法院出版社2010年版，第45页。

　　〔3〕　《彭真传》编写组编：《彭真年谱》（第2卷），中央文献出版社2012年版，第349页。

　　〔4〕　《彭真传》编写组编：《彭真年谱》（第2卷），中央文献出版社2012年版，第354页。

院、铁路运输法院、水上运输法院的专门人民法院地位。随后，我国先后设立 16 个铁路沿线专门法院（后改称铁路运输法院）、3 个水上运输法院，下辖 31 个派出法庭。1957 年 4 月 16 日，综合考虑政治形势[1]、案件数量等因素，"两高"党组和司法部党组共同向中共中央报送《关于撤销运输检察院、运输法院的请示报告》。报告认为，"运输系统内所发生的刑事案件数量较小，因而可以不必专设运输检察院和运输法院"，此外，"运输系统内所发生的案件，完全可以由地方检察、审判机关来处理"，涉及技术性的复杂问题也是可以通过技术鉴定和陪审制度来解决。"至于一般性的刑事案件，分别划归地方检察院、法院去处理，将更容易和当地各项工作密切结合"，"更好地依靠当地党委与发挥地方检察、审判机关的作用。"[2] 4 月 27 日，中共中央同意了上述报告，并将之批转至各省、市、自治区党委和铁道部、交通部党组。国务院随即于同年 8 月作出撤销铁路运输法院、水上运输法院的决定。[3]

1979 年《人民法院组织法》保留了关于专门人民法院的规定。"文革"结束后，国家开始恢复设立铁路运输法院，筹建水上运输法院，还分别在胜利油田、辽河油田、重点林区设立了专门审理上述区域内案件的油田法院、林区（业）法院。这些专门人民法院的设立，对于保护特殊区域的国有资产安全，维护当地社会治安稳定，促进国民经济发展，发挥过重要作用。[4] 但是，从案件类型上看，专门人民法院审理的主要是特定区域、行业内的案件，与普通地方人民法院审理的案

---

〔1〕 苏联于 1957 年撤销了铁路运输法院、水上运输法院，仅保留了军事法院。[荷] V. 伯格、[加] Y. 普瑞：《苏联的专门法院：性质与活动》，魏新编译，载《国外社会科学》1983 年第 9 期。

〔2〕《中共中央批转最高人民检察院党组等关于撤销运输检察院、运输法院的请示报告》（1957 年 4 月 27 日），载中共中央文献研究室编：《中共中央文件选集》（第 25 卷，1957 年 1 月—6 月），人民出版社 2013 年版，第 227 页。

〔3〕 1957 年 8 月 9 日，国务院全体会议第 56 次会议通过《国务院关于撤销铁路、水上运输法院的决定》，批准司法部关于撤销铁路、水上运输法院的报告，同意将已建立的 19 个铁路、水上运输法院和 31 个派出法庭予以撤销。

〔4〕 万鄂湘主编：《专门法院改革的路径与成效》，人民法院出版社 2013 年版，第 130 页。

件相比，只是发生地、当事人有所不同，专业类型、审理方式差别并不大。同时，专门人民法院由企业或行业主导的管理模式，也引起一些争议。所以，1983 年修改《人民法院组织法》时，不再将铁路运输法院、水上运输法院、森林法院列为法定专门人民法院类型。21 世纪以来，铁路运输法院、林区（业）、油田、垦区、矿区法院的"专门性"更加弱化，通过转型改制、加挂牌子、集中管辖，逐步被纳入地方人民法院管理体系。

1984 年至今，我国陆续在沿海、沿江重要港口城市设立 11 个海事法院，逐步建立专门化的海事审判格局，确立起我国的亚太海事司法中心地位。党的十八大之后，又先后增加知识产权法院、金融法院两类专门法院，并在 2018 年《人民法院组织法》中予以确认。如今，专门人民法院的界定标准，已不再是满足特殊行业或区域的安全生产和秩序维护需要，而是转变为：推动国家战略深入实施、增强专业审判国际影响力、提升专门审判水平、强化国家对特定地域的功能定位，也即"战略+专业"导向。从主次上看，则是服务国家战略为主，兼顾专业审判需要。

军事法院

人民军队 1927 年诞生后，军事审判工作也随之创立和发展。1932 年 3 月颁布的《中华苏维埃共和国军事裁判所暂行条例》，建立了初级、阵地初级、高级军事裁判所和设在最高法院内的最高军事裁判会议，形成四级军事审判组织体系。抗日战争时期，军事裁判所改称军法处，设在军、师、旅政治部内。解放战争时期，军法处设在师（含旅、军分区）、军、兵团、野战军四级，已解放的城市在军管会内设军事法庭，及时审理案件，维护社会治安。

新中国成立之初，军事审判机构仍称军法处，设置在师以上政治机关内。1952 年，中央军委参照苏联军队做法，决定将军法处与政治部分建，列为单独序列。1954 年 1 月，在解放军总部内设立中国人民解放军军事法庭，统一管理全军军事审判工作。1954 年《宪法》和《人民法院组织法》规定设立军事法院等专门人民法院后,中央军委于1954 年 11 月 1 日颁布军事法院编制表,将解放军军事法庭改称解放军军事法院。1955 年 8 月 31 日,国防部印发《关于全军各级军法处改称为军事法院的通知》,规定军事法院在组织上属军队建制,受军队党委领导,在审判工作上受最高人民法院监督。

这一时期军事法院的设置,根据军队组织序列和原有审判机构状况,分为四级:**第一级**,中国人民解放军军事法院;**第二级**,军区军事法院、海军军事法院、空军军事法院、公安军军事法院、铁道兵军事法院、中国人民解放军总直属队军事法院;**第三级**,省军区军事法院、军军事法院、相当于省军区的各军种、兵种军事法院、警备区军事法院;**第四级**,师军事法院、相当于师的各军种、兵种、军分区、基地等军事法院。

各级军事法院建立后,普遍成立审判委员会,在全军各部队选举了军人陪审员,建立兼职辩护人制度,严格贯彻执行合议、陪审、回避、辩护、上诉、死刑复核、审判监督等程序和制度,在组织上、制度上逐步走向正规和统一。

1956 年 12 月 6 日,中央军委决定将中国人民解放军军事法院改名为最高人民法院军事审判庭,作为对外名义,对内职责、组织领导等不变。[1] 1965 年 4 月 22 日又恢复为中国人民解放军军事法院。"文革"期间,全军军事法院均被撤销,军内案件由保卫部门以军事法院名义审理。

1978 年 10 月 20 日,中国人民解放军军事法院正式恢复,并开始办公。1979 年 11 月,兵团级和军级单位军事法院也全部恢复。1979 年《人民法院组织法》正式实施后,为推动军事审判组织体系与地方人民法院组织体系保持一致,中央军委于 1982 年 9 月决定军事法院按三级设置,即:**第一级**,中国人民解放军军事法院;**第二级**,各大军区、海、空军军事法院;**第三级**,省军区、海军舰队、军区空军军事法院。撤销原陆、空军部队的军级军事法院和海军基地军事法院。

---

[1] 1956 年 12 月,时任最高人民法院副院长高克林致信中央军委和国防部长彭德怀,建议将中国人民解放军军事法院改名为最高人民法院军事审判庭。参见万鄂湘主编:《专门法院改革的路径与成效》,人民法院出版社 2013 年版,第 5 页。

1985 年，配合军队精简整编工作，中央军委决定撤销省军区军事法院，改设大军区的地区军事法院，即大军区的基层军事法院。1996 年，在武警部队设立两级军事法院，结束了武警部队案件由地方人民法院管辖的历史。1997 年，我国政府对香港行使主权后，还设立了驻香港部队军事法院。经过上述调整，我国军事法院组织体系逐步成型，采取地域管辖和系统管辖相结合，共分三级设置：**第一级**，中国人民解放军军事法院。**第二级**，军区和相当于军区的军事法院，包括大军区、海军、空军、武警部队军事法院，以及解放军总直属队第一、第二军事法院。**第三级**，海军舰队、军区空军和各大军区的地区军事法院。上述三级设置与地方人民法院分为高级、中级、基层三级是对应的。

党的十八大以来，按照中央关于深化国防和军队改革的部署，我国打破长期实行的总部体制、大军区体制、大陆军体制，构建起"军委—战区—部队"的作战指挥体系和"军委—军种—部队"的领导管理体制，军事司法体制也随之作出调整，组建新的军事政法委员会，军事法院、军事检察院改为按区域设置。[1] 改革后的军事法院仍为三级设置：**第一级**，中国人民解放军军事法院。**第二级**，战区军事法院。包括东部战区军事法院、南部战区军事法院、西部战区第一、第二军事法院、北部战区军事法院、中部战区军事法院、总直属军事法院。**第三级**，基层军事法院。包括上海、南京、杭州、合肥、福州、长沙、广州、南宁、海口、昆明、驻港部队、成都、拉萨、兰州、西宁、乌鲁木齐、呼和浩特、沈阳、哈尔滨、济南、北京、石家庄、郑州、武汉、西安和直属军事法院。

军事法院是国家设置在军队中的审判机关，是属于军队建制的人民法院，依法代表国家在军队行使审判权，在最高人民法院的监督指导下开展工作，同时又具有鲜明的军事特点。具体而言：**一是**各级军事法院的设置、撤销和人员编制，由中央军委决定。**二是**中国人民解放军军事法院的院长，由最高人民法院院长提请全国人大常委会任

---

〔1〕 谢伏瞻主编：《中国改革开放：实践历程与理论探索》，中国社会科学出版社 2021 年版，第 335 页。

免。各级军事法院院长一律采用任命制,这是由军队的高度统一性和集中性所决定的。**三是**军事法院由现役军人组成,军事法官具有军官、法官双重身份,选任时既要符合《中华人民共和国现役军官法》规定的军官条件,又要符合《法官法》规定法官任职条件。**四是**军事法院实行属人管辖为主、属地管辖为辅,属人与属地相结合的管辖制度。**刑事案件方面**,主要根据犯罪军人的部队序列管辖,级别管辖主要根据犯罪军人的职务等级确定。**民事案件方面**,双方当事人均为军人或者军队单位的案件,由军事法院管辖,但法律另有规定的除外。军事法院对三类民事案件有专门管辖权:涉及机密级以上军事秘密的案件;涉及军队选民资格的案件;营区内的财产无主认定案件。**五是**战时军事法院的审判程序可以依法简化,缩短诉讼时限,特别案件可以即时判决。战时还可以对被宣告缓刑的犯罪军人适用戴罪立功,便于更好地保持军队战斗力。例如,按照 2023 年 2 月 24 日第十三届全国人大常委会第三十九次会议通过的《关于军队战时调整适用〈中华人民共和国刑事诉讼法〉部分规定的决定》,军队战时开展刑事诉讼活动,遵循刑法、刑事诉讼法确定的基本原则、基本制度、基本程序,适应战时刑事诉讼特点,保障诉讼当事人合法权益,维护司法公平正义,可以调整适用刑事诉讼法关于管辖、辩护与代理、强制措施、立案、侦查、起诉、审判、执行等部分具体规定。具体由中央军事委员会规定。

水上运输法院

1954 年《人民法院组织法》明确水上运输法院为专门人民法院后。我国于 1954 年 10 月、1955 年 7 月设立了天津水上运输法院、上海水上运输法院和长江水上运输法院。其中,长江水上运输法院设在武汉市,下设重庆分院和九江、芜湖、南京派出法庭。水上运输法院的上诉法院最初为最高人民法院,具体由最高人民法院 1954 年 3 月设立的交通运输审判庭审理。后经最高人民法院授权,改由上海市和天津市高级人民法院作为上诉审法院。

水上运输法院成立以后,有关水运沿线的海事、海商案件都由其受理。当时,以审理水上运输系统内部的刑事案件为主,还受理部分刑事附带民事、交通事故、重大责任事故、海事货损及一般货损等运输纠纷案件。到 1957 年,全国水上运输法院共审理各类案件 716 件,其中刑事案件 461 件,占 64.4%;海事案件 206 件,占 28.8%;海商案件 38 件,占 5.3%;其他案件 11 件,占 1.5%。总体上看,案件数量并不大,类型也不多元。主要原因在于:新中国建立初期,对外贸易主要对象是苏联等社会主义国家,进出口物资主要通过铁路运输,海运所占比例较小,当时我国尚无远洋船队,美国对中国实行海上禁运政策,中国沿海运输的总运量很有限。[1] 1957 年下半年,经中共中央、国务院批准,各水上运输法院陆续撤销,最高人民法院交通运输审判庭也于同年撤销。

水上运输法院撤销后,原由其管辖的案件分别交给地方人民法院的刑事、民事审判庭受理。除在人民法院提起诉讼外,海事、海商纠纷还可以通过仲裁机构仲裁或主管行政部门裁处,但实际上主要是由有关港航行政主管机关调查处理。

1979 年《人民法院组织法》再次将"水上运输法院"列入专门人民法院序列。当时,一部分人认为设立以后再撤销,属于"自找麻烦",反对继续设置水上运输法院,但最高人民法院认为事关国家主权,有必要予以支持。[2] 1980 年开始,经中组部、国家编委、交通部和最高人民法院共同研究,决定在广州、上海、武汉、青岛、天津、大连 6 个港口城市和北京组建水上运输中级、高级法院,并选调了一些来自港航部门的专业技术人员、地方法院审判人员和部分高校海运院系的毕业生,在当地配了办公场所、审判法庭和办案设备。随着改革开放逐步扩大,我国的航运事业和对外贸易事业进入高速发展期。到 1984 年,国家决定改设海事法院,前述设施和人员随即被纳入设立海事法院的筹备工作,水上运输法院从此退出历史舞台。

---

〔1〕 何兰阶、鲁明健主编:《当代中国的审判工作》(下册),当代中国出版社 1993 年版,第 510 页。

〔2〕 《关于水上运输法院的设置问题》(1982 年 8 月 9 日),载《江华司法文集》,人民法院出版社 1989 年版,第 249 页。

铁路运输法院

新中国成立初期,铁路作为国民经济命脉和重要军事设施,具有非同寻常的重要意义。1954年《人民法院组织法》通过后,我国先后在北京、天津、上海、哈尔滨、齐齐哈尔、沈阳、锦州、吉林、郑州、太原、广州、兰州、成都、昆明、济南、柳州等铁路管理局所在地设立16个铁路沿线法院,在各铁路管理分局所在地设立39个派出法庭。

1953年9月1日,中央人民政府司法部、铁道部明确了铁路沿线法院的领导体制,即:性质上属于法院组织系统,机构序列上隶属于司法部,但在试办期间,为便利工作开展,审判业务归法院领导,行政事务暂由所在地铁路局代为管理。为了与1954年《人民法院组织法》确定的名称保持一致,1955年3月,司法部印发《关于铁路、水上运输法院名称的规定》,将"铁路沿线专门法院"正式更名为"铁路运输法院"。

铁路运输法院成立以来,受理的案件主要为所辖区域内与铁路有关的反革命破坏案件、贪污、盗窃案件、铁路员工因消极怠工玩忽职守致使生产安全和国家财产蒙受重大损失和危害职工安全的责任事故案件、非铁路工作人员破坏铁路运输生产的案件和诈骗、流氓、走私、贩毒、杀人、伤害、诬告、虐待等案件以及严重浪费国家资产、严重泄密、失密构成犯罪的案件。到1957年年底,全国铁路运输法院共审理各类刑事案件4827件,其中反革命案1041件、责任事故案502件、贪污、盗窃案1911件、其他案件1373件。1957年8月,国家决定撤销铁路运输法院后,铁路运输方面的一般刑事案件交由案件发生地的基层人民法院处理;直接危害铁路运输的刑事案件,由铁路运输系统的管理局、分局所在地的中级人民法院处理。

1979年《人民法院组织法》重新将铁路运输法院纳入专门人民法院组织体系。1980年7月25日,司法部、铁道部联合印发《关于筹建各级铁路法院有关编制的通知》,决定在北京设立铁路运输高级法院,在铁路局所在地设立铁路运输中级法院,在铁路管理分局所在地设立铁路运输基层法院。筹建工作完成后,1982 年 4 月 23 日,最高人民法院印发《关于铁路运输法院办案问题的通知》(〔82〕法交字第 1 号),要求已具备办案条件的铁路运输法院立即开始办案。1982 年 7 月 9 日,最高人民法院、最高人民检察院、公安部、司法部、铁道部联合印发《关于铁路运输法院、检察院办案中有关问题的联合通知》(〔82〕铁办字 1214 号),规定了铁路运输法院的案件管辖、法官任免等问题。按照上述通知,铁路运输法院主要管辖铁路运输系统公安机关负责侦破的刑事案件,以及与铁路运输有关的经济纠纷、涉外纠纷。[1] 国家在铁路运输系统设立的三级法院建制就此形成。

铁路运输高级法院成立后,存在办案周期长、效率低、成本高等弊端。1987 年 4 月 15 日,经中央批准,最高人民法院、最高人民检察院联合印发《关于撤销铁路运输高级法院和全国铁路运输检察院有关问题的通知》,正式撤销铁路运输高级法院和全国铁路运输检察院。最高人民法院设立交通运输审判庭,最高人民检察院设立铁路运输检察厅,分别指导铁路运输法、检两院业务工作。2000 年 8 月,最高人民法院改革内设机构,撤销交通运输审判庭,由新成立的审判监督庭继续监督指导铁路运输法院审判业务。2005 年 3 月,国家设立西安、太原、武汉铁路局后,经最高人民法院批复同意,西安、太原、武汉铁路运输中级法院于 2006 年下半年陆续挂牌成立。

到党的十八大之前,全国共有 17 个铁路运输中级法院、58 个铁路运输基层法院,分布在除西藏、海南之外的 29 个省、自治区、直辖市,两级铁路运输法院对保障铁路大动脉畅通,保护人民群众生命财产安全发挥了重要作用。另一方面,铁路运输法院一直实行以铁路部门和所在地高级人民法院双重管理,以铁路企业管理为主的体制,人员录用、干部任命由铁路局统一管理,办案经费、资金投入完全依靠铁路企业承担。在这一体制下,铁路运输法院较大程度上依附于铁路企业,审判工作难以从部门利益中超脱。此外,由于铁路运输法院隶属于铁

---

〔1〕 铁路运输高级法院撤销后,最高人民法院于 1990 年 6 月 16 日印发《最高人民法院关于铁路运输法院对经济纠纷案件管辖范围的规定》(法交发〔1990〕8 号),明确了铁路运输法院管辖的 12 类经济纠纷案件。

路企业,审判人员都属于企业编制,司法公信力也因此受到质疑。在涉及铁路企业利益的案件中,时常出现当事人要求审判人员集体回避或要求移送地方人民法院管辖的情况。

最高人民法院也关注到铁路运输法院管理体制带来的问题,在《人民法院五年改革纲要(1999—2003)》中,提出"积极探索人民法院深层次的改革","对铁路、农垦、林业、油田、港口等法院的产生、法律地位和管理体制、管辖范围进行研究,逐步改变铁路、农垦、林业、油田、港口等法院由行政主管部门或者企业领导、管理的现状"。2001年,中共中央办公厅在《关于印发〈地方各级人民法院机构改革意见〉〈地方各级人民检察院机构改革意见〉的通知》(中办发〔2001〕9号)里,要求在地方各级人民法院机构改革期间,"逐步理顺设在铁路、林区、农垦等人民法院的管理体制,合理调整机构布局,清理整顿现有人员,将人员编制纳入国家司法体系一管理"。

2004年年底,中共中央转发的《中央司法体制改革领导小组关于司法体制和工作机制改革的初步意见》,强调要改革铁路、交通、民航等部门和企业管理公检法的体制,将之纳入国家司法管理体系。铁路运输法院管理体制改革成为中央部署的司法体制改革任务。随后印发的《人民法院第二个五年改革纲要(2004—2008)》提出,要"配合有关部门改革现行铁路、林业、石油、农垦、矿山等部门、企业管理法院人财物的体制"。

2009年7月,经过充分研究论证,中央机构编制委员会办公室印发了《关于铁路公检法管理体制改革和核定政法机构编制的通知》(中央编办发〔2009〕15号),确定了铁路运输法院与铁路运输企业全部分离,一次性整体纳入国家司法管理体系,实行属地管理的改革基本原则。2010年12月,最高人民法院会同中央机构编制委员会办公室、最高人民检察院、财政部、人力资源和社会保障部、铁道部六部门联合印发《关于铁路运输法院检察院管理体制改革若干问题的意见》(铁政法〔2010〕238号),明确规定铁路法院一次性移交给驻在地的省、自治区、直辖市党委和高级人民法院,实行属地管理,法律职务由地方人大常委会和本院院长根据相关法律规定办理,以考核和考试相结合的方式进行人员过渡,经费由同级政府财政预算予以保障。

在各方共同努力下,从 2012 年 1 月到 6 月,全国所有铁路运输法院陆续纳入国家司法体系,正式移交地方,实行属地管理。人员过渡完成后,使用核定的政法专项编制进行身份转换,转换为公务员身份,执行公务员工资制度。干部根据管理权限,由地方党委及人民法院党组管理。除少数省份外,基本采取以下模式任免:铁路运输中级法院院长由所在地省(区、市)一级党委管理;两级铁路运输法院处级干部由所在地高级人民法院党组管理,科级以下干部由本院党组管理;两级铁路运输法院审判员以上法律职务由高级人民法院院长提请其同级人大常委会任免,助理审判员、书记员等职务由本院院长任免。

为确定铁路运输法院管理体制改革后的案件管辖范围,2012 年 7 月 17 日,最高人民法院印发了《关于铁路运输法院案件管辖范围的若干规定》(法释〔2012〕10 号)。**刑事方面,**铁路运输法院受理同级铁路运输检察院依法提起公诉的刑事案件,[1]有权受理管辖区域范围内发生的刑事自诉案件。**民事方面,**管辖涉及铁路运输、铁路安全、铁路财产的 11 类民事纠纷。[2] 为了拓宽铁路运输法院业务范围,给下一步深化改革预留空间,前述文件第五条突破了铁路运输法院的"铁路"属性,在第五条第一、二款规定:"省、自治区、直辖市高级人民法院可以指定辖区内的铁路运输基层法院受理本规定第三条以外的其他第

---

〔1〕 以下三类案件由犯罪地的铁路运输法院管辖:车站、货场、运输指挥机构等铁路工作区域发生的犯罪;针对铁路线路、机车车辆、通讯、电力等铁路设备、设施的犯罪;铁路运输企业职工在执行职务中发生的犯罪。

〔2〕 下列涉及铁路运输、铁路安全、铁路财产的民事诉讼,由铁路运输法院管辖:(1)铁路旅客和行李、包裹运输合同纠纷;(2)铁路货物运输合同和铁路货物运输保险合同纠纷;(3)国际铁路联运合同和铁路运输企业作为经营人的多式联运合同纠纷;(4)代办托运、包装整理、仓储保管、接取送达等铁路运输延伸服务合同纠纷;(5)铁路运输企业在装卸作业、线路维修等方面发生的委外劳务、承包等合同纠纷;(6)与铁路及其附属设施的建设施工有关的合同纠纷;(7)铁路设备、设施的采购、安装、加工承揽、维护、服务等合同纠纷;(8)铁路行车事故及其他铁路运营事故造成的人身、财产损害赔偿纠纷;(9)违反铁路安全保护法律、法规,造成铁路线路、机车车辆、安全保障设施及其他财产损害的侵权纠纷;(10)因铁路建设及铁路运输引起的环境污染侵权纠纷;(11)对铁路运输企业财产权属发生争议的纠纷。

一审民事案件,并指定该铁路运输基层法院驻在地的中级人民法院或铁路运输中级法院受理对此提起上诉的案件。此类案件发生管辖权争议的,由该高级人民法院指定管辖。""省、自治区、直辖市高级人民法院可以指定辖区内的铁路运输中级法院受理对其驻在地基层人民法院一审民事判决、裁定提起上诉的案件。"为防止各地各行其是、割裂管辖,文件第六条规定:"各高级人民法院指定铁路运输法院受理案件的范围,报最高人民法院批准后实施。"

党的十八大以来,经最高人民法院批准,各高级人民法院结合本地实际,陆续指定了部分案件由辖区内的铁路运输法院受理。该部分案件早期以与交通运输相关的运输合同纠纷案件、保险纠纷案件为主。为切实解决行政诉讼立案难、审理难、执行难等突出问题,2014年修改的《行政诉讼法》第十八条第二款明确:"经最高人民法院批准,高级人民法院可以根据审判工作的实际情况,确定若干人民法院跨行政区域管辖行政案件。"铁路运输法院本来就是跨行政区域管辖,且案件数量不大,逐步成为集中管辖行政案件的主要力量。2015年6月,最高人民法院印发《关于人民法院跨行政区域集中管辖行政案件的指导意见》(法发〔2015〕8号),明确"行政案件集中管辖改革以普通人民法院为主,同时可以充分挖掘其他可利用司法资源,诸如铁路运输法院、林区法院、农垦法院、油田法院及开发区法院等潜力"。经所在地高级人民法院指定,南京、徐州、杭州、南昌、武汉、襄阳、广州、南宁、柳州、昆明、西安、安康、兰州、西宁、济南、福州等地铁路运输法院均集中管辖了一部分行政案件。除交通类案件、行政案件外,为探索专业化案件集中管辖的新模式,部分铁路运输法院还集中管辖了破产、执行、互联网、金融借款、职务犯罪、环境资源、国际商事、食品药品安全案件。

为了配合法院组织体系改革,完善设立跨行政区划法院、新类型专门法院的新模式,围绕铁路运输法院转型的实践探索也在深入推进。党的十八届四中全会通过的《中共中央关于全面推进依法治国若干重大问题的决定》提出"探索设立跨行政区划的人民法院和人民检察院,办理跨地区案件"。考虑到铁路运输法院、检察院是跨行政区划设置，当时的整体思路是："这项改革，只要对现有铁路运输法院和检察院略加改造，合理调配、充实审判人员、检察人员就可以做到。"〔1〕依循上述思路，改造铁路运输法院成为探索设立跨行政区划法院的主要模式：

《人民法院第四个五年改革纲要（2014—2018）》

2. 探索设立跨行政区划的法院。以科学、精简、高效和有利于实现司法公正为原则，探索设立跨行政区划法院，构建普通类型案件在行政区划法院受理、特殊类型案件在跨行政区划法院受理的诉讼格局。将铁路运输法院改造为跨行政区划法院，主要审理跨行政区划案件、重大行政案件、环境资源保护、企业破产、食品药品安全等易受地方因素影响的案件、跨行政区划人民检察院提起公诉的案件和原铁路运输法院受理的刑事、民事案件。

2014 年 12 月 2 日，十八届中央全面深化改革领导小组第七次会议审议通过《设立跨行政区划人民法院、人民检察院试点方案》，提出在北京铁路运输中级法院加挂北京市第四中级人民法院牌子、在上海铁路运输中级法院加挂上海市第三中级人民法院牌子，作为跨行政区划人民法院，先行试点。上海市第三中级人民法院于 2014 年 12 月 28 日挂牌，北京市第四中级人民法院于 2014 年 12 月 30 日挂牌。

事实上，按照十八届中央全面深化改革领导小组第三次会议审议通过的《关于设立知识产权法院的方案》，此前已依托上海铁路运输中级法院设立上海知识产权法院，实行合署办公。这就意味着，在上海铁路运输中级法院上加挂了知识产权法院、市第三中级人民法院两块牌子。**"加挂牌子"** 的模式，在后续设立杭州互联网法院时又被"复制"。按照最高人民法院印发的《关于设立杭州互联网法院的方案》（法〔2017〕245 号），杭州互联网法院也是依托杭州铁路运输法院，通

---

〔1〕 孟建柱：《完善司法管理体制和司法权力运行机制》，载本书编写组编著：《〈中共中央关于全面推进依法治国若干重大问题的决定〉辅导读本》，人民出版社 2014 年版，第65—66 页。

过加挂牌子形式设立的。不服杭州互联网法院第一审裁判的上诉、抗诉案件,由杭州市中级人民法院审理,而非杭州铁路运输法院的对应上级人民法院:上海铁路运输中级法院。

由于 1979 年《人民法院组织法》未明确跨省级行政区划设立法院的模式,跨行政区划法院仅能在直辖市内试点。此外,铁路运输法院主要在铁路沿线设立,但铁路集中未必意味着经济发达、案件集中,铁路运输法院多的地方(例如东北三省),相应的跨地区案件并不多,因此,通过在铁路运输法院加挂牌子设立跨行政区划法院的模式,2014年之后并未推广,也没有写入 2018 年修订的《人民法院组织法》。

更重要的是,上海知识产权法院、杭州互联网法院的运行实践也说明,"加挂"牌子虽然节约了机构资源,但不利于相关法院聚焦专业化审判主业,反而被其他业务分散了力量和精力。例如,考虑到杭州互联网法院与杭州铁路运输法院合署办公,审判资源较为紧张,最高人民法院于 2021 年 7 月印发《关于同意杭州铁路运输法院不再管辖涉交通民事案件的批复》(法〔2021〕188 号),逐步剥离了杭州铁路运输法院之前集中管辖的部分案件。

2018 年 8 月,最高人民法院在推进设立北京、广州互联网法院时,调整了工作思路,改为采取**"撤一设一"**的设立思路,在《关于增设北京互联网法院、广州互联网法院的方案》(法〔2018〕216 号)中明确:撤销北京铁路运输法院、广州铁路运输第二法院,腾出的机构编制分别用于单独设立北京互联网法院、广州互联网法院。原铁路运输法院管辖的案件,由北京市、广东省高级人民法院指定辖区内其他基层人民法院办理。

相较于"加挂牌子","撤一设一"模式更为彻底,既剥离了传统审判业务,防止将来又"翻烧饼",又有利于互联网法院优化资源配置、聚焦互联网审判主业,同时也明确了新设法院与辖区同级法院平等的规格。例如,北京铁路运输法院之前是正处级规格,新设的北京互联网法院按照北京市城区基层人民法院设置,"升级"为副厅级规格,有利于平等履职、配置干部、吸引人才。

不过,由于广州铁路运输中级法院仍集中管辖广州市的行政案件,广州互联网法院设立后,视第一审案件类型,可以分别上诉至三个法院。按照最高人民法院印发的《关于同意撤销广州铁路运输第二法院 设立广州互联网法院的批复》(法〔2018〕218 号),"广州互联网法院的上一级法院为广东省广州市中级人民法院。但涉互联网著作权权属和侵权纠纷、互联网域名纠纷的上诉、抗诉案件,由广州知识产权法院审理;涉互联网行政纠纷的上诉、抗诉案件,由广州铁路运输中级法院审理。"

增设北京、广州互联网法院开创的"撤一设一"模式,在后续增设专门人民法院工作中,被进一步复制推广。例如,最高人民法院 2019年 2 月印发的《关于同意撤销南京铁路运输法院 设立南京海事法院的批复》(法〔2019〕39 号)就提出,"撤销南京铁路运输法院,设立南京海事法院","南京海事法院按中级人民法院组建,其上一级法院为江苏省高级人民法院"。成渝金融法院 2023 年 1 月正式运行后,最高人民法院于同月 3 日印发《关于同意撤销重庆铁路运输法院的批复》(法〔2023〕2 号),同意撤销重庆铁路运输法院。

总体而言,由于铁路运输法院在全国的分布有其历史特点,"一揽子"改造为跨行政区划法院并不可行,而"撤一设一"的做法,仅适宜于特定城市和地区,还需要进一步统筹规划。因此,《人民法院第五个五年改革纲要(2019—2023)》暂时将相关改革纳入"深化与行政区划适当分离的司法管辖制度改革"项目,采取的是先"集中管辖、有所作为",未来"逐步改造、再图发展"的改革策略。

《人民法院第五个五年改革纲要(2019—2023)》

33. 深化与行政区划适当分离的司法管辖制度改革。科学界定人民法院跨行政区划管辖案件的范围和标准,推动形成有利于打破诉讼"主客场"现象的新型诉讼格局。配合人民法院组织体系改革,推动整合铁路运输法院、林区法院、农垦法院等机构,进一步优化司法资源配置。

林区(业)法院

新中国成立后,为维护林区治安秩序,保卫林业生产建设,我国先后在重点林区建立了公安保卫机构,派驻了人民法庭。20 世纪 70 年代末,由于对林区的保护管理不善,执法力量不足,森林的破坏比较严重。为有效保护林业资源,1980 年 12 月 1 日,林业部、司法部、公安部、最高人民法院、最高人民检察院联合印发《关于在重点林区建立与健全林业公安、检察、法院组织机构的通知》(〔80〕林护字 73 号),要求在大面积国有林区的国营林业局、木材水运局所在地设立森林法院,在林管局所在地或国营森林集中连片地区设立森林中级法院,在森林资源较多且工作量大的地区可以在当地法院内部增设林业审判庭。

1981 年,甘肃省白龙江林业管理局按照前述通知要求,筹备建立甘肃省白龙江森林中级法院和森林基层法院。然而,1983 年修改《人民法院组织法》时,不再将"森林法院"列入专门人民法院类别,各地筹备工作随之搁浅。考虑到林业资源的重要地位,最高人民法院同年还是作出《关于在林区设立法院机构的批复》(〔83〕法司字第 96 号),同意吉林省高级人民法院在吉林市、延边朝鲜族自治州和通化地区的三个中级人民法院分别设立分院,行使中级人民法院职权,审判林区的刑事、民事、经济案件和上诉、抗诉案件,同时在上述三个分院所辖林区分别设立 17 个基层法院,审判林区的刑事、民事和经济类第一审案件。1984 年年初,又陆续批复同意黑龙江、甘肃等省设立林区法院。甘肃随即将筹备中的林区两级法院机构名称确定为甘肃省武都地区中级人民法院分院(后先后更名为甘肃省陇南地区中级人民法院分院、甘肃省陇南市中级人民法院分院),以及卓尼、迭部、舟曲、文县林区基层法院。[1]

---

〔1〕 甘肃省高级人民法院编:《甘肃法院志(1949—2015)》(下卷·第 2 册),甘肃人民出版社 2017 年版,第 1966 页。

至 2006 年,我国共有林区(业)中级法院 7 个,基层法院 74 个,法庭 159 个,分布在吉林、黑龙江、福建、湖南、四川、甘肃六个省,实行由所在地高级人民法院和林业主管部门党委(党组)双重管理的体制。林区(业)法院自设立以来,为保护森林及野生动植物资源、保护生态安全、维护林区社会治安秩序作出了突出贡献。但是,由于多种原因,各地林业审判人员编制不统一(既有行政编制,也有事业编制和企业编制),[1]经费保障渠道多样且不稳定(既有由地方财政负担,也有由林业行政主管部门或林业企业负担),严重影响了职能作用的发挥。

2001 年 5 月,国务院总理办公会提出调整林区(业)法院和检察院管理体制,交由地方人民法院、检察院管理,由中央机构编制委员会办公室和财政部分别会同有关部门研究机构设置、编制和经费保障问题。2005 年 7 月,国务院办公厅印发《关于解决森林公安及林业检法编制和经费问题的通知》(国办发〔2005〕42 号),要求理顺林区(业)检、法机构管理体制,由国家林业局会同有关主管部门抓紧研究提出解决林业检、法编制和经费问题的意见。2007 年 3 月,中央机构编制委员会办公室印发《关于为森林公安和林业法检机构核定政法专项编制等事项的通知》(中央编办发〔2007〕19 号),明确了林区(业)法院的编制核定、人员过渡、理顺管理体制等问题,拟将林区(业)法院从原所属林业部门或企业中分离,纳入国家司法管理体系,由地方人民法院管理的改革。鉴于黑龙江省、吉林省两大国有林区具有跨行政区域、独立性强的特点,这两个省的林区(业)法院保持 2 年的过渡期,过渡期内继续实行双重管理体制。

2009 年 4 月,最高人民法院、最高人民检察院、国家林业局联合印发《林区审判、检察体制改革的实施意见》(高检会〔2009〕1 号),明确了林区(业)法院纳入国家司法管理体系后的具体管理办法,即林业审判机构与原属企业或部门分离,干部管理根据管理权限,由地方党委和人民法院党组管理,法律职务的任免按有关法律和相关规定办理,案件管辖范围和业务领导关系维持原状,经费按照"分级管理、分级负

---

〔1〕 宦盛奎:《专业化和地方化冲突中的林业法院》,载《法学杂志》2011 年第 2 期。

责"的原则和管理体制由相应的地方财政予以保障。

为督促有关省份高级人民法院做好林业审判机构体制改革实施工作,最高人民法院印发《关于做好林业审判机构体制改革实施工作的通知》,要求相关省份按照前述实施意见的要求,积极推进本省林区(业)审判机构体制改革工作。随后,福建、四川、湖南陆续完成了改革任务,将林业审判机构转化为地方法院的内设机构,人员全部过渡为政法专项编制身份。

经过裁撤和转制,截至目前,黑龙江省保留黑龙江省林区中级法院,于 2019 年 1 月撤销 23 个原林区基层法院,新设亚布力、鹤北、东方红、诺敏河、双桦、绥阳、沿江人民法院,作为林区基层法院履行职责。吉林省保留长春、延边 2 个林区中级法院,以及红石、白石山、江源、抚松、临江、敦化、白河、珲春、汪清、和龙 10 个林区基层法院。甘肃省于 2012 年 9 月将甘肃省陇南市中级人民法院分院更名为甘肃省林区中级法院,搬迁至兰州,管辖全省应当由中级人民法院管辖的涉林业资源案件。2018 年后,经最高人民法院批准,将卓尼、迭部、舟曲、文县、庆阳 5 个林区基层法院分别更名为洮河、祁连山、白龙江、小陇山、子午岭林区法院,并调整了办公地址和管辖范围,子午岭林区法院的上诉法院由庆阳市中级人民法院改为甘肃省林区中级法院。

油田法院

我国的油田法院仅设立于胜利、辽河两大油田。两地油田法院均经历了因所在地建市而与地方法院"合署办公"的过程,不同的是,胜利油田两级法院最终被依法撤销,辽河油田两级法院则保留了原有建制,最终以移交的方式纳入国家司法管理体系。

1974 年 9 月 28 日,胜利油田建成。为维护油田区域的治安秩序,1975 年 2 月 6 日,山东惠民地区(现滨州市)中级人民法院在胜利油田驻地组建东营人民法庭,审理东营油第一审刑事、民事案件。随着油田规模不断扩大,法庭逐渐难以适应油田发展需要,1979 年 10 月,经中共山东省委和山东省高级人民法院批准,设立了胜利油田中级人民法院和胜利油田人民法院。1982 年 11 月,国务院批准设立地级市——东营市。建市后,东营市中级人民法院和东营区人民法院随之成立,并分别与胜利油田中级人民法院和胜利油田人民法院以"一套机构、两块牌子"的形式合署办公。1995 年 3 月,根据中共山东省委和省人大常委会作出的《关于依法理顺东营市政法体制的决定》,东营市两级人民法院与胜利油田两级法院合署办公时期结束,胜利油田中级人民法院和胜利油田人民法院被依法撤销,东营市中级人民法院和东营区人民法院依法独立办公。胜利油田两级法院从此退出历史舞台。

辽河油田中级法院和辽河油田法院是根据辽宁省人大常委会决议,于 1981 年组建的。1984 年 8 月 1 日,在辽河油田机关所在地盘山县挂牌办公,负责受理油田内部和侵害油田利益的民事、经济和刑事案件。1985 年盘山县被改设为盘锦市后,辽河油田两级法院同时承担了盘锦市和油田的审判任务。1988 年,盘锦市单独设立两级法院独立办公,辽河油田两级法院仍继续保留。

2004 年 3 月,国务院办公厅印发《关于中央企业分离办社会职能试点工作有关问题的通知》(国办发〔2004〕22 号),确定中国石油天然气集团公司等三家企业为分离企业办社会职能的试点,将企业所属的法院、检察院等单位,一次性全部分离,并按属地原则移交给地方管理。根据该通知精神,2004 年 9 月,中国石油天然气集团公司与辽宁省人民政府签订移交协议,将其下属的辽河石油勘探局所属的辽河油田两级法院移交给辽宁省管理。当年 11 月,辽河油田两级法院被一次性成建制移交辽宁省高级人民法院管理,并分别更名为辽宁省辽河中级法院和辽宁省辽河法院。

2007 年,中央机构编制委员会办公室为辽河中级法院和辽河法院下达了中央政法专项编制,将人员身份转换为公务员,两级油田法院改制工作完成。2009 年初,最高人民法院正式批复,同意撤销辽宁省辽河中级法院和辽宁省辽河法院,设立辽宁省辽河中级人民法院和辽河人民法院。油田法院从此退出历史舞台。

垦区法院

新中国成立初期,为了开发土地资源,同时发挥屯垦戍边、巩固国防的作用,我国建立了一大批国营农场,并在农场内设立人民法庭。1968 年,中国人民解放军沈阳军区设立黑龙江生产建设兵团。为适应兵团发展需要,1970 年初,经沈阳军区批准,在兵团司令部及其所辖的6 个师建立了两级军事法院,管辖兵团内发生的刑事案件。1976 年,兵团改制为黑龙江省国营农场总局,兵团所属两级军事法院随之被撤销,遗留的刑事案件和垦区内发生的各类案件交由地方法院管辖。但是,黑龙江垦区总面积达 5.54 万平方公里,耕地 4363 万亩,拥有 113个国有农场,由于垦区分布范围广、规模大,多数还跨行政区划,地方法院难以有效履行审判职能,一些严重刑事犯罪案件不能得到及时处理,垦区内的社会治安状况每况愈下,严重影响了垦区经济建设和治安稳定。

1982 年 2 月 8 日,经国务院批准,司法部同意建立黑龙江省农垦中级法院及宝泉岭、建三江、红兴隆、牡丹江、九三、北安、齐齐哈尔、绥化 8 个农垦基层法院。同年 9 月 28 日,黑龙江省第五届人大常委会第十七次会议作出《关于在我省林区、农垦区建立人民法院、人民检察院的决定》,农垦法院陆续组建。

2007 年 9 月,针对垦区司法机构体制不顺、编制不规范等问题,黑龙江省农垦总局向农业部报送了《关于黑龙江垦区检法司机构体制改革和人员编制纳入国家政法专项编制的请示》(黑垦局呈〔2007〕226号),提出将黑龙江垦区检法司机构纳入国家司法管理体系,将人员编制纳入国家政法专项编制序列,按照公务员管理。垦区法院管理体制改革随之启动。但是,由于对先启动人员身份转换,还是先纳入国家司法管理体系存在争议,改革进展相对缓慢。

2016 年 1 月,中央机构编制委员会办公室正式印发《关于黑龙江垦区和大庆市、伊春市、大兴安岭地区政法机关纳入统一国家司法管理体系的通知》(中央编办发〔2016〕1 号),提出将垦区法院与所属农垦系统全部分离,整建制移交省高级人民法院管理。垦区法院核定政法专项编制后,实行公务员制度。干警从企业法院参公管理正式转为国家公务员身份。

2019 年 1 月,黑龙江省高级人民法院发布公告,撤销宝泉岭、建三江、红兴隆、牡丹江、九三、北安、齐齐哈尔、绥化 8 家农垦基层法院;新设宝泉岭、建三江、红兴隆、九三、绥北人民法院,履行农垦基层法院职责;保留黑龙江省农垦中级法院,作为前述法院的上诉法院。

矿区法院

矿区法院一般指设立在国有矿区的人民法院。在我国,多数城市的"矿区"已成为地级市内的行政区,有对应的党委、人大,矿区人民法院属于地方基层人民法院,如大同市矿区人民法院、石家庄市井陉矿区人民法院、阳泉市矿区人民法院等。但是,如果矿区并非独立行政建制,能否设立相应法院,存在一定争议。1994 年 9 月,河南省人大常委会曾向全国人大常委会法工委请示:

今年 4 月,我们收到了河南省高级法院"关于成立郑州矿区人民法院的请示"。请示称郑州矿区涉及三县一区,东西 150 多公里,矿区人口近十二万。现在,郑州矿区已建立了矿区管理委员会,作为郑州市政府的派出机构,行使区级政府职能,并设有人民检察院、公安分局、司法局,唯独没有法院,要求设立矿区人民法院……我们认为,从郑州矿区的实际工作需要出发,成立郑州矿区法院是必要的。据了解,兄弟省市已有类似情况。但是,由于郑州矿区不是按行政建置成立的,矿区管委会也不是一级政府,所以郑州矿区法院只能作为专门法院,不能是基层法院。《人民法院组织法》第二十九条规定:"专门人民法院的组织和职权由全国人民代表大会常务委员会另行规定。"因此,郑州矿区应成立专门法院还是基层法院,请予答复。

对于上述请示,全国人大常委会法工委的答复是:"在河南省郑州矿区设立郑州矿区人民法院,没有法律依据。鉴于《人民法院组织法》的修改工作正在进行,建议这一问题在修改《人民法院组织法》时一并研究。"〔1〕当然,上述答复并不意味着所有矿区法院都无法律依据。在我国,唯一曾被视为专门人民法院的,是甘肃矿区人民法院。

"甘肃矿区"并非真正意义的"矿区",实际上是指我国早期的特大型核工业基地——位于甘肃省河西走廊西部的国营404厂(现中核四○四有限公司),对外称西北第一矿山机械厂或甘肃矿区。1962年11月,根据甘肃省委《复关于设置西北第一矿山机械厂区政法机构的请示报告》(甘发〔62〕438号),设立甘肃省五华山地区人民法院,为核基地提供司法服务。1964年6月,根据中共中央《关于在西北第一矿山机械厂建立政权机构问题的批复》(中发〔64〕154号),设立甘肃省矿区办事处,行使专区级政权组织的职权,同时将甘肃省五华山地区人民法院更名为"甘肃省矿区人民法院",行使中级人民法院审判职权。1994年,又更名为"甘肃矿区人民法院"。〔2〕

矿区法院原隶属甘肃矿区办事处,行政管理、人事和组织关系受矿区党委和省高级人民法院双重领导。院长由矿区党委组织部推荐,报甘肃省委组织部审批、省高级人民法院备案,由后者报省人大常委会任免。其他审判人员经矿区党委组织部审批、省高级人民法院备案,也由后者报省人大常委会任免。

2009年7月,按照国务院办公厅关于中央企业分离办社会职能试点工作精神,甘肃省委组织部、甘肃省高级人民法院、甘肃省人民检察院联合印发《关于甘肃矿区法院、检察院人员公务员身份过渡实施方案》(甘组电明字〔2009〕36号),矿区法院实行人员身份和管理体制改革,工作人员逐步转换为中央政法专项编制,纳入公务员管理序列。矿区法院院长由省高级人民法院党组协助省委管理;班子成员和副处级以上干部由省级人民法院党组决定任免;审判人员按程序提请省人

〔1〕　乔晓阳、张春生主编:《选举法和地方组织法释义与解答》(修订版),法律出版社1997年版,第479—480页。

〔2〕　甘肃省高级人民法院编:《甘肃法院志(1949—2015)》(下卷·第2册),甘肃人民出版社2017年版,第2045页。

大常委会任免。改制之后,甘肃矿区人民法院主要负责中核四〇四有限公司及嘉峪关生活区内发生的各类诉讼案件的审理和执行工作。

2017年8月,经最高人民法院和甘肃省委同意,甘肃矿区人民法院由嘉峪关搬迁至兰州市,集中管辖环境资源案件,原管辖的案件移交嘉峪关市城区人民法院。按照甘肃省高级人民法院2017年9月印发的《关于环境资源案件跨区域集中管辖实施意见(试行)》,甘肃矿区人民法院集中管辖原由全省各中级人民法院管辖的涉环境资源类案件;审理或执行省法院指定的其他案件;指导省内基层人民法院涉环境资源类案件的审判执行工作。最高人民法院于2019年5月作出批复,同意在甘肃矿区人民法院设立兰州环境资源法庭,跨行政区划管辖生态环境案件和部分自然资源案件。下一步,最高人民法院还将根据专业化审判工作需要,统筹设定甘肃矿区人民法院、甘肃省林区中级法院的管辖范围。

海事法院

1984年5月24日,为适应海上运输和对外贸易事业发展的需要,经中央政法委员会批准,最高人民法院、交通部联合印发《关于设立海事法院的通知》,决定以上海、天津、青岛、大连、广州、长江(驻武汉市)6个水上运输法院筹备组为基础,在上海、天津、青岛、大连、广州、武汉等6个口岸城市设立海事专门法院。同时,以水上运输高级法院筹备组为基础,在交通部设立"海事法院办公室"(局级),负责管理属于交通部管理名单的海事法院干部;编制和审核经费预决算、基建和物资装备计划;向最高人民法院和交通部提出设置派出法庭的建议;负责海事和海商方面的法制宣传;沟通、协调与有关部门的关系等。

1984年11月14日,第六届全国人民代表大会常务委员会第八次会议通过《关于在沿海港口城市设立海事法院的决定》,明确海事法院管辖第一审海事案件和海商案件,不受理刑事案件和其他民事案件。各海事法院管辖区域的划分,由最高人民法院规定。对海事法院的判决和裁定的上诉案件,由海事法院所在地的高级人民法院管辖。最高人民法院于同年 11 月 28 日作出《关于设立海事法院几个问题的决定》,规定了海事法院的机构设置、收案范围以及广州、上海、青岛、天津、大连 5 个海事法院管辖的地域范围。[1] 之后,最高人民法院根据需要,先后设立海口、厦门、宁波、北海、南京海事法院。

根据形势发展和实践需要,最高人民法院先后印发《关于海事法院受理案件范围的若干规定》[法(交)发〔1989〕6 号]、《关于海事法院受理案件范围的若干规定》(法释〔2001〕27 号)、《关于海事法院受理案件范围的规定》(法释〔2016〕4 号),完善了海事法院的案件受理范围。同时,还专门以通知形式明确,除海事法院及其上诉审法院外,地方各级人民法院不得受理海事法院管辖范围内的案件。[2]

经过 30 多年的发展,海事法院已从设立之初单纯为适应海上运输和对外贸易事业发展的需要,逐渐发展为覆盖海事海商、海事行政、海洋环境保护等涉海领域的综合性海事司法体系。我国是世界上海事审判机构最多最齐全、受理海事案件数量最多的国家,成为亚太地区海事司法中心,并正在向建设国际海事司法中心的目标稳步前进。

知识产权法院

人民法院开展知识产权专门审判工作始于 20 世纪 90 年代。到党的十八大之前,最高人民法院和各高级人民法院都设有专门审理知识产权案件的审判庭,全国主要城市的中级人民法院和部分基层人民法院已设立 420 多个知识产权审判庭,从事知识产权审判的法官 2700 多名,其中硕士以上学历的占 41.1%。多数知识产权案件与科技创新密切相关,专业性、技术性较强,新类型案件、疑难复杂案件逐年增多,

---

〔1〕《最高人民法院关于设立海事法院几个问题的决定》没有规定设立武汉海事法院,后于 1987 年 7 月 28 日发出《最高人民法院关于调整武汉、上海海事法院管辖区域的通知》,规定了武汉海事法院的管辖区域。

〔2〕 该通知为《最高人民法院关于进一步贯彻执行海事法院收案范围的通知》[法(交)发〔1989〕39 号,已废止]。通知还明确,在海事法院辖域内,远离海事法院所在地发生的简易的、争议标的不大的国内海事海商案件,当事人向地方人民法院起诉的,地方人民法院可在征得有管辖权的海事法院同意后予以受理。

审理难度较多。随着我国加快改革开放步伐，涉外知识产权案件增幅较大，国际关注度高，各国对在华知识产权司法保护问题极为关注。

党的十八届三中全会通过的《中共中央关于全面深化改革若干重大问题的决定》提出要"探索建立知识产权法院"。2014 年 8 月 31 日，第十二届全国人大常委会第十次会议通过了《关于在北京、上海、广州设立知识产权法院的决定》。2014 年 11 月 6 日、12 月 16 日、12 月 28 日，北京、广州、上海知识产权法院先后揭牌。为推进中国特色自由贸易港建设，2020 年 12 月 26 日，第十三届全国人大常委会第二十四次会议通过《关于设立海南自由贸易港知识产权法院的决定》。2020 年 12 月 31 日，海南自由贸易港知识产权法院揭牌成立。

除了 4 个知识产权法院，知识产权专门审判的组织体系也更加完善。2017 年起，最高人民法院批复同意南京等 27 个城市设立知识产权专门法庭，跨区域管辖专业技术性较强的知识产权案件。在此之前，最高人民法院先后批准近 200 家基层人民法院集中管辖相应区域的商标、著作权等普通知识产权案件。2019 年 1 月，最高人民法院知识产权法庭挂牌办公，集中管辖全国范围内专利等技术类知识产权和垄断上诉案件。可以说，截至 2022 年 6 月，我国已形成以最高人民法院知识产权审判部门为牵引、4 个知识产权法院为示范、27 个知识产权专门法庭为重点、地方各级法院知识产权审判庭为支撑的专业化审判格局。中国特色的知识产权专门审判格局已初步形成。

第一，北京、上海、广州知识产权法院的管辖范围。 2014 年 10 月 31 日，最高人民法院印发《关于北京、上海、广州知识产权法院案件管辖的规定》（法释〔2014〕12 号），[1] 确定了三个知识产权法院的管辖范围和上诉机制。2022 年 4 月 20 日，为了合理定位四级法院审级职能，最高人民法院又印发《关于第一审知识产权民事、行政案件管辖的若干规定》（法释〔2022〕13 号），优化调整了知识产权案件管辖制度。综上，北京、上海、广州知识产权法院的案件管辖范围是：

---

〔1〕 后根据 2020 年 12 月 23 日最高人民法院审判委员会第 1823 次会议通过的《最高人民法院关于修改〈最高人民法院关于审理侵犯专利权纠纷案件应用法律若干问题的解释（二）〉等十八件知识产权类司法解释的决定》修正。

　　一是所在市辖区内的下列第一审案件：（1）发明专利、实用新型专利、植物新品种、集成电路布图设计、技术秘密、计算机软件的权属、侵权纠纷以及垄断纠纷第一审民事、行政案件。因全国人大常委会《关于在北京、上海、广州设立知识产权法院的决定》要求知识产权法院管辖的专利等案件类型应当是"专业技术性较强"，而专利等知识产权合同纠纷案件通常不涉及较强的专业技术性问题，所以涉及发明专利等的第一审知识产权合同纠纷案件，由基层人民法院管辖；[1]（2）对国务院部门、县级以上地方人民政府或者海关所作的涉及著作权、商标、不正当竞争等行政行为提起诉讼的行政案件；（3）外观设计专利的权属、侵权纠纷以及涉驰名商标认定第一审民事、行政案件。

　　二是当事人对知识产权法院所在市的基层人民法院作出的第一审著作权、商标、技术合同、不正当竞争、知识产权合同纠纷等知识产权民事和行政判决、裁定提起的上诉案件。

　　另外，广州知识产权法院可以在省内跨区域管辖下列案件：发明专利、实用新型专利、植物新品种、集成电路布图设计、技术秘密、计算机软件的权属、侵权纠纷以及垄断纠纷第一审民事、行政案件。鉴于知识产权审判经验不断积累，涉驰名商标认定案件裁判规则业已成熟，从方便当事人诉讼角度考虑，2022 年 5 月 1 日之后，广州知识产权法院不再集中管辖全省其他地市的涉驰名商标认定案件，此类案件由广东省各中级人民法院管辖。[2] 此外，按照最高人民法院 2014 年 12 月 11 日印发的《关于同意深圳市两级法院继续管辖专利等知识产权案件的批复》，深圳市两级法院继续管辖辖区内专利、植物新品种、集成电路布图设计、技术秘密、计算机软件民事和行政案件，相关第一审案件不属于广州知识产权法院管辖范围。

　　第二，北京知识产权法院的专属管辖范围。知识产权授权确权类案件由北京知识产权法院专属管辖，该类案件是整个知识产权案件的

---

　　〔1〕 林广海、李剑、许常海：《〈关于第一审知识产权民事、行政案件管辖的若干规定〉的理解与适用》，载《人民司法·应用》2022 年第 16 期。

　　〔2〕 林广海、李剑、许常海：《〈关于第一审知识产权民事、行政案件管辖的若干规定〉的理解与适用》，载《人民司法·应用》2022 年第 16 期。

中枢,在知识产权司法保护中具有极为重要的意义,主要包括:(1)不服国务院部门授权确权类裁定或者决定的知识产权授权确权类行政案件;(2)与知识产权强制许可有关的行政案件;(3)与知识产权授权确权有关的其他行政行为引发的行政案件。其中,"与知识产权授权确权有关的其他行政行为引发的行政案件"主要指那些虽不属于授权确权但与之有密切关联的行政行为引发的案件。例如对国家工商行政管理总局商标局商标申请不予受理或者不予续展行为提起诉讼的案件、对国家知识产权局中止专利审查行为提起的诉讼的案件。

第三,海南自由贸易港知识产权法院的管辖范围。与北京、上海、广州知识产权法院只受理知识产权民事、行政案件的管辖模式不同的是,海南自由贸易港知识产权法院知识产权刑事案件纳入管辖范围,实行"三审合一"模式。主要考虑是,有利于实现三种不同诉讼程序的有效衔接,缓解不同判决的冲突,发挥知识产权司法保护机制的整体效能。此外,海南法院自2013年开始开展知识产权审判"三审合一"工作,具有较好的工作基础。[1]

按照全国人大常委会《关于设立海南自由贸易港知识产权法院的决定》,海南自由贸易港知识产权法院管辖以下案件:(1)海南省有关专利、技术秘密、计算机软件、植物新品种、集成电路布图设计、涉及驰名商标认定及垄断纠纷等专业性、技术性较强的第一审知识产权民事、行政案件;(2)前项规定以外的由海南省的中级人民法院管辖的第一审知识产权民事、行政和刑事案件;(3)海南省基层人民法院第一审知识产权民事、行政和刑事判决、裁定的上诉、抗诉案件;(4)最高人民法院确定由其管辖的其他案件。应由海南自由贸易港知识产权法院审理的第一审知识产权刑事案件,由海南省人民检察院第一分院提起公诉。海南省基层人民法院第一审知识产权刑事判决、裁定的上诉、抗诉案件,由海南省人民检察院第一分院依法履行相应检察职责。

第四,关于知识产权法院的上诉法院。2018年10月26日,第十

---

[1] 周强:《〈关于设立海南自由贸易港知识产权法院的决定(草案)〉的说明——2020年12月22日在第十三届全国人民代表大会常务委员会第二十四次会议上》,载中国人大网,2022年12月4日访问。

三届全国人大常委会第六次会议审议通过《关于专利等知识产权案件诉讼程序若干问题的决定》,明确国家层面知识产权案件上诉审理机制的法律依据。12 月 27 日,最高人民法院印发《关于知识产权法庭若干问题的规定》(法释〔2018〕22 号),明确知识产权法院审理的三类案件,当事人不服第一审判决、裁定的,上诉至最高人民法院知识产权法庭,即:1. 发明专利、实用新型专利、植物新品种、集成电路布图设计、技术秘密、计算机软件、垄断第一审民事案件;2. 北京知识产权法院审理的发明专利、实用新型专利、外观设计专利、植物新品种、集成电路布图设计授权确权第一审行政案件;3. 涉及发明专利、实用新型专利、外观设计专利、植物新品种、集成电路布图设计、技术秘密、计算机软件、垄断行政处罚等第一审行政案件。对前述三类第一审案件已发生法律效力的判决、裁定、调解书依法申请再审、抗诉、再审等适用审判监督程序的案件,也由最高人民法院知识产权法庭受理。

当事人对知识产权法院作出的上述三类案件之外的第一审案件判决、裁定不服的,上诉至知识产权法院所在地的高级人民法院。按照最高人民法院 2022 年 4 月 27 日印发的《关于涉及发明专利等知识产权合同纠纷案件上诉管辖问题的通知》(法〔2022〕127 号),各知识产权法院自 2022 年 5 月 1 日起作出的涉及发明专利、实用新型专利、植物新品种、集成电路布图设计、技术秘密、计算机软件的知识产权合同纠纷第一审裁判,应当在裁判文书中告知当事人,如不服裁判,有权上诉于上一级人民法院。

金融法院

金融是现代经济的核心,也是国家重要的核心竞争力,金融安全是国家安全的重要组成部分,是经济健康发展的重要基础。为了增强中国金融司法的国际影响力,推动国家金融战略深入实施,2018 年以来,十九届中央全面深化改革委员会先后通过《关于设立上海金融法院的方案》《关于设立北京金融法院的方案》和《关于设立成渝金融法院的方案》,全国人大常委会先后于 2018 年 4 月、2021 年 1 月、2022

年 2 月作出关于设立 3 个金融法院的决定，在上海、北京、成渝双城经济圈设立了金融法院。

第一，上海金融法院的管辖范围。2018 年 8 月 17 日，最高人民法院印发了《关于上海金融法院案件管辖的规定》（法释〔2018〕14 号），明确了上海金融法院的案件管辖范围和审级关系。2021 年 4 月 21 日，最高人民法院印发《关于修改〈关于上海金融法院案件管辖的规定〉的决定》（法释〔2021〕9 号），结合金融案件审判实际，优化完善了原司法解释内容。调整后的上海金融法院案件管辖范围是：

一是上海市辖区内应由中级人民法院受理的下列第一审金融民商事案件：（1）证券、期货交易、营业信托、保险、票据、信用证、独立保函、保理、金融借款合同、银行卡、融资租赁合同、委托理财合同、储蓄存款合同、典当、银行结算合同等金融民商事纠纷。（2）资产管理业务、资产支持证券业务、私募基金业务、外汇业务、金融产品销售和适当性管理、征信业务、支付业务及经有权机关批准的其他金融业务引发的金融民商事纠纷。（3）涉金融机构的与公司有关的纠纷。（4）以金融机构为债务人的破产纠纷。（5）金融民商事纠纷的仲裁司法审查案件。（6）申请认可和执行香港特别行政区、澳门特别行政区、台湾地区法院金融民商事纠纷的判决、裁定案件，以及申请承认和执行外国法院金融民商事纠纷的判决、裁定案件。

二是境外公司损害境内投资者合法权益案件：（1）境内投资者以发生在中华人民共和国境外的证券发行、交易活动或者期货交易活动损害其合法权益为由向上海金融法院提起的诉讼；（2）境内个人或者机构以中华人民共和国境外金融机构销售的金融产品或者提供的金融服务损害其合法权益为由向上海金融法院提起的诉讼。

三是在上海证券交易所科创板上市公司的证券发行纠纷、证券承销合同纠纷、证券上市保荐合同纠纷、证券上市合同纠纷和证券欺诈责任纠纷等第一审民商事案件。

四是以上海证券交易所为被告或者第三人的与证券交易所监管职能相关的第一审金融民商事和涉金融行政案件。

五是以住所地在上海市并依法设立的金融基础设施机构为被告

或者第三人的与其履行职责相关的第一审金融民商事案件。实践中，对于被告或者第三人是否属于金融市场基础设施，应以中国人民银行等主管部门的认定为准。[1]

六是上海市辖区内应由中级人民法院受理的对金融监管机构以及法律、法规、规章授权的组织因履行金融监管职责作出的行政行为不服提起诉讼的第一审涉金融行政案件，由上海金融法院管辖。

七是当事人对上海市基层人民法院作出的前述第一大类第1至3项的第一审金融民商事案件和涉金融行政案件判决、裁定提起的上诉案件和申请再审案件。

八是上海市辖区内应由中级人民法院受理的金融民商事案件、涉金融行政案件的再审案件，由上海金融法院审理。

九是上海金融法院作出的第一审民商事案件和涉金融行政案件生效裁判，以及上海市辖区内应由中级人民法院执行的涉金融民商事纠纷的仲裁裁决，由上海金融法院执行。上海金融法院执行过程中发生的执行异议案件、执行异议之诉案件，以及上海市基层人民法院涉金融案件执行过程中发生的执行复议案件、执行异议之诉上诉案件，由上海金融法院审理。

第二，北京金融法院的管辖范围。2021年3月16日，最高人民法院印发《关于北京金融法院案件管辖的规定》（法释〔2021〕7号），明确了北京金融法院的案件管辖范围：

一是北京市辖区内应由中级人民法院受理的下列第一审金融民商事案件：（1）证券、期货交易、营业信托、保险、票据、信用证、独立保函、保理、金融借款合同、银行卡、融资租赁合同、委托理财合同、储蓄存款合同、典当、银行结算合同等金融民商事纠纷；（2）资产管理业务、资产支持证券业务、私募基金业务、外汇业务、金融产品销售和适当性管理、征信业务、支付业务及经有权机关批准的其他金融业务引发的金融民商事纠纷；（3）涉金融机构的与公司有关的纠纷；（4）以金融机

---

〔1〕　郑学林、包剑平、李盛烨、郭敏：《〈关于上海金融法院案件管辖的规定〉的理解与适用》，载《人民司法·应用》2018年第34期。

构为债务人的破产纠纷；（5）金融民商事纠纷的仲裁司法审查案件；（6）申请认可和执行香港特别行政区、澳门特别行政区、台湾地区法院金融民商事纠纷的判决、裁定案件，以及申请承认和执行外国法院金融民商事纠纷的判决、裁定案件。

二是境外公司损害境内投资者合法权益案件：（1）境内投资者以发生在中华人民共和国境外的证券发行、交易活动或者期货交易活动损害其合法权益为由向北京金融法院提起的诉讼；（2）境内个人或者机构以中华人民共和国境外金融机构销售的金融产品或者提供的金融服务损害其合法权益为由向北京金融法院提起的诉讼。

三是在全国中小企业股份转让系统向不特定合格投资者公开发行股票并在精选层挂牌的公司的证券发行纠纷、证券承销合同纠纷、证券交易合同纠纷、证券欺诈责任纠纷以及证券推荐保荐和持续督导合同、证券挂牌合同引起的纠纷等第一审民商事案件。

四是以全国中小企业股份转让系统有限责任公司为被告或者第三人的与证券交易场所监管职能相关的第一审金融民商事和涉金融行政案件。《最高人民法院关于对与证券交易所监管职能相关的诉讼案件管辖与受理问题的规定》（法释〔2019〕1号）规定："指定上海证券交易所和深圳证券交易所所在地的中级人民法院分别管辖以上海证券交易所和深圳证券交易所为被告或第三人的与证券交易所监管职能相关的第一审民事和行政案件。"上海金融法院成立后，此类案件由上海金融法院管辖。因"新三板"所在地在北京，该条比照上述规定，给予"新三板"与上交所、深交所同等的集中管辖待遇。

五是以住所地在北京市并依法设立的金融基础设施机构为被告或者第三人的与其履行职责相关的第一审金融民商事案件。

六是北京市辖区内应由中级人民法院受理的对中国人民银行、中国银行保险监督管理委员会、中国证券监督管理委员会、国家外汇管理局等国家金融管理部门以及其他国务院组成部门和法律、法规、规章授权的组织因履行金融监管职责作出的行政行为不服提起诉讼的第一审涉金融行政案件。

七是当事人对北京市基层人民法院作出的涉及前述第一类第1

至 3 项的第一审金融民商事案件和涉金融行政案件判决、裁定提起的上诉案件和申请再审案件。

八是北京市辖区内应由中级人民法院受理的金融民商事案件、涉金融行政案件的再审案件。

九是北京金融法院作出的第一审民商事案件和涉金融行政案件生效裁判，以及北京市辖区内应由中级人民法院执行的涉金融民商事纠纷的仲裁裁决，由北京金融法院执行。北京金融法院执行过程中发生的执行异议案件、执行异议之诉案件，以及北京市基层人民法院涉金融案件执行过程中发生的执行复议案件、执行异议之诉上诉案件，由北京金融法院审理。

十是中国人民银行、中国银行保险监督管理委员会、中国证券监督管理委员会、国家外汇管理局等国家金融管理部门，以及其他国务院组成部门因履行金融监管职责作为申请人的非诉行政执行案件，由北京金融法院审查和执行。

第三，成渝金融法院的管辖范围。考虑到成渝双城经济圈的特殊性，成渝金融法院实现了跨省级区域管辖，设置地点在重庆市，但管辖重庆市、四川省属于成渝地区双城经济圈范围内的金融民商事、行政案件。[1] 成渝金融法院的地域管辖范围包括重庆市的中心城区及万州等 27 个区县以及四川省的成都、自贡等 15 个市，所辖地域面积约是北京的 11 倍、上海的 29.2 倍，管辖的基层人民法院超过 150 个，远超北京、上海金融法院管辖的基层人民法院数量。

2022 年 12 月 20 日，最高人民法院印发《关于成渝金融法院案件管辖的规定》（法释〔2022〕20 号），明确了成渝金融法院的案件管辖范围。在受案类型上，成渝金融法院管辖的辖区内金融民商事案件，主要包括以下六类：**第一类**是按照最新民事案由规定所列举的涉金融民商事纠纷，包括证券、期货交易、营业信托、保险、票据、信用证、独立保

---

〔1〕 四川省绝大多数金融案件都发生在成渝双城经济圈范围内，未列入经济圈的阿坝、甘孜、凉山、攀枝花等市州涉金融案件较少，且地理位置偏远，从便利偏远地区群众参与诉讼角度考虑，仅将四川省位于双城经济圈范围内的有关金融案件纳入成渝金融法院管辖范围。

函、保理、金融借款合同、银行卡、融资租赁合同、委托理财合同、储蓄存款合同、典当、银行结算合同等；**第二类**是目前民事案由规定中没有的新型金融民商事纠纷，包括资产管理业务、资产支持证券业务、私募基金业务、外汇业务、金融产品销售和适当性管理、征信业务、支付业务及经有权机关批准的其他金融业务引发的金融民商事纠纷案件；**第三类**是涉金融机构的与公司有关的纠纷；**第四类**是金融机构破产案件；**第五类**是仲裁司法审查案件；**第六类**是申请认可、承认和执行港澳台及外国法院裁判案件。另外，成渝金融法院还对境外相关金融活动损害境内投资者合法权益的有关案件和辖区内金融基础设施机构所涉民商事案件，实行集中管辖。考虑到 3 家金融法院都有权管辖境外金融活动损害境内投资者的金融纠纷，由此可能产生管辖权争议。因此，对于此类案件的管辖法院，由当事人提起诉讼时自行选择确定；当事人同时向多家金融法院起诉的，案件由最先立案的法院管辖。如多家金融法院发生管辖争议，可以就个案报请共同上级人民法院即最高人民法院指定管辖。

成渝金融法院管辖的涉金融行政案件主要有，辖区内金融监管机构以及法律、法规、规章授权的组织所涉金融行政纠纷、辖区内金融基础设施机构所涉一审金融行政案件。成渝金融法院管辖的执行案件主要有，负责执行其自身审理的第一审民商事案件和行政案件，审理由此引发的执行异议案件和执行异议之诉案件，审理辖区内基层法院执行金融案件过程中的执行复议案件和执行异议之诉上诉案件。

第四，金融法院的上诉法院。北京金融法院的上诉法院为北京市高级人民法院，上海金融法院的上诉法院为上海市高级人民法院，成渝金融法院的上诉法院为重庆市高级人民法院。

三、专门人民法院的制度特点

立法模式：从明确列举到概括列举

关于专门人民法院的类型，1954 年《人民法院组织法》是在第二章"人民法院的组织和职权"第四节"专门人民法院"项下第二十六条规定的，即"专门人民法院包括：（一）军事法院；（二）铁路运输法院；（三）水上运输法院"。受当时对专门人民法院功能和性质的认识限制，立法采取了**分项明确列举式表述**。从 1954 年到 1979 年，我国没有增加新的专门人民法院类型。

1979 年《人民法院组织法》改采**概括列举式表述**，即：既有列举，又留余地。在"总则"项下第二条第三款中明确："专门人民法院包括：军事法院、铁路运输法院、水上运输法院、森林法院、其他专门法院。"也就是说，法律实施之后、修订之前设立的新类型专门法院，都可以归入"其他专门法院"之列。[1] 至于是否需要经立法机关批准或认可，法律并未明确。

1983 年 9 月 2 日，第六届全国人大常委会第二次会议通过的《关于修改〈中华人民共和国人民法院组织法〉的决定》删去了原第二条第三款"专门人民法院包括：军事法院、铁路运输法院、水上运输法院、森林法院、其他专门法院"的表述，在该条第一款第二项中将专门人民法院的类型概括表述为"军事法院等专门人民法院"。时任全国人大常委会秘书长、法制委员会副主任王汉斌在修改说明中指出：

---

〔1〕 1983 年 4 月 1 日，最高人民法院曾对江苏省高级人民法院作出《最高人民法院关于应否在劳改农场设立专门人民法院问题的批复》（〔83〕法司字第 10 号），指出：经请示全国人大常委会，在劳改农场不宜设立专门法院或普通人民法院。在向全国人大常委会的请示中，最高人民法院提出：（1）劳改农场不具备设立专门法院的条件。它管辖的区域和人员都是固定的，不存在跨省区、人员流动性大、发生案件无法确定管辖法院等情况；（2）劳改农场是对罪犯执行劳动改造的机关，不宜设立专门法院或普通人民法院。全国人大常委会同意了最高人民法院的意见。

专门法院除军事法院外,究竟还需要设立哪些专门法院,以及专门法院的体制、职责和管辖范围等,都还缺乏经验,各方面意见很不一致……修改后的规定较为灵活,除明确必须设立军事法院外,对其他专门法院的设置不作具体规定,可以根据实践,需要设的就设,不需要设的就不设。现在已经设立的铁路运输法院等专门法院的设置、体制、职责和管辖范围问题,仍有不同意见,可由有关部门加以研究解决。[1]

从上述说明内容看,由于铁路运输法院等法院的管理模式存在"政企不分"等争议,下一步面临改制,立法机关认为不宜再以列举形式,将之列入专门人民法院序列。事实上,1983年之后,对于部分省份增设行业类专门法院的申请,立法机关均持保留态度。

总之,原条文修改后,"军事法院等专门人民法院"中的**"等"**字,包含两层含义:**第一**,铁路运输法院、水上运输法院、森林法院等行业性法院的法律地位,至此转入待定状态。未来将根据改革和实践情况,决定是否撤销、如何改制,未必再作为专门人民法院管理。**第二**,为未来设立新类型的专门人民法院预留制度空间。1983年9月之后,我国又增加了海事法院、知识产权法院、金融法院三类专门法院,在人民法院组织法进一步修订前,都属于修改后的1979年《人民法院组织法》第二条第一款第二项中"等"的范畴。

2018年《人民法院组织法》继续沿用概括列举式的表述方式,在第二章"人民法院的设置和职权"项下的第十五条第一款中规定,"专门人民法院包括军事法院**和**海事法院、知识产权法院、金融法院等。"与修订前相比,新条文保留了"等"字,但有两个重要变化:**一是**在所列举的类别中,增加了海事法院、知识产权法院、金融法院三类专门人民法院,确认了改革开放后深化司法体制改革的成果。**二是**将"和"字放

---

〔1〕《关于修改人民法院组织法、人民检察院组织法的决定等几个法律案的说明》(1983年9月2日),载王汉斌:《社会主义民主法制文集》(上册),中国民主法制出版社2012版,第89页。

在"军事法院"之后、"海事法院、知识产权法院、金融法院等"之前。这样虽不符合汉语连接词的使用习惯,但充分凸显了军事法院的特殊地位。主要考虑是:军事法院是唯一写入我国宪法的专门人民法院,管理体制、职权架构、诉讼程序也与其他专门人民法院存在较大差异。[1]

设置依据:从联合通知到设置法定

关于专门人民法院的设置依据和批准机关,1954 年《人民法院组织法》第二条前半段曾规定,"高级人民法院和专门人民法院的设置,由司法部报请国务院批准"。1979 年《人民法院组织法》第四十二条规定"各级人民法院的设置、人员编制和办公机构由司法行政机关另行规定"。1982 年 8 月 20 日,根据中央统一部署,"司法部主管的审批地方各级人民法院、各类专门人民法院的设置、变更、撤销"之权统一划归最高人民法院。[2] 前述第四十二条随即于 1983 年修订时被删除。但是,对于新类型专门人民法院的设置权力和批准机关,法律并无规定。

至于专门人民法院的组织与职权,1954 年《人民法院组织法》第二十七条规定:"专门人民法院的组织由全国人民代表大会常务委员会另行规定。"1979 年《人民法院组织法》第二十九条在前述条文基础上增加了"和职权"三字,明确"专门人民法院的组织和职权由全国人民代表大会常务委员会另行规定"。但是,"另行规定"是指专门立法还是作出决定,当时尚无实践依据。

---

[1]　全国人大常委会办公厅编印:《第十次全国人大常委会第三次会议简报(十七)》(2018 年 6 月 20 日),第 7—10 页。

[2]　《司法部、最高人民法院关于司法厅(局)主管的部分任务移交给高级人民法院主管的通知》(〔82〕司发办字第 218 号,1982 年 6 月 8 日)。1982 年 6 月 26 日,《国务院关于司法部机构编制的复函》(〔82〕国函字 115 号)同意司法部撤销普通法院司和专门法院司,并将包括法院撤设事宜在内的法院内部司法行政工作全部移交给最高人民法院。

改革开放之初，各类专门人民法院的设立程序并不规范。[1] 1980 年筹建**铁路运输法院**的通知，是以司法部、铁道部的名义联合印发的。**林区法院**则是根据林业部、司法部、公安部、最高人民法院、最高人民检察院 1980 年联合印发的通知设立的。

即使是**海事法院**，也是按照"先上车、后补票"的模式设立。1984 年 5 月 24 日，最高人民法院、交通部经请示中央政法委同意，联合印发《关于设立海事法院的通知》，要求组建上海、天津、青岛、大连、广州和武汉海事法院，并从 1984 年 10 月 1 日起受理案件。1984 年 11 月 14 日，第六届全国人大常委会第八次会议才通过《关于在沿海港口城市设立海事法院的决定》，确认了海事法院的设立、监督、管辖、审判人员任免等事项。由于当时对在哪些沿海港口城市设立海事法院、需要设立多少海事法院尚无统筹规划，《关于在沿海港口城市设立海事法院的决定》提出"根据需要"在沿海"一定的"港口城市设立海事法院，"海事法院的设置或者变更、撤销，由最高人民法院决定"。也正是基于上述授权，最高人民法院 2019 年设立南京海事法院时，并未像增设知识产权法院、金融法院那样，重新提请全国人大常委会专门作出决定，而是报经中央编办批准后，即印发同意设立的批复。[2]

2018 年《人民法院组织法》进一步规范了专门人民法院的设置依据，在第十五条第二款明确"专门人民法院的设置、组织、职权和法官任免，由全国人民代表大会常务委员会规定"。对这一款的理解，应紧密结合该法第三条的规定，即"人民法院依照宪法、法律和全国人民代表大会常务委员会的决定设置"。[3] 这里的"人民法院"，当然包括专门人民法院。也就是说，除了宪法、人民法院组织法、相关专门立法外，全国人大常委会的决定也是各类专门人民法院的设置依据，并可

---

〔1〕 刘树德：《关于〈人民法院组织法〉专门法院设置的若干思考——立足互联网时代网络强国战略的背景》，载《法治研究》2017 年第 4 期。

〔2〕 相关文件依据为《最高人民法院关于同意撤销南京铁路运输法院设立南京海事法院的批复》（法〔2019〕39 号）、《中央编办关于设立南京海事法院的批复》（中央编办复〔2019〕5 号）。

〔3〕 郑淑娜主编：《中华人民共和国人民法院组织法释义》，中国民主法制出版社 2019 年版，第 225 页。

以据此明确相关法院的组织、职权和法官任免。上述规定,也符合《宪法》和《立法法》确定的法院设置法定原则。[1]

设置程序:"中央批准+立法决定"模式的形成

党的十八大以来,设置专门法院的程序渐趋规范。尽管没有明文规定,但流程已经成型,即:

第一步:列入中央层面改革规划,经中央全面深化改革委员会(以下简称"中央深改委")审议或批准。考虑到设立法院是中央事权,原则上由最高人民法院牵头研拟设立方案,而非相关省份的党委、政府。设立方案提交中央深改委会议审议之前,中央全面深化改革委员会办公室(以下简称"中央改革办")、中央政法委、最高人民法院均会组织征求中央有关职能部门的意见,力求就组织、编制、职权、任免、保障等方面的内容达成共识。

近年来,中共中央、国务院印发的部分中央文件中,也有设立某种类型专门法院的部署。例如,2020 年 6 月印发的《海南自由贸易港建设总体方案》提出在海南设立自由贸易港知识产权法院,2021 年 10 月印发的《成渝地区双城经济圈建设规划纲要》提出设立成渝金融法院、长江上游生态保护法院。但是,有了上述文件依据,并不意味着可以径行设立相关专门法院。具体设立方案也需要专门制定,并报中央改革办按程序审批或提交会议审议。

党的十八大以来,由中央深改委(组)以会议形式审议通过的设立方案有:《关于设立知识产权法院的方案》(2014 年 6 月 6 日,十八届中央深改组第三次会议)、《关于设立上海金融法院的方案》(2018 年 3 月 28 日,十九届中央深改委第一次会议)、《关于设立北京金融法院的方案》(2020 年 12 月 30 日,十九届中央深改委第十七次会议)。海南自贸港知识产权法院、成渝金融法院的设立方案也是经中央深改委

---

〔1〕《宪法》第一百二十九条第三款规定:"人民法院的组织由法律规定。"《立法法》也规定,人民法院的产生、组织和职权,只能由法律规定,属于全国人大及其常委会的专属立法权范畴。

审批通过的。互联网法院尽管并非专门人民法院，但其设立属于重大改革事项，相关方案也都报经中央深改委审议通过，即：《关于设立杭州互联网法院的方案》（2017 年 6 月 26 日，十八届中央深改组第三十六次会议）、《关于增设北京互联网法院、广州互联网法院的方案》（2018 年 7 月 6 日，十九届中央深改委第三次会议）。

第二步：最高人民法院根据中央深改委审议通过的方案，向全国人大常委会提出议案。最高人民法院作为牵头部门，按照工作惯例，替立法机关代拟相关设立决定的草案，并由最高人民法院院长在全国人大常委会会议上作出说明。例如，时任最高人民法院院长周强于 2014 年 8 月 25 日在第十二届全国人大常委会第十次会议上，作《关于在北京、上海、广州设立知识产权法院的决定（草案）》的说明；于 2018 年 4 月 25 日在第十三届全国人大常委会第二次会议上，作《关于在上海设立金融法院的决定（草案）》的说明。

第三步：全国人大常委会根据《宪法》《人民法院组织法》，作出设立相关专门法院的决定。例如，2014 年 8 月 31 日，第十二届全国人大常委会第十次会议通过的《关于在北京、上海、广州设立知识产权法院的决定》；2020 年 12 月 22 日，第十三届全国人大常委会第二十四次会议通过的《关于设立海南自由贸易港知识产权法院的决定》。

值得注意的是，为了推动专门人民法院合理布局、限缩设立规模，从设立知识产权法院开始，全国人大常委会就打破了设立海事法院时的概括授权模式，按照"一批一议"（如同时设立北京、上海、广州知识产权法院）或"一院一议"（如分别设立海南自贸港知识产权法院、上海、北京、成渝金融法院）的方式作出决定，在决定中明确相关专门法院的设置地点，不再概括授权最高人民法院根据需要设置。如果确有需要在决定之外的城市增设的，需要重新报中央深改委审议或审批，按工作程序提请立法机关再次作出决定。

第四步：根据全国人大常委会的决定，相关省级机构编制部门向中央编办就拟设专门人民法院的机构编制事项进行请示。中央编办经报请中央编委批准后，批复相关省份机构编制部门，明确专门人民法院"如何设立"。之后，最高人民法院批复或通知相关高级人民法院,明确拟设法院的上一级人民法院、印章制作和组建工作。例如,全国人大常委会2014年8月通过《关于在北京、上海、广州设立知识产权法院的决定》后,北京、上海、广东三地编办分别向中央编办报送了设立知识产权法院的请示。经报中央编委批准,中央编办于2014年10月、2014年12月分别批复三地编办,同意设立北京、上海、广州知识产权法院,均按中级人民法院组建,并明确了各知识产权法院的编制数量、领导职数、内设机构数量。2014年10月31日,最高人民法院作出《关于设立北京知识产权法院的批复》。12月17日,最高人民法院作出《关于设立上海市第三中级人民法院、上海知识产权法院的通知》《关于设立广州知识产权法院的通知》。由于北京市高级人民法院2014年9月曾向最高人民法院报送《关于设立北京知识产权法院的请示》,因此,最高人民法院对北京市高级人民法院作出的是批复,而对上海市高级人民法院、广东省高级人民法院印发的是通知。

第五步:在最高人民法院的指导下,相关高级人民法院会同当地有关职能部门启动拟设法院的办公场所选址、领导班子配备、干部调配、法官任命等筹建工作。待筹建工作基本就绪,最高人民法院适时印发相关司法解释,明确专门人民法院的案件管辖。相关高级人民法院发布履职公告后,新设立的专门人民法院正式收案与办公,设立工作至此全部完成。以知识产权法院为例,全国人大常委会作出关于在北京、上海、广州设立知识产权法院的决定之后,最高人民法院先后印发《关于北京、上海、广州知识产权法院案件管辖的规定》,确定知识产权法院的管辖范围。随后,又印发《知识产权法院法官选任工作指导意见(试行)》(法〔2014〕267号)和《关于知识产权法院技术调查官参与诉讼活动若干问题的暂行规定》(法〔2014〕360号),完成法官、技术调查官的选任和配备工作。

实践中也有特例。例如,全国人大常委会作出《关于设立海南自由贸易港知识产权法院的决定》后,最高人民法院并未按照既往惯例,印发关于海南自由贸易港知识产权法院案件管辖的规定,原因在于,最高人民法院提交的决定草案第二条第一款原本规定:"海南自由贸易港知识产权法院专门管辖海南省内应由中级人民法院管辖的知识产权民事、行政、刑事案件。管辖案件的具体范围由最高人民法院确定。"但在审议过程中,有常委委员提出,根据《人民法院组织法》的规定,专门人民法院的职权由全国人大常委会规定,建议本决定对海南自由贸易港知识产权法院的案件管辖范围作出具体明确规定,并明确相对应的人民检察院。宪法和法律委员会经与最高人民法院共同研究,明确了该院的管辖范围。[1] 由于决定本身规定得已经比较明确,所以最高人民法院之后未再就海南自由贸易港知识产权法院的管辖范围专门制定司法解释,而是由海南省高级人民法院印发《关于海南自由贸易港知识产权法院案件管辖衔接若干问题的意见》作出规定。

审级设置:"专门上诉+专地对接"机制

1954 年《人民法院组织法》参照苏联专门法院的上诉机制[2],在第三十条第二项规定:对专门人民法院作出的裁判不服的,一律上诉至最高人民法院。为便利诉讼和审理,经最高人民法院授权,曾将上海、天津市高级人民法院作为上海、天津、长江(武汉)三个水上运输法院的上诉审法院。铁路运输法院 1980 年恢复重建时,曾包含三个层级,即:铁路运输高级法院、铁路运输中级法院、铁路运输法院。到 1987 年,铁路运输高级法院被裁撤,对铁路运输中级法院第一审裁判不服的,改为上诉至所在地高级人民法院。

截至目前,我国专门人民法院审级建制最完整、最系统的是军事法院,军事司法体制改革前后均包含三个层级;其次是铁路运输法院、林区(业)法院,包含两个层级。严格上讲,知识产权法院也包含两个层级。按照全国人大常委会《关于专利等知识产权案件诉讼程序若干

---

〔1〕 《全国人民代表大会宪法和法律委员会对〈关于设立海南自由贸易港知识产权法院的决定(草案)〉审议结果的报告》,载中国人大网,2022 年 12 月 4 日访问。

〔2〕 苏联铁路沿线法院的上级审判机构最初也是苏联最高法院铁路庭。参见黄毓麟:《苏联铁路运输沿线法院和铁路运输检察院概况》,载《政法研究》1954 年第 3 期。

问题的决定》和 2018 年《人民法院组织法》第十六条第二项,最高人民法院知识产权法庭可直接受理不服知识产权法院第一审案件裁判而提起上诉的案件。总体来看,目前各专门法院的审级设置和上诉机制存在五种模式:

第一种模式:专门上诉制。 有系统完备的专门法院组织体系、审级设置和上诉机制。例如,我国共有 34 个军事法院,分为三个审级,其中解放军军事法院 1 个(按高级人民法院级别设置),总直属和战区军事法院 7 个(按中级人民法院级别设置),基层军事法院 26 个。三级军事法院审判工作均受最高人民法院监督指导。

第二种模式:专门上诉(越级上诉)+专地对接制(分别对接地方高院、基层法院)。 与所在地中级人民法院同级,审理第一审、第二审案件,可以受理来自地方基层法院的上诉案件,上诉法院为最高人民法院或所在地高级人民法院。目前,仅知识产权法院采取这种模式。对其所作的第一审裁判,区分案件类型,分别上诉至最高人民法院知识产权法庭或所在地高级人民法院知识产权审判庭。全国人大常委会在审议设立知识产权法院的决定草案时,部分常委委员提出:"目前各地知识产权案件裁判标准不统一,主要是由于没有专门的上诉法院,建议设立一个知识产权高级法院,受理各地知识产权上诉案件。"但全国人大法律委员会研究后认为,设立知识产权法院"还属于探索起步阶段,有关问题需要在实践中进一步总结经验,可以结合司法体制改革的推进予以统筹考虑"。[1]

第三种模式:专地对接制(分别对接地方高院、基层法院)。 与所在地中级人民法院同级,审理第一审、第二审案件,可以受理来自地方基层法院的上诉案件,上诉法院为所在地高级人民法院。例如,上海、北京和成渝金融法院。其中,成渝金融法院相对特殊,尽管它专门管辖重庆市、四川省属于成渝地区双城经济圈范围内的案件,但对其第

─────────

〔1〕《全国人民代表大会法律委员会〈关于在北京、上海、广州设立知识产权法院的决定(草案)〉审议结果的报告》,载中国人大网,2022 年 12 月 4 日访问。

一审裁判的上诉案件,统一由重庆市高级人民法院审理。

第四种模式:专地对接制(对接地方高院)。 与所在地中级人民法院同级,只审理第一审案件,上诉法院为所在地高级人民法院。例如,海事法院仅管辖第一审海事、海商案件。对海事法院裁判的上诉案件,由所在地高级人民法院审理。

第五种模式:专门上诉制+专地对接制(分别对接地方高院、中级法院)。 包含两个审理层级,依照管辖案件类型,基层层级法院的第一审裁判可以上诉至对应上级法院,也可以上诉至所在地中级人民法院。中级法院层级法院第一审裁判,上诉至所在地高级人民法院。例如,铁路运输两级法院、林区(业)两级法院。以徐州铁路运输法院为例,该院第一审的铁路运输类案件,上诉至上海铁路运输中级法院;指定管辖的第一审环境资源案件,上诉至南京环境资源法庭(隶属于南京市中级人民法院,集中管辖江苏全省环境资源上诉案件的专门法庭);第一审行政案件,上诉至徐州市中级人民法院。

布局模式:从"全面覆盖"到"精准设置"

党的十八大之前,我国专门人民法院的布局模式是"行业完整覆盖,兼顾特殊区域"。军事法院实行"属人+属地"相结合的管辖制度,管辖范围完整覆盖全军。铁路运输法院则是在铁路局所在地设立中级法院、在铁路管理分局所在地设立基层法院,管辖范围覆盖全国铁路沿线。先后设立的10个海事法院,也形成全面覆盖18000余公里海岸线、沿海沿江港口、通海可航水域和中华人民共和国管辖海域的海事审判格局。林区(业)、油田法院的设立,本来就有保护森林、油气资源的考虑,所以仅在黑龙江、辽宁、吉林、甘肃等特定地区设置。

党的十八大之后,从知识产权法院、金融法院的设置地点、管辖范围和布局情况看,节奏上不再"一步到位",范围上不再"系统覆盖",布局上不再"面面俱到"。在选择专门人民法院驻在地时,会综合考虑区域发展战略、区域辐射效应、经济发展水平、产业集中程度、相关案件数量和专业审判基础等因素。这也是 2014 年 8 月决定将首批知识产权法院设置在北京、上海和广州的原因。[1]

在此之后,区域发展战略和辐射效应成为确定专门人民法院设置地点的首要考虑因素。2020 年 12 月决定设立海南自由贸易港知识产权法院时,则更加侧重服务保障海南自由贸易港建设,"进一步扩大海南自由贸易港国际影响力",加快培育其"参与和引领国际经济合作的竞争新优势"。[2]

此外,2018 年 4 月决定在上海设立金融法院,主要考虑是服务保障上海作为"国际金融中心"的战略定位,推动实现"2020 年将上海国际金融中心基本建成与我国经济实力以及人民币国际地位相适应的国际中心"的战略目标;[3]2021 年 1 月决定在北京设立金融法院,主要考虑是服务保障北京作为"国家金融管理中心"和"国家科技金融创新中心"的战略定位,"防范化解系统性金融风险";[4]2022 年 2 月决定在重庆设立金融法院,主要考虑是"促进成渝双城经济圈建设健康发展",打造"内陆开放战略高地"。[5]

地域管辖方面,4 个知识产权法院和上海、北京金融法院都是管辖所在省、直辖市内的专业化案件。全国人大常委会在审议设立知识产权法院的决定草案时,部分常委委员提出:"为整合司法资源、统一裁

〔1〕 周强:《〈关于在北京、上海、广州设立知识产权法院的决定(草案)〉的说明——2014 年 8 月 25 日在第十二届全国人民代表大会常务委员会第十次会议上》,载中国人大网,2022 年 12 月 4 日访问。

〔2〕 周强:《〈关于设立海南自由贸易港知识产权法院的决定(草案)〉的说明——2020 年 12 月 22 日在第十三届全国人民代表大会常务委员会第二十四次会议上》,载中国人大网,2022 年 12 月 4 日访问。

〔3〕 周强:《〈关于在上海设立金融法院的决定(草案)〉的说明——2018 年 4 月 25 日在第十三届全国人民代表大会常务委员会第二次会议上》,载中国人大网,2022 年 12 月 4 日访问。

〔4〕 周强:《〈关于设立北京金融法院的决定(草案)〉的说明——2021 年 1 月 20 日在第十三届全国人民代表大会常务委员会第二十五次会议上》,载中国人大网,2022 年 12 月 4 日访问。

〔5〕 周强:《对〈关于设立成渝金融法院的决定(草案)〉的说明——2022 年 2 月 27 日在第十三届全国人民代表大会常务委员会第三十三次会议上》,载中国人大网,2022 年 12 月 4 日访问。

判标准,建议明确北京、上海、广州知识产权法院在全国范围内实行跨省(直辖市)区域管辖。"但法律委员会研究后认为:"在知识产权法院初创阶段,可以先在省(直辖市)范围内实行跨区域管辖,待条件成熟后,逐步实行跨省(直辖市)区域管辖。"〔1〕所以,后来的设立决定将之表述为:"在知识产权法院设立的三年内,可以先在所在省(直辖市)实行跨区域管辖。"三年之后,基于便利当事人诉讼、集中整合省域司法资源、保持案件数量和审判力量平衡等因素的考虑,知识产权法院均未实行跨省级区域管辖。

跨省级行政区划地域管辖模式的突破,开始于成渝金融法院。但是,最高人民法院在决定草案的说明中也表示:"金融案件跨省级区域管辖目前未有先例,无经验可循,目前《决定(草案)》提出的案件管辖范围是对跨省管辖模式的探索。今后,最高人民法院将根据实际审判工作过情况以及成渝双城经济圈的发展建设需要,适时调整完善成渝金融法院的案件管辖。"〔2〕这也为未来根据跨省管辖运行情况,实事求是优化调整预留了空间。

管理体制:从部门管理到属地管理

除军事法院管理体制较为特殊外,专门人民法院主要采取属地管理模式,经费由所在地省级财政或地市级财政保障。院长选任和法官任免方面,专门人民法院院长一般由所在地的市人大常委会主任会议提请本级人大常委会任免;副院长、庭长、审判员和审判委员会委员,由院长提请所在地的市人大常委会任免。这里**"所在地的市"**,既可以是北京、上海、重庆、天津这样的直辖市,也包括副省级城市、计划单列市和普通地级市。

---

〔1〕 《全国人民代表大会法律委员会〈关于在北京、上海、广州设立知识产权法院的决定(草案)〉审议结果的报告》,载中国人大网,2022年12月4日访问。

〔2〕 周强:《对〈关于设立成渝金融法院的决定(草案)〉的说明——2022年2月27日在第十三届全国人民代表大会常务委员会第三十三次会议上》,载中国人大网,2022年12月4日访问。

第一种：所在地的省级人大任免模式。 例如，北京、上海、海南自由贸易港知识产权法院；北京、上海、成渝金融法院；上海、天津、南京、武汉海事法院。**第二种：所在地的市级人大任免模式。** 例如，广州知识产权法院；宁波、大连、青岛、海口、北海、厦门海事法院等。

铁路运输法院纳入国家司法管理体系后，也实行属地管理，由于其管辖范围跨越行政区划，有的甚至跨越省级行政区划，"属地管理"主要指省级党委、人大和政府。改革之后，两级铁路运输法院审判人员主要由所在地省级人大常委会任免，仅杭州、合肥铁路运输基层法院审判人员由所在市人大常委会任免。

按照全国人大常委会的设立决定和工作惯例，海事法院、知识产权法院、金融法院对所在地的市人大常委会负责并报告工作。报告工作的主要形式包括：**一是** 由专门人民法院在每年地方人民代表大会上作工作报告，报告经地方人大常委会审议，并作出决议，这种情况还未有先例；**二是** 专门人民法院向所在市人大常委会提交书面年度工作报告，人大常委会不专门作出决议，只作出审议意见；**三是** 由所在地的高级人民法院每年向省级人民代表大会作工作报告时，代为报告辖区内专门人民法院工作。

2020年6月，上海市高级人民法院曾向最高人民法院请示专门人民法院报告工作的形式。最高人民法院经研究后认为，上海海事、知识产权、金融法院可以向上海市人大常委会书面报告年度工作，遇有专项工作，可以按照上海市人大常委会的要求专题报告工作。当时的主要考虑是：上海市高级人民法院每年向上海市人民代表大会报告工作时，已代为报告专门人民法院工作，且相关工作报告已接受市人民代表大会的审议和决议。总体而言，各专门人民法院一般运用前述第二、三种形式，向所在地的省级人大及其人大常委会报告工作。

法院名称："驻在地+类别"式

专门人民法院具有跨行政区划管辖的特点，有别于普通地方人民法院，所以法院名称上虽冠以驻在地地名，但仅是为区分同级其他专门人民法院，不代表地域管辖范围和对应党政机关，也不嵌入"市""县""区"等字样，如南京海事法院、北京金融法院等。2020 年在海南省海口市设立的知识产权法院，按照之前的命名方式，名称宜为"海口知识产权法院"。当时，考虑到《海南自由贸易港建设总体方案》中已明确提出设立海南自由贸易港知识产权法院，且使用该名称更有利于扩大国际影响力，故全国人大常委会决定采用了"海南自由贸易港知识产权法院"的名称。[1] 另外，军事法院系统相对特殊，最高层级的称中国人民解放军军事法院；中间层级的按战区或直属情况定名，如中国人民解放军东部战区军事法院、西部战区第一军事法院、总直属军事法院等；基层层级的按驻在地或直属情况定名，如中国人民解放军成都军事法院、驻港部队军事法院、直属军事法院等。

考虑到中文表述习惯，专门法院名称一般不嵌入"人民"二字，但在法院类型上仍是"专门人民法院"。目前仅少部分林业（区）、油田法院在名称中带有"省"或"人民"字样，如黑龙江省林区中级人民法院、辽河中级人民法院、辽河人民法院等。

"基层、中级、高级"的表述，主要对应"地方各级人民法院"。海事法院、知识产权法院、金融法院，虽按照中级人民法院规格设置，审级亦与中级人民法院相同，但并未冠以"中级"之名。同理，未来即使设置专门化上诉机构，也不宜称为"海事高级法院"或"知识产权高级法院"，否则易混淆地方各级人民法院和专门人民法院的区别。[2]

四、专门人民法院制度的发展走向

中国特色社会主义进入新发展阶段，无论是建设全国统一大市场、加快构建以国内大循环为主体、国内国际双循环相互促进的新格

---

〔1〕 周强：《〈关于设立海南自由贸易港知识产权法院的决定（草案）〉的说明——2020 年 12 月 22 日在第十三届全国人民代表大会常务委员会第二十四次会议上》，载中国人大网，2022 年 12 月 4 日访问。

〔2〕 为便于区分，依循既往惯例，铁路运输、林区（业）法院也还存在"中级法院"的表述。较特别的是甘肃矿区人民法院，实际与所在地中级人民法院同一规格与审级。

局,还是有效防控金融风险、服务网络强国战略、建设创新型国家,都对健全完善专门人民法院组织体系、加强审判专业化建设提出了新要求。

专门人民法院的科学界定

《宪法》第一百二十九条第一款规定:"中华人民共和国设立最高人民法院、地方各级人民法院和军事法院等专门人民法院。"专门人民法院作为宪法确定的法院类型,在法律概念上必须厘清。过去,专门人民法院被认为是按照特定部门或者特定案件设立,管辖与该部门相关案件或特定案件的审判机关。[1] 主要是考虑到海事法院、铁路运输法院、林业(区)法院、油田法院与交通部所属港务局、海运局、铁路企业、林业企业、石油企业存在管理和依附关系。

随着专门人民法院管理体制改革深入推进,前述各类法院逐步被纳入国家司法体系,行业性色彩逐步淡化。其中,海事法院自 1999 年6 月与交通部门及其所属企业完全脱钩后,专业化性质更加浓厚,在海事审判界的国际影响力也越来越大。铁路运输法院、林业(区)法院、矿区法院 2010 年之后陆续实行属地管理以来,经所在地高级人民法院指定管辖,开始受理部分环境资源、破产、保险、交通、行政案件等,管辖范围和审判方式与地方同级法院逐步趋同。鉴于 2018 年《人民法院组织法》已不再将它们列入专门人民法院序列,下一步可以与开发区法院、工业园区法院、自贸区法院等其他形式的人民法院,作为特殊形式设置的法院,一并归入普通地方人民法院体系,[2] 有的则可以按照中央统一部署,按照"撤一设一"模式改造为新类型的专门人民法院。

结合《宪法》《人民法院组织法》规定和相关改革实践,**专门人民法院**应定义为:国家根据宪法、法律和全国人大常委会的决定设置的,

〔1〕　熊先觉、刘运宏:《中国司法制度学》,法律出版社 2007 年版,第 55 页。
〔2〕　郑淑娜主编:《中华人民共和国人民法院组织法释义》,中国民主法制出版社 2019年版,第 19 页。

专门管辖特定类型案件的人民法院。强调由**"国家"**设置，在于设立法院属于中央事权，必须依法设置。强调**"专门管辖"**，是因为专门法院依法对涉及专门性事项行使管辖权。[1] 所谓专门性事项，既可以是特殊主体（如军人、军事单位等），也可以指专业性诉讼内容（如专利、海事海商、金融等）。尽管三大诉讼法中并没有"专门管辖"的表述[2]，但全国人大常委会关于设立3个金融法院的决定，以及最高人民法院关于海事海商、知识产权、金融审判的相关司法解释，都使用了"专门管辖"字样。这里的"管辖"，既包括第一审案件的管辖，也涵盖上诉、抗诉和再审案件的管辖。

实践中，不宜将专门人民法院与跨行政区划法院混为一谈。党的十八大以来，根据中央部署，国家在北京、上海设立了北京市第四中级人民法院、上海市第三中级人民法院，作为跨行政区划法院试点，审理跨地区案件。两个法院虽具有一定跨地区属性（仅在直辖市内跨区级行政区划），也集中管辖了部分环境资源、食药安全、国际商事等专业类案件，但其设立宗旨主要是打破"诉讼主客场"现象，设立模式是在北京、上海铁路运输中级法院基础上"加挂"牌子，并未经全国人大常委会作出决定，所以不应归入专门人民法院序列。[3] 2018年修订《人民法院组织法》时，因跨行政区划法院"定位不够明确"，全国人大宪法和法律委员会经研究，决定"暂不作规定，待条件成熟时再作规定"。[4] 有论者将跨行政区划法院理解为特殊类型的专门人民法院，甚至冠以综合性专门人民法院的名称，既不严谨，也于法无据。[5]

---

〔1〕 陈杭平：《民事诉讼管辖精义：原理与实务》，法律出版社2022年版，第1页。

〔2〕 《刑事诉讼法》第二十八条明确，"专门人民法院案件的管辖另行规定"。一般这条被称为刑事诉讼中的"专门管辖条款"。

〔3〕 贺小荣、何帆：《贯彻实施〈关于全面深化人民法院改革的意见〉应当把握的几个主要关系和问题》，载《人民法院报》2015年3月18日。

〔4〕 《全国人大宪法和法律委员会关于〈中华人民共和国人民法院组织法（修订草案）〉修改情况的汇报》（2018年6月19日），载郑淑娜主编：《中华人民共和国人民法院组织法释义》，中国民主法制出版社2019年版，第226页。

〔5〕 徐丽红：《我国专门法院（庭）设置的基础研究与前瞻》，法律出版社2020年版，第19页。

专门人民法院的设立标准

是否设立某种类型的专门人民法院,通常会与"在哪里设置"统筹考虑。综合前文提到的实践探索和制度特点,未来应依循如下审查标准,判断设立之必要性:

第一,战略性标准。即从党和国家的战略性发展考虑,综合国际营商环境、国家法治形象、司法国际影响、产业扶持创新、系统风险防控、特殊人群保护等多重因素,做整体性、系统性、长远性的考量。某种程度上讲,这里的战略性标准,其实也是**政治性标准**。必须经党中央决策议事协调机构审议批准、最高国家权力机关常设机关作出决定,才能设立或增设特定类型的专门人民法院,整个决策过程应严格遵循民主集中制,不受地方利益或部门利益主导。

第二,专业性标准。即拟专门管辖的案件类型是否存在专业技术性强、法律关系特殊复杂、审理难度大等特征,又或像军事法院那样涉及军事秘密和政治安全。前述专业性可以来自案件本身,也可以体现在案件的审判方式、审理周期、举证规则或诉讼机制上。必要时,还应当考虑理论界、实务界对相关领域的专业化程度是否达成充分共识。[1] 设立之初,互联网法院的专业性还主要体现于在线审理和技术创新方面,[2] 尚不具备专门人民法院的属性,但是,随着在线诉讼全面推广,互联网法院依托集中管辖特定类型互联网案件的优势,作出了一大批具有填补空白、树立规则、先导示范意义的裁判,确立了公共数据、虚拟财产、数字货币、智能作品等新客体的保护规则,依法规范直播带货、付费点播、知识分享等新兴业态,严厉打击暗刷流量、网

---

〔1〕 Ellen R. Jordan, *Specialized Courts: A Choice?* 76 NW. U. L. REV. 745, 785(1981).

〔2〕 2017 年 5 月 23 日全国人大常委会法工委反馈最高人民法院报送的《设立杭州互联网法院改革试点方案(送审稿)》的研究意见时(法工委发〔2017〕20 号)提出:"线上案件线上审理是案件审理方式改革,试点方案提出的由杭州互联网法院集中管辖的案件,与海事法院、知识产权法院所管辖案件法律关系比较特殊复杂、专业技术性强、审理难度大的情况有较大不同。拟议中的互联网法院,从目前情况看,尚不具有专门人民法院的属性。因此,不需要由全国人大常委会作出相关决定。"

络刷单、空包洗钱等网络灰黑产业，有力推动了数字经济的创新发展，提升了我国在互联网治理领域的国际话语权和规则制定权，已经具备了转型为专门人民法院的前提条件。

第三，替代性标准。 即是否必须通过设立专门人民法院的方式集中解决特定类型的纠纷，在普通地方法院设立专门法庭、专业化审判庭或合议庭能否实现预期目标。如果确有必要设立，如何布局为宜？是否应跨行政区划管辖？地域管辖范围与诉讼"两便原则"如何兼顾？因此，替代性标准的判断过程，其实也是收益与成本的权衡考量。在设立专门人民法院问题上，专业性当然是重要的参考标准，但必须与战略性标准、替代性标准统筹考虑。

第四，确定性标准。 即专门管辖的案件范围是不是可预测、可操作、可救济的，并且与地域管辖、集中管辖、专属管辖、协议管辖等形成有效区分，便于解决管辖竞合问题。专门管辖的范围，一般应当由法律、全国人大常委会的决定或司法解释明确，能够对应于特定的罪名或案由，又或对现有的案由作更精细的拆分，便于立案庭或诉讼服务中心人员精准识别、科学分流、详细释明。如果只是笼统概括为某一类案件，将不利于当事人选择受诉法院，也将大大增加管辖权冲突或异议的发生概率。

第五，规模性标准。 即专门管辖的案件总量、分布态势是否足以支撑若干专门人民法院或其组织体系的案件体量。如果立足于全国性布局，应全面测算案件在全国的分布情况；如果仅在特定地区设置，则应科学测算案件在相关区域的集中情况。在论证过程中，应更加侧重测算专业性技术性强、审理难度大的案件数量，防止将简单案件"包装"为专业化案件，避免专门人民法院设立之后，疲于应付之前用以"充数"的案件，无法聚焦审理具有规则意义的案件。

专门人民法院的设置模式

优化专门人民法院的设置模式，应当立足我国国情，完善其审级层次、上诉机制和区域跨度。

第一，**审级层次**。政策目标和案件特点，决定了专门法院的审级。域外实行三级三审制的国家或地区，专门法院大都设置在高等法院一级，大致相当于我国高级人民法院的规格，主要审理上诉审案件，审理少量第一审案件。这么设置的考虑：**一是凸显权威**。如果专门法院仅审理初审案件，判决效力须经上级法院确定，专业性、权威性难以彰显。实践中，仅家事法院、少年法院受案件特点和"实质性解决问题"的价值所向所限，设置在初审法院一级。**二是适法统一**。有权审理上诉审案件，可以据此发挥对下监督指导和统一法律适用的职能。**三是输出规则**。较高层级法院的判决效力，在国际上较易得到承认和执行，也有利于通过判例等形式，强化自身在专业领域的规则制定权和国际影响力。

我国在审级上实行四级两审制，已设立的海事法院、知识产权法院、金融法院都与中级人民法院的规格、审级相同，除海事法院外，均兼具第一审和上诉审职能，符合其履职特点。未来若增设新类型的专门人民法院，如环境资源保护法院、破产法院等，也可依循这一模式。下一步，如果推动将互联网法院转型为专门人民法院，应考虑在将之"升格"为中级人民法院层级的同时，扩大其地域管辖范围（如探索将杭州互联网法院管辖范围扩大至浙江全省），同时，将专门管辖范围限缩至更具规则意义的互联网案件，而非网络购物纠纷、信息网络传播权纠纷。

第二，**上诉机制**。域外专门法院在上诉机制上，存在以下三种模式：**一是设立对应的专门上诉法院**。最典型是德国的专门法院体系，在联邦和州层级形成三个审级，如州劳动法院、州高等劳动法院、联邦最高劳动法院。**二是设立综合性上诉法院**，统一受理来自各专门法院或普通地区法院专业审判组织的上诉案件。其中最典型的就是位于华盛顿特区的美国联邦巡回上诉法院（CAFC），受理对联邦求偿法院、国际贸易法院、退伍军人索赔上诉法院所作判决之上诉，该院实际上是美国专利、商标、国际贸易、行政、税收等类型案件的专门上诉法院。

这类法院是否还能列入专门法院序列,实践中存在争议。[1] 三是内部包含两个审级,可以在院内完成上诉,但第一审案件通常是相对简单的案件。[2]

目前,我国除军事法院形成相对完备的组织体系外,不服海事法院、金融法院第一审裁判的,均上诉至所在地高级法院;不服知识产权法院就专利等专业技术性较强的案件所作第一审裁判的,直接上诉至最高人民法院知识产权法庭。从创新层面看,最高人民法院设立知识产权法庭,探索建立"越级上诉"机制,起到了统一法律适用、服务创新驱动发展的作用。但是,知识产权法庭毕竟属于最高人民法院派出的常设审判机构,与最高人民法院同一审级,大量上诉案件集中到法庭,既加剧了最高审判机关的人案矛盾,[3]也不利于处理上诉审理、再审审查的分工。[4]

下一步,按照《知识产权强国建设纲要(2021—2035年)》提出的"实施高水平知识产权审判机构建设工程"和"完善上诉审理机制"要求,有必要探索以最高人民法院知识产权法庭为基础,建立国家层面的知识产权与竞争法院,按照高级人民法院的规格、审级设置。国家知识产权法院院长的任免,可以参照解放军军事法院模式,根据最高人民法院院长的提请,由全国人大常委会任免,法院运行经费也由中央财政保障。

---

〔1〕 在美国,也有部分法官和学者认为,联邦巡回上诉法院的管辖范围过于广泛,已不能算严格意义上的专门法院。Markey & Howard T, *The First Two Thousand Days: Report of the U. S. Court of Appeals for the Federal Circuit,* BNA's Patent, Trademark and Copyright Journal 38: 179-92(1989).

〔2〕 黄明耀:《审级制度改革与法院制度改革的衔接研究》,载《法律适用》2018年第15期。

〔3〕 2021年最高人民法院知识产权法庭受理案件占全院案件的15%,其中民事和行政二审案件分别占全院68%和100%。参见周强:《最高人民法院关于〈全国人民代表大会常务委员会关于专利等知识产权案件诉讼程序若干问题的决定〉实施情况的报告——2022年7月27日在第十三届全国人民代表大会常务委员会第三十三次会议上》,载中国人大网,2022年12月4日访问。

〔4〕 《对〈全国人民代表大会常务委员会关于专利等知识产权案件诉讼程序若干问题的决定〉实施情况报告的意见和建议》,载中国人大网,2022年12月4日访问。

长期以来,实务界和理论界也有设立国家层面海事上诉机构的呼吁,[1]根据国家知识产权法院的运行情况,未来还可以探索完善国家层面海事、国际商事案件的上诉机制,至于是采取新设法院的模式,还是参照美国联邦巡回上诉法院(CAFC)模式,搭建"一个法院、多个法庭、综合保障"的新型上诉架构,可以结合实际进一步研究论证。

第三,区域跨度。铁路运输法院、海事法院的设置和布局,过去主要由交通部、铁道部主导,更多考虑沿海沿江港口、通海可航水域、铁路交通分布等情况,案件总量有限,触及地方利益不多,实现跨省级行政区划管辖难度不大。但是,对于知识产权、金融案件,在一省省域内实行专门管辖,案件体量就已很大,若跨省集中,恐总量过多、难以承受。[2]此外,跨省级行政区划管辖,涉及干部管理、职务任免、维稳责任、异地执行、人大监督、法律监督、纪检派驻、经费保障等一系列问题,完全依托所在地属地管理,可能存在机制不顺、运行不畅等障碍。尤其是上诉机制,如果缺乏国家层面的专门上诉机构,本已跨省设置的专门法院作出的第一审裁判,又上诉至所在地高级人民法院,对于涉及辖区多地利益的案件,可能引发当事各方和社会各界对司法公信力的质疑。

目前,成渝金融法院作为党的十八大以来设立的首个跨省级区域管辖的专门人民法院,正开展这方面的探索和创新。该院第一审裁判的上诉案件,由重庆市高级人民法院审理,审判工作受最高人民法院和重庆市高级人民法院监督,审判人员亦由重庆市人大常委会任免。但是,对于四川省属于成渝地区双城经济圈范围内的金融案件如何审

---

〔1〕 最高人民法院在第七届全国人大第三次(1990年)、四次会议(1991年)、第八届人大第一次会议(1993年)的工作报告中,都建议设立海事高级法院。1999年印发的《人民法院五年改革纲要》(法发〔1999〕28号),也曾提出"对设立海事高级法院进行研究"。近年来,理论界也有相关呼吁与研究。参见杨园硕、王国华:《中国海事高级法院设立的困境与路径》,载《中国海商法研究》2018年第1期。

〔2〕 以北京为例,北京知识产权法院2015年受理案件为9191件,2020年已达到2.37万件;金融案件方面,2019年北京各中级人民法院一审、二审金融案件数量为7000余件,同期,天津、河北各中级人民法院受理的金融案件数量均在6000件以上。如将天津、河北上述案件交北京知识产权法院、金融法院集中管辖,受人员编制限制,两院将难以承受。

理、审判人员如何调配、以何形式巡回审理、执行问题如何协调、维稳责任如何分配（案件发生地还是案件审理地）等，尚需要实践检验。这些问题的解决办法和现实效果，将直接影响到未来其他专门人民法院的设置模式。

专门人民法院的配套制度

推动设立专门人民法院的理由之一，就是便于集中各类资源，在人员调配、审判方式、程序设定、管理体制上精准施策，确保专门法院在"专"字上显特色，在"特"字上出成效。我国专门人民法院制度虽然不断在发展变化中，但无论是顶层设计还是各院探索，都已形成不少具有中国特色的创新举措。例如，**海事法院**在案件审理程序方面，除《民事诉讼法》外，还可以依据《海事诉讼特别程序法》，海事人民陪审员选任制度、海事派出法庭制度也已比较成熟。**知识产权法院**完善了技术调查官选任机制、标准和管理模式，规范了技术调查官参与诉讼活动的职责和程序。**上海金融法院**先后建立证券纠纷示范判决机制、证券纠纷代表人诉讼机制，为妥善处理群体性证券纠纷作出示范。

随着改革深入推进，未来有必要从以下几个层面，进一步健全完善专门人民法院的配套体制：

第一，推动配套立法。考虑到专门法院是特殊类型的法院，域外有关国家和地区为规范专门法院建设，会制定单独适用于专门法院的组织法、案件审理法。[1] 我国虽然在《人民法院组织法》中明确了专门人民法院的类型和地位，但仅靠全国人大常委会的决定规定其"设置、组织、职权和法官任免"，制度上还略显单薄。

经过军事司法体制改革，我国军事法院的组织体系、管理体制已经成熟完善，有必要制定军事法院组织法，明确军事法院相对特殊的设置模式、管辖范围、审判职权、军地协作、战时规定等，以及军事法官

---

〔1〕 例如，我国台湾地区除制定"法院组织法"外，还制定有"行政法院组织法""智慧财产及商事法院组织法""少年及家事法院组织法"，以及"智慧财产案件审理法""商事事件审理法"及其实施细则。

的任免程序、等级评定、退役转任等,为单独制定专门人民法院组织法积累经验。待设立国家知识产权法院后,可以推动制定知识产权法院组织法,同步研究制定知识产权诉讼特别程序法。随着我国专门法院组织体系和上诉机制逐步完备,未来可以考虑在民事、行政诉讼法中增加关于专门管辖的一般性、原则性条款,逐步确立"专门管辖＝专门法院管辖"的管辖原则,厘清其与集中管辖、专属管辖的关系。[1]

　　第二,健全选任机制。目前,我国各省(自治区、直辖市)均设立了省一级的法官遴选委员会,候选人经过遴选委员会的专业审核把关,才可能被任命为法官,纳入员额管理。下一步,有必要针对专门人民法院履职特点和实际需要,制定相应的专业法官选任办法。地方人民法院法官转调专门人民法院任职的,也应有相应的考核机制和认证标准,确保其具备专业审判能力。由于专业法官处理的案件难度较大,交流渠道也较地方人民法院法官也更狭窄,为确保专业化的审判队伍相对稳定,应在分案机制、绩效考核、培训交流、辅助人员配备等方面更加考虑其履职特点,政策实施上更具针对性。

　　专门人民法院法官助理的入额模式方面,也可以结合各类型专门法院的案件特点和审级设置,灵活作出安排。考虑到海事法院只有派出法庭,没有对应的基层人民法院,最高人民法院政治部曾在《关于海事法院初任法官可以到其所属派出法庭任职的通知》(法政〔2018〕343 号)明确,"海事法院法官助理遴选为初任法官后,除到基层法院外,也可以到其所属派出法庭任职"。未来,可以参照这一模式,拓宽知识产权、金融法院法官助理的入额渠道,既可以到集中管辖相关专业化案件的基层人民法院任职,也可以积累一定时限的基层入额办案经历,之后仍返回原法院任职,确保专业化审判人才的培养流程完整、养成周期合理。

　　第三,打破专业偏狭。"凸显专业优势"和"打破专业偏狭"是硬币两面,必须统筹考虑。近年来,域外最高法院和专门法院也将防止

---

　　〔1〕　陈杭平:《论我国民事诉讼专门管辖——历史演进与对比界定》,载《社会科学辑刊》2021 年第 1 期。

专业法官久任导致的专业偏见、本位主义作为司法改革的重点。[1]因此,专门法院可以通过完善专业人民陪审员制度、专业辅助人机制和专家咨询机制,进一步扩大司法民主。同时,可以考虑通过探索构建具有中国特色的专业案件"法庭之友"机制,允许党政机关、行业协会商会、社会公益组织和依法承担行政职能的事业单位,经人民法院委托或者许可,依照工作程序,就涉及国家利益、社会公共利益的案件提出参考意见,甚至出庭发表意见、回应咨询,集思广益提升案件质效。[2]同时,还可以通过加强法官内部轮岗、上下级法院法官和法官助理定期交流,拓宽法官视野,丰富知识结构。

第四,完善便民机制。从长远来看,专门人民法院所跨行政区划范围将越来越大,尽管在线诉讼已推广普及,但一些专业技术性较强的案件,仍可能需要线下审理。为了便利当事人诉讼,有必要总结借鉴海事法院设立派出法庭的经验,进一步完善巡回审判机制,依托信息化手段,尽最大可能减少当事人诉讼负担。

专门人民法院的未来布局

从社会发展来看,审判专业化是大势所趋,但推动审判专业化,**并不必然**意味着要设立各种类型的专门法院;根据国家区域发展战略需要,在个别地区设立特定类型的专门人民法院,也**并不必然**意味着在所有地区都要设立同类专门人民法院。当务之急,是充分利用已设置的专门人民法院、专门法庭和专业化审判庭,结合各类案件特点和改革实际,完善专业化审判格局。例如,设立国家知识产权法院后,可以区分案件的技术性、复杂性、影响力,实现**部分**案件由知识产权法院(庭)一审、国家知识产权法院二审;**部分**案件由知识产权法院(庭)一

---

〔1〕 Melissa F. Wasserman & Jonathan D. Slack, *Can There Be Too Much Specialization? Specialization in Specialized Courts,* 115 Nw. U. L. Rev, 1405–1503(2021).

〔2〕 相关机制在操作上亦有文件依据,参见贺小荣、何帆:《〈人民法院落实《领导干部干预司法活动、插手具体案件处理的记录、通报和责任追究规定》的实施办法〉的理解与适用》,载《人民法院报》2015 年 8 月 20 日。

审、地方高级人民法院二审；**部分**案件由地方基层人民法院一审、知识产权法院（庭）二审，推动形成科学合理、有机衔接的知识产权案件审判格局。

关于未来可能设立的新类型专门法院。中共中央、国务院印发的《成渝地区双城经济圈建设规划纲要》，提出要设立"长江上游生态保护法院"。从我国持续营造稳定、公平、透明、可预期的法治化国际营商环境的现实需要看，还有必要探索设立国际商事法院、破产法院，为我国深度融入经济全球化进程、加快培育参与和引领国际经济合作竞争新优势提供有力司法保障。

总体来看，专门人民法院建设应当坚持政治性、必要性原则，以党和国家的事业为重，排除部门本位主义，立足中国国情和发展大局，审慎判断、统筹推进，逐步打造具有中国特色、中国优势、中国效能的专门人民法院制度。

第八讲 | 审判组织(上):独任庭、合议庭与赔偿委员会

> 真正的平等精神不是所有人都是
> 发布命令者或接受命令者,而是服从或
> 领导与自己平等的人。
>
> ——[法]孟德斯鸠

人民法院的审判权,是通过一定的内部组织形式体现的。经法院组织法和诉讼法律确认,才可称之为法定审判组织。在诉讼活动中,审判组织代表人民法院,依法审理案件、查明事实、适用法律。按照 2018 年《人民法院组织法》,我国法院目前的审判组织形式包括**独任庭、合议庭、审判委员会**,以及中级以上人民法院设置的**赔偿委员会**。对应不同审级,四级法院审判组织的适用范围、组成形式有较大差别,并随司法体制改革深入推进不断变化。

一、作为枢纽的审判组织

审判组织与审判机构

按照《现代汉语词典》,**"组织"**是按照一定宗旨和系统建立起来的集体。在整个法院组织体系中,法院本身就是一种组织形式。与审判工作相关的,如合议庭、审判庭、人民法庭、审判团队、专业法官会议、审判委员会、法官惩戒委员会等,都属于按特定标准设立的组织。但是,从法律概念上,不宜将各种组织混为一谈。例如,人民法院是国

家的**审判机关**，代表国家行使审判权，属于宪法确定的国家机构，[1]不能将法院本身理解为一种审判组织。[2]

按照《宪法》，人民法院是行使审判权的唯一主体，但行使权力并非由全院法官整体行动，而是由法律确定的审判组织代而行之。[3]这里的"**审判组织**"，是指根据法律规定，代表人民法院审理具体案件，有权作出具有法律效力的裁判，并对结果承担相应责任的组织形式。审判组织的特殊性在于：**首先**，它未必是两人以上的集合体，可以只有一名独任法官组成。为避免将人员与组织混同，本讲一般将作为审判组织的"独任法官"称为"独任庭"，作为与"合议庭"对应的概念。**其次**，它不是在编制部门备案的机构。审判组织内部只有分工协作，没有行政隶属。除审判委员会外，可以随机组成。**最后**，审判组织的成员包括人民陪审员，但不包括审判辅助人员和司法行政人员。法官可以与法官助理、书记员组成审判团队，但不能组成审判组织。

审判组织也不同于审判机构。在各级人民法院，无论法官员额、案件数量多少，审判组织都必不可少，但审判机构则视情而设。**审判机构**是人民法院为便于监督、管理、组织、保障独任庭、合议庭行使审判职权而设立的业务机构，是法院的基本组成单元。按照 2018 年《人民法院组织法》第二十七条第一款，"人民法院根据审判工作需要，可以设必要的专业审判庭。法官员额较少的中级人民法院和基层人民法院，可以设综合审判庭或者不设审判庭"。无论是多数法院设置的立案庭、民事、刑事、行政等传统审判庭，还是部分法院设置的金融、家事、房地产、劳动争议、知识产权等专业审判庭，都属于审判机构。此外，中级以上人民法院设立的赔偿委员会办事机构虽不叫审判庭，实际上也属于审判机构。需要强调的是，审判机构与审判组织不一定是包含关系。换言之，合议庭不一定非得由同一审判机构内部人员组

---

〔1〕 在我国宪法中，国家机构一般指国家机关的集合体，如全国人民代表大会、国家主席、国务院、中央军事委员会、地方各级人大和地方各级人民政府、民族自治地方的自治机关、监察委员会、人民法院和人民检察院都规定于宪法第三章"国家机构"中。

〔2〕 姚莉：《法制现代化进程中的审判组织重构》，载《法学研究》2004 年第 5 期。

〔3〕 蒋惠岭：《论审判组织制度改革的理论出路》，载《政法论坛》2022 年第 5 期。

成。例如,对于一些涉及刑民交叉、行民交叉、刑行交叉问题或需要统一法律适用的案件,也可以跨审判机构组成合议庭审理。

审判组织的法律性质

1954 年、1979 年《人民法院组织法》并未设"审判组织"专章,仅在第一章"总则"部分以 3 条篇幅规定了陪审合议制、合议制和审判委员会的内容。第二章虽然名为"人民法院的组织和职权",但这里的"组织"并非审判组织,而是指四级法院的审级架构、庭室设置和组成人员。[1] 2018 年《人民法院组织法》强化了审判组织的法律地位,在第三章"人民法院的审判组织"中以 11 条篇幅(第二十九条至第三十九条)规定了四类审判组织类型、运行机制、责任形式和法定职能。

综合不同时期《人民法院组织法》的规定,关于审判组织的法律性质,可以从以下五个层面把握。

第一,组织形式由法律确定。审判组织的类别、权限与适用原则,应当由法院组织法确定,案件审理范围和诉讼程序类型则可由其他法律规定。2018 年《人民法院组织法》第二十九条明确:"人民法院审理案件,由合议庭或者法官一人独任审理。合议庭和法官独任审理的案件范围由**法律**规定。"关于不同审级、程序和类别的案件,在何种情形下适用何种审判组织形式,三大诉讼法和《中华人民共和国人民陪审员法》(以下简称《人民陪审员法》)均有规定。

例如,第十三届全国人大常委会第三十二次会议 2021 年 12 月 24 日通过的《关于修改〈中华人民共和国民事诉讼法〉的决定》,明确"基层人民法院审理的基本事实清楚、权利义务关系明确的第一审民事案件,可以由审判员一人适用普通程序独任审理","中级人民法院对第一审适用简易程序审结或者不服裁定提起上诉的第二审民事案件,事实清楚、权利义务关系明确的,经双方当事人同意,可以由审判员一人

---

〔1〕 1979 年《人民法院组织法》第十九条第一款规定"基层人民法院由院长一人,副院长和审判员若干人组成。"第二十四条第一款、二十七条第一款、第三十一条第一款分别规定中级、高级、最高人民法院"由院长一人,副院长、庭长、副庭长和审判员若干人组成"。

独任审理。"在此之前，除立法机关授权试点的法院，适用普通程序的第一审民事案件和第二审民事案件都不能由法官独任审理。即使在修改后的《民事诉讼法》施行后，上述案件适用独任制也必须同时具备法律规定的各项要件。

第二，组织运行由法官主导。审判组织代表人民法院审理案件，应当有法官参与，并起主导作用。我国不存在平民法官和治安法官，审判组织要么全部由法官组成，要么由法官与人民陪审员组成。[1]例如，2018年《人民法院组织法》第三十条规定，"合议庭由法官组成，或者由法官和人民陪审员组成"。所谓**"法官主导"**，是指合议庭由法官和人民陪审员组成时，由法官担任审判长，依法主持庭审和评议，并履行与案件审判相关的指引、提示义务。具体评议案件仍实行少数服从多数，裁判结果不能由法官独断，审判事务也不能全部由法官包揽。

第三，决策机制循司法规律。审判组织依法受托审理具体案件，运行机制也必须依循司法规律，不能以行政审批、强制命令的方式作出裁决。例如，在合议庭内，不允许审判长或承办法官一人说了算，也不能由独立于审判组织之外的人员直接改变或决定裁判结果。对各类审判组织的决策机制，2018年《人民法院组织法》有明确规定，如合议庭、赔偿委员会成员应当为单数，按照多数人的意见作出决定；审判委员会实行民主集中制；审判委员会的决定，合议庭应当执行。同一法院内部，审判组织之间没有行政从属或监督管理关系，但可以通过法定途径发生联系，如案件审理权的承接（调整审判组织）、加入另一审判组织（独任制转合议制）、提起审判监督程序，等等。[2]

第四，所作决定有法律效力。合议庭或者法官独任审理具体案件，最终都要形成裁判文书，经合议庭组成人员或者独任法官签署，加盖人民法院印章后，产生法律效力。审判委员会讨论决定的案件，合议庭应当执行，除法律规定不公开的外，审判委员会的决定及其理由应当在裁判文书中公开。实践中，审判庭的庭务会、专业法官会议、审

---

〔1〕 关于非职业法官，参见彭小龙：《非职业法官研究：理念、制度与实践》，北京大学出版社2012年版。

〔2〕 蒋惠岭：《关于审判组织的几个问题》，载《人民司法》1995年第3期。

判长联席会议、审判团队会议均可能就案件处理结果提出意见，但即使是多数意见，也没有法律效力，不产生强制效应，仅供独任庭或合议庭评议参考；[1]即使最终被采纳，也会转化为独任庭或合议庭名义的意见，所以，它们只能算工作机制，而非审判组织形式。由于审判组织只是代表人民法院行使审判权的组织形式，所以裁判文书中只能以"本院认为"的形式展开论述或说理，而非"本法官认为"或"本合议庭认为"。

　　第五，整体对案件承担责任。人民法院作为审判机关，对裁判结果承担主体责任。例如，按照《中华人民共和国国家赔偿法》第二十一条第四款："再审改判无罪的，作出原生效判决的人民法院为赔偿义务机关。二审改判无罪，以及二审发回重审后作无罪处理的，作出一审有罪判决的人民法院为赔偿义务机关。"按照权责一致原则，审判组织作为具体审理案件的主体，也承担相应司法责任。其中，独任制审理的案件，由独任法官对案件的事实认定和法律适用承担全部责任。合议庭审理的案件，合议庭成员对案件的事实认定和法律适用共同承担责任，之后再根据合议庭成员是否存在违法审判行为、情节、合议庭成员发表意见的情况和过错程度合理确定各自责任。审判委员会讨论案件时，合议庭对其汇报的事实负责，审判委员会委员对其本人发表的意见及最终表决负责。院庭长因故意或者重大过失，怠于行使或者不当行使审判监督权和审判管理权，导致裁判错误并造成严重后果的，依照有关规定承担监督管理责任，但不是违法审判责任。

　　综上，明确了审判组织形式，人民法院依法独立行使审判权才有了组织载体，才有利于确定办案单元、安排审判事务、规划运行机制、划分司法责任。

独任制 *v.* 合议制

　　独任庭是由一名法官组成的审判组织，对应组织形式为独任制。

---

〔1〕　熊选国：《关于加强和完善审判组织的几个问题》，载《人民司法》1995 年第 7 期。

合议庭是由至少三人组成的审判组织,对应组织形式为合议制。其中,合议庭成员全部是法官的为**普通合议制**,合议庭由法官和人民陪审员组成的为**陪审合议制**。独任庭和合议庭是我国法院最基本的两类审判组织。独任制与合议制,各有制度优势,可以根据诉讼程序、案件类型特点匹配适用。

独任制的优势包括:**一是**节约审判资源。既能减少在单起案件中的人力投入,也缓解了其他法官的"陪庭"压力。**二是**提升司法效率。相较于合议制,独任制可以大大减少时间成本与沟通成本,缩短审理周期。**三是**权责更加明晰。由独任庭对案件承担全部责任,更有利于强化其责任意识,也便于确定审判责任。**四是**更加灵活易行。独任庭自行统筹案件审理进度和庭审节奏,视情灵活调整审判策略,操作上更具弹性。[1]

合议制的优势包括:**一是**提升裁判品质。多人裁判,可以集思广益,引入多元价值,克服个人偏见与知识局限,有利于作出更为公正合理、审慎周详的裁判。**二是**体现司法民主。有利于吸收公民依法有序参与司法活动,为案件处理提供职业身份、专业知识、生活阅历上的多种视角。**三是**加强制约监督。多一人审理多一分监督,有利于抑制个人恣意专断,防止权力滥用、枉法裁判。**四是**统一法律适用。有利于法官交流法律见解,解决适用分歧,确保类案同判。

当然,所有优势都是相对而言的。此之优势,未必是彼之弊端。司法是重要的公共资源,总量有限,增扩不易,面对海量案件,只能区分繁简难易、按照所涉利益,统筹调配人力、分配法庭、设置程序、安排审限,不可能对所有案件平均用力。案件若由一名法官即可妥善审理,安排多人参审就可能影响本可投入其他案件的力量,导致资源配置错位。如果不区分案件繁简,机械适用合议制,也可能引发表面是多人合议,其实是一人包办的"形合实独"问题,导致合议庭"空心化"。若缺乏配套机制,适用独任制越多,越可能出现审判组织各行其

---

〔1〕 姜世明:《法院组织法》(修订4版),新学林出版股份有限公司2014年版,第155—156页。

是、裁判品质参差不齐、法律适用见解不一等现象。

二、审判组织的适用原则

新中国成立之初,独任庭、合议庭就是人民法院的主要审判组织形式。伴随时代变迁,适用原则不断变化,大致包括四个阶段。

独任制为原则,合议制为例外(1949 年—1953 年)

1951 年 9 月 3 日,中央人民政府委员会第十二次会议通过的《人民法院暂行组织条例》,确立了人民法院的基本审判组织形式和适用原则。按照《人民法院暂行组织条例》第十六条、第二十四条,县级人民法院的刑事、民事案件,**原则上由审判员一人审判**,遇有重要或疑难的案件,应由审判员三人合议审判(以其中一人为主任审判员)。省级和最高人民法院,均采取审判员三人合议制;但省级人民法院可以视工作条件和案件情况分别处理,对于无须合议的案件,**也可以由审判员一人审判**。

之所以由审判员一人审判为主,甚至部分第二审案件也可以视情独任审理,与当时审判员普遍稀缺有很大关系。事实上,在广大新解放地区,很多案件都是由书记员、法警、法医甚至工农干部独任审理,并非具备资格的审判员。[1] 到 20 世纪 50 年代中后期,司法部仍不时以批复形式,强调书记员不得参加合议庭和单独主持调解。[2] 可

---

[1] 高其才、左炬、黄宇宁:《政治司法:1949—1961 年的华县人民法院》,法律出版社 2009 年版,第 185 页。

[2] 如《司法部关于书记员可否参加合议庭问题的批复》(1955 年 1 月 4 日,〔55〕司普字第 2905 号)提出:"书记员不是合议庭的组成人员,不能参加评议,但可在合议庭担任记录工作。"《司法部关于书记员能否单独进行调解问题的函》(1957 年 6 月 8 日,〔57〕司法字第 953 号)明确"调解应由审判人员主持,不应由书记员主持"。《司法部关于书记员是否能担任合议庭的记录等问题的复函》(1958 年 3 月 21 日,〔58〕司普字第 234 号)再次强调"书记员不是合议庭的组成人员"。参见中华人民共和国司法部编:《中华人民共和国司法行政历史文件汇编(1950—1985)》,法律出版社 1987 年版,第 555、680、693 页。

见当时对审判人员范围的理解还存在很大差异。

至于人民陪审制，之前主要在各革命根据地推行，加之各地法院案件繁多，还做不到普遍实行。尽管 1949 年的《中国人民政治协商会议共同纲领》第一百七十五条规定，法院审判案件依照法律规定实行人民陪审员制度，但《人民法院暂行组织条例》第六条对人民陪审制仍只作概括性规定："应视案件性质，实行人民陪审制。"之所以如此，也是照顾到当时的实际情况。[1]

陪审合议制为原则，独任制为例外（1954 年—1983 年）

随着"人民法院审判案件依照法律实行人民陪审员制度"被写入1954 年《宪法》。1954 年《人民法院组织法》第八条、第九条将人民陪审制、合议制作为基本审判制度，提出"人民法院审判第一审案件，实行人民陪审员制度，但是简单的民事案件、轻微的刑事案件和法律另有规定的案件除外"。第一审案件的审判组织原则上为合议庭，并且必须由审判员和人民陪审员组成。上诉和抗议案件，则由审判员组成合议庭审理。至于"简单的民事案件、轻微的刑事案件和法律另有规定的案件"，显然是给审判员一人审判留下口子。

之所以有上述制度安排，主要考虑是：第一，人民陪审员制度已经被新政权作为人民当家作主行使民主权利、参与国家管理和司法审判、在司法中践行群众路线的重要方式。在全面学习苏联司法制度的时代背景下，以陪审合议制为主，主要借鉴参考了 1936 年《苏联宪法》的规定。[2]"人民陪审员熟悉群众的事情，可以同审判员一起很快地弄清案情，作出正确的判决和裁定。同时，通过人民陪审员还可以向

---

〔1〕 许德珩：《关于"中华人民共和国人民法院暂行组织条例"的说明》，载《人民日报》1951 年 9 月 5 日。

〔2〕 1936 年《苏联宪法》第一百零三条规定，"各级法院审理案件，除法律有专门规定的情况外，一律在人民陪审员参加下进行。"[苏]卡列夫：《苏维埃司法制度》，赵涵舆、王增润等译，法律出版社 1955 年版，第 40 页。

人民群众进行法制宣传教育,密切人民法院与群众的关系。"[1]同时,人民陪审员客观上也大大缓解了新中国成立之初审判人员严重不足的压力。**第二**,体现集体负责制的需要。民主集中制在人民法院的体现,主要是审判委员会制度和合议庭集体审判制度,通过实行合议制,有利于"充分发挥集体智慧,考虑周到,提高办案质量"。[2]　**第三**,当时审判人员普遍没有受到过系统法学教育,多数不具备独任审理的能力,也无法确保案件质量。

到 1956 年,全国人民陪审员数量已经达到 20 万人,基本能够满足人民法院审判需要。1956 年 2 月 19 日,最高人民法院印发《关于〈十四个大城市高、中级人民法院刑、民事案件审理程序初步总结〉的试行总结和今后在全国试行的意见》,提到:"各大城市高、中级人民法院的审判工作中,已经基本上消除了曾经长时期存在的一个审判员单干和书记员审理案件的现象。第一审案件,除轻微的刑事案件和简单的民事案件外,一般都已由审判员一人和人民陪审员二人组成合议庭进行审理;多数第二审案件也已实行审判员三人合议制"。

从最高人民法院当时印发的有关批复性文件中可以看出,独任制仍是作为例外情形适用的,具体情形由各级人民法院审判委员会确定,且必须报院庭长决定。例如,1956 年 9 月 20 日,最高人民法院在《关于哪些案件可以不实行陪审合议制度问题的批复》(法研字第9407 号)中答复云南省高级人民法院:

关于哪些案件是简单的民事案件或轻微的刑事案件可以不实行陪审、合议制度的问题,经本院审判委员会第十五次会议讨论,作出如下决议:一、人民法院审判第一审刑、民事案件,原则上都应当实行陪审合议制度,尽量少采用由审判员一人独自审判的办法。二、审判员如果认为案件是简单的民事案件或轻微的刑事案件,可以独自审判的

---

[1]　魏文伯:《对于"中华人民共和国人民法院组织法"基本问题的认识》,上海人民出版社 1956 年版,第 11 页。

[2]　魏文伯:《对于"中华人民共和国人民法院组织法"基本问题的认识》,上海人民出版社 1956 年版,第 12 页。

时候,必须**报经院长或者庭长决定**。三、关于哪些案件是简单的民事案件或轻微的刑事案件,可以不必实行陪审、合议制度问题,在法律尚无具体规定以前,可以由各地人民法院审判委员会总结以往审判实践经验后,定出临时办法,在本法院内部试行,并报本院备查。[1]

合议制为原则,独任制为例外(1984 年—2018 年)

1979 年《人民法院组织法》仅对 1954 年《人民法院组织法》涉及审判组织的内容作了表述上的细微调整,并未改变以陪审合议制为主的原则。[2] 同年通过的 1979 年《刑事诉讼法》,也明确规定第一审案件适用陪审合议制,仅基层、中级人民法院审理的第一审案件自诉案件和其他轻微刑事案件可以由审判员一人独任审判。

随着改革开放步伐加快,商品经济快速发展,全国法院受理的案件数量、类型飞速增长,民事一审案件原则上适用陪审合议制已不适应司法实践需求。1982 年《民事诉讼法(试行)》第三十五条根据新的审判形势,调整了相关原则,明确"人民法院审判第一审民事案件,由审判员、陪审员共同组成合议庭或者**由审判员组成**合议庭","简单的民事案件,由审判员一人独任审判。"这也是"**独任**"二字首次出现在我国法律中。

1983 年修改《人民法院组织法》时,删去了原第九条(即以陪审合议制为原则的条文),将第十条第二款修改为:"人民法院审判第一审案件,**由审判员组成合议庭**或者由审判员和人民陪审员组成合议庭进行;简单的民事案件、轻微的刑事案件和法律另有规定的案件,可以由

---

〔1〕 1956 年 10 月 17 日印发的《各级人民法院民事案件审判程序总结》也规定,"审判员在接到案件和审阅案卷材料后,如果认为是简单的民事案件,可以报经院长或者庭长决定,由审判员一人独任审判"。

〔2〕 1979 年《人民法院组织法》第九条规定:"人民法院审判第一审案件实行人民陪审员陪审的制度,但是简单的民事案件、轻微的刑事案件和法律另有规定的案件除外。"第十条第一款规定"人民法院审判案件,实行合议制"。第二款强调"人民法院审判第一审案件,由审判员和人民陪审员组成合议庭进行,但是简单的民事案件、轻微的刑事案件和法律另有规定的案件除外"。第三款明确"人民法院审判上诉和抗诉的案件,由审判员组成合议庭进行"。

审判员一人独任审判。"正式取消了一审案件原则适用陪审合议制的要求,在法院组织法中确认了独任制的法律地位。

针对这一重大修改,立法机关的说明是:

> 不少法院提出,"法院组织法"第十条第二款规定,第一审案件的合议庭都要有陪审员参加,在实践中有许多困难,特别是请有法律知识的陪审员困难很大,严重影响审判工作的进行,要求作比较灵活的规定。根据这种情况,"民事诉讼法(试行)"已经规定第一审民事案件的合议庭可以单独由审判员组成,也可以由审判员和陪审员共同组成。新宪法也已不再规定实行陪审制度。[1]

1983 年之后,"以合议制为原则"在三大诉讼领域得到很好的贯彻,基本形成了**"普通程序=合议制"**和**"简易程序=独任制"**的制度定势,中级及以上人民法院都不能适用独任制。到世纪交替之时,即使在经济发达地区,民事审判领域仍然是普通程序案件为主,普遍实行合议制。例如,1999 年 6 月之前,广东省基层法院适用普通程序审理的案件为 80%,简易程序审理的案件约占 20%。[2] 但是,随着社会主义市场经济快速发展,大量纠纷涌入法院,各地法院都不同程度地扩大了民事简易程序的适用范围。2003 年 7 月,最高人民法院印发《关于适用简易程序审理民事案件的若干规定》(法释〔2003〕15 号)后,简易程序适用比例更是逐年上升。尽管国内诸多权威民事诉讼法教科书一直将合议制列为民事诉讼基本制度,[3] 但从实践情况看,独任制的适用比例已远超合议制,早已不再作为"例外"存在。到 2018、2019

---

〔1〕　参见《关于修改人民法院组织法、人民检察院组织法的决定等几个法律案的说明》(1983 年 9 月 2 日),载王汉斌:《社会主义民主法制文集》(上册),中国民主法制出版社 2012 版,第 87 页。

〔2〕　最高人民法院民事诉讼法调研小组编:《民事诉讼程序改革报告》,法律出版社 2003 年版。

〔3〕　江伟主编:《民事诉讼法学》(第 2 版),北京大学出版社 2014 年版,第 69 页;张卫平:《民事诉讼法》,中国人民大学出版社 2011 年版,第 32—33 页;李浩:《民事诉讼法学》,法律出版社 2011 年版,第 43—45 页。

年,全国法院民事一审简易程序适用率已高达 72.61%、75.72%。与此同时,合议制与普通程序、二审程序严格"绑定"的制度设计也饱受诟病,[1]不再适应案件繁简分流、轻重分离、快慢分道的需要。

随着中国特色社会主义法律体系逐步完善,审判组织形式的适用渐趋灵活,行政、刑事审判领域先后出现审判组织与诉讼程序"松绑"的趋势。

在行政审判领域。2014 年修正的《行政诉讼法》增加了关于简易程序的规定,明确"适用简易程序审理的行政案件,由审判员一人独任审理"。由于《行政诉讼法》未限制适用简易程序的法院层级,中级以上人民法院对符合条件的第一审行政案件,也可以适用简易程序,相应的也可以适用独任制方式审理。而民事、刑事领域当时只能在基层人民法院审理的第一审案件中适用独任制。

在刑事审判领域。2012 年修正《刑事诉讼法》时,明确"适用简易程序审理案件,对可能判处三年有期徒刑以下刑罚的,可以组成合议庭进行审判,也可以由审判员一人独任审判;对可能判处的有期徒刑超过三年的,应当组成合议庭进行审判"。这也有别于民事、行政领域适用简易程序的案件一律由法官独任审理的规定,体现了对刑事人权的司法保障。

合议制与独任制并重(2019 年—至今)

2018 年《人民法院组织法》第二十九条规定:"人民法院审理案件,由合议庭或者法官一人独任审理。合议庭和法官独任审理的案件范围由法律规定。"不再适用"人民法院审判案件,实行合议制"的表述,相较于前述条文确立的"合议制为主,独任制为辅"的原则,此次修

---

〔1〕 傅郁林:《繁简分流和程序保障》,载江伟主编:《中国民事审判改革研究》,中国政法大学出版社 2003 年版,第 207 页;王亚新、陈杭平、刘君博:《中国民事诉讼法重点讲义》,高等教育出版社 2017 年版,第 58 页;赵旻:《民事审判独任制研究》,华中科技大学出版社 2014 年版,第 153 页;蔡彦敏:《断裂与修正:我国民事审判组织之嬗变》,载《政法论坛》2014 年第 2 期。

改更加强调合议制与独任制并重，倡导充分发挥各自制度优势，统筹兼顾司法质量与效率，促进司法资源合理优化分配。[1]

与此同时，民事审判领域也开始探索审判组织与诉讼程序的"松绑"。2019年12月28日，第十三届全国人大常委会第十五次会议作出《全国人大常委会关于授权最高人民法院在部分地区开展民事诉讼程序繁简分流改革试点工作的决定》，授权最高人民法院在北京、上海等20个城市的中级、基层人民法院和部分专门人民法院开展试点。试点内容包括将探索基层人民法院由法官一人适用普通程序独任审理部分民事案件(即"普通程序独任制")，中级人民法院和专门人民法院由法官一人独任审理部分简单民事上诉案件(即"二审独任制")，并健全完善独任制与合议制的转换适用机制。探索扩大独任制的适用范围，一个重要价值取向就是要优化配置司法资源，分别发挥独任制灵活高效、合议制民主议决的制度优势，从审判组织安排上确保"简案快审，繁案精审"，推动资源投入与诉讼程序"匹配适当，精准施力"。

2021年12月24日，第十三届全国人大常委会第三十二次会议通过《关于修改〈中华人民共和国民事诉讼法〉的决定》，以立法形式确认了民事诉讼程序繁简分流改革试点成果。新修正的《民事诉讼法》明确了第一审普通程序和第二审程序可以适用独任制，规定了不得适用独任制的情形，以及独任制向合议制的转换程序。经过这次修改，基层人民法院民事案件的审判组织适用原则将逐渐演变为"独任制为主，合议制为补充"，中级人民法院则变为"合议制为主，独任制为补充"，高级人民法院和最高人民法院仍主要适用合议制。考虑到全国法院的案件数量主要集中在基层、中级人民法院，两种审判组织形式在适用概率上总体处于并重状态。

---

[1]　杨万明主编：《〈中华人民共和国人民法院组织法〉条文理解与适用》，人民法院出版社2019年版，第201页。

三、独任庭

独任庭与审判团队

审判组织是审判人员的配置形式，而审判团队则是审判组织与审判辅助人员的配置形式。过去，由于书记员配备不足，独任法官除主持调解、庭审外，送达、订卷、归档等事务也占据其大量精力。党的十八大之后，部分人案矛盾较集中的基层人民法院，开始探索以法官为中心组建审判团队，每个团队配备若干名法官助理、书记员，有的还配备了司法警察、执行员。这些审判团队多数围绕独任庭组建，负责人由编入团队的院庭长或独任法官担任。作为新的审判力量配置单元，审判团队优化了司法人员配置，也有利于案件繁简分流和专业化审理，起到了提升司法效能、减轻法官负担的作用。

2015 年 9 月印发的《最高人民法院关于完善人民法院司法责任制的若干意见》（法发〔2015〕13 号，以下简称 2015 年《司法责任制意见》）在充分总结各地经验基础上，明确"基层、中级人民法院可以组建由一名法官与法官助理、书记员以及其他必要的辅助人员组成的审判团队，依法独任审理适用简易程序的案件和法律规定的其他案件……案件数量较多的基层人民法院，可以组建相对固定的审判团队，实行扁平化的管理模式"。之所以强调审判团队以办理适用独任制的案件为主，是考虑到审判团队组建方式比较灵活，更加适应独任庭的审理模式。加上"中级人民法院"，最初只是为了方便中级人民法院审理行政第一审简易程序案件。[1]《民事诉讼法》2021 年 12 月修正后，中级人民法院也可以适用独任制审理部分民事第二审案件。

随着司法体制改革深入推进，审判团队组建模式日趋多元。有的法

---

〔1〕 最高人民法院司法改革领导小组办公室编：《〈最高人民法院关于完善人民法院司法责任制的若干意见〉读本》，人民法院出版社 2015 年版，第 57 页。

院采取"以老带新"模式,由资深法官与 1~2 名新任法官组建审判团队,这样内部就有了"AB 角",即使法官休假或生病,团队工作也不至于"停摆"。有的法院采取"拼图"模式,由一名法官带一个团队,平时以办理独任制案件为主,需要三名法官组成合议庭时,三个团队可以协同配合。有的法官采取"混编"模式,审判团队内部有 3~5 名法官,可以自由组合成合议庭办理案件,统筹调配团队内的审判辅助人员。

总体而言,**审判团队**是人民法院为了促进人力资源优化配置,组建的包含法官、审判辅助人员的审判力量配置单元,具有相对固定、密切协作、扁平管理等特点。审判团队本身并不是审判组织形式,也无法成为司法责任主体。如果团队内部不包含审判组织,就不能称之为审判团队,如司法警察团队、送达团队、执行实施团队等。[1]

另外,审判团队主要是围绕独任庭组建的,一般由独任法官担任团队负责人。许多独任法官并无行政职务,与审判辅助人员也并非"领导—下属"关系。为了便于法官统筹管理,强化审判团队作为办案单元和自我管理单元的功能,法官与审判辅助人员的配备可以实行双向选择与组织调配相结合,同时赋予法官对审判辅助人员的工作分配权、考核建议权以及一定的人事管理建议权。[2]

独任庭的职责

我国《人民法院组织法》和《法官法》并未就独任法官的法官等级、任职资历有特别规定,凡经法律程序任命为法官者,皆有资格独任审理案件。[3] 法官独任审理案件时,应当履行以下审判职责:(1)主

〔1〕 最高人民法院政治部、最高人民法院司法改革领导小组办公室编:《人民法院全面落实司法责任制读本》,人民法院出版社 2021 年版,第 158 页。

〔2〕 马渊杰:《司法责任制下审判团队的制度功能及改革路径》,载《法律适用》2016年第 11 期。

〔3〕 按照德国《民事诉讼法》第二百四十八条第一项,履行未满一年的见习法官不得独任审理案件;对于因银行和金融业务产生的争议等特定类型的案件,若未列入法院业务分配计划,也不得独任审理。此外,我国台湾地区"法官法"第九条亦明确候补法官或试署法官不得独任办理特定诉讼程序或罪名的案件。

持或者指导法官助理做好庭前会议、庭前调解、证据交换等庭前准备工作及其他审判辅助工作；(2)主持案件开庭、调解，依法作出裁判，制作裁判文书或者指导法官助理起草裁判文书，并直接签发裁判文书；(3)依法决定案件审理中的程序性事项；(4)依法行使其他审判权力。

在独任制下，独任庭对案件审理行使全部的裁判权，既处理程序性事项，例如，管辖、财产保全、先予执行等，又处理实体性事项，例如开庭、撰写裁判文书等；开庭前、开庭时、开庭后各个审判阶段的相关事项都由其主导。但是，这并不意味着凡事都需要法官亲力亲为，部分事项可以授权审判辅助人员完成，由法官助理协助法官从事审判工作，书记员辅助法官从事纯事务性工作。

独任制向合议制的转换

由于审判组织与审判程序严格绑定，过去，审判组织形式的变化都紧密依附于审判程序的变换进行。简易程序转换为普通程序后，审判组织自然调整为合议庭。例如，《行政诉讼法》第八十四条规定，"人民法院在审理过程中，发现案件不宜适用简易程序的，**裁定**转为普通程序。"《刑事诉讼法》第二百二十一条规定，"人民法院在审理过程中，发现不宜适用简易程序的，应当按照本章第一节或者第二节的规定重新审理。"

2021年修正的《民事诉讼法》推动诉讼程序与审判组织形式"解绑"后，首次在法律中就独任制转换为合议制的机制作出规定：

《民事诉讼法》

第四十三条　人民法院在审理过程中，发现案件不宜由审判员一人独任审理的，应当裁定转由合议庭审理。

当事人认为案件由审判员一人独任审理违反法律规定的，可以向人民法院提出异议。人民法院对当事人提出的异议应当审查，异议成立的，裁定转由合议庭审理；异议不成立的，裁定驳回。

上述转化机制,包括了民事第一审、第二审程序中的转换。那么,哪些情形属于"不宜由审判员一人独任审理的"呢? 相关条文表述是:

《民事诉讼法》

第四十二条　人民法院审理下列民事案件,不得由审判员一人独任审理:

(一)涉及国家利益、社会公共利益的案件;

(二)涉及群体性纠纷,可能影响社会稳定的案件;

(三)人民群众广泛关注或者其他社会影响较大的案件;

(四)属于新类型或者疑难复杂的案件;

(五)法律规定应当组成合议庭审理的案件;

(六)其他不宜由审判员一人独任审理的案件。

在民事诉讼中,独任制转换为合议制(以下简称"独转合"),属于重大事项变化,应当以裁定形式作出。实践中,对于"独转合"裁定以谁名义作出,存在两种意见。**一种意见认为**,应当由独任庭作出并署名,理由是:一般是独任法官发现存在转换事由,并启动相关程序的,由他作出更为合理;**另一种意见认为**,应当由新组成的合议庭作出并署名。理由是:简易程序转换为普通程序的裁定就是以合议庭名义作出,实践中应当参照。[1]

根据司法实践,以合议庭名义作出裁定较为妥当。因为独任审理过程中出现特殊情形,需要"独转合"的,可能由独任庭自行向合议庭提出,也可能是院庭长依个案监督职权提出,并指定合议庭审查。当事人提出的异议,一般也是由独任庭提出初步审查意见后,交合议庭评议。经合议庭评议,决定转由合议庭审理的,裁定以合议庭名义作

----

〔1〕　德国《民事诉讼法》关于二审"独转合"的规定,也明确由独任法官报请合议庭审查,合议庭决定承接后,再作出裁定。按照德国《民事诉讼法》第三百四十八条第三项,在下列情况下,独任法官将案件提交给合议庭,由合议庭决定是否接管案件:(1)案件在事实上或法律上有特殊困难;(2)案件具有规则意义;(3)双方当事人一致申请。合议庭经审查后,决定接管案件的,以裁定形式作出,并不得再将案件交给独任法官。

出更为合适；决定驳回异议的，裁定以独任庭名义作出。此类裁定也属于不可上诉的裁定。[1] 至于"独转合"是否需报院庭长批准，可以结合相关法院案件情况和工作流程灵活确定，不作硬性规定。[2] 为保障司法亲历性和发挥合议制制度功能，案件组成合议庭审理后应当再次开庭，但对于审判组织转换前已经依法完成的诉讼行为，依然认定为继续有效，双方当事人已确认的事实，可以不再举证、质证。

尽管《民事诉讼法》支持"当事人双方也可以约定适用简易程序"，但并不意味着当事人对审判组织形式有约定适用的选择权。因为审判组织形式只是影响资源配置、确保审慎裁判的因素之一，不影响对程序性质的判断，也不属于程序选择权事项。即使当事人约定适用独任制或合议制，最终采取什么样的审判组织形式，仍应当由人民法院判断并决定，毕竟审判程序的性质未变，提供的配套保障也未变。

按照我国现行法律及司法解释，并不存在合议制向独任制的转换机制。已经按照普通程序审理的案件，开庭后一般也不得转为简易程序审理。民事案件当事人双方在开庭后，不能再约定选择将案件由适用第一审普通程序审理转为适用简易程序审理。[3] 同理，第二审案件已适用合议制的，也不宜再转换为独任制审理。[4]

---

〔1〕 刘峥、何帆、李承运：《正确贯彻实施新民事诉讼法需重点把握的七个问题》，载《人民司法·应用》2022年第10期。

〔2〕 何帆：《完善民事诉讼独任制适用范围应当把握的六个问题》，载《人民法院报》2020年3月12日。

〔3〕 最高人民法院民法典贯彻实施工作领导小组办公室编著：《最高人民法院新民事诉讼法司法解释理解与适用（上）》，人民法院出版社2022年版，第556页。

〔4〕 德国《民事诉讼法》三百四十八条之一规定有合议制转换为独任制的情形和程序。按照该条，合议庭在审理过程中，认为存在下列情形之一者的，应当书面裁定将案件移转给合议庭成员之一，由独任法官审理：（1）案件在事实上或者法律上没有特殊困难；（2）案件不具有规则意义；（3）案件不曾由合议庭在言词辩论期日审理过，或者合议庭虽审理过，但已为附保留条件之判决、部分判决或中间判决。相关制度介绍，参见吴从周：《独任或合议：第二审审级制度的一个反思》，载姜世明、许政贤编：《两岸民事法学会通之道》，元照出版公司2015年版，第63—94页；吴从周：《第二审审判案件兼采独任制合议：借镜德国法打破我国民事诉讼各审级参与审判之法官人数"一、三、五"的数字迷思》，载吴从周：《法理、集中审理与失权》，元照出版公司2008年版，第446页。

四、合议庭

审判长

审判长是主持庭审、评议活动,并受托处理有关程序性事项的合议庭成员。它不是固定的行政职务,而是为审理具体案件而临时设置的审判职务。民国时期,负有庭审指挥之责的法官就被称为审判长,最早是从日语中的“裁判长”转译而来。《人民法院暂行组织条例》第十六条曾称之为“主任审判员”,但从 1954 年《人民法院组织法》实施至今,又恢复称审判长。[1]

第一,审判长的职责。按照 2015 年《司法责任制意见》第 18 条、2022 年 10 月印发的《最高人民法院关于规范合议庭运行机制的意见》(法发〔2022〕31 号,以下简称 2022 年《规范合议庭意见》)第三条,审判长除承担由合议庭成员共同承担的审判职责外,还应当履行以下审判职责:(1)确定案件审理方案、庭审提纲,协调合议庭成员庭审分工,指导合议庭成员或者审判辅助人员做好其他必要的庭审准备工作;(2)主持、指挥庭审活动;(3)主持合议庭评议;(4)建议将合议庭处理意见分歧较大的案件,依照有关规定和程序提交专业法官会议讨论或者审判委员会讨论决定;(5)依法行使其他审判权力。审判长自己承办案件时,应当同时履行承办法官的职责。

2018 年《人民法院组织法》第三十条第三款规定:“审判长主持庭审、组织评议案件,评议案件时与合议庭其他成员权利平等。”这里的“评议案件时与合议庭其他成员权利平等”,又被称为合议庭内部的“平权原则”,即一人一票,权重相同,按照多数人的意见作出决定。在案件审理过程中,审判长有主持权、指挥权,但无裁判结果决定权,更

---

〔1〕 “三反”“五反”运动中,要求各单位成立人民法庭,并组织审判委员会,由机关首长或副首长分任审判长或副审判长。但这里的正、副审判长并非审判组织意义上的审判长。

不得利用主持庭审、评议的权力影响裁判结果。

第二，关于担任审判长的条件。我国法律并未规定审判长的选任条件。本世纪初，为强化合议庭职责，通过选任审判长，优化法官队伍，最高人民法院曾推行过审判长选任制度改革。2000 年 7 月 28 日印发的《人民法院审判长选任办法（试行）》（法发〔2000〕16 号），针对不同层级法院特点，对审判长的学历、审判资历提出了具体要求。[1]

尽管审判长选任制改革在一定程度上推动了法官职业化改革，但也导致部分法院审判长职务相对固定，甚至因被赋予日常管理职能，而具有行政化倾向。[2] 当时，有的法院还推行审判长负责制，合议庭由审判长定案，并承担全部责任。这一做法严重违反合议庭"平权原则"，并不具有制度生命力。

第三，审判长的产生方式。自新中国成立之初，在审判长如何产生问题上，就明确过"**职务礼遇原则**"。1954 年《人民法院组织法》第九条第四款规定："合议庭由院长或者庭长指定审判员一人担任审判长。院长或者庭长参加审判案件的时候，自己担任审判长。"1979 年《人民法院组织法》第十条第四款保留了这一表述。2018 年修订《人民法院组织法》时，考虑到已实行法官员额制，为强调法官之间的平等性，在第三十条第二款规定"合议庭由一名法官担任审判长"，并未明确需由院长或者庭长指定，但后句延续了"院长或者庭长参加审理案

---

〔1〕 按照《人民法院审判长选任办法（试行）》第三条："担任审判长，应当具备以下条件：（1）遵守宪法和法律，严守审判纪律，秉公执法，清正廉洁，有良好的职业道德。（2）身体健康，能够胜任审判工作。（3）最高人民法院、高级人民法院的审判长应当具有高等院校法律本科以上学历；中级人民法院的审判长一般应当具有高等院校法律本科以上学历；基层人民法院的审判长应当具有高等院校法律专科以上学历。（4）最高人民法院和高级人民法院的审判长必须担任法官职务从事审判工作 5 年以上；中级人民法院的审判长必须担任法官职务从事审判工作 4 年以上；基层人民法院的审判长必须担任法官职务从事审判工作 3 年以上。（5）有比较丰富的审判实践经验，能够运用所掌握的法律专业知识解决审判工作中的实际问题；能够熟练主持庭审活动；并有较强的语言表达能力和文字表达能力，能够规范、熟练制作诉讼文书。经济、文化欠发达地区的人民法院，经本院审判委员会研究决定并报上一级人民法院批准，可以适当放宽审判长的学历条件和从事审判工作年限。"

〔2〕 国家法官学院司法审判研究中心：《实行审判长选任制中的基本问题与未来展望》，载毕玉谦主编：《司法审判动态与研究：司法改革专辑》（第 1 卷第 1 辑），法律出版社 2001 年版，第 6—7 页。

件时,由自己担任审判长"的规定。按照上述要求,院长、庭长等同时参加审理案件时,由审判职务较高者担任审判长。

20 世纪 90 年代推进审判方式改革期间,基于提高诉讼效率的考虑,曾探索过案件承办法官和审判长由一人担任。[1] 2015 年 1 月,最高人民法院设立第一、第二巡回法庭时,曾在《关于巡回法庭审理案件若干问题的规定》(法释〔2015〕3 号)第十一条中规定:"合议庭审理案件时,由承办案件的主审法官担任审判长。庭长或者副庭长参加合议庭审理案件时,自己担任审判长。"之所以作此规定,并不完全是为提升诉讼效率。主要考虑是,最高人民法院当时还未实行员额制,各审判庭内部的合议庭、审判长均相对固定,巡回法庭作为司法改革"试验田",有必要在审判权力运行机制改革上作出探索。而且,首批巡回法庭主审法官都是从最高人民法院本部办案能力突出、审判经验丰富的审判人员中选任,全部具备担任审判长的资质。因此,本着先行先试、打破定势的目的,司法解释明确由承办案件的主审法官担任审判长,但庭长或者副庭长参加合议庭审理案件时除外。[2]

但是,上述规定毕竟是结合最高人民法院巡回法庭设立之初的运行情况制定的,并不普遍适用于最高人民法院本部和全国其他法院。在深化司法体制改革推进过程中,也有部分法院反映,由承办法官担任审判长,可能存在三方面的问题:**一是**有些初任法官尚不具备驾驭庭审和审理复杂案件的能力,还不胜任审判长岗位要求,这种情况在层级较高的法院较为普遍。**二是**在人案矛盾比较集中的法院,这么做可能导致合议庭"形合实独"的现象更为严重。**三是**弱化了合议庭内部相互制约监督的功能,可能滋生廉政风险。

2017 年 4 月,最高人民法院印发《关于落实司法责任制 完善审判监督管理机制的意见(试行)》(法发〔2017〕11 号)时,结合法官员额制推进情况,就审判长产生方式作出规定,即"各级人民法院可以根据

---

〔1〕　余亮:《从合议庭预设要求看我国合议制的缺陷与改革原则和目标》,载孙谦、郑成良主编:《司法改革报告:中国的检察院、法院改革》,法律出版社 2004 年版,第 283 页。

〔2〕　贺小荣、何帆、马渊杰:《〈最高人民法院关于巡回法庭审理案件若干问题的规定〉理解与适用》,载《人民法院报》2015 年 1 月 29 日。

本院员额法官和案件数量情况,由院庭长按权限指定合议庭中资历较深、庭审驾驭能力较强的法官担任审判长,或者探索实行由承办法官担任审判长。院庭长参加合议庭审判案件的时候,自己担任审判长"。从表述上看,这一意见实际上将"院庭长按权限指定"作为审判长的主要产生方式,至于"由承办法官担任审判长"因存在较大争议,则退回到"探索"阶段。[1]

2022 年《规范合议庭意见》第二条参照《民事诉讼法》的规定,[2]明确"合议庭的审判长由院庭长指定。院庭长参加合议庭的,由院庭长担任审判长"。实践中,对于院庭长依何标准指定审判长,并没有统一规定。有的法院以法官等级为标准,有的法院以审判年限或入额年限为标准,有的法院根据能力水平、专业特长综合判断。有的法院根据随机分案制度,随机确定承办法官和审判长,但在程序上仍须按照诉讼法要求由院庭长指定。

长远来看,实行法官员额制后,同一法院法官的审判权力应当平等,不宜再设相对固定的审判长,也符合 2018 年《人民法院组织法》的立法本意。在法官队伍职业素养和审判能力整体提升的前提下,未来可以考虑按照以下顺序确定审判长:(1)行政职务最高者。合议庭成员同时包含院、庭负责人时,由行政职务最高者担任审判长。例如,合议庭成员中既有副院长,也有审判庭庭长时,应由副院长担任审判长。(2)合议庭成员都没有行政职务时,由院庭长按权限指定。(3)合议庭成员都没有审判职务,且随机组成时,法官等级最高者。(4)法官等级相同时,资历最深者(参照入额时间和任命时间综合确定)。(5)资历相同时,年龄最长者。

---

[1]　一般来说,改革指导文件如果使用"探索"一词,意味着相关改革举措做法还不成熟,效果还不确定,暂不宜全面推广。这也是我们 2017 年调整关于审判长产生方式的规定的本意。

[2]　2021 年 12 月修正后的《民事诉讼法》第四十四条规定:"合议庭的审判长由院长或者庭长指定审判员一人担任。"

法官合议庭

法官合议庭是完全由法官组成的合议庭。除审判长外,法官合议庭成员包括承办法官和陪席法官。其中,**承办法官**是受合议庭委托,承担案件审理过程中的具体事务,并根据合议庭评议意见制作裁判文书的合议庭成员。承办法官担任审判长时,一并履行审判长的职责。**陪席法官**主要指审判长、承办法官之外的合议庭成员。陪席法官仅是一种称谓,不是法定概念,因为从司法责任制上看,陪席法官与其他合议庭成员共同参加庭审、评议,一并承担责任,并非字面意义上的"陪",更不同于人民陪审员的"陪审"。实践中,也有人称这类法官为**合议法官**,但既然审判长、承办法官都是合议庭成员,称其他成员为合议法官似乎不够精准。

第一,合议庭的产生方式。合议庭一般通过指定或者随机方式产生。因专业化审判或者案件繁简分流工作需要,合议庭成员相对固定的,应当定期轮换交流。属于需要加强审判监督管理的案件,院庭长可以按照其职权指定合议庭成员。以指定方式产生合议庭的,应当在办案平台全程留痕,或者形成书面记录入卷备查。法律、司法解释规定"另行组成合议庭"的案件,原合议庭成员及审判辅助人员均不得参与办理。

第二,合议庭成员的变更。合议庭组建后,应当保持恒定,因回避、工作调动、身体健康、廉政风险等事由,确需调整成员的,由院庭长按照职权决定,调整结果应当及时通知当事人,并在办案平台标注原因,或者形成书面记录入卷备查。[1]

第三,承办法官的职责。根据 2015 年《司法责任制意见》第 16 条、2022 年《规范合议庭意见》第四条,合议庭审理案件时,承办法官应当履行以下审判职责:(1)主持或者指导审判辅助人员做好庭前会

---

[1] 刘峥、何帆、马骁:《〈关于规范合议庭运行机制的意见〉的理解与适用》,载《人民司法·应用》2022 年第 34 期。

议、庭前调解、证据交换等庭前准备工作及其他审判辅助工作；（2）就当事人提出的管辖权异议及保全、司法鉴定、证人出庭、非法证据排除申请等提请合议庭评议；（3）全面审核涉案证据，提出审查意见；（4）拟定案件审理方案、庭审提纲，根据案件审理需要制作阅卷笔录；（5）协助审判长开展庭审活动；（6）参与案件评议，并先行提出处理意见；（7）根据案件审理需要，制作或者指导审判辅助人员起草审理报告、类案检索报告等；（8）根据合议庭评议意见或者审判委员会决定，制作裁判文书等；（9）依法行使其他审判权力。

第四，承办法官的确定。 合议庭内的承办法官，一般应当根据审判领域类别和繁简分流安排，由分案系统随机确定，也可以由院庭长按职权指定。提前确定承办法官，既是我国司法惯例，也有利于及时开展庭前准备和庭审提纲拟定工作。事实上，大陆法系国家和地区的法院，多数都设有案件承办人制度，相关法官一般也称为受命法官或承审法官（Reporting Judge）。

实践中，提前确定承办法官，也可能存在如下问题：**一是**承办法官提前确定后，合议庭其他成员未必专注投入案件审理，存在"形合实独"隐患。**二是**案件评议后，一旦承办法官位于少数方，案件最终处理结论与其内心想法相抵，无法做到"我手写我心"，不宜再由其制作裁判文书。2022 年上半年，我在主持起草 2022 年《规范合议庭意见》过程中，曾考虑调整承办法官的产生方式。当时有一线法官建议，待合议庭评议后再确定承办法官，或者先指定一名承办法官，万一其位于少数方，再从多数方确定一名法官替换。例如，美国联邦最高法院一般在首次案件评议后确定承办大法官（亦称裁判文书主笔大法官）。首席大法官在多数意见方时，由首席大法官在多数意见方指定一名大法官主笔，也可以指定自己承办；首席法官在少数意见方时，由多数意见方资历最深的大法官指定一名大法官主笔，也可以自己承办。[1]

在征求意见过程中，对上述模式也存在不少反对声音。主要观点是：**第一，** 合议庭实行集体责任制，承办法官即使位于少数方，也应当

---

〔1〕 ［美］琳达·格林豪斯：《美国最高法院》，何帆译，译林出版社 2017 年版，第 51 页。

服从多数意见,并按多数意见撰写裁判文书。**第二,**如果承办法官位于少数方即可予以调整,可能导致部分法官为逃避裁判文书撰写职责,故意选择成为少数意见方。**第三,**承办法官在庭前和庭审过程中已经开展了大量工作,若根据评议情况再调整人员,不利于核定合议庭成员绩效。**第四,**如果评议后更换承办法官,当事人可能觉得存在司法不公、暗箱操作,与之解释又可能泄露评议情况等审判秘密。由于存在上述争议,2022 年《规范合议庭意见》未规定承办法官的调整机制。

事实上,只要完善配套机制,前述问题并非难以解决。例如,如果承办法官位于少数意见方,可以由审判长从多数意见方中确定一人制作裁判文书(也可以由审判长本人制作),但必须经合议庭全体成员同意。这样就能有效防止个人法官"偷懒"。另外,承办法官和制作裁判文书的法官,并不必然是一个人。即使不调整承办法官,也可以由多数意见方的一名法官制作文书,并根据各自付出的工作量分别核定绩效。具体如何操作,可以由各级人民法院在实践中探索。

陪审合议庭

陪审合议庭是法官和人民陪审员共同组成的合议庭,审判长必须是法官。我国现行的人民陪审员制度,是以《人民陪审员法》为核心,包括《人民法院组织法》、三大诉讼法、《最高人民法院关于适用〈中华人民共和国人民陪审员法〉若干问题的解释》(法释〔2019〕5 号)、《人民陪审员培训、考核、奖惩工作办法》(法发〔2019〕12 号)和《〈中华人民共和国人民陪审员法〉实施中若干问题的答复》(法发〔2020〕29 号)等相关司法解释、政策文件所构成的制度体系。

党的十八大之前,人民陪审员制度的主要法律依据是第十届全国人大常委会第十一次会议 2004 年 8 月 28 日通过的《关于完善人民陪审员制度的决定》。人民陪审员制度在推进司法民主、促进司法公正、提高司法公信等方面一直发挥着重要作用,但仍存在一些需要改进和完善的地方,如人民陪审员的广泛性和代表性不足,有的甚至成为"驻庭陪审，编外法官"，"陪而不审，审而不议"现象普遍存在，管理机制不健全，履职保障机制不完善等。

党的十八届三中全会决定指出，要广泛实行人民陪审员制度，拓宽人民群众有序参与司法的渠道。十八届四中全会决定进一步提出，完善人民陪审员制度，保障公民陪审权利，提高人民陪审制度公信度，逐步实行人民陪审员不再审理法律适用问题，只参与审理事实认定问题。这些都为人民陪审员制度改革提出了明确方向和政策要求。

根据第十八届中央深改组第十一次会议审议通过的《人民陪审员制度改革试点方案》和全国人大常委会《关于授权在部分地区开展人民陪审员制度改革试点工作的决定》，2015 年 5 月，最高人民法院和司法部联合印发《人民陪审员制度改革试点工作实施办法》（以下简称《陪审试点办法》），开始了人民陪审员制度改革试点。2017 年 4 月，全国人大常委会决定将试点期限延长一年。在试点基础上，2018 年 4 月 27 日，第十三届全国人大常委会第二次会议审议通过了《人民陪审员法》，并于同日施行。

第一，人民陪审员的选任要求。按照《人民陪审员法》，凡是拥护中华人民共和国宪法，年满二十八周岁，遵纪守法、品行良好、公道正派，具有正常履行职责的身体条件的中国公民，都可以担任人民陪审员，但一般应当具有高中以上文化程度。具体选任办法，是由司法行政机关会同基层人民法院、公安机关，从辖区常住居民名单中随机抽选拟任命人民陪审员数五倍以上的人员作为人民陪审员候选人，对人民陪审员候选人进行资格审查，征求候选人意见。再由司法行政机关会同基层人民法院，从通过资格审查的候选人名单中随机抽选确定人民陪审员人选，由基层人民法院院长提请同级人大常委会任命。中级、高级人民法院审判案件需要由人民陪审员参加合议庭审判的，在其辖区内基层法院的人民陪审员名单中随机抽取确定。人民陪审员的任期为五年，一般不得连任。中级、基层人民法院应当保障人民陪审员均衡参审，结合本院实际情况，一般在不超过 30 件的范围内合理确定每名人民陪审员年度参加审判案件的数量上限，报高级人民法院备案，并向社会公告。

第二,陪审合议制的适用范围。按照《人民陪审员法》第十五条, "人民法院审判第一审刑事、民事、行政案件,有下列情形之一的,由人民陪审员和法官组成合议庭进行:(一)涉及群体利益、公共利益的; (二)人民群众广泛关注或者其他社会影响较大的;(三)案情复杂或者有其他情形,需要由人民陪审员参加审判的。人民法院审判前款规定的案件,法律规定由法官独任审理或者由法官组成合议庭审理的,从其规定。"第十七条规定了应当由人民陪审员和法官组成七人合议庭审理的案件范围,即"(一)可能判处十年以上有期徒刑、无期徒刑、死刑,社会影响重大的刑事案件;(二)根据民事诉讼法、行政诉讼法提起的公益诉讼案件;(三)涉及征地拆迁、生态环境保护、食品药品安全,社会影响重大的案件;(四)其他社会影响重大的案件"。

实践中,信访案件、执行案件、发回重审案件、被告人认罪认罚的刑事案件、民事特别程序、督促程序、公示催告程序案件、申请承认外国法院离婚判决的案件、裁定不予受理或者不需要开庭审理的案件、申请国家赔偿案件、撤销仲裁裁决和不予执行仲裁裁决案件不宜适用陪审合议制审理,但减刑、假释案件除外。

第三,陪审合议制的人员构成。《陪审试点办法》没有对陪审合议制的人员构成提出具体要求,仅明确人民陪审员在合议庭中的人数原则上应当在2人以上。同时规定,人民陪审员应当就案件事实认定问题独立发表意见并进行表决,对案件的法律适用问题可以发表意见,但不参与表决。

由于人民陪审员对法律适用问题没有表决权,在"3名人民陪审员+2名法官"组成的合议庭中,如果2名法官无法就法律适用问题达成一致意见,评议结论将很难形成。[1] 因此,试点期间,各地主要就"2名人民陪审员+3名法官""4名人民陪审员+3名法官"或"6名人民陪审员+3名法官"等合议庭组成模式开展了积极探索。

针对试点中的问题,《人民陪审员法》第十四条规定:"人民陪审

---

〔1〕 贺小荣、何帆、危浪平:《〈人民陪审员制度改革试点工作实施办法〉的理解与适用》,载《人民法院报》2015年5月22日。

员和法官组成合议庭审判案件，由法官担任审判长，可以组成三人合议庭，也可以由法官 3 人与人民陪审员 4 人组成七人合议庭。"之所以没有选择五人或九人及以上的合议庭组成模式，主要是考虑到在区分事实审和法律审的前提下，采用五人合议庭，法官人数至少要保证 3 人，人民陪审员则仅有 2 人，在合议庭内人数较少，难以发挥有效、实质参审的应有作用。

采用七人合议庭，一方面是七人合议庭已能满足审理重大案件的需要，法庭设施也不需要大规模改造；另一方面，七人合议庭中人民陪审员 4 人和法官 3 人，数量配比相对平衡，如果合议庭人数为九人及以上，既会加剧人民法院工作负担，加大陪审成本，又会影响审判活动的效率。同时，按照《刑事诉讼法》第一百七十八条的规定，高级人民法院、最高人民法院审理一审案件可以由审判员和人民陪审员三人至七人组成合议庭，也可以作为七人合议庭的参考依据。[1]

第四，三人陪审合议庭的评议规则。 考虑到事实问题与法律问题区分难度比较大，在适用三人合议庭的情况下，让人民陪审员仅就事实认定问题表决影响评议效果，《人民陪审员法》第二十一条规定："人民陪审员参加三人合议庭审判案件，对事实认定、法律适用，独立发表意见，行使表决权。"也就是说，人民陪审员与法官有同等权利。为了确保人民陪审员充分履职，法官在诉讼过程中应切实做好与案件审判相关的指引、提示工作。此外，合议庭在评议案件时，法官应当对案件中涉及的事实认定、证据规则、法律规定等事项及应当注意的问题，向人民陪审员进行必要的解释和说明，不能怠于履行相应的指引责任。

第五，七人陪审合议庭的评议规则。 按照《人民陪审员法》第二十二条、第二十三条及相关司法解释，七人合议庭开庭前，应当制作事实认定问题清单，根据案件具体情况，区分事实认定问题与法律适用问题，对争议事实问题逐项列举，供人民陪审员在庭审时参考。事实认

---

〔1〕 周强：《对〈中华人民共和国人民陪审员法（草案）〉的说明——2017 年 12 月 22 日在第十二届全国人大常委会第三十一次会议上》，载最高人民法院政治部编著：《〈中华人民共和国人民陪审员法〉条文理解与适用》，人民法院出版社 2018 年版，第 356—362 页。

定问题和法律适用问题难以区分的,视为事实认定问题。

七人合议庭评议时,先由承办法官介绍案件涉及的相关法律、证据规则,然后由人民陪审员和法官依次发表意见,审判长最后发表意见并总结合议庭意见。对于事实认定问题,由人民陪审员和法官在共同评议的基础上进行表决。对于法律适用问题,人民陪审员不参加表决,但可以发表意见,并记录在卷。

人民陪审员同合议庭其他组成人员意见分歧的,应当将其意见写入笔录。合议庭组成人员意见有重大分歧的,人民陪审员或者法官可以要求合议庭将案件提请院长决定是否提交审判委员会讨论决定。一般来说,七人合议庭就事实认定问题表决形成的多数意见中,必须至少包括一名法官的意见,否则可以视为"合议庭组成人员意见有重大分歧"。

合议庭成员数量

合议庭组成人员应当在两人以上,而且必须是奇数,这样才有利于形成简单多数意见。常见合议庭组成模式为三人合议庭,法律虽未限制人数上限,但一般在七人以内。审判委员会人员数量虽多,但它是单独的一种审判组织形式,不能将之视为合议庭,运行机制亦不相同。合议庭规模一般与案件的重要性、影响力、审理法院层级相关。但是,是否合议庭成员数量越多,案件审判质量就越高,并无实证研究佐证。[1]

---

〔1〕　清末制定《法院编制法》时,曾将合议庭人员数量限定在五人以内。主要考虑是:"盖凡审判案件,审判长总揽审判权,其精神贯注本案之全部;至左右陪席两推事,其精神虽不如审判长之专注,而问讯考察,尚不失为审判长之补助;至再左再右两推事,相距甚远,闻见不真,彼方茫无所知,于案情之反复,无从置喙,徒虚有其位而已,然犹曰拾遗补阙,或不失为陪席推事之补助也;至再左之左,再右之右,各加一员,则赘旒(即有职无权的官吏)耳,无益于审判,且不便于观觇,以是为慎重,吾不敢信也。此中国高等大理院每庭推事不过五员之第一理由也……审判既有种种方法,则推事之员数无取乎多……冗设多员,人溢于事,又何取乎?"参见[日]冈田朝太郎口述,熊元襄编:《法院编制法》,张进德点校,上海人民出版社 2013 年版,第 7 页。

关于合议庭人数和组成方式,我国仅《刑事诉讼法》和《人民陪审员法》有具体要求,具体内容是:

《刑事诉讼法》

第一百八十三条 基层人民法院、中级人民法院审判第一审案件,应当由审判员三人或者由审判员和人民陪审员共三人或者七人组成合议庭进行,但是基层人民法院适用简易程序、速裁程序的案件可以由审判员一人独任审判。

高级人民法院审判第一审案件,应当由审判员三人至七人或者由审判员和人民陪审员共三人或者七人组成合议庭进行。

最高人民法院审判第一审案件,应当由审判员三人至七人组成合议庭进行。

人民法院审判上诉和抗诉案件,由审判员三人或者五人组成合议庭进行。

合议庭的成员人数应当是单数。

《人民陪审员法》

第十六条 人民法院审判下列第一审案件,由人民陪审员和法官组成七人合议庭进行:

(一)可能判处十年以上有期徒刑、无期徒刑、死刑,社会影响重大的刑事案件;

(二)根据民事诉讼法、行政诉讼法提起的公益诉讼案件;

(三)涉及征地拆迁、生态环境保护、食品药品安全,社会影响重大的案件;

(四)其他社会影响重大的案件。

此外,按照最高人民法院办公厅印发的《进一步加强最高人民法院审判监督管理工作的意见(试行)》(法办发〔2019〕10 号)第六条,"根据审判监督管理工作需要,院庭长可以确定由五人组成合议庭审理下列案件:(1)刑事二审、民事二审、行政二审案件;(2)刑事再审、民事再审、行政再审案件；(3)疑难、复杂的执行复议、执行监督案件；(4)其他重大、疑难、复杂、新类型案件。"2021 年 9 月，为配合四级法院审级职能定位改革试点，最高人民法院印发的《关于完善四级法院审级职能定位改革试点的实施办法》(法〔2021〕242 号)第十八条第一款也规定了在本院组成五人以上合议庭的情形，即"因统一法律适用、审判监督管理等工作需要，最高人民法院相关审判庭和各巡回法庭、知识产权法庭可以向审判管理办公室提出申请，报院长批准后，组成跨审判机构的五人以上合议庭。最高人民法院院长认为确有必要的，可以直接要求就特定案件组成跨审判机构的合议庭，并指定一名大法官担任审判长"。

合议庭评议规则

合议制的主要特征是多人参与、平等行权、共同决策、共同担责。[1] 但从 1979 年《人民法院组织法》实施到 20 世纪末，合议庭上述特征并未充分体现，优势也未能彰显。相反，受制于人案矛盾压力，"形合实独"问题日益凸显，合议庭成员"合而不议"或人民陪审员"陪而不审"的现象广泛存在。

从当时调研情况看，存在的主要问题是：**一是权责不清晰**。合议庭意见仍需报院庭长审核把关，合议庭无权定案，权责无法界定，案件出了问题要么无人担责，要么归咎于审判长或承办法官。**二是机制不完善**。共同参与审理、评议规则不健全，案件由承办法官一人"包办"。开庭时，其他合议庭成员缺席、中途退庭或从事与该庭审无关的活动。依法不开庭的案件，其他合议庭成员不阅卷即参加评议。案件评议"走过场"，要么简单附和他人意见，要么拒绝陈述意见，有的连评议笔录都是事后补充制作的。**三是考核不公平**。有的法院只考核承办法官的办案数量，合议庭其他成员工作量未被纳入考核范围，影响其参

---

〔1〕 杨万明主编：《〈中华人民共和国人民法院组织法〉条文理解与适用》，人民法院出版社 2019 年版，第 209 页。

与评议的积极性。**四是程序不匹配**。由于审判组织形式与审判程序严格"绑定"，对一些没有必要以合议制审理的简单案件投入过多人力资源，导致资源配置错位，甚至不得不靠人民陪审员"补位"。**五是素质不均衡**。落实合议庭"平权原则"的一个重要前提，需要推动形成一个高度职业化、同质化的法官群体，实现队伍素质整体提升。一些法院通过实行审判长选任制，择优选出资深法官担任审判长。但是，如果由审判长一人定案，就违反了"平权原则"；如果两个能力较差的法官以 2 票对 1 票否决了审判长的意见，又稀释了改革的效果。

针对上述问题，最高人民法院先后印发《关于人民法院合议庭工作的若干规定》（法释〔2002〕25 号）、《关于完善院长、副院长、庭长、副庭长参加合议庭审理案件制度的若干意见》（法发〔2007〕14 号）和《关于进一步加强合议庭职责的若干规定》（法释〔2010〕1 号），就强化合议庭职能、规范合议庭运行、厘清合议庭权责方面作出一系列规定，但并未从根本上解决"形合实独"问题。

党的十八大之后，经过法官员额制改革、司法责任制改革，法官队伍的职业化、正规化、专业化程度大幅度提升，才为合议庭制度改革夯实了制度基础。2018 年《人民法院组织法》第三十一条规定了合议庭的评议规则："合议庭评议案件应当按照多数人的意见作出决定，少数人的意见应当记入笔录。评议案件笔录由合议庭全体组成人员签名。"

所谓评议，是指合议庭全体成员经过共同审理或阅卷后，就案件事实认定、法律适用、处理结果发表看法、交换意见、依序表决，最终形成处理结论的过程。在形成裁判文书之前，评议是合议庭成员达成共识、集体决策的必经程序。与合议庭成员私下交流案情不同的是，评议必须满足相关形式要件，全部过程也必须记入笔录，存入案件卷宗备查。具体而言，合议庭评议包括如下原则：

第一，民主评议原则。民主评议原则主要包括以下几个方面：**一是全员参与**。合议庭评议案件必须全员参与，不得委托他人参加评议。当然，移动互联网时代，"全员参与"并不意味着要全员在场，确因其他原因无法到场的合议庭成员，也可以依托办案平台在线评议，并全程留痕。**二是权力平等。**按照"平权原则",合议庭评议案件实行一人一票,权重相同。审判长没有一票否决权。**三是充分表态。**合议庭成员有权就参与审理案件的证据采信、事实认定、法律适用、裁判结果、诉讼程序等问题独立充分发表意见。**四是不受强制。**任何人不得以任何方式强制要求合议庭成员改变自己的意见。院庭长也不能因为与合议庭意见不一致,就要求合议庭反复评议。**五是免受追究。**合议庭成员评议时发表的意见,不受追究。

第二,及时评议原则。评议是合议庭成员对案件事实认定和法律适用进行心证展示、观点交锋、思想碰撞的过程,必须及时、充分、交互。评议应当由审判长主持,一般在庭审结束后及时进行,不能过分迟延,避免影响对案情的判断。过去,按照《关于人民法院合议庭工作的若干规定》,合议庭应当在庭审结束后五个工作日内评议案件。对此,许多地方法院反映,一些案件需要多次开庭,有的开庭后需要进一步调解或者等待被告人退赃,"五个工作日"内往往难以组织评议。我们研究后认为,不同层级法院对于何时组织评议分歧较大,不同类型的案件对评议时机要求也不相同,应当由合议庭根据案件审理进度和具体情况自主决定。因此,2022 年《规范合议庭意见》第六条第一款只是原则性要求"合议庭应当在庭审结束后及时评议",便于合议庭合理把握组织评议的时机。[1] 当然,法官一天往往会就多个案件开庭,所参与的合议庭也未必固定,除非存在特殊情况,为避免因时间久远、后续案件、案外因素等影响、干扰合议庭成员的判断,庭后立即组织集中评议还是有必要的。

第三,实质评议原则。合议庭评议案件时,先由承办法官对案件事实认定、证据采信以及适用法律等发表意见,其他合议庭成员依次发表意见,审判长应当根据评议情况总结合议庭评议的结论性意见。审判长作为承办法官时,可以先发表意见。关于**"依次发表意见"**,过去为避免院庭长等行政职务较高者先发言影响其他成员的判断,曾有

---

〔1〕 刘峥、何帆、马骁:《〈关于规范合议庭运行机制的意见〉的理解与适用》,载《人民司法·应用》2022 年第 34 期。

意见认为应当按照行政职务、法官等级、审判资历、年龄大小由低到高顺序发言，审判长最后发表意见。但是，实行法官员额制后，法官地位平等，没有必要对此作硬性规定，具体发言顺序可由各级法院自行确定。

合议庭成员评议时，应当认真负责，充分陈述意见，独立行使表决权，不得拒绝陈述意见或者仅作同意与否的简单表态。如果评议时都是"一言堂"，其他人缄默唯诺，很难称得上"合议"。评议期间，同意他人意见的，应当提出事实根据和法律依据，进行分析论证。必要时，合议庭成员还可以提交书面评议意见，但不得以提交书面意见的方式不参加评议，更不能委托他人代为评议。

第四，多数决原则。合议庭成员意见一致时，自然应当按照一致意见作出决定。如果合议庭内部存在分歧，应按照少数服从多数的原则，根据多数意见作出决定。这里的**"多数意见"**，一般指简单多数，即超过合议庭成员半数的意见，这也是最简便、最为效率的表决方法。当合议庭成员为 3 人时，多数意见即是有 2 人形成一致意见；合议庭成员为 5 人时，多数意见即是有 3 人形成一致意见；合议庭成员为 7 人时，多数意见即是有 4 人形成一致意见。[1] 当然，按照简单多数决定，本身也说明合议庭决策不完全属于"精确决策"，而是"职业+民主"的"模糊决策"模式。[2]

需要指出的是，合议庭评议也可能无法形成多数意见，这种各持一词、意见各异的情况有时也称"多元意见"。出现多元意见时，可以根据案件情况，决定是否提请专业法官会议或审判委员会讨论。对于

---

〔1〕 我国台湾地区"法院组织法"第一百零五条在多数决原则之外，借鉴德国《法院组织法》第一百九十六条，规定了无法形成简单多数意见时的处理方式，具体规则是："评议以过半数之意见决定之。关于数额，如法官之意见分三说以上，各不过半数时，以最多额之意见顺次算入次多额之意见，至达过半数为止。关于刑事，如法官之意见分三说以上，各不达半数时，以最不利于被告之意见顺次算入次不利于被告之意见，至达过半数为止。"例如，三人合议庭中，甲法官主张 10 万元、乙法官主张 7 万元、丙法官主张 5 万元，则以甲法官的 10 万元为最多额，依序算入乙法官 7 万元的次多额意见，此时已过半数，则最终结论应为 7 万元。

〔2〕 蒋惠岭：《合议庭的本质属性与改革路径》，载《法制资讯》2013 年第 9 期。

一些疑难、复杂案件,也可能经过多次评议,具体应当以最后一次评议结论为准。

第五,秘密评议原则。合议庭评议过程不向未直接参加案件审理工作的人员公开。评议笔录属于审判秘密,非经法定程序和条件,不得对外公开。这么规定的理由在于:**一是确保充分表达。**秘密评议,有助于法官畅所欲言,完整呈现自己对案件的思考。**二是司法履职保障。**评议意见涉及当事人人身、财产利益,秘密评议有助于法官免遭当事人或其他利益关系人的打击报复。**三是维护判决权威。**合议庭评议是一个逐渐达成共识的过程,结论可能有反复,分歧意见也是不断修正、调整的,如果对外公开,可能导致当事人反复缠诉上访,破坏判决稳定、损耗司法资源。**四是符合国际惯例。**在世界其他国家和地区,合议庭评议记录和陪审团讨论记录,都是严格保密的。未经允许公开,哪怕是口头泄露,都是严重刑事罪行。在美国联邦最高法院,大法官讨论案件时,会议室不允许任何人入内旁听,就连开门和倒咖啡的工作,都由资历最浅的大法官负责。[1]

所谓**"秘密"**,既有对象的相对性,也有过程的相对性。合议庭评议,原则上不允许审判组织之外的人参加,但参与案件办理和记录的法官助理、书记员除外。实践中,一些院庭长以审判监督为名参与旁听合议,哪怕一言不发,也违反了秘密评议原则。按照司法责任制改革文件,对于特定类型的"四类案件",院庭长有权要求独任法官或者合议庭报告案件进展和评议结果,并调阅评议笔录,但不宜直接介入评议过程、影响法官充分发表意见。评议笔录可以供二审、再审法官审理案件时参考,但不得对社会公开,当事人及其诉讼代理人、辩护律师不得查阅、摘抄、复制。

第六,全面记录原则。合议庭成员对评议结果的表决以口头形式进行。评议过程应当以书面形式完整记入笔录,评议笔录由书记员或法官助理制作,由参加合议的人员和制作人签名。对于需要共同评议

---

〔1〕 正是因为如此,美国联邦最高法院资历最浅的大法官一般被戏称为世界上收入最高的"守门人"。[美]布莱恩·拉姆等:《谁来守护公正:美国最高法院大法官访谈录》,何帆译,北京大学出版社 2013 年版,第 194 页。

的简单程序性事项,如决定是否采取某项临时措施,可以由合议庭成员简单口头协商后,再以合议庭名义作出。

既然是全面记录,合议庭存在的重大分歧意见和少数人意见当然也应当记入笔录。少数服从多数是一种形式上的公正,并不代表多数人的意见一定是正确结论。案件处理结果将来还可能经过审判委员会、二审乃至再审的检验,少数人的意见可以供审判者参考,使之可以全面、辩证地看待原审合议庭结论的形成过程、思辨考量。案件一旦改判,可能证明少数人意见是正确的。此外,进行违法审判责任追究时,也会根据合议庭成员是否存在违法审判行为、情节、合议庭成员发表意见的情况和过错程度合理确定各自责任。保留少数人的意见,对于在合议庭内部科学合理划分责任具有重要意义。

实践中,也有观点认为,可以探索在裁判文书中公开合议庭少数方意见,北京、上海等地法院在 21 世纪初也曾有过类似实践。[1]2018 年印发的《最高人民法院关于设立国际商事法庭若干问题的规定》(法释〔2018〕11 号)第五条也规定:"国际商事法庭审理案件,由三名或者三名以上法官组成合议庭。合议庭评议案件,实行少数服从多数的原则。少数意见可以在裁判文书中载明。"

对这一问题,宜从三个方面把握:**第一,**域外公布合议庭少数意见的法院,多为宪法法院、最高法院或上诉法院。因为案件到了上诉阶段或较高层级的法院,主要是法律审,不涉及事实或证据问题,分歧意见集中于宪法解释、法律适用或政策把握方面。如果公开的是对事实或证据方面的不同意见,将严重影响判决的权威性和稳定性。**第二,**域外上诉法院中,多数方意见书(Majority Opinion)即法院判决书(Opinion of the Court),具有裁判效力。少数方法官的异议意见书(Dissenting Opinion)一般独立于法院判决书,以个人名义对外发布,不

---

〔1〕 美国、英国、加拿大等英美法系国家最高法院、上诉法院法官均可公布异议意见书,德国宪法法院、西班牙宪法法院、日本最高法院法官目前可以发布异议意见书。此外,欧洲人权法院、海牙国际法院、国际刑事法院等也允许法官发表异议意见书。参见付悦余、宣海林、高翔:《合议庭少数意见公开:行走在价值与现实的结合点》,载《法律适用》2009 年第 2 期。

具有法律效力。我国法院实行的是法院整体本位,裁判文书以人民法院名义发布,公开少数方意见的形式更应谨慎,至少不应将之作为法院裁判文书的组成部分。**第三**,在裁判文书说理部分,为了全面展示合议庭裁判思路的形成过程,可以适度呈现少数方对法律适用问题的观点,但整体应当服从辩法说理的需要。相关探索可以在较高层级法院进行,基层人民法院不宜作此尝试。

裁判文书签署发布

2018 年《人民法院组织法》第三十二条规定了裁判文书的签署发布机制:"合议庭或者法官独任审理案件形成的裁判文书,经合议庭组成人员或者独任法官签署,由人民法院发布。"合议庭审理案件形成的裁判文书,由合议庭成员签署并共同负责。

裁判文书一般由承办法官、合议庭其他成员、审判长依次签署;审判长作为承办法官的,由审判长最后签署。合议庭其他成员签署裁判文书时,可以对裁判文书的结构、表述、说理等提出修改意见,并反馈承办法官。审判组织的法官依次签署完毕后,裁判文书即可印发。印发后的裁判文书,必须加盖审判组织所在人民法院院印方才有效。

按照 2015 年《司法责任制意见》,只有经审判委员会讨论决定以及院庭长参加审理案件的裁判文书,才由院庭长审核签发。其他案件的裁判文书,合议庭成员签署后即可印发。实践中,一些法院采取裁判文书送阅后签发等方式,由院庭长实质性行使裁判文书的审核签发权,并不符合改革要求和司法规律。

五、赔偿委员会

赔偿委员会的历史沿革

2018 年《人民法院组织法》第三十五条规定:"**中级**以上人民法院

设赔偿委员会，依法**审理**国家赔偿案件。赔偿委员会由三名以上法官组成，成员应当为单数，按照多数人的意见作出决定。"该条首次从组织法层面确立了赔偿委员会的审判组织地位。

1994 年 5 月 12 日，第八届全国人大常委会第七次会议通过《中华人民共和国国家赔偿法》（以下简称 1994 年《国家赔偿法》），首度提出在法院内部设立赔偿委员会。该法第二十三条规定："中级以上的人民法院设立赔偿委员会，由人民法院三名至七名审判员组成。赔偿委员会作赔偿决定，实行少数服从多数的原则。赔偿委员会作出的赔偿决定，是发生法律效力的决定，必须执行。"之所以明确是"中级以上的人民法院"，是因为按照 1994 年《国家赔偿法》中司法赔偿案件的程序设计，基层人民法院只可能审查自己作为自赔机关的案件，不需要设立赔偿委员会。

1994 年 12 月，最高人民法院印发《关于贯彻执行〈中华人民共和国国家赔偿法〉设立赔偿委员会的通知》，要求"依照《国家赔偿法》第二十三条规定，中级以上人民法院设立赔偿委员会。中级人民法院赔偿委员会由 3 名或 5 名委员，高级人民法院赔偿委员会由 5 名或 7 名委员组成。赔偿委员会委员由审判员担任，其组成人员须报**上一级**人民法院**批准**。赔偿委员会设主任委员一人，由副院长兼任，亦可设专职主任主持工作，下设办公室，配备 2 名至 5 名工作人员"。另外，"赔偿委员会受理的重大疑难案件，院长可以提交审判委员会讨论决定。赔偿委员会依法作出赔偿决定应当制作'赔偿决定书'，署名'XXX 人民法院赔偿委员会'，加盖人民法院院印。"1996 年印发的《人民法院赔偿委员会审理赔偿案件程序的暂行规定》（法发〔1996〕14 号），首次明确"赔偿委员会是人民法院审理赔偿案件的审判组织"。

2002 年，最高人民法院又在《关于变更高级人民法院和中级人民法院赔偿委员会委员审批程序的通知》中要求："中级人民法院和高级人民法院赔偿委员会委员由**本级**人民法院院长**批准**，报**上一级**人民法**院备案**。"之后，各中、高级法院赔偿委员会委员的任命均按此通知要求，由本院院长批准，报上一级法院备案。

根据上述文件要求，全国各高、中级人民法院陆续设立了赔偿委员会。到 2010 年修改国家赔偿法前，赔偿委员会的设置模式并不相同。例如，有的法院赔偿委员会由一位法院副院长兼任赔偿委员会的主任委员，由法院立案、刑事、民事、行政、赔偿、执行以及审监庭室的主要负责人兼任赔偿委员会的一般委员；也有一些法院的赔偿委员会由分管院领导和赔偿办法官组成。

2010 年 4 月 29 日，第十一届全国人大常委会第十四次会议作出《关于修改〈中华人民共和国国家赔偿法〉的决定》。2010 年国家赔偿法将原第二十三条改为第二十九条，第一款修改为："中级以上的人民法院设立赔偿委员会，由人民法院三名以上审判员组成，组成人员的人数应当为单数。"

2018 年《人民法院组织法》参照 2010 年《国家赔偿法》第二十九条，在第三章"人民法院的审判组织"中增加了关于赔偿委员会的规定。赔偿委员会可以根据案件量、其他工作量以及人员数量，分设为若干个合议庭。赔偿委员会审理案件，应当指定一名法官承办，但承办法官不能独立作出赔偿决定，只负责提出初步处理意见。赔偿委员会作出赔偿决定时，也实行少数服从多数原则。[1] 赔偿委员会认为重大、疑难的案件，应报请院长提交审判委员会讨论决定。审判委员会的决定，赔偿委员会应当执行。

国家赔偿案件

我国国家赔偿法规定的国家赔偿案件类型主要有三种，**一是**行政赔偿案件，**二是**刑事赔偿案件，**三是**非刑事司法赔偿案件。三类案件分别适用两种程序，即行政赔偿程序和司法赔偿程序。

行政赔偿程序由赔偿义务机关先行处理与行政诉讼两个环节组成，人民法院对行政赔偿案件的立案及审理工作，主要依照行政诉讼法有关规定，由各级人民法院行政审判庭负责。**司法赔偿程序**由"赔

---

〔1〕　郑淑娜主编：《中华人民共和国人民法院组织法释义》，中国民主法制出版社 2019年版，第 143—144 页。

偿义务机关先行处理→复议机关复议（人民法院作为赔偿义务机关的，可省略复议环节）→人民法院赔偿委员会决定"三个环节构成。因此，由人民法院赔偿委员会审理的国家赔偿案件，主要指刑事赔偿案件和非刑事司法赔偿案件，不包括行政赔偿案件。[1]

赔偿委员会的职责范围

1994年、2010年《国家赔偿法》均未明确赔偿委员会的职责范围，根据最高人民法院有关司法文件，赔偿委员会的主要职责范围包括：[2]

1. **适用赔偿委员会决定程序审理委赔案件**。中级以上人民法院赔偿委员会适用赔偿委员会决定程序审理国家赔偿案件（**通常简称"委赔案件"**），是人民法院赔偿委员会最主要的法定职责。此类案件的特点即法院赔偿委员会居中对于赔偿请求人、赔偿义务机关、复议机关关于国家赔偿的争议进行审理，并适用质证、决定程序予以审理并作出决定。这种程序适用的司法解释为《最高人民法院关于人民法

---

〔1〕 《最高人民法院关于国家赔偿案件立案工作的规定》（法释〔2012〕1号）第1条规定："本规定所称国家赔偿案件，是指国家赔偿法第十七条、第十八条、第二十一条、第三十八条规定的下列案件：（一）违反刑事诉讼法的规定对公民采取拘留措施的，或者依照刑事诉讼法规定的条件和程序对公民采取拘留措施，但是拘留时间超过刑事诉讼法规定的时限，其后决定撤销案件、不起诉或者判决宣告无罪终止追究刑事责任的；（二）对公民采取逮捕措施后，决定撤销案件、不起诉或者判决宣告无罪终止追究刑事责任的；（三）二审改判无罪，以及二审发回重审后作无罪处理的；（四）依照审判监督程序再审改判无罪，原判刑罚已经执行的；（五）刑讯逼供或者以殴打、虐待等行为或者唆使、放纵他人以殴打、虐待等行为造成公民身体伤害或者死亡的；（六）违法使用武器、警械造成公民身体伤害或者死亡的；（七）在刑事诉讼过程中违法对财产采取查封、扣押、冻结、追缴等措施的；（八）依照审判监督程序再审改判无罪，原判罚金、没收财产已经执行的；（九）在民事诉讼、行政诉讼过程中，违法采取对妨害诉讼的强制措施、保全措施或者对判决、裁定及其他生效法律文书执行错误，造成损害的。"此条规定较为详细地列举了人民法院赔偿委员会审理的各类国家赔偿案件的具体案件类型，即包括违法刑事拘留、错误逮捕、二审无罪、再审无罪、违法保全、错误执行、违法采取强制措施等。

〔2〕 杨万明主编：《〈中华人民共和国人民法院组织法〉条文理解与适用》，人民法院出版社2019年版，第243—244页。

院赔偿委员会审理国家赔偿案件程序的规定》(法释〔2011〕6 号)。

2. **办理本院作为赔偿义务机关的自赔案件。**本院作为赔偿义务机关的案件,通常简称"**自赔案件**"。之所以用"办理"而非"审理",是因为理赔与居中裁判性质不同,所遵循的规则也不同。这种程序适用的司法解释为《最高人民法院关于人民法院办理自赔案件程序的规定》(法释〔2013〕19 号)。

3. **利用司法审查报告制度总结违法违纪办案教训、提出司法建议。**国家赔偿案件(委赔案件)通常能反映出相关司法机关在工作中的违法侵权情形,如刑事错判、违法使用武器警械、刑讯逼供、刑事违法查封扣押、冻结追缴、违法保全、错误执行等。赔偿委员会在汇总梳理、分析研究基础上,可以向当地党委、人大、有关机关出具司法建议。

4. **协助纪检监察部门进行差错和责任分析。**国家承担赔偿责任后,对于符合法定情形的,应当向相关责任人员予以追偿,以示惩戒。基于对委赔案件的审理或对自赔案件的办理,赔偿委员会可以充分利用通过办案了解审判、执行人员,特别是下级人民法院审判、执行人员是否具有违法、过错情形的优势,积极协助、配合纪检监察部门分析差错和责任。

第九讲 | 审判组织（下）：审判委员会

> 传统可能是个包袱，但同时也是变迁的基础与借镜。
>
> ——黄源盛

新中国成立之初，我国就建立了审判委员会制度。之后的不同历史时期，审判委员会的职能定位各有侧重，对其存废和运行也一直存在争议。赞成保留者，认为审判委员会体现了民主集中制的优势，是最具中国特色的审判组织。支持取消者，认为审判委员会违反亲历性原则，不利于科学界定违法审判责任。此外，对于审判委员会运转是采"审理制"还是"会议制"，检察长、律师能否以及如何列席审判委员会，各方亦看法迥异。

改革开放以来，历次司法改革，都将完善审判委员会制度作为重要内容。党的十八大以来，随着司法责任制全面落实，审判委员会作为法院内部最高审判组织的地位更加稳固、职能充分凸显，也逐步形成了符合司法规律、权责相对明确的运转模式，并被 2018 年《人民法院组织法》吸收。

一、审判委员会制度的确立

议决重大事项的组织

审判委员会制度起源于新民主主义革命时期，前身包括中华苏维埃共和国时期的最高法院委员会、裁判委员会；陕甘宁边区政府时期的审判委员会、司法委员会；华北人民政府时期的审判委员会、裁判研究委员会等，但职能上有较大差异。[1] 1949 年 3 月 18 日成立的北平市人民法院专设审判委员会，下设民事组、刑事组，负责讨论审查重大案件，是现行审判委员会制度的雏形。[2]

1949 年 10 月 19 日召开的中央人民政府委员会第三次会议，任命吴溉之（原中国人民解放军总部军法处长）、张志让（教授）为最高人民法院副院长，并任命了 17 名最高人民法院委员，分别是陈绍禹（中共中央法律委员会主任）、朱良材（中国人民解放军华北军区政治部主任）、冯文彬（新民主主义青年团中央书记处书记）、许之桢（中华全国总工会常务委员）、李培之（中华全国民主妇女联合会执行委员）、费青（教授）、贾潜（司法工作者，原华北人民政府司法部副部长）、王怀安（司法工作者，原东北人民政府司法部秘书长）、陈瑾昆（司法工作者，原华北人民法院院长）、吴昱恒（原北平地方法院院长）、闵刚侯（律师）、陆鸿仪（律师）、沙彦楷（律师）、俞钟骆（律师）。[3]

12 月 20 日印发的《中央人民政府最高人民法院试行组织条例》，在第六条明确了**最高人民法院委员会议**的地位和职能，具体表述为："最高人民法院院长、副院长、委员及秘书长组成最高人民法院委员会议，**议决**有关审判之**政策方针**、**重大案件**和其他**重大事项**。"其中，最高人民法院委员可兼庭长、副庭长或审判员。委员会议"每月举行一次，

---

〔1〕 新民主主义革命时期的审判委员会与新中国成立后的人民法院审判委员会在名称、职能上有相似之处，但当不能简单理解为审判组织。第一类是集司法、行政于一体的政府机构，成员包括社会各界代表；第二类相当于第三审法院，负责受理不服陕甘宁边区高等法院第二审裁判的上诉，后于 1944 年撤销；第三类相当于审判庭，如华北人民法院审判委员会设正副审判长，审判员数人，所有裁判文书经审判长审核送院长审定后印发。参见肖建国、肖建光：《审判委员会制度考——兼论取消审判委员会制度的现实基础》，载《北京科技大学学报（社会科学版）》2002 年第 3 期。李志增：《审判委员会制度的历史沿革》，载《周口师范学院学报》2017 年第 6 期。

〔2〕 法学教材编辑部《中国法制史》编写组：《中国法制史》，群众出版社 1982 年版，第 527 页。

〔3〕 何兰阶、鲁明健主编：《当代中国的审判工作》（上册），当代中国出版社 1993 年版，第 23—24 页。

由院长召集,必要时,院长得提前或延期召集之"。[1]

由于各地人民法院还在陆续组建,机构名称、人员素质参差不齐,为发挥集体决策作用、确保审判质效,1950 年召开的第一次全国司法会议要求省以下人民法院都成立审判委员会,讨论和决定重大案件,总结审判经验,以加强对审判工作的领导。到 1951 年 4 月,多数省级人民法院和部分县级人民法院成立了审判委员会。[2]

1951 年 9 月 3 日通过的《人民法院暂行组织条例》第十五条、第二十三条,初步确立了省级、县级人民法院审判委员会的法律地位,明确其职能是"处理刑事、民事的重要或疑难案件,并为政策上和审判原则上的指导"。由于法官普遍稀缺,这时的审判委员会类似于**全体法官会议**,由"院长或副院长、庭长及审判员组成",院长或副院长兼任主任委员,必要时设副主任委员,开会时可以邀请有关机关负责人及原来参加审判有关案件的其他工作人员参加。当然,《人民法院暂行组织条例》也明确,"审判员较多的法院,由院长指定若干审判员参加。"

《人民法院暂行组织条例》并未规定最高人民法院审判委员会的组成情况,只在第三十条规定"最高人民法院设院长一人,副院长二人至四人,委员十三人至二十一人,秘书长一人"。考虑到最高人民法院当时已设立最高人民法院委员会议,所以,这里的"委员"应指最高人民法院委员。换言之,最高人民法院委员会议即最高人民法院审判委员会的前身。

集体决策的制度体现

到 1954 年《人民法院组织法》发布时,设立审判委员会已经成为各级人民法院的"规定动作"。该法第十条正式提出,要在"各级人民

〔1〕《中央人民政府最高人民法院试行组织条例》(行政文件〔1950〕11-1 号,1950年),载最高人民法院办公厅编:《最高人民法院重要司法文献选编》,人民法院出版社 2009年版,第 593—594 页。

〔2〕何兰阶、鲁明健主编:《当代中国的审判工作》(上册),当代中国出版社 1993 年版,第 31 页。

法院设审判委员会"。审判委员会的职能,是"总结审判经验,讨论重大的或者疑难的案件和其他有关审判工作的问题"。**任命机制**上,地方各级人民法院审判委员会委员,由院长提请本级人民委员会任免;最高人民法院审判委员会委员,由最高人民法院院长提请全国人大常委会任免。**运行机制**上,各级人民法院审判委员会会议由院长主持,本级人民检察院检察长有权列席。

按照当时的权威解读,设立审判委员会的意义体现在三个方面:**一是体现集体领导原则**。审判委员会作为"卓有成效的集体领导组织形式",可以"避免和减少审判偏差"。**二是便于总结审判经验**。"使人民法院系统地找出各种类型案件发生的规律和社会根源,检查和端正审判政策的执行,教育干部,改进工作,并提供国家立法方面的参考材料。"[1]**三是有利于贯彻民主集中制**。合议庭内部有不同意见,或者院庭长与合议庭有不同意见时,可以到审判委员会讨论决定,这本身就是一个民主集中的过程。审判委员会本身也不实行首长负责制,而是民主集中制,讨论案件遇有意见分歧时,按照少数服从多数的原则进行表决。[2]

1954年《人民法院组织法》通过后,第一届全国人大常委会第七次会议任命董必武、商克林、张志让、马锡五、贾潜、何兰阶、曾汉周、邢亦民、宋广常、刘寅夏、杨奇锐等11人为最高人民法院审判委员会委员。1955年3月11日,最高人民法院审判委员会召开第一次会议,研究了相关工作制度。各级人民法院也陆续设立审判委员会。

运行机制的逐步完善

由于对审判委员会的定位理解有差异,即使是设立审判委员会的人民法院,组成人员、运行机制也并不正规。如成都市东城区人民法

---

〔1〕 魏文伯:《对于"中华人民共和国人民法院组织法"基本问题的认识》,上海人民出版社1956年版,第2—3页。

〔2〕 何兰阶、鲁明健主编:《当代中国的审判工作》(上册),当代中国出版社1993年版,第57页。

院 1956 年 1 月 28 日成立审判委员会,仅有 3 人组成,实际上是按合议庭在运行。[1] 一些法院未区分案件难易,按照对被告判刑的长短来划分审判委员会和合议庭决定案件的分工范围,例如,对被告处刑不满三年的由合议庭决定,三年以上的由审判委员会讨论决定。

有理解偏差的,也有探索创新的。上海法院通过总结经验,提出除"重大疑难案件"外,一些案件也应当纳入审判委员会讨论范围,如"政策界限不明确或者需要判处死刑、无期徒刑、十年以上长期徒刑的案件;随着社会主义建设和社会主义改造胜利发展而发生的新类型案件;合议庭成员间意见不一致的案件;合议庭与庭长、院长之间有不同意见的案件"。[2] 上述做法,已比较贴近审判委员会制度的设立初衷。

1957 年 3 月,最高人民法院派出四个工作组到北京市西单区、河北省正定县、广东省南海县、中山县、福建省晋江县等地基层人民法院,检查试行"各级人民法院刑、民事案件审判程序总结"的情况,事后通报了情况。通报认为,各地法院均已设立审判委员会,并投入运行,存在的主要问题是:"有的不分轻微的或者重大复杂的案件,一律提交审判委员会讨论,致审判委员会负担过重,影响了审判经验的总结和有关审判工作问题的讨论;有的审判委员会对于应该讨论的重大的或者疑难的案件和其他有关审判工作的重大问题不进行讨论;有的审判委员会因成员流动性大,经常开不成会。"此外,有的法院认为审判委员会的讨论决定仅供参考,是否采纳可以由合议庭灵活掌握,削弱了审判委员会的内部权威。

1957 年 3 月 18 日,时任最高人民法院院长董必武在军事检察院检察长、军事法院院长会议的讲话中,专门驳斥了"合议庭可以不执行审判委员会决定"的说法。他说:"合议庭是审判庭下面的一个组织,它是以特定的案子临时组成的,而且合议庭的重大、疑难案件要经过审判庭提交院长,再由院长提交审判委员会的,所以,合议庭对抗审判

〔1〕 《成都市锦江区法院志》编纂委员会编:《成都市锦江区法院志》,四川辞书出版社 1999 年版,第 117 页。

〔2〕 周子厚:《上海市第一审人民法院刑事案件审理程序中目前存在的问题》,载《法学》1956 年第 2 期。

委员会是不合理的。"

接下来，董必武进一步阐述了院长、审判委员会和合议庭的关系。他指出：

> 审判委员会讨论重大、疑难的案情，从最高人民法院来看有两种情况，一种是合议庭审查了案情，认为是重大、疑难的案件，经审判庭再经院长，提交审判委员会讨论；另一种是院长发现本院判决的案件在认定事实或者适用法律上确有错误，就提交审判委员会讨论。根据最高人民法院审判委员会的经验，合议庭承办案件的审判员可以参加审判委员会的会议陈述意见，他有发言权，只是没有表决权。当合议庭的审判员陈述了自己的意见，审判委员会就某一案件作出了决议以后，合议庭就不能对抗审判委员会的决议。如果审判委员会讨论以后，合议庭发现案件中出现了新问题，可以报告院长，院长再提交审判委员会讨论。合议庭认为不是重大、疑难的案件，可以不提交审判委员会，自己决定了就算了，如果有错误，院长可以提出纠正。[1]

在各项立法尚不健全的时代，董必武的上述讲话，对于统一全国法院思想认识，厘清审判委员会在整个审判权力运行机制中的定位起到了重要作用。之后，最高人民法院、司法部又通过一系列批复、复函等，初步构建了审判委员会的运行规则。[2] 其中，司法部 1957 年 6

---

〔1〕《在军事检察院检察长、军事法院院长会议上的讲话》(1957 年 3 月 18 日)，载《董必武选集》，人民出版社 1985 年版，第 460 页。

〔2〕 相关文件参见最高人民法院《关于审判委员会处理已发生法律效力的判决或裁定的程序问题的批复》(1956 年)、《关于审判委员会决定再审、撤销原判的裁定由谁署名及再审案件进行再审时原来充任当事人的辩护人或代理人的律师是否继续出庭等问题的复函》(1957 年)、《关于各级人民法院的副院长可否将本院已经发生法律效力的判决和裁定提交审判委员会处理问题的批复》(1957 年)、《关于各级法院院长对本院生效的同一判决裁定可否再次提交审判委员会处理问题的批复》(1957 年)、《关于人民法院副院长可否依照审判监督程序将案件提交审判委员会处理的批复》(1957 年)、《关于经审判委员会讨论的案件在判决书上如何署名问题的复函》(1957 年)、《关于审判委员会的决议是否要作出书面文件等问题的批复》(1957 年)、《关于由院长提交审判委员会处理而审判委员会作出决议另行组织合议庭再审的案件的处理程序问题的复函》(1957 年)、《关于对广东省高级人民法院"审判委员会工作及院长、庭长审批案件分工的试行规定"几点修改意见的函》(1963 年)。

月 18 日《关于法院审判人员任免的一些问题的复函》（〔57〕司人字第 1024 号）明确，人民法院院长被任命为院长后即为本院审判委员会委员，并担任审判委员会会议主持人，不必另设主任委员。

1979 年《人民法院组织法》第十一条基本保留了 1954 年《人民法院组织法》关于审判委员会职能的表述，并在第一款"各级人民法院设立审判委员会"之后增加了一句，强调审判委员会实行"民主集中制"。之后，"文革"中被严重破坏的审判委员会组织在各级人民法院陆续恢复，工作组织和工作制度逐步完善。

二、审判委员会制度改革历程

围绕审判委员会制度的争议，在改革开放之初即已存在，并伴随人民法院司法改革全过程，到 2018 年修订《人民法院组织法》方告一段落。按照不同时期的争议焦点和改革重点，大致可以分为三个阶段。

从建章立制到制度示范（1979 年—1993 年）

改革开放之初，审判委员会制度面临的最大质疑是"未审先定"，即合议庭先调查核实，向审判委员会汇报，审判委员会讨论决定后，再开庭审理，并按审判委员会决定作出裁判。在一些法院，审判委员会不仅预先决定判决结果，还能决定开庭时间和庭审是否公开。这一现象在刑事案件中体现得更为明显，并饱受理论界和实务界诟病。[1] 随着审判方式改革不断深入，以 1996 年修改《刑事诉讼法》为标志，审

---

〔1〕　陈瑞华：《应当如何设计刑事审判程序》，载《中外法学》1996 年第 3 期。

判委员会"未审先定"现象逐渐消失。[1] 1991 年《民事诉讼法》干脆删去了 1982 年《民事诉讼法(试行)》中关于"重大、疑难的民事案件的处理,由院长提交审判委员会讨论决定。审判委员会的决定,合议庭必须执行"的规定,仅保留审判委员会讨论决定院长"认为需要再审"案件的权力。

与此同时,由于 1979 年《人民法院组织法》对审判委员会制度的规定相对原则,实践中也产生了很多问题。在审判方式改革中,各地纷纷结合强化合议庭职责,探索完善审判委员会基本工作规则,重点解决院庭长审核把关与审判委员会讨论定案的衔接机制问题。例如:哪些案件应当提交审判委员会讨论;审判委员会委员是否应当回避;审判委员会讨论决定的案件裁判文书是否应由委员们署名;如何提升审判委员会讨论案件的质量,等等。[2]

1989 年 4 月 29 日,时任最高人民法院院长任建新首度将最高人民法院审判委员会定位为"**国家最高审判机关中的最高审判组织**",强调要"建立、健全审判委员会例会制度",并要求"参照国务院和人大常委会议事规则",抓紧起草最高人民法院审判委员会工作规则,推动

─────────────

〔1〕 1979 年《刑事诉讼法》第一百零七条规定:"凡是重大的或者疑难的案件,院长认为需要提交审判委员会讨论的,由院长提交审判委员会讨论决定。审判委员会的决定,合议庭应当执行。"1996 年《刑事诉讼法》第一百四十九条将之调整为:"合议庭开庭审理并且评议后,应当作出判决。对于疑难、复杂、重大的案件,合议庭认为难以作出决定的,由合议庭提请院长决定提交审判委员会讨论决定。审判委员会的决定,合议庭应当执行。"按照立法机关的解读,修订后的条文强调"开庭审理并且评议后",难以作出决定的,才能提交审判委员会讨论,而不是原来开庭前就可以提交审判委员会研究决定。参见全国人大常委会法制工作委员会刑法室编:《中华人民共和国刑事诉讼法:条文说明·立法理由及相关规定》,北京大学出版社 2008 年版,第 355—356 页。

〔2〕 江放:《怎样的案件才需提交审判委员会讨论》,载《法学》1983 年第 2 期;周士敏:《试谈提高审判委员会讨论案件的质量问题》,载《政法论坛》1988 年第 2 期;贺要生:《应建立审判委员会委员回避制度》,载《法学》1990 年第 11 期;贺要生:《审判委员会决定的案件裁判书应由审判委员署名》,载《法学》1990 年第 10 期;刘成任:《审判委员会决定的案件裁判书不应由审判委员署名》,载《法学》1991 年第 3 期;曾斯孔:《论合议庭的裁决权》,载《法学研究》1988 年第 2 期。

审判委员会工作规范化、制度化。[1]

1993 年 9 月 1 日,《最高人民法院审判委员会工作规则》(法发〔1993〕23 号,以下简称《审委会工作规则》)正式印发。[2] 作为改革开放后首个关于审判委员会制度的司法文件,《审委会工作规则》明确了最高人民法院审判委员会的制度定位、职责任务、决定效力、召开频次、参加人员、工作流程、决议规则、保密要求等,并在以下几个方面作出制度示范:**一是制度定位**。将"国家最高审判机关中的最高审判组织"简化表述为"**国家最高审判组织**"。**二是职责任务**。除总结审判经验、讨论、决定重大、疑难案件外,最高人民法院审判委员会的任务还包括:讨论、通过院长或副院长提请审议的司法解释草案;讨论、决定《最高人民法院公报》刊登的司法解释和案例;决定诉讼当事人及其法定代理人请求对本院院长担任审判长的回避问题;讨论、通过助理审判员临时代行审判员职务;讨论、决定有关审判工作的其他事项。**三是决定效力**。审判委员会的决定,合议庭或法院其他有关单位应当执行,不得擅自改变,如有异议,须报经院长或副院长决定是否提交审判委员会重新讨论决定。**四是召开频次**。建立了每周例会制度,定期于每周二、五上午各召开一次。必要时可以临时召开,也可以延期召开。**五是参加人员**。审判委员会委员超过半数时,方可开会。会议由院长或院长委托的副院长主持。最高人民检察院检察长或检察长委托的最高人民检察院检察委员会委员可以列席。**六是工作流程**。承办审判委员会讨论事项的有关庭、室的负责人、承办人,应当到会,承办人根据会议主持人的要求向会议汇报,并回答委员提出的问题。审判委员会讨论案件,承办人要在会前写出审查报告。合议庭和承办人要对案件事实负责,提出的处理意见应写明有关的法律根据。**七是决议规则**。审判委员会按照民主集中制对议题充分讨论,决定必须获得

---

〔1〕《关于加强最高人民法院审判委员会工作的意见》(1989 年 4 月 29 日),载《政法工作五十年——任建新文选》,人民法院出版社 2005 年版,第 245—247 页。这是任建新同志在最高人民法院审判委员会第 401 次会议上的讲话。

〔2〕 该文件已被 2019 年 7 月 8 日印发的《最高人民法院关于废止部分司法解释(第十三批)的决定》(法释〔2019〕11 号)废止。

半数以上的委员同意方能通过,少数人的意见可以保留并记录在卷。**八是保密要求**。审判委员会参加人员应当遵守保密规定,不得泄露审判委员会讨论,决定的事项。审判委员会会议纪要属机密文件,未经批准,任何人不得外传。

《审委会工作规则》初步确立了最高人民法院审判委员会的制度框架,除专属于最高审判机关的职能外,其他规则也为各级人民法院审判委员会的规范运行提供了参考。

从存废之争到改革完善(1994 年—2012 年)

20 世纪 90 年代末,在刑事诉讼法学界的推动下,关于审判委员会制度改革的讨论更趋深入,争议重心逐渐聚焦于"判审分离""审者(合议庭)不判,判者(审判委员会)不审"等问题。此外,以下共性问题也引起理论界广泛讨论:**一是人员构成较杂,未严格坚持专业标准**。一些基层人民法院决定审判委员会委员人选时,不是根据审判业务水平,而是根据其所担任的审判职务、行政职务或党内职务决定,既有院长、副院长、审判庭庭长、研究室主任,也有纪检组长、政工科长、办公室主任等。审判委员会委员在部分法院成为一种政治待遇,而非专业能力上的认可。[1] **二是讨论案件范围不明确,责任划分不清晰**。审判组织为推卸责任,不区分案件繁简难易,将各类案件均提交审判委员会讨论,导致审判委员会高负荷运转。[2] 经审判委员会讨论决定的案件一旦发生问题,事后难以追责,"集体定案"变成"集体不担责",[3]导致其成为"责任黑洞"。[4] **三是审判委员会属于"秘密定**

---

〔1〕 谢仁柱:《审判委员会要成为审判业务的权威》,载《人民司法》1994 年第 2 期。

〔2〕 《司法实践与法治探索——张懋司法论文集》,人民法院出版社 2007 年版,第 130—131 页。

〔3〕 丁卫强:《对改进审判委员会工作几个问题的思考》,载《浙江省政法管理干部学院学报》1993 年第 3 期;吕中亚:《关于完善审判委员会工作制度的思考》,载《法学》1996 年第 5 期。

〔4〕 Xin He, *Black Hole of Responsibility: The Adjudication Committee's Role in a Chinese Court,* Law and Society Review, 681-712(2012).

案",在裁判文书说理和署名中看不出哪些是合议庭的意见,哪些是审判委员会的意见,弱化了审判委员会作为法定审判组织的功能,等等。[1]　**四是**审判委员会与合议庭职责不清,甚至有"架空"合议庭之嫌疑。**五是**对于合议庭什么情况下才能将案件报请审判委员会讨论,独任庭能否提交案件,实践中都存在较大争议。

当然,上述第五个问题在 1996 年修改《刑事诉讼法》后初步得以解决,按照修改后的《刑事诉讼法》第一百四十九条:"对于疑难、复杂、重大的案件,合议庭认为难以作出决定的,由合议庭提请院长决定提交审判委员会讨论决定"。[2]　另外,根据相关司法解释,人民陪审员"可以要求合议庭将案件提请院长决定是否提交审判委员会讨论决定。""独任审判的案件,开庭审理后,独任审判员认为有必要的,也可以提请院长决定提交审判委员会讨论决定。"[3]

总体上看,从 20 世纪末到 21 世纪初的十多年间,围绕审判委员会制度改革,理论界形成三类意见:**第一类是取消论**。认为审判委员会制度是特定历史时期,政治和历史共同作用的结果,随着法治建设不断发展,这一制度应当退出历史舞台。[4]　**第二类是改造论**。认为应当取消审判委员会讨论决定案件的职能,保留其总结审判经验、提供法律咨询的职能,或者将审判委员会改造为直接审理重大、疑难案

---

〔1〕　张步文:《审判委员会制度亟待改革》,载《中国律师》1997 年第 10 期。

〔2〕　1979 年《刑事诉讼法》第一百零七条规定是:"凡是重大的或者疑难的案件,院长认为需要提交审判委员会讨论的,由院长提交审判委员会讨论决定。审判委员会的决定,合议庭应当执行。"1996 年《刑事诉讼法》第一百四十九条将之调整为:"合议庭开庭审理并且评议后,应当作出判决。对于疑难、复杂、重大的案件,合议庭认为难以作出决定的,由合议庭提请院长决定提交审判委员会讨论决定。审判委员会的决定,合议庭应当执行。"

〔3〕　参见《最高人民法院关于执行〈中华人民共和国刑事诉讼法〉若干问题的解释》(法释〔1998〕23 号,已废止)第一百一十四条第四款;《最高人民法院关于适用〈中华人民共和国刑事诉讼法〉若干问题的解释》(法释〔2012〕21 号,已废止)第一百七十八条第四款、第六款。

〔4〕　王祺国:《审判委员会讨论决定第一审案件之举不妥》,载《现代法学》1988 年第 6 期;陈瑞华:《正义的误区——评法院审判委员会制度》,载《北大法律评论》1998 年第 2 辑,法律出版社 1999 年版,第 387—421 页;肖建国、肖建光:《审判委员会制度考——兼论取消审判委员会制度的现实基础》,载《北京科技大学学报(社会科学版)》2002 年第 3 期;路昌其:《现行审判委员会制度的改革与完善》,载《法治论丛》2009 年第 5 期。

件的审判组织，由审判委员会直接开庭审理案件。[1] **第三类是保留论**。认为审判委员会制度有利于集中集体智慧、统一法律适用、遏制司法腐败、抵制外部干预，是符合中国现阶段国情的制度，应当予以保留和坚持。当然，持保留论者也支持改革审判委员会制度，但不赞成改变审判委员会讨论决定重大、疑难案件的职能。[2]

从 1999 年到 2009 年，人民法院前三个"五年改革纲要"部分吸收了理论界的研究成果，对审判委员会制度改革作出了系统规划。

《人民法院五年改革纲要(1999—2003)》

22. 规范审判委员会的工作职责。审判委员会作为法院内部最高审判组织，在强化合议庭职责，不断提高审理案件质量的基础上，逐步做到只讨论合议庭提请院长提交的少数重大、疑难、复杂案件的法律适用问题，总结审判经验，以充分发挥其对审判工作中带有根本性、全局性问题进行研究和作出权威性指导的作用。

《人民法院第二个五年改革纲要(2004—2008)》

23. 改革人民法院审判委员会制度。最高人民法院审判委员会设刑事专业委员会和民事行政专业委员会；高级人民法院、中级人民法院可以根据需要在审判委员会中设刑事专业委员会和民事行政专业委员会。改革审判委员会的成员结构，确保高水平的**资深法官**能够进入审判委员会。改革审判委员会审理案件的程序和方式，将审判委员会的活动由会议制改为**审理制**；改革审判委员会的表决机制；健全审判委员会的**办事机构**。

24. 审判委员会委员可以自行组成或者与其他法官组成合议庭，审理重大、疑难、复杂或者具有普遍法律适用意义的案件。

---

〔1〕 姚莉：《法制现代化进程中的审判组织重构》，载《法学研究》2004 年第 5 期；尹春丽：《审判委员会改革的设想》，载《中国律师》1998 年第 8 期。

〔2〕 苏力：《基层法院审判委员会制度的考察及思考》，载《北大法律评论》1998 年第 2辑，法律出版社 1999 年版，第 320—364 页；左卫民、王海萍等：《审判委员会制度改革实证研究》，北京大学出版社 2018 年版，第 9—11 页。

《人民法院第三个五年改革纲要(2009-2013)》

5. 完善审判委员会讨论案件的范围和程序,规范审判委员会的职责和管理工作……

三个改革纲要中,"二五改革纲要"在强调审判委员会"**法院内部最高审判组织**"职能定位基础上,提出了更具体的改革思路,**一是**通过设立专业委员会、增加资深法官成员,强化其**专业性**;**二是**通过改"会议制"为"审理制",强化其**亲历性**;**三是**通过改革表决机制、设立办事机构,强化其**操作性**。按照纲要起草者的解读,审判委员会的保留已经不成问题,关键是审判委员会如何真正作为最高审判组织审理案件。"二五改革纲要"关于审判委员会的设计思路,在于推动其工作程序的"诉讼化"。所谓改"会议制"为"审理制",就是将"讨论"改为"审理",赋予当事人重新说服审判委员会的机会(辩词或意见陈述),[1]类似英美法系上诉法院的言词辩论(Oral Argument)。

2007 年 9 月 24 日,最高人民法院印发《关于改革和完善人民法院审判委员会制度的实施意见》(法发〔2007〕31 号,以下简称 2007 年《审委会实施意见》),推动"二五改革纲要"的设想落地。2007 年《审委会实施意见》提出,在审判委员会内部设立专业委员会,以适应日益复杂和分工细致的审判工作需要。

此外,2007 年《审委会实施意见》还就推动"会议制"改为"审理制"作出一系列探索:**一是**明确审判委员会审理案件的方式。主要采取书面审理方式,必要时也可以安排审判委员会委员旁听庭审、讯问刑事案件被告人、询问民事案件和行政案件当事人。**二是**探索组建委员合议庭。可以由若干名审判委员会委员组成合议庭,也可以由审判委员会委员和其他法官组成合议庭直接审理案件。**三是**建立审判组织转换机制。审判委员会委员和其他法官组成合议庭审理的案件,可以提交专业委员会审理。审判委员会委员组成合议庭审理的案件,合

---

〔1〕 蒋惠岭:《关于二五改革纲要的几个问题》,载《法律适用》2006 年第 8 期。

议庭意见分歧较大或者难以作出裁决的，提交审判委员会全体会议审理。

2007 年《审委会实施意见》印发后，最高人民法院审判委员会设立了刑事审判专业委员会和民事行政审判专业委员会，部分高级、中级人民法院审判委员会设立了刑事审判专业委员会和民事行政审判专业委员会。但是，对于如何把握审判委员会全体会议与专业委员会会议的关系，各地操作仍不统一。

由于对审判委员会"审理制"的理解不一致，具体操作也各不相同。有的是将审判委员会委员召集到法庭上集体旁听案件或收看庭审录像；有的是组织 3~5 名审判委员会委员组成合议庭直接审理疑难案件。但后者被认为属于合议庭组成模式之一，而未归入审判委员会制度改革范畴。

2010 年 1 月，最高人民法院结合最新改革任务，**重新修订发布**了《关于改革和完善人民法院审判委员会制度的实施意见》（法发〔2010〕3 号，以下简称 2010 年《审委会实施意见》）。考虑到前一文件在实施过程中分歧较大，效果有待评估，2010 年《审委会实施意见》**未保留**设立专业委员会和"审理制"改革内容，只就以下几方面作出规定：

第一，在审委会增加资深法官。2010 年《审委会实施意见》明确，"各级人民法院审判委员会除由院长、副院长、庭长担任审判委员会委员外，还应当配备若干名不担任领导职务，政治素质好、审判经验丰富、法学理论水平较高、具有法律专业高等学历的资深法官委员。"这里的**"资深法官"**不同于**"审判委员会专职委员"**。后者是根据中共中央 2006 年印发的《关于进一步加强人民法院、人民检察院工作的决定》，按照同级党政部门副职规格和条件配备的干部。审判委员会专职委员一般从具备良好政治业务素质、符合任职条件的法官中产生，每个法院可以设置 2 名左右。审判委员会专职委员属于领导职务，而资深法官则属于不担任领导职务的优秀法官。

第二，明确审判委员会讨论案件的范围。2010 年《审委会实施意见》指出，人民法院审判工作中的重大问题和疑难、复杂、重大案件以及合议庭难以作出裁决的案件,应当由审判委员会**讨论或者审理**后作出决定。尽管未保留"审理制"内容,但这里沿用了"审理"一词。考虑到四级法院职能的差异,文件既规定了不同层级法院"应当"提交审判委员会讨论的情形,[1]又将下列案件列入合议庭可以提交审判委员会讨论的类别:(1)合议庭意见有重大分歧、难以作出决定的案件;(2)法律规定不明确,存在法律适用疑难问题的案件;(3)案件处理结果可能产生重大社会影响的案件;(4)对审判工作具有指导意义的新类型案件;(5)其他需要提交审判委员会讨论的疑难、复杂、重大案件。合议庭没有建议提请审判委员会讨论的案件,院长、主管副院长或者庭长认为有必要的,可以提请审判委员会讨论。

第三,完善审判委员会讨论案件的程序。2010年《审委会实施意见》指出,需要提交审判委员会讨论的案件,由合议庭层报庭长、主管副院长提请院长决定。院长、主管副院长或者庭长认为不需要提交审判委员会的,可以要求合议庭复议。审判委员会讨论案件,合议庭应当提交案件审理报告。审判委员会讨论案件时,合议庭全体成员及审判业务部门负责人应当列席会议。院长或者受院长委托主持会议的副院长可以决定其他有必要列席的人员。会议由院长主持。院长因故不能主持会议时,可以委托副院长主持。审判委员会讨论案件按照听取汇报、询问、发表意见、表决的顺序进行。案件由承办人汇报,合

---

〔1〕 按照2010年《审委会实施意见》:"八、最高人民法院审理的下列案件应当提交审判委员会讨论决定:(一)本院已经发生法律效力的判决、裁定确有错误需要再审的案件;(二)最高人民检察院依照审判监督程序提出抗诉的刑事案件。九、高级人民法院和中级人民法院审理的下列案件应当提交审判委员会讨论决定:(一)本院已经发生法律效力的判决、裁定确有错误需要再审的案件;(二)同级人民检察院依照审判监督程序提出抗诉的刑事案件;(三)拟判处死刑立即执行的案件;(四)拟在法定刑以下判处刑罚或者免于刑事处罚的案件;(五)拟宣告被告人无罪的案件;(六)拟就法律适用问题向上级人民法院请示的案件;(七)认为案情重大、复杂,需要报请移送上级人民法院审理的案件。十、基层人民法院审理的下列案件应当提交审判委员会讨论决定:(一)本院已经发生法律效力的判决、裁定确有错误需要再审的案件;(二)拟在法定刑以下判处刑罚或者免于刑事处罚的案件;(三)拟宣告被告人无罪的案件;(四)拟就法律适用问题向上级人民法院请示的案件;(五)认为应当判处无期徒刑、死刑,需要报请移送中级人民法院审理的刑事案件;(六)认为案情重大、复杂,需要报请移送上级人民法院审理的案件。"

议庭其他成员补充。审判委员会委员在听取汇报、进行询问和发表意见后，其他列席人员经主持人同意可以发表意见。审判委员会讨论案件实行民主集中制。审判委员会委员发表意见的顺序，一般应当按照职级高的委员后发言的原则进行，主持人最后发表意见。审判委员会委员应当客观、公正、独立、平等地发表意见，审判委员会委员发表意见不受追究，并应当记录在卷。审判委员会委员发表意见后，主持人应当归纳委员的意见，按多数意见拟出决议，付诸表决。审判委员会的决议应当按照全体委员二分之一以上多数意见作出。审判委员会以会议决议的方式履行对审判工作的监督、管理、指导职责。

第四，加强审判委员会办事机构建设。 2010 年《审委会实施意见》指出，中级以上人民法院可以设立审判委员会日常办事机构，基层人民法院可以设审判委员会专职工作人员。审判委员会日常办事机构负责处理审判委员会的日常事务，负责督促、检查和落实审判委员会的决定，承担审判委员会交办的其他事项。其实，在 21 世纪初，部分地方法院已设立审判委员会办公室。[1] 随着最高人民法院日益重视审判管理工作，各级人民法院陆续设立审判管理办公室，作为专门审判管理机构。审判委员会事务后来多由各级人民法院审判管理办公室负责，主要包括：督促检查审判委员会决议事项；跟踪督办审判委员会讨论的未决案件；承担审判委员会日常组织工作，等等。[2]

从职能重塑到立法确认（2013 年—2018 年）

党的十八届三中全会通过的《中共中央关于全面深化改革若干重大问题的决定》提出要"改革审判委员会制度"，并将这项工作纳入司法责任制改革统筹推进。这一时期，坚持并完善审判委员会制度已经

---

[1] 例如，四川省彭州市人民法院 2003 年即设立了审判委员会办公室。

[2] 王胜俊总主编：《审判管理改革的路径与成效》，人民法院出版社 2013 年版，第166—168 页。

成为主流意见。倡导取消审判委员会的观点仍然存在,但影响逐渐式微。[1] 改革建议更多集中在合理定位审判委员会职能,完善审判委员会工作机制层面。"二五改革纲要"部分内容虽未被 2010 年《审委会实施意见》吸收,却在新一轮司法改革中延续传承。从 2015 年到 2019 年,人民法院第四、五个"五年改革纲要"接续就审判委员会制度改革作出规划。

《人民法院第四个五年改革纲要(2014—2018)》

32. 改革审判委员会工作机制。合理定位审判委员会职能,强化审判委员会总结审判经验、讨论决定审判工作重大事项的宏观指导职能。建立审判委员会讨论事项的先行过滤机制,规范审判委员会讨论案件的范围。除法律规定的情形和涉及国家外交、安全和社会稳定的重大复杂案件外,审判委员会主要讨论案件的法律适用问题。完善审判委员会议事规则,建立审判委员会会议材料、会议记录的签名确认制度。建立审判委员会决议事项的督办、回复和公示制度。建立审判委员会委员履职考评和内部公示机制。

《人民法院第五个五年改革纲要(2019—2023)》

23. 完善审判委员会制度。强化审判委员会总结审判经验、统一法律适用、研究讨论审判工作重大事项的宏观指导职能,健全审判委员会讨论决定重大、疑难、复杂案件法律适用问题机制。建立拟提交审判委员会讨论案件的审核、筛选机制。深化审判委员会事务公开,建立委员履职情况和讨论事项在办公内网公开机制。完善审判委员会讨论案件的决定及其理由依法在裁判文书中公开机制。规范审判委员会组成,完善资深法官出任审判委员会委员机制。规范列席审判委员会的人员范围和工作程序。

---

〔1〕 张洪涛:《审判委员会法律组织学解读——兼与苏力教授商榷》,载《法学评论》2014 年第 5 期;白迎春:《审判委员会制度的存废之谈》,载《前沿》2015 年第 2 期;李雪平:《废除审判委员会刑事裁判权的必要性》,载《天津法学》2018 年第 1 期。

尽管未被纳入统一规划,在深化司法体制改革试点期间,仍有法院继续探索审判委员会制度"审理制"改革。[1] 但是,随着深化司法体制改革全面推进,"审理制"已不再被作为改革重点。**首先,**即使由审判委员会全体委员"开庭审理",但审判组织并未转换,裁判文书还是由合议庭制作并署名,仍属于"审理权与裁判权的分离"。[2] **其次,**审判委员会全体委员二次"开庭"的审理形式和审理范围都不易界定,到底是"开庭"还是"听证",是否需要遵守诉讼法确定的流程,各地做法并不统一。具体"开庭"时,这种十多人组成的"超级合议庭"沟通成本更大,效率也不高。[3] **再次,**由若干名审判委员会委员组成合议庭办理案件的做法,在推行院庭长办案机制后已是常态,并不属于审判委员会制度改革。**最后,**在现代信息技术支撑下,诉讼主张文字化、纸质材料电子化、庭审现场音像化、远程诉讼在线化已成为基本审判实践,"亲历性"的内涵也发生了变化,不宜再严格按照传统意义上的"面对面交流""近距离观察"来理解"亲历性"。对于特定类型的案件,审判委员会可以通过听取审判组织汇报、查阅案件卷宗、收看庭审录像等方式获取相对完整的资讯。[4]

更为重要的原因是,全面落实司法责任制后,除审判委员会讨论决定的案件外,院庭长不得再审核签发未参与审理案件的裁判文书,另一方面,院庭长又必须按照职权,严格履行审判监督管理责任。对于审判组织内部、院庭长与审判组织之间、审判组织与专业法官会议之间出现的分歧意见,已经不能通过行政审批方式处理,只能按程序

---

〔1〕 2015年9月17日,北京知识产权法院审判委员会参照合议庭开庭程序,集体审理了一起商标行政纠纷所涉及的法律适用问题,并听取了法庭辩论。这一做法,被视为"审理制"改革的破冰之举。参见蒋惠岭:《审理制:审委会制度改革破冰之举》,载《法制日报》2016年4月13日。此外,广东省珠海市横琴新区人民法院也提出,对于重大、疑难、复杂案件,将探索由审判委员会全体成员组成大合议庭审理。参见蔡美鸿主编:《横琴新区司法改革模式》,法律出版社2016年版,第34—35、236页。

〔2〕 陈瑞华:《司法体制改革导论》,法律出版社2018年版,第253—255页。

〔3〕 在美国联邦巡回上诉法院,"满席听审"模式就因效率低下,具有官僚化倾向,而受到很多法官抱怨。Gerald Gunther, *Learned Hand: Man and the Judge*, Harvard University Press, 1995, p. 515—517.

〔4〕 顾培东:《再论人民法院审判权运行机制的构建》,载《中国法学》2014年第5期。

提交审判委员会讨论决定。换言之,除了法律要求必须提交审判委员会讨论决定的案件外,法院内部关于案件处理意见分歧的最终解决平台,只能是审判委员会。从这个角度讲,审判委员会作为法院内部**"最高审判组织"**的地位将更加彰显,配套机制也必须进一步完善。[1]

正是基于上述原因,《最高人民法院关于完善人民法院司法责任制的若干意见》(法发〔2015〕13 号)、《最高人民法院关于进一步全面落实司法责任制的实施意见》(法发〔2018〕23 号)等司法责任制改革文件,均把重心放在健全完善合议庭评议、院庭长审判监督管理、专业法官会议讨论与审判委员会讨论的工作衔接机制上,并据此构建审判委员会的运行模式。

2018 年修订的《人民法院组织法》第三十六条至第三十九条,从立法层面确认和巩固了审判委员会制度的改革成果。为进一步健全完善审判委员会工作机制,2019 年 8 月 2 日,最高人民法院印发《关于健全完善人民法院审判委员会工作机制的意见》(法发〔2019〕20 号,以下简称 2019 年《审委会意见》)。该意见与 2018 年《人民法院组织法》、三大诉讼法、《人民陪审员法》、前述司法责任制文件与审判委员会有关的内容,一并构成我国法院关于审判委员会的制度体系。

三、审判委员会的主要职能

按照 2018 年《人民法院组织法》第三十七条第一款,审判委员会履行下列职能:"(一)总结审判工作经验;(二)讨论决定重大、疑难、复杂案件的法律适用;(三)讨论决定本院已经发生法律效力的判决、裁定、调解书是否应当再审;(四)讨论决定其他有关审判工作的重大

---

〔1〕　上述情况,也得到实证研究的支持,参见徐向华课题组:《审判委员会制度改革路径实证研究》,载《中国法学》2018 年第 2 期;左卫民:《审判委员会运行状况的实证研究》,载《法学研究》2016 年第 3 期;王伦刚、刘思达:《基层法院审判委员会压力案件决策的实证研究》,载《法学研究》2017 年第 1 期。

问题。"〔1〕对这一条内容的把握，应当区分四级法院职能，并与三大诉讼法、《人民陪审员法》、司法责任制改革文件相关规定综合考虑。

作为最高审判组织

审判委员会属于审判组织，享有审判权力，并具有**"最高审判组织"**的制度定位。这里的**"最高"**，包含三层含义：**第一，**所在法院的重大、疑难、复杂案件，都可以由审判委员会讨论决定。**第二，**所在法院内部关于案件法律适用或最终处理的分歧，都可以由审判委员会讨论解决。**第三，**审判委员会的决定，独任庭、合议庭、赔偿委员会都应当执行。因此，案件一旦按程序提交审判委员会讨论，必须就相关问题形成确定结论，不能再退回独任庭或合议庭自行处理。

尽管审判委员会仍采取"会议制"讨论决定案件，但既然是最高审判组织，涉及具体个案，必然存在身份或利益冲突问题。因此，2019 年《审委会意见》规定，提交审判委员会讨论决定的案件，审判委员会委员有应当回避情形的，应当自行回避并报院长决定；院长的回避，由审判委员会决定。审判委员会委员的回避情形，适用有关法律关于审判人员回避情形的规定。

2018 年《人民法院组织法》将审判委员会讨论决定的案件范围限定为两种情况，即"重大、疑难、复杂案件的法律适用"和"本院已经发生法律效力的判决、裁定、调解书是否应当再审"。实践中，第二种情形在诉讼法中早有规定，也比较容易操作，至于第一种情形中的"重大、疑难、复杂"和"法律适用"，则需进一步明确。例如，《最高人民法院关于适用〈中华人民共和国刑事诉讼法〉的解释》（法释〔2021〕1 号）。

第二百一十六条就将"高级人民法院、中级人民法院拟判处死刑立即执行的案件，以及中级人民法院拟判处死刑缓期执行的案件；本

---

〔1〕 2018 年《人民法院组织法》第三十七条第二款确定了最高人民法院审判委员会的专属职能，即："最高人民法院对属于审判工作中具体应用法律的问题进行解释，应当由审判委员会全体会议讨论通过；发布指导性案例，可以由审判委员会专业委员会会议讨论通过。"该款内容已在本书第三讲讨论，此处不赘。

院已经发生法律效力的判决、裁定确有错误需要再审的案件；人民检察院依照审判监督程序提出抗诉的案件"作为**应当提交审判委员会讨论决定的案件**，而把"合议庭成员意见有重大分歧的案件、新类型案件、社会影响重大的案件以及其他疑难、复杂、重大的案件，合议庭认为难以作出决定的"，作为**可以提交审判委员会讨论决定的案件**。

2019 年《审委会意见》区分"应当提交"和"可以提交"两种情况，初步确定了审判委员会讨论决定的案件范围。[1] 此外，结合三大诉讼法及其司法解释、司法责任制改革文件相关规定，可以大致确定审判委员会讨论决定的案件范围：

(一) 应当讨论决定的案件范围

各级人民法院审理的下列案件，应当提交审判委员会讨论决定：

1. 涉及国家安全、外交、社会稳定等敏感案件和重大、疑难、复杂案件。 这里的"重大"，可以理解为在辖区内有重大影响力，已经或可能引起社会广泛关注的案件，也可以理解为涉及重大国家利益或社会公众利益的案件，如涉及国家安全、外交事务、征地拆迁、生态环境保护、食品药品安全的重大案件。

2. 本院已经发生法律效力的判决、裁定、调解书等确有错误需要再审的案件。 人民法院院长发现本院已经发生法律效力的支付令确有错误，认为需要撤销的，也应当提交本院审判委员会讨论决定后，再裁定撤销支付令，驳回债权人的申请。

3. 同级人民检察院依照审判监督程序提出抗诉的刑事案件。 同

---

〔1〕 2019 年《审委会意见》关于提交审判委员会讨论案件范围的条文是："8. 各级人民法院审理的下列案件，应当提交审判委员会讨论决定：(1)涉及国家安全、外交、社会稳定等敏感案件和重大、疑难、复杂案件；(2)本院已经发生法律效力的判决、裁定、调解书等确有错误需要再审的案件；(3)同级人民检察院依照审判监督程序提出抗诉的刑事案件；(4)法律适用规则不明的新类型案件；(5)拟宣告被告人无罪的案件；(6)拟在法定刑以下判处刑罚或者免予刑事处罚的案件；高级人民法院、中级人民法院拟判处死刑的案件，应当提交本院审判委员会讨论决定。9. 各级人民法院审理的下列案件，可以提交审判委员会讨论决定：(1)合议庭对法律适用问题意见分歧较大，经专业(主审)法官会议讨论难以作出决定的案件；(2)拟作出的裁判与本院或者上级法院的类案裁判可能发生冲突的案件；(3)同级人民检察院依照审判监督程序提出抗诉的重大、疑难、复杂民事案件及行政案件；(4)指令再审或者发回重审的案件；(5)其他需要提交审判委员会讨论决定的案件。"

级人民检察院提出抗诉的案件、可能判处被告人无罪的公诉案件,以及可能判处被告人死刑的案件,同级人民检察院检察长可以列席审判委员会。

4. **法律适用规则不明的新类型案件。**实践中,对于何谓"新类型案件"并无准确界定,可能是新增设或不常用的罪名,也可能是与新科技、新业态相伴而生的新纠纷。"新"本身也是相对的,在甲地常见的,在乙地或许罕见。"新"也不一定与"难"划等号,一些新类型案件按照传统思路裁判,也可以得到妥善解决。相比之下,"法律适用规则不明的新类型案件"更适合提交审判委员会讨论。所谓"法律适用规则不明",可能包括以下情形:**一是**无具体法律规定,需要进行创造性解释的;**二是**法律虽有规定,但如何适用存在冲突或者争议,需要进一步明确的;**三是**法律虽有规定,但经济社会形势已发生较大变化,须作出相应释明和回应的。

5. **拟宣告被告人无罪的案件、拟在法定刑以下判处刑罚或者免予刑事处罚的案件。**其中,"拟在法定刑以下判处刑罚"主要指犯罪分子虽然不具有刑法规定的减轻处罚情节,但是根据案件的特殊情况,经最高人民法院核准,也可以在法定刑以下判处刑罚的情况。这三类案件本身包含一定疑难因素,也都可能存在检察机关抗诉或其他外部力量施压的情形,适合提交审判委员会集体讨论决定。

6. **高级人民法院、中级人民法院拟判处死刑的案件。**这里"拟判处死刑的案件",既包括拟判处死刑立即执行的案件,也包括拟判处死刑缓期两年执行的案件。人命关天,将拟判处死刑的案件提交审判委员会讨论决定,也体现了人民法院对死刑的慎重态度,有利于统一刑事政策、保障刑事人权。需要指出的是,对于前述几种应当提交审判委员会讨论决定的案件,如果法律适用问题比较明确,合议庭意见相对一致,也可以不提交专业法官会议讨论,直接由院长按工作程序提请审判委员会讨论。

7. **院庭长按照审判监督管理权限,要求合议庭或者独任庭根据专业法官会议讨论的意见对案件进行复议,经复议未采纳专业法官会议形成的多数意见的案件。**这属于全面落实司法责任制后出现的一种特殊情形,需要同时满足以下三个条件:**一是**属于院庭长有权要求独任法官或合议庭报告案件进展和评议结果的"四类案件",又或参照"四类案件"监督管理的案件。[1] **二是**院庭长按照审判监督管理权限,要求将案件提交专业法官会议后,后者形成了多数意见。如果专业法官会议未形成多数意见,案件也不一定要提交审判委员会讨论决定。**三是**独任庭重新研究或合议庭复议后,未采纳专业法官会议的多数意见。在上述情况下,院庭长不能直接改变独任庭或合议庭的意见,而应当将案件提交审判委员会讨论决定。

8. 因涉及法律统一适用问题,基层、中级人民法院拟报请上一级人民法院提级管辖的案件。按照《最高人民法院关于完善四级法院审级职能定位改革试点的实施办法》(法〔2021〕242号),基层、中级人民法院对所管辖的第一审民事、刑事、行政案件,认为有必要由上一级人民法院审理的,可以按程序报请。对于涉及法律统一适用问题的,应当经本院审判委员会讨论决定。报送材料中,应当附审判委员会的倾向性意见。对于能够由本院审判委员会研究解决的,也可以不再报请上一级人民法院审理。

9. 高级人民法院拟报请最高人民法院提审的再审案件。按照《最高人民法院关于完善四级法院审级职能定位改革试点的实施办法》,高级人民法院对受理的民事、行政申请再审案件,认为原判决、裁定适用法律确有错误,且涉及法律统一适用问题,需要由最高人民法院审理的,经审判委员会讨论决定后,可以报请最高人民法院审理。

按照2019年《审委会意见》,提交审判委员会讨论的案件,合议庭

---

〔1〕　按照《最高人民法院关于进一步完善"四类案件"监督管理工作机制的指导意见》(法发〔2021〕30号),"四类案件"是指符合下列情形之一的案件:重大、疑难、复杂、敏感的;涉及群体性纠纷或者引发社会广泛关注,可能影响社会稳定的;与本院或者上级人民法院的类案裁判可能发生冲突的;有关单位或者个人反映法官有违法审判行为的。各级法院可以结合本院工作实际,对下列案件适用"四类案件"的监督管理措施:本院已经发生法律效力的判决、裁定、调解书等确有错误需要再审的;人民检察院提出抗诉的;拟判处死刑(包括死刑缓期两年执行)的;拟宣告被告人无罪或者拟在法定刑以下判处刑罚、免予刑事处罚的;指令再审或者发回重审的;诉讼标的额特别巨大的;其他有必要适用"四类案件"监督管理措施的。

应当形成书面报告。书面报告应当客观全面反映案件事实、证据、当事人或者控辩双方的意见，列明需要审判委员会讨论决定的法律适用问题、专业法官会议意见、类案与关联案件检索情况，并附合议庭拟处理意见和理由。有分歧意见的，应归纳不同的意见和理由。其他事项提交审判委员会讨论之前，承办部门应在认真调研并征求相关部门意见的基础上提出办理意见。对提交审判委员会讨论决定的案件或者事项，审判委员会工作部门可以先行审查是否属于审判委员会讨论范围并提出意见，报请院长决定。此外，审判委员会委员应当提前审阅会议材料，必要时可以调阅相关案卷、文件及庭审音频视频资料。

（二）可以讨论决定的案件范围

各级人民法院审理的下列案件，可以提交审判委员会讨论决定：

1. 合议庭对法律适用问题意见分歧较大，经专业法官会议讨论难以作出决定的案件。这些案件不一定属于"四类案件"，"分歧较大"的对象必须属于"法律适用问题"。所谓"分歧较大"，可以是无法就处理结果形成多数意见，也可以是无法就裁判理由形成多数意见。为充分发挥专业法官会议机制的作用，相关案件必须先提交专业法官会议讨论，确实无法形成多数意见的，才能够提交审判委员会讨论决定。

2. 拟作出的裁判与本院或者上级人民法院的类案裁判可能发生冲突的案件。这些案件属于"四类案件"之一，即使专业法官会议多数意见与合议庭或独任法官意见一致，因涉及本院或上下级人民法院法律适用统一问题，也可以提交审判委员会讨论决定。

3. 同级人民检察院依照审判监督程序提出抗诉的重大、疑难、复杂民事、行政案件。与刑事抗诉案件不同的是，这类案件还必须符合"重大、疑难、复杂"的条件。

4. 指令再审或者发回重审的案件。主要是需要统一法律适用或裁量权行使标准的案件，而不是因基本事实不清而被发回重审的案件。

5. 其他需要提交审判委员会讨论决定的案件。例如，有关单位或者个人反映法官有违法审判行为的；裁判具有首案示范效应；可能引起群体性诉讼的；可能形成新的裁判标准的；不涉及统一法律适用问题,但拟报请上一级人民法院提级管辖的,等等。

(三)应当讨论决定的回避事项

三大诉讼法中都有关于回避的内容,并区分回避人员的身份,确定了决定回避的人员与组织。[1] 一般而言,审判人员的回避,由院长决定;其他人员的回避,由审判长决定。院长担任审判长时的回避,由审判委员会决定。审判委员会讨论院长回避问题时,由副院长主持,院长不得参加。同时,审判人员有应当回避的情形,没有自行回避,当事人也没有申请其回避的,可以由院长或者审判委员会决定其回避。

(四)"法律适用"问题的界定

按照 2018 年《人民法院组织法》,审判委员会在处理具体案件时,应当侧重"讨论决定重大、疑难、复杂案件的法律适用"。这里的"法律适用"问题,包括但不限于以下情形:**一是**对案件性质或法律关系的判断,如民事、行政案由、刑事罪名等。**二是**对民事、刑事和行政责任的确定,如强行猥亵成年男性是否构成犯罪,如何量刑。**三是**对法律溯及力的判断,如法律效力是否溯及既往。**四是**对适用相互冲突的法律规范时的选择,如如何处理上位法与下位法、普通法与特别法、新法与旧法、强行性规范与任意性规范之间的关系。**五是**如何解释法律,如目的解释、文义解释、体系解释、扩张解释、限缩解释等。当法律规定不明确时,甚至要进行必要的漏洞补充。[2]

从理论上讲,判断某一事实或行为存在与否的问题,属于**事实问题**;而判断某一事实或某一行为是否存在法律上的价值,则属于**法律问题**。[3] 我国司法传统上,一般很少将事实认定问题和法律适用问题剥离考虑,二者也很难从本体论或认识论上作整齐界分。[4] 实践中,法律适用问题有时与事实认定问题相互依附交织,甚至互为因果,难以抽象出单纯的法律适用问题。例如,张某是否实施了盗窃行为看

---

〔1〕 参见现行《刑事诉讼法》第三十一条第一款、《民事诉讼法》第四十七条、《行政诉讼法》第五十五条第四款。

〔2〕 梁慧星:《裁判的方法》(第 3 版),法律出版社 2017 年版,第 72—73 页。

〔3〕 张卫平:《民事诉讼法律审的功能及构造》,载《法学研究》2005 年第 5 期。

〔4〕 陈杭平:《论"事实问题"与"法律问题"的区分》,载《中外法学》2011 年第 2 期。

似一个事实问题,但由于他秘密窃取的是他人"网络游戏武器装备",后者是否属于刑法上的"财物",本身又构成一个法律适用问题,进而决定了这种行为是否属于刑法上的"盗窃"。

有些评判原来可以作为事实问题处理,但因为出现特定情形,又可能演化为法律适用问题。例如,某些"耽美"文学作品是否算"淫秽"物品,传统上可以作为事实问题,以相关主管部门或公安机关的鉴定为准。但是,一旦类似案件频发出现,并产生重大社会影响,是否算"淫秽"物品可能作为法律问题由法院解释,进而形成新的裁判标准。此外,经验法则的适用问题、"诚实信用""善良风俗""显失公平"等不确定法律概念的解释问题等,到底是事实问题,还是法律问题,本来就存在争议。

在上述情况下,审判委员会讨论案件时难免会涉及案件事实问题,甚至要以承办审判组织汇报的事实查明、认定情况为讨论前提,但案件的事实认定仍然应当由合议庭负责,审判委员会仅决定案件如何适用法律。[1] 合议庭汇报案件时,故意隐瞒主要证据或者重要情节,或者故意提供虚假情况,导致审判委员会作出错误决定的,由合议庭承担责任。

总结审判工作经验

1954 年以来,**"总结审判工作经验"**一直被视为审判委员会的首要职能,并被 2018 年《人民法院组织法》第三十七条再度确认。之所以有此定位,源于学习苏联法院制度的实践。在苏联法院,"总结审判经验"被认为是注重"政治性"的表现,凡是不注意总结审判经验的法院,被视为"工作流于形式,流于无生气的官僚主义",相反,审判经验总结得好,就有利于人民法院开展"创造性工作",以"高度的政治性"

---

〔1〕 钟宣、胡继先:《〈关于健全完善人民法院审判委员会工作机制的意见〉的理解与适用》,载《人民司法·应用》2020 年第 1 期。

融入本地经济和政治生活。[1]

　　新中国成立初期,由于国家还未制定刑法、民法和诉讼法,办案依据严重缺乏,各地法院只能边开展审判工作,边总结审判经验。总结方式包括:**一是**总结有典型特点的个案,形成可供参照的案例。**二是**总结特定类型的案件,发现可供归纳的规律。**三是**总结一定时期的案件,寻找可供整改的问题。[2] 上述做法,也得到最高人民法院的总结与推广。

　　1954 年 5 月 22 日,最高人民法院报送的《关于处理奸淫幼女案件的经验总结和对奸淫幼女罪犯的处刑意见》经中共中央批转下达,开创了人民法院总结类型案件裁判规则的先河,也为立法机关制定刑法积累了实践材料。最高人民法院随后召开**总结审判经验座谈会**,推动各地人民法院进一步开展这项工作。会议认为,总结审判经验是人民法院提高办案质量的有效举措,是加强审判监督的有效办法。具体总结方法是:"正确选择案件类型,做好调查工作,搜集大量材料,细致分析研究,去粗存精,提炼经验。"[3]这次会议之后,各地法院纷纷把总结审判经验作为工作重点,通过选择典型案例、逐案集体评议,形成经验总结。1954 年 5 月到 1955 年 5 月,各省、自治区、直辖市人民法院共完成贪污、盗窃、赌博等类刑事案件和婚姻、债务、劳资等类民事案件总结共 82 件。[4]

　　正是基于上述原因,1954 年《人民法院组织法》第十条将**"总结审判经验"**作为审判委员会的首要任务。按照时任最高人民法院院长董必武的解读,总结审判经验一般由**中级以上人民法院的审判委员会进**

---

　　〔1〕　[苏]别尔洛夫:《人民法院工作组织》,杨旭译,时代出版社 1952 年版,第 98 页。关于苏联法院总结审判经验的实践,参见最高人民法院办公厅编印:《苏联法院总结审判经验的工作》,1954 年版。

　　〔2〕　边伴山:《关于总结审判经验工作的几个问题》,载《政法研究》1955 年第 3 期。

　　〔3〕　何兰阶、鲁明健主编:《当代中国的审判工作》(上册),当代中国出版社 1993 年版,第 71 页。

　　〔4〕　何兰阶、鲁明健主编:《当代中国的审判工作》(上册),当代中国出版社 1993 年版,第 72 页。

行,基层人民法院则由经验较多的地方试行。[1] 到1956年年底,指导各级人民法院审判的实体性、程序性规则,都是由最高人民法院审判委员会讨论通过,以**"总结"**形式印发各地参酌执行的,如《1955年以来奸淫幼女案件检查总结》《关于刑事案件的罪名、刑种和量刑幅度的初步总结(初稿)》《关于北京、天津、上海等十四个大城市高、中级人民法院刑事案件审理程序的初步总结(草稿)》《关于北京、天津、上海等十三个大城市高、中级人民法院民事案件审理程序的初步总结(草稿)》和《各级人民法院刑、民事案件审判程序总结(草稿)》,等等。上述实践,被视为建国初期人民法院总结审判经验的成功实践。可以说,在这一时期,**"总结审判经验"**有其特定含义,甚至连**"总结"**本身都是一种审判指导方式。[2]

1979年《人民法院组织法》仍将**"总结审判经验"**作为审判委员会首要任务。与1954年时相比,国家这时虽然有了刑法、刑事诉讼法,但其他法律都还在研究起草过程中,"总结审判经验"的重心仍是逐步探索、提炼规则,为立法提供实践素材。例如,从1983年到1987年,最高人民法院审判委员会就讨论通过114件司法解释,同时还印发了293个案例,为新类型、新领域案件提供范例。[3]

改革开放之后,一些高级、中级人民法院审判委员会曾将制发"指导意见""座谈纪要""法律问答""暂行意见"等指导性文件作为总结审判经验的主要方式,随着社会主义法律体系日臻完善,案件数量逐年递增,审判委员会"总结审判经验"的职能逐步淡化。主要原因是:**第一,**提交审判委员会的案件数量过多,研究讨论案件占据审判委员会大量精力,无暇总结审判经验。**第二,**最高人民法院多次强调地方各级人民法院不宜制定司法解释性质文件,极大限缩了地方法院的规

---

〔1〕 《认真贯彻执行法院组织法和检察院组织法》(1954年11月19日),载《董必武选集》,人民出版社1985年版,第364页。这是董必武同志在司法工作座谈会和检察工作座谈会上的讲话摘要。

〔2〕 张志让:《宪法颁布后的中国人民法院》,载《政法研究》1954年第4期。

〔3〕 《最高人民法院工作报告——在第七届全国人民代表大会第一次会议上》(1988年4月2日),载《郑天翔司法文存》,人民法院出版社2012年版,第49—50页。

范性文件制定权限。**第三,**由于"总结审判经验"的内涵不清晰,涉及审判重大事项的文件后来多由所在法院党组讨论通过,涉及具体业务事项的文件则以层报院庭长签批的方式印发,不再提交审判委员会讨论。

2018 年《人民法院组织法》继续将"总结审判工作经验"定位为审判委员会第一要务。按照全面准确落实司法责任制的要求,审判委员会的职能重心也将从个案讨论转向宏观指导。一般而言,法院层级越高,对下指导的覆盖面越广,总结审判经验占审判委员会工作内容的比重越大;法院层级越低,越注重本级本院工作,比重相应越低。从制度传承和司法实践上看,"总结审判工作经验"主要包括以下内容:

1. **研究制定审判指导文件。**针对审判执行中存在的问题,研究讨论实体性或程序性的审判指导文件,但内容不得与法律、法规及司法解释的规定相抵触。

2. **研究确定典型司法案例。**主要讨论拟向最高人民法院上报的指导性案例、向高级人民法院上报的参考性案例,以及本院或下级法院审理的特定领域或类型的典型案例,有必要在辖区内公布的。

3. **研究报送请示或建议。**在总结审判工作经验过程中,认为需要向上一级人民法院请示的法律适用问题,应当经过审判委员会讨论。对于需要通过司法解释进一步明确的问题,可以按照《最高人民法院关于司法解释工作的规定》(法发〔2021〕20 号)的要求,通过高级人民法院向最高人民法院提出制定司法解释的建议。相关建议也应当经过审判委员会讨论。

4. **研究讨论审判调研报告。**根据报告内容,分析审判工作中存在的普遍性问题,提出改进审判工作的意见和建议。

5. **研究推广先进审判经验。**有必要充分提炼总结,并在本院或下级人民法院推广的审判经验。

6. **研究分析发回改判案件。**研究讨论上级法院发回重审或改判案件暴露出的共性问题,结合案件评查情况,研究确定改进措施。

讨论决定其他有关审判工作的重大问题

"讨论决定其他有关审判工作的重大问题",是在总结审判工作经验、讨论决定特定类型案件之外,审判委员会承担的其他职能。这些"重大问题"必须是与审判工作密切相关,有利于优化司法效能、提升审判质效的问题。具体而言,可以包括:研究讨论关于院庭长办案机制、审判监督管理、专业法官会议、法官权力清单、法官绩效考评等司法改革或审判管理方面的制度性文件;研究讨论关于审判工作运行态势分析报告,等等。

根据落实全面准确司法责任制的要求,也可以将讨论法官惩戒事项作为审判委员会一项新职能。审判委员会可以根据前期调查情况,依照程序审查认定当事法官是否违反审判职责,提出是否构成故意违反职责、存在重大过失、存在一般过失或者没有违反职责的意见,决定是否层报省一级法官惩戒委员会。

四、审判委员会的组成人员和组织形式

审判委员会的组成人员

按照 2018 年《人民法院组织法》第三十六条第一款,审判委员会由院长、副院长和若干资深法官组成,成员应当为单数。法律未规定审判委员会人数上限,具体可以根据法院层级、人案规模综合确定。

长期以来,各级人民法院审判委员会委员一般由院长、副院长、审判委员会专职委员、各审判庭庭长、执行局长、研究室主任、审管办主任担任。个别法院也有政治部(处)主任、纪检组长、办公室主任担任

委员的情况。[1] 实行法官员额制之后，未进入员额者已不能再任命为审判委员会委员。

审判委员会的上述人员构成模式，一直受到"官本位"和"行政化"的批判。必须承认，在特定历史时期，确实存在将审判委员会委员作为政治待遇，直接与审判庭庭长职务"划等号"的情况。一些院庭长缺乏审判经验，履职能力不强，在审判委员会上"空泛表态"或"紧跟多数"，影响了审判委员会发挥作用。正是基于这个原因，2007、2010年《审委会实施意见》均提出要选配若干"不担任领导职务"的"资深法官"担任审判委员会委员。

但是，上述规定的执行情况也并不理想。**一是**因为通过传统的干部选任途径，"政治素质好、审判经验丰富、法学理论水平较高"的资深法官，多数已担任庭长、副庭长等领导职务。**二是**在选任条件上，许多法院按照地方党委组织部门要求，比照中层正职的行政职级选任审判委员会委员，一些不担任领导职务的资深法官因职级过低，根本无法入选。**三是**受制于传统"官本位"思维，一些法院对这一举措有抵触情绪，认为是形式主义，积极性并不高。党的十八大之后，部分法院迈开探索步伐，积极开展审判委员会委员选任制度改革，如珠海市香洲区人民法院就在 2014 年增选 13 名资深法官进入审判委员会，分设 3 个专业审判委员会和 7 个专业小组。[2]

---

〔1〕　按照《最高人民法院关于地方人民法院纪检组长、政治部主任担任审判委员会委员和列席审判委员会有关问题的意见》(法〔2009〕361 号)，对符合《法官法》规定的法官任职条件，并已依法任命为审判员、助理审判员等法律职务的纪检组长、政治部主任，地方各级人民法院可以提请人大常委会任命为审判委员会委员；对符合《法官法》第九条和第十二条第一款(这里指 1995 年《法官法》——作者注)规定条件和程序，尚未任命法律职务的纪检组织、政治部主任，地方各级人民法院可以提请人大常委会任命为审判委员会委员；对不符合法官任职条件，无法任命审判委员会委员职务的纪检组长、政治部主任是否列席审判委员会，由各级人民法院根据 2007 年《审委会实施意见》第十三条的规定自行研究决定。

〔2〕　按照珠海市香洲区人民法院 2015 年所作工作报告，该院从资深法官中增选审委会委员，与原有委员一起组成审判委员会，并设立刑事与行政审判专业委员会，负责审理刑事、行政案件及讨论相关议题；设立民商事审判与执行第一专业委员会、民商事审判与执行第二专业委员会，负责审理民商事、执行案件及讨论相关议题。根据审判执行工作的专业分类和委员分布情况，专业委员会下设 7 个专业小组，负责指导、参与对应专业案件的审理、总结审判工作经验、编发典型案例。

其实,资深法官并非固定称谓,对其年资、等级、职务、薪俸也缺乏制度规定。实践中,往往将担任法官时间较长、实践能力较强,尤其在某一审判领域业务能力突出的法官称为资深法官。[1] 实行司法责任制和法官员额制后,确有必要选任部分资深法官担任审判委员会委员:**一是**资深法官长期在一线办案,审判经验丰富,知识结构更新较快,有利于提升审判委员会讨论质量。**二是**不担任领导职务的资深法官不需要承担行政管理、审判监督工作,办案时间较为充分,能够投入较多精力分析研究提交审判委员会讨论的案件。**三是**法官实行单独职务序列后,法官等级不再与行政职级挂钩,可以比照法院层级、法官等级、任职年限、能力水平、时间精力综合确定人选。

总之,未来选任审判委员会委员时,应当注意把握以下三个方面:**一是**政治素质好、审判经验丰富、法学理论水平较高应当是对审判委员会委员的统一要求,包括但不局限于资深法官。**二是**除院长、副院长、审判委员会专职委员外,审判委员会委员可以是符合资深法官条件的庭长、副庭长或者综合业务部门负责人,也可以是不担任领导职务的资深法官。**三是**选任方式可以通过组织推荐、竞争性遴选与全院法官推选相结合等方式进行,以增强审判委员会的专业性和权威性。**四是**资深法官担任审判委员会委员的选任工作,应当坚持党管干部原则,名额确定、考核选拔、任用管理等最终仍要由党委组织部门负责。

审判委员会专业委员会

审判委员会会议分为全体会议和专业委员会会议。中级以上人民法院根据审判工作需要,可以按照审判委员会委员专业和工作分工,召开**刑事审判**、**民事行政审判**等专业委员会会议。审判委员会召开全体会议和专业委员会会议,都应当有其组成人员的过半数出席。

从性质上看,**专业委员会**既不是介于审判委员会与合议庭之间的

---

〔1〕 杨万明主编:《〈中华人民共和国人民法院组织法〉条文理解与适用》,人民法院出版社 2019 年版,第 252 页。

独立机构,也不是审判委员会下设的二级机构,而只是审判委员会根据专业分工履行职责、审理案件的一种工作机制。基层人民法院的重大、疑难、复杂案件不多,委员数量较少,审判委员会无须区分全体会议和专业委员会会议。

　　审判委员会全体会议与专业委员会会议既有紧密联系,又存在明显区别:

　　第一,人员组成不同。全体会议与专业委员会会议组成人员都是审判委员会委员,后者包含于前者之中。专业委员会会议的组成人员,应当超过审判委员会全体委员的二分之一。因此,审判委员会委员可以参加不同的专业委员会会议。

　　第二,职责范围不同。全体会议与专业委员会会议均可以讨论决定提交审判委员会的案件或者事项,但任务分工和讨论范围有所区别。中级以上人民法院可以根据委员的专业特长和业务分工,确定一定数量的审判委员会委员组成不同的专业委员会会议。

　　第三,程序衔接不同。一般情况下,经专业委员会会议讨论案件或事项的决定,即为审判委员会的决定,无须再提交审判委员会全体会议讨论。特殊情况下,如经专业委员会会议讨论的案件或事项无法形成决议的,又或专业委员会认为有必要提交会全体会议讨论的,仍需要提交全体会议讨论决定。

五、审判委员会的运行机制和列席机制

民主集中制与审判委员会

　　审判委员会讨论决定案件和事项,一般按照以下程序进行:(1)合议庭、承办人汇报;(2)委员就有关问题提问;(3)委员按照法官等级和资历由低到高顺序发表意见,主持人最后发表意见;(4)主持人作会议总结,会议作出决议。

　　关于审判委员会决议机制的表述,一直存在争议。1979年《人民

法院组织法》第十一条与 2018 年《人民法院组织法》第三十八条均规定审判委员会**"实行民主集中制"**。在历次修改《人民法院组织法》过程中，均有观点认为，"民主集中制"是组织原则，既然 1982 年《宪法》第三条第一款已经规定"中华人民共和国的国家机构实行民主集中制的原则"，那么民主集中制原则应当对人民法院一体适用，而不是仅在审判委员会实行。[1]

还有观点认为，"少数服从多数"与民主集中制是对立关系，考虑到审判委员会的讨论范围，应当将"审判委员会实行民主集中制"的表述改为"审判委员会讨论重大事项时，实行民主集中制；讨论决定案件时，实行少数服从多数"。[2] 上述观点涉及对民主集中制含义的理解，需结合《中国共产党章程》和宪法内容予以分析。

在我国，民主集中制是普遍适用于党和国家政治生活的重要原则和工作方法。在中国共产党党内，民主集中制是党的根本组织原则，是民主基础上的集中和集中指导下的民主之结合。按照《中国共产党章程》，**在组织原则上**，要求"党员个人服从党的组织，少数服从多数，下级组织服从上级组织，全党各个组织和全体党员服从党的全国代表大会和中央委员会"。[3] **在工作方式上**，要求"凡属重大问题都要按照集体领导、民主集中、个别酝酿、会议决定的原则，由党的委员会集体讨论，作出决定"，"党组织讨论决定问题，必须执行少数服从多数的原则。决定重要问题，要进行表决。对于少数人的不同意见，应当认真考虑。如对重要问题发生争论，双方人数接近，除了在紧急情况下

---

〔1〕 范进学、刘树燕、夏泽祥、张玉洁：《民主集中宪法原则研究》，东方出版中心2011 年版，第 162 页；邵六益：《审委会与合议庭：司法判决中的隐匿对话》，载《中外法学》2019 年第 3 期；刘树德：《司法改革：小问题与大方向》，法律出版社 2012 年版，第 69 页。

〔2〕 王姝：《两院组织法修订草案：委员关注审委会该不该实行"民主集中制"？》，载《新京报》2018 年 10 月 23 日。

〔3〕 "四个服从"最早的表述为"个人服从组织，少数服从多数，下级服从上级，全党服从中央"，参见《中国共产党在民族战争中的地位》（1938 年 10 月 14 日），载《毛泽东选集》（第 2 卷），人民出版社 1991 年版，第 528 页。关于民主集中制基本原则的完整表述，参见《中国共产党章程》（中国共产党第二十次全国代表大会部分修改，2022 年 10 月 22 日通过）第十条。

必须按多数意见执行外，应当暂缓作出决定，进一步调查研究，交换意见，下次再表决；在特殊情况下，也可将争论情况向上级组织报告，请求裁决"。[1]

在宪法层面，民主集中制是我国国家组织形式和活动方式的基本原则。[2] **作为国家组织形式的原则**，民主集中制主要包含三方面内容：**一是**在人民与国家权力机关的关系上，遵循由人民选举产生国家权力机构，国家权力机构对人民负责、受人民监督的原则；**二是**在国家权力机关和其他国家机关的关系上，遵循其他国家机关由民选的国家权力机构产生，对其负责、受其监督的原则；**三是**在中央国家机关和地方国家机关关系上，遵循在中央统一领导下，充分发挥地方的主动性、积极性原则。[3]

作为国家组织活动方式的原则。 1954 年《宪法》第二条第二款曾规定"全国人民代表大会、地方各级人民代表大会和其它国家机关**一律**实行民主集中制"。1982 年《宪法》第三条第一款删掉了"一律"，将之表述为"中华人民共和国的国家机构实行民主集中制的原则"。之所以作这样的调整，是考虑到"一律"的表述过于绝对，从国家机关运行机制与活动方式上看，有的更多体现集中和效率原则，如行政机关实行首长负责制、检察机关实行检察长负责制；有的主要实行民主制，如各级人民代表大会的组织和活动、审判机关的合议制。[4] 换言之，不能认为民主集中制适用于国家机关所有内部程序。[5] 工作方式原则的确定，本质上还是要根据国家机构自身的工作性质、主要职能、工作效率等综合明确，而不能一概而论。[6] 具体到人民法院，更应当考虑审判权力运行的特殊性。

---

〔1〕　参见《中国共产党章程》(中国共产党第二十次全国代表大会部分修改，2022 年10 月 22 日通过)第十条第五项和第十七条第一款。

〔2〕　习近平：《坚持、完善和发展中国特色社会主义国家制度与法律制度》，载《求是》2019 年第 23 期。

〔3〕　蔡定剑：《宪法精解》(第 2 版)，法律出版社 2006 年版，第 171—172 页。

〔4〕　蔡定剑：《宪法精解》(第 2 版)，法律出版社 2006 年版，第 171 页。

〔5〕　刘松山：《运行中的宪法》，中国民主法制出版社 2008 年版，第 66 页。

〔6〕　王旭：《作为国家机构原则的民主集中制》，载《中国社会科学》2019 年第 8 期。

从 2018 年《人民法院组织法》对"审判委员会实行民主集中制"表述方式看,应当包含了对组织形式与活动方式的要求。具体而言,包含以下几层含义:

第一,审判委员会讨论决定重大案件彰显了民主基础上的集中。正确集中的目的是为了集思广益、科学决策。民主集中制是充分民主基础上的集中,既要防止个人专断、架空集体,又要避免互相推诿、效率低下。为提升审判效率,合议庭实行少数服从多数,按简单多数意见作出决定。合议庭内部分歧较大,或者院庭长与合议庭存在分歧意见时,可以将案件提交专业法官会议讨论,分歧仍然无法解决时,案件应当提交审判委员会全体会议或专业委员会会议讨论决定。经专业委员会会议讨论的案件,无法形成决议或者院长认为有必要的,可以提交全体会议讨论决定。审判委员会委员根据平权原则,以民主形式作出决定。审判委员会讨论案件的决定,少数方审判委员会委员、合议庭、独任庭或者相关部门哪怕有不同意见,也应当不折不扣执行。可以说,案件提交审判委员会全体会议讨论决定前,已经过合议庭评议、专业法官会议讨论、合议庭复议、专业委员会会议讨论等多个环节。这一审判权力运行机制,本身就是从民主到集中的过程。

第二,审判委员会决议机制充分体现了集中指导下的民主。民主集中制在表决阶段的体现,包括集体讨论、权利平等、充分表态和少数服从多数。[1] 少数服从多数中的"多数",包括简单多数、过半多数、三分之二多数等。讨论决定的问题越是重大,对"多数"所占比重要求越高。审判委员会讨论决定案件时,审判委员会委员应当就议题展开充分讨论、发表意见,主持人最后发表意见。按照 2019 年《审委会意见》:"审判委员会全体会议和专业委员会会议讨论案件或者事项,**一般按照各自全体组成人员过半数的多数意见**作出决定,少数委员的意见应当记录在卷。"需要强调的是,由于审判委员会讨论决定的一般是重大案件或重大事项,故应当按照全体组成人员过半数的多数意见作

---

〔1〕 李平:《论少数服从多数的合理性基础:中西之别及其成因》,载《中外法学》2017年第 5 期。

出决定,而非简单多数。如果无法形成过半数的多数意见,主持人可以引导大家聚焦重点、求同存异,但不能强制要求部分委员改变意见。如果审判委员会讨论案件违反民主集中制原则,导致审判委员会决定错误的,主持人应当承担主要责任。

第三,审判委员会委员的责任承担方式体现了权责一致的标准。实行民主集中制,既不意味着集体无条件担责,也不能不区分实际情况问责多数意见方。审判委员会讨论案件时,合议庭对其汇报的事实负责,审判委员会委员对其本人发表的意见及最终表决负责。案件经审判委员会讨论决定后,需要追究违法审判责任的,根据审判委员会委员是否故意曲解法律发表意见的情况,合理确定委员责任。审判委员会改变合议庭意见导致裁判错误的,由持多数意见的委员共同承担责任,合议庭不承担责任。审判委员会维持合议庭意见导致裁判错误的,由合议庭和持多数意见的委员共同承担责任。合议庭汇报案件时,故意隐瞒主要证据或者重要情节,或者故意提供虚假情况,导致审判委员会作出错误决定的,由合议庭成员承担责任,审判委员会委员根据具体情况承担部分责任或者不承担责任。上述问责方式,符合按民主集中制运行的审判组织实际。

第四,审判委员会委员的产生经过了民主任命程序。审判委员会委员参加审判委员会时,履行的职责不同于普通法官,因此,法官若想成为审判委员会委员,必须经过国家权力机构依法任命。这也体现了对审判委员会作为最高审判组织的重视。按照 2019 年《法官法》第十四条第二款,审判委员会委员应当从法官、检察官或者其他具备法官条件的人员中产生。最高人民法院审判委员会委员由院长提请全国人大常委会任免。地方各级人民法院审判委员会委员由院长提请本级人大常委会任免。在省、自治区内按地区设立的和在直辖市内设立的中级人民法院的审判委员会委员,由高级人民法院院长提请省、自治区、直辖市人大常委会任免。新疆生产建设兵团各级人民法院、专门人民法院的审判委员会委员,依照全国人大常委会的有关规定任免。

第五,院长在审判委员会运行机制中的角色符合民主集中制的要

求。各级人民法院院长在整个审判委员会运行机制中，具有**会议发起人、会议主持人、启动复议人、督促落实人、文书签发人**等多重职能，确保审判委员会制度的权威性、严肃性和集中性，既防止随意启动、议题泛滥，也避免朝令夕改、决而不决。从院长的职能看：

一是作为会议发起人。独任庭或合议庭认为案件需要提交审判委员会讨论决定的，由其提出申请，层报院长批准；未提出申请，但院长认为有必要的，可以直接提交审判委员会讨论。经专业委员会会议讨论的案件或者事项，院长认为有必要的，也可以提交全体会议讨论。总体来说，院长对提交审判委员会讨论的案件，既有批准申请权，也有主动启动权。

二是作为会议主持人。审判委员会全体会议及专业委员会会议由院长或者院长委托的副院长主持，并承担相应责任。主持人在会议过程中，应当鼓励充分表态、调节发言时间、引导聚焦重点、防止议论跑偏，同时要及时归纳多数人意见，拟出决议方案，提交会议表决。

三是作为启动复议人。经审判委员会全体会议和专业委员会会议讨论的案件或者事项，院长认为有必要的，可以提请复议，但不能因不同意多数人意见就暂缓决定，而报请上一级人民法院决定。[1] 对于特定类型的案件，独任庭或合议庭对审判委员会的决定有异议的，可以提请院长决定提交审判委员会复议一次。[2]

---

〔1〕 检察机关因实行检察长负责制，所以，当检察长不同意检察委员会多数人意见时，可以视情报请上一级人民检察院或者本级人民代表大会常务委员会决定。参见 2018 年《人民检察院组织法》第三十二条："……检察委员会实行民主集中制。地方各级人民检察院的检察长不同意本院检察委员会多数人的意见，属于办理案件的，可以报请上一级人民检察院决定；属于重大事项的，可以报请上一级人民检察院或者本级人民代表大会常务委员会决定。"

〔2〕 参见《最高人民法院关于人民法院合议庭工作的若干规定》(法释〔2002〕25 号)第十三条："合议庭对审判委员会的决定有异议，可以提请院长决定提交审判委员会复议一次。"另参见 2021 年印发的刑事诉讼法司法解释第二百一十七条，"审判委员会的决定，合议庭、独任审判员应当执行；有不同意见的，可以建议院长提交审判委员会复议"。在刑事案件中，审判委员会讨论后的决定主要分为两种，一种是对案件处理结果作出决定，另一种是对案件的补查补证工作作出决定。对于前者，合议庭、独任庭有不同意见的，可以建议院长提交审判委员会复议。对于后者，合议庭、独任庭应当执行。

四是作为督促落实人。审判委员会会议纪要或者决定由院长审定后,发送审判委员会委员、相关审判庭或者部门。审判委员会工作部门发现案件处理结果与审判委员会决定不符的,应当及时向院长报告。

五是作为文书签发人。除审判委员会讨论决定的案件以外,院长、副院长、庭长对其未直接参加审理案件的裁判文书不再进行审核签发。但是,案件如果经审判委员会讨论决定,裁判文书经合议庭署名后,仍然要履行审核签发手续,层报院长或院长委托的院庭长签发。

审判委员会的公开机制

与合议庭评议一样,审判委员会讨论案件实行秘密讨论原则,未经院长同意,其他人员不得列席,审判委员会的讨论记录不得查阅、摘抄、复制。审判委员会委员、列席人员及其他与会人员应严格遵守保密工作纪律,不得泄露履职过程中知悉的审判工作秘密。因泄密造成严重后果的,严肃追究纪律责任和法律责任。

但是,作为最高审判组织,审判委员会的召开时间、参会人员、最终决议等秘而不宣,不符合司法公开的工作原则,社会公众、案件当事人及其诉讼代理人对此多有诟病。[1] 对于审判委员会讨论决定的案件,人民法院作出的裁判文书一般不写明审判委员会的决定及理由,结尾部分仅署合议庭成员及书记员姓名,当事人不知道自己的案件经过审判委员会讨论,更难以了解审判委员会的讨论决定及理由。[2]

实践中,有观点认为,审判委员会改变合议庭意见的,应当由审判委员会指定一名委员撰写裁判文书,甚至改由审判委员会成员在裁判

---

〔1〕 杨万明主编:《〈中华人民共和国人民法院组织法〉条文理解与适用》,人民法院出版社 2019 年版,第 266 页。

〔2〕 钟宣、胡继先:《〈关于健全完善人民法院审判委员会工作机制的意见〉的理解与适用》,载《人民司法·应用》2020 年第 1 期。

文书署名。[1] 但如果这么操作,涉及审判组织的转换,亦不宜以"会议制"方式讨论决定,所以未被新修订的《人民法院组织法》和司法责任制改革文件采纳。

2018 年《人民法院组织法》第三十九条第三款规定:"审判委员会讨论案件的决定及其理由应当在裁判文书中公开,法律规定不公开的除外。"这一规定,有利于充分保障当事人和其他诉讼参与人的知情权,推动增强裁判文书的说理性,倒逼法官及审判委员会委员不断增强责任意识,全面提升司法能力和水平。

落实 2018 年《人民法院组织法》上述规定,需要配套完善以下几个机制:

第一,完善审判委员会事务的公开和留痕机制。具体要求包括:**一是**审判委员会的召开情况、讨论事项和委员出席情况,应当在办公内网公开。将审判委员会委员出席会议情况纳入考核体系,并以适当形式在法院内部公示。**二是**建立审判委员会会议全程录音录像制度,按照保密要求管理。**三是**将审判委员会议题的提交、审核、讨论、决定等纳入审判流程管理系统,实行全程留痕。

第二,完善审判委员会决定和理由的整理、归纳和抄送机制。具体要求包括:**一是**审判委员会完成表决后,主持人应当归纳审判委员会的决定和理由。**二是**会后形成的《审判委员会会议纪要》应当准确、全面反映审判委员会的决定和理由,并抄送合议庭、独任庭及其所在的审判庭。**三是**经审判委员会讨论决定的案件,相关审判组织应及时审结,并将判决书、裁定书、调解书等送审判委员会工作部门备案。

第三,完善裁判文书的说理和撰写机制。除依法不公开的以外,承办审判组织应当将审判委员会决定的理由完整体现在裁判文书"本院认为"部分。经审判委员会讨论决定的案件,在裁判理由部分的最后,援引裁判依据之前,增加"本院经审判委员会全体(民事行政审判专业委员会/刑事审判专业委员会/执行专业委员会)会议讨论决定"的表述。例如:"综上,一、二审判决认定事实基本清楚,但二审判决认

---

[1] 最高人民法院司法改革领导小组办公室编著:《〈最高人民法院关于完善人民法院司法责任制的若干意见〉读本》,人民法院出版社 2015 年版,第 20 页。

定……不当,依法应予纠正。本院经审判委员会全体(民事行政审判专业委员会/刑事审判专业委员会/执行专业委员会)会议讨论决定,依照《中华人民共和国 XXXX 法》……之规定,判决如下:……。"

审判委员会的列席机制

审判委员会全体会议和专业委员会议,只能由审判委员会委员出席。按照 2018 年《人民法院组织法》和 2019 年《审委会意见》,[1]部分人员可以列席审判委员会,经主持人同意,列席人员可以提供说明或者表达意见,但不参与表决。列席审判委员会主要包括以下几种情形:

(一)便于讨论决定重要案件或事项

在审判委员会讨论决定重要案件或事项前,需要由独任庭、合议庭或事项承办人汇报情况、回答提问。为便于审判委员会全面了解情况,可以视情安排下列人员列席:

1. **承办案件的合议庭、独任庭或者事项承办人**。对于适用合议制审理的案件,应当注意把握共同汇报原则,即合议庭全体成员应当集体列席,除承办法官或审判长外,持不同意见的合议庭成员也可以补充发表意见。对本院已发生法律效力的案件提起再审的,原审合议庭成员也可以列席。这里的"事项承办人",一般指司法解释或有必要提交审判委员会讨论的司法文件的起草人,这类起草人有的在审判庭,有的在研究室、审判管理办公室等综合业务部门。

2. **承办案件、事项的审判庭庭长、副庭长或者部门负责人**。因院庭长履行审判监督管理职能提请审判委员会讨论的案件,经主持人同意,分管院领导、审判庭庭长、副庭长,可以介绍专业法官会议等相关

---

〔1〕 2019 年《审委会意见》的相关规定是:"18. 下列人员应当列席审判委员会会议:(1)承办案件的合议庭成员、独任法官或者事项承办人;(2)承办案件、事项的审判庭或者部门负责人;(3)其他有必要列席的人员。审判委员会召开会议,必要时可以邀请人大代表、政协委员、专家学者等列席。经主持人同意,列席人员可以提供说明或者表达意见,但不参与表决。19. 审判委员会举行会议时,同级人民检察院检察长或者其委托的副检察长可以列席。"

情况。综合业务部门负责人可以介绍文件起草和征求意见情况。

3. 技术调查官或者司法技术辅助部门工作人员等。这类人员出席,主要是便于审判委员会询问、了解一些涉及专业技术问题的情况。

4. 其他有必要列席的人员。按照《人民法院落实〈领导干部干预司法活动、插手具体案件处理的记录、通报和责任追究规定〉的实施办法》(法发〔2015〕10 号)第五条,党政机关、行业协会商会、社会公益组织和依法承担行政职能的事业单位,受人民法院委托或者许可,可以依照工作程序就涉及国家利益、社会公共利益的案件提出参考意见。如在可能引起金融风险、影响市场秩序的案件中,人民法院可以委托金融监管机构进行风险评估,并就案件处理方式提出参考意见。为全面了解情况、确保科学决策,人民法院可以邀请相关单位或组织负责人在特定环节列席审判委员会陈述意见、回答提问,但不宜全程列席。

为了及时归纳整理《审判委员会会议纪要》,督促检查审判委员会决定执行情况,审判委员会工作部门负责人及相关工作人员也可以列席审判委员会。

(二)检察机关履行法律监督职责

检察长列席审委会,是检察机关依法履行法律监督职责的重要方式,其理论基础是检察机关作为国家法律监督主体,有权监督审判组织和审判活动。1954 年《人民法院组织法》第十条第三款规定,"各级人民法院审判委员会会议由院长主持,本级人民检察院检察长有权列席"。1979 年《人民法院组织法》第十一条第三款保留了上述内容,但将"有权列席"列席修改为"**可以列席**"。

2010 年 1 月,"两高"印发《关于人民检察院检察长列席人民法院审判委员会会议的实施意见》(法发〔2010〕4 号,以下简称《检察长列席意见》),明确了检察长列席审判委员会的范围和程序。按照该意见,人民法院审判委员会讨论下列案件或者议题,同级人民检察院检察长或者受其委托的副检察长可以列席:(1)可能判处被告人无罪的公诉案件;(2)可能判处被告人死刑的案件;(3)人民检察院提出抗诉的案件;(4)与检察工作有关的其他议题。检察长或者受检察长委托的副检察长列席审判委员会讨论案件或事项的会议,可以在人民法院承办人汇报完毕后、审判委员会委员表决前发表意见,相关意见应当记录在卷。这里的**"可以"**,只是明确检察长或受检察长委托的副检察长有发表意见的权利,而不是规定其必须发表意见,检察长或者副检察长可以发表意见,也可以不发表意见。之所以规定在"审判委员会委员表决前"发表意见,是为了确保审判委员会依法独立作出决定。[1]

需要注意的是,检察长列席法院审判委员会会议并参与讨论,目的是为了依法履行法律监督职能,进而保障审判权的公正行使。人民法院作为国家审判机关,应当依照法律规定独立行使审判权,即使检察长列席法院审判委员会会议并对可能判处的结果表示不同意见,案件处理仍取决于审判委员会的讨论和表决,人民法院才是案件的最终裁决者。[2]

尽管检察长列席审判委员会只是履行法律监督职责,但在实际运行过程中,也存在一些不规范或"越位"现象。如在一些刑事案件讨论过程中,在辩护方缺席的情况下,法律监督者又扮演了"公诉人"角色,破坏了控辩平等原则。有的检察长在审判委员会投票阶段仍不离席,违反了秘密讨论原则。有的地方甚至出现检察长因对无罪结果不满意,要求再次投票,只至形成有罪意见的现象,相关案件后来又被二审改判无罪。[3] 正是基于上述原因,理论界与实务界对检察长列席审判委员会制度一直存在质疑。[4] 在修订《人民法院组织法》过程中,不少人大代表与专家学者也呼吁取消这一制度。[5]

2018年《人民法院组织法》第三十八条第三款保留了检察长列席审判委员会的内容,具体表述是:"审判委员会举行会议时,同级人民检察院检察长或者检察长委托的副检察长可以列席。"2019年2月印

---

〔1〕 何能高:《〈关于人民检察院检察长列席人民法院审判委员会会议实施意见〉的理解与适用》,载《人民司法·应用》2010年第5期。

〔2〕 杨万明主编:《〈中华人民共和国人民法院组织法〉条文理解与适用》,人民法院出版社2019年版,第263页。

〔3〕 王文秋:《检察长列席法院审委会:冷条款热推背后的微妙博弈》,载《新京报》2018年12月26日。

〔4〕 陈建平、徐英荣:《检察长列席审判委员会之合理性质疑》,载《法学》2006年第7期。

〔5〕 顾永忠:《检察长列席审委会会议制度应当取消——写在〈人民法院组织法〉修改之际》,载《甘肃政法学院学报》2017年第4期。

发的人民法院"第五个五年改革纲要（2019 年—2023 年）"将"规范列席审判委员会的人员范围和工作程序"作为改革任务，鼓励下级法院在这一领域继续探索创新。

为解决检察长单方列席可能引发的控辩失衡问题，部分法院开始探索引入平衡机制，邀请辩护律师分阶段列席审判委员会。2019 年 5 月，山西省晋城市中级人民法院在审判委员会中创设并推广听证程序，允许律师与检察长一并列席，并发表意见。[1] 6 月，福建省高级人民法院在一起故意杀人上诉案中，首次邀请辩护律师到会，与受该省检察长委托的副检察长一并陈述意见。[2] 需要指出的是，这里的辩护律师分阶段列席与检察长依法列席仍有区别。在听证阶段，检察机关作为控方与辩方共同参加听证，各方当事人诉讼地位平等。检察长按照《人民法院组织法》规定列席，则属于履行法律监督职责的行为。

（三）推动司法公开，接受社会监督

为推进司法公开、回应社会关切，人民法院还可以主动邀请人大代表、政协委员、专家学者等列席审判委员会，推动社会各界了解审判委员会的主要职能和运行机制。对于涉及重大公共利益和受到社会广泛关注的司法政策、司法文件，通过邀请上述人员等列席回应，认真听取各方面意见建议，主动接受社会监督，使得司法更加贴近社会公众。[3]

---

〔1〕 谭畅：《"改造"法院审委会：晋城试点，中国首例》，载《南方周末》2019 年 5 月 23 日；单玉晓、黄雨馨：《山西一法院审委会引入听证程序，律师出席受关注》，载财新网 2019 年 5 月 17 日，2022 年 11 月 18 日访问。

〔2〕 王梦遥：《福建高院审委会首邀律师发表辩护意见，学者担忧或架空庭审》，载财新网 2019 年 6 月 6 日，2022 年 11 月 18 日访问。

〔3〕 2016 年 2 月 1 日，最高人民法院审判委员会在审议《关于审理消费民事公益诉讼案件适用法律若干问题的解释（送审稿）》时，就首次邀请部分全国人大代表、全国政协委员和专家学者代表列席会议，他们就司法解释送审稿中的问题分别发表意见，并进行了深入交流研讨，取得良好效果。参见罗书臻：《周强：敞开大门接受监督 倾听人民群众呼声》，载《人民法院报》2016 年 2 月 2 日。

第十讲 | 审判权力运行机制与司法责任制

> 独立审判的意义,绝对不是司法人员的专断,而是司法人员对审判的负责。
>
> ——雷经天

> 自由裁量权就像甜甜圈中间那个洞,若没有周边的限制,它压根儿就不存在。
>
> ——[美]罗纳德·德沃金

前面两讲,重点介绍了四种形式的审判组织。之所以用全书六分之一篇幅谈审判组织,是因为审判权力的运行以审判组织依法履职为核心,违法审判责任也主要以审判组织为承担主体。另一方面,除普通法官外,法院还设置了院长、副院长、审判委员会专职委员、庭长、副庭长等领导职务(以下简称"院庭长"),以及民事、刑事、行政审判庭等审判机构。作为法官,院庭长既需要审理部分案件,也要履行与其职务相适应的监督职责。所以,就审判权力运行而言,审判组织依法履职和院庭长依法监督缺一不可。在我国,除院庭长外,审判组织同时还要接受驻院纪检监察组、审务督察部门、审判管理部门的监督,辅之以类案强制检索机制、专业法官会议机制、法律适用分歧解决机制等,这些都是研究中国法院绕不过去的制度特色。

在审判权力运行过程中,审判人员各司其职、尽职履责、不逾边界,方能彰显审判权的判断权性质。反之,若司法者能力不足、监督者越俎代庖、履职者保障不力、违法者无法问责,内部仍按层层请示、汇报签批形式运行，则法院不像法院、法官不像法官，公正高效权威的社会主义司法制度自然难以建立。基于上述原因，党的十八届三中全会通过的《中共中央关于全面深化改革若干重大问题的决定》，才把**"让审理者裁判，由裁判者负责"**作为人民法院落实司法责任制的总体要求，相关重大改革举措也主要据此展开。**司法责任制**由此被称为深化司法体制改革的"牛鼻子"。〔1〕。

从概念上看，**司法责任制**是一种权责分配机制，重点在于科学划定审判权力运行边界和各类主体职责，确保有权必有责、用权必担责、失职必问责、滥权必追责。这里的**"责任"**，既包括职责划分、权责配置，也涵盖问责机制、定责标准。因此，司法责任制不宜简单理解为惩罚意义上的问责。〔2〕 系统意义上的**司法责任体系**，是一种包含多种要素的结构性制度安排，包含审判权力运行、审判资源配置、法律统一适用、违法责任追究、依法履职保障和司法质效监管等制度机制。严格意义上讲，审判权力运行机制包含在司法责任制概念之中。为方便读者理解，本讲仅在标题中将二者并列。

这一讲承上启下，篇幅宏大，首先试图**从历史维度**，分析司法责任制为什么"想了很多年，做了很多年"而一直没有做到位。然后**从改革维度**，梳理进入新时代之后，司法责任制又是如何在深化司法体制改革的浪潮中破冰推进、建章立制，并初步形成中国特色司法责任体系。**从理论维度**，探讨司法责任制体系如何与法院整体本位、民主集中制、司法科层制有机融合，成为马克思主义中国化时代化的重要组成部分。**从制度维度**，系统介绍审判权力如何运行、违法审判责任如何追究、法官如何惩戒，又是如何在此过程中体现对法官合法权益的保障。

---

〔1〕 《深化司法体制改革》（2015 年 3 月 24 日），载习近平：《论坚持全面深化改革》，中央文献出版社 2018 年版，第 158 页。

〔2〕 司法问责制一般更注重根据过错与结果确定责任主体、责任形式和惩戒后果。参见傅郁林：《司法责任制的重心是职责界分》，载《中国法律评论》2015 年第 4 期。

一、走不出的改革"元问题"

独立审判主体之辩

按照《宪法》,人民法院是行使审判权的唯一国家机关。但是,在法院之内,由谁具体行使审判职权? 院长、庭长对未参与审理的案件能否行使权力? 若内部存在分歧,结果如何确定? 又由谁承担责任? 从制度上回应好这些问题,才有利于彰显审判权的特殊属性,将法院和法官从传统行政化的管理模式中拆分出来。新中国成立以来,上述最具基础性的讨论,构成了司法改革的"元问题",也是制约改革成效的争议焦点。

新中国成立之初,我国大量借鉴和移植了苏联法院制度。1954 年起草首部宪法时,就将 1936 年《苏联宪法》作为重要参考,并结合国情作了灵活调整。[1] 例如,宪法草案曾参照 1936 年《苏联宪法》第一百一十二条,规定"审判员独立,只服从法律。"[2]苏联当时已明确表示不承认司法独立,之所以在宪法中规定"审判员独立",更多是为强调法官的自由心证,但我国宪法照搬这一表述是否合适,从一开始就存在争议。

经过充分研讨和征求意见,1954 年《宪法》第七十八条最终规定:"人民法院独立进行审判,只服从法律。"之所以将独立审判的主体从"审判员"调整为"人民法院",主要考虑是:**第一,**我国各级政权机关都实行民主集中制,若规定"审判员独立",会让人误以为法院是审判员说了算,不符合民主集中制精神。[3] **第二,**苏联法学教育相对发

---

〔1〕 赵园媛:《论五四宪法的苏联痕迹与中国特色》,载《社会科学论坛》2011 年第 8 期。

〔2〕 这里的"宪法草案",是指毛泽东同志在杭州改定,于 1954 年 3 月 8 日送中央领导同志征求意见的宪法草案四读稿。参见《彭真传》编写组编:《彭真年谱》(第 2 卷),中央文献出版社 2012 年版,第 446 页。

〔3〕 韩大元:《1954 年宪法制定过程》,法律出版社 2014 年版,第 152 页。

达，审判员普遍是按高学历、高标准选拔出来的，而人民法院刚刚建立，干部"量少质弱"，绝大多数审判人员都是"半路出家"，难以担负独立审判的职责。[1] **第三，**在前期废除"旧法统"过程中，新政权曾批判国民党统治下的"旧法院"在"内部实行各自为政、互不相谋的组织原则。院长不管审判……法官在审判独立名义下各行其是"，[2] 如果宪法有类似表述，实践中难以把握，也无法彰显新中国的司法制度优势。**第四，**建政之初，各级法院留用了大量"旧司法人员"，如果强调"审判员独立"，给人的印象就是过去四年都由"旧人员独立审判"，政治上容易陷入被动。[3]

宪法确定"独立审判原则"后，同年通过的 1954 年《人民法院组织法》第四条内容也与之保持一致。在之后的官方解读中，都会明确"独立"是指"机关组织"，而非"审判员个人"，强调人民法院实行"集体领导制"。[4] 至于集体领导的体现形式，**一是**合议庭的"集体审判"，**二是**审判委员会的"集体讨论"。[5] 但是，法律并未涉及院庭长与合议庭的职权划分[6]，也没有提到合议庭意见与院庭长、审判委员会存在分歧时，应当如何处理。[7] 独任审理的案件，一般也由承办审判员报

---

〔1〕 《人民法院审判工作报告——最高人民法院吴溉之副院长在第一届全国司法会议上的报告》(1950 年 7 月 31 日)，载中央人民政府政务院秘书厅资料室编：《政府工作报告汇编》(1950 年)，人民出版社 1951 年版，第 85 页。

〔2〕 陈绍禹：《关于目前司法工作的几个问题》(1950 年 7 月 27 日)，载《中央政法公报》第 31 期。

〔3〕 《彭真传》编写组编：《彭真年谱》(第 2 卷)，中央文献出版社 2012 年版，第 447 页。

〔4〕 《在全国检察业务会议上的报告》(1954 年 11 月 21 日)，载彭真：《论新中国的政法工作》，中央文献出版社 1992 年版，第 114 页。

〔5〕 魏文伯：《对于"中华人民共和国人民法院组织法"基本问题的认识》，上海人民出版社 1956 年版，第 12 页；刘昆林：《对"人民法院独立进行审判，只服从法律"的认识》，载《政法研究》1955 年第 1 期。

〔6〕 涉及院长职权的，只有 1954 年《人民法院组织法》第十二条第一款："各级人民法院院长对本院已经发生法律效力的判决和裁定，如果发现在认定事实上或者在适用法律上确有错误，必须提交审判委员会处理。"

〔7〕 1954 年《人民法院组织法》第十条第一款、第三款仅规定："各级人民法院设审判委员会。审判委员会的任务是总结审判经验，讨论重大的或者疑难的案件和其他有关审判工作的问题"，"各级人民法院审判委员会会议由院长主持。"

请庭长核定。

1954 年《人民法院组织法》实施之初，各级法院刚建立不久，干部业务素养整体偏低。因此，主流观点认为："未直接参加合议庭的审判庭庭长、院长的适当指导和判断，尤其在适用法律上，还有必要。院内审判委员会对重大疑难的案件的讨论也有必要。"[1]至于哪些案件合议庭可以自行决定，哪些案件须经院庭长或审判委员会讨论，"可根据案件性质和干部强弱等实际情况自行研究确定"，判决书的签发制度亦同。[2]但是，院长不同意合议庭的意见，不能自行决定，应当提交审判委员会讨论；院长主持审判委员会，但没有最后决定权，应当按民主集中制原则讨论决定。[3] 1957 年 3 月，时任最高人民法院院长董必武专门强调，法院"院长的权是大的，但院长要经过审判委员会，不能单独行动"。在他看来，审判委员会的决定，合议庭应当遵循，并驳斥了"合议庭可以不执行审判委员会决定"的说法。[4]

审批权正当性之争

1979 年《人民法院组织法》在审判组织、审判人员方面，几乎完整沿袭了 1954 年《人民法院组织法》的规定。改革开放之初，各级法院刚刚恢复重建，审判人员"量少质弱"的情况仍未改善，法院内部仍实行案件审批制。至于审批范围，一般根据案件性质、诉讼标的、刑期长短等因素确定。[5]

1979 年 9 月 9 日，中共中央印发《关于坚决保证刑法、刑事诉讼法切实实施的指示》，要求各级党委不再审批案件。在这一背景下，从 1981 年 1 月到 8 月，针对院庭长审批案件是否合理，以及院庭长是否

〔1〕　张志让：《宪法颁布后的中国人民法院》，载《政法研究》1954 年第 4 期。

〔2〕　《关于北京、天津、上海等十三个大城市高、中级人民法院民事案件审理程序的初步总结》（1955 年 7 月），载《董必武法学文集》，法律出版社 2001 年版，第 295 页。

〔3〕　朱云：《贯彻集体领导原则，加强审判工作的合议制》，载《政法研究》1957 年第 3 期。

〔4〕　《在军事检察院检察长、军事法院院长会议上的讲话》（1957 年 3 月 18 日），载《董必武选集》，人民出版社 1985 年版，第 460 页。

〔5〕　魏焕华：《反对削弱院、庭长对合议庭的领导职能》，载《法学》1958 年第 1 期。

有权直接否定合议庭的意见,法院系统内外有过一次大讨论。[1] 质疑案件审批制度者认为,院庭长未经审判委员会讨论就否定合议庭意见,没有法律依据,使公开审判流于形式,不利于增强审判人员的政治责任心和审判积极性,也容易导致冤假错案。[2] 而且,如果院庭长直接否决合议庭意见,就"阻断"了案件提交审判委员会讨论的机会,导致审判员能"审"不能"判",违反了民主集中制原则。[3] 质疑者并未提出直接取消案件审批制度,但建议采取过渡办法,先变"案件行政审批"为"裁判文书把关"和"提出修改意见",再逐步废止。[4]

受制于当时的法院状况,案件审批制度被认为有利于保障案件质量,相关建议并没有得到最高审判机关支持。[5] 但是,即使同意保留审批制度者,也赞成院庭长个人无权否决合议庭的意见。[6] 他们认为,审批范围应限定于文书审核把关,如修改文字表述、提示风险错误、提出意见建议、要求重新评议等,若院庭长个人要改变合议庭的意见,必须按程序提请审判委员会讨论。经过这次大讨论,人民法院的集体负责制再次被强调,而院庭长在审批案件时,哪些"可以做",哪些

〔1〕 关于讨论的发起背景、主要争议和最终结果,可参见当事人刘春茂教授的回忆。参见刘春茂:《取消法院院长庭长审批案件制度的周折》,载郭道晖、李步云、郝铁川主编:《中国当代法学争鸣实录》,湖南人民出版社 1998 年版,第 259—276 页。

〔2〕 刘春茂:《对法院院长、庭长审批案件制度的探讨》,载《法学杂志》1980 年第 2期;冯建:《法院院长、庭长审批案件制度违反集体领导原则》,载《法学杂志》1981 年第 1 期;向诚权:《关键在于提高审判人员的质量》,载《法学杂志》1981 年第 1 期;凌云志:《保证合议庭依法行使职权》,载《法学杂志》1981 年第 1 期。

〔3〕 贺伦麒:《对院、庭长审批案件制度的看法和意见》,载《法学杂志》1981 年第 3期;罗德银:《院长批案不可续》,载《法学杂志》1981 年第 2 期;启明:《应当尊重合议庭的合法权利》,载《人民司法》1981 年第 5 期。

〔4〕 刘春茂:《法院院长、庭长审批案件的制度应当取消》,载《民主与法制》1981 年第1 期。

〔5〕 《关于正确认识当前形势和人民法院的任务问题》(1981 年 4 月 18 日),载《江华司法文集》,人民法院出版社 1989 年版,第 192—193 页。

〔6〕 孙常立:《法院院长、庭长审批案件是完全合法的》,载《法学杂志》1981 年第 3 期;孙常立:《法院院、庭长审批案件的制度不能取消》,载《人民司法》1981 年第 4 期;文实:《人民法院院长、庭长审批案件并不违法》,载《法学杂志》1981 年第 2 期;铭山:《审判独立浅见》,载《人民司法》1981 年第 5 期;徐益初:《法院院长审批案件与审判独立》,载《人民司法》1981 年第 6 期。

"不可以做",也在一定程度上被厘清。[1] 这对于后续推进审判方式改革,具有十分重要的意义。

加法与减法的纠结

1982 年《宪法》第一百二十六条恢复了"人民法院依照法律规定独立行使审判权"的表述,但将"只服从法律"修改为"不受行政机关、社会团体和个人的干涉"。与此同时,我国法院案件数量也进入快速增长期。再按照传统方式办案,不仅权责不清,而且效率低下、费时耗力。在最高人民法院指导下,部分法院开始试点审判方式改革,强化当事人举证责任。审判方式改革的初衷,最初只是为提升司法效率,但新审判方式既然打破了"未审先定"的惯例,就必然涉及院庭长与合议庭的职权划分,轰轰烈烈的司法责任制改革就此拉开序幕。

试点法院秉持有限放权思路,分别实行"因人而放"或"因案而放"政策。**"因人而放"**,是选出一部分"政治素质好、独立办案能力强、审判作风正派、业务能力精"的审判员,允许他们对职权范围内的案件当庭处理,直接签发文书。[2] **"因案而放"**,则是明确放权案件类型,选择一定诉讼标的额内或刑期较短的案件,不再交院庭长审批。同时,对于不宜放权的案件,提倡院庭长参加合议庭担任审判长审理。

从 1988 年 7 月召开的第十四次全国法院工作会议提出"加强合议庭责任"开始,推进司法责任制正式纳入最高人民法院的工作规划,并与"改革法院人事管理体制"统筹推进。[3]

推进落实司法责任制的"路线图",集中体现在人民法院前三个"五年改革纲要"中。

---

〔1〕《关于院、庭长审批案件问题的探讨》,载《人民司法》1981 年第 6 期。该文为这期杂志的篇首语。

〔2〕王怀安:《论审判方式的改革》,人民法院出版社 1996 版,第 59 页。

〔3〕各地对审判权力运行方式改革叫法不一,有的叫"还权"于合议庭,有的叫"放权",后来逐步统一为"强化合议庭职责"。王怀安:《论审判方式的改革》,人民法院出版社 1996 版,第 59 页。

《人民法院五年改革纲要(1999—2003)》

18. 强化合议庭和法官职责,推行审判长和独任审判员选任制度,充分发挥审判长和独任审判员在庭审过程中的指挥、协调作用。2000年底前,对法官担任审判长和独任审判员的条件和责任做出明确规定,建立审判长、独任审判员的审查、考核、选任制度。审判长和独任审判员依审判职责签发裁判文书。

20. 在审判长选任制度全面推行的基础上,做到除合议庭依法提请院长提交审判委员会讨论决定的重大、疑难案件外,其他案件一律由合议庭审理并作出裁判,院、庭长不得个人改变合议庭的决定。

21. 推行院长、副院长和庭长、副庭长参加合议庭担任审判长审理案件的做法。各级人民法院应结合本院的实际情况,对院长、副院长、庭长、副庭长担任审判长审理案件提出明确要求。

《人民法院第二个五年改革纲要(2004—2008)》

24. 审判委员会委员可以自行组成或者与其他法官组成合议庭,审理重大、疑难、复杂或者具有普遍法律适用意义的案件。

25. 进一步强化院长、副院长、庭长、副庭长的审判职责,明确其审判管理职责和政务管理职责,探索建立新型管理模式,实现司法政务管理的集中化和专门化。

26. 建立法官依法独立判案责任制,强化合议庭和独任法官的审判职责。院长、副院长、庭长、副庭长应当参加合议庭审理案件。逐步实现合议庭、独任法官负责制。

《人民法院第三个五年改革纲要(2009—2013)》

5. 改革和完善审判组织……完善合议庭制度,加强合议庭和主审法官的职责……

之后陆续印发的《人民法院审判长选任办法(试行)》(法发〔2000〕16号)、《关于人民法院合议庭工作的若干规定》(法释〔2002〕25号)、《关于完善院长、副院长、庭长、副庭长参加合议庭审理案件制度的若干意见》(法发〔2007〕14 号)、《关于改革和完善人民法院审判委员会制度的实施意见》(法发〔2007〕31 号)〔1〕和《关于进一步加强合议庭职责的若干规定》(法释〔2010〕1 号)等,加上 1998 年印发的《人民法院审判人员违法审判责任追究办法(试行)》,构成了人民法院司法责任体系的初步框架。

从基本思路上看,21 世纪前十年的司法责任制改革,可以用**"三加一减"**来概括。**第一,在法官数量上"做减法"**。到 1998 年,我国法官已有 17 万余人,比 1988 年增加了 43%。但也有法院认为,审判队伍良莠不齐,许多法官实际在"从事党务、人事、司法行政或后勤工作",不在办案一线,这个数量"不是少了,而是多了,法官必须提高素质,走精英之路"。〔2〕通过开展法官定编工作,有计划、有步骤地确定法官编制。推进审判长、独任法官选任,目标是仅让通过选任者"进入"法官编制,彻底解决法官不搞审判、素质不高等问题。**第二,在法官责任上"做加法"**。强化合议庭职责,但不实行审判长负责制,审判长不能以个人意见代替合议庭多数成员意见。同时,强调院庭长不得改变合议庭决定,有重大分歧应按程序提交审判委员会讨论决定。在此基础上,逐步弱化院庭长审批案件的做法。院庭长除担任审判长审理案件外,主要通过主持研讨案件、抽查生效裁判、总结审判经验指导审判工作。**第三,在职业保障上"做加法"**。对于经过重新选任的审判长、独任法官,实行对应的职务序列和工资政策,确保他们能安心在一线审判。**第四,在审判辅助人员配备上"做加法"**。探索取消助理审判员,在完善法院人员分类基础上建立法官助理制度,辅助法官完成事务性工作。

上述"三加一减"模式,实际上已具备未来法官员额制、法官职业保障的制度雏形。这些改革举措已触及深层次利益、体制性问题,而且彼此呼应、盘根错节,需要有更高政治权威的部门主导,并以更高政

---

〔1〕 2010 年 1 月,最高人民法院结合文件实施情况,重新修订发布了《最高人民法院关于改革和完善人民法院审判委员会制度的实施意见》(法发〔2010〕3 号)。

〔2〕 祝铭山:《关于〈人民法院五年改革纲要〉的说明》,载最高人民法院研究室编:《人民法院五年改革纲要》,人民法院出版社 2000 年版,第 72—86 页。

策效力的文件为依据，不适合再由法院唱"独角戏"，也不宜仅靠司法文件推进实施。但是，受各种因素影响，改革只能在有限制度空间内展开，许多配套措施最终未能到位，相关成果也未被 2006 年修改的《人民法院组织法》吸收。由此导致的结果是："减法"没有做下去，"加法"也没能做上来。

先看"减法"。一些法院通过"考核+考试"，选出了具备担任审判长能力的优质审判人员，但是，由于案件仍呈激增趋势，未通过选任的人员并没有退出审判岗位，仅仅是不能担任审判长而已。精挑细选出来的审判长们除非"强强联合"组成合议庭，又或独任审理案件，否则只能与未入选者"混编"组成合议庭，位于少数时必须服从多数，权责仍然无法厘清。有"优胜"而无"劣汰"，"优"和"胜"皆无从体现。有的法院改革更为彻底，明确未通过选任者不再办理案件，又被批评为"违法改革"，迫于压力不得不恢复原状。[1] 此外，"法官定编工作"后来更名为"法官定额制度"，但进展十分缓慢。2004 年 9 月启动的法官助理试点，也因触及助理审判员存废、法官培养模式、人员分流渠道、辅助人员定位等多重因素，并未被广泛推广。

由于"减法"做得不彻底，2002 年 8 月印发的《关于人民法院合议庭工作的若干规定》仅明确院庭长不得直接改变合议庭的评议结论，但仍允许院庭长审核合议庭的评议意见和制作的裁判文书。[2] 至于哪些案件应报院庭长审核、审核中的修改有何效力、"修"与"改"的尺度如何把握，由各院自行确定，实践中也基本各行其是。

再看"加法"。尽管《人民法院审判长选任办法（试行）》明确"审判长可以享受特殊津贴"，但由于财政缺乏相应支出，绝大多数地区并未落实，导致"审和没审一个样""审多审少一个样"，职业保障上的

---

〔1〕 李建华：《审判长选任制质疑》，载《法律适用》2001 年第 1 期。

〔2〕 关于审核过程中不同意见的处理，按照《最高人民法院关于人民法院合议庭工作的若干规定》第十七条的规定，"院长、庭长在审核合议庭的评议意见和裁判文书过程中，对评议结论有异议的，可以建议合议庭复议，同时应当对要求复议的问题及理由提出书面意见"。"合议庭复议后，庭长仍有异议的，可以将案件提请院长审核，院长可以提交审判委员会讨论决定。"

"加法"成为法院的一厢情愿。待遇"加"不上去,只好"加"权力。为了提升审判长的积极性,一些法院明确独任法官审理的案件不再报庭长审批,由审判长行使审批权,审判长实际上成了没有行政职务的"二庭长",变相增加了一个审批层级。[1] 在开展法官助理试点地区的法院,因为配套措施不足,加上人案矛盾因素,一些本应转为法官助理的人员,有的还留在审判岗位办案,有的转做司法行政人员,并未形成对一线法官的有效补充,几名法官合用一个书记员仍是常态。

总体而言,党的十八大前,尽管推出一系列改革举措,前述"加减法"关系始终未能妥善解决。"还权于合议庭"的改革提升了审判效率,但一定程度上弱化了院庭长监督审判工作的正当性,审判管理逐步被边缘化,引发案件质量下降、腐败现象抬头、法律适用不统一等问题。有的法院在改革之初,将行政化作为积弊"从窗户扔出去",等出了案件质量或廉政问题,又恢复院庭长审批案件,将之堂而皇之"从正门请进来"。[2] 上述现象,被概括为"一管就死,一放就乱",成为责任制改革在各地摇摆反复的主因。针对前两个"五年改革纲要"实施过程中存在的"管理弱化"问题,2009 年印发的《人民法院第三个五年改革纲要(2009—2013)》提出要"改革和完善审判管理制度",但成果主要体现在各级法院普遍设立审判管理办公室,院庭长的审判监督管理边界仍不清晰。

另一方面,随着简易程序适用范围逐步扩大,基层人民法院多数案件都适用独任制审理,落实司法责任制的重心不宜再局限于合议庭。[3] 更重要的是,由于司法审判在推进法治市场经济中的作用日益凸显,各级党政机关越来越关注重大个案的裁判结果,**"权力分散在法官、压力体现在法院、责任集中在院长"**的格局已不适应形势发展需

---

〔1〕　谭世贵:《依法独立行使审判权检察权保障机制研究》,中国人民大学出版社 2022 年版,第 147 页。

〔2〕　顾培东:《人民法院内部审判运行机制的构建》,载《法学研究》2011 年第 4 期。

〔3〕　在 21 世纪初的司法责任制改革中,独任法官一直处于被忽视状态。谈及司法责任制,许多改革文件通常表述为"合议庭责任制、主审法官责任制",实际上用"独任法官责任制"替代"主审法官责任制"更为合适。

要,如果不能很好地处理院庭长与审判组织的职权划分问题,司法责任制就难以落地形成长效机制。

理想与现实的距离

人民法院审判权力运行的基础框架,是依托新民主主义革命时期根据地法制建设的经验,充分借鉴吸收苏联的审判模式形成的。形成过程中,又结合本国国情,变"审判员独立"为"人民法院独立进行审判",探索建立了审判委员会制度,实行"集体领导",承担"集体责任"。体现在裁判文书上,法官意见必须通过"本院认为"表达,文书加盖法院院印方具司法效力。这种强调集体主义、整体责任的制度"土壤",必然导致管理上的科层制、运行上的行政化,至于哪种"科层制"是必要的、哪类"行政化"又是合理的,只能紧随时代发展,接受实践检验,不断调试完善。

党的十八大之前,从最初的审判方式改革,到三个"五年改革纲要"的接续发力,始终未能确立行之有效的司法责任体系,除了前述缺乏顶层推动和综合配套的因素外,还包括以下三方面原因:

第一,理论上的共识没有达成。关于司法改革的愿景,一句常见的话是"让法院更像法院,让法官更像法官",其潜台词是:法院按行政方式运行,法官听命于上级长官,不符合现代化司法的特点。问题在于,什么是理想的"法院"和"法官"?审判权力如何运行才算符合司法规律?这其中,有基础共识,也有认识差异,但改革之所以存在反复,就是因为差异大于共识。

共识方面。大家都认同审判权是判断权,审判组织不能按垂直领导模式设置,审判权力不宜按行政化方式运行,行政管理权也不能凌驾于审判权之上。[1] 所以,必须改革由未参与案件审理的院庭长审批案件的旧机制,加大合议庭、独任法官的自主权。从"一五改革纲

---

〔1〕 贺小荣、何帆:《深化法院改革不应忽视的几个重要问题》,载《人民法院报》2015年3月18日。

要"到"三五改革纲要",都是依循上述共识推进司法责任制改革的。

差异方面。秉持不同司法理念,可能得出不同结论,据以描绘不同图景。关于推进司法责任制,认识分歧始终绕不出建国初期时的争论,即独立审判的主体到底是法院还是法官。体现在改革思路上,就是**法院整体本位与法官个体本位之争**。[1]

严格意义上讲,早期的司法责任制改革,一直没有在前述两种思路中作出明确的取舍。很多时候是以"整体本位"的名义,推行"个体本位"的做法。改革方案设计者、理论研究者、法院管理者、具体审判者、参与诉讼者对相关问题的思想认识,几乎从未统一过。过于绝对化的理念,特别理想化的图景,都可能让改革建议落入西方司法模式的窠臼,仅追求与此模式的"形似"。[2] 这种模式,可能是为达到理想中的"法官独立",而要求取消所有副院长、庭长、副庭长,只保留作为"平等者之首"的"首席法官";可能是将扁平化与"去行政化"划等号,而建议撤销或缩减审判机构,只保留并列的审判团队;也可能是以缺乏"亲历性"为由,要求取消审判委员会,又或将之改造为"超级合议庭",搞中国式的"满席听审"。[3] 问题是,这么设计的目标,到底是想成就一厢情愿的司法图景,让"中国法院更像美国法院,中国法官更像美国法官",还是要输出优质合格的司法公共产品,让人民群众在每一个司法案件中感受到公平正义?循此路径,推进所谓"去科层、去监督、去管理"的改革,就真能提升司法能力和裁判品质吗?有待公信加持的司法权威、本就争议重重的放权改革,能否承受大面积司法贪腐或司法质效大幅下滑的代价?毕竟,在所有改革举措中,司法公正的试错成本最大,也最经不起折腾。

---

〔1〕 顾培东:《法官个体本位抑或法院整体本位——我国法院建构与运行的基本模式选择》,载《法学研究》2019 年第 1 期。

〔2〕 顾培东:《人民法院改革取向的审视与思考》,载《法学研究》2020 年第 1 期。

〔3〕 在美国联邦巡回上诉法院,如果上诉案件存在重大争议,或涉及重大公共利益,可由全院法官集体复审,即"满席听审"(En banc)。若全院法官超过 15 位,满席听审人数由巡回上诉法院自己决定。除首席法官必须参审外,其他法官以随机抽选方式产生。适用"满席听审"的案件不到联邦巡回上诉法院案件总数的 1%。参见[美]美国联邦司法中心编:《法官裁判文书写作指南》,何帆译,中国民主法制出版社 2015 年版,第 5 页。

第二，审判人员整体素质还达不到放权要求。 改革开放之初，全国法院具有法律大专学历的法官不到 7%，绝大多数人没有接受过法律专业培训。最高人民法院只能通过开办全国法院干部业余法律大学、组织初任法官统一考试、提升法官学历要求等方式，循序渐进推动司法职业化进程。即使在实行国家统一司法考试之后，为防止中西部地区出现"法官荒"，有关部门又不得不采取放宽学历条件、降低分数线、组织单独考试等变通方式补充审判力量。在这种情况下，确保"有人可用"是第一位的，"放心放权"必须服从这一前提。任何改革都不能"只见制度不见人"。

第三，配合司法责任制落地的技术条件还不具备。 推进司法责任制一直存在三个重要"痛点"，在"纸质化"办公时代长期难以解决。**一是监督留痕问题。** 过去，院庭长履行审判监督职权的方式，有的是在卷宗、文书上批示或修改，有的是在审判委员会、审判长联席会议或庭务会上发言，有的则是私下"一对一"的口头表态，前两种情况可以记录在案，第三种情况则是口耳相传、无法留痕，事后也无法溯源定责。**二是类案同判问题。** 案件由院庭长统一审批，固然有缺乏亲历性、效率低下等问题，但集中审核把关的优势在于裁判尺度相对稳定、一致。如果裁判文书交独任法官、合议庭自行签发，而裁判文书又是各审判庭内部不透明、不公开、无法检索和查询的内部资源，可能会因法条理解、价值判断的不同，出现"类案不同判"现象。**三是新手上路问题。** 即使在推进司法责任制较为彻底的法院，对刚从事审判工作的初任法官，也会有"扶上马，送一程"的安排，指定庭领导或审判长在特定阶段内指导审判、审核把关。[1]

事实上，上述三个问题，依托信息化技术都能够逐步妥善解决。例如，只要审判工作全流程都可以在办案平台运行，加之严格执行"三个规定"，全程留痕基本可以实现。通过推进裁判文书上网，建设司法大数据库，将办案流程嵌入办案平台，辅之以人工智能技术，可以在一

---

[1] 事实上，在司法责任制全面推开后，一些法院为确保案件质量，仍对初任法官采取了各种不同于其他员额法官的监督方式，如资深法官辅导、文书送院庭长审阅等。

定程度上实现精准检索、类案推送、预警提示、偏离度监测等功能，能够提醒审判组织及时纠正偏差、统一裁判尺度。即便是初任法官，也可以在履职指引、技术辅助下逐步适应审判工作。早在 2010 年，就已有不少法院将信息化手段引入审判监督管理工作，通过节点管控、留痕运行、静默监管等方式，淡化审判权力运行的行政化色彩，为未来的责任制改革积累了经验。[1]

二、新型审判权力运行制度的构建

党的十八届三中、四中全会后，以司法责任制为"牛鼻子"的司法体制改革上升为党和国家的整体战略。从 2013 年到 2022 年，又经过十年努力，权责明晰、权责统一、监督有序、制约有效的司法责任体系逐步建立。以时间为线，大致经过以下四个阶段。

探索试点，搭建框架（2013 年—2014 年）

党的十八届三中全会召开前，按照中央政法委要求，最高人民法院先行部署开展了审判权运行机制改革试点。[2] 2013 年 10 月 15 日，最高人民法院印发《审判权运行机制改革试点方案》（法〔2013〕227 号，以下简称"试点方案"），确定上海二中院等 12 家法院为试点法院。[3]

试点方案基本延续了前三个"五年改革纲要"确定的思路。针对

---

〔1〕　蒋安杰：《"两权"改革：中国审判运行机制的微观样本》，载《法制日报》2010 年12 月 1 日。

〔2〕　审判权力运行机制改革之初，一般称为"审判权运行机制改革"，随着改革深入推进，到人民法院"四五改革纲要"印发时，逐步统称为"审判权力运行机制改革"。

〔3〕　试点法院包括重庆四中院、大连中院、洛阳中院、深圳中院、佛山中院、成都中院、辽宁新民法院、江苏江阴法院。试点法院是中级法院的，试点范围包括本院及其所辖范围指定的试点法院。试点方案印发后，各试点法院陆续报送了试点实施方案。2014 年 2 月 18 日，最高人民法院印发了《关于批准四川省成都市中级人民法院等法院审判权运行机制改革试点实施方案的通知》（法〔2014〕34 号），试点工作陆续启动。

"审者不判，判者不审"问题，提出将院庭长编入合议庭，变"审批把关"为"直接参审"；由审判委员会委员组成"委员合议庭"，直接审理重大、疑难、复杂案件。在此基础上，试点方案首次提出"院长、庭长不得对未参加合议审理的案件的裁判文书进行签发"。

尽管试点方案经过中央政法委批准，但制约改革成效的一系列外部问题仍未得到有效解决。例如，对于谁是"审理者"的问题，方案仍停留在"选优"做"加法"的阶段，要求"审判长应当从优秀资深法官中选任"，进而规定"助理审判员独任审理的案件，裁判文书应由其所在合议庭的审判长审核后签署"，这实际上是让审判长履行庭长的职权。问题在于，变院庭长审签为审判长审签，其实只是降低了审批层级，权责问题仍未解决。激励机制方面，试点方案规定"被选任为审判长的资深法官享受中层副职以上待遇，其法官等级比照中层副职以上等级确定"。但是，这里的**"资深法官"**并无统一认定标准，而且，如果缺乏组织人事、人社财政等部门的认可，**"中层副职以上待遇"**与当年的审判长特殊津贴一样，也根本无法落地。

考虑到深化司法体制改革试点涉及面广、政策性强，如果要避免再出现"加法"做不上去、"减法"做不下来的局面，就需要更高层面、更多部门的支持参与。2014 年 6 月，根据中央统一部署，司法责任制改革与省以下地方法院、检察院人财物省级统管、司法人员分类管理、司法职业保障一并被作为四项重大基础性改革，以"打包"形式在上海、吉林等 7 个省、直辖市开展首批综合性试点。中央层面由中央政法委统筹指导，"两高"和有关部门协同配合，省级层面则由省级党委政法委牵头推进。第二批、第三批试点也分别于 2015 年 6 月、2016 年3 月启动。换言之，尽管《审判权运行机制改革试点方案》只确定了 12家试点法院，并规定了两年试点时间，但实际上从 2014 年 6 月开始，综合试点就以统筹推进、系统集成方式，在前述 7 个省、直辖市的所有法院展开了，试点依据也调整为中央政法委印发的《关于司法体制改革试点若干问题的框架意见》（中政委〔2014〕22 号）和《关于司法体制改革试点中有关问题的意见》（中政委〔2014〕53 号）。

夯基垒台,四梁八柱(2015 年—2016 年)

以系统集成方式推进改革的优势,在于汇聚各方力量,强势突破瓶颈性障碍。实行综合性试点后,首先被突破的,就是一直困扰改革者的"加法""减法"问题。在省级党委政法委主导下,试点省份实行法官员额制,不再任命助理审判员,实行严格"考核+考试",推动让业务水平高、司法经验丰富、能独立办案的人员进入员额,相关人选须经在省一级设立的法官遴选委员会审核把关方可入额。

更重要的是,为确保改革平稳过渡,未入额审判员、助理审判员只保留原来的法官职务和待遇,协助员额法官办案,但不得作为独任法官或合议庭成员办理案件,更不能担任审判长。员额法官与未入额人员编入同一合议庭可能引发的"同权不同责"问题,就此得以解决,困扰司法责任制改革多年的"减法"终于成功做下去。

如此一来,审判权力运行机制改革的适用范围,就聚焦于经法官遴选委员会遴选后进入法官员额的法官。2015 年,最高人民法院在总结评估审判权运行机制改革试点经验基础上,研究起草了《最高人民法院关于完善人民法院司法责任制的若干意见》(法发〔2015〕13 号,以下简称 2015 年《司法责任制意见》),报经第十八届中央全面深化改革领导小组第十五次会议审议通过,于 2015 年 9 月 21 日印发。

2015 年《司法责任制意见》包括目标原则、改革审判权力运行机制、明确司法人员职责和权限、审判责任的认定和追究、加强法官履职保障、附则六个部分,共 48 条,初步构建起中国特色的审判权力运行体系。

改革文件的生命力,既取决于它的前瞻性、科学性和操作性,也与其问题导向和解决效能息息相关。如何落实司法责任制,是困扰人民法院司法改革的一个"老大难"问题。通过实行法官员额制,解决了谁来行使审判职权的问题,而院庭长的审判监督管理职权问题、法律统一适用问题、审判人员的科学定责和依法问责问题,必须秉持新思路、适应新形势,以创新形式在改革文件中解决。

2015年《司法责任制意见》以问题为导向,立足审判权的判断权和裁决权属性,实现了三大制度创新。**一是明确以审判职权为核心,以审判监督管理职权为保障,实现了有序放权与有效监督的有机统一。**文件赋予院庭长审判监督管理职权新的内涵,创造性引入了组织化行权机制、四类特殊案件监督建议机制[1]、全程留痕机制,实现了监督有序、监督有度、监督留痕、失职担责。**二是建立了专业法官会议机制,有效解决审判组织内部、不同审判组织以及院庭长与审判组织之间的分歧,促进法律适用标准统一。三是坚持以行为违法和主观过错为原则,科学界定了法官审判责任的内涵和范围。**文件既明确了违法审判责任追责事由,又强调了依法履职不受追究原则,列举了八种司法责任豁免情形,引入法官惩戒委员会审议违法审判责任、作出惩戒建议的重大制度设计,就保障当事法官陈述、辩解、举证、申请复议和申诉等权利提出明确要求。

在2015年《司法责任制意见》推进实施过程中,配套的党内法规与司法政策性文件陆续出台。**防止内外部干预方面,**有中办、国办《领导干部干预司法活动、插手具体案件处理的记录、通报和责任追究规定》、中央政法委《司法机关内部人员过问案件的记录和责任追究规定》。**履职保障方面,**有中办、国办《保护司法人员依法履行法定职责规定》。**惩戒问责方面,**有最高人民法院、最高人民检察院《关于建立法官、检察官惩戒制度的意见(试行)》。**人员分类方面,**有中组部、最高人民法院、最高人民检察院《关于招录人民法院法官助理、人民检察院检察官助理的意见》《关于建立法官、检察官逐级遴选制度的意见》等。**职业保障方面,**有中央有关职能部门先后出台的《法官、检察官单独职务序列改革试点方案》《法官、检察官工资制度改革试点方案》《法官、检察官和司法辅助人员工资制度改革试点实施办法》等。尤其是最后三个文件,终于将入额法官的待遇保障"加法"做了上去。到2016年年底,围绕"权责利效"等重要改革内容,具有司法责任制"四梁八柱"性质的配套制度框架已逐步建立。

---

[1]　关于何谓四类特殊案件,其范围和监督模式又经过哪些演变,后文会专节论述。

纠正偏差，巩固成果（2017年—2018年）

2016年以来，中央改革办、中央政法委、最高人民法院陆续组织开展了司法改革督察工作。督察中发现，一些地方在法官遴选中存在论资排辈、平衡照顾问题，院庭长入额后没有落实办案责任，甚至还存在办简单案件或"挂名办案"问题。此外，有的地方实行司法责任制后，要么放权不到位，仍变相审批案件；要么只放权不监督，院庭长不敢监督、不愿监督、不会监督现象突出，影响了案件质效。针对上述问题，中央政法委于2017年3月13日印发《关于严格执行法官、检察官遴选标准和程序的通知》（中政委〔2017〕9号），对员额配置、遴选标准、遴选程序和院庭长入额办案提出原则性要求。

针对督察中发现的问题，最高人民法院也于2017年4月陆续印发了《关于加强各级人民法院院庭长办理案件工作的意见（试行）》（法发〔2017〕10号，以下简称2017年《院庭长办案意见》）和《关于落实司法责任制 完善审判监督管理机制的意见（试行）》（法发〔2017〕11号，以下简称2017年《审判监督管理意见》）。**前者**进一步明确了院庭长办案的形式、类型、数量要求和配套机制，禁止入额后不办案、委托办案、挂名办案，更不得以听取汇报、书面审查、审批案件等方式代替办案。**后者**针对院庭长不愿放权、不敢监督、不善管理等问题，进一步明确了院庭长审判监督管理职责，规范了案件分配方式、合议庭组成模式和审判长产生机制。

2017年10月25日，为巩固司法责任制改革成果，完善相关政策，确保司法责任制改革有规范明确的政策依据，根据党中央决策部署，在总结改革试点经验基础上，中共中央办公厅印发了《关于加强法官检察官正规化专业化职业化建设 全面落实司法责任制的意见》（厅字〔2017〕44号，以下简称2017年《中央"三化"责任制意见》）。2017年《中央"三化"责任制意见》对规范审判人员权责配置、完善审判权力运行机制、完善院庭长办理机制、建立健全司法绩效考核制度、运动现代科技加强制约监督提出进一步要求，也系统整合了试点期间分散出台的改革政策。

2017 年 10 月，党的十九大报告提出要"深化司法体制综合配套改革，全面落实司法责任制"。为确保司法责任制改革落地见效，切实解决部分地方改革落实不到位、配套不完善、推进不系统等突出问题，最高人民法院经深入调研与督察，于 2018 年 12 月 4 日印发《关于进一步全面落实司法责任制的实施意见》（法发〔2018〕23 号，以下简称2018 年《司法责任制意见》）。

2018 年《司法责任制意见》在 2015 年《司法责任制意见》基础上，进一步明确了审判团队建设模式、司法人员岗位职责、各类案件分配机制、院庭长办案常态化机制，细化了院庭长审判监督管理权责清单、"四类案件"审判监督管理形式，并就如何完善法律统一适用机制、减轻审判事务性工作负担、完善司法人员业绩考核制度提出要求。两个《司法责任制意见》相互补充、配套支撑，构成了审判权力运行机制改革的基础性制度框架。

优化调整，形成体系（2019 年—2022 年）

随着司法责任制改革深入推进，一些法院出现了审判监督跟不上、审判权责分不清、类案裁判不统一等现象。为强化审判监督，中央政法委会同"两高"印发《关于加强司法权力运行监督管理的意见》（中政委〔2019〕25 号）。2021 年，针对政法队伍教育整顿工作中暴露出的制约监督不到位、责任体系不健全问题，中央政法委又先后印发《关于加强政法领域执法司法制约监督制度机制建设的意见》（中政委〔2021〕47 号）和《关于加快推进政法领域执法司法责任体系改革和建设的指导意见》（中政委〔2021〕69 号）。

2020 年 3 月 28 日，中共中央办公厅印发《关于深化司法责任制综合配套改革的意见》（厅字〔2020〕7 号，以下简称 2020 年《中央责任制配套意见》），围绕加强司法队伍政治建设、健全审判监督管理体系、全面落实司法责任制、完善人员分类管理制度、优化司法资源配置等内容，提出 22 项改革举措。

为落实上述改革意见,补足司法责任制推进过程中的一些"短板"和弱项,最高人民法院先后印发一系列配套性文件,主要包括三个层面:**第一,规范审判权力运行层面**。如《关于健全完善人民法院审判委员会工作机制的意见》(法发〔2019〕20号)、《关于完善人民法院审判权力和责任清单的指导意见》(法〔2019〕251号)、《关于深化司法责任制综合配套改革的实施意见》(法发〔2020〕26号,以下简称2020年《责任制配套实施意见》)和《关于规范合议庭运行机制的意见》(法发〔2022〕31号)。**第二,统一法律适用机制层面**。如《关于统一法律适用加强类案检索的指导意见(试行)》(法发〔2020〕24号)、《关于完善统一法律适用标准工作机制的意见》(法发〔2020〕35号)和《关于完善人民法院专业法官会议工作机制的指导意见》(法发〔2021〕2号),构建起"类案检索初步过滤、专业法官会议研究咨询、审判委员会讨论决定"的法律适用分歧解决机制。**第三,违法审判责任追究层面**。如《法官惩戒工作程序规定(试行)》(法〔2021〕319号)、《关于做好法官惩戒与纪检监察工作衔接的规定》(法〔2022〕38号)。对于前序改革,上述文件既有细化安排,也有政策调整。例如,考虑到基层法院以简单案件为主,明确院庭长可以参与随机分案,而非被动等待疑难、复杂案件。[1] 考虑到有些案件依法必须提交审判委员会讨论,但合议庭内部不存在分歧,明确可以不提交专业法官会议讨论。[2] 考虑到审判长也可能是承办法官,明确审判长评议时可以首先发言,但必须总结归纳评议内容。[3] 这样调整,体现了对司法实践的尊重和实事求是的态度。

从2013年《审判权运行机制改革试点方案》探索试水,到2015年、2018年两个《司法责任制意见》立柱架梁,再到2020年的司法责

---

〔1〕 刘峥、何帆、危浪平:《〈关于深化司法责任制综合配套改革的实施意见〉的理解与适用》,载《人民司法·应用》2020年第25期。

〔2〕 刘峥、何帆、马骁:《〈关于完善人民法院专业法官会议工作机制的指导意见〉的理解与适用》,载《人民法院报》2021年1月14日。

〔3〕 刘峥、何帆、马骁:《〈关于规范合议庭运行机制的意见〉的理解与适用》,载《人民司法·应用》2022年第34期。

任制配套实施意见优化调整、精准配套,最后以 2022 年 11 月印发的规范合议庭运行机制意见初步收官。中国特色的司法责任体系终于在制度层面全面落地,并写入修订后的《人民法院组织法》和《法官法》,真正"做成了想了很多年、讲了很多年但没有做成的改革"。

党的二十大与"全面准确落实司法责任制"

继党的十九大报告首次提出"全面落实司法责任制"后,党的二十大报告再次强调要"全面**准确**落实司法责任制"。之所以在新要求中增加**"准确"**二字,显然是有专门考虑:

首先,实践证明确有必要。从近年组织的改革督察和调研情况看,司法责任制全面推开后,有的法院不区分案件繁简难易、所涉利益、规则意义,把院庭长"大撒把""全放权"理解为坚持司法规律,对各类案件"一放到底,放任不管";有的法院则难改"保姆"心态,打着管控质效的旗号,变相恢复文书送阅、旁听合议、逐级审签等做法,重走"行政化"盯人盯案的老路。上述现象,都严重悖离责任制改革初衷,存在纠偏必要。

其次,制度定位非常重要。党的十八大以来,人民法院通过深化改革形成的制度性"四梁八柱",都是以"司法权是判断权和裁量权"为理论基点,并紧密围绕全面落实司法责任制搭建的。[1] 正是因为以责任制形式确认了审判权不同于行政权的特点,"不能独立办案不能做法官"的法官员额制才得以顺利实施,"不担任领导也可以按期晋升等级"的法官单独职务序列改革才受到认同支持,"不得以任何形式过问干预案件"的"三个规定"才能够严格执行。如果司法责任制在落实过程中变形走样,无论是重新与行政权混为一谈,还是出现枉法裁判、"类案不同判"等风险隐患,都可能产生"牵一发而动全身"的联动效应,影响到"四梁八柱"的正当性与稳固性。

---

[1] 贺小荣:《人民法院四五改革纲要的理论基点、逻辑结构和实现路径》,载《人民法院报》2014 年 7 月 16 日。

最后,综合配套迫切需要。党的二十大报告之所以重申"深化司法体制综合配套改革",是因为全面深化改革越是深入,各领域之间的耦合性就越强,不同领域的改革互为前提、彼此嵌入,单兵突击、零敲碎打的改革已面临边际效应递减的困局,必须协同推进、强化配套。[1] 不实施法官员额制,落实司法责任制就没有人员依托;不落实司法责任制,司法人员分类、司法职业保障就成为无本之木。作为最重要的基础性改革,司法责任制的落实必须准确聚焦、锚定方向,才有利于助理配备、绩效考核、履职保障、惩戒机制、员额待遇、智能辅助等配套措施精准嵌入、形成合力。

改革开放以来,经过四十多年努力,人民法院终于找到适合中国国情、符合司法规律的审判权力运行模式,形成了相应的制度体系和基础理论,使之成为中国式现代化建设的一块重要"拼图"。但是,随着我国迈上全面建成社会主义现代化强国的新征程,审判工作也将面临更多风险和挑战,司法责任制作为深化司法体制改革的"牛鼻子",还必须持之以恒、以变应变,在不断解决问题、完善配套过程中彰显优势、释放效能。

三、审判权力运行的基本原理

法院整体本位与特殊代理

按照宪法,作为国家审判机关行使审判权的唯一主体是人民法院,对产生它的权力机关负责并报告工作的也是人民法院。当然,"**人民法院**"是一个整体概念,代表它具体行使审判权的是审判人员。[2] 但是,不能据此推导得出"法官个人依法独立行使审判权"的结论。

---

〔1〕　李拯:《中国的改革哲学》,中信出版集团 2018 年版,第 28 页。

〔2〕　王爱立主编:《中华人民共和国法官法释义》,法律出版社 2019 年版,第 11 页。最高人民法院政治部编著:《〈中华人民共和国法官法〉条文理解与适用》,人民法院出版社 2020 年版,第 78 页。

为什么这么说呢?案件诉至人民法院后,会根据类型、性质分配,法官参加合议庭或者作为独任庭审理案件,并依法接受院庭长监督管理。此时,独任庭、合议庭与所在人民法院之间,即产生一种特殊的代理关系。**多数情况下,**独任庭或合议庭作出裁判后,即可签发裁判文书,文书加盖人民法院印章后方有效力。**特殊情况下,**如合议庭分歧较大,无法形成多数意见的,或者院庭长在履行审判监督管理职权过程中,与承办审判组织之间存在不同意见的,可以按程序提交审判委员会讨论决定。审判委员会的决定,独任庭、合议庭哪怕不赞成,也必须服从。审判委员会讨论决定的案件,裁判文书经承办审判组织署名后,还要履行审核签发手续。

由此可见,法官经正式分案后,才能作为审判组织成员办理案件。如果法官是合议庭成员,在合议庭内部必须服从多数方意见。合议庭也必须就院庭长的监督管理意见作出回应,并服从审判委员会的决定。因此,无论是宪法、法律规定,还是审判权力运行实践,都没有为所谓"法官独立"留下制度空间。这里的**"法官独立"**,是指法官个人独立行使审判权,不接受院庭长任何形式的监督管理,甚至排斥审判委员会讨论定案的权力。[1]

实践中,应当注意"法官独立"与法官依法履职保障、法官独立发表意见的区别。**法官依法履职保障,**是指法官履行职责,受法律保护,不受行政机关、社会团体和个人的干涉,有权拒绝执行任何单位、个人违反法定职责或者法定程序、有碍司法公正的要求。**法官独立发表意见,**是指法官有权就参与审理案件的证据采信、事实认定、法律适用、裁判结果、诉讼程序等问题独立自主地发表意见,评议时发表意见不受干扰、发表后不受追究。2019 年《法官法》与有关党内法规、司法文

---

〔1〕 有关研究证明,东欧一些国家社会制度变化后,纷纷仿效西方国家,实行法官独立原则,但由于缺少整体制度及其他社会条件的配套,缺少法官独立的文化传统,不同程度出现了司法失控、法官失控的情况,以至于老百姓抱怨法官太过独立,影响司法公正。参见[美]弗兰克·埃默特:《法官独立:一个在中东欧经常被误解的概念》,魏磊杰译,载[意]简玛利亚·阿雅尼、魏磊杰编:《转型时期的法律变革与法律文化》,魏磊杰、彭小龙译,清华大学出版社 2011 年版,第 322—329 页。

件,都是法官依法履职保障和法官独立发表意见的重要依据。

组织化行权与民主集中制

在我国,民主集中制是普遍适用于党和国家政治生活的组织原则和工作方法。过去有种观点,认为司法责任制的核心要义就在于发扬司法民主,少数服从多数,所以落实司法责任制与坚持民主集中制是矛盾对立关系。其实,理解司法责任制和民主集中制的关系,首先要回归到对法院整体本位的认识上来。从职权配置上看,人民法院对外统一行使**审判权**。而审判权力在内部的运行,则是由独任庭、合议庭具体行使**审判职权**,院庭长行使与其职务相适应的**审判监督管理职权**,审判委员会对重大案件和重大分歧行使**最终决定权**。

正是基于法院建构的整体本位和职权配置方式,**"组织化行权"** 成为我国法院审判权力运行的主要形式,其特点在于:**首先,** 具体行使审判职权的是法定审判组织,而非法官个人。相对于审判机关、审判机关,审判组织本身也是一个颇具中国特色的概念。[1] 代表法院办理案件的,要么是合议庭,要么是组织法意义上的"独任法官",并非单独的法官个体。**其次,** 院庭长行使的审判监督职权,是依托特定组织机制完成的。正如前述,院庭长不是一级审判组织,其监督行为也不是个人举动,而是根据法院授权开展的组织活动。[2] 院庭长按照法律授权,可以通过启动、参与或主持专业法官会议、审判委员会,将监督行为融入组织运行流程,将个人意见提供给咨询机制或审判组织参考。**最后,** 对于案件审理过程产生的意见分歧,合议庭内部少数必须服从多数,院庭长不同意独任庭、合议庭意见的,最终不是"谁职务高,谁说了算",而是由作为内部最高审判组织的审判委员会讨论决定。审判委员会的决定,独任庭、合议庭和院庭长都必须服从。

总之,只有按照组织化行权模式运行,从民主到集中的过程,才符

---

〔1〕　蒋惠岭:《论审判组织制度改革的理论出路》,载《政法论坛》2022 年第 5 期。
〔2〕　李占国:《当前司法实践中影响公平正义实现的若干问题》,载《中国应用法学》2022 年第 5 期。

合司法规律，既防止个人专断、架空集体，又避免议而不决、效率低下。[1] **在发扬司法民主方面，**绝大多数案件都由独任庭、合议庭直接裁判。专业法官会议只是一个咨询平台，讨论形成的倾向性意见只是参考性意见，没有强制效力，独任庭、合议庭可以独立决定是否采纳。**在正确实行集中方面，**院庭长只是"集中"的节点，而非决策的终点。独任庭、合议庭不采纳专业法官会议倾向性意见的，院庭长可以履行监督职权，按程序将案件提交审判委员会讨论。审判委员会的决定，独任庭、合议庭应当执行，但决定及其理由应当在裁判文书中公开。如此一来，案件的所有决策过程，都是特定审判组织履行审判职权的过程，院庭长只能依职权启动专业咨询或讨论决定机制，但不能代替审判组织作出裁判。即使取消案件审批制，也可以确保民主时充满活力、集思广益，集中时有理有据、决策有力，据此形成权责明晰、权责统一、监督有序、制约有效的审判权力运行体系。

科层化监督与审判庭设置

在我国，人民法院是**审判机关**，独任庭、合议庭、审判委员会是**审判组织**，立案、民事、刑事、行政、审判监督等审判庭则是**审判机构**。人民法院设置审判庭，最初是为了在院长、副院长与独任庭、合议庭之间设定一个管理单元，便于分配案件、流程审批、组织研讨、统一尺度、日常管理等。改革开放以来，为加强专业化建设，许多法院增设了少年、金融、破产、互联网、房地产、劳动争议、环境保护、知识产权等专业审判庭，进入新时代后又在部分中级人民法院设立了专门法庭。[2]

有了审判庭，自然会配备庭长、副庭长，并确定相应的职权。如此一来，在法院内部就形成"院长→副院长（分管）→审判委员会专职委员（协管）→庭长→副庭长→相对固定的审判长→合议庭成员（独任

---

〔1〕 何帆：《深刻把握全面落实司法责任制和严格执行民主集中制的关系》，载《人民法院报》2020 年 9 月 11 日。

〔2〕 何帆：《新时代专门人民法院的设立标准和设置模式》，载《中国应用法学》2022年第 3 期；刘忠：《论中国法院的分庭管理制度》，载《法制与社会发展》2009 年第 5 期。

法官）"的科层架构。在组织社会学领域，科层制（Bureaucracy）并非贬义词，因为有组织就会有管理，有管理自然有科层，只不过管理层次有密有疏、控制力度有紧有松、强制程度有高有低。[1] 对于专业化较强的机关，科层制其实有利于形成统一标准，但需要注重管理宽度和力度的平衡。[2]

问题的关键在于，科层制在行政管理领域的"命令—服从"关系，不宜简单套用至司法审判领域。[3] 如果庭长除了管理流程性事项、行政性事务外，还审批自己未参与审理的案件，甚至可以直接改变独任庭或合议庭的意见，就演变成"法官之上的法官"，而司法裁判也异化为"听领导的"。如此一来，司法行政化的责任就可能被归咎到科层制身上。而司法责任制的重要特点，则是组织化行权和审判员平权，更贴近扁平化管理的价值取向。因此，在推进司法责任制之初，"去科层，扁平化"被理解为回归司法规律，审判机构和庭领导被视为科层制的"代言人"，成了改革对象。由此产生两种改革思路：一是"做多+缩小"，二是"撤销+合并"。

第一，"做多+缩小"思路。 这一模式的主要目标，是打破庭长"只批案，不办案"的传统，参照德国和我国台湾地区法院的做法，实现一个合议庭就是一个审判庭，庭长必须作为审判长办理案件，同时兼理少量行政管理事务。2013 年印发的《审判权运行机制改革试点方案》就规定："条件成熟的试点法院也可以探索建立一个合议庭即为一个审判庭的模式。合议庭的审判长由副院长、审判委员会委员、庭长、副庭长或者选任的优秀资深法官担任。"但是，在党的十八大之后更加严控机构编制的政策背景下，这一模式基本没有推进实施空间，即使明确不增加庭长职数，实践中也很难操作。

第二，"撤销+合并"思路。 基本考虑是，通过撤并审判机构、减少

---

〔1〕　［英］戴维·比瑟姆：《科层制》，郑乐平译，桂冠图书公司 1992 年版，第 19 页。

〔2〕　关于科层制在专业化领域的优势，马克斯·韦伯的论证最为充分。参见［德］韦伯：《经济与社会》（卷 2 上），阎克文译，上海人民出版社 2010 年版，第 1095—1144 页。

〔3〕　苏力：《论法院的审判职能与行政管理》，载《中外法学》1999 年第 5 期。

庭长职务、压缩科层链条，达到"拆庙撤神"、提速增效的目标。[1] 这一思路主要以三种形式，在部分基层、中级人民法院落地：

一是虚设审判庭，只设置审判团队。 由于审判机构是"稀缺"资源，撤销了就很难恢复，多数法院采取的是"虚化"庭室策略，即庭长空缺后暂时不任，又或暂不设副庭长，简化管理层级，被称为"留庭不留职，留正不留副"。审判庭"虚化"之后，新组建审判团队作为审判单元。审判团队以法官为中心配备辅助人员，由一名法官牵头管理团队工作，并直接向分管副院长负责。

二是撤销或合并部分审判庭。 根据内设机构设置情况，适当压缩审判庭数量。中央机构编制委员会办公室、最高人民法院 2018 年 5 月 25 日印发的《关于积极推进省以下人民法院内设机构改革工作的通知》（法发〔2018〕8 号）依循上述思路，在部分基层人民法院推动了内设机构改革，要求根据审判工作需要设置审判业务机构。人员编制较少的法院，可以设置综合审判庭或不设审判庭。[2] 一些基层人民法院据此撤销了行政审判庭、少年审判庭等，相关业务纳入综合审判庭。

三是推进所谓"大庭制"改革。 这类举措主要是受"大部制"改革的启发。所谓**"大部制"**改革，是把职能相同或相近的机构整合为一个较大的部门，又或把相同相近的职能归入一个部门为主管理，变平行部门之间的协调为部门之内的协调，以利于集中管理、资源共享、高效

---

〔1〕 郭彦：《优化·协同·效能：人民法院内设机构改革的成都实践》，人民法院出版社 2018 年版，第 160 页。

〔2〕 按照通知要求，内设机构总数不超过 5 个的基层人民法院，可设置立案庭（诉讼服务中心）、综合审判庭、执行局、政治部（机关党委）、综合办公室（司法警察大队）等机构。内设机构总数不超过 8 个的基层人民法院，可设置立案庭（诉讼服务中心）、刑事审判庭、民事审判庭、行政审判庭（综合审判庭）、执行局、政治部（机关党委）、综合办公室（司法警察大队）、审判管理办公室（研究室）等机构。内设机构总数不超过 10 个的基层人民法院，可设置立案庭（诉讼服务中心）、刑事审判庭、民事审判一庭、民事审判二庭、行政审判庭（综合审判庭）、执行局、政治部（机关党委）、综合办公室、审判管理办公室（研究室）、司法警察大队等机构。基层人民法院在内设机构总数限额内，可结合实际确定机构名称。高级、中级人民法院可根据审级职能、案件管辖、人员编制等情况进行适当调整。

运行。[1] 借用上述思路,少数中级人民法院将各民事审判庭、刑事审判庭的业务并入"民事审判部(大庭)"和"刑事审判部(大庭)"统筹管理,由院领导担任负责人,合并履行过去由分管副院长、庭长行使的管理职权。

新一轮司法体制改革之初,"虚化"审判庭、"做实"审判团队的模式较为普遍。这其中,固然有解套松绑、提升效率的考虑,而打破窠臼、厉行改革,也有利于从地方争取科级职数、办案经费方面的"红利"。随着改革深入推进,尤其是省级以下法院财物统管、法官单独职务序列和工资制度实行后,前述法院为了便于监督管理、做好干部储备,又陆续恢复了庭长、副庭长的设置。

必须承认,对于层级较低、规模较小、案件较少的法院,"去科层制"改革达到一定效果,主要是变庭领导"庭外批案"为"开庭办案",优化了审判资源配置。但是,在一些人多案多的"大体量"法院,审判庭撤并之后,产生了一些"百人大庭"。过去分 3~4 个审判机构、若干名院庭长监督管理的事务,改由 1 名分管副院长、1 名庭长统筹。管理范围一旦拓宽,监督效应相应递减。[2] 面对纷繁芜杂的协调事项、程序流程、日常事务,庭领导应接不暇,院领导难以兼顾,无法及时、精准履行监督管理职权。上述现象,被批评是为了追求组织架构上的扁平化,而牺牲了合理的科层监督,相当于"把孩子和洗澡水一起倒掉"。[3]

实际运行情况也证明,在案件数量较多的法院,空心化的"扁平"既没有提升效率,也不必然令裁判结果更加公正。[4] 与改革初衷背道而驰的是,为了替庭领导分担审判监督、行政管理事务,有的法院在审判庭庭长、副庭长之外,又在审判团队配置团队长或副团队长(有的叫主任法官、副主任法官),团队之内还包含若干合议庭和审判长,不仅没能减少管理层次,反而形成了"庭长→副庭长→团队长→副团队

〔1〕 沈荣华:《大部制》,江苏人民出版社 2014 年版,第1—3 页。

〔2〕 龙宗智:《法院内设机构改革的矛盾及其应对》,载《法学杂志》2019 年第 1 期。

〔3〕 李杰:《重新理解审判庭——一个组织的视角》,载《法律适用》2019 年第 5 期。

〔4〕 顾培东:《人民法院改革取向的审视与思考》,载《法学研究》2020 年第 1 期。

长→审判长→合议庭成员（独任法官）"的新科层链条，出现了团队长、主任法官等"名不正，言不顺"的行政层级，实际上是在取消科层制过程中，又制造了新的科层。

其实，传统审判权力运行机制的弊病，在于混淆了院庭长的监督管理职权和审判组织的审判职权，只要厘清两种职权的关系与边界，是否设置科层，设置什么样的科层，取决于相关法院的人案结构、审级职能。正如前述，科层制本身不是问题，问题出在用科层的方式管理审判。即使在审判领域，科层设置只要与组织化行权模式有机融合，也能产生以下正面效应：

第一，有利于统一裁判尺度。英美法系法院因为未设置审判庭，法官数量越多，办案尺度越难统一，单靠"满席听审"已不能解决问题。在我国，依托院庭长的科层监督，通过内部业务研讨、类案强制检索、专业法官会议研究咨询、审判委员会讨论定案，完全能够从"出口端"把控裁判质量、统一法律适用。

第二，有利于审判流程标准化。院庭长以管理为中心，才能确保法院运行以审判工作为中心。[1] 院庭长肩负审判质效监管、纪律作风督导等职责，可以及时督促审判进度、纠正不当行为，以科层管理推进办案工作规范化、标准化、流程化，进而提升审判效率。

第三，有利于组织有效运转。院庭长的岗位承载的不止是权力，还包括相应责任，权责配置合理，可以防止科层运行失序。无论审判庭内部的组织架构有多复杂，只要理顺审判团队、审判组织与审判机构之间的关系，确保审判团队负责人、独任法官、审判长、副庭长和庭长工作权责明晰合理、事务分配衔接有序，就能够达到优化、协同、高效的目标。

第四，有利于培养领导干部。法官不应该追求当官，但法院需要既会审理案件、又懂管理协调的领导干部，这样的干部也最适宜从法官群体中产生。通过设置必要的科层，让一部分优秀法官在副庭长、庭长等岗位经受考验、历练成才，才能为现代化法院接续不断地输送

---

〔1〕 苏力：《制度角色的便宜》，载《地方立法研究》2020 年第 4 期。

管理型人才。

总之,只要科层设置能立足司法规律,实现有效监督、有序管理,有利于推出优质司法公共产品,就是"好的科层"。在审判庭设置和审判团队配置上,应符合精简、务实、效能的原则,综合考虑下述因素:(1)所在法院年度受理案件数量、类型;(2)常用审判组织形式;(3)审判人员和辅助人员数量;(4)庭领导可能承担的审判监督管理工作量;(5)专业化审判需要;(6)履行审级监督、对下指导职能的需要;(7)综合调研工作需要,等等。

运行基础条件与制度前提

对照上述基本原理,按照"让审理者裁判,由裁判者负责"的要求,实现审判权力在法院内部有序运行,取决于以下基础条件与制度前提:

第一,公正适格的审判人员。法官是参加审判组织,受托依法行使国家审判权的审判人员,司法审判又被称为"社会公平正义的最后一道防线"。作为公平正义的守护者,法官应当受过专业法律训练,经过严格考核遴选,并受相应的职业伦理和司法纪律约束。如果法官专业素质、职业操守整体偏弱,单靠严格监管与层层把关,也难以提升司法质效与公信力。

第二,及时高效的意见分歧解决机制。司法审判是定分止争,审判过程中也不可能总是意见一致。在合议庭内,可以通过少数服从多数解决分歧。但是,对于一些疑难复杂案件,合议庭成员也可能各持己见,无法形成多数意见。此外,院庭长在履行对具体个案的监督职权时,也可能对处理方式或结果有不同意见。所以,必须建立相应的意见分歧解决机制,根据民主集中制原则化解分歧,确保法院对外以整体形式作出确定裁断。

第三,规范有序的法律统一适用机制。多数情况下,独任庭、合议庭审理案件形成的裁判文书,经独任法官或合议庭成员签署后即可印发。然而,不同法官,基于不同立场、视角或经验,可能对同一法律条文作出不同解释,对相似案件作出迥异裁判。如此一来,盖有同一法院印章的裁判文书,"类案"却不"同判",自然会折损司法公信。过去,这类问题靠院庭长集中审核把关,能在一定程度上解决,而在全面落实司法责任制的前提下,则需要依托类案强制检索、专业法官会议、案件评查等工作机制,从预防、咨询、研讨、定案、预警、矫正角度,分流程、分阶段统一法律适用。

第四,科学合理的违法审判责任追究机制。在社会公众眼里,法官手执定分止争、生杀予夺之大权,对裁判结果理应承担严格责任,且无论如何严厉苛刻均不过分。但是,司法审判是对过去已发生的未知事实作出判断,判断依据只能是诉辩双方提交的证据,一旦证据因关联性、合法性缺陷导致不能证明事实真伪,即使构成所谓"错案",直接由法官承担责任也有失公平。而且,依循这样的追责模式,法官必然不敢下判,进而避重逐轻、推诿塞责。另一方面,任何无须承担责任的权力,都必然导致权力的任性,裁判者一样要受审判责任的约束与限制,但应当与庭审不规范、文书错误等审判瑕疵行为相区别,不能动辄得咎。只有尊重审判权的判断权属性,建立科学合理的违法审判责任追究机制和豁免机制,才能确保权责一致。

第五,细致到位的法官履职保障机制。法院审理案件、作出裁判,本质上是法官对事实认定和法律适用形成内心确信的过程。要追求裁判过程公平、结果公正,必须确保法官办案时远离案外因素不当侵扰、不用迎合领导意见偏好、没有个人生活后顾之忧,真正集中精力尽好责、办好案。这就要求为法官提供基本的安全保障、营造良好的履职生态、赋予必要的职业尊荣、给予较高的薪酬待遇。

四、审判权力如何运行

案件分配机制

"案件分配机制",是案件诉至法院后,法院根据案件的类型、特点,将之分配至特定审判组织的标准和流程,也被称为分案机制。案件分配是法官与案件之间的重要"连接点",[1]也确立了法院与审判组织之间的特殊代理关系。[2] 分案结果应当是具体、明确的,如果确定由合议庭审理,除合议庭成员外,还应明确审判长和承办法官。

根据院庭长职权、主客观因素在案件分配中所起的作用,可以将案件分配分为随机分案与指定分案两类。所谓**随机分案**,是指由信息化系统根据预先设定的算法、标准或程序,以灵活随机、难以预测的方式确定审判组织。所谓**指定分案**,是指由院庭长综合考虑案件的繁简属性、关联程度、专业类型、所涉利益等因素,直接确定适宜办理该案的审判组织。实践中,还有一种**专业分案**模式。为提升审判效率和专精程度,有的法院设立了专业化合议庭或审判团队,相关案件在合议庭或团队内部分配。如果案件始终由固定合议庭或独任庭办理,实际上也是指定分案的一种特殊形式。

法谚有云:"司法不仅要实质公正,观感上也应公正。"尽管法官之间权力平等,但毕竟有资历深浅、能力强弱、专业长短、素质高低之分。案件分配至不同法官手中办理,对裁判结果或多或少会有影响。极端情况下,不排除院庭长为控制裁判结果,将案件分配给"放心""可控"的审判人员处理。因此,科学、合理、中立的案件分配机制,有利于强化人民对司法公正的制度观感。

基于上述原因,尽管分案机制未像管辖制度那样写入各国诉讼法,但都属于审判权力运行制度体系的重要组成部分。在英美法系国家,法院奉行"**案件分配中立原则**",要求案件分配规则须由"分案委员会"等法官自治组织制定,确立抽象、客观的分案标准,防止内部人士借分案影响裁判结果。[3] 在大陆法系国家和地区,则有所谓"**法定**

---

〔1〕 ［荷］兰布克、［德］法布瑞编:《法院案件管辖与案件分配:奥英意荷挪葡加七国的比较》,范明志、张传毅、曲建国译,法律出版社2007年版,第3页。

〔2〕 顾培东:《法官个体本位抑或法院整体本位——我国法院建构与运行的基本模式选择》,载《法学研究》2019年第1期。

〔3〕 黄国昌:《案件分配、司法中立与正当法律程序——以美国联邦地方法院之规范为中心》,载《东吴法律学报》2010年第4期。

法官原则",要求何类案件由何法官承办,必须事先以一般、抽象的法律规定,设定随机、中立的分案规则,避免因人设事,防止"以操纵由何人审判的方式来操纵审判结果"。[1] 不过,无论英美法系还是大陆法系,并不禁止法院基于效率性、专业性的考虑,就关联案件、专业案件实行相对特殊的分案规则,但应排除可能影响司法公正的不当目的。[2]

在我国,案件分配机制也是司法责任制改革的关键环节,并被纳入不同时期的五年改革规划。

《人民法院五年改革纲要(1999—2003)》

30.……在考虑案件类型、难易程度等因素的前提下建立和完善随机分案制度。

《人民法院第四个五年改革纲要(2014—2018)》

18. 完善分案制度。在加强专业化合议庭建设基础上,实行随机分案为主、指定分案为辅的案件分配制度。建立分案情况内部公示制度。对于变更审判组织或承办法官的,应当说明理由并公示。

《人民法院第五个五年改革纲要(2019—2023)》

21.……进一步健全"随机分案为主,指定分案为辅"的案件分配机制。根据审判领域类别和繁简分流安排,完善承办法官与合议庭审判长确定机制。

综合 2015 年、2018 年《司法责任制意见》、2017 年《审判监督管理意见》和 2020 年《责任制配套实施意见》,新型审判权力运行机制建立后,关于案件分配机制的要求是:

---

〔1〕 姜世明:《长期被忽略之法治国支柱:论法定法官原则之观念厘清及实践前瞻》,载《台湾法学杂志》2009 年第 7 期;林钰雄:《刑事诉讼法》(上),中国人民大学出版社 2005 年版,第 88 页。

〔2〕 王兆鹏:《法院分案规则合宪性之探讨》,载《军法专刊》2009 年第 6 期。

　　第一，确立"随机分案为主、指定分案为辅"的案件分配基本原则。实践中，随机分案通常有两种形式：（1）根据收案情况依次轮流分配。这种方式一般不考虑承办法官仍在办理的存案情况，可能导致案件在法官手头大量积压。（2）根据存案情况酌量分配。承办法官结案越快，存案数量越少，就可能被分配到更多案件，导致"鞭打快牛"，不利于调动法官办案积极性。因此，各级法院一般采取收案与存案相结合的方式，如在随机依次分案的基础上，兼顾存案因素，若法官存案较多，则自动轮空。[1]

　　一般情况下，可以指定分案的案件类型主要包括：（1）重大、疑难、复杂或具有普遍法律适用指导意义的案件；（2）系列性、群体性或关联性案件；（3）与本院或上级人民法院的类案判决可能发生冲突的案件；（4）本院提审的案件；（5）上级人民法院发回重审、指令再审的案件；（6）院庭长根据个案监督工作需要，提出分案建议的案件；（7）其他不适宜随机分案的案件。指定分案情况，应当在办公办案平台上全程留痕。

　　第二，分案结果和调整情况内部公示。承办法官一经确定，不得擅自变更。因回避或工作调动、身体健康、廉政风险等事由，分案后确需调整审判组织人员的，由院庭长按权限决定，调整结果应当及时通知当事人，并在办案平台标注原因。承办审判组织发现案件属于个案监督范围，故意隐瞒不报或者不服从监督管理的，院庭长可以按权限调整分案。

　　第三，确立专业化分案的特殊规则。实践中，部分法院组建了大量专业化合议庭、审判团队，若案件类型划分过于精细，将导致同一类型案件只能由固定合议庭或独任庭办理，既容易产生廉政风险，也不利于落实司法责任制要求。[2] 因此，已组建专业化合议庭、审判团队或小额诉讼、速裁快审等审判团队的，应当合理确定案件类型搭配方

---

　　〔1〕　最高人民法院司法改革领导小组办公室编著：《〈最高人民法院关于完善人民法院司法责任制的若干意见〉读本》，人民法院出版社 2015 年版，第 67—68 页。

　　〔2〕　刘峥、何帆、危浪平：《〈关于深化司法责任制综合配套改革的实施意见〉的理解与适用》，载《人民司法·应用》2020 年第 25 期。

式、灵活配置人力资源,尽可能在不同审判组织之间随机分案,避免一类案件长期由固定独任庭或合议庭办理。对于相对固定的审判团队和合议庭,人员应当定期调整。

院庭长办案机制

院庭长办案是案件分配的一种特殊形式。党的十八大之前,推动院庭长参与合议庭办理案件的一个重要考虑是:变审批制为参审制。对于重大、疑难、复杂案件,院庭长与其"隐身幕后"签批,不如"亮相台前",作为合议庭成员参与审理。

《人民法院五年改革纲要(1999—2003》

21. 推行院长、副院长和庭长、副庭长参加合议庭担任审判长审理案件的做法。各级人民法院应结合本院的实际情况,对院长、副院长、庭长、副庭长担任审判长审理案件提出明确要求。

《人民法院第二个五年改革纲要(2004—2008》

26. 建立法官依法独立判案责任制,强化合议庭和独任法官的审判职责。院长、副院长、庭长、副庭长应当参加合议庭审理案件。逐步实现合议庭、独任法官负责制。

为落实"一五改革纲要""二五改革纲要"相关要求,最高人民法院于 2007 年 3 月印发《关于完善院长、副院长、庭长、副庭长参加合议庭审理案件制度的若干意见》(法发〔2007〕14 号),明确院庭长应作为合议庭成员或独任法官,参与审理疑难、复杂、重大案件、新类型案件、在法律适用方面具有普遍意义的案件,并将参审情况纳入考评和监督范围。然而,由于相关工作要求仅是倡导性的,加之案件"审批制"并未取消,多数院庭长更习惯审核签批案件,未将精力投入直接审理。

党的十八大之后,随着法官员额制、司法责任制全面推行,院庭长原则上不得再审核签发未参审案件的裁判文书,"入额法官必须办案"

成为改革刚性要求。

《人民法院第四个五年改革纲要(2014—2018)》

27.……完善院、庭长、审判委员会委员担任审判长参加合议庭审理案件的工作机制。

《人民法院第五个五年改革纲要(2019—2023)》

22. 健全院长、庭长办案常态化机制。坚持法官入额必须办案原则,合理确定院长、庭长办案工作量,推动减少其非审判事务负担。科学确定院长、庭长审理的案件类型,配套完善分案机制和审判辅助人员配备模式,确保院长、庭长通过审理案件,及时发现、解决审判监督管理、统一法律适用工作中存在的问题。完善对院长、庭长办案情况的考核监督机制,配套建立内部公示、定期通报机制,促进院长、庭长办案常态化。

按照中央政法委的督察整改要求,最高人民法院印发了 2017 年《院庭长办案意见》。该意见明确禁止院庭长入额后不办案、委托办案、挂名办案,也不得以听取汇报、书面审查、审批案件等方式代替办案。同时,意见还探索对院庭长办案类型和数量比例提出了初步要求,即优先办理重大、疑难、复杂、新类型和在法律适用方面具有普遍意义的案件,"基层、中级人民法院的庭长每年办案量应当达到本部门法官平均办案量的 50%—70%。基层人民法院院长办案量应当达到本院法官平均办案量的 5%—10%,其他入额院领导应当达到本院法官平均办案量的 30%—40%。中级人民法院院长办案量应当达到本院法官平均办案量的 5%,其他入额院领导应当达到本院法官平均办案量的 20%—30%"。

2017 年《院庭长办案意见》试行后,在推动建立院庭长常态化办案机制方面发挥了重要作用,但是,在推进实施过程中,也存在一些问题。具体包括:

第一,测算基数还需优化。院领导办案一般侧重选取分管审判领域的案件,但若单纯以"本院法官平均办案量"的一定比例作为测算基数,且全院平均办案数量较高的话,可能导致院领导办案要求高于分管审判机构的法官。例如,某基层人民法院受理的民事案件较多、基数较大,全院法官年平均办案量为 300 件,但刑事法官人均办案量为50 件,如果按全院法官平均办案量的 30% 设定标准,则分管刑事的副院长每年需办理 90 件才达标,不仅办案数量高于分管领域的普通法官,还得额外履行审判监督管理职权,这显然不够科学合理。

第二,案件类型不宜过于机械。按照司法责任制改革要求,院庭长主要办理重大、疑难、复杂案件。实践中,也有地方反映,基层人民法院没有太多重大、疑难、复杂案件,如果"坐等"这类案件,将令院庭长办案流于形式。此外,有些案件刚受理时,疑难因素还未凸显,也不会直接分配给院庭长审理。因此,对院庭长办案类型要求不宜"一刀切",可以探索让基层人民法院院庭长参与随机办案,通过办理案件,及时发现审判监督管理、综合配套保障中存在的问题,有针对性地予以解决。[1]

第三,司法行政事务亟须减负。实行司法责任制后,院庭长仍要对分管领域行使审判监督管理职权。对于案件体量较大的法院而言,院庭长监督管理负担较重。许多院庭长还承担了大量党务、行政工作。另一方面,尽管中央有关文件明确法官不参加法院和法官法定职责范围的事务,但人民法院也归属于党政机关,涉及服务保障大局、维护社会稳定、地方重要事务的会议和协调工作,都需要院庭长参与。无论时间精力,还是工作重心,院庭长都很难完全投入审判业务。

针对前面提到的三个问题,结合 2017 年《院庭长办案意见》,2018年《司法责任制意见》、2020 年《责任制配套实施意见》优化调整了相关政策,确定了院庭长常态化办案的基本制度框架。

第一,院庭长办案工作量的计算范围。院庭长办案工作量包括以下情形:(1)独任审理的案件;(2)参加合议庭作为承办法官审理的案

---

〔1〕 刘峥、何帆、危浪平:《〈关于深化司法责任制综合配套改革的实施意见〉的理解与适用》,载《人民司法·应用》2020 年第 25 期。

件；(3)参加合议庭担任审判长参与审理的案件；(4)作为合议庭成员(非承办人或审判长)参与审理的案件。院庭长办案应以直接承办为主，参与办案为辅。院庭长主持或参加专业法官会议、监督"四类案件"、协调督办重大敏感案件、接待来访、指挥执行等事务应当计入工作量，纳入岗位绩效考核，但不能以此充抵办案数量。

第二，**院庭长的办案工作量要求。**各高级人民法院结合实际，科学合理、统一确定辖区内三级人民法院院庭长办案工作量。办案工作量的确定，应综合考虑审级职能、人员数量、案件规模、分管领域、监督任务和行政事务等因素，区分不同地区、层级、岗位，综合运用案件权重系数等方法测算平均办案量，合理确定院庭长每年独立承办和参与审理案件的数量要求，并在办公办案系统公开。办案数量的最低标准根据审判工作任务、法官员额编制、辅助人员配置变化情况及时调整。院庭长因承担重要专项工作、协调督办重大敏感案件等原因，需要酌情核减年度办案任务的，应当报上一级人民法院审批备案。院领导办案工作量可以以本院法官平均办案工作量或办理案件所属审判业务类别法官平均办案工作量为计算基数。

第三，**院庭长办案网上公示和定期通报机制。**各级人民法院院庭长办案任务完成情况公开接受监督。高级人民法院审判管理部门负责指导辖区法院测算核定院庭长办案量。上级人民法院审判管理部门每季度通报辖区下一级人民法院入额院领导的办案任务完成情况。本院审判管理部门定期通报庭长、副庭长办案任务完成情况，包括办案数量、案件类型、审判程序、参与方式、开庭数量等。上级人民法院定期对下级人民法院院庭长办案情况开展督察，对办案不达标的要通报，存在委托办案、挂名办案等问题的，一经发现，严肃问责。

第四，**院庭长办案考核机制。**院庭长办案以指定分案为主，重点办理"四类案件"、发回重审案件等，基层人民法院院庭长也可以参与随机分案，但应当优先办理前述类型案件。担任领导职务的法官无正当理由不办案、办案达不到要求，或者挂名办案、虚假办案的，应当退出员额。各级人民法院院庭长的办案绩效一并纳入考评和监督范围。

第五，**院庭长办案保障机制。**各高级人民法院建立监督管理与办案平衡机制，优化辖区法院审判监督、审判管理、行政管理职责，协调减少院庭长事务性工作负担，不参加超出法院和法官法定职责范围的事务，保证院庭长有时间、精力和条件办案。结合实际，为院庭长配备必要的法官助理和书记员，让院庭长能够集中精力投入开庭审理、评议案件、撰写文书等办案核心事务。实行审判团队改革的基层人民法院，庭长、副庭长直接编入审判团队，承担相关案件的审判和监督职责，也可以探索将入额院领导编入审判团队审理适宜由其办理的案件。

第六，大法官办案机制。党的十八大以来，无论在最高人民法院还是高级人民法院，已由多位大法官作为审判长主持开庭，起到较好的示范效应。按照 2021 年 9 月 27 日印发的《关于完善四级法院审级职能定位改革试点的实施办法》，最高人民法院院长认为确有必要的，可以直接要求就特定案件组成跨审判机构合议庭，并指定一名大法官担任审判长。随着最高人民法院审级职能逐步完善，大法官参与案件审理也会形成常态化机制。

院庭长监督管理职权

关于审判组织如何依法履行审判职权，在独任庭、合议庭一讲中已经介绍。新型审判权力运行机制中最有中国特色的制度设计，莫过于院庭长监督管理职权和对"四类案件"的特殊监督管理机制。

成文法国家的宪法、法律中，很少涉及院庭长对法官、案件的职务监督职权，[1] 仅德国《法官法》第二十六条规定："法官仅于其独立性不受影响之范围内，受职务之监督……职务监督亦包括制止执行职务上之违法行为与督促合法及时完成职务之权限。"至于职务监督之界限，则存在三种主要学说：**第一种**为核心领域理论，将法官审判行为分为"核心领域"和"外部秩序领域"。核心领域包括裁判行为和对之有直接影响的行为，不受职务监督；外部秩序领域则是诉讼拖延、言语不

---

〔1〕 程春益：《论法官之职务监督及其限制》，载《宪政时代》1989 年第 4 期，第 28 页。

当等行为,应受职务监督。**第二种**为义务违反理论,强调职务监督应以不直接废弃或改变法官裁判为限,但法官有明显违法情形的,即应加以监督。**第三种**为禁止实质审查理论,要求职务监督只能针对裁判方式、时机,不能涉及实质内容。[1] 总体而言,为确保审判职权的独立性,学说与实践虽不反对职务监督,但均要求对监督设定边界和限度。

"一五改革纲要"时期,为进一步强化合议庭职责,最高人民法院曾在 2002 年 8 月 12 日印发的《关于人民法院合议庭工作的若干规定》(法释〔2002〕25 号)第十六条、第十七条中,初步规定院庭长在审判活动中的职权,主要内容是:"院长、庭长可以对合议庭的评议意见和制作的裁判文书**进行审核**,但是不得改变合议庭的评议结论。""院长、庭长在审核合议庭的评议意见和裁判文书过程中,对评议结论有异议的,可以建议合议庭复议,同时应当对要求复议的问题及理由提出书面意见。合议庭复议后,庭长仍有异议的,可以将案件提请院长审核,院长可以提交审判委员会讨论决定。"但是,上述规定中,院庭长"审核"的形式、范围均不清晰,具体监督举措的内容、效力亦不明确。实践中,**"要求复议"**也经常异化为以行政命令的形式,强制合议庭变更评议结论。

在 2015 年《司法责任制意见》起草过程中,围绕是否赋予院庭长审判监督职权,曾有两种意见。**反对者**认为,改革重点是解决"审者不判、判者不审、判审分离、权责不清"问题,如果保留审判监督职权,可能导致院庭长借"监督"之名、行"干预"之实,反而不利于落实司法责任制,所以只同意写入涉及程序性督促、审批、决定事项的审判管理职权。**赞成者**认为,对人民法院来说,司法责任是整体责任,与其待出了问题再矫枉过正,又或让监督职权成为不成文的"潜规则",不如直接在司法文件中明确,以权责清单形式规制。

其实,上述争论主要涉及对 1995 年《法官法》第六条的理解,该条规定:"院长、副院长、审判委员会委员、庭长、副庭长除履行审判职责

---

〔1〕 蔡炯燉:《审判独立与职务监督》,台湾地区"司法院"2004 年版,第 104—105 页。

外,还应当履行与其职务相适应的职责。"根据立法机关的解释,"**与其职务相适应的职责**"包括两类:**第一类**是与人民法院审判活动直接相关的,如主持审判委员会、决定将生效错误判决提交审判委员会处理、指定合议庭审判长、决定审判人员的回避等;**第二类**是与审判活动没有直接联系的,如管理本院或本庭的日常行政工作等。[1]

从当时的司法实践看,前述与审判活动直接相关的职责又分为两种:**第一种**是根据诉讼法和相关司法解释,行使的程序性事项审批权力。例如,决定审判人员是否回避;批准拘传、罚款、拘留;批准延长审限或审查期限;**第二种**是相对宏观的审判监督管理职责。例如,决定将案件提交审判长联席会议或审判委员会讨论;涉及审判进度、绩效、纪律的督促、评价和督导等。后一种权力的主要特点是:法律对院长职权规定得比较明确,但对副院长、庭长、副庭长职权未作具体安排,需要通过法院内部授权完成;若无明文规定,审判监督职权的范围和措施难以界定。一旦取消院庭长的案件审批权,对哪类案件实行宏观事后监督、哪类案件实行个案事中监督、依职权监督与违法插手干预之间又如何区分,实践中还缺乏共识。

经过慎重研究,2015 年《司法责任制意见》在"三、明确司法人员职责和权限"增加了"院庭长管理监督职责"部分,与"独任庭和合议庭司法人员职责"并列。**主要考虑**是:审判职权作为审判权力运行体系中的核心,不能直接被审判监督职权所改变,但应受其制约,避免权力滥用。[2] 但是,为了防止院庭长审判监督职权过于宽泛,必须合理划定界限、科学规范行权,所以增加了组织化行权、全过程留痕、四类特定类型案件个案监督等限制性规定。经过 2018 年《司法责任制意见》、2020 年《责任制配套实施意见》不断补充完善,审判监督职权与审判管理职权在规范性文件中不再分列,一般以"审判监督管理"概称,并逐步形成下述运行模式:

---

〔1〕 胡康生主编:《中华人民共和国法官法释义》,法律出版社 2001 年版,第 10 页。

〔2〕 贺小荣:《司法责任制的目标、价值和路径》,载最高人民法院司法改革领导小组办公室编著:《〈最高人民法院关于完善人民法院司法责任制的意见〉读本》,人民法院出版社 2015 年版,第 21 页。

第一，依职权履责。院庭长的审判监督管理活动应当严格控制在职责和权限范围内，并在工作平台上公开进行。受院长委托，副院长、审判委员会专职委员、庭长、副庭长，可以履行与其职务相应的监督管理职责。各级人民法院根据法律规定和司法责任制要求，分别制定院长、副院长、审判委员会专职委员、庭长、副庭长的审判监督管理权力职责清单。院长、庭长在权力职责清单范围内，按程序履行监督管理职责的，不属于不当过问或者干预案件。

第二，边界内监督。院庭长行使审判监督职权，必须保持必要的克制，不能直接否定或改变独任庭、合议庭的意见，也不得要求其改变意见，确保监督力度在合理范围之内。院长、庭长审判监督管理职权一般包括：(1)配置审判资源，包括按照分管领域的人员、案件数量，决定合议庭、审判团队的组建模式，安排设置专业化的审判组织或审判团队，确定其职责分工；(2)部署综合工作，包括审判工作的安排、审判或调研任务的分配、调整；(3)审批程序性事项，包括法律授权的程序性事项审批、依照规定调整分案、变更审判组织成员的审批等；(4)监管审判质效，包括根据职责权限，检查监督审判流程，对案件整体质效的检查、分析、评估，分析审判运行态势，提示纠正不当行为，督促案件审理进度，统筹安排整改措施，集中研判存在的案件质量问题等；(5)监督"四类案件"，对四类特定类型的案件进行个案监督；(6)统筹业务指导，通过审理案件、参加专业法官会议、审判委员会等方式，加强业务指导；(7)作出综合评价，在法官考评委员会依托信息化平台对法官审判绩效进行客观评价基础上，对法官及其他工作人员绩效作出综合评价；(8)检查监督纪律作风，通过接待群众来访、处理举报投诉、日常监督管理，发现案件审理中可能存在的问题，提出改进措施等。

第三，组织化行权。过去，院庭长可以以行政命令形式直接改变审判组织的结论，或者通过反复要求合议、旁听合议并发表观点等形式，强令合议庭接受自己的意见。按照组织化行权的要求，院庭长除参加审判委员会、专业法官会议外，不得对其没有参加审理的案件发表倾向性意见。院庭长对独任庭、合议庭拟作出的裁判结果有异议的，可以决定将案件提交专业法官会议、审判委员会讨论，但不得强令其接受自己意见或者直接改变审判组织的意见。上述模式，改变了过去院庭长行使监督职权的随意性、任意性。

第四，**全过程留痕**。各级人民法院应当将院庭长、其他审判人员、法官助理、书记员的岗位职责清单和履职指引嵌入办案平台，实现对各类履职行为可提示、可留痕、可倒查、可监督。依托信息化手段，院庭长的全部监督管理活动都应记录在案卷和办公平台上，为甄别和辨识审判责任奠定基础。

第五，**循规律担责**。院庭长因故意或者重大过失，怠于行使或者不当行使审判监督管理权导致裁判错误并造成严重后果的，依照有关规定应当承担监督管理责任。追究其监督管理责任的，依照干部管理有关规定和程序办理。

上述关于院庭长审判监督管理职权的规定，后来也被 2019 年《法官法》第九条吸收，立法机关也确认"**与其职务相适应的职责**"包括必要的审判监督管理职责。[1]

"四类案件"监督管理制度

院庭长对审判工作的监督管理职权，既体现在宏观业务指导、质效监管、督促整改等"面"上，也体现在对重点个案审理进度、裁判结果的监督等"点"上。过去，导致审判权力运行呈现出行政化趋向的首要原因，就在于个案监督机制的各种"不确定"和"不透明"。

具体而言，集中于以下六个方面：**一是监督范围不确定**。有的把重大、疑难、复杂、敏感案件纳入监督范围，有的则不区分案件繁简难易，逐案提请院庭长监督。**二是监督举措不确定**。既包括听取汇报、调阅卷宗，也包括旁听合议、旁听庭审等，有的还要求对裁判文书逐级报审、审核把关，并规定仅院领导有签发权限。**三是监督节点不确定**。有的实行事中监督，直接介入庭审、评议过程；有的实行事后监督，仅

---

〔1〕 王爱立主编：《中华人民共和国法官法释义》，法律出版社 2019 年版，第 66—68 页。王爱立主编：《〈中华人民共和国法官法〉理解与适用》，中国民主法制出版社 2019 年版，第 73—75 页。

要求结案后将特定类型案件的裁判文书、审理报告报审备案。**四是监督效力不确定。**有的明确规定裁判结果以行政职务最高者(通常是院长)审核意见为准,实际上违反了民主集中制,架空了合议制和审判委员会制度;有的虽未明确表达意见,但反复要求合议庭评议,直到得出与院庭长意愿相符的裁判结果;有的强调院庭长意见仅作为参考性意见,实际上又弱化了院庭长的制约监督效能。**五是监督责任不确定。**有的院庭长事中发表强制性意见,事后将责任转嫁给审判组织;有的案件逐级报签,出问题后号称责任共担,实际上人人无责;有的院庭长怠于行使监督职权,事后却以坚持司法规律为由逃避责任。**六是监督过程不透明。**有的院庭长以口头指示等方式发表监督意见,在卷宗或办案平台上不留痕迹,也无法追溯;有的将院庭长监督意见视为审判秘密,对外不公开流程,对内不入卷归档。

在起草 2015 年《司法责任制意见》期间,围绕是否保留院庭长对具体个案的监督管理职权,也曾有两种不同意见。**反对者**认为,既然明确院庭长不再审核签发本人未直接参加审理案件的裁判文书,就不宜再赋予其个案监督的权力,因为监督也具有一定强制力,加之法律规定不够明确,只要开了个案监督的"口子",就可能导致行政权力干预审判职权。**赞成者**认为,在法官职业化程度不高、司法环境相对复杂的前提下,保留院庭长的个案监督职权具有一定现实合理性。大量事实表明,一些案件裁判结果之所以出问题,根源在于院庭长因受人情、利益或权力干预影响而故意偏颇,导致个案监督职权失去制约监督,并非个案监督机制本身存在问题。[1] 所以,解决问题的关键,在于弱化个案监督职权的行政指令色彩,将之改造为程序启动权(如提交专业法官会议、审判委员会讨论)或处理建议权(如建议合议庭复议),而非简单将之取消。

2015 年《司法责任制意见》第 24 条确立了院庭长对"四类案件"的个案、事中监督职权,具体内容是:

---

〔1〕 最高人民法院司法改革领导小组办公室编著:《〈最高人民法院关于完善人民法院司法责任制的意见〉读本》,人民法院出版社 2015 年版,第 187 页。

《关于完善人民法院司法责任制的若干意见》

24. 对于有下列情形之一的案件，院长、副院长、庭长有权要求独任法官或者合议庭报告案件进展和评议结果：

(1) 涉及群体性纠纷，可能影响社会稳定的；

(2) 疑难、复杂且在社会上有重大影响的；

(3) 与本院或者上级法院的类案判决可能发生冲突的；

(4) 有关单位或者个人反映法官有违法审判行为的。

院长、副院长、庭长对上述案件的审理过程或者评议结果有异议的，不得直接改变合议庭的意见，但可以决定将案件提交专业法官会议、审判委员会进行讨论。院长、副院长、庭长针对上述案件监督建议的时间、内容、处理结果等应当在案卷和办公平台上全程留痕。

2015 年《司法责任制意见》的上述规定，明确了院庭长对"四类案件"行使个案监督职权的范围、方式，也开创了中国特色审判权力运行机制的新模式，为解决"一放就乱，一管就死"问题设置了"调节阀"。之后的运行情况也说明，司法职业化、司法公信力的提升是一个循序渐进的过程，在此过程中，保留院庭长对特定类型案件事中、预防、矫正式的监督职权，好过于事后监督与补救。相反，如果改革伊始就秉持过于理想化的目标，在审判职权配置上直接"大撒把"，让审判组织各自为政，甚至倡导"法官独立"，很可能因出现极端化个案、系统性腐败，导致决策层质疑改革价值取向，进而出现"走弯路"或"开倒车"的情况。

经过近 6 年的探索实践，2015 年《司法责任制意见》确定的"四类案件"监督管理模式取得一定成效，也经受住司法实践检验，但在运行中也存在一些问题：**一是**有的法院不当扩大"四类案件"范围，变相恢复案件审批制；**二是**有的法院未有效区分依法监督管理与违规过问干预的界限，院庭长对依法履责顾虑多、动力少，方法不足；**三是**配套机制不健全，平台建设、分案机制、考核机制与"四类案件"监督管理需要不匹配，没有形成合力。

为有效破解上述问题，最高人民法院于 2021 年 11 月印发《关于进一步完善"四类案件"监督管理工作机制的指导意见》（法发〔2021〕30号，以下简称2021年《四类案件指导意见》），细化完善了"四类案件"认定标准，健全了对"四类案件"的全过程识别标注、全流程监督管理、全平台技术保障机制。

第一，"四类案件"的范围界定。 2021年《四类案件指导意见》第二条优化调整了2015年《司法责任制意见》第二十四条规定的"四类案件"范围：将"疑难、复杂且在社会上有重大影响的"，调整为"**重大**、疑难、复杂、**敏感**的"；将"涉及群体性纠纷，可能影响社会稳定的"，调整为"涉及群体性纠纷或者**引发社会广泛关注**，可能影响社会稳定的"；将"与本院或者上级人民法院的类案判决可能发生冲突的"，调整为"与本院或者上级人民法院的类案**裁判**可能发生冲突的"。

作出上述调整的主要考虑在于：**一是**案件的疑难、复杂程度，并不必然与其社会影响成正比，重大、敏感案件也有必要加强监督管理。**二是**影响社会稳定的案件并不局限于群体性纠纷，有的社会关注度较高，如处理不当，也可能激化社会矛盾，波及社会稳定，必须预先做好防控。**三是**部分不予受理、管辖权异议、中止或者终结诉讼的裁定，也涉及法律统一适用，不宜将"类案"局限于"判决"。

第二，"四类案件"的识别标准。 征求意见过程中，部分法院建议以列举形式，逐项明确"四类案件"的具体识别标准，方便司法实践中直接适用。我们研究后认为，各级法院人案规模、案件类型、审级职能差异较大，对"四类案件"的范围确定既不宜过于宽泛，也不能过于具体，总体上应有利于实践操作和全过程监督。[1] 所以，2021年《四类案件指导意见》第三条至第六条以概括方式，明确了认定"四类案件"时应当考虑的因素。

1. 关于"重大、疑难、复杂、敏感"的案件。 主要包括：涉及国家利益、社会公共利益的；对事实认定或者法律适用存在较大争议的；具有首案效应的新类型案件；具有普遍法律适用指导意义的；涉及国家安

---

〔1〕 刘峥、何帆、马骁、李熠星：《〈关于进一步完善"四类案件"监督管理工作机制的指导意见〉的理解与适用》，载《人民司法·应用》2021年第34期。

全、外交、民族、宗教等敏感案件。其中,**"具有普遍法律适用指导意义的"**案件,主要指法律、司法解释规定不明确或者司法解释没有规定,需要通过司法裁判进一步明确法律适用的案件。**"对事实认定或者法律适用存在较大争议的"**案件,主要指人民法院受案和审理过程中,侦查、公诉机关或者社会舆论对案件定性、处理存在较大争议的案件。合议庭内部有分歧意见,不能视为"存在较大争议"。

2. **关于"涉及群体性纠纷或者引发社会广泛关注,可能影响社会稳定"的案件**。主要包括:当事人或者被害人人数众多,可能引发群体性事件的;可能或已经引发社会广泛关注,存在激化社会矛盾风险的;具有示范效应、可能引发后续批量诉讼的;可能对特定行业产业发展、特定群体利益、社会和谐稳定产生较大影响的。实践中,一些案件虽然所涉"人数众多",如物业纠纷、涉及同一保险公司的交通事故责任纠纷等,但多数属于简单系列案,不存在群体性事件或激化社会矛盾风险,不宜认定为"四类案件"。

3. **关于"与本院或者上级人民法院的类案裁判可能发生冲突"的案件**。主要包括:与本院或者上级人民法院近三年类案生效裁判可能发生冲突的;与本院正在审理的类案裁判结果可能发生冲突,有必要统一法律适用的;本院近三年类案生效裁判存在重大法律适用分歧,截至案件审理时仍未解决的。之所以明确"近三年",是为了合理确定相关案件的范围,具体时间可以从案件受理之日起算。

4. **关于"有关单位或者个人反映法官有违法审判行为"的案件**。主要包括:当事人、诉讼代理人、辩护人、利害关系人实名反映参与本案审理的法官有违法审判行为,并提供具体线索的;当事人、诉讼代理人、辩护人实名反映案件久拖不决,经初步核实,确属违反审判执行期限管理规定的;有关部门通过审务督察、司法巡查、案件评查、信访接待或者受理举报、投诉等方式,发现法官可能存在违法审判行为的;承办审判组织在"三个规定"记录报告平台反映存在违反规定干预过问案件情况,可能或者已经影响司法公正的。需要强调的是,对法官违法审判行为的反映、投诉和举报,须实名提出并提供具体线索,经人民法院初步核实后,认为可能或者已经影响司法公正的,才能纳入"四类案件"监督管理,实践中不能仅因存在投诉、举报就启动相关措施,干扰法官依法履职。有关单位或者个人反映审判辅助人员有违纪违法行为,可能或者已经影响司法公正的,参照上述情形监督管理。

第三,参照适用"四类案件"监督管理措施的案件范围。实践中,一些案件虽不属于"四类案件"范围,但在案由、罪名、诉讼标的或诉讼程序上具有一定特殊性,有必要参照适用"四类案件"的监督管理措施。各级人民法院可以结合本院工作实际,对下列案件适用"四类案件"的监督管理措施:本院已经发生法律效力的判决、裁定、调解书等确有错误需要再审的;人民检察院提出抗诉的;拟判处死刑(包括死刑缓期两年执行)的;拟宣告被告人无罪或者拟在法定刑以下判处刑罚、免予刑事处罚的;指令再审或者发回重审的;诉讼标的额特别巨大的;其他有必要适用"四类案件"监督管理措施的。需要强调的是,上述案件只是参照适用"四类案件"监督管理措施,并不意味着它们属于"四类案件"范畴。另外,如果相关法院法官素质较高、管理较为健全、法律适用统一、信息化系统应用效果好,对上述案件也可以不适用"四类案件"监督管理措施。

第四,"四类案件"的全过程识别机制。"四类案件"的监督管理是一项系统工程,不仅仅是院庭长的职能。2021年《四类案件指导意见》第八条要求,各级人民法院应当结合本院实际,建立覆盖审判工作全过程的"四类案件"识别标注、及时报告、推送提醒、预警提示机制,明确各类审判组织、审判人员、职能部门的主体责任、报告义务、问责机制。对"四类案件",应当通过依法公开审理、加强裁判文书说理,接受社会监督。

立案部门在立案阶段识别出"四类案件"的,应当同步在办案平台标注,提示相关院庭长,合理确定承办审判组织形式和人员。承办审判组织在案件审理阶段识别出"四类案件"的,应当主动标注,并及时向院庭长报告。院庭长发现分管领域内"四类案件"的,应当提醒承办审判组织及时标注,并要求其报告案件进展情况。审判管理、审务督察、新闻宣传等职能部门在日常工作中发现"四类案件"的,应当及时提示相关院庭长。

下级人民法院向上级人民法院移送"四类案件"卷宗材料的，应当在原审纸质卷宗或者电子卷宗中作出相应标注，以便上级人民法院及时研判是否需要在二审、再审阶段将其纳入"四类案件"监督管理。上级人民法院识别判断时，应当结合审级实际和案件阶段性情况，综合考虑案件是否还有必要继续标注为"四类案件"。

对是否属于"四类案件"存在分歧的，按照工作程序，层报相关院庭长解决。具体由哪一级负责人决定，可以根据案件性质和职务权限确定，不宜都报院长。例如，合议庭内部存在分歧的，报庭领导决定；不同职能部门之间存在分歧的，报院领导决定。涉及法律适用问题的，也可以提请专业法官会议讨论。对于已标注为"四类案件"，之后因案情或形势发生变化，相关情形不再存在的，可以撤销标注，但应当在办案平台注明原因。

第五，"四类案件"的分案机制和审判组织。立案阶段识别标注的"四类案件"，可以指定分案。审理"四类案件"，应当依法组成合议庭，一般由院庭长担任审判长，并根据案件所涉情形、复杂程度等因素，综合确定合议庭组成人员和人数。案件进入审理阶段后被识别标注为"四类案件"的，院庭长可以根据案件所涉情形、进展情况，决定由独任审理转为合议庭审理。有必要由人民陪审员参与审理的，可以依照《人民陪审员法》第十四条至第十六条确定合议庭组成人员和人数。

之所以强调"四类案件"应当由合议庭审理，主要考虑是：既已列入"四类案件"，强化监督管理，就应有配套的组织和程序保障。2021年修改的《民事诉讼法》扩大了独任制适用范围，强调"四类案件"由合议庭审理，不会给基层、中级人民法院带来过重负担。另外，明确由合议庭审理，并一般由院庭长作为审判长，有利于审慎认定"四类案件"，避免不当标注或任意扩大范围，实现审判资源与监督管理重心精准适配。

第六，"四类案件"的监督管理形式。2021年《四类案件指导意见》第十条以"列举＋兜底"形式，规定了院庭长可以采取的监督管理措施，即：（1）按权限调整分案；要求合议庭报告案件进展、评议结果；（2）要求合议庭提供类案裁判文书或者制作类案检索报告；（3）审阅案件庭审提纲、审理报告；(4)调阅卷宗、旁听庭审；(5)要求合议庭复议并报告复议结果，但同一案件一般不得超过两次；(6)决定将案件提交专业法官会议讨论；(7)决定按照工作程序将案件提交审判委员会讨论；(8)决定按程序报请上一级人民法院审理；(9)其他与其职务相适应的必要监督管理措施。院庭长在分管领域、职务权限范围内，按工作程序采取上述监督管理措施，或者对下级人民法院审理的"四类案件"依法履行监督指导职责，不属于违反规定干预过问案件。

院庭长可以按照分管领域、职务权限，紧密结合"四类案件"审理过程中需要关注和解决的问题，有针对性地使用一种或几种监督管理措施，确保监督管理资源投入与案件重大、疑难、复杂、敏感程度相适应，平衡好依法加强监督管理与尊重审判组织办案主体地位之间的关系。院庭长对采取相应监督管理举措有分歧的，按工作程序层报院长决定。

第七，监督管理"四类案件"的组织化行权模式。院庭长对"四类案件"履行监督管理职权时，应当在办案平台全程留痕，或者形成书面记录入卷备查。这里的"留痕"，包括在办案平台或者纸质材料上勾选、批注、圈阅，或者以视频音频等形式记录，只要能够完整、准确体现监督管理的主体和内容即可。需要强调的是，院庭长对"四类案件"的具体处理意见，应当在专业法官会议或者审判委员会会议上发表，并记入会议记录，签字确认后在办案平台或者案卷中留痕。

第八，承办审判组织、院庭长的义务与责任。承办审判组织发现案件属于"四类案件"，故意隐瞒不报或者不服从监督管理的，院庭长可以按权限调整分案。承办审判组织因前述行为导致裁判错误并造成严重后果的，依法承担违法审判责任。院庭长因故意或者重大过失，对本人依职权发现、承办审判组织主动报告、有关职能部门告知或者系统自动推送提示的"四类案件"，怠于或者不当行使监督管理职责，导致裁判错误并造成严重后果的，不属于违法审判责任，但应当依照干部管理有关规定和程序承担监督管理责任。

第九，监督管理"四类案件"的绩效考核机制。调研过程中，许多院庭长表示，按照目前的考核机制，如果没有参与合议庭审理，对"四类案件"的监督管理不能视为"办案"，也无法计入案件数量，但相关工作占用时间精力较多，也额外增加了责任，建议在绩效考核中予以考虑。2021 年《四类案件指导意见》第十四条规定了相关内容，即院庭长履行监督管理"四类案件"职责的情况，应当计入工作量，纳入绩效考核评价。《最高人民法院关于加强和完善法官考核工作的指导意见》第十三条也专门明确，对于担任领导职务的法官，应当围绕其履行审核批准程序性事项、综合指导审判工作、全程监管审判质效等审判监督管理职责情况，设置相应指标，纳入考核范畴。

专业法官会议制度

专业法官会议是 2015 年《司法责任制意见》确立的新机制，也是新型审判权力运行机制的关键环节。从制度传承上看，主要来源于施行审判长选任制后的审判长联席会议制度。最高人民法院 2000 年 7 月印发《人民法院审判长选任办法（试行）》后，各地法院试行审判长选任制度，一批审判经验丰富、业务素质较高的法官出任审判长。部分法院据此探索由审判长集体研讨重大、疑难、复杂案件，为审判组织裁判提供参考意见，相关工作机制有的被称为审判长联席会议，有的则被纳入审判庭内部的庭务会范畴。

在上述工作基础上，"二五改革纲要"提出，要将"建立法院之间、法院内部审判机构之间和审判组织之间法律观点和认识的协调机制，统一司法尺度"作为其成果形式。2010 年 1 月 11 日印发的《最高人民法院关于进一步加强合议庭职责的若干规定》（法释〔2010〕1 号）第七条首次以制度形式，确认了前述工作机制。

《最高人民法院关于进一步加强合议庭职责的若干规定》

第七条 下列案件可以由审判长提请院长或者庭长决定组织相关审判人员共同讨论，合议庭成员应当参加：

（一）重大、疑难、复杂或者新类型的案件；

（二）合议庭在事实认定或法律适用上有重大分歧的案件；

（三）合议庭意见与本院或上级法院以往同类型案件的裁判有可能不一致的案件；

（四）当事人反映强烈的群体性纠纷案件；

（五）经审判长提请且院长或者庭长认为确有必要讨论的其他案件。

上述案件的讨论意见供合议庭参考，不影响合议庭依法作出裁判。

之所以没有在上述司法解释中明确庭务会或者审判长联席会等名称，是因为它们都不是正式审判组织，实践中还有许多其他形式，不宜限定具体名称。[1] 2013 年印发的《关于审判权运行机制改革试点方案》，首次出现关于"专业法官会议"的表述，该方案第 5 条明确，"对于案件审理过程中发现的重要法律适用问题或者其他重大疑难复杂问题，独任法官或者审判长可以提请院、庭长召集**专业法官会议**或者审判长联席会议讨论，其结论应当记录在卷，供合议庭参考。"

在研究起草 2015 年《司法责任制意见》过程中，不少专家学者反对写入专业法官会议和审判长联席会议机制，[2] 主要理由包括：**一是**相关工作机制没有法律依据，新型审判权力运行机制建立后，不宜再设立"法"外循环的案件讨论机制。**二是**实施法官员额制后，审判长不再是固定职务，员额法官人人平等，不宜再规定仅限于审判长或资深法官参加的研讨机制。**三是**实施司法责任制后，审判组织完全可以独立判断、自担责任，集体研讨机制可能混淆司法责任。

经过审慎研究，2015 年《司法责任制意见》将专业法官会议作为统一法律适用机制予以保留，具体规定是：

---

〔1〕　卫彦明、蒋惠岭、龙飞：《〈关于进一步加强合议庭职责的若干规定〉的理解与适用》，载《人民司法》2010 年第 3 期。

〔2〕　最高人民法院司法改革领导小组办公室编著：《〈最高人民法院关于完善人民法院司法责任制的意见〉读本》，人民法院出版社 2015 年版，第 85—86 页。

2015 年《司法责任制意见》

8. 人民法院可以分别建立由民事、刑事、行政等审判领域法官组成的专业法官会议，为合议庭正确理解和适用法律提供咨询意见。合议庭认为所审理的案件因重大、疑难、复杂而存在法律适用标准不统一的，可以将法律适用问题提交专业法官会议研究讨论。专业法官会议的讨论意见供合议庭复议时参考，采纳与否由合议庭决定，讨论记录应当入卷备查……

上述制度设计的主要考虑在于：**一是**确保案件质量。取消案件审批制度后，法官审判能力的提升仍有一个过程，有必要在人民法院内部建立一种咨询研讨机制，集思广益，会商研讨疑难、复杂案件，为审判组织提供专业咨询服务。**二是**统一法律适用。通过搭建集体研讨平台，串接不同审判组织、审判机构，有利于避免"类案不同判"现象出现。**三是**提供监督平台。院庭长可以通过要求将特定类型案件提交专业法官会议讨论，以组织化方式履行监督职权，其本人也可以依托专业法官会议，发表对案件的看法。**四是**配合审判委员会制度改革。大量疑难、复杂案件提交专业法官会议研究解决，能够限缩或过滤提交审判委员会的案件数量。专业法官会议的讨论情况，也可以供审判委员会决策时参考。

回过头看，2015 年《司法责任制意见》确立的专业法官会议制度框架，体现了组成人员专业性、讨论范围限定性、提请主体特定性、讨论结论参考性等特点，基本符合司法规律和审判实际。另一方面，因缺乏更加丰富、深入的司法实践情况支撑，相关规定亦有不足。**一是**没有明确专业法官会议的组成人员资格，导致部分法院规定仅院庭长、审判长、高级法官或资深法官可以参加专业法官会议。**二是**没有考虑跨业务条线或审判机构的情况，仅规定在民事、刑事、行政领域内部组成专业法官会议。**三是**提请主体的限定过于狭隘，仅限定为合议庭，没有考虑到独任庭审理案件同样存在统一法律适用、排除疑难杂症的诉求。

司法责任制改革全面推开后，包括最高人民法院在内，各级人民法院均配套建立了专业法官会议机制。2018 年 12 月,最高人民法院在总结各地经验基础上,印发了《关于健全完善人民法院主审法官会议工作机制的指导意见(试行)》(以下简称 2018 年《专业法官会议试行意见》),为健全完善专业法官会议机制提供初步政策指引。经过两年多的试行,各级人民法院积累创建了许多有益经验,并在司法实践中发挥了积极作用,但仍然存在制度定位不准、程序运行不畅、参加人员无序、意见质量不高、讨论规则不完善、绩效考核不配套、意见效力不确定、成果转化不及时等问题。

最高人民法院 2020 年 7 月印发的《关于深化司法责任制综合配套改革的实施意见》,将"**科学构建类案检索初步过滤、专业法官会议研究咨询、审判委员会讨论决定**"作为新型审判权力运行体系的基础制度框架。为进一步激发专业法官会议的制度效能,最高人民法院又制定印发了《关于完善人民法院专业法官会议工作机制的指导意见》(以下简称 2021 年《专业法官会议指导意见》)。后者以问题为导向,优化调整了 2015 年《司法责任制意见》和 2018 年《专业法官会议试行意见》部分规定,创建增设了必要的配套规则。

第一,专业法官会议的制度定位。专业法官会议是向审判组织和院庭长履行法定职权提供咨询意见的内部工作机制。换言之,专业法官会议既非法定审判组织,亦非法定诉讼程序,只是嵌入审判权力运行体系的内部机制和咨询平台。[1] 具体而言,包含四重制度属性:

一是业务属性。专业法官会议是应用于审判领域的机制设计,目的是为合议庭提供咨询参考意见,促进公平公正办好案件。它不同于一些法院建立的法官会议或法官委员会,后两种均是法官自治性组织,目的是推动法官广泛参与涉及自身权益事项的决策与管理,管理事项包括但不限于审判事务,还可能涵盖学习培训、图书采购、食堂伙食、子女托管等日常事务。

二是辅助决策。专业法官会议讨论形成的意见,仅供审判组织作

---

〔1〕 刘峥、何帆、马骁:《〈关于完善人民法院专业法官会议工作机制的指导意见〉的理解与适用》,载《人民法院报》2021 年 1 月 14 日。

裁判或院庭长行使审判监督管理职权时参考，不能越位成为决定案件结果的依据。独任庭、合议庭若有充足理由，可以不受专业法官会议讨论意见约束，独立作出判断。另一方面，即使专业法官会议讨论意见与独任庭、合议庭完全一致，院庭长也可以根据审判监督权限，按程序将案件提请审判委员会讨论。

三是咨询参考。专业法官会议提供的只是咨询意见，而非决定性意见。按照"权责一致"原则，审判责任仍应归由承办案件的审判组织承担；院庭长履行审判监督管理职权不力的，也应承担相应责任。因此，审判组织不能以"案件经专业法官会议讨论"为由推卸办案责任，院庭长也不能因专业法官会议提供了咨询意见，而放弃应有的监督把关之责。当然，对于因案外因素或谋取利益，在专业法官会议上故意发表错误意见的行为，相关审判人员一样应当承担纪法责任，但并非违法审判责任。

四是全程留痕。专业法官会议的意见虽然仅供参考、咨询之用，却是推进审判组织评议或复议、院庭长监督、审判委员会讨论的关键节点，绝非可有可无。因此，专业法官会议的运行机制也应全程留痕、内容入卷备查。这不仅有利于提升主持人、参加人员的责任意识和发言质量，也有利于会议成果转化。

第二，专业法官会议的组织原则。各级人民法院可以结合审级职能定位、受理案件规模、内部职责分工、法官队伍状况、监督管理需要等，组织完善专业法官会议机制。

一是区分审级，分层适用。四级法院的审级职能定位、案件数量结构均存在差异，对专业法官会议的功能需求也各有侧重。中级、基层人民法院由于侧重化解矛盾纠纷、定分止争，可以更多讨论具体个案中的法律适用或证据规则适用问题，推动绝大多数案件在两审之内公正、高效解决。高级以上人民法院由于侧重统一裁判尺度、监督指导下级法院，应当以研究讨论具有审判指导价值或裁判规则意义的法律适用问题为主，并将会议成果作为研究制定司法指导性文件的重要参考。所涉议题既可源自本院审理的具体个案，也可以是业务条线或下级法院存在较大分歧的类型化案件。

二是因地制宜,灵活设置。除审级职能外,各地法院在人员案件规模、内设机构设置、法官队伍状况等方面也存在差异,适用原则性、授权性规定时,可以结合自身实际,选择最有利于发挥专业法官会议功能的适用方式,不宜"一刀切"。既可以在审判专业领域、审判庭、审判团队内部组织召开专业法官会议,也可以跨审判专业领域、审判庭、审判团队召开,研究刑民交叉、刑行交叉、民行交叉等前沿问题。

司法实践中,一些"小体量"法院法官人数较少,有的甚至未设庭室,可以视情组织召开全院法官参与的专业法官会议。有的法院审判庭法官数量较多,如果以审判庭为单位召开专业法官会议,可能难以形成相对明确的结论意见。这类法院可以根据实际情况,选择走"专精路线",按审判专业领域或组织相关审判团队召开,提高议事效率,避免议而不决。

三是问题导向,稳妥务实。由于专业法官会议机制兼具辅助办案决策、统一法律适用、加强审判监督管理等功能,对于"开不开""何时开""开几次"等问题的把握,应当以解决问题、务求实效为导向,主要看是否有利于解决合议庭内部、审判组织之间或院庭长在履行审判监督管理职权过程中产生的意见分歧,是否有利于推动法律正确统一适用,是否有利于最大程度上推动案件结果公平公正、令人信服,是否有利于案件得到公正高效审理,并不是说专业法官会议开得越多越好、越早越好。

第三,专业法官会议的组成人员。专业法官会议应当由法官组成。换言之,凡是员额法官,均可以是专业法官会议的组成人员,都有参加专业法官会议的权利,不宜额外设立或抬高门槛,把一部分法官排除在外。有的法院规定仅资深法官、高级法官或审判业务专家可以参加专业法官会议,就是极不妥当的。考虑到部分法官确实有业务专长或专门知识,可以设立专业人才库,优先安排他们参加相关议题的会议。

当然,所有法官都有权利参加专业法官会议,并不意味着所有会议要由全体法官参加。可以结合所涉议题和会议组织方式,兼顾人员代表性和专业性,明确不同类型会议的最低参加人数,确保讨论质量和效率。为确保讨论效果,"最低参加人数"一般不宜低于五人。参加会议的具体人员,可以由主持人商相关审判组织、审判团队后确定,综合考虑法官排庭时间、审判业务专长、统一法律适用、审判监督需要等因素，但不得为控制多数意见而故意排除观点不同者参会。

第四，专业法官会议的意见效力。专业法官会议讨论形成的意见，仅供审判组织和院庭长参考。具体而言，经专业法官会议讨论的"四类案件"，独任庭、合议庭应当及时复议；专业法官会议没有形成多数意见，独任庭、合议庭复议后的意见与专业法官会议多数意见不一致，或者独任庭、合议庭对法律适用问题难以作出决定的，应当层报院长提请审判委员会讨论决定。对于"四类案件"以外的其他案件，专业法官会议没有形成多数意见，或者独任庭、合议庭复议后的意见仍然与专业法官会议多数意见不一致的，可以层报院长提请审判委员会讨论决定。

上述规定的主要考虑是：对于"四类案件"，如果专业法官会议经讨论没有形成多数意见，说明案件本身的疑难性、复杂性已达到应当提请审判委员会讨论决定的程度；如果独任庭、合议庭复议意见与专业法官会议多数意见仍不一致，说明分歧较大、难以调和，由审判委员会讨论决定为宜；如果独任庭、合议庭经复议后对法律适用问题仍然难以作出决定，也适合提请审判委员会讨论决定。至于"四类案件"之外的案件，院庭长可以综合考虑案件复杂程度、监督管理需要，决定是否将案件提请审判委员会讨论决定。

第五，专业法官会议意见的成果转化。人民法院相关审判庭室可以定期总结专业法官会议工作情况，组织整理形成会议纪要、典型案例、裁判规则等统一法律适用成果，并报综合业务部门备案，还可以指定综合业务部门负责专业法官会议信息备案等综合管理工作。实践中，较高层级法院的专业法官会议纪要已经成为统一法律适用的重要成果形式之一。[1]

---

〔1〕 贺小荣：《法官会议制度的价值功能与实现路径》，载贺小荣主编：《最高人民法院民事审判第二庭法官会议纪要：追寻裁判背后的法理》，人民法院出版社 2018 年版，第 7 页。事实上，最高人民法院近年高度重视专业法官会议纪要工作，已经形成如下成果：最高人民法院第一巡回法庭编著：《最高人民法院第一巡回法庭民商事主审法官会议纪要》（第 1 卷），中国法制出版社 2020 年版；最高人民法院第一巡回法庭编著：《最高人民法院第一巡回法庭行政主审法官会议纪要》（第 1 卷），中国法制出版社 2020 年版；贺小荣主编：《最高人民法院第二巡回法庭法官会议纪要》（第 1 辑、第 2 辑、第 3 辑），人民法院出版社 2019、2021、2022 年版；李少平主编：《最高人民法院第五巡回法庭法官会议纪要》，人民法院出版社 2021 年版。

第六,专业法官会议的讨论范围。专业法官会议讨论案件的法律适用问题或者与事实认定高度关联的证据规则适用问题,必要时也可以讨论其他事项。2021年《专业法官会议指导意见》明确了五类应当提交专业法官会议讨论的情形。独任庭、合议庭办理案件时,存在下列情形之一的,应当建议院庭长提交专业法官会议讨论:(1)独任庭认为需要提交讨论的;(2)合议庭内部无法形成多数意见,或者持少数意见的法官认为需要提交讨论的;(3)有必要在审判团队、审判庭、审判专业领域之间或者辖区法院内统一法律适用的;(4)属于"四类案件"范围的;(5)其他需要提交专业法官会议讨论的。院庭长履行审判监督管理职责时,发现案件存在前款情形之一的,可以提交专业法官会议讨论。综合业务部门认为存在前述第3、4类情形的,应当建议院庭长提交专业法官会议讨论。

值得注意的是,2015年《司法责任制意见》曾将提交主体限定为合议庭,当时的主要考虑是,对于独任庭审理的案件,发现存在重大、疑难、复杂法律适用问题的,应优先将独任制转为合议制,充分发挥合议制作用,不宜直接提交专业法官会议讨论。随着司法责任制深入推进,一些案件尽管不符合"独转合"条件,但为确保不同独任庭、审判团队之间的法律统一适用,并为独任庭形成内心确信提供参考,有必要赋予独任庭将案件提交专业法官会议的权利。尤其是2021年修改《民事诉讼法》后,一审民事普通程序案件、部分第二审民事案件均可以适用独任制。因此,2021年《专业法官会议指导意见》明确,独任庭认为需要提交讨论的,应当建议院庭长提交专业法官会议讨论。

第七,专业法官会议的列席人员。专业法官会议主持人可以根据议题性质和实际需要,邀请法官助理、综合业务部门工作人员等其他人员列席会议并参与讨论。实践中,除法官助理以及研究室、审管办等综合业务部门工作人员外,**"其他人员"**可以包括人民陪审员、专家学者或具有专门知识的人员。专家学者列席,可以就复杂、疑难、新类型法律适用问题发表意见,促进法学理论与司法实务良性互动;有专门知识的人员列席,可以就专业问题发表意见、回答询问,帮助法官对专业问题形成适当理解,澄清不当认识。由于专业法官会议以讨论待决案件为主，会议议题、案件信息和讨论情况属于审判工作秘密，列席人员也应当严格遵守保密纪律，不得向无关人员泄露。

第八，专业法官会议的主持人职责和讨论规则。 专业法官会议的主持人同时也是会议召集人，主要由院庭长担任，负有审查上会申请的职责。实践中，专业法官会议的讨论质量，很大程度上取决于主持人是否能够恪尽职责。为防止法官产生依赖心理，避免专业法官会议负担过重，主持人对于法律适用已经明确、专业法官会议已经讨论且没有出现新情况，或者其他不属于专业法官会议讨论范围的上会申请，应当及时驳回，并按照审判监督管理权限督促独任庭、合议庭依法及时处理相关案件。主持人决定不召开专业法官会议的情况，应当在办案平台或者案卷中留痕。

主持人应当指定专人负责会务工作。召开会议前，应当提前将讨论所需的报告等会议材料送交全体参加人员。召开会议时，应当制作会议记录，准确记载发言内容和会议结论，由全体参加人员会后及时签字确认，并在办案平台或者案卷中留痕；参加人员会后还有新的意见，可以补充提交书面材料并再次签字确认。

主持人召开会议时，应当严格执行讨论规则，客观、全面、准确归纳总结会议讨论形成的意见，具体讨论规则是：(1)独任庭或者合议庭作简要介绍；(2)参加人员就有关问题进行询问；(3)列席人员发言；(4)参加人员依次发表意见；(5)主持人视情况组织后续轮次讨论；(6)主持人最后发表意见；(7)主持人总结归纳讨论情况，形成讨论意见。

第九，专业法官会议的召开时间和准备工作。 对于专业法官会议何时召开，并无明确时限、节点要求，只需预留合理、充足的准备时间，提前将讨论所需的报告等会议材料送交全体参加人员，以进一步提高参会人员讨论的质量。至于如何理解"合理、充足"，需要具体情况具体分析，综合考虑法官工作负担、议题复杂程度、参会人员范围等因素，既不仓促上会，也不过分提前。

拟提交专业法官会议讨论的案件，承办审判组织应当在会议召开前就基本案情、争议焦点、评议意见及其他参考材料等简明扼要准备报告,并在报告中明确拟提交讨论的焦点问题。全体参加人员应当在会前认真阅读会议材料,掌握议题相关情况,针对提交讨论的问题做好发言准备。考虑到提交专业法官会议讨论的情况各异,应区分个案具体情形,决定是否制作类案检索报告,不宜一律要求类案检索。只有当案件涉及新类型案件或统一法律适用问题时,独任庭、合议庭才应当说明类案检索情况,确有必要的再制作类案检索报告,以求符合案件审理需要,避免"为检索而检索"的形式主义。

　　第十,专业法官会议与审判委员会的衔接机制。对于依法应当提请审判委员会讨论决定、但不存在内部分歧的案件,可以不提交专业法官会议讨论。可以直接提请审判委员会讨论的情形主要包括:(1)依法应当由审判委员会讨论决定,但独任庭、合议庭与院庭长之间不存在分歧的;(2)专业法官会议组成人员与审判委员会委员重合度较高,先行讨论必要性不大的;(3)确因其他特殊事由无法或者不宜召开专业法官会议讨论,由院长决定提请审判委员会讨论决定的。

　　上述规定的主要考虑是:**一是符合办案实际**。一些地方法院提出,部分案件依照法律或司法解释必须提请审判委员会讨论,但合议庭内部,或者合议庭与院庭长之间并不存在分歧,如拟判处死刑的案件、人民检察院抗诉案件等。这类案件若不存在内部分歧,可以不经专业法官会议、直接提请审判委员会讨论,以提升办案效率。**二是减少流转环节**。一些"小体量"法院的专业法官会议组成人员与审判委员会委员重合度较高,一律要求专业法官会议先行讨论只会徒增办案环节。**三是兼顾特殊情形**。鉴于专业法官会议并非法定办案环节,可以不做刚性要求。

　　第十一,专业法官会议的配套绩效考核机制。主持或参加专业法官会议不属于办案,不计入办案数量,但是,高质量的发言对于充分发挥专业法官会议作用、推动案件公正高效审理具有重要意义。为鼓励法官积极参与、贡献智慧,法官参加专业法官会议的情况应当计入工作量,并作为绩效考核、等级晋升的参考,将专业法官会议当作培养、发掘优秀审判人才的重要平台。因此,法官在会上发表的观点对推动解决法律适用分歧、促成公正高效裁判发挥重要作用的,可以综合作为绩效考核和等级晋升时的重要参考因素；经研究、整理会议讨论意见，形成会议纪要、典型案例、裁判规则等统一法律适用成果的，可以作为绩效考核时的加分项。

五、违法审判责任如何追究

错案责任还是违法审判责任

审判是依法定分止争的活动。法官不能因事实不易查明、法律适用不明，就拒绝裁判。面对纷繁个案，法官所要认定的案件事实、适用的法律条文，既非简单相加的数学计算，也非此消彼长的物理变化，而是要综合运用逻辑推演和司法经验，在多种可能性中选择与判断。无论刑事定罪量刑，还是民事责任分配，公平正义都不能一概而论，而是要在具体个案中精准实现。然而，正如一个案件不可能只有一种正确判决，不同司法机关、不同层级法院、不同审判组织，乃至诉讼参与各方，对裁判结果是非对错的认识，也可能存在很大差异。因此，确定何谓错误裁判结果、何谓不当审判行为的标准和程序，将在很大程度上影响审判组织的决策机制、决定审判权力的运行模式。

党的十八大之前，最高人民法院围绕司法责任的认定和追究，先后印发过《人民法院审判人员违法审判责任追究办法（试行）》（法发〔1998〕15号）、《人民法院审判纪律处分办法（试行）》（法发〔1998〕16号）、《最高人民法院关于严格执行〈中华人民共和国法官法〉有关惩戒制度的若干规定》和《人民法院工作人员处分条例》（法发〔2009〕61号）等文件。此外，《法官职业道德基本准则》《法官行为规范》也有责任和处分方面的规定。但是，在实践运行过程中，错案责任、违法审判责任、审判瑕疵责任、司法伦理责任较难界定，院庭长的监督管理责任、审判组织的整体责任和内部责任也难以划分，影响到司法责任制的准确落实。

2015年《司法责任制意见》制定期间，围绕如何界定"错案"、是否使用"错案责任"的表述,存在很大争议。在我国,"冤假错案"是常见概念,但并非规范表述。所谓**"冤案"**,指司法机关在刑事诉讼中错拘、错捕以及将无罪的被告人错判为有罪的案件。所谓**"错案"**,主要指在刑事、民事和行政诉讼中,法院在认定事实或适用法律上发生错误的案件。至于程序违法的案件,如果未导致实体处理错误,能否称为错案,也存在不同意见。

2015 年《司法责任制意见》征求意见稿曾规定,"错案是法定组织按照法定程序对已经生效的裁判依法判定确有错误的案件。"其间,也有意见认为:"错案是指人民法院审判人员在办案过程中,因故意违反法律法规,致使裁判结果错误,或因重大过失导致裁判结果错误,应当依法予以纠正并追究相关责任人法律和纪律责任的案件。"[1]前者明确了错案要由法定组织依法认定,但究竟什么样的案件能够被依法判定确有错误,含义仍不明确;后者则把错案责任和违法审判责任混为一谈,逻辑亦不清晰。此外,也有人建议将审判瑕疵责任、司法伦理责任一并纳入司法责任范畴。

在征求意见过程中,法官代表、专家学者对相关表述、认定标准提出质疑,主要集中在三个方面:**第一,反对直接对错案下定义并使用"错案责任"的表述。**大家普遍认为,"错案"本身不是一个严格的法律概念,错案标准也难以确定。如果错案界定过于含糊、范围过于广泛,会使法官时常处于被追责的风险之中,进而想方设法将定案权转移给院庭长、审判委员会或上级人民法院,藉此推卸所谓错案责任。[2] **第二,反对结果主义责任模式。**所谓**"结果主义责任模式"**,是指单纯因裁判结果出现错误,就追究法官责任。[3] 反对者认为,法官是根据庭审情况、呈堂证据认定案件事实的,裁判所认定的事实并不

---

〔1〕　最高人民法院司法改革领导小组办公室编著:《〈最高人民法院关于完善人民法院司法责任制的若干意见〉读本》,人民法院出版社 2015 年版,第 221 页。

〔2〕　李少平:《深化司法责任制改革应当处理好四个关系》,载《法制日报》2016 年 2 月 24 日。

〔3〕　也有学者将司法责任划分为结果责任模式、行为责任模式和职业伦理责任模式三类,前两类又被认为属于办案责任范畴。参见陈瑞华:《法官责任制度的三种模式》,载《法学研究》2015 年第 4 期。

必然与客观事实相符,如果将裁判结果与审判责任挂钩,不利于法官独立表达意见、审慎作出判断,也会给二审改判、启动再审造成压力。**第三,反对将审判瑕疵责任作为司法责任形式。**所谓**"审判瑕疵责任"**,是指法官在文书制作、诉讼程序、事实认定、法条援引等方面存在一般差错(这种差错不影响裁判结果正确性,也未达到启动审判监督程序的条件),依照有关规定应当承担的责任。反对者认为,审判瑕疵责任如果作为审判责任形式,对一线办案法官过于苛刻,尽管责任追究方式不同,仍会给法官造成较大心理压力,不利于保障审判人员依法履职。至于裁判文书、法条援引等一般性差错,可以作为审判绩效考评内容,纳入审判管理和业绩考评工作统筹考虑。[1]

综合上述意见,我们作出下述调整:**一是**删去错案定义的内容,未使用"错案责任"的表述,仅罗列了"不得作为错案进行责任追究"的八种情形;**二是**不再依循结果主义责任模式,改采行为主义责任模式;**三是**不再将审判瑕疵责任作为司法责任形式;**四是**将法官职业道德责任单列于司法责任之外,明确法官有违反职业道德准则和纪律规定,接受案件当事人及相关人员的请客送礼、与律师进行不正当交往等违纪违法行为的,依照法律及有关纪律规定另行处理。

立足于审判权的判断权属性,2015 年《司法责任制意见》将司法责任界定为违法审判责任,主要包括两种类型:

第一种违法审判责任类型:审判活动中故意违反法律法规的行为。这一类型采取的是严格行为主义模式,即法官在审判活动中"明知违法而有意为之"。**"故意"**既包括直接故意,也包括间接故意。以故意形式采取的违法审判行为主要包括:

1. **审理案件时有贪污受贿、徇私舞弊、枉法裁判行为的。**"贪污受贿、徇私舞弊、枉法裁判"行为可以是并列关系,也可以是因果关系,但必须与审判活动相关,若只是在法院基建、采购工作中收受回扣,不属于审判责任。三类行为也可能构成刑事犯罪,需要追究刑事责任,

---

〔1〕 最高人民法院司法改革领导小组办公室编著:《〈最高人民法院关于完善人民法院司法责任制的若干意见〉读本》,人民法院出版社 2015 年版,第 198 页。

如贪污罪、受贿罪、徇私枉法罪、枉法裁判罪、执行判决、裁定失职罪、执行判决、裁定滥用职权罪等。正是因为上述行为通常直接按刑事犯罪处理，实践中也很难再追究违法审判责任。2019 年《法官法》注意到这一问题，在第四十六条将"贪污受贿、徇私舞弊、枉法裁判"与"故意违反法律法规办理案件"分开表述，仅将后者与"因重大过失导致裁判结果错误并造成严重后果"作为需要提请法官惩戒委员会审查的违法审判行为。

2. **违反规定私自办案或者制造虚假案件的**。制造虚假诉讼，一般指利用职权之便，策划或参与虚假诉讼行为。所谓**"虚假诉讼"**，是指单独或者与他人恶意串通，采取伪造证据、虚假陈述等手段，捏造民事案件基本事实，虚构民事纠纷，向人民法院提起民事诉讼，损害国家利益、社会公共利益或者他人合法权益，妨害司法秩序的行为。向人民法院申请执行基于捏造的事实作出的仲裁裁决、调解书及公证债权文书，在民事执行过程中以捏造的事实对执行标的提出异议、申请参与执行财产分配的，也属于虚假诉讼。

3. **涂改、隐匿、伪造、偷换和故意损毁证据材料的**。一般而言，涂改、伪造、偷换证据材料行为本身即可说明主观上的故意，但是丢失和损毁则必须结合其他事实和证据判断到底是故意隐匿还是过失丢失，是故意毁坏还是过失导致被毁坏。因重大过失丢失、损毁证据材料，必须对案件实体性裁判造成直接重大影响、造成裁判错误等严重后果方可追责。

4. **向合议庭、审判委员会汇报案情时，故意隐瞒主要证据、重要情节或提供虚假材料的**。故意隐瞒的，必须是主要证据和重要情节，如直接影响被告人定罪量刑或认定案件主要事实的证据和情节。

5. **制作诉讼文书时，故意违背合议庭评议结果、审判委员会决定的**。即使承办法官不同意合议庭多数意见和审判委员会的决定，裁判文书也只能按合议庭多数意见和审判委员会讨论决定撰写，如果承办法官擅作主张，应当承担违法审判责任。

6. **违反法律规定，对不符合减刑、假释条件的罪犯裁定减刑、假释的**。主要指审判人员对不符合减刑、假释、暂予监外执行条件的罪犯，徇私舞弊，违法裁定减刑、假释或违法决定暂予监外执行。相关行为也可能构成徇私舞弊减刑、假释、暂予监外执行罪，依法追究刑事责任。

7. 其他故意违背法定程序、证据规则和法律明确规定违法审判的。例如，违反规定，擅自对应当受理的案件不予受理，或者对不应当受理的案件违法受理；明知具有法定回避情形，故意不依法自行回避，或对符合法定回避条件的申请，故意不作出回避决定，影响案件公正审理；明知诉讼代理人、辩护人不符合担任代理人、辩护人的规定，仍准许其担任代理人、辩护人，造成不良后果；依职权应当对影响案件主要事实认定的证据进行鉴定、勘验、查询、核对，或应当采取证据保全措施而故意不进行，导致裁判错误；故意违反法律规定采取或者解除财产保全措施，造成当事人财产损失；故意违反规定选定审计、鉴定、评估、拍卖等中介机构，或串通、指使相关中介机构在审计、鉴定、评估、拍卖等活动中徇私舞弊、弄虚作假的，故意违反规定采取强制措施；送达诉讼、执行文书故意不依照规定，造成不良后果；等等。

第二种违法审判责任类型：审判活动中因重大过失导致裁判错误并造成严重后果的行为。基于审判权的特殊属性，对于不影响裁判结果的一般或轻微过失行为，不宜归入违法审判行为之列。综合各方意见，2015 年《司法责任制意见》将重大过失导致裁判错误并造成严重后果的行为纳入违法审判责任的范围。

具体而言，这类违法审判责任应当同时具备三个条件：

1. 必须是"重大过失"。所谓"重大过失"，是指过失程度比较严重，具体可从违反注意义务的程度和违反义务对结果的影响程度两个方面考虑。如严重不负责任，对明显可以注意到的事项或本来可以避免发生的事项，未尽到应有的注意义务，未能尽责使之避免发生，同时，该违反注意义务或未尽责的行为对于导致错误裁判结果、错误司法行为、他人权益受到侵害等具有直接、重要影响。法官作为受过职业法律训练的专业人员，应当精通诉讼程序和证明规则，不能违反普通人的注意义务而怠于注意。如因重大过失丢失、损毁证据材料，忽略决定罪或非罪的重要证据，无视当事人一方明确提出的与法官内心确信相反的质证意见,混淆证据证明力大小的位阶顺序等。

2. 必须"导致裁判错误"。法官在认定事实方面的过错,必将导致适用法律上的错误,二者具有内在的逻辑关系。但也有采信证据上有过失但裁判结果正确的判例,这在民事侵权类案件中偶有发生。裁判错误是一个客观标准,就是依法经审判组织认定存在案件事实认定不清、适用法律错误、严重违反法定程序、裁判处理结论错误等客观错误情况。应当强调的是,如果法官在审查和认定证据中的过失行为并未导致裁判错误,过失行为能够通过第二审程序或案件评查机制纠正的,可以不作为违法审判责任追究。

3. 必须"造成严重后果"。所谓"造成严重后果",一般是指:(1)造成案件当事人或第三人人身伤亡或者重大财产损失的;(2)引起重大国防、外交事件,严重损害国家安全和国家利益的;(3)引发重大群体性事件,造成国家利益、社会公共利益遭受重大损失的;(4)严重损害司法公信力,造成恶劣社会影响的,等等。法官因重大过失的违法审判行为应当与裁判错误、严重后果之间具有因果关系,不能"客观归责",更不能因为存在当事人上访、自杀、群体性事件等因素就对法官追责。如果法官因过失行为导致裁判错误,但并未造成严重后果的,也不纳入违法审判责任范围追究。例如,第一审判决因法官过失行为导致裁判错误,当事人一方提出上诉后,第二审予以纠正的;证据或诉讼保全过程中因过失行为导致裁定错误,当事人提出异议后及时纠正,且未造成重大损失的,等等。对未造成严重后果的过失行为不纳入违法审判责任来追究,并不是对法官过失行为的放纵和迁就,而是要通过严格的业绩考评机制来调整,更好地发挥司法责任体系和法官业绩评价体系的不同功能。

按照2015年《司法责任制意见》,符合上述构成要件的违法审判行为主要包括:(1)因重大过失丢失、损毁证据材料并造成严重后果的;(2)因重大过失遗漏主要证据、重要情节导致裁判错误并造成严重后果的;(3)因重大过失导致裁判文书主文错误并造成严重后果的;(4)制作诉讼文书时,因重大过失导致裁判文书主文错误并造成严重后果的;(5)因重大过失对不符合减刑、假释条件的罪犯裁定减刑、假释并造成严重后果的；（6）其他因重大过失导致裁判结果错误并造成严重后果的。

总体上看，上述关于违法审判责任的界定，既遵循司法规律，也符合办案实际，经受住了司法实践检验，得到一线审判人员认可，并被相关法律、党内法规吸收。例如，中办、国办2016年印发的《保护司法人员依法履行法定职责规定》第十一条明确，法官非因故意违反法律、法规或者有重大过失导致错案并造成严重后果的，不承担违法审判责任。2019年《法官法》第四十六条、第四十七条也明确将"故意违反法律法规办理案件"与"因重大过失导致裁判结果错误并造成严重后果"的行为作为需要提请法官惩戒委员会审查的违法审判行为。

违法审判责任的豁免条件

为解除法官依法裁判的后顾之忧，各国在制定司法问责规则时，均是**"以豁免为原则，以问责为例外"**，除非裁判错误是法官基于故意或重大过失所致，否则不得轻易问责。[1] 在我国，一些地方法院为便于操作，将追究法官违法审判责任的依据，确定为上诉率、改判率、发回重审率、再审率等指标，导致一审法官要么追求调解结案美化指标，要么仰仗请示汇报转移责任。对上述问题，最高人民法院向来秉持实事求是的态度，党的十八大之前印发的相关司法文件，均明确了审判人员的免责条件。

《人民法院审判人员违法审判责任追究办法（试行）》（法发〔1998〕15号）

第二十二条 有下列情形之一的，审判人员不承担责任：

（一）因对法律、法规理解和认识上的偏差而导致裁判错误的；

（二）因对案件事实和证据认识上的偏差而导致裁判错误的；

---

〔1〕 全亮：《法官惩戒制度比较研究》，法律出版社2011年版，第119页；怀效锋主编：《司法惩戒与保障》，法律出版社2006年版，第348页。

（三）因出现新的证据而改变裁判的；

（四）因国家法律的修订或者政策调整而改变裁判的；

（五）其他不应当承担责任的情形。

《最高人民法院关于进一步加强合议庭职责的若干规定》（法释〔2010〕1号）

第十条　合议庭组成人员存在违法审判行为的，应当按照《人民法院审判人员违法审判责任追究办法（试行）》等规定追究相应责任。合议庭审理案件有下列情形之一的，合议庭成员不承担责任：

（一）因对法律理解和认识上的偏差而导致案件被改判或者发回重审的；

（二）因对案件事实和证据认识上的偏差而导致案件被改判或者发回重审的；

（三）因新的证据而导致案件被改判或者发回重审的；

（四）因法律修订或者政策调整而导致案件被改判或者发回重审的；

（五）因裁判所依据的其他法律文书被撤销或变更而导致案件被改判或者发回重审的；

（六）其他依法履行审判职责不应当承担责任的情形。

2015年《司法责任制意见》吸收借鉴了前述两个司法文件的内容，增加了应当免责的情形，并在表述上作了相应调整。按照2015年《司法责任制意见》，因八种特殊情形，导致案件按照审判监督程序提起再审后被改判的，不得作为错案进行责任追究。之所以强调是**"审判监督程序"**，主要考虑到该程序是依法纠错的特殊救济程序，经过审判监督程序再审后改判的，一般推定为原判决、裁定错误。当然，即使案件被改判，也要看相关事由能否归责于法官，方能科学确定责任。文件起草过程中，也有意见提出应当增加"按照第二审程序审理的上诉案件被改判或者发回重审，不得作为错案进行责任追究"的表述，考虑到二审法院发回重审、改判或再审发回重审、改判的情形较为复杂，所以未增加关于上诉后改判的表述。

具体而言,不得作为错案进行责任追究的八种特殊情形是:(1)对法律、法规、规章、司法解释具体条文的理解和认识不一致,在专业认知范围内能够予以合理说明的;(2)对案件基本事实的判断存在争议或者疑问,根据证据规则能够予以合理说明的;(3)当事人放弃或者部分放弃权利主张的;(4)因当事人过错或者客观原因致使案件事实认定发生变化的;(5)因出现新证据而改变裁判的;(6)法律修改或者政策调整的;(7)裁判所依据的其他法律文书被撤销或者变更的;8. 其他依法履行审判职责不应当承担责任的情形。

既然法官不能因证据缺失、真伪不明而拒绝裁判,立法机关才从制度上设定了举证责任、疑罪从无、非法证据排除、高度盖然性、优势证据等一系列裁判规则和裁判方法。因此,只要法官严格遵循上述规则,即使事后发现了足以推翻原判决的新证据,原裁判行为也并无过错,更不应当让法官承担过错责任。此外,合议庭成员之间、一审法官与二审法官之间,对证据和事实的认定、对法律条文的解释,均可能存在一定差异,只要其心证形成的理由符合证据规则的要求、对条文的解释在专业认知范围之内,就应当免除违法审判责任。

违法审判责任的负担方式

全面落实司法责任制之后,按照"谁审理,谁裁判,谁负责"的基本原则,2015 年《司法责任制意见》明确了审判组织和审判人员的责任承担方式。

第一,关于独任庭审理的案件。由独任庭对案件的事实认定和法律适用承担全部责任。

第二,关于合议庭审理的案件。合议庭作为审判组织,权力运行特点是"平等行权,共同负责",而非"谁出错,谁负责",其司法责任不宜按比例分摊,如根据审判长、承办法官、参审法官的身份确定责任比例,也不宜仅要求多数意见方承担责任。合议庭审理的案件,合议庭成员应当对案件的事实认定和法律适用共同承担责任。

追究违法审判责任时,根据合议庭成员是否存在违法审判行为、情节、合议庭成员发表意见的情况和过错程度,合理确定各自责任。考虑因素包括:每个合议庭成员本身是否实施了违反法律法规的违法审判行为、是否存在故意或者重大过失及过错程度、合议庭成员发表意见的情况、合议庭各成员违法审判行为对错误裁判的关联度和影响力,等等。

第三,关于审判委员会讨论决定的案件。审判委员会讨论案件时,合议庭对其汇报的事实负责,审判委员会委员对其本人发表的意见及最终表决负责。案件经审判委员会讨论的,构成违法审判责任追究情形时,根据审判委员会委员是否故意曲解法律发表意见的情况,合理确定委员责任。审判委员会改变合议庭意见导致裁判错误的,由持多数意见的委员共同承担责任,合议庭不承担责任。审判委员会维持合议庭意见导致裁判错误的,由合议庭和持多数意见的委员共同承担责任。审判委员会讨论案件违反民主集中制原则,导致审判委员会决定错误的,主持人应当承担主要责任。

合议庭汇报案件时,故意隐瞒主要证据或者重要情节,或者故意提供虚假情况,导致审判委员会作出错误决定的,由合议庭成员承担责任,审判委员会委员根据具体情况承担部分责任或者不承担责任。

第四,关于审判辅助人员参与案件的责任承担。审判辅助人员根据职责权限和分工承担与其职责相对应的责任。法官负有审核把关职责的,法官也应当承担相应责任。

第五,关于法官受领导干部干预导致裁判错误的。法官受领导干部干预导致裁判错误的,且法官不记录或者不如实记录,应当排除干预而没有排除的,应当承担违法审判责任。

六、法官如何惩戒

多重身份与程序衔接

法官惩戒，是指按照法定程序，经法官惩戒委员会审议，由人民法院对法官的违法审判行为依法作出相应处理。惩戒措施既包括停职、延期晋升、调离审判执行岗位、退出员额、免职、责令辞职等组织处理，也包括警告、记过、记大过、降级、撤职、开除等政务处分。

法官既是国家审判人员，又兼具公职人员身份，多数还是党员干部。违法审判行为，可能亦是违纪行为，甚至构成刑事犯罪。因此，对法官违法审判行为的调查、惩戒和处分，必须坚持党管干部原则，体现司法职业特点，确保《法官法》与《公务员法》《中华人民共和国公职人员政务处分法》（以下简称《公职人员政务处分法》）、《中华人民共和国监察法》（以下简称《监察法》）及其实施条例、《刑事诉讼法》和《中国共产党纪律处分条例》精准衔接。

2015年《司法责任制意见》明确违法审判责任的构成要件、承担方式后，最高人民法院、最高人民检察院于2016年10月12日印发《关于建立法官、检察官惩戒制度的意见（试行）》，初步建立了人民法院与法官惩戒委员会分工负责的法官惩戒工作机制。2019年《法官法》第四十八条至第五十一条，又从立法上确认了法官惩戒委员会的法律地位、工作职责、组成方式和运行机制。之后，最高人民法院先后印发《法官惩戒工作程序规定（试行）》和《关于做好法官惩戒与纪检监察工作衔接的规定》，全面、系统规范了违法审判线索受理、调查核实、提请审议、作出惩戒决定及当事法官申诉复核等相关工作的办理程序。

按照上述文件，法官惩戒工作实际上是由人民法院、纪检监察机关和法官惩戒委员会按照干部管理权限、工作职责，分工协作完成的。人民法院按照干部管理权限，对当事法官涉嫌违反审判职责行为进行调查核实，根据法官惩戒委员会的审查意见，作出是否惩戒的决定，并给予相应处理。干部管理权限不在所在法院的法官涉嫌违反审判职责的,由有管辖权的纪检监察机关调查核实。法官惩戒委员会侧重从专业层面,就法官违反审判职责的行为,提出构成故意违反职责、存在重大过失、存在一般过失或者没有违反职责等审查意见,但无权作出实体性处理意见。

综上,在法官惩戒工作中,人民法院主要履行以下职责:(1)受理反映法官违反审判职责的问题线索;(2)审查当事法官涉嫌违反审判职责涉及的案件;(3)调查当事法官涉嫌违反审判职责的行为(仅限于本院有干部管理权限者,下同);(4)提请法官惩戒委员会审议当事法官是否存在违反审判职责的行为(只能由最高人民法院或高级人民法院提请);(5)派员出席法官惩戒委员会组织的听证,就当事法官违反审判职责的行为和过错进行举证;(6)根据法官惩戒委员会的审查意见,作出是否予以惩戒的决定,并给予相应处理;(7)受理当事法官不服惩戒决定的复核和申诉;(8)其他应由人民法院承担的惩戒职责。

违法审判行为的调查

2018 年 3 月之前,按照《中华人民共和国行政监察法》,监察机关只是人民政府行使监察职能的机关,依法对国家行政机关及其公务员和国家行政机关任命的其他人员实施监察,对审判人员的监察职责主要由各级人民法院内设监察部门自行履行。各级人民法院监察部门根据《人民法院监察工作条例》,对各自监督对象行使监督检查、政纪审查等监察职能。2018 年 3 月,《监察法》实施后,对所有行使公权力的公职人员的监察职能由各级监察委员会统一行使。因此,原人民法院监察部门不再行使监察职能,改称督察部门,重点督察审判人员履职尽责、行使职权、遵章守纪、改进作风等问题。

前已述及,人民法院在司法管理、诉讼监督和司法监督工作中,发现法官有涉嫌违反审判职责的行为,需要认定是否构成故意或者重大过失的,应当组织调查,在查明事实的基础上,提请法官惩戒委员会审议。法官的其他违法违纪行为,由有关部门调查核实,依照法律及有关纪律规定处理。

第一，违法审判行为线索的受理。各级人民法院机关纪委或督察部门，按照干部管理权限受理反映法官违反审判职责问题的举报、投诉，以及有关单位、部门移交的相关问题线索。

人民法院在审判监督管理工作中，发现法官可能存在违反审判职责的行为，需要追究违法审判责任的，由办案部门或承担审判管理工作的部门对案件是否存在裁判错误提出初步意见，报请院长批准后，移送机关纪委或督察部门审查。

人民法院机关纪委或督察部门经初步核实，认为有关法官可能存在违反审判职责的行为，需要予以惩戒的，应当报请院长批准后立案，并组织调查。

第二，对违法审判行为的调查核实。按照干部管理权限，对法官违法审判行为的调查主体包括两类：**第一类**是当事法官所在法院的机关纪委或督察部门，**第二类**是有管辖权的纪检监察机关。

人民法院在对反映法官违反审判职责问题线索进行调查核实过程中，对涉及的案件裁判是否存在错误有争议的，应当报请院长批准，由承担审判监督工作的部门（一般是审判监督庭）审查，或者提请审判委员会进行讨论，并提出意见。经承担审判监督工作的部门或审判委员会审查，认定当事法官办理的案件裁判错误，可能存在违反审判职责行为的，应当启动惩戒程序。调查过程中，当事法官享有知情、申请回避、陈述、举证和辩解的权利。调查人员应当如实记录当事法官的陈述、辩解和举证。

调查结束后，经院长批准，按照下列情形分别处理：（1）没有证据证明当事法官存在违反审判职责行为的，应当撤销案件，并通知当事法官，必要时可在一定范围内予以澄清；（2）当事法官存在违反审判职责行为，但情节较轻，无须给予惩戒处理的，由相关部门进行提醒谈话、批评教育、责令检查，或者予以诫勉；（3）当事法官存在违反审判职责行为，需要惩戒的，人民法院调查部门应将审查报告移送本院督察部门，由后者制作提请审议意见书，报院长审批后，按照程序提请法官惩戒委员会审议。提请审议意见书应当列明当事法官的基本情况、调查认定的事实及依据、调查结论及处理意见等内容。

　　需要强调的是，人民法院对涉嫌违反审判职责的法官立案调查前，应当向派驻纪检监察组通报初核情况；调查结束后，应当向派驻纪检监察组通报调查结论和拟处理意见。

　　法官涉嫌违反审判职责，已经被立案调查，不宜继续履行职责的，报请院长批准，按照管理权限和规定的程序暂时停止其履行职务。人民法院在办理法官违反审判职责案件过程中，发现法官涉嫌犯罪的，应当及时移送具有管辖权的纪检监察机关或者人民检察院依法处理。

　　第三，纪检监察机关的调查核实机制。对法官的同一违反审判职责行为，纪检监察机关已审查调查、处理的，相关法院不再适用《法官惩戒工作程序规定（试行）》调查处理。对干部管理权限不在本院的法官涉嫌违反审判职责的问题线索，相关法院应当及时移送有管辖权的纪检监察机关。纪检监察机关对法官违反审判职责行为调查处理时，可以商请法官惩戒委员会从专业角度提出审查意见。一般由对应的高级人民法院提请法官惩戒委员会审议，并将审查意见书面告知纪检监察机关。

法官惩戒委员会的组成和职责

　　法官惩戒程序是对法官裁判行为的评判，本身亦具司法性，应注重惩戒与保障相结合。[1] 因此，世界各国均秉持"准司法标准"，审慎设置法官惩戒或弹劾程序，审议组织成员也主要由法官构成。例如，德国是由资深法官组成职务法庭审议，美国联邦法院是由巡回上诉法院、地区法院组成的司法委员会审议，日本是由上级法院法官组成合议庭审议。过去，我国法院对法官的惩戒和处分是一体的，惩戒权力由法院纪检监察部门行使，对法官的惩戒与对法院其他工作人员的惩戒并无区别，惩戒程序也采用行政化模式。党的十八大之后，为推动全面落实司法责任制，设立相对中立、成员多元、运行规范的法官惩戒

---

　　[1]　蒋惠岭：《论法官惩戒程序之司法性》，载《法律适用》2003 年第 9 期。

委员会,成为建立新型法官惩戒程序的组织前提。

按照 2019 年《法官法》第四十八条,最高人民法院和省、自治区、直辖市设立法官惩戒委员会,负责从专业角度审查认定法官是否存在该法第四十六条第四项(故意违反法律法规办理案件的)、第五项(因重大过失导致裁判结果错误并造成严重后果的)规定的违反审判职责的行为,提出构成故意违反职责、存在重大过失、存在一般过失或者没有违反审判职责等审查意见。法官惩戒委员会提出审查意见后,人民法院依照有关规定作出是否予以惩戒的决定,并给予相应处理。

法官惩戒委员会由法官代表、其他从事法律职业的人员和有关方面代表组成,其中法官代表不少于半数。

第一,法官惩戒委员会的设立和组成。法官惩戒委员会分为由最高人民法院和各省、自治区、直辖市设立的两级。需要注意的是,最高人民法院法官惩戒委员会是由最高人民法院设立的;省级法官惩戒委员会是在省、自治区、直辖市设立,设立工作通常由省级党委政法委统筹,并不是高级人民法院主导设立。

法官惩戒委员会由政治素质高、专业能力强、职业操守好的人员组成,包括来自人大代表、政协委员、法官、检察官、监察官、法学专家、律师的代表。其中,法官代表不低于全体委员的半数,且应当从辖区内不同层级的人民法院选任,包括基层、中级人民法院和专门人民法院。这么规定的主要考虑是,惩戒委员会需要认定的事项具有很强的专业性,许多事项的判断需要来自不同层级法院的审判经验支撑,确保法官代表比例和广泛代表性,有利于更周延地维护法官合法权益。[1] 法官惩戒委员会主任由惩戒委员会全体委员从实践经验丰富、德高望重的资深法律界人士中推选,经省、自治区、直辖市党委对人选把关后产生。

第二,法官惩戒委员会的职责。最高人民法院法官惩戒委员会负责审查最高人民法院提请审议的法官是否具有违反审判职责的行为,并提出审查意见。省、自治区、直辖市法官惩戒委员会负责审查高级

---

〔1〕 王爱立主编:《中华人民共和国法官法释义》,法律出版社 2019 年版,第 277 页。

人民法院提请审议的法官是否具有违反审判职责的行为,并提出审查意见。除上述职责外,法官惩戒委员会的其他职责还包括:(1)制定和修订法官惩戒委员会章程等相关工作规定;(2)受理当事法官对审查意见的异议申请,并作出决定;(3)审议决定法官惩戒工作的其他相关事项。法官惩戒委员会不直接受理对法官的举报、投诉。如收到对法官的举报、投诉材料,应当根据受理权限,转交有关部门按规定处理。

第三,**法官惩戒委员会的办事机构**。最高人民法院法官惩戒工作办公室设在最高人民法院督察局。各省、自治区、直辖市法官惩戒工作办公室统一设在高级人民法院,具体职能由各高级人民法院督察部门承担。上述机构负责法官惩戒委员会的日常工作,也即受理提请审议意见书等材料、组织听证会和审议工作、受理当事法官不服惩戒决定的申诉等事务性工作。

第四,**法官惩戒委员会主任和委员的回避**。法官惩戒委员会委员有下列情形之一的,应当自行回避,当事法官也有权要求其回避:(1)本人是当事法官或当事法官的近亲属;(2)本人或者其近亲属与办理的惩戒事项有利害关系;(3)担任过本调查事项的证人,以及当事法官办理案件的当事人、辩护人或诉讼代理人;(4)有可能影响惩戒事项公正处理的其他情形。法官惩戒委员会主任的回避,由法官惩戒委员会全体委员会议决定;副主任和委员的回避,由法官惩戒委员会主任决定。为确保审议过程和结果的公正性,申请回避在惩戒委员会尚未结束审议的任何时间节点均可提出。[1]

法官惩戒委员会如何运行

第一,**提请法官惩戒委员会审议的程序**。最高人民法院法官违反审判职责的,由最高人民法院提请最高人民法院法官惩戒委员会审议;高级人民法院法官违反审判职责的,由高级人民法院提请省、自治区、直辖市法官惩戒委员会审议;中级、基层人民法院和专门人民法院

---

〔1〕 王爱立主编:《中华人民共和国法官法释义》,法律出版社 2019 年版,第 280 页。

法官违反审判职责的,层报高级人民法院提请省、自治区、直辖市法官惩戒委员会审议。上级人民法院认为下级人民法院提请审议的事项不符合相关要求的,可以要求下级人民法院补充完善,或者将提请审议的材料退回下级人民法院。

第二,法官惩戒委员会审议前的准备工作。法官惩戒委员会受理惩戒事项后,办事机构应当做以下准备工作:(1)受理后五日内将提请审议意见书送达当事法官,并告知当事法官有权查阅、摘抄、复制相关案卷材料及证据,有陈述、举证、辩解和申请回避等权利,以及按时参加听证、遵守相关纪律等义务;(2)提前三日将会议议程及召开会议的时间、地点通知法官惩戒委员会委员;(3)听证前三日将听证的时间、地点通知当事法官和相关人民法院调查部门;(4)根据当事法官和相关人民法院调查部门的申请,通知相关证人参加听证;(5)做好听证、审议的会议组织工作。

第三,法官惩戒委员会的听证和审议程序。法官惩戒委员会审议惩戒事项时,应当组织听证。组织听证或审议惩戒事项时,应当有全体委员五分之四以上出席方可召开。委员因故无法出席的,须经法官惩戒委员会主任批准。当事法官对人民法院调查认定的事实、证据和提请审议意见没有异议、明确表示不参加听证或无故缺席的,可直接进行审议。因特殊情况,惩戒委员会主任可以决定延期听证。

听证由法官惩戒委员会主任主持,或由主任委托副主任或其他委员主持,按照下列程序进行:(1)主持人宣布听证开始。(2)询问当事法官是否申请回避,并作出决定。(3)督察部门派员宣读提请审议意见书。(4)调查人员出示当事法官违反审判职责的证据,并就其违反审判职责行为和主观过错进行举证。(5)当事法官陈述、举证、辩解。(6)法官惩戒委员会委员可以就惩戒事项涉及的问题进行询问。(7)调查人员和当事法官分别就事实认定、当事法官是否存在过错及过错性质发表意见。(8)当事法官最后陈述。

需要强调的是,为加强法官权益保障,2019年《法官法》第四十九条专条明确,法官惩戒委员会审议惩戒事项时,当事法官有权进行陈述、举证、辩解。**当事法官的陈述,**应当包括与惩戒事项有关的所有内容,如有无过错的事实和情节;办理案件中的有关考虑;减轻或排除其过错的有关事实和情节;根据事实和证据情况,对自己应当承担责任的意见;对自己犯错原因的分析、认识或悔过态度;从轻处理的请求等。**当事法官的举证**,是指对与惩戒事项有关的内容提出证据,证明自己的主张。证明当事法官存在违法审判行为的举证责任在人民法院,但当事法官对认定的事实和责任有异议的,可以提出自己的证据。**当事法官的辩解**,是指当事法官对认定自己有责任的事实和责任有异议的,可以为自己辩护和解释。

法官惩戒委员会应当在听证后进行审议,并提出审查意见。审议时,法官惩戒委员会委员应当对证据采信、事实认定、法律法规适用等进行充分讨论,并根据听证的情况独立发表意见。发表意见按照委员、副主任、主任的先后顺序进行。法官惩戒委员会审议惩戒事项,须经全体委员三分之二以上多数通过,对当事法官是否构成违反审判职责提出审查意见。

经审议,未能形成三分之二以上多数意见的,由人民法院根据审议情况进行补充调查后重新提请审议,或者撤回提请审议事项。法官惩戒委员会审议其他事项,须经全体委员半数以上同意。法官惩戒委员会认为惩戒事项需要补充调查的,可以要求相关人民法院补充调查。相关人民法院也可以申请补充调查。人民法院应当在一个月内补充调查完毕。补充调查以二次为限。人民法院补充调查后,认为应当进行惩戒的,应重新提请法官惩戒委员会审议。

第四,纪检监察机关听取法官惩戒委员会意见。纪检监察机关对法官涉嫌违反审判职责案件调查终结,交由人民法院作出处分决定时,人民法院根据具体情况,可商纪检监察机关决定是否听取法官惩戒委员会意见。法官惩戒委员会审查意见与纪检监察机关处理意见不一致的,人民法院应当与纪检监察机关沟通。

第五,对法官惩戒委员会审议意见的异议。法官惩戒委员会的审查意见应当书面送达当事法官和相关人民法院。当事法官对审查意见有异议的,可以自收到审查意见书之日起十日内以书面形式通过督察部门向法官惩戒委员会提出。法官惩戒委员会应当对异议及其理由进行审议，并作出书面决定：认为异议成立的，决定变更原审查意见，作出新的审查意见；认为异议不成立的，决定维持原审查意见。异议审查决定应当书面回复当事法官。法官惩戒委员会审查异议期间，相关人民法院应当暂缓对当事法官作出惩戒决定。

对法官的惩戒决定和救济程序

经法官惩戒委员会审议，认定法官存在故意违反审判职责行为，或者存在重大过失导致案件错误并造成严重后果，应当予以惩戒的，人民法院组织人事部门或调查部门根据干部管理权限提出的处理建议，在征求派驻纪检监察组意见后，由人民法院作出惩戒决定：（1）给予停职、延期晋升、调离审判执行岗位、退出员额、免职、责令辞职等组织处理；（2）按照《公务员法》《公职人员政务处分法》《法官法》《人民法院工作人员处分条例》等给予处分。上述惩戒方式，可以单独使用，也可以同时使用。人民法院依据法官惩戒委员会的审查意见作出惩戒决定后，应当以书面形式通知当事法官，并列明理由和依据。惩戒决定及处理情况，应当归入受惩戒法官的人事档案。

当事法官对惩戒决定不服的，可以自知道惩戒决定之日起三十日内向作出决定的人民法院申请复核。当事法官对复核结果不服的，可以自接到复核决定之日起十五日内向上一级人民法院提出申诉；也可以不经复核，自知道惩戒决定之日起三十日内直接提出申诉。

人民法院应当自接到复核申请书后的三十日内作出复核决定，并以书面形式告知申请人。上一级人民法院应当自受理当事法官申诉之日起六十日内作出处理决定；案情复杂的，可以适当延长，但是延长时间不得超过三十日。复核、申诉期间不停止惩戒决定的执行。法官不因申请复核、提出申诉而被加重处理。上一级人民法院经审查，认定惩戒决定有错误的，作出惩戒决定的人民法院应当及时予以纠正。人民法院应当将惩戒决定及执行情况通报法官惩戒委员会。

第十一讲 | 法官制度（上）：法官法与法官员额制

> 法官乃会说话的法律，法律乃沉默的法官。
>
> ——[古罗马]西塞罗

> 人法兼资，而天下之治成。
>
> ——[明]海瑞

1995 年之前，我国关于法官选任、管理的内容，主要规定于 1979 年《人民法院组织法》和各类政策性文件。但是，早在 1980 年 8 月，最高人民法院就开始探索制定《审判员条例》。经过十五年的探索、试点与实践，终于在 1995 年推动《法官法》的制定出台。经历 2001 年、2017 年两次修正，以及 2019 年的全面修订，《法官法》逐步吸纳法治实践和改革成果，全面构建起具有中国特色的社会主义法官制度。这其中，最为核心也最为艰难的，莫过于法官员额制改革。这项改革的根本目标，在于建立现代化司法人员分类管理制度，进而打造符合司法规律的新型审判权力运行机制。1999 年以来，经过五个法院"五年改革纲要"的分布规划、接续发力，从审判长选任制、法官定编制再到法官员额制，从上海试点、分批推进、督察纠偏到全面推开、写入法律、配套完善，终于初步达成改革目标，并在实践检验中走向成熟定型。

一、从《审判员条例》到《法官法》

从推事到审判员

法官代表国家辨明是非、判定对错，通过审判宣示法律。英语称法官为 Judge，称大法官为 Justice，前者意为"判断"，后者等同"正义"。事实上，"正义"（Justice）一词源自拉丁文 Justitia，词根 jus 即为"法律"。"法官"的拉丁文写法是 judex，由 jus（法律）和 dicere（说话）两个词根组成，正好对应法官"宣示法律"的职责。[1]

在我国，对于"折狱听讼""平亭曲直"的官员，历代称谓不一。[2] 夏称大理，商称司寇，周称秋官，汉称廷尉，唐称法曹、司法参事或推事，宋称通判或判官，明称推官。[3] 按照宋代官制，大理寺设推丞、评事二官，合称"左右推事"，肩负"推鞠狱讼"之责。[4] 清末修律时，曾考虑将大理院负责审判事务的人员称为"推官"，后来考虑到这些人不

---

〔1〕 正如曾担任英国大法官的哲学家弗朗西斯·培根所言："所有法官应当谨记：法官的职责是司法而非立法，是解释法律而非制定法律。"（Judges ought to remember that their office is jus dicere, and not jus dare; to interpret law, and not to make law, or give law.）参见［英］弗朗西斯·培根：《培根论司法》，蒋惠岭译，载《人民法院报》2019 年 8 月 30 日。

〔2〕 战国时期的《商君书·定分》即有"法官"表述。例如，"天子置三法官，殿中一法官，御史置一法官及吏，丞相置一法官。诸侯郡县，皆各置一法官及吏。""吏民（欲）知法令者，皆问法官。"但这里的"法官"是指掌管法令、精通律法的官员，并不是真正意义上的司法官员。

〔3〕 上述官职很多限于中央层面，地方上则主要是行政官员掌管狱讼。也有论者认为，与其说中国古代是行政官兼理司法，毋宁说是司法官兼理行政。因为在古人心目中，地方官员的主要职责就是为人民排难解纷、平亭曲直、诛锄强暴、安定社会，至于教育、建设、社会救济等其他庶政，多由民间团体办理。参见谢冠生：《弁言》，载汪楫宝：《民国司法志》，商务印书馆 2013 年版，第 4 页。

〔4〕《宋史·职官志五》："左右推事有翻异者互送，再有异者朝廷委官审问，或送御史台治之。"清末修律时，大理院刑科、民科各设"推丞"一名，为正四品官，相当于刑事、民事审判庭庭长。参见李在全：《变动时代的法律职业者：中国现代司法官个体与群体（1906—1928）》，社会科学文献出版社 2018 年版，第 64 页。

是严格意义上的"官",而"推官"称谓又有官僚化之嫌,所以未予采纳。[1] 沈家本主持制定的《大清法院编制法》,因审判人员专司"推断事理",加上宋代即有相关称谓,将之定名为"推事"。[2]

民国《法院组织法》基本沿用《大清法院编制法》,仅作了局部修正,仍将审判人员称为"推事"。[3] 不过,清末"变法"开始后,"法官"表述也同步出现。康有为在《请定立宪开国会折》中,就提出"以国会立法,以法官司法,以政府行政"。[4] 南京临时参议院 1912 年 3 月 8 日通过的《中华民国临时约法》第四十八条,明确法院由大总统与司法总长任命的法官组成。[5] 不过,民国时期后续其他立法和规范性文件中,仍沿袭旧制,将"推事"作为各级法院审判人员的官方称谓。[6]

1949 年之前,中国共产党创建的各类审判机关中,审判人员的名称亦形形色色。1925 年 6 月"省港工人大罢工"时期的会审处设有"承审员"。中华苏维埃共和国临时最高法庭和各级裁判部的审判人员称"裁判员"。抗日战争时期,按照抗日民族统一战线政策的需要,陕甘宁边区、晋察冀、晋绥边区高等法院审判人员的称谓与国民政府保持一致,统一称为"推事",但县级司法处的审判人员则称"审判

---

〔1〕 侯欣一:《百年法治进程中的人和事》,商务印书馆 2020 年版。

〔2〕《大清法院编制法》初稿由日本法学家冈田朝太郎起草,很大程度上借鉴移植了日本的《裁判所构成法》,但将"判事"改为"推事",将"合议部"改为"合议庭",将"裁判长"改为"审判长",但保留了日文中"法庭""合议""评议""惩戒"等表述。参见何勤华:《西方模式的选择与中国司法的现代化》,载《华东法律评论》(第 1 卷),法律出版社 2002 年版。

〔3〕 1915 年 6 月,北京政府将《大清法院编制法》予以字句修正后重新颁行,称《法院编制法》。1932 年,南京政府改《法院编制法》为《法院组织法》,进行局部修改后,于 1935 年 7 月实施。参见张进德:《点校者序》,载[日]冈田朝太郎口述、熊元襄编:《法院编制法》,张进德点校,上海人民出版社 2013 年版,第 7 页。

〔4〕 康有为:《请定立宪开国会折》,载汤志钧编:《康有为政论集》(上册),中华书局 1981 年版,第 338 页。

〔5〕 那思陆:《中国审判制度史》,上海三联书店 2013 年版,第 264 页。

〔6〕 我国台湾地区直到 1989 年第八次修正其"法院组织法"时,才将裁判文书中的"推事"统一改称"法官"。参见史庆璞:《法院组织法:建构与实证》(增订 4 版),五南图书出版公司 2017 年版,第 97 页。

员"。[1] 1948 年 9 月之后,各解放区的审判机关陆续改称"人民法院","推事"则统一改称"审判员"。[2]

新中国成立之初,新设立的北京市人民法院将审判员分为审判员、代理审判员、学习审判员,以体现审判干部培养循序渐进的过程,但三类审判员都可在判决书上署名。旧法院的"书记官"则被更名为"助审员",既与普通书记员相区别,又可以加强其责任心。[3] 1951年 9 月施行的《人民法院暂行组织条例》明确人民法院的案件由审判员一人或三人审理,实行三人合议审判时,以其中一人为主任审判员。1954 年《人民法院组织法》改"主任审判员"为"审判长",并将"助理审判员"与"审判员"并列,作为"协助审判员进行工作"的一类审判人员,"可以临时代行审判员职务"。

1979 年《人民法院组织法》保留了"审判员"和"助理审判员"称谓。1995 年通过《法官法》时,并未用"法官"代替"审判员",而是将"法官"作为与"审判人员"并列的上位概念,在第二条明确"**法官**是依法行使国家审判权的审判人员,包括最高人民法院、地方各级人民法院和军事法院等专门人民法院的院长、副院长、审判委员会委员、庭长、副庭长、审判员和助理审判员。"

2018 年修订《人民法院组织法》时,立法机关根据法官员额制的改革实践,不再将"助理审判员"作为审判人员,并在初次审议的修订草案中,用"法官"取代了"审判员"。如果采取这一方案,"审判员"这一概念可能就此逐渐退出历史舞台。但是,草案审议期间,考虑到《宪法》和《地方各级人民代表大会和地方各级人民政府组织法》关于审

---

〔1〕 张希坡、韩延龙主编:《中国革命法制史》,中国社会科学出版社 2007 年版,第 380—382 页。

〔2〕 例如,按照东北行政委员会 1948 年 9 月 6 日发布的《关于各级司法机构改为人民法院的通令》,"将过去之各级司法机构改称为人民法院,推事改称为审判员"。参见韩延龙、常兆儒编:《革命根据地法制文献选编》(中卷),中国社会科学出版社 2013 年版,第 990 页。

〔3〕 《最高人民法院对北京市人民法院 1949 年审判工作总结和该院组织机构及工作概况报告的批示》(1950 年 2 月 16 日)及所附《北京市人民法院组织机构和工作概况——北京市人民法院王斐然院长在国立北京大学法学院所作的报告》。

判人员任免的规定仍使用的是"审判员",[1]为了与《宪法》保持一致,全国人大常委会第二次审议后,又恢复了"审判员"表述。

如此一来,2018年《人民法院组织法》就出现了**"法官"与"审判员"并用**的情况。例如,第四十条规定"人民法院的审判人员由院长、副院长、审判委员会委员和**审判员**等人员组成"。其他关于任免的内容,也主要以"审判员"表述。而"审判组织"部分,则主要使用"法官"概念。例如,第三十三条规定"合议庭审理案件,**法官**对案件的事实认定和法律适用负责;法官独任审理案件,独任法官对案件的事实认定和法律适用负责"。对于"法官"与"审判员"两个概念的关系,立法机关的解释是:法官是人民法院院长、副院长、审判委员会委员和审判员等的**集合概念**。[2]

2019年修订《法官法》时,最高人民法院在提交初次审议的修订草案中,将原第二条简化为"法官是依法行使审判权的国家公职人员",没有使用"审判员"称谓,删除了之前关于法官范围的规定。审议过程中,有的常委委员、地方和部门继续提出,"审判员"是《宪法》使用的称谓,2018年《人民法院组织法》也对法院审判人员的组成作了规定,《法官法》对法官具体包括哪些人员,也应当予以明确。[3] 全国人大宪法和法律委员会经研究,建议依照2018年《人民法院组织法》有关规定,明确法官的范围,但取消"助理审判员"称谓。最终,2019年修订的《法官法》是这么界定"法官"范围的。

2019年《法官法》

第二条　法官是依法行使国家审判权的审判人员,包括最高人民

---

〔1〕《宪法》第六十七条第十二项明确,全国人民代表大会常务委员会根据最高人民法院院长的提请,任免最高人民法院副院长、审判员、审判委员会委员和军事法院院长。这也是《宪法》中唯一一处关于"审判员"的表述。

〔2〕郑淑娜主编:《中华人民共和国人民法院组织法释义》,中国民主法制出版社2019年版,第35页。

〔3〕《全国人民代表大会宪法和法律委员会关于〈中华人民共和国法官法(修订草案)〉修改情况的汇报》,载王爱立主编:《中华人民共和国法官法释义》,法律出版社2019年版,第399页。

法院、地方各级人民法院和军事法院等专门人民法院的院长、副院长、审判委员会委员、庭长、副庭长和审判员。

1995 年《法官法》

1979 年，"文革"刚刚结束，人民法院审判队伍整体还处于"量少质弱"状态，[1]法学高等教育、法治人才储备也还远远跟不上实践需求，对充实审判力量的干部要求，还停留在"办事公正，有相当的政策水平和文化水平，身体健康，经过短期专业培训"层面，不可能有过高过细的选任标准。[2] 所以，在很长一段时间内，关于法官制度的内容，主要规定于 1979 年《人民法院组织法》第三章"人民法院的审判人员和其他人员"第一节"院长、庭长、审判员"中，且仅限于院长任期、选任条件和各类审判人员的产生方式，并不能满足法官管理的现实需求。

1980 年 8 月，时任最高人民法院院长江华在最高人民法院办公会议上提出，要改革司法人事工作，研究起草一部《审判员条例》。[3] 1986 年 9 月，时任最高人民法院院长郑天翔要求成立《法官法》研究小组，并建议先起草《审判员条例(稿)》，对审判人员的录用、任职、晋升、权利、义务、待遇、奖惩等作出规定，为后续制定《法官法》"打基础"。1988 年 4 月，郑天翔在离任前向全国人大所作的最后一次工作报告中，宣布"为了建立具有中国特色的社会主义法官制度，我们正在

---

〔1〕 "量少质弱"来自时任最高人民法院院长江华的评价。"量少"指"人不够用，人力与任务相差太大，需要增加编制"，"质弱"是"政治思想水平、政策业务水平、工作能力低，工作作风不纯"，"法院干部中新手多，过去没有做过司法工作，也不懂法律业务知识，老同志大约有三分之一左右，他们过去虽有不少经验，但对新发布的法律不一定都懂，很多审判人员不能按法定程序进行审判，书记员不能当庭完整地做好审讯笔录。"《为实施几个重要法律做好准备》(1979 年 7 月)，载《江华司法文集》，人民法院出版社 1989 年版，第 90—91 页。

〔2〕 《为实施几个重要法律做好准备》(1979 年 7 月)，载《江华司法文集》，人民法院出版社 1989 年版，第 91 页。

〔3〕 《改革司法工作，更好地为社会主义经济建设服务》(1980 年 8 月 16 日)，载《江华司法文集》，人民法院出版社 1979 年版，第 154 页。另参见《江华传》编审委员会：《江华传》，中共党史出版社 2007 年版，第 441 页。

起草《法官法》"。当时,《法官法》草案已在之前的《审判员条例(稿)》基础上,写到第十四稿,但郑天翔也承认,对于如何体现法官制度的"中国特色",一直没有达成一致意见。[1]

1988年7月18日至28日召开的第十四次全国法院工作会议,将"逐步建立中国特色的社会主义法官制度"作为法院人事管理体制改革的主要任务。年初刚当选为最高人民法院院长的任建新在会上指出,现行审判人员管理体制还是"管理行政干部的模式,管人与管事脱节","必须进行根本的改革"。改革的基本路径,就是起草《法官法》,从法官的录用、选任、考核、晋升、培训、奖惩、管理等方面,建立一套完整的制度,彻底把管人与管事结合起来。[2]

1988年底,全国人大常委会正式将《法官法》列入立法规划,原《法官法》研究小组改称起草小组。为做好前期试点和调研工作,最高人民法院会同中央组织部于1988年11月在黑龙江、浙江、福建、内蒙古四省区开展了地方法院干部管理体制改革试点。1991年8月开始,《法官法》草案又以《审判员条例(送审稿)》等形式,[3]先后在上海、黑龙江、广西、吉林、云南部分法院和海南全省法院开展试点。通过试点,逐步充实了草案内容。经反复讨论修改,最终形成正式草案。1994年4月20日,时任最高人民法院院长任建新将关于提请审议《法官法(草案)》的议案提交第八届全国人大常委会第十二次会议。1995年2月28日,全国人大常委会通过了《中华人民共和国法官法》(以下简称1995年《法官法》)。

---

〔1〕《在最高人民法院机关干部职工大会上的讲话(摘要)》(1988年4月28日),载《郑天翔司法文存》,人民法院出版社2012年版,第310页。

〔2〕任建新:《充分发挥国家审判机关的职能作用 更好地为"一个中心、两个基本点"服务》(1988年7月18日),载最高人民法院办公厅编:《最高人民法院历任院长文选》,人民法院出版社2010年版,第255页。此文为任建新同志在第十四次全国法院工作会议上的工作报告。

〔3〕随着立法进程加快,试点文件名称多次变化,在上海市、黑龙江省哈尔滨市的试点是以《中华人民共和国审判员条例(送审稿)》形式,在海南省、吉林省长春市、云南省昆明市、广西壮族自治区玉林市的试点是以《中华人民共和国法官条例(送审稿)》形式,在柳州市的试点是以《中华人民共和国法官法(草案)》形式。参见周道鸾主编:《学习中华人民共和国法官法资料汇编》,人民法院出版社1995年版,第178—255页。

1995 年《法官法》是新中国成立以来第一部全面系统规定法官管理制度的专门法律。它对法官必须具备的政治素质、业务素质提出明确要求，并根据我国实际情况，就法官的职责、义务、权利、任免、回避、等级、考核、培训、奖惩、工资、辞职、辞退、退休、申诉控告、考评委员会等作出了具体规定。这部法律明确要求担任法官必须具备大学专科以上学历，初任法官人选应当通过公开考试、严格考核，院长、副院长应当从法官或者其他具备法官条件的人员中择优提出人选，从此实现**"三个转变"**，即：法官开始从一般公务人员向司法官员身份**转变**，从不注重法律背景和文化素养的法官大众化开始向法官职业化**转变**，从行政化管理开始向符合司法规律的专门化管理**转变**。

1995 年《法官法》施行后，又于 2001 年、2017 年进行过个别条文的修正。**第一次修正**的决定是第九届全国人大常委会第二十二次会议通过的（2001 年 6 月 30 日），主要是针对法官学历起点偏低等问题。其中，最为重要一项的修改内容，是明确"初任法官采用严格考核的办法，按照德才兼备的标准，从通过国家统一司法考试取得资格，并且具备法官条件的人员中择优提出人选"。修改后的《法官法》还将法官任职的学历条件提高为"本科毕业"，并提出具有"法律工作经历"的标准，进一步提升了法官的"入口关"。

第二次修正的决定是第十二届全国人大常委会第二十九次会议通过的（2017 年 9 月 1 日），主要是配合统一法律职业资格考试制度改革，[1]将之前的"司法考试"改为"法律职业资格考试"，要求"初任法官采用考试、考核的办法，按照德才兼备的标准，从通过国家统一法律职业资格考试取得法律职业资格并且具备法官条件的人员中择优

---

〔1〕 我国之前实行国家统一司法考试制度，担任法官、检察官、律师、公证员的，应当通过国家统一司法考试，但对从事行政处罚决定审核、行政复议、行政裁决的工作人员，以及法律顾问、仲裁员，虽然从事法律工作，但没有要求通过国家统一司法考试。党的十八届四中全会提出：完善法律职业准入制度，健全国家统一法律职业资格考试制度。为了完善法律职业资格制度，有必要将通过国家统一司法考试的人员，从法官、检察官、律师、公证员扩大到从事行政处罚决定审核、行政复议、行政裁决的工作人员，以及法律顾问、仲裁员（法律类），同时将"国家统一司法考试"修改为"国家统一法律职业资格考试"。因此，全国人大常委会对《法官法》等八部法律作出相应修改。

提出人选"。当时,深化司法体制改革试点已全面推开,对《法官法》的大规模修订还在酝酿之中,这次修正属于"小切口"的专项修法。

2019 年《法官法》

党的十八大以来,随着全面依法治国战略布局深入推进,司法体制改革不断深化,审判工作和法官队伍管理出现了许多新情况新问题,1995 年《法官法》关于法官的权利义务、任职条件、选任机制、职业保障等很多内容,已经不能完全适应新形势新任务的发展需要,亟须进一步修改完善。

2015 年 8 月,尽管深化司法体制改革还在试点过程中,最高人民法院就已围绕《法官法》修改所涉重点问题,开展了深入细致的研究论证。在修改《法官法》过程中,最高人民法院主要做了以下工作:**一是**专门成立《法官法》修改研究小组,多次召开专题会议,研究修法重要问题。**二是**分类别、分层次开展一系列调研工作,广泛听取人大代表、政协委员、专家学者和律师代表等各方意见。**三是**组织翻译了 14 个国家和地区的法官法和法院组织法资料。[1] **四是**广泛征求中组部、中央编办、公安部、司法部、财政部等部门和研究机构的意见和建议。**五是**与中央政法委、全国人大内司委、全国人大常委会法工委、最高人民检察院、司法部、国务院法制办等单位多次沟通协商。2017 年 5 月19 日、6 月 15 日和 9 月 11 日,最高人民法院党组分别召开会议,讨论了《法官法》修订草案。[2]

2017 年 12 月 22 日,时任最高人民法院院长周强向第十二届全国人大常委会第三十一次会议正式提交《法官法(修订草案)》,会议随后初次审议了草案。2018 年 12 月,第十三届全国人大常委会第七次

---

〔1〕　相关成果参见最高人民法院政治部编:《域外法院组织和法官管理法律译编》(上、下册),人民法院出版社 2017 年版。

〔2〕　周强:《关于〈中华人民共和国法官法(修订草案)〉的说明——2017 年 12 月 22日在第十二届全国人民代表大会常务委员会第三十一次会议上》,载王爱立主编:《中华人民共和国法官法释义》,法律出版社 2019 年版,第 389 页。

会议组织了第二次审议。2019 年 4 月 23 日,第十三届全国人大常委会第十次会议审议通过修订后的《法官法》(以下简称 2019 年《法官法》)。

2019 年《法官法》的修订过程,贯彻了以下基本原则:**一是**充分吸收深化司法体制改革成果,使党中央重大决策部署通过法定程序成为国家意志。**二是**妥善处理修订后的《法官法》与 2018 年《人民法院组织法》《中华人民共和国公务员法》(以下简称《公务员法》)等法律的关系。例如,对 1995 年《法官法》中规定的法官辞退情形、法官奖励类别、法官处分种类及其后果等,可以援用《公务员法》相关规定,出于简化法律文本的考虑,2019 年《法官法》不再重复规定。**三是**对一些实践不够、尚未形成共识的问题,只作原则性规定或者暂不作规定。例如,对前期曾经研究讨论的法官由省级人大常委会统一任免、大法官授予发布程序、实行法官拘留逮捕许可制度等,均暂时予以搁置。[1]

2019 年《法官法》根据法官管理特点,将 1995 年《法官法》17 章 53 条整合为 8 章 69 条,分别是总则、法官的职责、义务和权利、法官的条件和遴选、法官的任免、法官的管理、法官的考核、奖励和惩戒、法官的职业保障和附则。[2] 修订后的《法官法》既继承了原《法官法》的精髓,更体现了时代精神、司法规律和改革成果。改革开放以来,历任最高人民法院院长和几代法院人孜孜以求、推动建立的中国特色社会主义的法官制度基本成型。当然,制度发展创新没有穷尽,在法官养成机制、法官惩戒机制、法官选任机制等方面,2019 年《法官法》适当作了"制度留白",有待在未来进一步深化司法体制综合配套改革中探索完善。

---

〔1〕 马世忠:《准确理解新修订法官法的立法精神和主要内容,努力推进中国特色社会主义法官制度的新发展》,载《人民司法·应用》2019 年第 22 期。

〔2〕 《在改革中不断发展完善的法官制度——〈中华人民共和国法官法〉修订综述》,载王爱立主编:《〈中华人民共和国法官〉理解与适用》,中国民主法制出版社 2019 年版。

二、形形色色的法官概念

从改革开放到 2019 年《法官法》修订通过,法官、审判人员、审判员等概念长期并用,相关表述也陆续被写入立法。四十多年来,理论和实践中也有不少与"法官"有关的概念,有的属于审判组织形式或内部职责分工,如独任法官、审判长、承办法官、刑事法官、执行法官等;有的属于学理表述,一直停留在研究或倡议层面,如候补法官[1]、预备法官、见习法官、调解法官等;有的是比较法研究的成果,人民法院并没有对应的制度或称谓,如治安法官、平民法官、客席法官、非常任法官等;有的称谓与改革阶段性相关,具有一定时效性、探索性,随着试点结束或法律修改将逐渐退出历史舞台,如主审法官、未入额法官等。下面结合法律规定和改革实际,择必要者分组梳理辨析之。

审判人员、法官、审判员

按照 2019 年《法官法》的规定,"法官是依法行使国家审判权的审判人员。"法官、审判人员均为上位概念,可以替换解释。例如,审判人员也可以解释为"依法行使国家审判权的法官"。

"审判人员"最早出现在 1954 年《人民法院组织法》中,其第三章为"人民法院的审判人员和其他人员",章下又分为"院长、庭长、审判员""人民陪审员""其他人员"三节。1979 年《人民法院组织法》保留了第三章,但不再分节。之后陆续制定的刑事、民事、行政三大诉讼法中,也以"审判人员"指代法官。1983 年修改《人民法院组织法》时,专

---

〔1〕　候补法官,一般指经遴选取得初任法官资格,但因法官员额没有空缺,暂时配置在审判辅助岗位上等待递补或协助办理简易案件的人员。在我国台湾地区,候补法官是指刚刚取得初任法官资格,但审判经验欠缺,暂时配置在较低层级法院,主要办理简易程序案件的人员。担任候补法官满 5 年,业绩经考核合格者,可以成为试署法官。担任试署法官 1～2 年,业绩经考核合格者,可以成为实授法官,即正式占用法官员额的实任法官。参见史庆璞:《法院组织法:建构与实证》(增订 4 版),五南图书出版公司 2017 年版,第 98—99 页。

门在第三十四条增加一款，作为第二款："人民法院的**审判人员**必须具有法律专业知识。"

2018 年《人民法院组织法》在第四章"人民法院的人员组成"之下第四十条规定，"人民法院的审判人员由院长、副院长、审判委员会委员和审判员**等**人员组成。"实际上与 2019 年《法官法》第二条中的法官"包括最高人民法院、地方各级人民法院和军事法院等专门人民法院的院长、副院长、审判委员会委员、**庭长、副庭长**和审判员"意思相同，更加说明"审判人员"与"法官"是可以相互替换的平行概念。

需要注意的是，2018 年修订《人民法院组织法》时，曾有意见认为庭长、副庭长是法院内部管理职位，职务本身不再具有行使审判权方面的职能，所以"审判人员"的范围没有纳入庭长、副庭长，而在法条正文中以"**等**"代替之。[1] 但是，2019 年修订《法官法》时，立法机关考虑到庭长、副庭长都需经人大常委会任命，所行使的审判监督管理职权也是人民法院审判权的重要组成部分，所以又以明确列举的方式将"**庭长、副庭长**"纳入法官范围。[2] 实践中，对 2018 年《人民法院组织法》、2019 年《法官法》的规定应作统筹考虑，无论是"审判人员"，还是"法官"，范围都是一致的，即各级人民法院的院长、副院长、审判委员会委员、庭长、副庭长和审判员。除审判人员外，人民法院的"其他人员"则包括法官助理、书记员、技术调查官、司法行政人员、司法警察等。

正如前述，"审判人员"和"法官"是院长、副院长、审判委员会委员、庭长、副庭长、审判员的集合概念。同时，没有担任院庭长职务的法官，至少具备审判员身份；院长当选后，即为本院审判员、审判委员会委员；副院长、审判委员会委员、庭长、副庭长接受任命时，要么同时

---

〔1〕 郑淑娜主编：《中华人民共和国人民法院组织法释义》，中国民主法制出版社 2019 年版，第 157 页。事实上，在修订草案征求意见期间，就有学者对未将庭长、副庭长纳入审判人员序列表示异议。参见侯猛：《〈人民法院组织法〉大修应当缓行——基于法官制度的观察》，载《中国法律评论》2017 年第 6 期。

〔2〕 王爱立主编：《〈中华人民共和国法官法〉理解与适用》，中国民主法制出版社 2019 年版，第 38 页。

任命为审判员，要么之前已具备审判员身份，不可能出现某人仅担任院庭长职务，但不是审判员的情况。

按照我国《宪法》，只有人民法院才是国家的审判机关。各类仲裁机构虽然在履职方式、程序设置上与人民法院有一定相似之处，但绝对称不上"审判机关"，仲裁员也不属于"审判人员"。另外，为确保国家审判权的严肃性和权威性，"审判人员"和"法官"必须是纳入国家行政编制的公职人员，不能是事业编制或聘用制人员。早在2002年1月17日，最高人民法院就曾在《关于人民法院事业单位的工作人员能否任命或提请任命法官职务的批复》（法〔2002〕4号）中明确："人民法院属于事业单位编制的工作人员不能任命或提请任命法官职务。"党的十八大之前，部分基层人民法院因编制不足，曾出现由事业编制人员代行审判职权的情况，随着法官员额制实行和政法专项编制统一管理，上述"乱象"已逐步被纠正。

审判人员、人民陪审员

人民陪审员是依照《人民陪审员法》产生，依法参加人民法院审判活动的公民。按照相关法律，人民陪审员一般只需要年满28周岁，遵纪守法、品行良好、公道正派，具有高中以上文化程度即可，不需要受过法律专业训练。除法律另有规定外，人民陪审员与法官有同等权利。换言之，人民陪审员参加三人合议庭审判案件时，对事实认定、法律适用，独立发表意见，行使表决权，与法官同职同权。人民陪审员参加七人合议庭审判案件时，对事实认定，独立发表意见，并与法官共同表决；对法律适用，可以发表意见，但不参加表决。

尽管人民陪审员在特定情况下与法官同职同权，但性质上仍属于参与审判活动、体现司法民主，而非代表国家行使审判职权。[1] 人民陪审员可以与法官并排坐在审判席上，但不得担任审判长，也不穿法

---

〔1〕 早在1956年6月30日，司法部就在《关于陪审员是否可以暂时代行审判员职务问题的复函》（〔55〕司普字第908号）中明确，不宜由人民审判员代行审判员职务。

袍、戴法徽。1983 年修改《人民法院组织法》，曾增加"人民法院的审判人员必须具有法律专业知识"的规定，这里的"审判人员"显然也不包括人民陪审员。因此，人民陪审员并不属于审判人员，当然也不是法官，其权利义务、选任条件、任免程序、管理模式、审判权限、问责机制、考核方式等，都明显有别于法官。[1] 对人民陪审员的管理应适用《人民陪审员法》，而非《法官法》。

审判员、助理审判员

新中国成立之初，为及时补充审判力量，加上"师傅带徒弟"等传统观念的影响，1954 年《人民法院组织法》创设了"助理审判员"岗位。[2] 各级人民法院按照需要，可以设助理审判员。最高人民法院助理审判员由司法部任免，地方各级人民法院助理审判员由上一级司法行政机关任免。从设置初衷看，助理审判员的职能应是"协助审判员进行工作"，更类似于现在的法官助理，但是，由于法律又规定助理审判员可以"临时代行审判员职务"，加之各级法院当时普遍缺乏审判人员，"代行审判员职务"很快喧宾夺主，成为助理审判员的主要职能，而"临时"更是成为"常态"。

上述变化，体现在当时负责助理审判员任免、管理工作的司法部的一系列批复中。1955 年 3 月 4 日，司法部在《关于助审员临时代行审判员职务问题的批复》（〔55〕司普字第 378 号）中，明确授权助理审判员代行审判员职务，"应视法院审判员多寡和案件需要的具体情况可以在一定时期内代行，也可以就某一案件临时执行"。[3] 同时，还

---

〔1〕 《人民陪审员法》第十八条仅规定："人民陪审员的回避，适用审判人员回避的法律规定。"个别司法解释将人民陪审员列入审判人员序列是不正确的。

〔2〕 王庆廷：《法官分类的行政化与司法化——从助理审判员的"审判权"说起》，载《华东政法大学学报》2015 年第 4 期。

〔3〕 1957 年 8 月 19 日，司法部在《关于助理审判员代行审判员职务应如何确定代行期限问题的意见》（〔57〕司法字第 1419 号）中对 1954 年《人民法院组织法》第三十四条中的"临时代行审判员职务"再次作出解释，认为助理审判员由本院院长提出经审判委员会通过，可以临时就某一案件或在某一个时期内代行审判员职务。

明确助理审判员担任审判长"不必再另外授权",在判决书上可按"代理审判员"署名。同年 8 月,司法部又在《关于判决书、调解书的署名问题的批复》(〔55〕司普字第 1795 号)中,重申了助理审判员"可以担任审判长",但"在判决书上仍应署代理审判员名义"。1957 年 8 月 9 日,司法部又在《关于助理审判员和人民陪审员是否可以参加审判委员会的复函》(〔57〕司人字第 1349 号)中明确,助理审判员如果"各方面的条件尚好",可以任命为审判委员会委员。[1] 实践中,如果助理审判员既可以担任审判长,又可以成为审判委员会委员,其审判权限几乎与审判员没有区别。因此,绝大多数法院根本没有实行所谓"一案一授权",而是一直授权至助理审判员被免职,又或任命为审判员为止。

1960 年 1 月 20 日,由于全国司法行政机关已于 1959 年被撤销,第二届全国人大常委会第十二次会议根据时任最高人民法院院长谢觉哉的提议,作出《关于最高人民法院和地方各级人民法院助理审判员任免问题的决定》,明确"最高人民法院助理审判员由最高人民法院任免;地方各级人民法院助理审判员由本级人民法院任免"。1979 年《人民法院组织法》第三十七条保留了助理审判员称谓,恢复由司法行政机关任免。[2] 1983 年 9 月修正时,又改为"由**本级人民法院**任免"。最高人民法院亦于 1983 年 5 月 25 日作出《关于助理审判员可否作为合议庭成员并担任审判长问题的批复》(法研字〔1983〕第 12 号),明确"助理审判员在临时代行审判员职务时,应在工作中依法享有与审判员**同等的权利**,既可以独任审判,也可以成为合议庭成员,由院长或庭长指定也可以担任合议庭的审判长。但如果该合议庭成员

---

〔1〕　复函在表示助理审判员可以任命为审判委员会委员的同时,也表示:"如果某一代理审判员职务的助理审判员,既然基本上具备了参加审判委员会为委员的条件,那么就可以把他任命为审判员后再提请任命为审判委员会委员更为合适。"

〔2〕　1980 年 12 月 25 日,司法部印发《关于统一助理审判员任命书格式的通知》(〔80〕司发人字第 297 号),明确各级人民法院助理审判员任命书由对应司法局(厅)的局(厅)长签发。1981 年 4 月 11 日,司法部在《关于助理审判员任免问题的复函》(〔81〕司发人字第 116 号)中提出:"助理审判员由司法行政机关任免后,不需随同每届人大任期重新进行任免。"

中另有审判员时,则仍应指定审判员担任审判长"。[1]

从 1979 年到党的十八届四中全会启动全面深化司法体制改革之前,各级人民法院均自行任命了大量助理审判员,行使与审判员相同的审判权力。这一制度设置的优势,**一是**任命效率较高,法院自主权较大,能够发挥熟悉干部的优势。**二是**有效缓解了人案矛盾,可以根据案件增长情况灵活递补审判人员。**三是**在相关人员正式任命为审判员之前,先以助理审判员身份办理一段时间案件,有利于培养人才、训练队伍、形成批次。但是,这一机制在实施过程中,实际上已经背离了立法初衷,在各级人大常委会任命程序之外,产生了一大批审判人员。[2]

2014 年初,全面深化司法体制改革试点开始后,按照法官员额制的工作要求,各地法院陆续停止任命助理审判员。之前任命的助理审判员经法官遴选程序纳入员额管理后,一律任命为审判员。根据改革试点实践,2018 年《人民法院组织法》、2019 年《法官法》均取消了助理审判员设置,不再将助理审判员列入"审判人员"和"法官"范围。

主审法官、员额法官、未入额法官

"主审法官"的提法最早出现在 20 世纪 90 年代的审判方式改革中,与 2000 年之后推行的审判长选任制一样,都是基于"选优"思路,即:通过考试和考核相结合的方式,从已有法官资格的审判人员中选拔出部分优秀人才,赋予其主审法官职责,强化他们在审判工作中的自主权与责任感,完善配套福利待遇。[3] 这一改革模式,又被称为变"院庭长审批制"为"主审法官负责制",实际上是法官员额制的前身。

由于未入选主审法官的人员仍具有审判资格,合议庭不可能全部

---

[1] 该批复已被《最高人民法院关于废止 1980 年 1 月 1 日至 1997 年 6 月 30 日期间发布的部分司法解释和司法解释性质文件(第九批)的决定》(法释〔2013〕2 号)废止。

[2] 褚贵炎:《助理审判员不能老是"临时"下去》,载《法学》1991 年第 1 期。

[3] 叶青:《主审法官责任制析》,载《法学》1995 年第 7 期;刘楠:《论主审法官制》,载《现代法学》1998 年第 6 期。

由主审法官组成,基层人民法院的案件也不可能全部由主审法官独任审理,实际运行效果并不理想。例如,主审法官与其他法官共同组成合议庭时,仍应当遵守少数服从多数的议事规则,不能由主审法官一人说了算。有些主审法官其实是审判团队负责人,团队其他法官独任审理的案件,不再交给庭长审批,而是由主审法官行使审批权,主审法官实际上成了没有行政职务的"二庭长",变相加剧了法院内部的行政化。[1] 所以,1999 年印发的"一五改革纲要"在充分调研基础上,采取了"推行审判长和独任审判员选任制度"的表述,并没有使用"主审法官"的提法。

党的十八届三中全会通过的《中共中央关于全面深化改革若干重大问题的决定》提出要"完善主审法官、合议庭办案责任制,让审理者裁判,由裁判者负责"。在研究制定细化落实的试点方案过程中,各方对"主审法官"存在承办法官、审判长、经过重新遴选的精英法官等多种理解,对主审法官与其他法官的审判职责究竟有何区别,也存在不同认识。[2] 由于各方认识并不一致,中央政法委在试点之初印发的《关于司法体制改革试点若干问题的框架意见》(中政委〔2014〕22号),仅提到"主审法官独任审理案件的裁判文书可不再由庭、院长审核",涉及合议庭审理的案件时,使用了"主审法官、合议庭法官……在各自职权范围内对案件质量终身负责,严格错案责任追究"的表述,并没有明确主审法官与审判长、合议庭法官的区别。

经过审慎研究,2015 年 2 月印发的"四五改革纲要"将"主审法官"界定为经"选拔"产生的"政治素质好、办案能力强、专业水平高、司法经验丰富的审判人员",进而提出"独任制审判以主审法官为中心,配备必要数量的审判辅助人员。合议制审判由主审法官担任审判

---

〔1〕 谭世贵:《依法独立行使审判权检察权保障机制研究》,中国人民大学出版社 2022年版,第 147 页。

〔2〕 在研究有关文件过程中,曾有意见认为,应当吸取既往改革的教训,不再使用"主审法官"的提法,建议回归法院组织法、诉讼法的规定,将"主审法官、合议庭办案责任制"表述为"独任法官、合议庭办案责任制"。参见最高人民法院司法改革领导小组办公室编:《〈最高人民法院关于全面深化人民法院改革的意见〉读本》,人民法院出版社 2015 年版,第153 页。

长。合议庭成员都是主审法官的,原则上由承办案件的主审法官担任
审判长"。从表述上看,既然有"合议庭成员都是主审法官"的说法,
说明也不否认存在"主审法官与非主审法官共同组成合议庭"的情形。
当时,法官员额制刚刚在上海市启动试点。入额遴选与主审法官选拔
之间究竟是何关系,政策上还没有明确,所以,即使是"四五改革纲
要",也没有就"主审法官"的含义给出权威解释,对选任机制、选任条
件、职权配置的表述也非常含糊。[1]

随着法官员额制全面推开,各省、自治区、直辖市均设立法官遴选
委员会,并按照新的标准和程序,遴选出首批**员额法官**。过去曾被任
命为审判员、助理审判员的审判人员,因为各种原因没有被纳入法官
员额管理的,被称为**"未入额法官"**或**"非员额法官"**,仅保留试点前的
职务和待遇,但不再作为独任法官或合议庭成员办案。2015 年 6 月,
最高人民法院政治部印发的《法官职务套改工作有关问题答复口径》
(法政〔2015〕141 号),将主审法官界定为"能够依法独任或作为审判
长审理案件并承担责任,且担任审判员以上法律职务的法官",实际上
已经与员额法官没有区别。

到 2015 年 9 月制定《关于完善人民法院司法责任制的若干意见》
时,我们已倾向于认为,各地遴选出来的员额法官,与最初构想的"主
审法官"含义相近,可以作为独任庭或合议庭成员,履行相应审判职
权,终身承担司法责任,享受司法职业保障。而"主审法官""员额法
官"都只是过渡性概念,未来都将被"法官"替代,不宜再写入有关立
法或司法文件。[2] 换言之,入额遴选就是"选优"的过程,没有必要再
从员额法官中重复选拔主审法官。所以,《关于完善人民法院司法责
任制的若干意见》在构建新的审判权力运行机制时,没有再使用"主审
法官""员额法官"等表述,而是在第四十条中明确"本意见所称**法官**
是指经法官遴选委员会遴选后进入法官员额的法官"。在此之后,最

---

〔1〕 在起草"四五改革纲要"过程中,由于缺乏权威说法,关于"主审法官"与其他法官
的职权差异,以及主审法官选任与法官员额制之间的关系,是最困扰我的问题之一。

〔2〕 最高人民法院司法改革领导小组办公室编:《〈最高人民法院关于完善人民法院
司法责任制的若干意见〉读本》,人民法院出版社 2015 年版,第 306 页。

高人民法院印发的关于司法责任制的文件中，原则上不再使用"主审法官"概念。[1]

需要强调的是，2015年1月设立最高人民法院巡回法庭时，最高人民法院机关尚未实行员额制，许多审判庭的合议庭和审判长还相对固定。为了将巡回法庭作为最高审判机关审判权力运行机制改革的"试验田"和"样板间"，我们在制定《最高人民法院关于巡回法庭审理案件若干问题的规定》(法释〔2015〕3号)时，明确"巡回法庭主审法官由最高人民法院从办案能力突出、审判经验丰富的审判人员中选派。巡回法庭的合议庭由主审法官组成"，"合议庭审理案件时，由承办案件的主审法官担任审判长。"之所以这么规定，**一是**在实行员额制职权，用"主审法官"的表述以示与最高人民法院本部其他法官的区别；**二是**探索在巡回法庭不组建固定合议庭，不设置固定审判长职位，主审法官人人平等，皆可担任审判长。[2]

巡回法庭设立后，主审法官由最高人民法院院长从全国人大常委会已任命的审判员中确定，以"最高人民法院巡回法庭主审法官公告"形式公布。[3] 2017年7月，最高人民法院全面实行法官员额制后，最高人民法院及其巡回法庭均实行新型审判权力运行机制，单独再设置"主审法官"序列的意义其实已经不大，所以，目前仅最高人民法院巡回法庭的法官依循惯例被称为"主审法官"，本部的法官一般还是称"法官"。同理，由于巡回法庭试行新型审判权力运行机制的任务已经结束，2017年7月之后，合议庭的审判长也不一定要由承办法官担任。

---

〔1〕 2018年，最高人民法院曾印发《关于健全完善人民法院主审法官会议工作机制的指导意见(试行)》，但对于是否继续使用"主审法官会议"的提法，实践中存在较大分歧。2021年，最高人民法院重新印发了《关于完善人民法院专业法官会议工作机制的指导意见》，统一改用"专业法官会议"的表述。参见刘峥、何帆、马骁：《〈关于完善人民法院专业法官会议工作机制的指导意见〉的理解与适用》，载《人民法院报》2021年1月14日。

〔2〕 贺小荣、何帆、马渊杰：《〈最高人民法院关于巡回法庭审理案件若干问题的规定〉的理解与适用》，载《人民法院报》2015年1月29日。

〔3〕 目前，全国仅最高人民法院巡回法庭的专业法官会议称"主审法官会议"，最高人民法院其他审判机构和各级人民法院都称专业法官会议。

首席大法官、大法官、高级法官、资深法官

我国法院实行合议庭平权原则,任何法官加入合议庭后,无论审判职务、法官等级高低,享有平等的表决权,投票权重也是一样。但是,为了体现国家对法官专业水平和审判资历的确认,我国在 1995 年《法官法》中规定了"四等十二级"的法官等级制度。其中,"四等"为首席大法官、大法官、高级法官和法官。

首席大法官为国家最高等级的法官。在中华人民共和国,首席大法官只有一人,即最高人民法院院长。规范称谓为"中华人民共和国首席大法官",而非"最高人民法院首席大法官"。2019 年修订《法官法》时,在第二十七条中将"最高人民法院院长为首席大法官"单独予以规定。根据这一规定,首席大法官是法定的,不需要再通过任何批准或者授予程序。[1] 最高人民法院院长经全国人民代表大会选举产生后,就当然成为首席大法官。[2] 需要指出的是,人民法院的法官等级中并没有设置"首席法官"。某些媒体在报道中,有时会把地方人民法院或专门人民法院院长称为该院的"首席法官",这一称谓其实并无法律依据,不宜在正式场合使用。不过,按照《中华人民共和国香港特别行政区基本法》,香港特别行政区终审法院、高等法院设有首席法官。[3]

大法官的等级仅次于首席大法官,主要指最高人民法院院领导和

---

〔1〕 王爱立主编:《中华人民共和国法官法释义》,法律出版社 2019 年版,第 186 页。

〔2〕 2001 年修改《法官法》时,时任最高人民法院院长肖扬曾在关于《法官法修正案(草案)》的说明中提出,首席大法官和大法官位居国家重要审判岗位,由国家主席授予,可以体现国家对法官地位的尊重,也符合国际惯例,因此建议在《法官法》中增加"首席大法官和大法官由国家主席授予;高级法官和法官分别由最高人民法院院长和高级人民法院院长授予"的内容。全国人大法律委员会综合初次审议情况后提出,部分常委委员和部门认为法官等级不是职务和衔级,不宜设置授予程序,由国家主席授予等级也没有宪法依据,因此建议对相关条文不作修改。参见《全国人大法律委员会关于〈中华人民共和国法官法修正案(草案)〉修改情况的汇报》,载胡康生主编:《中华人民共和国法官法释义》,法律出版社 2001 年版,第 122—123 页。

〔3〕 澳门特别行政区终审法院首长为院长,一般不称首席法官。

各高级人民法院院长。大法官包括两个等级:一级大法官和二级大法官。**一级大法官**对应正部长级,包括最高人民法院分管日常工作的副院长、中国人民解放军军事法院院长。**二级大法官**对应副部长级,包括最高人民法院副院长、审判委员会副部级专职委员、各高级人民法院院长。任命大法官须经中央批准,以中华人民共和国最高人民法院院长、中华人民共和国首席大法官的名义发布公告,公告名称一般为"最高人民法院关于 XX 为中华人民共和国大法官的公告",在公告中宣布"根据《中华人民共和国法官法》等有关规定,XX 为中华人民共和国二级(或一级)大法官"。

高级法官包括四个等级:一级高级法官、二级高级法官、三级高级法官、四级高级法官。高级法官通常工作年限较长、审判经验较丰富,享受对应的政治待遇、生活待遇。在国际司法交流中,过去一般把我国的高级法官翻译为 Senior Judge,英文表述与英美法系国家的资深法官(Senior Judge,又称"优遇法官")相同,容易发生误解。在美国联邦法院,符合退休条件的法官,可以申请转任资深法官。资深法官是相当于"半退休"性质的过渡岗位。转任资深法官后,原来的席位会空缺出来,不再占据法官员额,总统可以任命新法官补缺。资深法官享受之前的薪酬,但办案数量可以酌情减半。[1] 为避免减少不必要的误解,最高人民法院 2021 年 7 月印发《人民法院组织机构、职务名称、工作场所英译文》(法〔2021〕184 号)时,明确高级法官、法官统一翻译为 Judge,并强调对外交流中,大法官、高级法官、法官原则上不再细分级别,中英文均不标出。[2]

在我国法律和相关司法文件中,也有**资深法官**的表述,但含义与美国司法制度中的"半退休法官"截然不同。例如,按照 2018 年《人民法院组织法》第三十六条第一款,审判委员会由院长、副院长和若干**资**

---

〔1〕　何帆:《"资深法官"制度及启示》,载《山东审判》2012 年第 1 期。

〔2〕　我在参与国际司法交流时,经常遇到因英文表述原因,外国法官误将我国法院的高级法官理解为半退休法官的情况。此外,外国法官对于我国高级法官经常自称"正处级法官"或"相当于副局级法官"表示困惑。这也是我在牵头起草《人民法院组织机构、职务名称、工作场所英译文》时,决定不单独以英文表述"高级法官"及其等级的原因。

深法官组成。《最高人民法院关于设立国际商事法庭若干问题的规定》（法〔2018〕11号）第四条提到，"国际商事法庭由最高人民法院在具有丰富工作经验，熟悉国际条约、国际惯例以及国际贸易投资实务，能够同时熟练运用中文和英文作为工作语言的**资深法官**中选任。"《最高人民法院司法责任制实施意见（试行）》（法发〔2017〕20号）第十五条也规定，"专业法官会议……拟讨论案件涉及交叉领域的，可以在全院范围内邀请相关专业审判领域的**资深法官**参与讨论。"上述文件的"资深法官"并非固定称谓，对其年资、等级、职务、薪俸也没有制度性要求。实践中，一般将担任法官时间较长、实践能力较强，尤其在某一审判领域业务能力突出的法官称为资深法官。[1]

三、从"定编制"到"员额制"

法官定编、定额与法官助理试点

　　早在1956年，最高人民法院就曾考虑参考教育系统按学生数量配备教职员比例的做法，开展定员定量定质工作。初步考虑是，按照全国收案总量确定审判人员数量，每个审判员配备一个书记员，每三个业务人员配备一个行政人员。按照当时的设想，今后调整国家机关工作人员编制名额时，人民法院可按上述比例作相应调整。遗憾的是，受后续政治环境影响，相关工作一直处于停滞状态。

　　1995年《法官法》并没有关于法官编制和员额比例方面的规定。但是，编制和员额确实是长期困扰人民法院的"老大难"问题。一方面，编制配备是否合理，决定了一个法院的审判力量与其受理的案件总量是否匹配；另一方面，一个法院的法官是否适任、在全院人员中的具体比例、在审判岗位的配置情况，也影响到审判工作的良性运行。

---

[1] 杨万明主编：《〈中华人民共和国人民法院组织法〉条文理解与适用》，人民法院出版社2019年版，第252页。资深法官未必就是高级法官，我国法官实行单独职务系列之前，不少基层人民法院的资深法官甚至达不到高级法官等级。

2001 年 7 月修改《法官法》时，最高人民法院建议在 1995 年《法官法》原第十七章附则中增加一条，作为第四十九条，即"最高人民法院根据审判工作需要，确定各级人民法院的法官编制"。[1] 草案审议过程中，有的常委委员、内务司法委员会和有关部门提出，法院的人员编制应当由国家统一确定，不宜由最高人民法院自行确定。因此，全国人大法律委员会建议将该条内容修改为："最高人民法院根据审判工作需要，会同有关部门制定各级人民法院的法官在人员编制内员额比例的办法"。[2] 也即修改后的《法官法》第五十条。这里的**"会同有关部门"**，是指法官员额比例的办法由最高人民法院会同中央编制、组织人事等相关职能部门制定，联合发文下达，具体工作以最高人民法院为主，但不得由其单独制定。**"人员编制内"**是指员额比例应当以各级人民法院的人员编制为依据，不得超出人员编制的限定。[3]

事实上，早在 1999 年，最高人民法院就在"一五改革纲要"中，首次提出研究推进法官定编工作，具体表述是：

《人民法院五年改革纲要(1999—2003》

34. 对各级人民法院法官的定编工作进行研究，在保证审判质量和效率的前提下，有计划有步骤地确定法官编制。

——选择不同地域、不同级别的部分法院进行法官定编工作的试点。

——最高人民法院在总结试点法院经验、进行深入调查研究的基础上，2001 年商中央组织、人事部门提出法官编制的具体方案。

对于上述规划，时任最高人民法院副院长祝铭山是这么解释的：

---

[1]　肖扬：《关于〈中华人民共和国法官法修正案(草案)〉的说明——2000 年 7 月 3 日在第九届全国人民代表大会常务委员会第十六次会议上》，载胡康生主编：《中华人民共和国法官法释义》，法律出版社 2001 年版，第 119—120 页。

[2]　《全国人大法律委员会关于〈中华人民共和国法官法修正案(草案)〉修改情况的汇报》，载胡康生主编：《中华人民共和国法官法释义》，法律出版社 2001 年版，第 123 页。

[3]　胡康生主编：《中华人民共和国法官法释义》，法律出版社 2001 年版，第 96—97 页。

关于法官的定编工作。长期以来，人民法院只有干部编制，没有法官编制。随着人民法院受理案件的不断增加，审判人员的队伍也逐飞扩大。1988 年到 1998 年，人民法院受理的各类案件数量从 165 万件，增加到 588 万件，是原来的 2.33 倍；审判人员的数量从 13 万人，扩充到 17 万余人，增加了近 43%。当前，审判任务繁重与人力不足的矛盾相当突出。对于这样一种形势，一些法院提出应继续扩大法院的编制，增加法官的数量；但也有些法院经过研究，提出目前法院的法官不是少了，而是多了，法官必须提高素质，走精英之路。从实际情况看，一些进行精选法官试点的法院，审判工作质量和效率都有了较大提高。解决任务和力量矛盾的出路主要在于提高法官队伍的整体素质。目前，具备法官资格，不在审判工作岗位，而是从事党务、人事、司法行政或后勤工作的为数不少。法官成了一种待遇，失去了其应有的含意。这种情况必须改变。因此，《纲要》提出了对各级人民法院法官的定编工作进行研究，在保证审判质量和效率的前提下，有计划、有步骤地确定法官编制，就是要从根本上解决法官不搞审判和法官素质不高的问题。

要通过对法官的定编，将具有较高素质，真正符合条件的审判人员确定为法官，对于不符合条件的人员，只能做其他工作，如作为法官助理，协助法官进行工作。当然，对于法官的定编工作目前还处于研究阶段。各高级人民法院可以按照《纲要》提出的要求在本辖区内选择有条件的法院开展法官定编的试点工作，为全国法院的这项改革创造经验。[1]

当时，不同地区、层级的法院均存在能力不强、专业不足的审判人员，其中既有审判员、助理审判员，也不乏院庭领导。之前在部分地区推进的审判长和主审法官选任工作（即祝铭山提到的"精选法官试点"），仅限于选拔出相对优秀者，但"定编"工作的核心，在于祛除冗

〔1〕 祝铭山：《关于〈人民法院五年改革纲要〉的说明》，载最高人民法院研究室编：《人民法院五年改革纲要》，人民法院出版社 2000 年版，第 79—80 页。

员、优胜劣汰。从祝铭山的说明也可以看出,推动将不胜任审判工作的人员转任法官助理,是法官定编工作的重要配套性举措。"一五改革纲要"据此提出,"随着审判长选任工作的开展,结合人民法院组织法的修改,高级人民法院可以对法官配备法官助理和取消助理审判员工作进行试点,摸索经验"。综合"一五改革纲要"及其说明,在最高人民法院的改革规划中,"法官定编工作、法官助理试点、取消助理审判员",应当是**一体化推进**的三项举措。

由于 2001 年修改《法官法》时,已将"法官员额比例"写入法律。最高人民法院 2002 年印发的《关于加强法官队伍职业化建设的若干意见》,不再提"法官定编工作",而是将之表述为"实行法官定额制度",要求"在综合考虑中国国情、审判工作量、辖区面积和人口、经济发展水平各种因素的基础上,在现有编制内,合理确定各级人民法院法官员额"。作为配套举措,意见同时提出要"试行法官助理制度","确定法官员额后,一些不能继续担任法官但符合法官助理条件的人员可以担任法官助理。法官助理符合法官法规定条件的可以被选任为法官。此项工作要在积极开展试点并取得成功的基础上逐步推广"。

2004 年 9 月,最高人民法院经征得中组部同意,决定在部分地方人民法院开展法官助理试点工作,并印发《最高人民法院关于在部分地方人民法院开展法官助理试点工作的意见》(法〔2004〕208 号)。[1]试点虽以法官助理为主题,实际上拉开了法官定额制度实验的序幕。试点意见提出:"试点法院应当……以案件数和审判工作量的发展变化为基本因素,并综合考虑本院的法官素质,机构设置,法院辖区的面积、经济发展水平、人口等情况确定所需的法官员额。"确定所需员额后,由试点法院根据公开、平等、竞争的原则,通过考试、考核相结合的方式,选任法官和法官助理。没有通过考试或考核的现任审判员和助理审判员,根据工作需要,可以行使法官助理的职能。

为了推动平稳有序过渡,试点意见还提出了**"老人老办法,新人新**

---

〔1〕　试点法院包括:海南省高级人民法院;深圳、长春、昆明、东营、泸州、常州市中级人民法院;广州海事法院;北京市海淀区和房山区、上海市黄浦区、重庆市沙坪坝区、遵义市红花岗区、浏阳市、西安市碑林区、常州市钟楼区、徐州市云龙区、深圳市罗湖区人民法院。

政策"原则。**"老人老办法"**是指试点法院试行法官助理制度后,现任审判员、助理审判员即使转任法官助理,原有的法律职务不变,待遇不变。[1] **"新人新政策"**是指试点法院不再任命助理审判员。如果法官员额出现空缺,可以经过法定程序,从现有符合《法官法》规定的审判员条件的人员中择优选任。

从试点意见内容看,无论是人员分类框架(法官+法官助理+书记员),还是改革推进路径(确定员额→考核考试→人员分流→保留待遇→取消助审),都已具备未来法官员额制改革的雏形。然而,尽管试点方案征求了中组部意见,但试点毕竟由最高人民法院自行组织开展,缺乏党委政法委、人大、编办、人社、财政等部门的政策支持。而且,牵头组织试点的法院主要是中级、基层人民法院,能调动的资源有限,面临的困难也多与人事、经费相关,很难突破制度性瓶颈和障碍。

综合当时的试点情况,存在的主要问题是:**第一,各地法院差异较大,员额比例难以确定**。试点法院的人案情况差别较大,人员构成的新老比例、在编情况、学历程度各不相同,测算标准和方法并不统一,测算出的员额比例有高有低,无法形成可以复制推广的经验。按照最初设想,审判人员转为法官助理后,不能再行使审判职权,深圳等地试点法院的法官数量本来就捉襟见肘,担心再做"减法"加剧人案矛盾,所以没有通过"考核+考试"重新选任法官,仅为法官增配了法官助理。实际上,多数法院开始试点后,那些名义上转为法官助理的审判人员,还是陆续以各种名义回到审判席,继续审理案件。

第二,重新选任涉及各方利益,推进阻力较大。对法官的重新选任,意味着部分原有的审判人员将退出法官岗位。尽管有"法律职务不变,待遇不变"的政策保障,但从审判席上"退"下来,转为审判辅助人员,不仅面子上不好看,也可能在未来失去专属于审判岗位的津贴或奖金,法官们当然会有抵触情绪。为回避"得罪老人"的矛盾,部分试点法院将"不再任命助理审判员"异化为"委屈新人",将助理审判

---

〔1〕 主要指不免去审判员、助理审判员职务,仍然享受审判人员过去享有的经济待遇。

员统一转化为法官助理,也即所谓"就地卧倒"。[1]

21世纪初,各级人民法院正处于人员的新旧交替期,许多在法学院校受过正规法学教育的毕业生,经公务员招录进入法院,以书记员身份协助办案一段时期后,陆续被任命为助理审判员,并成为办案主力和业务骨干。[2] 按照当时的审判人员学历情况统计,全国审判员与助理审判员的比例为1.42∶1,但审判员与助理审判员拥有博士、硕士学位和大学本科学历的比例分别为0.24∶1、0.64∶1和0.67∶1。换言之,助理审判员的学历总体上是高于审判员的。虽然审判能力的高低,不能单纯用学历标准来判断。但至少说明,在法院队伍正迎来大量新鲜血液的特殊历史时期,不能轻易断言审判员的水平就一定高于助理审判员,[3]更不能简单"一刀切",让刚刚走上审判岗位的助理审判员"就地卧倒"为法官助理。如果把"重新选任"理解为迁就照顾那些年龄大、工龄长、资历深但业务水平相对欠缺的老同志,而把那些好不容易培养起来的年轻化、专业化审判力量"推"到辅助岗位上去,不仅与法官定额制度的初衷背道而驰,也会让司法改革失去审判队伍"基本盘"的支持。

第三,法官助理职责不清、出路不明,制约了人员分类管理的效能发挥。试点意见明确了法官助理是"协助法官从事审判业务的辅助人

---

〔1〕 有的法院将原助理审判员全部改称为法官助理,并享有原助理审判员的权力,包括代行审判员职权;有的法院将原助理审判员全部降任为法官助理;有的法院则挑选部分在选任中落选的审判员和助理审判员任命为法官助理。参见张传军:《我国法官助理制度之探析》,载《法律适用》2005年第1期。

〔2〕 上海市法官协会编:《中国法官助理制度研究》,法律出版社2002年版,第60—61页。

〔3〕 在青岛市中级人民法院1999年推行的主审法官制度改革中,经过全院范围的竞争,最终从100多名法官中选出33名主审法官。这33名主审法官中,有25名是助理审判员,只有8名是审判员。这也说明,助理审判员在许多法院已经是办理案件的骨干力量。

员",并确立了 11 项工作职责。[1] 但是,由于法官助理是人民法院新出现的辅助人员类别,承担的审判辅助职责过去多由书记员行使,试点中广泛存在法官助理与书记员职责混淆、互相推诿现象。此外,相当一部分助理是从法官转任而来,尤其是资历较深的未入额审判员,这些人员对改革本来就有抵触情绪,很多都不能全心全意投入辅助事务;而转为助理的年轻法官中,过去又有不少是业务骨干,名义上是"协助办案",实际上是"一手包办",只是不能在裁判文书上署名,工作积极性受到很大影响,甚至有些人"用脚投票",用辞职表达对改革的不满情绪,影响到人们对试点的信心。

法官定额制度和法官助理制度试点期间,正是全国法院案件飞速攀升的时期。尽管试点法院普遍增配了法官助理,减少了法官的事务性工作,但对审判人员的需求仍十分迫切。"不再任命助理审判员"只是最高人民法院的政策要求,并无法律依据。面对案件压力,一些试点法院又开始恢复任命助理审判员。2006 年 10 月修改的《人民法院组织法》,仅涉及死刑核准权的统一行使,并没有取消助理审判员的设置,客观上减少了重新任命助理审判员的阻力。同时,也让各级人民法院意识到,从制度上取消助理审判员在短时期内还难以实现。

2007 年 11 月,最高人民法院印发《关于在西部地区部分基层人民法院开展法官助理制度试点、缓解法官短缺问题的意见》(法〔2007〕335 号),决定在西部基层人民法院[2]开展法官助理制度试点工作,

---

〔1〕 按照《最高人民法院关于在部分地方人民法院开展法官助理试点工作的意见》,法官助理在法官指导下履行下列职责:(1)审查诉讼材料,提出诉讼争执要点,归纳、摘录证据;(2)确定举证期限,组织庭前证据交换;(3)代表法官主持庭前调解,达成调解协议的,须经法官审核确认;(4)办理指定辩护人或者指定法定代理人的有关事宜;(5)接待、安排案件当事人、诉讼代理人、辩护人的来访和阅卷等事宜;(6)依法调查、收集、核对有关证据;(7)办理委托鉴定、评估、审计等事宜;(8)协助法官采取诉讼保全措施;(9)准备与案件审理相关的参考资料;(10)按照法官要求,草拟法律文书;(11)办理排定开庭日期等案件管理的有关事务;(12)完成法官交办的其他与审判业务相关的辅助性工作。

〔2〕 根据最高人民法院印发的试点意见,主要包括重庆、四川、贵州、云南、西藏、陕西、甘肃、青海、宁夏、新疆、内蒙古、广西等西部各省、自治区、直辖市高级人民法院辖区内的各县、自治县、旗、自治旗人民法院,新疆维吾尔自治区高级人民法院生产建设兵团分院的各垦区人民法院。

推动法院内部大批不具备任命法官条件的人员发挥审判辅助作用,缓解因法官短缺所造成的审判力量不足问题。基于这一政策导向,试点意见提出,"各试点法院可暂不确定法官员额,以保持西部基层人民法院现有法官数量的相对稳定,保证审判工作的正常开展"。本来与"确定法官员额、开展法官选任"深度结合的法官助理制度试点工作,至此脱离出来,单独作为审判辅助人员改革探索开展。由于缺乏配套举措,到2008年,绝大多数法院实际上已经停止开展法官定额制度的试点。

上述变化也体现在"三五改革纲要"里,法官定额制度不再与法官助理制度"绑定",而是单独表述为"配合有关部门制定与人民法院工作性质和地区特点相适应的政法专项编制标准,研究建立适应性更强的编制制度,逐步实施法官员额制度"。上述改革任务的成果,体现在中组部、最高人民法院2013年3月1日联合印发的《人民法院工作人员分类管理制度改革意见》(以下简称《法院人员分类意见》,中组发〔2013〕12号)。这一文件首次确立了法院工作人员的员额比例设置,但考虑到各级法院人员构成的复杂性,没有单独规定法官的员额比例,而是统筹考虑审判力量的配置,合并确定了法官、审判辅助人员的比例。[1]

《法院人员分类意见》提出,要在中央政法专项编制限额内,综合考虑法官、审判辅助人员、司法行政人员的岗位职责、工作任务量等因素,确定各类人员的员额比例。最高人民法院、高级人民法院、中级人民法院、基层人民法院**法官和审判辅助人员两类人员**在人民法院的中央政法专项编制中所占员额比例分别为70%、70%、80%、85%左右,司法行政人员所占员额比例分别为30%、30%、20%、15%左右。其中,法官、审判辅助人员分别在各级人民法院的中央政法专项编制中所占员额比例,由最高人民法院商有关部门另行规定。

---

〔1〕　王胜俊总主编:《司法队伍管理改革的路径与成效》,人民法院出版社2013年版,第56页。

一道不简单的算术题

《法院人员分类意见》区分法院层级,划定了法官、审判辅助人员两类人员应占的员额比例,但将最为关键的法官员额比例,交"最高人民法院商有关部门另行规定"。事实上,确定法官的员额比例,核心是解决人案匹配问题。这其中,法院辖区面积、经济发展水平、人口等因素固然重要,但三者实际上是耦合关系,很难拆分出来,作为单一变量引入测算模型。例如,新疆、西藏、内蒙古、青海辖区面积为全国前四位,但案件总量却并不大;辖区人口固然与纠纷数量有关,但又可以细分为户籍人口、常住人口、流动人口等,选择不同的统计口径,得出的结论自然有较大差异。所以,精准测算的基础,主要还是"案件数和审判工作量"与审判力量的对应关系。

截至 2013 年年底,全国法院共有工作人员 34.2 万人,其中法官(包括审判员、助理审判员)19.88 万人,占总人数的 58.2%。2013 年全年,全国法院受理各类案件 1422.8 万件。[1] 如果只是做个简单的"算术题",用"全国法院年度受理案件总量÷全国法官数量",得出的答案为:71.8 件。那么,71.8 件是否就是"全国法院法官人均办案数量"呢?[2]

复杂的司法实践,当然不能用一道简单的"算术题"概括。法官员额比例之所以难以确定,主要基于下述原因:**第一,我国幅员辽阔,各地经济社会发展程度不同,案件分布并不均衡。**人案矛盾较突出的法院,主要集中于北京、上海、广东、江苏、浙江等沿海或经济发达省份,也包括武汉、郑州、成都、西安、贵阳、南宁等中西部地区主要城市中心

---

〔1〕 按照时任最高人民法院院长周强 2014 年 3 月 10 日在第十二届全国人民代表大会第二次会议上所作的工作报告。2013 年,最高人民法院受理案件 11016 件,审结 9716 件,比 2012 年分别上升 3.2%和 1.6%;地方各级人民法院受理案件 1421.7 万件,审结、执结 1294.7 万件,同比分别上升 7.4%和 4.4%。

〔2〕 事实上,在新一轮司法体制改革之初,确实有很多人通过这类简单的"算术题"论证法院提出的"案多人少"是伪命题。

城区的法院。即使在同一省份内，也存在法官"忙闲不均"的问题。例如，珠三角地区的广州、深圳、珠海、佛山、东莞、中山六市法院，法官人数只占广东全省的40.2%，但2011年的办案数量却占全省案件总量的67.8%。当然，在西藏、青海、新疆等西部地区，即使案件数量不大，但开庭、送达、提讯等"在途"工作消耗的时间和审判工作之外"维稳"、扶贫等事务牵扯的精力，也远高于内地法官。

第二，不同案件凝聚的工作量不一样，不宜简单以"数"论英雄。人民法院受理的案件有简有繁，有的"简"案基本事实清楚、法律关系明确、当事人争议不大，可以批量审理或处理；有的"繁"案存在各种疑难、复杂因素，不仅审理周期长，还需要配套开展大量案外工作。在同样一个法院，甲法官一年审结6起破产案件，乙法官一年审结300起买卖合同纠纷案件，但是，两名法官投入的工作量可能是差不多的。

第三，相当数量的法官并没有配置在审判岗位上。早在2002年，时任最高人民法院院长肖扬就曾坦承"现在我们20万名法官中，真正从事审判工作的只有15万左右，有近5万名法官并不在审判岗位。"[1]而到2013年年底，我国仍有14%的法官并未配置在审判业务部门。这其中，一部分是在研究室、审管办等综合业务部门，一部分则是在办公室、政治处、司法行政装备管理处等司法行政部门。这些法官中，有的从未从事过审判工作，仅仅为享受法官待遇而"挂"上审判职务；有的是因工作需要、人事调动、岗位交流、任职回避等原因，调整到非审判岗位。仍以2013年时的广东法院为例，全省从事审判管理和司法调研工作的法官，约占法官总人数的4.3%，从事审判辅助和司法行政工作的法官则占18.3%。

对于司法调研是否属于审判业务工作，存在不同理解。实践中，各级人民法院除了审判执行工作，必须处理与司法业务密切相关的综合工作，如年度工作报告、各类专项报告、上级法院调研课题、司法政策文件、司法改革方案、典型案例编撰，等等。这些工作，有的必须由

---

〔1〕 肖扬：《审时度势 因势利导 把握队伍建设主动权——在全国法院队伍建设工作会议上的讲话》(2002年7月5日)，最高人民法院办公厅编：《最高人民法院历任院长文选》，人民法院出版社2010年版，第291页。

熟悉审判工作、具备司法经验的法官完成。因此,最高人民法院曾于1995 年 5 月 24 日作出《关于人民法院研究室是否属审判业务部门的复函》(法函〔1995〕62 号),明确人民法院"研究室是一个综合性的审判业务部门,其人员属于审判业务人员。凡符合《中华人民共和国法官法》规定的条件的,均应任命审判职务"。[1] 不过,即使司法调研工作者可以归入审判业务人员,但大量法官长期不在办案一线,显然也不利于审判资源的优化配置。

第四,配置在审判岗位上的法官,因各种原因并没有发生等量作用。受历史因素影响,2001 年修改《法官法》并提升法官的"入口关"之前,我国法官的任职"门槛"并不高,不少审判人员并没有接受过系统法律教育。截至 2013 年年底,我国仍有 12.54% 的法官学历在本科以下。即使排除学历因素,仍有相当一部分法官的能力、素质是不适应新时代审判工作要求的。此外,一些超过 40 周岁的基层法官,本处于从事司法审判工作的"黄金年龄阶段",但因为没有解决相应的职务、职级或法官等级,工作积极性受到影响,要么只选择简单案件办理,要么不再具体承办案件。

第五,法官与审判辅助人员的配比并不科学,法官还没有从繁杂的事务性工作中解脱出来。《法院人员分类意见》明确审判辅助人员是协助法官履行审判职责的工作人员,包括执行员、法官助理、书记员、司法警察、司法技术人员等。但是,由于法官助理试点并未全面推开,截至 2013 年年底,地方三级法院仅配备 4000 余名法官助理,占法院人员总数的 1.2%,书记员仍是审判辅助人员的主要群体,但数量严重不足,与法官的比例为 1∶3.79。即平均每 3.79 位法官,才能配备 1名书记员。换言之,绝大多数法院,还做不到 1 个合议庭配备 1 名书记员。从调解、送达到整卷、归档,法官对许多事务都得亲力亲为,严重影响了审判效率。

综合上述情况,确定法官员额比例,不能一味迁就现实情况,必须

---

〔1〕 最高人民法院 2011 年 1 月印发的《关于加强人民法院审判管理工作的若干意见》(法发〔2011〕2 号)也明确:"在评定审判职称、晋职晋级、评先评优时,专门从事审判管理的人员应与审判业务部门的人员同等对待。"

多措并举,推动人员科学分类、有序分流,在此基础上定编定额、确权明责。新一轮深化司法体制改革启动后,法官员额制很快成为全国法院必须共同求解的"应用题"。

上海的 33% 和全国的 39%

党的十八届三中全会之后,新一轮深化司法体制改革正式启动。在此之前,根据中央政法委统一部署,最高人民法院先行在 12 家法院部署开展了审判权运行机制改革试点。试点依循"二五改革纲要"时的思路,仍试图走从资深法官中选任审判长的"老路"。但是,过去试点的教训已充分说明,缺乏自上而下的统筹、综合举措的配套,单靠单个中级、基层人民法院突破重重利益藩篱,或者依靠法院系统自身努力,想在法官员额制度、司法职业保障上"闯"出新路,几乎是不可能的。

推进改革创新,"试点"仍是必要的方法论,但试点的主导者、推动者应当是中央,参与主体应当包括各级党委政法委、人大、司法机关、组织人事、人社、财政等职能部门,范围则至少应当以省(自治区、直辖市)为单位,形成"模块化"效应。2014 年 3 月,上海被中央确定为首批司法体制改革试点省份,同步开展省以下法院、检察院人财物省级统管、司法责任制、司法人员分类管理和司法职业保障四项基础性改革。[1] 6 月 6 日,第十八届中央全面深化改革领导小组第三次会议审议通过《关于司法体制改革试点若干问题的框架意见》《上海市司法改革试点工作方案》。至此,司法体制改革试点改由中央政法委牵头统筹,以省、自治区、直辖市为单位,分批次在全国推进。由于法官员额制属于全国法院"讲了很多年,做了很多年"也没有做成的改革举措,所以,各级法院都在观望上海法院如何在确保"队伍不乱、人心不散"的情况下,推动法官员额制有序推进。

---

〔1〕 到 2014 年 6 月,广东、吉林、湖北、海南、青海才被确定为试点省份,之后又增加了贵州,所以,官方表述一般将前述 6 个省份与上海市一并作为首批司法体制改革试点,但最早被确定为试点并开始制定试点方案的是上海市。

试点之前,上海法院共有 3697 名法官,其中审判员 2473 人、助理审判员 1224 人。法官之中,大学本科以上学历的占 99%,硕士以上学位的占 45%,远高于全国法院平均水平。尽管上海法院也存在法官与其他人员"混岗"、部分法官人岗不匹配、辅助人员不足等传统问题,但在试点之初,首先要解决的重点问题有 5 个:**第一,**员额比例怎么确定? **第二,**是否将员额"一次用尽",还是预留部分员额? **第三,**哪几类法官暂不纳入员额管理? **第四,**以什么样的标准和程序遴选员额法官? **第五,**未入额法官如何分流安置、确定职责?

问题一:员额比例如何确定?《关于司法体制改革试点若干问题的框架意见》仅要求试点地区根据辖区经济社会发展、人口数量(含暂住人口)和案件数量等情况,确定法官员额,并未就员额比例和测算基数提出具体要求。正如前述,法院受理的案件有繁简难易之分,不宜等同视之。上海市高级人民法院在时任副院长、司改办主任邹碧华的推动下,创建了**案件权重系数评价体系**,这一评价体系将所有案件折算为标准工作量,避免单纯将案件数量作为员额测算依据。例如,甲、乙两名法官 2013 年结案数量都是 150 件,使用案件权重系数折算后显示:甲法官办理了 120 件标准化案件,乙法官则只有 80 件,说明两人办理案件的繁简程度、投入的工作量有显著差异。依托"大数据"系统存储的人案数据,根据各类案件的繁简程度、难易系数,综合未来案件的变化趋势,上海法院测算出法官、审判辅助人员、司法行政人员的员额比例分别为**队伍总数**的 33%、52%、15%。

在上海,作为法官员额测算基数的**"队伍总数"**,是指法院系统的**"中央政法专项编制实有人员总数+核定文员总数"**。截至 2013 年年底,上海市三级法院共有 7540 人,其中中央政法专项编制 6553 人,文员编制 987 人,实际可用编制数为 8993 个(中央政法专项编制 7993 个,文员编制 1000 个)。所谓**"核定文员"**,是指由上海市政府统一核定编制、统一招录,由市级财政统一保障的工作人员,主要从事速录、送达、12368 电话服务、协助执行等审判辅助和司法行政工作。考虑到上海市的文员管理相对规范,又是由直辖市一级统筹保障,在审判辅助、司法行政工作中已经发挥了重要支持作用,所以将核定文员一并纳入队伍总数。[1]

问题二:是否将员额"一次用尽",还是预留部分员额? 按照上海法院可用编制总数(8993 个)的 33%计算,上海可以使用的法官员额共有 2967 个,即使员额法官全部从现有审判人员中产生,也意味着有 730 名法官不能入额。更重要的是,如果将员额一步到位使用完毕,未来只能采取"空一补一"的方式补充,这样既不利于集中统一遴选,也可能因为"等待期"过长,影响暂未入额法官的工作积极性。

人民法院多年以来形成的法官养成机制,是**"书记员→助理审判员→审判员"**,实行法官员额制后不再任命助理审判员,法官主要养成路径将变更为**"法官助理→审判员"**。如果法官员额"一次用尽",不仅"老人"(指未入额法官)短期无法入额,"新人"(指没有任过助理审判员或审判员的法官助理)入额更是遥遥无期,这样既影响法官助理队伍的稳定性,也会令法官助理岗位失去吸引力,导致法院人才储备青黄不接、后继无人。

基于上述考虑,上海法院决定采取"新老统筹"的方式使用员额。**一是**预留部分员额,推动符合条件"老人"分批有序入额。**二是**调拨部分员额,给未来入额的"新人"留出通道。上海法院当时还有 814 个编制尚未使用,按这 814 个编制的 33%,可以留出 269 个员额用于改革后的初任法官遴选,确保每年有一定比例的法官助理通过遴选入额。**三是**给出 5 年过渡期,过渡期内达到退休年龄的 475 名法官不计入员额,不占用员额比例。

从推进情况看,从 2015 年 1 月到 2017 年 10 月,上海法院先后开展四批法官入额遴选,共计入额法官 2855 人,占员额比例的 29.5%。需要强调的是,改革不仅要确保高素质法官进入员额,而且应留有余额补充新法官,让"老人""新人"都有职业发展空间。2017 年 8 月,上海市在全国率先启动从法官助理中遴选初任法官工作,并于 9 月 2 日组织了遴选考试,经过严格考核和选拔,从 296 名符合条件的法官助

---

〔1〕　事实上,上海的文职雇员人数不多,即使扣除这部分人员,上海市法官、检察官也只占政法专项编制的 36%左右,低于中央后来规定的 39%。

理中遴选出 157 名法官。[1] 这些法官平均年龄 32.7 岁,平均从事司法工作 6.6 年,87.3% 具有硕士以上学历,彻底打消了外界关于法官员额制改革可能让法官队伍断层、年轻助理入额遥遥无期的疑虑。

问题三:哪几类法官暂不纳入员额管理? 按照 33% 的比例,将有 730 名法官不能入额。在研究哪些法官退出审判岗位过程中,助理审判员"集体卧倒"论一度又占上风。**持"集体卧倒"观点者**认为,与审判员相比,助理审判员没有经过地方人大常委会任命,这部分人员直接转化为法官助理,逻辑上顺理成章,法理上有凭有据,也能最大程度上回避"谁进谁出,谁优谁劣"的矛盾。

持反对意见者认为,各级法院正处于人员更新换代的关键时刻,助理审判员多数已成为办案"中坚力量",而审判员队伍中不少人要么长久远离审判岗位、要么已不胜任审判工作,不宜在入额遴选过程中论资排辈或按审判职务"一刀切",而是应该严格标准、择优录取,真正让业务水平高、司法经验丰富、能独立办案的人员进入员额。[2] 从当时上海法院的助理审判员队伍情况看,全市法院共有助理审判员 1224人,在审判业务部门工作的占到 88%,这些助理审判员在法院的平均工作年限是 12.5 年,任助理审判员的平均年限为 6.2 年,在审判岗位5 年以上的有 483 人,占 40%。一旦这些人员都不能入额,审判力量必然将出现断层。

经过审慎研究,上海市高级人民法院党组否定了让助理审判员"集体卧倒"的方案,决定对现有审判员、助理审判员采取"考核考试、

---

〔1〕 崔亚东:《上海法院司法体制改革的探索与实践》,人民法院出版社 2018 年版,第129 页。

〔2〕 反对让助理审判员"集体卧倒"的,主要是时任上海市高级人民法院副院长、司改办主任邹碧华等同志。邹碧华同志 2014 年 12 月 10 日突然病逝后,许多回忆性文章都提到他为维护助理审判员权益、确保法官遴选公平公正性所付出的努力。参见上海市高级人民法院编写、严剑漪执笔:《邹碧华传》,上海人民出版社 2015 年版,第 388 页。何帆:《别了,碧华兄》,载中共中央宣传部宣传教育局、最高人民法院政治部、上海市高级人民法院编:《法治"燃灯者":邹碧华》,人民法院出版社 2015 年版,第 397 页。在关于助理审判员入额问题的讨论最激烈时,邹碧华同志曾深夜致电请我撰文支持,我后来也专门就此话题在《人民法院报》发表了文章。参见何帆:《做好法官员额制的"加法"与"减法"》,载《人民法院报》2014 年 7 月 17 日。

差额择优、分期分批"的原则入额。具体而言，就是不按职务或类别设限，既不让审判员直接入额，也不让助理审判员"集体卧倒"，而是一视同仁、逢入必考，同步考核所有人的办案业绩和审判能力，凡是业绩能力不过关的、多年不在办案岗位的、因身体健康状况等原因无法胜任审判工作的、因违纪违法行为受过党纪或行政处分的、存在任职回避情形的，都不能入额。

尽管为助理审判员入额打开了通道，但还是设定了年限要求：高级、中级人民法院的助理审判员必须从事司法工作满 6 年，且担任助理审判员满 3 年，具有博士学位者需担任助理审判员满 2 年；基层人民法院的助理审判员必须从事司法工作满 5 年，且担任助理审判员满 2 年。之所以这么规定，并不是论资排辈，而是要与审判员任命条件相衔接。因为助理审判员入额后，将统一由对应的人大常委会任命为审判员。当时，不同层级法院对晋升审判员的条件也不同：高级、中级人民法院的审判员，需要任助理审判员满 5 年以上，任正科满 4 年；基层人民法院的审判员，需要任助理审判员 4 年左右。[1] 如果担任助理审判员年限过短，审判经验不足，确实也不宜直接任命为审判员。

在之后的试点工作中，上海市主要采取了**"四个一批"**的办法。**一是**双向选择，自愿转岗一批。部分长期不在办案岗位的法官，考虑到入额后办案责任加重、责任追究严格，可以自愿选择转岗。部分有审判经历，但已在办公室、政治处等其他岗位的人员，基于求稳怕变的心态，也可选择退出竞争。**二是**竞争上岗，退出一批。通过设置办案岗位条件，加强办案绩效考核，让不适应办案岗位要求、不适合办案的人员按照规定退出办案岗位。例如，5 年内未实际办案的法官，未通过考试遴选不得入额。**三是**内部调整，调出一批。把法官主要配置在审判业务部门，行政综合部门不配备法官。**四是**多措并举，过渡一批。如前所述，过渡期内自然退休的法官不占员额，同步实行满 30 年工龄提

---

　　[1]　试点之前，在上海市的高级、中级人民法院任审判员，博士需任助理审判员满 3 年，硕士满 5 年，本科满 6 年。基层人民法院任审判员，硕士需满 3 年，本科满 5 年，平均 4 年左右。更重要的是，当时法官还没有实行与行政职级脱钩的单独职务序列，任命审判员必须达到一定的行政职级。

前退休等既有政策，确保队伍平稳过渡。

问题四：以什么样的标准和程序遴选员额法官？审判员、助理审判员在入额机会上应一视同仁，但方式方法上还是有所区别。按照《上海法院法官入额考核（考试）工作实施办法（试行）》，对于审判员，采取的是业绩考核为主、能力考试为辅的方式，择优**确认**入额；对于助理审判员，采取的业绩考核与能力考试相结合的方式，择优**遴选**入额。具体而言：

1. **审判员的入额方式。**（1）曾获得全国办案标兵、全国或省级审判业务专家、优秀法官、模范法官等称号的审判员：视为通过业绩考核，直接入额。（2）现在办案岗位的审判员：采用案件评查和民主测评方式考核业绩，近5年从非办案岗位调至办案岗位的审判员，业绩考核还包括非办案岗位的工作评查。业绩考核合格的，予以入额；不合格的，不予入额。（3）现在非办案岗位的审判员：采用工作评查和民主测评方式考核业绩。近5年从办案岗位调至非办案岗位的审判员，业绩考核还包括办案岗位的案件评查。现在非办案岗位的审判员，近5年办案满1年且业绩考核合格的，可予入额；业绩考核不合格的，不予入额；业绩考核合格，但近5年办案不满1年的，还需要参加审判能力考试，考试合格才予入额。

2. **助理审判员的入额方式。**（1）现在办案岗位工作的助理审判员：采用案件评查和民主测评方式考核业绩。（2）现在非办案岗位工作的助理审判员：采用工作评查和民主测评方式考核业绩。前述两类助理审判员业绩考核合格的，还必须参加审判能力笔试（同时也是审判员遴选考试）。考核合格的，按总成绩高低排序，差额择优入额；业绩考核不合格的，不予入额。

上海市在直辖市层面设立法官遴选委员会，分别由8名专家委员和7名职能部门分管领导担任的专门委员组成。遴选委员会办公室设在上海市高级人民法院政治部。经过考核和笔试，各级人民法院党组讨论通过后，将本院拟入额人选报市法官遴选工作办公室。其中，审判员入额人选等额上报，助理审判员入额人选按1：1.2的差额比例上报。

市法官遴选工作办公室对拟入额人选进行审核后，报请市法官遴选委员会确认审判员入额人选，并对助理审判员进行面试，差额确定入额人选。2015年1月31日，上海市4家先行试点法院的196名法官参加了法官入额笔试。3月21日至22日，152名通过笔试的助理审判员参加了遴选委员会组织的面试。面试的形式，主要是听取候选人的当面陈述，并回答委员们的问题。遴选委员会通过面试和投票表决，将办案经验丰富，但笔试成绩相对靠后的7人纳入员额，没有将笔试成绩排序靠前但审判实践不足的7人纳入员额，调整率为9.2%，消除了人们对遴选委员会面试"走过场"的担心。随后，法官遴选委员会向市高级人民法院党组提出差额入额人选建议，由后者审议决定。入额的助理审判员，由相关人民法院院长依法提请相应人大常委会任命为审判员。

问题五：未入额法官如何分流安置、确定职责？对于未入额法官的安排，根据政策变化，可以分为两个阶段。**第一阶段：**为确保改革平稳过渡，有关政策文件规定未入额法官可以保留法官职务和待遇，并协助员额内的法官办案。所谓**"保留法官职务和待遇"**，是指可以不免去过去的审判员或助理审判员职务，并继续享受试点之前专属于审判人员的审判津贴、办案人员岗位津贴。问题的关键，在于如何理解**"协助员额内的法官办案"**？实行员额制后，法官数量变少，许多法院仍希望未入额法官能够以独任法官、合议庭成员的名义参与办案，缓解人案矛盾。不少未入额法官基于各方面考虑，如颜面问题（不愿意坐到审判席下）、业绩问题（为下一步入额做好准备），也愿意继续办案。所以，当时对"协助办案"的理解，是可以参与办案，但不得担任审判长，未入额法官独任办理的案件，仍需经院庭长审核。

第二阶段：随着司法责任制、法官员额制和法官职业保障制度改革同步推进，作为审判人员"协助办案"的问题逐渐浮现出来。**一是**"同权不同责"，合议庭评议实行少数服从多数，成员权利平等，但入额法官对案件终身负责，未入额法官则没有类似的严格要求。**二是**"同工不同酬"，新的法官单独职务序列和工资制度实行后，入额法官工资增加，并可以按期晋升法官等级，但未入额法官不享受相应待遇，引起部分仍在一线办案的未入额人员不满。**三是**未入额法官独任审理的案件仍需要院庭长审核把关,给外界"新瓶装旧酒"之感,不利于全面落实司法责任制。**四是**部分律师、当事人开始质疑未入额法官办案的合法性和正当性,并将之作为上诉或申请再审的理由。综合上述考虑,经中央政法委批准,**"协助办案"**的含义调整为:未入额法官只能以法官助理的身份从事审判辅助工作,不能独任审理案件或作为合议庭成员参与办案。换言之,未入额人员不再属于审判人员序列。

政策调整后,各级人民法院的未入额法官主要有以下分流渠道:**一是转任法官助理**,继续在审判业务部门协助员额法官办案;**二是转任司法行政人员**,到办公室、机关党委等综合部门工作;**三是安排从事案件评查、诉前调解等工作**,主要是一些年纪较大、资历较深的法官;**四是交流到其他党政部门**,从事与其专业、特长相匹配的工作。

经过上海市的探索和尝试,司法体制改革试点分为三批,逐步在全国各省、自治区、直辖市推开,上海试点积累的各项经验也得到复制推广。前已述及,上海市的文员制度较为规范,所以在确定员额比例测算基数时,将"核定文员"数量与中央政法专项编制人数一并作为队伍总数。但是,试点推开时,全国绝大多数省份都没有省级管理并保障的文员,只能单独将中央政法专项编制人数作为测算基数。测算基数变少了,比例自然应适当提升。需要强调的是,39%的员额比例基数是中央政法专项编制,不包括地方编制,主要是考虑到地方编制的管理标准不一,难以把握。

按照中央政法委2014年12月印发的《关于司法体制改革试点中有关问题的意见》(中政委〔2014〕53号),法官员额应当严格控制在中央政法专项编制的39%以下,遴选法官应逐步增补,避免"一步到位"用尽员额。参照上海市的试点经验,中央政法委在相关政策口径中提出,过渡期至少应预留员额总数10%的比例,为暂时未能进入员额的优秀人才留下入额空间。

39%的员额比例主要是针对各省、自治区、直辖区法院的中央政法专项编制,可以在不同审级、地域进行调剂,不是要求每个城市、每个法院的法官员额比例都必须是39%。不同地方经济社会发展水平差异大,在确定员额比例和基数时不宜一刀切。按照中央要求,应当在省一级统筹调控各地区、各层级法院员额数量,以人案匹配度和各级法院职能定位为依据,坚持员额比例向基层倾斜,向人案矛盾突出的地区倾斜。例如,广东法院将占全省 60% 以上案件量、人案矛盾突出的珠三角核心地区法官员额比例确定在 52% 左右,而"案少人多"和"案少人少"的部分地区核定员额比例则低于 30%,全省法官员额占中央政法专项编制的 34.64%,仍控制在中央要求的 39% 比例以内。

截至 2017 年 6 月,全国法院经过严格考试考核、遴选委员会专业把关、人大依法任命等程序,从 2014 年试点正式启动时的 21.19 万名法官[1]中遴选产生 12.01 万余名员额法官。其中,最高人民法院机关坚持"从严掌握、宁缺毋滥"的选人导向,遴选产生 367 名员额法官,占编制总数的 27.8%,顺利完成员额法官遴选工作,标志着法官员额制改革全面落实到位。此后,随着审判工作和队伍建设的发展,各地法院又相继开展了第二批、第三批员额选任工作,员额选任工作逐步走向常态化、制度化、规范化。截至 2018 年年底,全国法官、审判辅助人员、司法行政人员比例分别为 34.6%、49.5%、15.9%。

省级统筹与动态调整

2014 年 1 月以来,针对司法体制改革试点过程中存在的员额比例"一刀切"等问题,中央政法委要求在省一级建立政法编制动态调整机制,由高级人民法院商省级机构编制部门,根据全省人员及案件整体情况,通过动态调整各院编制数,统筹管理全省政法编制,在严控员额比例的前提下,有效解决忙闲不均的问题。

试点之前,中级、基层人民法院的机构编制主要依托市县两级机构编制部门管理。因此,若要实现政法编制和员额比例的省级统筹,必须调整管理体制。2015 年 12 月 3 日,中央编办会同中央政法委、

---

[1]　截至 2013 年年底,我国共有 19.88 万名法官,但从这一时期到 2014 年试点推开前,各地又陆续任命了一些审判员、助理审判员,所以官方统计口径调整为 21 万余名法官。

"两高"印发了《关于省以下地方法院、检察院政法专项编制统一管理的试点意见》（中央编办发〔2015〕133 号）。试点意见明确提出，省以下地方法院机构编制管理工作，由省以下分级管理上收至省级统一管理，实行以**"省级机构编制部门管理为主，高级人民法院协同管理"**的体制，市县两级机构编制部门不再承担法院机构编制管理工作。

2017 年 10 月 25 日，中共中央办公厅印发《关于加强法官检察官正规化专业化职业化建设 全面落实司法责任制的意见》（厅字〔2017〕44 号），要求以省、自治区、直辖市为单位，按照中央规定的范围，严格控制法官员额比例。在此基础上，建立员额统筹管理、动态调整机制，由省级有关部门在总额度范围内，明确辖区各法院员额控制的具体比例，确保员额配置向基层和案多人少矛盾突出的地区、单位倾斜。

2019 年《法官法》在全面总结改革试点经验基础上，专条规定了法官员额管理机制。

2019 年《法官法》

第二十五条　法官实行员额制管理。法官员额根据案件数量、经济社会发展情况、人口数量和人民法院审级等因素确定，在省、自治区、直辖市内实行总量控制、动态管理，优先考虑基层人民法院和案件数量多的人民法院办案需要。

法官员额出现空缺的，应当按照程序及时补充。

最高人民法院法官员额由最高人民法院商有关部门确定。

按照立法机关的解释，所谓**"总量控制"**，是指各省、自治区、直辖市根据辖区人民法院的中央政法编制数，核定统管范围内的法官员额数，并从辖区实际情况和需要出发，确定实际允许入额的法官数量。所谓**"动态管理"**，是指在省级统管、总量控制的基础上，法官员额的数量既要有一定稳定性，也要具备体现适应实践情况的灵活性，做到在总体数量上有增有减，即"当增则增，当减则减"；在空间、时间配置上有进有出，即"有需则进，无需则出"。至于总量的测算确定、数量增减进出，则要根据辖区各级法院案件负担、员额配置的实际情况及时调整。[1]

为落实 2019 年《法官法》第二十五条关于对法官员额实行"总量控制、动态管理"的要求，2020 年 1 月 8 日，最高人民法院印发《省级以下人民法院法官员额动态调整指导意见（试行）》（法发〔2020〕3号）。指导意见要求，法官员额配置总体以省、自治区、直辖市为单位，不得超过中央设定的比例范围，并初步确立了员额管理、配置、调整、增补的制度框架。

1. **员额统筹管理的权限**。省级以下人民法院法官员额，由高级人民法院在核定总量内统筹管理，原则上以设区的市（地区）为单位，在省级范围内合理分配、动态调整；直辖市高级人民法院可将辖区中级、基层人民法院法官员额一并纳入统筹管理。省、自治区内设的中级人民法院可以对辖区内的法官员额进行统筹配置、动态调整。

2. **员额配置的依据**。基层人民法院的法官员额配置，以核定编制、办案总量、法官人均办案量为主要依据。高级、中级人民法院的员额配置，可以在核定编制、办案总量、法官人均办案量基础上，适当考虑对下业务指导等工作量。法官员额配置应当向基层和办案一线倾斜。高级人民法院法官员额比例不得高于辖区基层人民法院平均水平。

3. **员额调整机制和预留比例**。上级人民法院可以根据辖区内法院法官办案工作量变化情况，以及人员编制、机构设置、案件数量、法官数量等情况，决定调整法官员额的配置。上级人民法院可以预留合理比例或数量的法官员额，用于辖区内调整配置。上级人民法院为动态调整预留的法官员额，原则上不得用于本院。上级人民法院调整辖区内法院法官员额的，可以使用预留的法官员额，也可以统筹调整各地法院已经配置的员额。

4. **调整法官员额的条件**。出现下列情形之一的，应当及时调整法官员额：（1）法院案件数量大幅增加，法官员额明显不能适应办案工作

---

〔1〕　王爱立主编：《中华人民共和国法官法释义》，法律出版社 2019 年版，第 178—179 页。

需要的；（2）因行政区划调整、机构撤销或设立等导致法院编制发生较大调整，案件数量或工作量发生重大变化的；（3）法官办案数量较少，存在明显闲置的；（4）其他确有必要调整员额的情形。

5. **调整法官员额的程序和频次。**高级人民法院定期调查评估辖区法院人员编制、案件数量、员额比例、法官人均办案工作量等，提出动态调整使用的意见，由院党组研究决定后实施。同时，高级人民法院还可以根据辖区内法院法官员额使用情况，及时统筹调整，并启动法官入额、增补、退出工作。法官员额的实时动态调整，原则上由有调整需求的人民法院提出，报上级人民法院批准。中级人民法院对辖区人民法院法官员额配置进行调整的，应当报高级人民法院备案。上级人民法院对辖区法院法官员额实施全面调整的，原则上在一届院长任期内不超过 2 次，不宜频繁调整。

6. **员额法官的常态化增补。**高级人民法院建立法官常态化增补机制，对辖区法院预留或空出的员额定期开展遴选，原则上每年开展员额法官遴选不少于一次。法官遴选中，在向省级法官遴选委员会推荐拟入额人选时，可综合考虑法院法官人均办案工作量、近期拟退休法官人数等因素，按照不高于法官空缺数 30% 的比例推荐递补人选。在下一次法官遴选工作启动前，因法官员额产生空缺的法院，可直接从递补人选中推荐拟入额人选，按程序报高级人民法院审批后办理任职手续，未能递补入额的人选，在下次法官遴选时，按照与其他人员相同的程序和标准参加遴选。根据工作需要，高级人民法院可以采取借用、转任等方式，将法官及所用员额、编制一并调整配置到需要增补法官的法院。

四、严格遴选与"能进能出"

员额制试点中的督察与纠偏

在法官员额制试点期间，中央政法委、中央改革办、最高人民法院等部门联合或单独组织了多次督察,发现了法官员额制推进实施过程中存在的一些问题。针对这些问题,中央有关部门以规范性文件、政策口径、热点问答和内部通知等方式,明确了法官遴选的组织形式、程序标准、考核机制等,为未来修订《人民法院组织法》和《法官法》积累了实践经验。两部法律修订后,最高人民法院又先后制定印发了法官员额退出办法和法官违纪违法退额管理规定,建立了"能进能出"的法官员额管理机制。

(一)法官员额制试点中的问题

第一,法官入额考核机制不科学。一些地方在考核中没有突出办案实绩和审判能力,领导班子评议、民主测评、表彰奖励、编发信息、发表文章等占比较大,导致一些长期不办案、不会办案的人入额,一线办案骨干反而被淘汰。部分省份组织的法官遴选笔试、面试题目涉及审判实务、法律适用的内容较少,要么偏重时事政治,要么理论性太强,形式上更像"考干部""考博士",而不像"考法官"。

第二,法官入额遴选程序不透明。少数法院制定入额方案搞"暗箱操作"和"一言堂",事先不公开征求意见,事中不作解释说明,大家对遴选标准、程序和结果都不认同。有的地方公开程度不够,入额只公布最终人选,不公开考试成绩、考核情况。有的法官遴选委员会面试主要凭"印象分",否决候选人入额资格时不说明理由,引起笔试成绩较高却"落选"人员的严重不满。有的法官遴选委员会对候选人入额资格有疑义,但缺乏相应的沟通协调和表决机制,影响到审核把关作用的发挥。

第三,领导干部和综合部门入额比例高、办案少。试点之初,一些地方规定院庭长等领导干部可以直接入额,但挤占了过半的员额数量,社会反响不佳。部分地方为防止领导干部与一线法官"抢员额",又规定院庭长暂不入额,但是,由未入额的院庭长组成审判委员会讨论决定案件,或者对员额法官办理的案件行使审判监督管理职权,又不利于落实司法责任制。此外,政治部(处)主任、纪检组长等领导干部是否入额,以及综合部门是否配置员额,在各试点地区操作也不统一。部分院庭长入额后,以行政事务、监督管理事务过多为由,只办少量案件甚至不办案,又或选择性办理指定管辖、危险驾驶、交通事故、民间借贷、执行保全、假释裁定、诉前调解等简单案、系列案、程序性审查案件"充数",一线办案人员意见很大。

第四,办案绩效考核与员额退出机制没有挂钩。除领导干部外,一些人员入额后因审判能力欠缺、责任意识不强,办案数量不多,案件质效不佳,但缺乏相应的退出机制。部分试点法院尽管建立了员额退出机制,但退出员额的多限于调离、退休、生病等情形,极少发生因办案考核不达标而退的情况,"能者上,不胜任者让"的员额动态进出机制未能有效运转。

第五,遴选委员会设置模式不统一。试点之初,上海市组建了上海市法官、检察官遴选(惩戒)委员会,这么设置的优势是有利于统一法官、检察官职业标准、推进法官、检察官任职交流、集约使用全市法学专家和职能部门资源,也有利于提高遴选、惩戒制度的一体运行效能。但是,法官遴选委员会更侧重专业把关、知事识人、业绩审核,法官惩戒委员会则侧重过错判断、责任认定、权益保障,职能上存在差别,对组成人员的代表性、专业性要求也有不同,许多地方建议分开设置、分别组建。也有地方提出,法官、检察官在职业伦理、工作性质方面也有较大区别,集中统一入额遴选结束后,未来遴选要视案件变化、缺额情况确定时机,法院、检察院的节奏未必一致,法官遴选委员会和检察官遴选委员会分开设置更为合适。

第六,对遴选委员会的主任人选和组成人员存在认识分歧。上海市法官、检察官遴选(惩戒)委员会主任由专家学者担任,副主任由市委政法委副书记担任,以便统筹协调相关职能部门工作。[1] 试点中,有的地方提出遴选委员会主任应当由高级人民法院院长或省级检察院检察长担任,有的地方提出应由省级党委政法委书记担任。在组成

---

〔1〕 上海市法官、检察官遴选(惩戒)委员会共有 15 名委员,其中 7 名专门委员由市人大内司委、市纪委、市委组织部、市委政法委、市公务员局和市高级人民法院、市人民检察院分管领导担任;8 名专家委员经市人大和市政府法制机构、司法机关、各大高校、法学研究机构、律师协会等层层推荐选拔产生,都是资深法学专家,其中教授 6 名、研究员 1 名、律师 1名,平均年龄 56 岁。此外,还有 12 名专家库成员。

人员安排上,有的地方没有突出法官遴选委员会的专业把关职能,官员多、专家少,非专业人士比重过高,法官遴选委员会本身的专业能力受到质疑。

(二)严格法官遴选的政策要求

针对督察中发现的问题,中央政法委先后印发《关于司法体制改革试点中有关问题的意见》(中政委〔2014〕53号)、《关于员额制改革试点若干问题的研究意见》和《关于严格执行法官、检察官遴选标准和程序的通知》(中政委〔2017〕9号),并以多种形式要求各地组织整改、纠正偏差。上述文件内容,后来统一整合至中共中央办公厅印发的《关于加强法官检察官正规化专业化职业化建设 全面落实司法责任制的意见》。此外,最高人民法院也制定印发了《关于加强各级人民法院院庭长办理案件工作的意见(试行)》(法发〔2017〕10号),并下发《关于深入做好司法改革政策解读工作的通知》(法〔2017〕86号),组织编写《司法改革热点问题解答(一)》《司法改革热点问题解答(二)》,共计100问,分30期在《人民法院报》刊载,通过官方微博、微信公众号推送,确保法院干警和社会各界及时了解把握司法改革最新精神。前述文件和政策口径的主要内容是:

第一,领导干部入额必须符合程序和标准。既不简单提倡法院领导干部因履职需要都得入额,也不鼓励所有领导干部发扬风格一律不入额。法院领导干部入额,需满足三个基本的标准:**一是**工作职责必须与行使审判权紧密相关,之前应有审判工作经历;**二是**除院长外,领导干部入额必须按照统一的法官选任标准,经过公平公正公开的统一考核或考试程序,由法官遴选委员会严格把关,不能无条件入额;**三是**入额后既要履行与其职务对应的监督管理职责,也必须办理相应数量和类型的案件。考虑到院庭长承担了大量党务、行政事务,办案数量可以从当地法院实际情况出发合理确定,但不能将案件转交他人代办。在遴选标准和方式上,应当根据领导干部工作性质和履职特点确定考核、考试的具体内容和办法。入额标准和程序应当在省级层面统一,高级人民法院不能将入额标准制定权下放到辖区各院。

第二,法官员额配置必须突出办案导向。政治部(处)主任、纪检组长，以及办公室主任、行装处主任等综合行政部门负责人入额的，应当在入额名单公示结束之日起3个月内按照规定的组织程序免去原有党政职务，调整到一线办案岗位，未及时调整的，应当退出员额。员额配置应当向一线办案部门倾斜，办公综合、政工党务、纪检监察、教育培训、司法技术等非业务部门不设置员额。不具备司法属性的部门不宜设置法官岗位，占用法官员额。

第三，入额程序和条件要体现审判实绩。实行法官员额制，不是为了控制法官数量，核心目标还是保证入额法官的素质和能力。各地在确定法官员额时，应当明确员额岗位职责和工作要求，打破部门界限，在全院范围内公开遴选。原审判人员调离办案部门5年以上的，需回到办案岗位担任法官助理参与办案满1年方可参加遴选。法官遴选应当以办案业绩考核为主、考试为辅。在坚持政治标准基础上，应当突出对司法能力、办案业绩、职业操守的考核，防止简单按级别、票数、考分入额。考试重点考察分析案件事实、归纳争议焦点、正确适用法律、制作裁判文书等实际办案能力，防止出现"会考试的不会办案，会办案的不会考试"。[1] 办案业绩考核重点考察近3年办案数量、质量和效果，考核应当以客观量化评价为主。民主测评、领导班子成员评价等主观评价主要针对政治、廉政、作风等方面，分值合计不得超过考核分值的30%。对审判部门人员的考核要合理设定案件权重系数，不能简单以结案数、结案率来排名。对非审判部门人员的考核要注重对其工作量和工作质效的量化，防止过多依靠主观评价。对少数民族地区的"双语法官"，在遴选入额时应给予特殊政策考虑。

第四，法官遴选委员会的设置模式和组成人员要符合其职能定位。法官遴选委员会的职能主要是从专业角度对法官人选专业能力进行把关，而非"包办一切"，政治素养、廉洁自律等方面的考察把关由组织人事、纪检监察部门负责。法官遴选委员会可以与检察官遴选委员会分设，也可以合设，各地根据实际情况决定。法官遴选委员会应

---

[1] 何帆：《严格员额法官遴选程序，为司法责任制改革夯实基础》，载《人民法院报》2017年5月19日。

当与法官惩戒委员会分设,因为两者在性质、功能和审议程序上都有明显区别。遴选委员会的组成人员应当体现广泛性、代表性、专业性、权威性等要求,既要包括来自人大、政协、法学专家、律师界的代表,也要有一定数量的法官代表,社会各界代表不应低于50%。法官遴选委员会主任由实践经验丰富、德高望重的资深法律界人士担任,办事机构设在高级人民法院。拟纳入员额的法官人选基本情况、考试成绩排名都应公示,接受社会监督。最终入额人选要由党委按照权限审批、人大依照法律程序任免,体现党管干部和依法任命原则。

第五,充分发挥法官遴选委员会的实质性专业把关作用。各高级人民法院配合省级有关部门,充分发挥法官遴选委员会的专业把关作用,进一步研究完善遴选委员会审议程序和工作机制,既要避免面试走形式、走过场,也要切实防止"以票取人"或仅凭"印象分"就决定员额人选。在首批法官集中入额后开展的遴选中,遴选委员会原则上应当对候选人进行面试。遴选委员会委员对候选人入额资格提出疑义的,高级人民法院应当及时作出说明,未予说明或说明未获认可的,经遴选委员会2/3以上委员表决通过,可以否决相关候选人入额资格。遴选委员会否决候选人入额资格的,应当书面说明理由,并书面送达候选人。既然法官遴选委员会在专业能力上发挥的是"实质性"把关作用,人民法院党组的决定与法官遴选委员会在专业把关上就应当保持"只减不增"的关系。也就是说,经过法官遴选委员会审议通过的人选,在人民法院党组审议时,党组只能做"减法",不能做"加法",以充分尊重遴选委员会的审议结果,保证遴选委员会的权威性。

第六,通过绩效考核建立"有进有出"的员额常态化运行机制。法官调离办案岗位、退休或者离职的,自然退出员额;不能独立办案、案件质效较差、完不成核定工作量的,应当在考核结果确定后3个月内退出员额。担任领导职务的法官不办案或办案达不到要求的,应当退出员额。**在工作量核算上,**既要区分独任审理、担任审判长、担任合议庭承办法官、参与合议庭等情况,又要考虑参加专业法官会议、案件质量评查、审判业务指导等工作情况。**在考核档次划分上,**既要切实解决平均主义的问题,又要简便易行,防止把简单问题人为地复杂化,导致相关改革政策迟迟无法落地。**在考核分值设定上,**既要合理设定基础项目分,又要根据瑕疵、差错情况科学设定扣分项,对于参与司法调研、学术讨论、信息、法宣的成果,可以列入附加分,但总分应当固定封顶,不能冲抵审判实绩。[1] 省级以下法院的法官退出员额,由所在院党组审议决定,报请高级人民法院批准后,送法官遴选委员会备案。

法官遴选委员会的设置与职能

经法官遴选委员会专业把关,将改革前已任命为审判员、助理审判员的审判人员纳入员额管理,只是深化司法体制改革试点期间的阶段性举措。从长远来看,改革之前的法官"存量",将在 5 年内陆续消化完毕,这些人员要么入额成为员额法官,要么通过转任法官助理、司法行政人员、分流至其他党政机关、退休、离职等方式离开审判岗位。因此,法官遴选委员会的主要职能,应当逐步聚焦于对初任法官候选人的专业能力审核把关,而非既有审判人员的入额工作。

2018 年《人民法院组织法》、2019 年《法官法》在总结试点经验基础上,确立了法官遴选委员会的法律地位。2018 年《人民法院组织法》第四十七条第一款明确"初任法官应当由法官遴选委员会进行专业能力审核"。2019 年《法官法》第十六条则专条予以规定。

2019 年《法官法》
第十六条 省、自治区、直辖市设立法官遴选委员会,负责初任法官人选专业能力的审核。

省级法官遴选委员会的组成人员应当包括地方各级人民法院法官代表、其他从事法律职业的人员和有关方面代表,其中法官代表不少于三分之一。

省级法官遴选委员会的日常工作由高级人民法院的内设职能部

---

〔1〕 何帆:《完善绩效考核办法,实现员额"有进有出"》,载《人民法院报》2017 年 5 月 26 日。

门承担。

遴选最高人民法院法官应当设立最高人民法院法官遴选委员会，负责法官人选专业能力的审核。

从条文内容来看，关于最高人民法院法官遴选委员会和各省、自治区、直辖市法官遴选委员会的设置、职能和组成人员，主要有以下新要求。

第一，省级法官遴选委员会仅负责初任法官人选专业能力的审核。这里的"初任法官"，是指第一次担任法官，之前未曾被任命过审判员或助理审判员的人员，不仅包括高级人民法院的初任法官，还包括辖区中级、基层和专门人民法院的初任法官。初任法官除满足《法官法》规定的任职条件外，还必须具备办案能力，应当由法官遴选委员会从专业角度，全面审核其业务水平、司法经验和审判能力。在修订草案审议过程中，有常委委员认为法官应德才兼备，遴选委员会可以突出对专业能力的审核，但不能只审核专业能力。考虑到在试点工作中，已经明确"由组织人事、纪检监察部门在政治素养、廉洁自律等方面考察把关"，实践中分工比较明确、做法已经成熟，所以立法机关没有采纳上述建议。[1]

第二，省级法官遴选委员会的组成人员应当包括一定比例的法官代表。试点期间，各省、自治区、直辖市法官遴选委员会的法官代表较少，绝大多数省份只有一位高级人民法院副院长作为代表。在修订草案征求意见过程中，有的地方建议增加法官代表比例，或者规定法官代表"不少于半数"，既与法官惩戒委员会中的法官代表比例保持一致，也增强遴选工作的专业性和权威度。有的地方提出，为了加强对法官遴选工作的社会监督，建议对社会有关代表不少于一定比例作出规定。有的部门建议有关方面代表的具体组成，就是否包括党委政法委、组织人事部门、律师协会等作出指引。经过研究，条文最终明确

---

〔1〕 王爱立主编:《〈中华人民共和国法官法〉理解与适用》,中国民主法制出版社2019年版,第123页。

"省级法官遴选委员会的组成人员应当包括地方各级人民法院法官代表、其他从事法律职业的人员和有关方面代表,其中法官代表不少于三分之一"。

"包括地方各级人民法院代表"意味着法官代表应当涵盖高级、中级、基层人民法院的代表,必要时也应考虑有专门人民法院的代表,尤其是北京、上海、广东等专门人民法院类型、数量较为集中的地区。**"其他从事法律职业的人员"**是指律师、立法机关和政府中从事法制工作的人员。[1]**"有关方面代表"**可以包括人大代表、政协委员、组织人事等部门代表,也可以从其他社会各界中选任代表,但比例不宜超过法律专业人士代表。

第三,省级法官遴选委员会不专门设立办公机构,日常工作由高级人民法院政治部承担。法官遴选委员会由来自不同行业领域的代表组成,并非常设机构,其日常工作需要相关部门承担。但是,基于机构编制管理政策和精简内设机构等考虑,法律不宜要求为法官遴选委员会专门"设立办公机构",所以条文最终规定"省级法官遴选委员会的日常工作由高级人民法院的内设职能部门承担"。实践中,这一"内设机构职能部门"只能是高级人民法院政治部。

第四,最高人民法院遴选委员会负责本院初任法官人选和遴选至本院的下级人民法院法官专业能力的审核。为推动最高人民法院机关的法官员额制改革顺利实施,2017年6月,最高人民法院法官遴选委员会正式成立,遴选委员会成员共15人,包括全国人大、中组部、中央政法委等有关部门人员、全国人大代表、全国政协委员、最高人民法院法官代表、最高人民检察院检察官代表、专家学者代表等。遴选过程中,提交给最高人民法院法官遴选委员会审议的候选人一共387人,委员们分5个轮次开展审议。审议过程中,如果委员们对候选人的入额资格、办案绩效、测评考核等情况存有疑问的,随时可以要求遴选委员会办公室工作人员作出说明。表决时,不人为划定差额比例或

---

〔1〕 王爱立主编:《〈中华人民共和国法官法〉理解与适用》,中国民主法制出版社2019年版,第119页。

指标,更不指定淘汰人选,由委员根据审议情况自主决定差额人选,并当场宣布表决结果。审议和表决后,由遴选委员会淘汰 17 人,差额率 4.4%。在提交最高人民法院党组审议时又淘汰 3 人,最终入额法官 367 人。

2019 年修订《法官法》时,在第十六条第四款专款规定了最高人民法院法官遴选委员会的职能。与省级法官遴选委员会不同的是,最高人民法院遴选委员会负责"法官人选专业能力的审核",而非局限于"初任法官人选"。这就意味着,审核对象除初任法官外,还包括以其他方式进入最高人民法院的法官,如以逐级遴选方式进入最高人民法院的原高级、中级人民法院法官或专门人民法院法官。

法官内部交流与入额方式

2021 年 11 月 18 日,最高人民法院印发《关于建立健全人民法院人员内部交流机制的若干意见》(法〔2021〕295 号),进一步规范了法官交流入额程序及定级标准。[1]

第一,离岗人员的重新入额方式。法官因工作需要调整到法院非办案岗位或者调离法院系统,又回到办案岗位的,区分情况规定重新入额方式。其中,退出员额 5 年内回到基层、中级人民法院办案岗位,且符合任职法院法官任职条件的,经所在法院党组研究后,层报高级人民法院批准入额。回到高级人民法院、最高人民法院办案岗位的,分别由高级人民法院党组、最高人民法院党组决定入额。退出员额超过 5 年的,需回到法院办案岗位参与办案 1 年以上,经绩效考核合格后,再按照上述程序办理入额手续。

第二,跨地域、跨院交流入额程序。法官因工作需要在本省、自治区、直辖市或跨省、自治区、直辖市调到同级、下级人民法院办案岗位,或者通过干部选拔任用程序选任到上级人民法院办案岗位,符合新任

---

〔1〕 叶健、侍东波、梁代杰:《〈关于建立健全人民法院人员内部交流机制的若干意见〉的理解与适用》,载《人民司法·应用》2022 年第 1 期。

职法院法官任职条件的,经新任职法院党组研究后,层报高级人民法院党组批准入额。交流或选任至高级人民法院、最高人民法院的,分别由高级人民法院党组、最高人民法院党组决定入额。通过逐级遴选程序选任到上级人民法院担任法官的,即为新任职法院的员额法官,可直接依照法定程序办理法律职务任命手续,无须再办理入额手续。

第三,挂职交流入额政策。经组织选派到基层、中级人民法院办案岗位挂职锻炼的干部,符合挂职法院法官任职条件的,经挂职法院党组研究后,层报高级人民法院党组批准入额,并送法官遴选委员会备案。经组织选派到高级人民法院、最高人民法院办案岗位挂职锻炼的干部,符合挂职法院法官任职条件的,分别由高级人民法院党组、最高人民法院党组决定入额,并送法官遴选委员会备案。

对法官的科学考核

让法官回归办案一线,回归主责主业,是法官员额制改革的核心内容。在严格遴选标准的同时,还应同步健全完善科学、合理的法官考核体系,将法官考核结果作为法官等级升降、法官员额退出、绩效奖金分配等的重要依据,充分发挥考核的"指挥棒""风向标""助推器"作用。2021 年 10 月 12 日,最高人民法院印发《关于加强和完善法官考核工作的指导意见》(法〔2021〕255 号,以下简称《考核指导意见》),全面规范了法官考核内容、考核标准、考核组织实施、考核结果运用等,并将《案件权重系数设置指引》作为附件一并下发。

第一,法官考核与公务员考核的逻辑关系。法官既是审判人员,也是国家公务员。实践中,各地法院对法官考核与公务员考核的关系把握不一,也产生了不少问题:有的法院分别开展法官考核与公务员,导致重复考核,加重了法官负担;有的法院单独考核法官审判业绩,其他方面仍按照《公务员法》有关规定考核,这样一方面容易割裂办案业绩与政治素质、能力水平、司法作风等方面的关联,另一方面也可能容易造成考核结果不一;有的法院则合二为一,实行一次性考核,多个结果运用,但由于《法官法》和《公务员法》对考核指标的规定不完全一致,实践操作存在困难。

　　事实上,法官作为特定公务员群体,考核不能突破公务员考核体系,另起炉灶单独开展。《考核指导意见》明确"法官考核应当根据公务员考核相关规定",实现了两种考核内在逻辑体系的统一,同时也避免了重复考核、多头考核。[1] 在指标体系设置上,规定法官考核在总体框架上沿用公务员考核德、能、勤、绩、廉的指标体系,将《法官法》规定的考核内容融入其中,既与公务员考核体系保持一致,又充分体现法官职业特点。在考核方式上,明确法官考核以平时考核和年度考核相结合为主,对于专项考核,则仍按《公务员考核规定》有关要求进行。法官有调任、转任、援派、挂职等情形,病、事假累计超过半年,或者受党纪政务处分等特殊情形的,其考核按照公务员考核有关规定办理。在结果运用上,明确法官考核结果作为其公务员考核结果,记入本人公务员年度考核登记表,以实现考核结果统一。

　　第二,法官考核的组织实施。人民法院设立法官考评委员会,在本院党组领导下,负责对本院法官的考核工作。法官考评委员会主要履行以下职责:(1)研究制定法官考核工作制度规范;(2)组织实施法官考核工作;(3)研究提出法官考核结果建议并提交本院党组审议;(4)受理对考核结果的复核申请;(5)其他应当由法官考评委员会负责的事项。法官考评委员会的组成人员为5至9人的单数,一般由本院院长、相关院领导、相关部门负责人和若干法官代表组成,主任由本院院长担任。法官考评委员会召开会议,应当有全体组成人员的过半数出席,决定事项须经全体组成人员过半数同意。法官考评委员会的办事机构设在本院组织人事部门。法官对本人考核结果有异议的,可以按规定向法官考评委员会申请复核。法官考评委员会应当及时处理,并将复核结果告知申请人。各级人民法院党组负责对法官考核工作与其他业务考核工作的统一领导,合理归并考核项目和种类,防止多头考核、重复考核。

―――――――――

　　〔1〕　叶健、侍东波、梁代杰:《〈关于加强和完善法官考核工作的指导意见〉的理解与适用》,载《人民司法·应用》2021年第34期。

第三,构建科学合理的考核指标体系。对法官的考核,以其岗位职责和所承担的工作任务为基本依据,以指标化评价的方式,全面考核德、能、勤、绩、廉各方面,重点考核政治素质和审判工作实绩。**一是**对"德"的考核,主要围绕政治素质、职业道德、社会公德、家庭美德和个人品德等设置指标,并将政治素质考核情况记入法官政治素质档案。**二是**对"能"的考核,主要围绕法律专业水平和工作能力设置指标,重点考核法律政策运用能力、审判业务水平、法学理论水平、司法实务研究水平,以及防控风险能力、群众工作能力、科技应用能力、舆论引导能力等。三是对"勤"的考核,主要围绕法官的精神状态、工作作风设置指标,重点考核忠于职守,遵守工作纪律,爱岗敬业、勤勉尽责,敢于担当、甘于奉献等情况。**四是**对"绩"的考核,以办案业绩为主要内容,同时将法官参加党和国家中心工作、重点工作、综合调研等其他工作纳入业绩考核范畴,使考核结果能够全面、准确反映法官工作业绩。**五是**对"廉"的考核,主要围绕廉洁司法、廉洁自律等设置考核指标。

第四,体现法官职业特点的业绩考核指标。《考核指导意见》从办案数量、办案质量、办案效率、办案效果 4 个维度设置考核指标,并对各项指标考核重点作出指导性规定。**一是**对办案数量的考核,应当以结案数量为基础,综合考虑案件类型、审判程序、审级等能够反映案件繁简难易程度和工作量多少的因素,结合审判团队配置情况,合理设置案件权重系数,科学评价不同业务条线、不同岗位法官的实际办案工作量。**二是**对办案质量的考核,以案件发回、改判等情况为基础,充分运用案件质量评查等机制,重点考核法官办案中证据审查、事实认定、法律适用、文书制作、释法说理、裁判结果等情况。三是对办案效率的考核,以审限内结案率(包括按规定延长审限)等情况为基础,重点考核案件审理周期以及超过审理期限案件、长期未结案件等情况。**四是**对办案效果的考核,以案件取得的政治效果、法律效果和社会效果等情况为基础,重点考核维护国家安全和社会稳定、维护法律的严肃性和权威性、维护人民群众合法权益、弘扬社会主义核心价值观等情况。

此外，法官参加党和国家中心工作、地方重点工作，参加审判委员会、赔偿委员会、司法救助委员会、专业法官会议讨论案件，办理涉诉信访，开展执行监督，参与诉源治理，开展案件评查、业务指导，开展未成年人案件社会调查、回访帮教等延伸工作，以及参加规范性文件制定、课题研究、案例研编等其他工作的，可以设置相应指标，纳入法官业绩考核范畴。

第五，加强对院庭长的考核。院庭长作为担任领导职务的特殊法官，既要带头办案，也要履行审判监督管理职权。《考核指导意见》对院庭长的考核作出专门规定，充分发挥其对审判工作的示范、引领和指导作用。**一是**考核指标设置方面，除围绕德、能、勤、绩、廉各方面设置指标外，还围绕院庭长履行审核批准程序性事项、综合指导审判工作、督促统一裁判标准、全程监管审判质效、排除案外因素干扰等审判监督管理职责和本单位(部门)办案质效总体情况，以及落实党风廉政建设"一岗双责"、抓党建工作成效等情况，设置相应指标，纳入考核范畴。二是办案任务标准方面，提出要综合考虑本单位(部门)人员规模、案件数量、管理任务等因素，区分不同地区、层级、岗位，科学合理确定办案数量标准和办案类型。三是办案任务通报方面，要求各级人民法院应当定期通报庭长、副庭长办案任务完成情况，上级人民法院应当定期通报辖区下一级人民法院入额院领导的办案任务完成情况。**四是**考核等次评定方面，明确对院庭长的办案任务量以及审判监督管理职责进行单独考核，规定无正当理由办案数量未达到相关规定的最低标准，或者违反规定不认真履行审判监督管理职责造成严重后果的，年度考核应当确定为不称职等次。

第六，法官考核等次和结果运用。法官考核实行平时考核和年度考核相结合，采用量化赋分为主、定性赋分为辅的方式进行。平时考核结果分为好、较好、一般和较差四个等次。年度考核结果分为优秀、称职、基本称职和不称职四个等次。法官平时考核各等次的评定标准，由各级人民法院根据公务员考核有关规定，结合四级法院审级职能定位和本院实际情况研究确定。

法官年度考核以平时考核为基础，年度考核确定为优秀等次的，应当从当年平时考核结果好等次较多且无一般、较差等次的法官中产生。法官因短期交流、轮岗、借调、公派学习培训，或者经组织安排参加其他工作等原因，需要核减年度办案任务的，由本院法官考评委员会研究决定。

法官年度考核确定为优秀等次的，其参加法官等级晋升时，在同等条件下优先考虑。法官年度考核确定为称职等次的，可以按相关规定参加法官等级晋升。法官年度考核确定为不称职、基本称职等次或者参加年度考核不确定等次的，本考核年度不计算为法官等级晋升的任职年限。法官年度考核确定为不称职等次，或者连续两年确定为基本称职等次的，应当退出员额。法官年度考核确定为优秀、称职等次的，享受当年度奖励性绩效考核奖金。法官年度考核确定为基本称职、不称职等次或者参加年度考核不确定等次的，不享受当年度奖励性绩效考核奖金。

法院员额退出机制

2019 年《法官法》实施后，为了建立"能进能出"的法官员额管理机制，最高人民法院于 2020 年 1 月印发《人民法院法官员额退出办法（试行）》（法发〔2020〕2 号），之后又于 2021 年印发《人民法院法官违纪违法退额管理规定（试行）》。

第一，法官退出员额的情形。综合前述两个文件，法官退出员额，包括申请退出、自然退出、应当退出三种情形。

1. **申请退出**。法官自愿申请退出员额，具备正当理由的，经批准后可以退出法官员额。自审批机关批准退出员额之日起，不再行使法官职权。

2. **自然退出**。法官具有下列情形之一的，自然退出员额：（1）丧失中华人民共和国国籍的；（2）调出所任职法院的；（3）退休、辞职的；（4）依法被辞退或者开除的；（5）实行任职交流调整到法院非员额岗位的。法官具有上述情形之一的，自相关情形出现时起，不再行使法官职权。此外，经组织选派到人民法院办案岗位挂职锻炼的干部，挂职入额期间不占用挂职法院的员额,挂职结束后自动退出员额。

3. **应当退出**。法官具有下列情形之一的,应当退出员额:(1)符合任职回避情形的;(2)因健康或个人其他原因超过1年不能正常履行法官职务的;(3)办案业绩考核不达标,不能胜任法官职务的;(4)因违纪违法不宜继续担任法官职务的;(5)根据法官惩戒委员会意见应当退出员额的;[1](6)入额后拒不服从组织安排到员额法官岗位工作的;(7)配偶已移居国(境)外,或者没有配偶但儿女均已移居国(境)外的;(8)其他不宜担任法官职务的情形。法官自审批机关批准退出员额之日起,不再行使法官职权。

所谓**"办案业绩考核不达标,不能胜任法官职务"**,是指经任职法院法官考评委员会考核认定,具有下列情形之一的:(1)办案数量、质量和效率达不到规定要求,办案能力明显不胜任的;(2)因重大过失导致所办案件出现证据审查、事实认定、法律适用错误而影响公正司法等严重质量问题,造成恶劣影响的;(3)多次出现办案质量和办案效果问题,经综合评价,政治素质、业务素质达不到员额法官标准的;(4)负有审判监督管理职责的法官违反规定不认真履行职责,造成严重后果的;(5)其他不能胜任法官职务的情形。

所谓**"因违纪违法不宜继续担任法官职务的"**,是指根据《中国共产党纪律处分条例》《中国共产党组织处理规定(试行)》《中华人民共和国公职人员政务处分法》《中华人民共和国法官法》《人民法院工作人员处分条例》,具有下列情形之一的:(1)因违纪违法受到党纪政务重处分的;(2)因违反政治纪律(政治要求)受到党纪政务轻处分的;(3)因严重违反廉洁纪律(廉洁要求)、严重违反审判职责受到党内严重警告或记大过、降级处分的。法官因上述第二种和第三种情形以外的其他违纪违法情形受到党纪政务轻处分的,应综合考虑性质、情节、影响、日常表现、认错悔过态度等因素研究提出是否应当退出员额意

---

〔1〕 按照最高人民法院、最高人民检察院印发的《关于建立法官、检察官惩戒制度的意见(试行)》(法发〔2016〕24号),法官违反审判职责的行为属实,惩戒委员会认为构成故意或者因重大过失导致案件错误并造成严重后果的,人民法院应当依照有关规定作出惩戒决定,并给予停职、延期晋升、免职、责令辞职、辞退等处理。

见。前面提到的"**党纪轻处分**"，包括党内警告、严重警告；"**党纪重处分**"包括撤销党内职务、留党察看、开除党籍；"**政务轻处分**"包括警告、记过、记大过、降级；"**政务重处分**"包括撤职、开除。

法官因违纪违法受到党纪政务重处分退出员额的，一般不得重新入额。法官因上述第二种和第三种情形退出员额的，自退出员额5年内不得重新入额。其他受到党纪政务轻处分退出员额的，自退出员额2年内不得重新入额。重新入额时，需参加考试或考核，按照规定程序遴选入额。

第二，法官退出员额的流程。省级以下人民法院法官因个人意愿申请退出员额或者具有应当退出员额情形之一的，由所在法院组织人事部门提出意见，经本院党组研究后层报高级人民法院审批。高级人民法院应在两个月内完成审批，如批准退额的，送省级法官遴选委员会备案。最高人民法院法官因个人意愿申请退出员额或者应当退出员额情形之一的，经最高人民法院党组批准后退出员额，并送最高人民法院法官遴选委员会备案。上级人民法院发现下级人民法院的法官具有退出员额的情形，但下级人民法院未启动退出员额程序的，应当督促后者尽快启动相关程序。法官退出员额后需要免除法律职务的，应当及时提请办理相关免职手续。

第三，法官对退出员额决定的异议机制。法官对涉及本人退出员额的决定有异议的，可以在收到决定后7日内向所任职法院党组申请复核。中级以下人民法院党组经复核不改变原退额决定的，应自收到当事法官复核申请30日内，书面答复当事法官；经复核拟改变原退额决定的，应自收到当事法官复核申请30内，层报高级人民法院批准后书面答复当事法官，并送省级法官遴选委员会备案。高级人民法院、最高人民法院党组应当自收到本院法官的复核申请后30日内作出决定，并书面答复当事法官。

第四，法官退出员额后的岗位安排。法官退出员额后，转任法院司法行改人员、司法辅助人员的，应按照法官等级晋升审批权限，综合考虑任职资历、工作经历等条件，以及担任法官期间的审判业绩、工作表现、退出情形等因素，在规定的职数范围内，比照确定职务或职级。

法官因惩戒委员会意见退出员额 5 年后,因自愿申请或因"办案业绩考核不达标,不能胜任法官职务"退出员额 2 年后,可以重新申请入额。符合入额条件的,参加考试考核,按照统一程序遴选入额。

第十二讲 │ **法官制度(下):法官选任与职务序列**

> 政治路线确定之后,干部就是决定的因素。

> ——毛泽东

> 制而用之存乎法,推而行之存乎人。

> ——《周易·系辞上》

法官是依法行使国家审判权的审判人员,也是纳入国家行政编制、由国家财政负担工资福利的公职人员,所以,对法官的管理,优先适用《法官法》,也适用《公务员法》。另一方面,审判权是对案件事实认定、法律适用的判断权,更注重对独立性、中立性、程序性、亲历性的保障,不同于以上令下从、令行禁止为特点的行政权。所以,法官作为审判权力的具体行使者,其选任标准、产生方式、管理模式、薪酬待遇自然也应与普通公务员有所区别。

在我国,审判人员除了具备法官、公务员身份,还都是国家干部,[1]对其管理应遵循党管干部原则,并将这一原则贯穿于职务任免、员额进出、等级评定、奖励惩戒全过程。此外,人民法院院长、副院长、庭长、副庭长等领导干部,在由各级人大及其常委会选举、任命前,

---

[1] 从概念确立的标准看,"干部"强调的是身份,"公务员"强调的是职责任务,"国家工作人员""国家机关工作人员""事业单位工作人员"强调的是任职机构及其国有性质,"财政供养人员"强调的是经费保障来源。参见潘波:《解词说法:机关工作词义考》,商务印书馆 2021 年版,第 9 页。

还必须完成《党政领导干部选拔任用工作条例》规定的选任程序。总之，我国法官选任标准、培养模式和职务序列的建立、发展和完善，既是寻找、调试、回归司法职业特点的过程，也是探索、形成、彰显中国法官制度特色的过程。本讲旨在呈现这一过程和制度成果。

一、成为中国法官有多"难"

法官资格制度的初次尝试

法官的职业特点，要求其具备政治坚定、业务精通、廉洁奉公、刚正不阿、秉公司法的素质，这就需要通过立法明确担任法官的条件，确保审判人员的素质和能力。新中国成立之初，受制于当时的客观状况，1954 年《人民法院组织法》第三十一条规定的法官任职条件，仅是"有选举权和被选举权的年满二十三岁的公民"。[1] 1979 年《人民法院组织法》第三十四条延续了上述标准，但在 1983 年修正时增加了一款，明确"人民法院的审判人员**必须**具有法律专业知识"。对于何谓**"具有法律专业知识"**，立法机关并未释明，只要求"现有审判人员可以采取轮训等各种办法，学习法律专业知识"。[2] 这亦与我国首届法学专业本科生毕业于 1982 年 7 月的时间点正好对应。[3] 那一时期，全国法院的审判员均由各级人大常委会任免，助理审判员都由本院任免，并无统一的法律专业知识认定标准。

---

〔1〕 1954 年《人民法院组织法》第三十一条："有选举权和被选举权的年满二十三岁的公民，可以被选举为人民法院院长、或者被任命为副院长、庭长、副庭长、审判员和助理审判员，但是被剥夺过政治权利的人除外。"

〔2〕 《关于修改人民法院组织法、人民检察院组织法的决定等几个法律案的说明》（1983 年 9 月 2 日），载王汉斌：《社会主义民主法制文集》（上册），中国民主法制出版社 2012 年版，第 89 页。

〔3〕 由于当时的招生院校和招生规模有限，无法满足司法需求，入职的法官主要包括归队的法律工作者、中小学教师、机关干部和复转军人。姚莉：《中国法官制度的现状分析与制度重构》，载《法学》2003 年第 9 期。

首部《法官法》制定期间,建立法官资格制度被视为确保法官素质的重要举措。在最高人民法院牵头起草的《法官法(草案)》中,法官的管理、任免工作都是围绕法官资格制度展开的,主要内容包括：**第一**,建立"统一领导、分级管理"的法官管理体制,明确最高人民法院是全国法官的主管机关。**第二**,设立法官委员会,作为管理法官的机构。法官委员会设三级,即最高人民法院法官委员会、高级人民法院法官委员会和中级人民法院法官委员会。各级法官委员会分级管理法官。法官委员会由本院院长和法官若干人组成,实行民主集中制。法官委员会的职责是提出法官任免的建议,对法官的衔级、考核、调动、培训、奖惩、申诉、控告等进行管理。**第三**,建立法官资格制度。法官应从取得法官资格,见习期满合格的人员中选用。法官资格,须经国家法官资格考试,并经考核合格,方可取得。设立国家法官资格考试委员会,负责组织考试事宜。考试合格的,经严格考核,由最高人民法院法官委员会批准,方可取得法官资格。[1]

然而,由于我国上下级人民法院在审判工作上是监督关系,审判人员依法又是由各级人大常委会任免,前述"统一领导、分级管理"的法官管理体制,以及由法官委员会授予法官资格的制度设计,很难被立法机关接受。在《法官法(草案)》审议过程中,一些常委委员和地方、部门提出,草案关于法官委员会的规定应当与宪法、法律关于审判人员任免的规定相衔接,建议将**法官委员会**修改为**法官考评委员会**,删去对人民法院院长的选举和罢免提出建议以及管理下级人民法院法官的规定。此外,还有一些常委委员和地方、部门提出,为了提高法官素质,规定担任法官应当具备的条件是必要的,但是,在未经各级人大及其常委会选举或任命之前,不宜先由最高人民法院授予法官资

---

〔1〕　任建新:《关于〈中华人民共和国法官法(草案)〉的说明——1994 年 5 月 5 日在第八届全国人民代表大会常务委员会第七次会议上》,载周道鸾主编:《学习中华人民共和国法官法资料汇编》,人民法院出版社 1995 年版,第 16—19 页。

格,建议删去相关规定,并将法官**"资格"**修改为担任法官的**"条件"**。[1]

经过反复讨论和修改,草案关于法官资格制度的内容均被删去,原本承担法官管理和任免建议职能的"法官委员会"被修改为"法官考评委员会",仅负责法官的"培训、考核、评议工作",但最高人民法院法官考评委员会有权"组织初任审判员、助理审判员的全国统一考试"。最终通过的 1995 年《法官法》第十二条第一款明确:"初任审判员、助理审判员采用公开考试、严格考核的办法,按照德才兼备的标准,从具备法官条件的人员中择优提出人选。"至于哪些是"具备法官条件的人员",则由第九条规定。

1995 年《法官法》

第九条 担任法官必须具备下列条件:

(一)具有中华人民共和国国籍;

(二)年满二十三岁;

(三)拥护中华人民共和国宪法;

(四)有良好的政治、业务素质和良好的品行;

(五)身体健康;

(六)高等院校法律专业毕业或者高等院校非法律专业毕业具有法律专业知识,工作满二年的,或者获得法律专业学士学位,工作满一年的;获得法律专业硕士学位、法律专业博士学位的,可以不受上述工作年限的限制。

本法施行前的审判人员不具备前款第六项规定的条件的,应当接受培训,在规定的期限内达到本法规定的条件,具体办法由最高人民法院制定。

1995 年 12 月,最高人民法院举行了新中国成立以来首次初任审

---

〔1〕《全国人大法律委员会关于法官法(草案)和检察官法(草案)审议结果的报告》(1994 年 12 月 21 日),载周道鸾主编:《学习中华人民共和国法官法资料汇编》,人民法院出版社 1995 年版,第 21—22 页。

判员、助理审判员全国统一考试。时任最高人民法院院长任建新在视察考试情况时提出："今后，凡考试不合格者，一律不得任命为法官。"[1]为贯彻落实好 1995 年《法官法》，最高人民法院又于 1996 年 6 月 26 日印发《法官考评委员会暂行组织办法》和《初任审判员、助理审判员考试暂行办法》（法发〔1996〕20 号），明确由最高人民法院法官考评委员会作为初任审判员、助理审判员全国统一考试的主管机构，负责制定考试方案、实施细则，并组织全国统一考试工作。初任审判员、助理审判员必须经过统一考试，但助理审判员被任命为审判员时，不再经过考试。考试合格者，可以获颁《初任审判员、助理审判员考试合格证书》。证书有效期 3 年，获得证书者在有效期内，经考核可以被任命为审判员或助理审判员。

新制度的确立，需要正反两方面交替助力。"正向"的任职条件明确后，"反向"的清理随之启动。1997 年 11 月 19 日，最高人民法院印发《关于未取得初任审判员、助理审判员考试合格证书的法院工作人员不能提请任命为审判员或者任命为助理审判员的通知》（法〔1997〕181 号），明确自 1995 年 7 月 1 日起未取得初任审判员、助理审判员考试合格证者一律不得任命为法官，还要求之后违法任命的审判人员凡符合考试报名条件的，必须适时参加考试；不符合报名条件、不参加考试和考试不合格者，均应依法免除法官职务。通知印发后，最高人民法院在全国范围内开展了检查和清理，加大了对法官任命的监督力度。[2]

提升学历要求与统一司法考试

1995 年《法官法》实施后，法官学历起点偏低、法官选任制度不科学等问题仍普遍存在，经过充分调查研究，最高人民法院又于 1999 年启动了《法官法》的修改工作，并于 2000 年 7 月 3 日向全国人大常委会提交

〔1〕　周道鸾：《法官法——现行法官制度的重大改革》，载《中国法学》1996 年第 2 期。
〔2〕　苏泽林：《走有中国特色的精英法官之路——写在修订的法官法实施之际》，载《人民司法》2002 年第 1 期。

了《法官法修正案(草案)》。考虑到法学教育的蓬勃发展已为提高法官任职条件奠定了良好基础,草案将 1995 年《法官法》第九条第一款第六项修改为:"高等院校法律专业本科毕业或者高等院校非法律专业本科毕业具有法律专业知识,从事法律工作满二年;获得法律专业硕士学位、博士学位或者获得非法律专业硕士学位、博士学位具有法律专业知识,从事法律工作满一年。"考虑到各地经济文化发展不平衡,草案将该条第二款修改为:"在特殊情况下,经最高人民法院批准,民族自治地方的法官,可以具有高等院校法律专业专科学历。"[1]

初次审议过程中,一些常委委员、全国人大内司委和有关部门提出,应该将法官、检察官初任考试与律师资格考试统一起来,建立统一的国家司法考试,由国务院司法行政部门会同"两高"共同组织。[2]这一意见得到立法机关充分重视,并被之后的审议稿吸收。在第二次审议过程中,又有常委委员认为,法官的选任应当格外注重实践经验,草案提出的从事法律工作的年限过短,建议适当延长法官在任职前从事法律工作的时间要求,将"二年"改为"三年",将"一年"改为"二年"。[3]第三次审议过程中,有的常委委员提出,前述从事法律工作的年限不宜"一刀切",对不同级别法院法官的要求应有所区别。其中,担任高级人民法院、最高人民法院法官的,任职前从事法律工作的时间应该更长一些。[4]此外,还有常委委员建议,除"民族自治地方"

---

〔1〕 肖扬:《关于〈中华人民共和国法官法修正案(草案)〉的说明——2000 年 7 月 3 日在第九届全国人民代表大会常务委员会第十六次会议上》,载胡康生主编:《中华人民共和国法官法释义》,法律出版社 2001 年版,第 118—119 页。

〔2〕《全国人大法律委员会关于〈中华人民共和国法官法修正案(草案)〉修改情况的汇报》(2001 年 4 月 18 日),载胡康生主编:《中华人民共和国法官法释义》,法律出版社 2001 年版,第 122 页。

〔3〕《全国人大法律委员会关于〈中华人民共和国法官法修正案(草案)〉审议结果的报告》(2001 年 6 月 26 日),载胡康生主编:《中华人民共和国法官法释义》,法律出版社 2001 年版,第 124—126 页。

〔4〕 王维澄:《关于修改法官法的决定(草案)和修改检察官法的决定(草案)修改意见的报告——2001 年 6 月 30 日在第九届全国人民代表大会常务委员会第二十二次会议上》,载胡康生主编:《中华人民共和国法官法释义》,法律出版社 2001 年版,第 128 页。王维澄时任全国人大法律委员会主任委员。

外,我国少数经济、文化欠发达的地方,也难以按照草案规定的学历条件选任法官,对这些地方也可以适当放宽。修正后的《法官法》(尽管2001年的修改并非修订,为便于表述和区分,后文将2001年修正的《法官法》简称为2001年《法官法》)规定的法官任职条件是:

2001年《法官法》
第九条　担任法官必须具备下列条件:
(一)具有中华人民共和国国籍;
(二)年满二十三岁;
(三)拥护中华人民共和国宪法;
(四)有良好的政治、业务素质和良好的品行;
(五)身体健康;
(六)高等院校法律专业本科毕业或者高等院校非法律专业本科毕业具有法律专业知识,从事法律工作满二年,其中担任高级人民法院、最高人民法院法官,应当从事法律工作满三年;获得法律专业硕士学位、博士学位或者非法律专业硕士学位、博士学位具有法律专业知识,从事法律工作满一年,其中担任高级人民法院、最高人民法院法官,应当从事法律工作满二年。
　　本法施行前的审判人员不具备前款第六项规定的条件的,应当接受培训,具体办法由最高人民法院制定。
　　适用第一款第六项规定的学历条件确有困难的地方,经最高人民法院审核确定,在一定期限内,可以将担任法官的学历条件放宽为高等院校法律专业专科毕业。

　　作为配套条款,2001年《法官法》第十二条第一款要求"初任法官采用严格考核的办法,按照德才兼备的标准,从通过国家统一司法考试取得资格,并且具备法官条件的人员中择优提出人选"。并在第五十一条增加了实行统一司法考试制度的内容。
　　2001《法官法》对1995年《法官法》关于法官学历和工作年限的条件作了三处修改:**一是提高了学历条件**。将担任法官的最低学历条件从"高等院校法律**专科**毕业或者非法律专业**专科**毕业具有法律专业知识",提高为"法律专业**本科**毕业或者非法律专业**本科**毕业具有法律专业知识"。二是提升了专业门槛。将原来笼统规定的"**工作**"年限修改为"**从事法律工作**"的年限。三是延长了工作年限。将担任法官必须从事法律工作的年限适当提高,尤其是担任高级人民法院、最高人民法院法官的,从事法律工作的年限要求更高。

为了有效防止和纠正将不符合法官任命条件者选任至审判岗位的情况,2001 年《法官法》专门在第十四条设置了"**上级法院监督任命**"条款,赋予上级人民法院监督和建议撤销违法任命的权力。按照这一条款,"对于违反本法规定的条件任命法官的,一经发现,作出该项任命的机关应当撤销该项任命;上级人民法院发现下级人民法院法官的任命有违反本法规定的条件的,应当建议下级人民法院依法撤销该项任命,或者建议下级人民法院依法提请同级人民代表大会常务委员会撤销该项任命"。

没有配套实施机制,"上级法院监督任命"条款就很难长出"牙齿"、产生威慑。2002 年 9 月 4 日,最高人民法院印发《加强任命法官管理工作的通知》(法〔2002〕163 号),要求地方人民法院任命法官和提请任命法官时,应严格按照《法官法》规定的有关条件,从思想作风、道德品行和法律专业知识等方面把关,并配套建立任命法官和提请任命法官的审核和检查制度。[1] 2004 年 4 月 26 日,最高人民法院政治部印发《关于进一步加强初任法官审核工作的通知》(法政〔2004〕59 号),进一步明确了初任法官审核工作的流程、重点和监督机制。[2]

---

〔1〕 各省、自治区、直辖市高级人民法院负责本辖区初任法官的审核工作。基层人民法院和中级人民法院任命和提请任命法官,应当在履行干部管理手续和法律手续之前,报请高级人民法院审核。报请审核的人民法院,应当报送审核请示、《人民法院任命法官审核表》和《×× 人民法院拟任命(提请任命)法官名册》,同时,将拟任命法官人选的国家司法考试合格证书、学历证书、法律工作经历和法律专业知识的相关证件和资料一并报送高级人民法院审核。

〔2〕 审核重点包括:(1)是否具有政法行政编制;(2)是否符合《法官法》第九条规定的任职条件和第十二条规定的任职程序;(3)是否具有《法官法》第十条规定的不得担任法官的情形;(4)是否符合《法官法》第十五条关于法官不得兼任有关职务的规定;(5)是否符合《法官法》第十六条关于任职回避的规定;(6)是否符合人民法院任命和提请任命法官的其他规定。

随着上述机制的健全完善,成为法官的"入口关"也更加严格。

随着依法治国进程的加快,到 1995 年《法官法》实施满 10 年之际,全国法官的学历水准和专业程度已显著提升。1995 年年底,全国法官大学本科以上学历人员仅占 7.6%,其中研究生以上学历才 354 人。到 2005 年底,全国法官大学本科以上学历人员已达到 60.83%,其中研究生以上学历 8000 多人,具有博士学位的有 197 人。[1]

例外规定与灵活变通

考虑到我国幅员辽阔,各地发展亦不均衡,2001 年《法官法》第九条第三款提出:"适用第一款第六项规定的学历条件确有困难的地方,经最高人民法院审核确定,在一定期限内,可以将担任法官的学历条件放宽为高等院校法律专业**专科毕业**。"所谓**"确有困难的地方"**,重点在于"适用第一款第六项规定的学历条件"确实存在困难,并不是说经济欠发达地区就一定包括在内,具体哪些地方可以放宽条件,必须经最高人民法院审核确定,而且仅限于一定期限内,不能无限期"开口子"。

事实上,关于 2001 年《法官法》第九条第一款第六项中的**"具有法律专业知识"**究竟是指大学本科法律专业知识程度,还是大学专科法律专业知识程度,又或中等法律专业知识程度,立法机关一开始也采取了模糊的"留白"做法,为不同地区法院在不同时期选任法官留有余地。[2] 截至《法官法》2019 年全面修订前,立法机关和"两高"通过一系列通知、批复和答复,就 2001 年《法官法》第九条、第十二条施行中的若干例外情形和灵活变通作出解释。从这些"解释"可以看出,在中国这样一个地方发展、人才分布极不均衡的超大型单一制国家推进改革,既要"有理想",还得"接地气",即使在国家法律中提高了法官任命标准、建立了统一考试制度,距离司法专业化的"理想国"可能还隔着无数个乡村与高原、海岛与边陲,必须有足够的耐心、恒心与细心,

---

〔1〕　最高人民法院政治部:《〈法官法〉实施十年之回顾与进展》,载《法官职业化建设指导与研究》2006 年第 1 辑,人民法院出版社 2007 年版,第 22—36 页。

〔2〕　祝铭山:《解读〈法官法〉》,载《法律适用》2005 年第 7 期。

才能看到制度与现实融合的成果。

第一，关于"确有困难的地方"。2002 年 1 月 18 日，"两高"印发《关于在部分地方放宽担任法官、检察官学历条件的通知》（法发〔2002〕2 号），明确自 2002 年 1 月 1 日起至 2006 年 12 月 31 日止，在下列地方人民法院担任法官的学历条件可以放宽为高等院校法律专业专科毕业：（1）各省、自治区、直辖市所辖的自治县、自治旗，各自治区所辖县、旗，各自治州所辖县；（2）国务院审批确定的国家扶贫开发工作重点县；（3）西藏自治区所辖地区、市、县、县级市、市辖区。

2006 年 12 月 13 日，"两高"在《关于继续在部分地方放宽担任法官、检察官学历条件的通知》（法发〔2006〕34 号）中，明确自 2007 年 1 月 1 日起至 2011 年 12 月 31 日止，继续在部分地方放宽担任法官学历的条件，并在前述三类地区外，增加了"西部地区省、市所辖县"，实际上将放宽政策延伸到了整个西部地区的基层人民法院。

应部分中部省份要求，2008 年 8 月 19 日，"两高"又联合印发《关于在中部六省部分地方放宽担任法官、检察官学历条件的通知》（法〔2008〕204 号），进一步扩大了学历放宽地区范围。2012 年 6 月 18 日，"两高"在《关于继续在部分地方放宽担任法官、检察官学历条件的通知》（法〔2012〕150 号）中，明确自 2012 年 1 月 1 日起至 2016 年 12 月 31 日止，在前述三个通知基础上，将"山西、安徽、江西、河南、湖北、湖南等中部六省比照实施西部大开发有关政策的县基层人民法院"纳入放宽学历范围。[1]

第二，关于"通过国家统一司法考试取得资格"。全国人大常委会修改《法官法》的决定是 2001 年 6 月 30 日通过的，修正后的内容自 2002 年 1 月 1 日起施行。首次国家统一司法考试举行之前，各地法院普遍反映两个问题：一是已取得《初任审判员、助理审判员考试合格证

---

〔1〕 为了贯彻落实《中共中央国务院关于促进中部地区崛起的若干意见》（中发〔2006〕10 号）精神，2007 年 1 月 1 日，国务院办公厅印发《关于中部六省比照实施振兴东北地区等老工业基地和西部大开发有关政策范围的通知》（国办函〔2007〕2 号），明确中部六省中 26 个城市比照实施振兴东北地区等老工业基地有关政策，243 个县（市、区）比照实施西部大开发有关政策。

书》的,其证书在2001《法官法》实施以后是否有效？**二是**新进法院工作人员中有律师资格的,能否直接任命审判职称？

对于**第一个问题**,最高人民法院政治部在《关于已经取得〈初任审判员、助理审判员考试合格证书〉的,其证书在修改的〈中华人民共和国法官法〉实施以后是否有效问题的通知》(法政明传〔2001〕197号)中明确,从2002年1月1日起,初任法官应当严格按照《法官法》的规定,从通过国家统一司法考试取得资格的人员中择优选任。对于《法官法》修改前取得《初任审判员、助理审判员考试合格证书》并符合担任法官条件,但尚未被任命为法官的人员,可在2001年年底以前任命为法官。至于部分人员行政职级尚未达到任命法官条件的问题,各法院可自行研究解决。

对于**第二个问题**,最高人民法院于2001年12月在《关于答复甘肃省高级人民法院"关于新进法院工作人员中有律师资格的能否直接任命审判职称的请示"的函》(法函〔2001〕74号)中明确,已经通过律师资格考试,取得律师资格证书的,不能视为通过了国家统一司法考试和具备了任命法官职务的资格。2002年1月1日以后,初任法官必须通过国家司法考试。[1] 上述答复引起已通过律师资格考试者的不满,实践中也不利于广泛吸收优秀法治人才进入法院。2009年9月17日,"两高"在征求全国人大常委会法工委意见后,联合印发《关于将取得律师资格人员列入法官、检察官遴选范围问题的通知》(高检会字〔2009〕4号),明确"今后在遴选法官、检察官时,对具备法官、检察官任职条件并已通过律师考试取得律师资格的执业律师和其他从事法律工作的人员,可以视为已通过国家统一司法考试,列入法官、检察官的遴选范围,不必再通过国家统一司法考试"。

顾名思义,既然是"国家统一司法考试制度",原则上就应当理解为统一组织、统一命题、统一分数线。但是,我国中西部部分地区、民族自治地区的法律人才格外稀缺,存在符合司法考试报名条件者少、

---

〔1〕　关于通过律师考试能否视为通过司法考试的问题,"两高"都曾征求立法机关意见。2001年10月,全国人大常委会法工委统一答复称:"对于在法官法、检察官法修改以前,已经通过律师考试取得资格的,不能视为通过国家统一司法考试。"

考试通过率低现象，如果在报考条件、分数线上"一把尺子量到底"，一些地方可能会出现"法官荒""检察官荒"或"律师荒"现象。基于上述考虑，根据修改后的《法官法》《检察官法》和《律师法》关于可以放宽初任法官、检察官任职和律师执业学历条件的规定，司法部在组织实施首次国家司法考试过程中，与"两高"共同研究确定了放宽学历条件地区的范围（全国共 892 个县、旗），规定在这些地区可以将报考国家司法考试的学历条件放宽为高等院校法律专业专科。考试成绩达到全国录取分数线的，取得法律职业资格证书。

同时，考虑到这些放宽地区的报名人员考试通过率较低、法律职业人员补充困难的实际情况，经商"两高"同意，司法部又在这些地区实行**降分录取**的倾斜政策。考试成绩达到降分录取分数线的，取得资格证书。2002、2003 年两次司法考试全国共计 2700 多人符合降分录取条件取得了资格。为保证这些降分取得资格的人员能留在当地服务，防止其流失或向发达地区移动，以体现在"困难地区"放宽学历条件的立法本意，司法部又规定此类人员**只能**在放宽地区范围内任职或执业。

上述政策的实施，得到立法机关、中组部、"两高"和法学界的认同，认为司法考试实行的这一放宽政策是实事求是的，符合我国国情。"两高"甚至认为，还可以进一步加大放宽力度，以切实缓解西部等欠发达地区基层法院、检察院司法人员"断档缺源"的实际困难。

基于国家司法考试组织实施过程中的上述不同情况，为使持有高等院校本科学历的报名人员与持有高等院校法律专业专科学历的报名人员、达到司法考试全国合格分数线录取的人员与低于合格分数线录取的人员在其所取得的法律职业资格证书上有所区别，司法部于 2002 年年底将法律职业资格证书编为 A、B、C 三种：A 类为持有本科学历的合格人员证书；B 类为持有法律专业专科学历的合格人员证书；C 类为在放宽地区低于合格分数线录取人员的法律职业资格证书，以便分类管理。持有 C 类证书者，只能在**所在地的基层人民法院、人民检察院**担任法官、检察官职务。

为解决西部、少数民族和贫困地区法官、检察官短缺问题，根据中央统一部署,司法部从 2008 年开始,在部分地区实行单独组织在职法律职业人员国家统一司法考试试点,2011 年又进一步扩大了试点范围。对于在试点地区通过单独考试成绩合格者,颁发"法律职业资格 C 类证书(特殊管理)"。为配合试点工作,"两高"政治部先后印发《关于取得"法律职业资格 C 类证书"人员及"法律职业资格 C 类证书(特殊管理)"人员担任法官、检察官职务问题的意见》(法政〔2009〕269 号)、《关于法院、检察院在职人员取得"法律资格 C 类证书(特殊管理)"后担任法官、检察官职务问题的通知》(法政〔2012〕137 号),明确取得"法律职业资格 C类证书(特殊管理)"的人员可以仅限在本试点地区(市、州、盟)两级人民法院担任法官职务,非在试点地区(市、州、盟)的其他试点县(市、区、旗)取得"法律职业资格 C 类证书(特殊管理)"的人员,仅限在本县(市、区、旗)基层人民法院担任法官职务。[1]

第三,关于"具有法律专业知识"。按照全国人大常委会法工委2002 年以来的相关答复,具有下列情形之一的,可以视为**"具有法律专业知识"**:(1)取得高等教育法律类专业证书;(2)通过国家司法考试,取得《法律职业资格证书》;(3)2001 年以前参加初任法官全国统一考试,取得《初任审判员、助理审判员考试合格证书》;(4)2001 年以前参加初任检察官全国统一考试,成绩合格;(5)2001 年以前通过律师资格考试,取得《律师资格证书》;(6)从事法律工作 3 年以上。

第四,关于"从事法律工作"。按照全国人大常委会法工委 2006年以来的相关答复,**"从事法律工作"**主要包括:(1)国家或地方的立法工作;(2)审判、检察工作;(3)公安、国家安全、监狱管理、劳动教养管理工作;(4)律师;(5)法律教学和研究工作;(6)党委政法委和政府部门中的法制工作等。

其中,**"地方立法工作"**是指依法享有地方立法权的地方人大有关

---

〔1〕　自 2002 年组织首次司法考试,到 2017 年实现司法考试的圆满收官,司法部共组织实施了 16 次司法考试。全国有 619 万余人次报名,513 万余人参加考试。截至 2017 年年底,有 96 万余人通过司法考试取得法律职业资格。在取得法律职业资格人员中,有近一半的人员从事法官、检察官、律师和公证员等法律职业,还有大量人员从事立法、行政执法、公司企业法务等法律工作,选拔储备了大量合格法律职业人才,为社会主义法治国家建设提供了有力人才保障。

专门委员会、立法工作机构所从事的地方立法工作。没有地方立法权的人大常委会组成人员及其有关工作部门的工作人员的工作，不属于地方立法工作。**"审判、检察工作"**是指在人民法院、人民检察院从事审判执行、检察业务，而非组织人事、司法政务、财务管理等工作。除监狱、劳动教养、律师工作外，司法行政机关主管的其他工作不宜列为"法律工作"。**"政府部门中的法制工作"**所指的"政府部门"，主要是县级以上各级人民政府及其组成部门的法制工作部门，如法制办、法规司和法规处（科）等。**"法律教学和研究工作"**仅指在高等院校或司法专业学校从事法律专业教学和研究工作的人员，在其他院校中从事政治思想教育，即使涉及法律基础知识，也不宜认定为从事法律教学工作。

新时代的法官任职条件

2017 年 9 月，第十二届全国人大常委会第二十九次会议审议通过了《关于修改〈中华人民共和国法官法〉等八部法律的决定》，"国家统一司法考试"被修改为"国家统一法律职业资格考试"。司法部据此制定发布了《国家统一法律职业资格考试实施办法》，将报名参加法律职业资格考试的专业学历条件规定为"具备全日制普通高等学校法学类本科学历并获得学士及以上学位；全日制普通高等学校非法学类本科及以上学历，并获得法律硕士、法学硕士及以上学位；全日制普通高等学校非法学类本科及以上学历并获得相应学位且从事法律工作满三年"。由于初任法官今后将从"通过国家统一法律职业资格考试"取得法律职业资格并且具备法官条件的人员中择优提出人选，上述规定实际上也变相提升了担任法官的学历门槛。[1]

---

〔1〕 《国家统一法律职业资格考试实施办法》确立了"老人老办法、新人新办法"原则，在第二十二条规定，"本办法实施前已取得学籍（考籍）或者已取得相应学历的高等学校法学类专业本科及以上学历毕业生，或者高等学校非法学类专业本科及以上学历毕业生并具有法律专业知识的，可以报名参加国家统一法律职业资格考试"。在实施办法施行前已经取得高等院校学籍（考籍）或者已经取得相应学历的人员，属于"老人"，适用第二十二条的规定，这一规定一直有效。

在 2019 年的《法官法》全面修订工作中，人民法院人员分类管理制度改革、法官员额制改革、国家统一法律职业资格制度改革的实践经验被充分吸收到相关条文中。2019 年《法官法》第十二条规定了担任法官必须具备的条件。

2019 年《法官法》

第十二条　担任法官必须具备下列条件：

（一）具有中华人民共和国国籍；

（二）拥护中华人民共和国宪法，拥护中国共产党领导和社会主义制度；

（三）具有良好的政治、业务素质和道德品行；

（四）具有正常履行职责的身体条件；

（五）具备普通高等学校法学类本科学历并获得学士及以上学位；或者普通高等学校非法学类本科及以上学历并获得法律硕士、法学硕士及以上学位；或者普通高等学校非法学类本科及以上学历，获得其他相应学位，并具有法律专业知识；

（六）从事法律工作满五年。其中获得法律硕士、法学硕士学位，或者获得法学博士学位的，从事法律工作的年限可以分别放宽至四年、三年；

（七）初任法官应当通过国家统一法律职业资格考试取得法律职业资格。

适用前款第五项规定的学历条件确有困难的地方，经最高人民法院审核确定，在一定期限内，可以将担任法官的学历条件放宽为高等学校本科毕业。

与 2001 年《法官法》第九条相比，2019 年《法官法》第十二条除了提高对法官的政治素质、道德品行、身体条件要求外，还在以下几个方面作出较大调整。

第一，取消了担任法官的年龄条件的规定。 1995 年《法官法》规定担任法官必须年满 23 周岁。这是为了避免法官因年纪过轻，社会阅历和生活经验不足，影响他们对案件准确、公正作出判断。党的十八大之后的深化司法体制改革试点期间，曾考虑将初任法官任职年龄调整到 28 周岁。但是，由于 2019 年《法官法》提高了担任法官的学历条件和工作年限要求，即使是本科毕业就到法院工作，也得从事法律工作满 5 年才有资格成为法官，这就意味着初任法官的年龄通常将超过 27 周岁。此外，实行法官员额制后，法官遴选条件和程序更为严格，事实上可以有效避免法官年龄过低的情况发生，立法已没有必要再就年龄条件专门作出规定。[1]

第二，提高了担任法官的学历条件。考虑到《国家统一法律职业资格考试实施办法》已经提高了报名参加法律职业资格考试的专业学历条件，为与之保持一致，2019 年《法官法》第十二条第一款第五项将担任法官的学历要求提高到"具备普通高等学校法学类本科学历并获得学士及以上学位；或者普通高等学校非法学类本科及以上学历并获得法律硕士、法学硕士及以上学位；或者普通高等学校非法学类本科及以上学历，获得其他相应学位，并具有法律专业知识"。同时，将关于从事法律工作年限的规定拆分出来，单独作为一项规定。这主要是考虑到学历条件和职业经历从不同层面体系了专业能力和业务素质，不宜相互折抵。

需要注意的是，该项提到的"法学类本科学历"是指专业类学科意义上的法学类，而非政治学类、社会学类、民族学类、马克思主义理论类等同样授予法学学士学位的学科门类。学历和学位条件必须同时具备，仅有学历没有学位，也不符合该项规定的法官任职条件。

第三，提高了担任法官需要从事法律工作的年限。对从事法律工作年限单独要求，体现了立法机关对担任法官所需实践能力的强调。由于助理审判员岗位已经取消，从法官助理成长为初任法官的阶段也将相应延长。因此，2019 年《法官法》将本科学历从事法律工作的年限从原来的"2 年"延长为"5 年"；法律硕士、法学硕士和法学博士毕

---

[1] 王爱立主编：《〈中华人民共和国法官法〉理解与适用》，中国民主法制出版社2019 年版，第 101 页。

业后从事法律工作的年限则适当放宽,分别为 4 年(硕士)和 3 年(博士)。需要注意的是,2019 年《法官法》第十二条第一款第六项规定的"从事法律工作满五年"与《国家统一法律职业资格考试实施办法》中的"从事法律工作满三年"是两个单独的条件,时间不能叠加计算。也就是说,对于全日制普通高等学校非法学类本科及以上学历,获得相应学位的,必须从事法律工作满 3 年才能视为具有法律专业知识,进而可以报名参加国家统一法律职业资格考试。考试合格取得法律职业资格后,还得另外从事法律工作满 5 年,才符合担任法官的工作年限要求。[1]

第四,将初任法官的条件纳入同一条文规定。 1995 年、2001 年《法官法》对担任法官的条件和初任法官的人选要求分别规定在不同条文中。考虑到 2018 年《人民法院组织法》第四十七条已经规定"法官从取得法律职业资格并且具备法律规定的条件的其他条件的人员中选任"。为了确保两部法律有机衔接,并更换地体现改革成果,2019《法官法》第十二条将原来分散在两个条文中的内容合并规定。

为进一步明确 2019 年《法官法》《检察官法》实施后新旧衔接相关政策,经报全国人大常委会法工委同意,"两高"于 2021 年 8 月 23 日联合印发《最高人民法院、最高人民检察院关于适用新修订法官法、检察官法第十二条有关规定的答复意见》(法〔2021〕212 号),进一步明确了实践中常见的三类问题:

1. **如何理解"具有法律专业知识"。** 满足下列条件之一的,视为 2019《法官法》第十二条第一款第五项规定的"具有法律专业知识":(1)获得高等学校法学类学士学位证书;(2)从事法律工作满 3 年。2019 年《法官法》施行前,按照前述全国人大常委会法工委及最高人民法院有关解释,符合"具有法律专业知识"条件的人员,仍视为"具有法律专业知识"。

2. **如何理解"从事法律工作"。** 2019 年《法官法》第十二条第一款第六项规定的"从事法律工作",主要包括从事国家或地方的立法工

---

〔1〕 王爱立主编:《中华人民共和国法官法释义》,法律出版社 2019 年版,第 96—97 页。

作，审判、检察工作，公安、国家安全、司法行政工作，律师工作，法学教学和研究工作，党委政法委员会以及政府部门中的法制工作，其他按照国家有关规定应当取得法律职业资格的工作。2019 年《法官法》施行前从事上述工作的，相关工作年限视为从事法律工作年限。

3. 如何理解"取得法律职业资格"。 通过国家统一法律职业资格考试、国家统一司法考试，以及 2001 年以前通过律师资格考试取得律师资格证书的人员，可以视为符合 2019 年《法官法》第十二条第一款第七项规定的"取得法律职业资格"。

第五，放宽了对困难地区的学历要求。 对于适用一般学历条件确有困难的地方，2019 年《法官法》第十二条第二款将学历条件从之前的"高等院校法律专业**专科**毕业"修改为"高等学校**本科**毕业"。之所以这样调整，主要理由是目前法律大专学历报名和通过人数均较少。以 2016 年为例，法律大专学历报名人数（15452 人）占 2.6%，通过人数（1031 人）只占 1.3%，因此，将学历条件放宽至高等学校本科毕业，既有效解决了放宽地区法官人数不足的问题，又符合加强法官正规化、专业化、职业化建设的要求。[1]

2020 年 9 月 17 日，"两高"依循既往惯例，联合印发了《关于在部分地方放宽担任法官、检察官学历条件及有关事项的通知》（法〔2020〕247 号），明确自通知印发之日起至 2025 年 12 月 31 日止，在下列人民法院初次担任法官、检察官，可以将学历条件放宽为高等学校本科毕业，可以使用"C 类法律职业资格证书"：（1）放宽国家统一法律职业资格考试报名学历条件地方的基层人民法院。在通知执行期间，放宽国家统一法律职业资格考试报名学历条件地方调整的，放宽担任法官学历条件的基层人民法院相应调整。（2）内蒙古、吉林、黑龙江、四川、贵州、云南、西藏、甘肃、青海、新疆 10 省（区）52 个地（市、州、盟）及新疆生产建设兵团 13 个师的中级人民法院、设区的市级人民检

---

〔1〕 周强：《关于〈中华人民共和国法官法（修订草案）〉的说明——2017 年 12 月 22 日在第十二届全国人民代表大会常务委员会第三十一次会议上》，载王爱立主编：《中华人民共和国法官法释义》，法律出版社 2019 年版，第 391—392 页。

察院。[1]

通知同时明确,由放宽学历条件的人民法院录用但未曾任命法官的正式在编人员,具有本科学历及法律职业资格的,在本院因政策调整不再放宽学历条件后,仍可在本院及调整后放宽学历条件的人民法院担任法官。适用放宽学历条件政策任职或者持有"C 类法律职业资格证书"的法官,因工作需要到其他人民法院任职的,只能在放宽学历条件的人民法院担任法官。上述人员任职后取得"A 类、B 类法律职业资格证书",并符合 2019 年《法官法》第十二条第一款规定学历条件或者在 2019 年 10 月 1 日前取得高等学校本科学历的,可以在放宽学历条件之外的人民法院担任法官。

法院院长任职的特殊要求

2019 年《法官法》第十四条第二款规定:"人民法院的院长应当具有法学专业知识和法律职业经历。副院长、审判委员会委员应当从法官、检察官或者其他具备法官条件的人员中产生。"这一款是对人民法院、副院长、审判委员会委员任命条件的特别规定。实践中,人民法院院长既是党组书记,又要负责本院全面工作,监督全院审判工作,管理全院行政事务,对辖区下级人民法院的审判、行政工作亦肩负一定责任。人民法院副院长则根据法律规定和组织分工,协助院长工作。人民法院院长、副院长既可能从法院系统内部产生,也可能从法院之外

---

[1] 内蒙古自治区锡林郭勒盟、阿拉善盟、兴安盟;吉林省白城市、白山市、延边朝鲜族自治州;黑龙江省鹤岗市、伊春市、黑河市、大兴安岭地区;四川省阿坝藏族羌族自治州、甘孜藏族自治州、凉山彝族自治州;贵州省黔东南苗族侗族自治州、黔南布依族苗族自治州、黔西南布依族自治州;云南省迪庆藏族自治州、西双版纳傣族自治州、德宏傣族景颇族自治州、大理白族自治州、怒江傈僳族自治州、红河哈尼族彝族自治州、文山壮族苗族自治州、楚雄彝族自治州;西藏自治区拉萨市、日喀则市、山南市、林芝市、昌都市、那曲市、阿里地区;甘肃省甘南藏族自治州、临夏回族自治州;青海省海东市、玉树藏族自治州、果洛藏族自治州、海西蒙古族藏族自治州、海北藏族自治州、海南藏族自治州、黄南藏族自治州;新疆维吾尔自治区伊犁哈萨克自治州、塔城地区、阿勒泰地区、博尔塔拉蒙古自治州、昌吉回族自治州、巴音郭楞蒙古自治州、克孜勒苏柯尔克孜自治州、喀什地区、阿克苏地区、和田地区、哈密市、吐鲁番市和新疆生产建设兵团 13 个师。

选派，选任机制和任职条件均不同于其他法官。从改革开放到1995年制定首部《法官法》，再到《法官法》的历次修改，对法院领导干部的专业化能力要求也是逐步提升的。

1985年9月，中共中央办公厅在《关于加强地方各级法院、检察院干部配备的通知》（中办发〔1985〕47号）中，对人民法院院长、审判员的业务配备要求是"具有相当文化水平和实际工作经验，懂得法律，有审判、检察工作能力"。1995年《法官法》结合当时法院干部队伍实际，在第十二条第二款中规定："担任院长、副院长、审判委员会委员、庭长、副庭长，应当从**具有实际工作经验的人员**中择优提出人选。"不过，由于"具有实际工作经验的人员"范围过于广泛，没有体现对法律专业能力的要求，导致1995年《法官法》实施后，从非法院系统调任中级、基层人民法院正、副院长的人员没有法律大专文凭或法律专业知识的情况时有发生，极少数人甚至仅具有初、高中文化程度，出现不少"外行领导内行""法院院长不懂法"的闹剧。

针对上述问题，最高人民法院在1996年6月26日印发的《关于严格依照法官法选拔任用法院领导干部的通知》（法〔1996〕59号）中要求："从非法院系统调入人员担任各级法院领导干部，在坚持德才条件的同时，还必须具有大专以上学历并具有法律专业知识，凡是不具备法律专业知识的，必须经过培训取得法律专业知识证书后再调入法院任命职务。"

2000年修改《法官法》时，最高人民法院在提交的《法官法修正案（草案）》中，建议将原第十二条第二款修改为："担任院长、副院长、审判委员会委员、庭长、副庭长，一般从**法官或者其他法律专门人才**中择优提出人选。其他人员担任副院长、审判委员会委员、庭长、副庭长的，任命前必须通过初任审判员、助理审判员考试。"[1]审议过程中，全国人大法律委员会曾建议将该款修改为"人民法院的院长、副院长

---

〔1〕 肖扬：《关于〈中华人民共和国法官法修正案（草案）〉的说明——2000年7月3日在第九届全国人民代表大会常务委员会第十六次会议上》，载胡康生主编：《中华人民共和国法官法释义》，法律出版社2001年版，第119页。

应当从**法官或者其他具有政法工作经验的人员**中择优提出人选"。[1]
后续审议过程中，又有常委委员提出"其他具有政法工作经验的人员"
口子开得太大，担任法院院长、副院长也应当具备法官条件。[2]

2001年《法官法》最终在第十二条第二款规定："人民法院的院长、
副院长应当从**法官或者其他具备法官条件的人员**中择优提出人选。"这
就意味着，即便是从法院系统之外调入担任人民法院院长、副院长的人
选，也必须符合2001年《法官法》第九条规定的担任法官条件。由于"通
过统一司法考试取得资格"的要求当时还规定在2001年《法官法》第十
二条第一款中，不属于担任法官的必备条件，所以，对担任人民法院院
长、副院长的人选，法律并没有要求必须通过统一司法考试。

为落实《中共中央关于进一步加强人民法院、人民检察院工作的
决定》，2007年5月31日，中组部、"两高"党组联合印发《关于进一步
加强地方各级人民法院、人民检察院领导干部选拔任用工作有关问题
的意见》（中组发〔2007〕6号），明确地方各级人民法院院长可以实行
差额推荐、加强易地交流任职，真正把"政治坚定、熟悉业务、法纪观念
强、符合任职资格条件的优秀干部"选拔到领导岗位上来。为加强对
法院院长、副院长任命条件的专业把关，文件还要求地方人民法院院
长的任免、调动，应征得上级人民法院党组同意；地方人民法院副院长
的任免、调动，应征求上级人民法院意见。

党的十八大之后，在深化司法体制改革试点期间，中央政法委印
发的《关于司法体制改革试点中有关问题的意见》要求：担任人民法院
院长的人员，"除具有担任领导干部的政治素质外，还应具有**法学专业
知识和法律职业经历**"。政法系统外领导干部调入中级和基层人民法
院担任院长的，应征得高级人民法院党组同意。2019年《法官法》第

---

〔1〕 《全国人大法律委员会关于〈中华人民共和国法官法修正案（草案）〉审议结果的
报告》（2001年6月26日），载胡康生主编：《中华人民共和国法官法释义》，法律出版社2001
年版，第124—126页。

〔2〕 王维澄：《关于修改法官法的决定（草案）和修改检察官法的决定（草案）修改意
见的报告——2001年6月30日在第九届全国人民代表大会常务委员会第二十二次会议
上》，载胡康生主编：《中华人民共和国法官法释义》，法律出版社2001年版，第128页。

十四条第二款充分吸收上述文件精神，对人民法院院长和副院长、审判委员会委员的任职条件分别作出规定。其中，担任人民法院院长者，必须"**具有法学专业知识和法律职业经历**"。担任人民法院副院长、审判委员会委员者，则应当从"法官、检察官或者**其他具备法官条件的人员**中产生"。由于 2019 年《法官法》第十二条第一款已经将"通过国家统一法律职业资格考试取得法律职业资格"并入该款第七项，作为担任法官必须具备的条件，所以担任人民法院副院长、审判委员会委员者，要么已经是法官、检察官，要么应当通过国家统一法律职业资格考试并取得法律职业资格。

二、成为法官的多种路径

考训模式与市场模式

法院需要处理的纠纷覆盖各种专业领域、涉及社会各个层面，这就需要法官具有健全的知识结构、多元的社会阅历、丰富的人生体验。**大陆法系**国家法官主要按"考训模式"方式培养，即经过法学教育、资格考试和职业培训后进入法院，逐步从审判辅助人员成长为法官。**英美法系**国家法官主要按"市场模式"方式养成，即先以律师等身份在法律服务市场中接受检验、历练成长，再从优秀律师中遴选法官。[1]

比较而言，两种选任方式各有利弊。"**考训模式**"产生的法官成长速度快，职业化程度高，审判水平较为稳定，但培养路径封闭单一，视野较为狭窄，社会经验不足，易滋生官僚风气。[2] "**市场模式**"选拔出的法官具有更多社会阅历和职业经验，能够洞察人性事理和民间疾苦，但培养周期较长，不宜及时补缺，而且个人化色彩过于浓厚，素质

---

〔1〕 苏永钦：《从司法官的选任制度看法系的分道和汇流》，载苏永钦：《寻找共和国》，元照出版有限公司 2008 年版，第 395 页。

〔2〕 ［日］新藤宗幸：《司法官僚》，朱芒译，译林出版社 2021 年版，第 45 页。

也往往参差不齐。[1] 近年来,两大法系国家相互取长补短,综合运用"考训模式"和"市场模式",强化法官选任工作的公信力和认可度。例如,拓宽法官养成渠道、预留部分法官员额给资深律师、增加法官遴选委员会成员的多元化和代表性,等等。[2]

与其他国家相比,我国法官养成机制较贴近"考训制"。2014年[3]之前,绝大多数中国法官的成长路径是:从高等院校毕业后,通过省级组织的统一录用考试,[4]进入不同层级的法院担任法官助理或书记员,协助法官办理案件;符合担任法官的条件后,被本院任命为助理审判员;符合在本院担任审判员的条件后,依法被任命为审判员。考虑到我国司法职业化起步较慢、起点较低,这样的成长路径有一定合理性,也符合所处历史阶段特点。

逐级遴选与公开选拔的探索

按照我国的审级设置和级别管辖规定,上级人民法院审理的案件,要么更为重大、疑难、复杂,要么属于第二审或审判监督程序,对较高层级法院法官尤其是最高人民法院法官的素质要求,总体上要高于下级人民法院。一直以来,上级人民法院法官的来源,都是内部产生

---

〔1〕　邱联恭:《司法之现代化与程序法》,三民书局1992年版,第34—35页。

〔2〕　何帆:《法官遴选委员会的五个关键词》,载《人民法院报》2014年6月27日。

〔3〕　2014年上半年,深化司法体制改革试点逐步推开,各地法院陆续停止任命助理审判员,所以本书选取2014年为时间节点。实际上这个节点未必准确,因为有些法院进入试点比较晚,到2015年还在"突击"任命助理审判员。

〔4〕　2004年11月19日,中组部、最高人民法院、最高人民检察院联合印发《关于进一步加强地方各级人民法院、人民检察院考试录用工作的通知》(组通字〔2004〕50号),要求地方各级人民法院补充工作人员,一律实行省级统一招考,除省级考试录用主管机关外,其他机关及人民法院不得自行组织招考。地方各级人民法院补充主任科员以下非领导职务的工作人员、与该职务层次相当的初任法官人选,必须按照"凡进必考"的要求,采取公开考试与严格考察相结合的办法择优录用。各级党委组织部门、人民法院不得以任何理由开免考的"口子",也不能随意调入,违规进人。今后,人民法院系统补充工作人员,除中央有明确规定外,必须通过统一录用考试。考试内容根据职位要求分类设置。笔试分为公共科目和专业科目两类。已经通过国家统一司法考试的报考人员,可以免考专业科目,并根据实际情况,确定笔试合格分数线。

为主,其他党政部门、下级人民法院调任为辅。所谓**"内部产生"**,是指先按公务员招录程序招录,之后作为书记员从事审判辅助工作,满足法官任职条件后,再分步任命为助理审判员、审判员。所谓**"调任"**,主要走党政干部调动程序,只要求符合《法官法》任职条件,但没有严格的专业审查标准和程序。不过,审判毕竟是一门以经验为基础的技艺,如果上级法院法官缺乏在下级法院的审判经历,在处理上诉或再审案件时就可能少一些换位思考的"同理心",也不利于准确识别、纠正原审案件中可能存在的"猫腻"。而且,从审判专业化的角度看,上级人民法院甚至最高人民法院的法官更不应当是"家门→校门→院门"的"三门"法官。

事实上,早在 1988 年,最高人民法院就把"建立法官逐级选拔制度"列为《法官法》应纳入的重点内容之一,[1]并在《法官法(草案)》中提出"上级人民法院的法官一般应从下级人民法院的法官中择优选用。"但是,在审议过程中,有常委委员认为这么规定的时机还不成熟,且不利于队伍建设和干部交流,所以删除了这部分内容。[2] 2000 年修改《法官法》时,最高人民法院又在《法官法修正案(草案)》提出上述内容,但仍未被立法机关采纳。

尽管暂时未写入《法官法》,但是,最高人民法院已下决心改变"本院法官从本院书记员中产生"的模式,并开始了相关实践。1999年和 2000 年,最高人民法院先后两次探索从一级律师、法学教授和研究员中选拔高级法官。[3] 到 2007 年 2 月,最高人民法院共从高、中

---

〔1〕 任建新:《充分发挥国家审判机关的职能作用 更好地为"一个中心、两个基本点"服务》(1988 年 7 月 18 日),载最高人民法院办公厅编:《最高人民法院历任院长文选》,人民法院出版社 2010 年版,第 255 页。

〔2〕《全国人大法律委员会关于法官法(草案修改稿)和检察官法(草案修改稿)修改意见的汇报》(1995 年 2 月 15 日),载周道鸾主编:《学习中华人民共和国法官法资料汇编》,人民法院出版社 1995 年版,第 26 页。

〔3〕 肖扬:《肖扬法治文集》,法律出版社 2012 年版,第 574 页。2000 年从优秀律师中选拔的高级法官中,有的现已担任最高人民法院党组成员、副院长、二级大法官。

级和基层人民法院选调干部 127 人,〔1〕从相关科研院所、法学院校和律师事务所引进 22 人。此外,还将"逐级选拔法官"和"公开选任法官"纳入前三个"五年改革纲要"。

《人民法院五年改革纲要(1999—2003)》

32. 改革法官来源渠道。逐步建立上级人民法院的法官从下级人民法院的优秀法官中选任以及从律师和高层次的法律人才中选任法官的制度。对经公开招考合格的法律院校的毕业生和其他人员,应首先充实到中级人民法院和基层人民法院。高级人民法院和最高人民法院的审判庭 5 年之后从下级人民法院和社会的高层次法律人才中选任法官。使法官来源和选任真正形成良性循环,保证实现法院队伍高素质的要求。

《人民法院第二个五年改革纲要(2004—2008)》

37. 改革法官遴选程序,建立符合法官职业特点的选任机制。探索在一定地域范围内实行法官统一招录并统一分配到基层人民法院任职的制度。逐步推行上级人民法院法官主要从下级人民法院优秀法官中选任以及从其他优秀法律人才中选任的制度。

《人民法院第三个五年改革纲要(2009—2013)》

14. 完善法官招录培养体制。配合有关部门完善法官招录办法。最高人民法院、高级人民法院和中级人民法院遴选或招考法官,原则上从具有相关基层工作经验的法官或其他优秀的法律人才中择优录用。

2008 年 8 月 14 日,中组部、"两高"联合印发《公开选拔初任法

---

〔1〕　为了适应死刑核准权 2007 年 1 月 1 日由最高审判机关统一行使后的工作需要,最高人民法院在 2006 年至 2007 年从地方高级、中级人民法院分 4 批调入 109 名刑事审判干部,其中绝大多数被任命为法官。此外,为适应《民事诉讼法》2007 年修改后民事再审申请上提一级审查的工作需要,最高人民法院又先后完成 17 名民事审判法官、22 名立案官的集中选调工作。上述工作虽被称为"集中选调",但已相当于从下级人民法院选任法官。

官、检察官任职人选暂行办法》（中组发〔2008〕25 号），初步明确了面向社会，从具有任职条件和资格的人员中选拔初任法官、检察官任职人选的条件、资格与程序。2013 年 2 月，最高人民法院按照上述暂行办法，从专家学者、律师、党政机关从事法律工作人员中公开选拔了 5 名高层次审判人才。

2014 年 10 月，党的十八届四中全会通过的《中共中央关于全面推进依法治国若干重大问题的决定》提出，初任法官由高级人民法院统一招录，一律在基层人民法院任职；上级人民法院法官一般从下一级人民法院的优秀法官中遴选，并要求建立从符合条件的律师、法学专家中招录立法工作者、法官、检察官制度。上述任务也被列入人民法院"四五改革纲要"。

《人民法院第四个五年改革纲要（2014—2018）》

50. 改革法官选任制度。针对不同层级的法院，设置不同的法官任职条件……健全初任法官由高级人民法院统一招录，一律在基层人民法院任职机制……建立上级法院法官原则上从下一级法院遴选产生的工作机制。完善将优秀律师、法律学者，以及在立法、检察、执法等部门任职的专业法律人才选任为法官的制度。

2016 年 5 月 13 日，中组部、"两高"联合印发《关于建立法官检察官逐级遴选制度的意见》（组通字〔2016〕29 号），要求中级以上人民法院（含中级人民法院）法官**一般**通过逐级遴选方式产生，中级人民法院法官助理初任法官的，应当到基层人民法院任职；高级、最高人民法院法官助理初任法官的，**一般**到基层人民法院任职。员额制实施前已经在中级以上人民法院任命为审判员、助理审判员但未入额，且仍在审判业务部门协助办案的，可以在本院参加法官遴选，在本院任职。

2016 年 6 月 2 日，中办印发《从律师和法学专家中公开选拔立法工作者、法官、检察官办法》（厅字〔2016〕20 号），明确了从律师和法学专家中公开选拔法官的原则、条件、程序和监督机制，并要求人民法院在招录、遴选法官时，应当根据工作实际，预留适当数量的岗位用于从律师、法学专家中公开选拔法官。

理想与现实之间

综合上述文件内容和要求,2019 年《法官法》第十五条、第十七条分别就"公开选拔机制"和"逐级遴选机制"作出规定。

2019 年《法官法》

第十五条　人民法院可以根据审判工作需要,从律师或者法学教学、研究人员等从事法律职业的人员中公开选拔法官。

除应当具备法官任职条件外,参加公开选拔的律师应当实际执业不少于五年,执业经验丰富,从业声誉良好,参加公开选拔的法学教学、研究人员应当具有中级以上职称,从事教学、研究工作五年以上,有突出研究能力和相应研究成果。

第十七条　初任法官一般到基层人民法院任职。上级人民法院法官一般逐级遴选;最高人民法院和高级人民法院法官可以从下两级人民法院遴选。参加上级人民法院遴选的法官应当在下级人民法院担任法官一定年限,并具有遴选职位相关工作经历。

第一,关于公开选拔的人员范围。公开选拔法官的范围,除律师、法学教学、研究人员外,还可以包括立法工作者、人民警察、公证员、行政机关中从事行政处罚决定审核、行政复议、行政裁决、法律顾问的公务员、法律类仲裁员等从事法律职业的人员。当然,具体到某类人员是否确实属于"从事法律职业"、是否符合公开选拔条件,还得结合相关人员所属行业、岗位性质、工作经历等,按照 2019 年《法官法》第十二条、第十五条第二款的要求统筹考虑。

按照立法机关的释义,从律师、法学专家中公开选拔的法官,不一定非得去基层人民法院任职。[1] 但是,从近年一些地方向社会公开选拔法官的实践看,受办案压力、福利待遇、任职回避、职业文化等因素影响,法官岗位对律师、法学专家还没有形成足够的吸引力,报考人数并不理想。即使愿意尝试者,也更倾向于报考最高人民法院、高级人民法院等较高层级的法院,以及位于直辖市、沿海和经济发达地区城市的中级人民法院、专门人民法院,有的还希望能担任院庭长等领导职务。从实施个案上看,2015 年 7 月司法体制改革试点期间,被作为制度"示范"从律师中选拔的某位高级法官,已于 2022 年因个人原因转赴高等院校任教。对于这类个案,当时的宣传有多"高调",事后带来的制度折损效应就有多剧烈。

由此可见,在相当长一段时期内,公开选拔还不太可能成为我国法官的主要来源。2019 年《法官法》第十五条第一款也只强调人民法院"根据审判工作需要"开展公开选拔工作,从队伍结构、合理需求和现实需求出发,决定公开选拔的对象、条件和时机。[2] 例如,针对目前涉外审判人才相对缺乏的情况,可以有针对性地从通晓境外法律制度并具有成功处理国际法律事务经验的律师中公开选拔法官。

第二,关于参加公开选拔的律师、法学专家的条件。参加公开选拔的律师、法学专家,首先应具备 2019 年《法官法》第十二条所列的法官任职条件,而第十五条第二款在上述条件之外,针对两类职业的各自特点又分别提出附加条件:(1)**律师**。应当实际执业不少于 5 年,执业经验丰富,从业声誉良好。强调执业要求,主要是防止某些律师仅在律所挂名,但未实际从事律师业务。而对执业年限、经验和声誉的要求,是为了防止办案较少、类型单一、经验欠缺、业绩不佳、品行不端的人被选拔为法官。(2)**法学专家**。应当具有中级以上职称,从事教学、研究工作五年以上,有突出研究能力和相应研究成果。具有**"中级以上职称"**的,一般包括高等学校中的讲师(助理教授)、副教授、教

---

〔1〕 王爱立主编:《〈中华人民共和国法官法〉理解与适用》,中国民主法制出版社2019 年版,第 116 页。

〔2〕 王爱立主编:《〈中华人民共和国法官法〉理解与适用》,中国民主法制出版社2019 年版,第 113 页。

授,以及科研院所中的助理研究员、副研究员、研究员等。当然,司法审判毕竟是一门实践性很强的工作,研究能力并不代表审判能力,选拔过程中也需要将法学专家的实务操作水平、法律应用能力、事务协调能力等考虑在内。

第三,关于上级人民法院法官一般逐级遴选。2019 年《法官法》修订过程中,曾有部门建议在条文中明确初任法官**应当**到基层人民法院任职,上级人民法院法官**应当**逐级遴选,以便于实践中理解和操作。反对意见认为,实行法官员额制后,法官助理成长为法官的周期相对变长,一定程度上降低了助理岗位的吸引力。如果将初任法官统一到基层人民法院任职作为硬性要求,可能导致中级以上人民法院难以招录到法官助理,而已招录的助理去基层人民法院任职,也存在一系列衔接和配套问题。此外,如果法官严格按"一级接一级"的方式逐级遴选,每级之间再设置 5~8 年的任职年限要求,[1] 不仅遴选周期过长,而且等到符合遴选至更高层级法院的条件时,多数人年龄已超过40 周岁,"上有老,下有小",有的还已担任领导职务,参与遴选的积极性较低。[2] 按照上述条件和模式遴选产生的最高、高级人民法院法官,年龄结构必然趋于"老化"。因此,多数意见建议法律层面先作原则表述,为实践操作留下灵活掌握的空间。

综合上述考虑,2019 年《法官法》第十七条仅规定"初任法官**一般**到基层人民法院任职。上级人民法院法官**一般**逐级遴选;最高人民法院和高级人民法院法官可以从**下两级**人民法院遴选",没有规定参加上级人民法院遴选的法官在下级人民法院担任法官的具体年限,只要求达到"一定年限"并"具有遴选职位相关工作经历",实践中可以由用人法院根据工作需要、岗位职责、员额空缺、人选特点等情况综合确定。

---

〔1〕 2017 年 12 月《法官法(修订草案)》和 2018 年 12 月《法官法(修订草案二次审议稿)》都规定:中级、高级人民法院遴选法官人选一般在下级人民法院担任法官 5 年以上,并具有遴选职位 3 年以上相关工作经历;最高人民法院遴选法官人选一般在下级人民法院担任法官 8 年以上,并具有遴选职位 5 年以上相关工作经历。

〔2〕 实践中,多数党政机关一般将向下级机关遴选人员的年龄条件设置在 35 周岁以内。

2019 年《法官法》实施后，部分人士在审议期间担忧的一些问题逐步浮现。[1] 例如，因为在本院成长为法官不再是"直通车"，中级以上人民法院法官助理"招录难"现象开始抬头。[2] 由于基层人民法院也有不少法官助理等待员额空缺和入额遴选，在部分地区出现上级人民法院法官助理与基层人民法院助理"抢员额"的现象。部分上级人民法院法官助理只愿意到省会城市或主城区的基层人民法院担任法官，并且提出希望工作一定年限后回到原来所在法院任职的要求。因基层人民法院不受理海事案件，海事法院的法官助理难以妥善安排，等等。此外，逐级遴选不仅仅是法官个人的岗位调整，还涉及住房安排、配偶就业、子女入学等一系列配套和保障，实践中，上述配套和保障多数难以落实到位，影响到逐级遴选岗位的吸引力和实际效果。

针对上述问题，中办 2020 年 3 月印发的《关于深化司法责任制综合配套改革的意见》（厅字〔2020〕7 号）中明确"最高人民法院、最高人民检察院会同有关部门，适时开展逐级遴选工作效果评估，推动完善逐级遴选制度"。最高人民法院随后印发的《关于深化司法责任制综合配套改革的实施意见》（法发〔2020〕26 号），也对逐级遴选政策作了适当优化调整，规定"最高人民法院、高级人民法院法官助理初任法官的，除原则上到基层人民法院任职外，也可以根据需要到中级人民法院任职。员额制实施前在下级人民法院担任法官达到一定年限，符合现任职法院入额条件，且仍在审判部门协助办案的，可以在现任职法院参加入额遴选"。此外，对专门人民法院法官助理遴选为初任法官后的任职去向，也作了符合专业化审判特点的安排。[3] 随着司法体制综合配套改革不断深入，以及逐级遴选工作效果评估的开展，法

---

〔1〕 有学者认为，在法官逐级遴选制度设计过程中，必须充分考虑影响上下级人民法院法官交流的激励和约束因素，如配偶工作、子女入学、住房条件、消费水平、社会交往等。参见顾培东：《人民法院改革取向的审视与思考》，载《法学研究》2020 年第 1 期。

〔2〕 2021 年，某直辖市法院招录法官助理的报考比例普遍低于其他党政机关，较 2018 年的报考比例下降幅度接近 40%，有的岗位甚至连 1∶3 的差额比例都未达到。

〔3〕 最高人民法院政治部《关于海事法院初任法官可以到其所属派出法庭任职的通知》（法政〔2018〕343 号）中明确："海事法院法官助理遴选为初任法官后，除到基层法院外，也可以到其所属派出法庭任职。"

官逐级遴选制度必将朝着符合中国国情、符合司法规律、符合法律人职业成长需求的方向不断发展完善。

三、法官究竟是不是"官"

作为政治地位的行政职级

与国家行政机关相比，人民法院作为国家审判机关，工作职能、组织关系和人员分类上具有一定特殊性。例如，上下级人民法院在审判工作上是监督指导关系，而非领导管理关系。法官无论职务高低，在合议庭内是平等关系，只能少数服从多数，不存在"谁职务高，谁说了算"的问题。另一方面，人民法院作为国家机关，机构编制、人事架构上也应当设置必要的科层等级，便于科学管理、规范运行。例如，组织体系和内设机构需有对应的行政规格，领导干部和工作人员配备相应的行政职级。在与其他党政机关的交流合作、沟通协调过程中，上述行政规格和行政职级的高低，一定程度也影响到人民法院的政治地位和司法权威。

新中国成立之初，审判人员与普通国家干部的级别待遇并无差别，没有显示出审判工作的专业化特点。1956年，最高人民法院党组在给中央的有关报告中提出，审判人员和其他的专门人才一样，需要一定年限的培养和长期实际工作的锻炼，才能胜任工作。因此，必须尽可能使审判人员专业化，力求稳定，避免或减少流动，以便使他们积累应有的法律知识和工作经验，把审判工作做好。要做到这一点，"还需要对审判人员的级别标准和物质生活待遇给以必要的改进"。因此，建议"比照其他专业人员，根据审判人员的德、才和服务年限，来确定待遇标准和晋级的办法，使审判人员以终身热爱自己的职业为荣誉"。当时，我国正实行工资制度改革，作为对前述建议的回应，国家专门为审判机关制定了工资表。在法院干部工资表上，审判人员工资标准是按照院长、副院长、庭长、副庭长、审判员和助理审判员的序列确定的，没有对应司局级、处级、科级等行政职级，某些审判职务的工资等级甚至略高于同等级的行政干部。这本是建立审判人员职务序列的一个契机，遗憾的是，受后续政治气候影响，上述做法未能持续。到 20 世纪 60 年代，审判人员的职级、待遇又恢复实行官本位制，职级与同级人民政府下属职能部门干部职级相同。[1]

1979 年 9 月，中共中央就在《关于坚决保证刑法、刑事诉讼法切实实施的指示》中提出，三级法院院长都"应当从具有相当于**同级党委常委**条件的干部中，慎选适当的同志担任"。中组部也就司法干部配备工作印发过政策性文件。[2] 1980 年 12 月 23 日，中组部又在《关于按甲类职务任免省、市、区任免省、市、自治区高级人民法院院长和人民检察院检察长的复函》（〔80〕干办字 652 号）中，明确高级人民法院院长同省长、副省长、自治区主席、副主席、直辖市市长、副市长一样，列为甲类职务。之后不久，高级人民法院院长被列入中央管理干部的范围。[3]

改革开放之初，地方各级人民法院的机构规格还是与同级人民政府下属职能部门相同，领导班子配备级别普遍偏低，有的即使按有关文件要求配备了，但并未享受同等的政治、生活待遇。许多基层人民法院院长甚至看不到印发到县团级干部的关于严厉打击刑事犯罪的文件，只能听口头传达。由于工作任务重、职级待遇低，不少法院干部

---

〔1〕 胡健华：《郑天翔院长对法院队伍建设的重要贡献》，载《郑天翔纪念文集》编写组编：《郑天翔纪念文集》，人民法院出版社 2014 年版，第 185 页。

〔2〕 中组部在 1979 年 10 月 31 日印发的《关于迅速给各级司法部门配备干部的通知》（〔79〕组通字 44 号）中明确，首先要把人民法院的班子配备好；省、市行政公署和县法院院长应配备相当于同级党委常委条件的干部。最高人民法院的审判员要配备司局级或正处级干部，助理审判员要配备处级或科级干部。省级法院的审判员要配备处级干部，助理审判员要配备处级和科级干部。

〔3〕 1983 年 8 月 12 日，最高人民法院党组在提交给中组部的《关于干部管理问题的报告》中，建议将省、自治区、直辖市高级人民法院院长列入中央管理干部的范围。参见《关于法院干部管理问题的报告》（1983 年 8 月 12 日），载《郑天翔司法文存》，人民法院出版社 2012 年版，第 351 页。

有"自卑感",选择"外流"到其他党政部门。[1] 针对上述问题,1984年12月1日,时任最高人民法院院长郑天翔会同时任最高人民检察院检察长杨易辰联合向中央报告,建议严格落实各级审判、检察机关的宪法地位,合理确定司法人员的职级待遇。[2]

经过慎重研究,中央批准了上述报告。中共中央办公厅于1985年9月1日印发《关于加强地方各级法院、检察院干部配备的通知》(由于该文件文号为中办发〔1985〕47号,常被简称为"47号文件"),明确**基层人民法院**院长一般配备副县长一级干部,审判员一般配备科一级和股一级干部;**中级人民法院**院长一般配备副专员(局)一级干部,审判员一般配备副处一级和科一级干部;**高级人民法院**院长一般配备副省长一级干部,审判员一般配备处一级干部。通知还要求,各级人民法院配备哪一级干部,即应给予哪一级干部的政治、生活待遇。"47号文件"把地方各级人民法院院长的行政级别,由同级人民政府下属职能部门的正职提高到同级人民政府的副职;把中级、基层人民法院审判员可以配备的行政级别,提高到同级人民政府下属职能部门的副职,甚或正职,而这些级别本来是本院副院长、院长才能配备的,这是一个非常重要的历史性突破。[3]

1987年9月2日,经中组部批复同意,最高人民法院印发了《关于转发地方各级法院副院长等审判业务人员职级配备有关规定的通知》(法人〔1987〕134号)。该通知作为"47号文件"的配套性文件,解决了下述"遗留问题":**第一**,地方各级人民法院的正、副庭长,按"47号

---

〔1〕 时任中央政治局委员、中央书记处书记胡乔木在1986年的全国政法工作会议上指出:"由于长期形成的习惯,法院、检察院的干部配备规格比较低,没有权威;同时两院自身有自卑感,结果往往关门办案,同各方面的联系比较少。所以,必须下决心提高各级法院、检察院领导干部的质量,限期调整好各级领导班子,选调一定规格的政治上强、身体较好的干部充实两院系统,使两院树立起权威。"参见《重视社会主义法制建设》(1986年2月15日),载《胡乔木文集》(第3卷),人民出版社2012年版,第1168页。

〔2〕 《关于解决法院院长、检察院检察长职级问题和杨易辰联名给中央领导的报告》(1984年12月1日),载《郑天翔司法文存》,人民法院出版社2012年版,第154—155页。

〔3〕 胡健华:《郑天翔院长对法院队伍建设的重要贡献》,载《郑天翔纪念文集》编写组编:《郑天翔纪念文集》,人民法院出版社2014年版,第189页。

文件"规定的审判员配备的职级确定。**第二,**高级人民法院助审员配备科级、书记员配备副科级、科员级;中级人民法院助审员配备副科级、科员级,书记员配备科员、办事员级;基层人民法院助审员配备科员级、书记员配备科员、办事员级。**第三,**地方各级人民法院的执行员,比照本级法院审判员、助审员配备的职级确定。**第四,**地方各级人民法院副院长的职级应根据干部的条件,按照干部管理权限决定是按照同级政府职能部门的正职还是按照副职确定。而在过去,人民法院副院长职级一般只能按同级政府职能部门副职确定,这也称得上一个重要突破。

1987 年,国务院工资制度改革小组、劳动人事部印发《关于地方各级人民法院工作人员工资制度改革问题的通知》(劳人薪〔1987〕56号)。通知**一是**明确了审判人员的职务工资,可以按照"47 号文件"执行国家机关同级行政人员的职务工资标准。**二是**正式确定了各种职级的比例。例如,"设有人民法庭的基层人民法院审判业务人员中,科级干部与全院科级以下工作人员之比,一般为 1:2.3,最高不超过 1:1.9"。[1] 这就意味着,在县级法院内,相当于县内局、科一级的干部可以占 30%,最高可以达到 34%。对比当时其他地方党政机关的干部配备情况,基层人民法院审判人员职级配备已不算低。

总体而言,到 1995 年《法官法》制定前,前述三个文件形成了一个

---

〔1〕 按照"劳人薪〔1987〕56 号"文件所附《地方各级人民法院工作人员工资制度改革实施方案》,地方各级人民法院审判业务人员中的处、科级干部按照下列比例限额控制:(1)高级人民法院审判业务人员中,处级干部与全院处级以下工作人员之比一般为 1:2.3,最高不超过 1:1.7;科级干部与全院科级以下工作人员之比最高不超过 1:1。(2)中级人民法院审判业务人员中,处级干部与全院处级以下工作人员之比一般为 1:4.2,最高不超过 1:3.5;科级干部与全院科级以下工作人员之比一般为 1:1.6,最高不超过 1:1.3。(3)依照法律规定设有人民法庭的基层人民法院审判业务人员中,科级干部与全院科级以下工作人员之比一般为 1:2.3,最高不超过 1:1.9;尚未设置人民法庭的,该比例一般为 1:2.5,最高不超过 1:2.1。(4)直辖市中级人民法院审判业务人员中,处、科级干部比例与高级人民法院相同;直辖市县人民法院审判业务人员中,科级干部比例可略高于地(市)辖县人民法院。(5)广州、武汉、重庆、沈阳、大连、西安、哈尔滨、南京市中级人民法院审判业务人员中,处、科级干部比例低于直辖市中级人民法院,高于省辖地(市)中级人民法院;上述八市基层人民法院审判业务人员中,科级干部比例可略高于地(市)辖县人民法院。

完整的地方各级人民法院审判人员职级配备体系,为未来建立法官等级和法官单独职务序列制度打下了良好基础。

作为职业荣誉的法官等级

早在 20 世纪 80 年代,时任最高人民法院院长江华就曾有过建立审判人员单独序列的设想。1983 年 2 月 26 日,江华与最高人民法院部分领导同志研究工作时谈到,可以考虑"搞一个审判员条例,最高人民法院的审判员分为四级:一级是副部级、二级是正局级、三级是副局级、四级是正处级。省高级人民法院的审判员也是四级:正局级、副局级、正处级、副处级。以此类推。"[1] 上述关于审判员分级管理设想,虽带有一定行政化色彩,但已隐约具备未来法官单独职务序列制度的雏形。

1984 年 8 月,时任最高人民法院院长郑天翔在就全国法院工作情况写给中央领导同志的报告中,也有将法官管理"由行政制改为职称制"的考虑,在他看来,"法院队伍主要由法官组成。现行制度不承认审判人员如同教授、副教授、讲师、助教;高级工程师、工程师、助理工程师;研究员、副研究员、助理研究员等等一样,是专业干部。这不利于专业化、正规化,也难以落实知识分子政策。我们准备草拟一个条例,评定法官职称,报中央审查"[2]。此后,他提出将审判人员从行政干部序列中划出,列入专业科技干部序列管理的设想,并曾多次与国家科委领导沟通。[3]

---

〔1〕 1983 年 1 月,江华同志在全国法院经济犯罪案件审判工作座谈会上谈到法院队伍建设问题时说:"人民法院的院长、副院长、庭长、副庭长能有几个人?审判员可以终身从事审判工作,当一辈子审判员,同时要给以相应的政治待遇和物质待遇。各高级人民法院可以有厅局级审判员。最高人民法院为什么不可以有部级审判员?这需要与中组部商量,给个职称,可以实验嘛。"《江华传》编审委员会:《江华传》,中共党史出版社 2007 年版,第 441 页。

〔2〕 《关于全国法院工作情况给胡耀邦的报告》(1984 年 8 月 1 日),载《郑天翔司法文存》,人民法院出版社 2012 年版,第 127—128 页。

〔3〕 蒋福康等:《审判与建设并重的开拓者:最高人民法院第六任院长郑天翔》,载《郑天翔纪念文集》编写组编:《郑天翔纪念文集》,人民法院出版社 2014 年版,第 230 页。

　　首部《法官法》起草期间，最高人民法院将建立专门的法官衔级制度作为一项重要内容。当时的考虑是，衔级制度符合法官职务特点，它不同于一般等级，含有职务、学识、专业水平、资历、荣誉等丰富内涵，可以区别于普通公务员的行政等级序列，而且有利于在未来推动建立单独的法官序列和工资序列。更重要的是，1982 年《宪法》明确由全国人大常委会规定"军人和外交人员的衔级制度和其他**专门衔级制度**"，法官衔级适合作为"其他专门衔级制度"纳入《法官法》规定。

　　1994 年 4 月，最高人民法院在《法官法（草案）》中，正式提出："法官按职务编制衔级，对四级法院法官设五等十二级。五等是：首席大法官、大法官、高级法官、中级法官、初级法官。十二级是：首席大法官、大法官设二级、高级法官设三级、中级法官设四级、初级法官设二级"。[1] 审议过程中，部分常委委员、地方和部门提出，审判人员不同于军官、警察，不宜实行衔级制度，建议将"衔级"修改为"职务等级"，规定法官职务等级为四等十二级。[2] 后续审议过程中，一些常委委员认为"职务等级"中的"职务"有行政化之嫌，全国人大法律委、内司委遂决定将"职务"二字去掉、保留"等级"，并将"等级"中的"等"作为区分不同级别法官的称谓。[3] 1995 年《法官法》据此在第七章"法官的等级"中设置了法院等级制度。

1995 年《法官法》
第七章　法官的等级
第十六条　法官的级别分为十二级。

---

　　〔1〕　任建新：《关于〈中华人民共和国法官法（草案）〉的说明——1994 年 5 月 5 日在第八届全国人民代表大会常务委员会第七次会议上》，载周道鸾主编：《学习中华人民共和国法官法资料汇编》，人民法院出版社 1995 年版，第 18 页。

　　〔2〕　《全国人大法律委员会关于法官法（草案）和检察官法（草案）审议结果的报告》（1994 年 12 月 21 日），载周道鸾主编：《学习中华人民共和国法官法资料汇编》，人民法院出版社 1995 年版，第 22 页。

　　〔3〕　《全国人大法律委员会关于法官法（草案修改稿）和检察官法（草案修改稿）修改意见的汇报》（1995 年 2 月 15 日），载周道鸾主编：《学习中华人民共和国法官法资料汇编》，人民法院出版社 1995 年版，第 26 页。

最高人民法院院长为首席大法官,二至十二级法官分为大法官、高级法官、法官。

第十七条　法官的等级的确定,以法官所任职务、德才表现、业务水平、审判工作实绩和工作年限为依据。

第十八条　法官的等级编制、评定和晋升办法,由国家另行规定。

按照 1995 年《法官法》第十八条关于法官的等级编制、评定和晋升办法**"由国家另行规定"**的要求,1997 年 12 月 12 日,中组部、人事部、最高人民法院联合印发了《中华人民共和国法官等级暂行规定》(组通字〔1997〕50 号,以下简称《法官等级暂行规定》)。文件正式确定了法官等级的编制、评定、晋升、降低和取消机制,强调国家实行法官等级制度的目的,是为了实现对法官的科学管理,增强法官的责任心和荣誉感。1998 年 11 月,经中组部审核同意,最高人民法院印发《评定法官等级实施办法》(法〔1998〕135 号),明确了首次评定法官等级的范围和条件,全国法院陆续启动法官等级评定工作。[1]

按照当时的权威解读,"法官等级是表明法官级别、身份的称号,是国家对法官专业水平的确认,体现了国家给予法官的荣誉。"[2]为此,《法官等级暂行规定》对法官等级评定规定了较高的批准权限。[3]不过,既然是"荣誉性"称号,又没有规定与之对应的薪酬标准,法官等级就未与政治、生活待遇"挂钩"。用部分法官的话来说,"含金量"并

---

〔1〕　在法官等级评定工作启动之前,最高人民法院印发了《关于抓紧法院队伍清理 做好法官等级首次评定准备工作的通知》(法〔1998〕127 号),要求各级人民法院结合教育整顿,认真清理法院队伍,完成法官队伍的核查定员和法院干部的核编定员,抓紧免除违法任命为法官者的法律职务,确保首次参评人员质量。

〔2〕　最高人民法院政治部 1999 年 1 月 12 日印发的《关于实行法官等级制度的宣传提纲》(法〔1999〕6 号)。

〔3〕　一级大法官、二级大法官、一级高级法官、二级高级法官,由最高人民法院院长批准;三级高级法官、四级高级法官、一级法官、二级法官,由高级人民法院院长批准;三级法官、四级法官、五级法官,由中级人民法院院长批准。

不高。[1]

　　法官等级之所以分为四等十二级，是由当时各级法院法官的比例结构决定的，具体编制方法是：根据法官职务，参考行政职级，确定法官等级的层次和幅度。所谓**"法官职务"**，是指依法选举、任命的各级人民法院院长、副院长、审判委员会委员、庭长、副庭长、审判员、助理审判员职务。同时担任两个以上法官职务的，按较高的法官职务确定。**"行政职级"**，是指按照干部管理权限，由干部主管部门确定的，与《国家公务员暂行条例》第十条所列职务层次相对应的行政职务级别。[2] 从最高人民法院院长到基层人民法院助理审判员，四级人民法院共有 28 个法官职务，其行政职级层次从副总理级至科员级共 10个行政职级。因此，除最高人民法院院长、高级人民法院院长外，其他法官都是一个法官职务对应多个法官等级，不同法官职务之间的等级编制交叉。例如，一名副处级审判员可以根据具体情况，评定为三级高级法官、四级高级法官、一级法官或二级法官。

　　首次评定法官等级时，会综合考虑法官职务、德才表现、业务水平、审判工作实绩、行政职级、行政职级任职时间、工作年限等因素通盘考虑，但法官职务、行政职级及其任职年限、工作年限会占较大比重。这时的法官等级与行政职级存在"隐性挂钩"关系。行政职级是

---

　　〔1〕　这种情况直到 2007 年才得到初步改善。这一年，经国务院批准，人事部、财政部印发《关于实行法官审判津贴的通知》(国人部发〔2007〕105 号)，规定法官审判津贴按法官等级执行相应标准，按月发放，共分 12 个等级：首席大法官 340 元，一级大法官 318 元，二级大法官 298 元，一级高级法官 278 元，二级高级法官 262 元，三级高级法官 246 元，四级高级法官 233 元，一级法官 220 元，二级法官 210 元，三级法官 200 元，四级法官 190 元，五级法官180 元。

　　〔2〕　1998 年首次评定法官等级时，《公务员法》还未制定，国家公务员管理适用的还是1993 年 8 月通过的《国家公务员暂行条例》。其第十条规定：国家公务员的级别分为十五级。职务与级别的对应关系是：(一)国务院总理：一级；(二)国务院副总理，国务委员：二至三级；(三)部级正职，省级正职：三至四级；(四)部级副职，省级副职：四至五级；(五)司级正职，厅级正职，巡视员：五至七级；(六)司级副职，厅级副职，助理巡视员：六至八级；(七)处级正职，县级正职，调研员：七至十级；(八)处级副职，县级副职，助理调研员：八至十一级；(九)科级正职，乡级正职，主任科员：九至十二级；(十)科级副职，乡级副职，副主任科员：九至十三级；(十一)科员：九至十四级；(十二)办事员：十至十五级。

主线,法官等级是支线。行政职级的晋升,必然会影响后续法官等级的晋升,但法官等级晋升并不必然导致行政职级晋升。

上述"隐性挂钩"关系,使得基层人民法院法官等级普遍偏低。科员级审判员工作年限满 30 年,才可以评定为二级法官。高级法官等级对多数基层法官而言,仍是可望而不可即的。尤其是《中华人民共和国公务员法》(以下简称《公务员法》)于 2006 年 1 月 1 日实施后,要求非领导职务应据工作需要设置,职务层次不得高于所在机关或者所在内设机构的机构规格,职数不得突破规定的比例限额,进一步压缩了基层人民法院法官的行政职级晋升空间,自然也会影响到法官等级的晋升。

挂钩,还是脱钩?

党的十六大之后,随着司法体制改革不断走向深入,建立与法院职业特点相适应的职数比例和职务序列逐步成为法官制度改革的重点。2006 年印发的《中共中央关于进一步加强人民法院、人民检察院工作的决定》,正式提出要"建立法官单独职务序列"。

构建法官单独职务序列,当然不是要另起炉灶,而是改造已有的法官等级体系,重构评定标准、职数比例、升降办法。在此过程中,最大的争议莫过于法官等级是否与行政职级"脱钩"。持**"脱钩论"**者认为,既然是单独职务序列,就应该尽可能淡化乃至消除行政化色彩,切断法官职务序列和公务员行政等级的关系,并据此建立与法官等级对应的薪酬制度,强化法官等级的"含金量"。持**"挂钩论"**者认为,法官单独职务序列的设计,必须充分考虑我国国情和政治文化。在我国,干部的地位、待遇和交流,都与行政职级密切相关。如果法官等级与行政职级完全脱钩,法官的地位可能更加边缘化,不仅弱化了司法权威,不利于开展审判工作,干部交流轮岗渠道也会变窄。所以,法官等级与行政职级不仅要挂钩,而且要"明挂",因为行政职级是"硬通货",有足够的"含金量",但在制度设计上,应尽可能兼顾审判工作特点,职数比例上要尽可能向基层人民法院倾斜。

经过反复讨论和征求意见，**"挂钩论"**占了上风。2011 年 7 月 6 日，中组部、最高人民法院联合印发《法官职务序列设置暂行规定》（中组发〔2011〕18 号，以下简称"18 号文件"），并将《地方各级人民法院法官职数比例暂行规定》和《法官等级和级别升降暂行办法》作为附件一并印发实施，《法官等级暂行规定》同步废止。

按照"18 号文件"，担任领导职务的法官按所任职务等级确定等级；不担任领导职务的法官按级别和任职时间确定等级。法官等级与公务员职务层次是完全对应的关系，即：首席大法官对应国家级副职；一级大法官对应省部级正职；二级大法官对应省部级副职；一级高级法官对应厅局级正职；二级高级法官对应厅局级副职；三级高级法官对应县处级正职；四级高级法官对应县处级副职；一级法官对应乡科级正职；二级法官、三级法官对应乡科级副职；四级法官、五级法官对应科员级。

与《法官等级暂行规定》相比，"18 号文件"包含了一些"隐性红利"，力图解决之前改革的部分遗留问题。**一是提高了法官的职数比例。**将基层人民法院法官的科级职数比例提高了 19%，较好解决了《公务员法》实施后，法官无法按综合管理类公务员非领导职务职数比例晋升行政级别的问题。**二是提高了法官的职级待遇。**通过改造原有的法官等级制度，将基层人民法院审判员最低规格由股级提高至副科级，有利于解决 2.3 万名基层人民法院审判员的职级待遇问题，高级人民法院、直辖市中级人民法院审判员最高配备规格由正处级提至副局级，均高于"47 号文件"的规定。

但是，"18 号文件"印发后，却一直无法顺利实施，法官等级的重新评定工作四年未能启动，其原因在于：

第一，优惠政策滞后于现实情况。"18 号文件"确定的基层人民法院职数比例，总体上比前述"劳人薪〔1987〕56 号文件"更为优惠。但是，20 多年来，部分地方人民法院积极争取党委、政府支持，职级、职数配备实际上已经超出"劳人薪〔1987〕56 号文件"确定的比例，成为既成事实。各地法院对着"18 号文件"认真盘点算账，发现新规定不但无法"固化"现有配置，甚至可能"开倒车"，积极性自然受到影响。

第二,新的评定方式加剧了行政化。"18 号文件"将法官等级与行政职级彻底挂钩,不仅没有体现法官职业特点和专业化要求,还进一步加剧了行政化色彩。我国基层人民法院院长行政职级绝大多数为副处级[1],20%的人民法庭庭长都还是科员级以下干部。新的职务序列固然有助于提升基层审判员的行政级别,却设置了法官等级晋升的"天花板",省、自治区基层人民法院只设 1 名四级高级法官。这就意味着,办理全国80%以上案件的基层人民法院,只有院长 1 人才有可能成为高级法官。即使审判业绩再突出、工作经验再丰富,除非当上基层人民法院院长或遴选到上级人民法院,即便干到退休,最多也只能晋升到一级法官。对绝大多数基层法官来说,高级法官都属于"镜中花,水中月",是组织给大家画的一块"饼"。

第三,大量法官的等级可能会降低。按照"18 号文件",原来的法官等级将被新的法官等级替代。打个不太恰当的比喻,这就好比用新货币替代旧货币,新币 1 块钱可以兑现旧币 5 块钱,旧币必须折算后兑换为新币,才能开始流通。根据初步测算,如果按照"18 号文件"套改,全国约有 9 万名法官的法官等级将会下调,尤其是部分行政职级较低,但工作年限长、经过专门培训才晋升为四级高级法官的审判人员,可能又被套改为一级法官。

基于上述原因,许多法院担心,直接按照"18 号文件"开展法官等级套改工作,将严重影响队伍稳定,也不利于法院事业长远发展,套改工作也迟迟未能开展。在各方意见纠结彷徨之间,新一轮深化司法体制改革开始了。

"单独"职务序列和"两步走方案"

党的十八届四中全会决定强调,要加快建立符合职业特点的法治工作人员管理制度,建立法官专业职务序列及工资制度,推进以法官

---

〔1〕 直辖市基层人民法院院长行政职级为副厅级,计划单列市、副省级城市基层人民法院院长行政职级为正处级。

员额制为核心的人员分类管理改革。随着法官员额制和司法责任制的全面推进,各方对法官职业特点和法官等级性质的认识逐步统一。那就是,单独职务序列的重心不在于"**职务**",而是"**单独**"。如果法官的职业尊荣和政治待遇取决于他是正处级审判员还是副科级审判员,只会激励广大审判人员孜孜求官,而非安心办案。只有实现法官等级与行政职级的脱钩,才能突破"官本位"窠臼,让广大基层一线法官即使不担任领导职务、不遴选至上级法院,也能按照审判实绩和任职年限逐级晋升到较高法官等级,享受相应的薪酬和配套待遇。而这一目标,也正是江华、郑天翔、任建新、肖扬等老院长当年力推法官专业职务序列的初心所向。

2015 年 9 月,十八届中央全面深化改革领导小组第十六次会议审议通过《法官、检察官单独职务序列改革试点方案》和《法官、检察官工资制度改革试点方案》,为推动法官单独职务序列和工资制度改革提供了根本遵循。2015 年 10 月 14 日,中组部、中央政法委、最高人民法院、最高人民检察院联合印发了《法官、检察官单独职务序列改革试点方案》(中组发〔2015〕19 号,以下简称"19 号文件"),明确了法官单独职务序列的等级设置、晋升方式、等级比例、审批权限和管理模式。与"18 号文件"相比,"19 号文件"有以下特点:

第一,体现司法职业特征,与行政职级完全脱钩。法官单独职务序列等级实现与行政职级脱钩,与其他公务员职务职级层次不再一一对应,科级、处级、局级等法官职务将不复存在。法官之间也不根据等级高低确定上下级关系,更不存在高等级法官领导低等级法官的问题。在我国,国家公务员又划分为综合管理类、专业技术类、行政执法类以及法官、检察官,在公务员分类管理规定出台之前,都按综合管理类进行管理。可以说,"19 号文件"也是深化公务员分类改革的一个标志性文件。

第二,完善了法官等级配备规格。在法官等级设置方面,拓宽了法官职业发展空间。"19 号文件"将中级、基层人民法院法官等级原则上向上浮动一级,大幅提高了各级法院法官等级设置,提高了法官职级晋升的"天花板"。基层人民法院法官最多有 8 个等级,可晋升至三级高级法官,个别在基层长期任职、工作特别优秀的可晋升至二级高级法官,而过去只有基层人民法院院长 1 人可以成为四级高级法官。中级人民法院法官可晋升至一级高级法官,最低配备规格为三级法官。高级人民法院法官最低配备规格为四级高级法官。"19 号文件"的另一项重要机制创新在于,法院领导人员的行政职级也不再与法官等级一一对应。例如,基层人民法院副院长行政职务为正科级,但法官等级可以是三级高级法官、四级高级法官或一级法官。

第三,完善了法官等级晋升方式。实行按期晋升、择优选升和特别选升相结合的方式。各级人民法院法官均能按照任职年限逐级晋升到一定等级,不受职数限制。例如,基层人民法院一级法官及以下等级可按期晋升,中级人民法院四级高级法官及以下等级可按期晋升,高级人民法院三级高级法官及以下等级可按期晋升。最高人民法院二级高级法官及以下等级可按期晋升。这种按照工作年限晋升职务的方式,有利于广大法官安心在审判一线工作。法官只要认真履行职责,都能晋升到一定等级。晋升较高法官等级的,实行比例或者数量控制,即择优选升。在晋升年限上,既保证基层多数法官能够晋升到较高等级,又从整体上避免晋升过快、过早达到"天花板"。

第四,坚持基层导向,向办案一线倾斜。"19 号文件"大幅提高了中级、基层法院较高等级法官比例。择优选升高级法官的比例设置,越向下级法院比例越高。与综合管理类公务员职务晋升实行职数比例控制相比,法官择优选升和特别选升等级比例较大,能够保障一线办案法官即使不担任领导职务,也可晋升至较高法官等级。例如,基层人民法院四级高级法官(25%)和三级高级法官(15%)可占员额人民法官的 40%;中级人民法院三级高级法官占 20%,一级、二级高级法官占 10%;高级人民法院一级高级法官占 5%,二级高级法官占 15%。对于特别优秀或者工作特殊需要的,可以破格或者越级晋升,即特别选升。这样规定,可以保证较高等级法官是优中选优,激励工作积极性,也有利于少数优秀人才脱颖而出。同时,法官晋升年限也比其他公务员大大缩短。经测算,一名大学本科毕业生,如果 23 岁进入法院工作,28 岁担任法官,40 岁就可以晋升为三级高级法官(相当于正处级),比其他公务员晋升到正处级快 9 年。这些政策,为基层法官和辅助人员提供了广阔的职业发展空间,将从根本上改变千军万马过"独木桥"、争抢行政职务的状况。[1]

第五,法官等级与薪酬待遇挂钩。按照人社部、财政部印发的《法官、检察官工资制度改革试点方案》(人社部发〔2015〕111 号)和《法官、检察官和司法辅助人员工资制度改革试点实施办法》(人社部发〔2016〕65 号),法官享受的薪酬待遇,将与单独职务序列配套衔接,每一个法官等级对应若干工资档次。法官等级晋升后,执行新任职务等级工资标准。

新的政策文件出台了,还未实施的"18 号文件"怎么办? 由于"18 号文件"印发后就一直搁置,2011 年 7 月以来任命的法官都还没有评定法官等级,等级晋升工作也停了四年,"19 号文件"印发实施后,新的法官等级"起点"如何确定? 成为首先要解决的问题。当时,有**少数意见认为**,既然"18 号文件"受到"抵制",不如直接"跃过"、不予执行,或者按照已被废止的《法官等级暂行规定》进行职级套改。**多数意见认为**,即使存在各种问题,"18 号文件"毕竟是正式印发的政策性文件,长期不执行很不严肃。而且,深化司法体制改革全面推开在即,无论是法官员额制,还是配套的法官工资制度改革,都必须以单独职务序列为依托。然而,在短时间内迅速推出一套被广泛接受的法官等级评定办法,也是不现实的。只要能够切实提高基层法官职级待遇,外加保留原有法官等级不降、津贴待遇不变,可以考虑先按"18 号文件"进行等级套改,确保在"19 号文件"全面施行之前,全国法官都能有新的法官等级,全部享受到改革红利。

上述多数意见最终被接受,并演变为**"两步走"**方案。按照最高人民法院 2015 年 2 月 16 日印发的《关于实施地方人民法院法官职务套改工作的通知》(法〔2015〕46 号),法官职务序列改革工作分两步推进。

---

〔1〕 最高人民法院政治部编著:《〈中华人民共和国法官法〉条文理解与适用》,人民法院出版社 2020 年版,第 172—174 页。

第一步：全面落实"18号文件"，在全国法院组织实施法官职务套改工作，恢复法官等级评定和晋升。通过第一步套改工作，使得2011年7月以来任命的法官评上法官等级，确保等级应该晋升的法官得以晋升。

第一步套改的工作依据，除"18号文件"外，还包括中组部、最高人民法院2015年2月4日印发的《关于地方各级人民法院、人民检察院实施中组发〔2011〕18、19号文件有关问题的答复意见》(组通字〔2015〕10号)。按照该文件，在第一步套改过程中，法官等级是与行政职级紧密挂钩的。[1] 为避免部分行政职级较低人员套改后法官等级降低，套改文件要求保留这部分人员原评定法官等级不变，但应注明职务层级加以区分，并按照该职务层级管理。例如，某基层人民法院的法官是正科级，当年评定法官等级时，确定的四级高级法官。在这次职级套改时，可以评定为"四级高级法官(乡科级正职)"，继续按照乡科级正职管理，但不宜参照行政职级将其法官等级降为一级法官。这样就打消了9万多名基层法官担心等级降低，"面子上不好看"的疑虑。

第二步：按照"19号文件"和《法官、检察官工资制度改革试点方案》要求，提高法官等级设置规格，建立有别于其他公务员的法官单独职务序列及工资制度。前述第一步是实施法官单独职务序列的前提和基础。第二步将在第一步法官职务套改基础上，综合相关因素对进入员额的法官确定新的法官等级。如果把法官制度改革比作一次面向星辰大海的远征，"18号文件"就相当于一级火箭，靠它将整个火箭助推到大气层，然后彻底甩掉，开始二级助推，适用新的"19号文件"。

---

　〔1〕　按照"组通字〔2015〕10号"文件，法官按下列对应关系，根据现任综合管理类公务员职务层次确定新的等级：省部级副职：二级大法官；厅局级正职：一级高级法官；厅局级副职：二级高级法官；县处级正职：三级高级法官；县处级副职：四级高级法官；乡科级正职：一级法官；乡科级副职：二级、三级法官；科员：四级、五级法官。

新规定，新征程

法官员额制全面推开后，约 12.8 万名法官先后纳入单独职务序列管理，法官等级晋升实现常态化，配套待遇不断完善，基层法官职级低、待遇差、晋升通道狭窄、职业尊荣感不高等问题得到有效解决。为增强法官等级的"含金量"，确保一线办案岗位法官安心办案，2017 年以来，最高人民法院先后与中组部、人社部、财政部、国家卫生和计划生育委员会、国家发改委、国家机关事务管理局等中央有关职能部门沟通协调，以通知、复函等形式明确了单独职务序列改革后法官退休年龄、医疗待遇、差旅待遇、住房待遇、公务交通补贴标准、养老保险所适用的政策。

2019 年修订的《法官法》，又以立法形式巩固了法官单独职务序列改革的成果。

2019 年《法官法》

第二十六条 法官实行单独职务序列管理。

法官等级分为十二级，依次为首席大法官、一级大法官、二级大法官、一级高级法官、二级高级法官、三级高级法官、四级高级法官、一级法官、二级法官、三级法官、四级法官、五级法官。

第二十七条 最高人民法院院长为首席大法官。

第二十八条 法官等级的确定，以法官德才表现、业务水平、审判工作实绩和工作年限等为依据。

法官等级晋升采取按期晋升和择优选升相结合的方式，特别优秀或者工作特殊需要的一线办案岗位法官可以特别选升。

第二十九条 法官的等级设置、确定和晋升的具体办法，由国家另行规定。

考虑到"19 号文件"只是试点方案，为了与 2018 年修订的《公务员法》、2019 年修订的《法官法》配套衔接，推动符合职业特点和司法规律的法官单独职务序列更加制度化、规范化，中组部、最高人民法院于2022年3月15日联合印发了《法官单独职务序列规定》（中组发〔2022〕5号）。新规定提出，法官单独职务序列是法官的等级序列，体现法官政治素质、办案能力、资历贡献等，是实施法官管理，确定工资、住房、医疗等待遇的重要依据。

新规定在"19号文件"基础上，进一步完善了法官等级设置、职数比例、等级确定、晋升和降低机制。针对试点期间，部分法院反映的法官单独职务序列与《党政领导干部选拔任用工作条例》的衔接问题，[1]新规定专门明确了未担任领导职务的法官拟担任法院内设机构领导职务时，应当达到的法官等级。例如，担任高级人民法院、直辖市或副省级城市中级人民法院庭长的，应当现任三级高级法官以上等级；担任副庭长的，应当现任四级高级法官以上等级。担任市（地）级中级人民法院、直辖市基层人民法院庭长的，应当担任一级法官以上等级；担任副庭长的，应当担任二级法官以上等级。

此外，新规定还明确了法官因工作需要转任审判辅助人员或司法行政人员，以及转任到其他党政机关的，如何在其法官等级基础上，综合考虑其德才表现、任职资历、工作经历等条件，比照拟任职单位同等条件人员确定职级。之所以作此规定，是因为对法官群体实行了不同于其他公务员的单独职务序列，法官等级与公务员领导职务层次和职级层次不再一一对应，需要明确交流时的定级问题。[2]但是，明确转任定级的对应关系，根本目的是为了便于干部交流、岗位锻炼、员额退出、任职回避等工作的开展，不是变相恢复法官等级与行政职级的对应关系。实行法官单独职务序列，就是要在选优配强法院领导干部的同时，确保优秀法官即使不担任领导职务，只要认真履职尽责，也可以定期晋升法官等级，并享受相应的政治、生活待遇。如果把晋升为高级法官后，再通过交流转任"套现"成局级、处级干部作为改革"红

---

〔1〕　任静、夏明玥：《论法官法与〈党政领导干部选拔任用工作条例〉的衔接：从院庭长岗位职能出发》，载《人民司法·应用》2021年第28期。

〔2〕　马世忠：《建立健全中国特色法官职务管理制度》，载《人民法院报》2022年6月15日。

利"，不仅与单独职务序列改革目标背道而驰，更是舍本逐末之举。

经过几代法院人孜孜努力，中国特色社会主义法官制度的框架已经搭建，正在经受法治实践检验。但是，在"官本位"观念仍在许多人脑海中根深蒂固的今天，法官等级和行政职级表面上似乎划清界限，骨子里却可能暗通款曲，如何深化司法体制综合配套改革，让它们彻底说再见，真正做到"一别两宽，各生欢喜"，是我们要见证的历史，也是新一代司法改革者在新征程上的重要使命。[1]

---

〔1〕 何帆：《渐行渐远渐无书：法官等级如何与行政职级说再见》，载微信公众号"法影斑斓"2016 年 1 月 24 日，2022 年 12 月 24 日访问。何帆：《法官检察官涨工资为何比公安慢》，载微信公众号"法影斑斓"2016 年 4 月 30 日，2022 年 12 月 24 日访问。

参考书目

注:本书引用的参考文献,已以脚注形式在正文显示。这里仅结合作者个人研究与教学体验,列出关注"中国司法制度和司法改革"专题有必要参考的中文书目,相关图书的出版时间截至 2022 年 12 月。

【著作类】

许崇德:《中华人民共和国宪法史》(上下册),福建人民出版社 2005 年版。

肖蔚云:《我国现行宪法的诞生》,北京大学出版社 1986 年版。

张友渔:《宪政论丛》(上下册),群众出版社 1986 年版。

韩大元:《1954 年宪法制定过程》(第 2 版),法律出版社 2022 年版。

王汉斌:《社会主义民主法制文集》(上下册),中国民主法制出版社 2012 年版。

王汉斌:《王汉斌访谈录——亲历新时期社会主义民主法制建设》,中国民主法制出版社 2012 年版。

蔡定剑:《宪法精解》(第 2 版),法律出版社 2006 年版。

蔡定剑:《中国人民代表大会制度》(第 4 版),法律出版社 2003 年版。

蔡定剑:《历史与变革——新中国法制建设的历程》,中国政法大学出版社 1999 年版。

苏力:《送法下乡:中国基层司法制度研究》(第 3 版),北京大学出版社 2022 年版。

苏力:《道路通向城市:转型中国的法治》,法律出版社 2004 年版。

苏力:《大国宪制:历史中国的制度构成》,北京大学出版社 2018 年版。

苏力:《批判与自恋:读书与写作》(增订本),北京大学出版社 2018 年版。

苏力:《波斯纳及其他:译书之后》(增订本),北京大学出版社 2018 年版。

陈光中等:《中国现代司法制度》,北京大学出版社 2020 年版。

何兰阶、鲁明健主编:《当代中国的审判工作》(上下册),当代中国出版社 1993 年版。

王怀安:《论审判方式的改革》,人民法院出版社 1996 年版。

林中梁编著:《各级党委政法委的职能及宏观政法工作》,中国长安出版社 2004 年版。

郭道晖、李步云、郝铁川主编:《中国当代法学争鸣实录》,湖南人民出版社 1998 年版。

顾培东:《当代中国司法研究》,商务印书馆 2022 年版。

陈桂明主编:《中国特色社会主义司法制度研究》,中国人民大学出版社 2017 年版。

王利明:《司法改革研究》,法律出版社 2002 年版。

蒋惠岭:《司法改革的知与行》,法律出版社 2018 年版。

孙谦、郑成良主编:《司法改革报告:中国的检察院、法院改革》,法律出版社 2004 年版。

陈瑞华:《司法体制改革导论》,法律出版社 2018 年版。

张明杰主编:《改革司法——中国司法改革的回顾与前瞻》,社会科学文献出版社 2005 年版。

龙宗智:《司法建设论》,法律出版社 2021 年版。

左卫民等:《最高法院研究》,法律出版社 2004 年版。

左卫民、全亮、黄翀等:《中基层法院法官任用机制研究》,北京大学出版社 2014 年版。

左卫民、王海萍等:《审判委员会制度改革实证研究》,北京大学出版社 2018 年版。

　　侯欣一：《从司法为民到大众司法：陕甘宁边区大众化司法制度研究(1937—1949)》(增订版)，中国政法大学出版社 2020 年版。

　　侯欣一：《创制、运行及变异：民国时期西安地方法院研究》，商务印书馆 2018 年版。

　　汪世荣等：《新中国司法制度的基石：陕甘宁边区高等法院(1937—1949)》，商务印书馆 2011 年版。

　　刘全娥：《陕甘宁边区司法改革与"政法传统"的形成》，人民出版社 2016 年版。

　　张培田：《法的历程——中国司法审判工作的演进》，人民出版社 2007 年版。

　　韩延龙主编：《中华人民共和国法制通史》(上下册)，中共中央党校出版社 1998 年版。

　　傅郁林：《民事司法制度的功能与结构》，北京大学出版社 2006 年版。

　　姚莉：《反思与重构——中国法制现代化进程中的审判组织改革研究》，中国政法大学出版社 2005 年版。

　　孙笑侠：《司法的特性》，法律出版社 2016 年版。

　　张志铭：《司法沉思录》，北京大学出版社 2019 年版。

　　王亚新：《社会变革中的民事诉讼》(增订版)，北京大学出版社 2014 年版。

　　王亚新、陈杭平、刘君博：《中国民事诉讼法重点讲义》(第 2 版)，高等教育出版社 2021 年版。

　　高全喜等：《现代中国的法治之路》，社会科学文献出版社 2012 年版。

　　强世功：《法制与治理——国家转型中的法律》，中国政法大学出版社 2003 年版。

　　强世功：《惩罚与法治：当代法治的兴起(1976—1981)》，法律出版社 2009 年版。

　　何帆：《大法官说了算——美国司法观察笔记》(增订本)，中国法制出版社 2016 年版。

侯猛：《司法的运作过程：基于对最高人民法院的观察》，中国法制出版社 2021 版。

唐虎梅：《司法经费理论研究与实践》，人民法院出版社 2022 年版。

崔亚东主编：《上海法院司法体制改革的探索与实践》，人民法院出版社 2018 年版。

邹碧华：《法院的可视化管理》，法律出版社 2017 年版。

徐向华等：《我国司法改革的地方试点经验：贵州法院蓝本》，法律出版社 2019 年版。

孙祥壮：《民事再审程序：从立法意图到司法实践》，法律出版社 2016 年版。

周道鸾：《司法改革三十年——我所经历的人民法院司法改革（1978—2008）》，人民法院出版社 2009 年版。

季卫东等：《中国的司法改革：制度变迁的路径依赖与顶层设计》，法律出版社 2016 年版。

张懋：《司法实践与法治探索：张懋司法论文集》，人民法院出版社 2007 年版。

田雷：《继往以为序章：中国宪法的制度展开》，广西师范大学出版社 2021 年版。

翟志勇：《从〈共同纲领〉到"八二宪法"》，九州出版社 2021 年版。

陈杭平：《民事诉讼管辖精义：原理与实务》，法律出版社 2022 年版。

陈杭平：《统一的正义：美国联邦上诉审及其启示》，中国法制出版社 2015 年版。

赵瑞罡：《司法改革背景下合议制度研究》，法律出版社 2018 年版。

彭小龙：《非职业法官研究：理念、制度与实践》，北京大学出版社 2012 年版。

黄韬：《公共政策法院：中国金融法制变迁的司法维度》，法律出版社 2013 年版。

丁卫：《秦窑法庭：基层司法的实践逻辑》，生活·读书·新知三联书店 2014 年版。

唐应茂：《法院执行为什么难：转型国家中的政府、市场与法院》，北京大学出版社 2009 年版。

唐应茂主编：《法院的表现：外部条件和法官的能动性》，法律出版社 2009 年版。

彭美：《法院工作报告制度研究——以最高人民法院工作报告为样本》，中国检察出版社 2011 版。

钟金燕：《政法委制度研究》，中央编译出版社 2016 年版。

邵六益：《政法传统研究：理论、方法与论题》，东方出版社 2022 年版。

费孝通：《乡土中国》，上海人民出版社 2006 年版。

费孝通：《费孝通晚年谈话录(1981—2000)》，生活·读书·新知三联书店 2019 年版。

瞿同祖：《中国法律与中国社会》，商务印书馆 2010 年版。

钱穆：《中国历代政治得失》，海南出版社 2022 年版。

王亚南：《中国官僚政治研究》，商务印书馆 2010 年版。

王立峰：《政府中的政党：中国共产党与政府关系研究》，中国法制出版社 2013 年版。

王海峰：《干部国家——一种支撑和维系中国党建国家权力结构及其运行的制度》，复旦大学出版社 2012 年版。

陈丽凤：《中国共产党领导体制的历史考察(1921—2006)》，上海人民出版社 2008 年版。

陈明明：《在革命与现代化之间——关于党治国家的一个观察与讨论》，复旦大学出版社 2015 年版。

邓小南、邢义田、阎步克：《多面的制度——跨学科视野下的制度研究》，生活·读书·新知三联书店 2021 年版。

王绍光：《安邦之道：国家转型的目标与途径》，生活·读书·新知三联书店 2007 年版。

吴敬琏:《中国经济改革进程》,中国大百科全书出版社 2018 年版。

兰小欢:《置身事内:中国政府与经济发展》,上海人民出版社 2021 年版。

黄奇帆:《结构性改革:中国经济的问题与对策》,中信出版社 2020 年版。

景跃进、陈明明、肖滨主编:《当代中国政府与政治》,中国人民大学出版社 2016 年版。

周雪光:《中国国家治理的制度逻辑:一个组织学研究》,生活·读书·新知三联书店 2017 年版。

周黎安:《转型中的地方政府:官员激励与治理》(第 2 版),格致出版社、上海三联书店、上海人民出版社 2017 年版。

萧冬连:《筚路维艰:中国社会主义路径的五次选择》,社会科学文献出版社 2014 年版。

萧冬连:《探路之役:1978~1992 年的中国经济改革》,社会科学文献出版社 2019 年版。

王小鲁:《改革之路:我们的四十年》,社会科学文献出版社 2019 年版。

张军:《改变中国:经济学家的改革记述》,上海人民出版社 2019 年版。

林毅夫、蔡昉、李周:《中国的奇迹:发展战略与经济改革》(增订版),格致出版社、上海三联书店、上海人民出版社 2014 年版。

赵冬梅:《法度与人心:帝制时期人与制度的互动》,中信出版集团 2021 年版。

曹锦清:《如何研究中国》,上海人民出版社 2010 年版。

赖静萍:《当代中国领导小组制度变迁与现代国家成长》,江苏人民出版社 2015 年版。

周望:《中国"小组机制"研究》,天津人民出版社 2010 年版。

周望:《中国"政策试点"研究》,天津人民出版社 2014 年版。

周望:《理解中国治理》,天津人民出版社 2019 年版。

杨光斌:《当代中国政治制度导论》(第2版),中国人民大学出版社2015年版。

李拯:《中国的改革哲学》,中信出版集团2018年版。

傅军:《奔小康的故事:中国经济增长的逻辑与辩证》,北京大学出版社2021年版。

华生:《中国改革:做对的和没做的》,东方出版社2012年版。

温铁军等:《八次危机:中国的真实经验》,东方出版社2013年版。

方维规:《概念的历史分量:近代中国思想的概念史研究》,北京大学出版社2018年版。

侯旭东:《什么是日常统治史》,生活·读书·新知三联书店2020年版。

王健编:《西法东渐:外国人与中国法的近代变革》,译林出版社2020年版。

王健:《沟通两个世界的法律意义——晚清西方法的输入与法律新词初探》,中国政法大学出版社2001年版。

那思陆:《中国审判制度史》,上海三联书店2009年版。

汪楫宝:《民国司法志》,商务印书馆2013年版。

聂鑫:《近代中国的司法》,商务印书馆2019年版。

沈小兰、蔡小雪:《沈家本新传》,商务印书馆2022年版。

李贵连:《沈家本传》(修订版),广西师范大学出版社2017年版。

娜鹤雅:《旧谱新曲:近代中国审判制度中的司法资源研究》,北京大学出版社2022年版。

李在全:《变动时代的法律职业者:中国现代司法官个体与群体》,社会科学文献出版社2018年版。

李在全:《法治与党治:国民党政权的司法党化(1923—1948)》,社会科学文献出版社2012年版。

姜世明:《法院组织法》(修订4版),新学林出版股份有限公司2014年版。

吕丁旺:《法院组织法论》(7版),一品文化出版社2010年版。

史庆璞:《法院组织法:建构与实证》(增订4版),五南出版股份有限公司 2017 年版。

林俊宽:《法院组织法》(增订 2 版),五南出版股份有限公司 2019 版。

苏永钦:《司法改革的再改革》,月旦出版社股份有限公司 1998 年版。

苏永钦:《司法制度之回顾与前瞻》,元照出版公司 2021 年版。

林钰雄主编:《最高法院之法治国图像》,元照出版公司 2016 年版。

邱联恭:《司法之现代化与程序法》,三民书局 2001 年版。

任剑涛:《中国的现代国家构造》(上中下卷),香港城市大学出版社 2019 年版。

[美]米尔伊安·R. 达玛什卡:《司法和国家权力的多种面孔:比较视野中的法律程序》(修订版),郑戈译,中国政法大学出版社 2015 年版。

[美]劳伦斯·鲍姆:《从专业化审判到专门法院:专门法院发展史》,何帆、方斯远译,北京大学出版社 2019 年版。

[美]亨利·J. 亚伯拉罕:《司法的过程:美国、英国和法国法院评介》(第 7 版),泮伟江等译,北京大学出版社 2009 年版。

[美]斯蒂芬·布雷耶:《法官能为民主做什么》,何帆译,法律出版社 2012 年版。

[美]杰弗里·图宾:《九人:美国最高法院风云》,何帆译,译林出版社 2020 年版。

[美]黄宗智:《实践与理论:中国社会、经济与法律的历史与现实研究》,法律出版社 2015 年版。

[德]韩博天:《红天鹅:中国独特的治理和制度创新》,石磊译,中信出版集团 2018 年版。

[美]李侃如:《治理中国:从革命到改革》,胡国成、赵梅译,中国社会科学出版社 2010 年。

[美]巴里·诺顿:《中国经济:适应与增长》(第 2 版),安佳译,上海人民出版社 2020 年版。

[英]理查德·萨斯坎德:《线上法院与未来司法》,何广越译,北京大学出版社 2021 年版。

[美]徐小群:《现代性的磨难:20 世纪初期的中国司法改革(1901—1937)》,杨明、冯申译,中国大百科全书出版社 2018 年版。

[日]冈田朝太郎口述、熊元襄编:《法院编制法》,张进德点校,上海人民出版社 2013 年版。

[日]小岛武司等:《司法制度的历史与未来》,汪祖兴译,法律出版社 2000 年版。

【释义类】

魏文伯:《对于"中华人民共和国人民法院组织法"基本问题的认识》,上海人民出版社 1956 年版。

周道鸾主编:《学习中华人民共和国法官法资料汇编》,人民法院出版社 1995 年版。

最高人民法院研究室编:《人民法院五年改革纲要》,人民法院出版社 2000 年版。

胡康生主编:《中华人民共和国法官法释义》,法律出版社 2001 年版。

郑淑娜主编:《中华人民共和国人民法院组织法释义》,中国民主法制出版社 2019 年版。

杨万明主编:《〈中华人民共和国人民法院组织法〉条文理解与适用》,人民法院出版社 2019 年版。

王爱立主编:《中华人民共和国法官法释义》,法律出版社 2019 年版。

王爱立主编:《〈中华人民共和国法官法〉理解与适用》,中国民主法制出版社 2019 年版。

最高人民法院政治部编著:《〈中华人民共和国法官法〉条文理解与适用》,人民法院出版社 2020 年版。

最高人民法院司法改革领导小组办公室编:《〈最高人民法院关于

完善人民法院司法责任制的若干意见〉读本》，人民法院出版社 2015
年版。

最高人民法院司法改革领导小组办公室编：《〈最高人民法院关于
全面深化人民法院改革的意见〉读本》，人民法院出版社 2015 年版。

最高人民法院政治部、最高人民法院司法改革领导小组办公室
编：《人民法院全面落实司法责任制读本》，人民法院出版社 2021
年版。

李飞主编：《中华人民共和国各级人民代表大会常务委员会监督
法释义》，法律出版社 2008 年版。

全国人大常委会法制工作委员会法规备案审查室：《〈法规、司法
解释备案审查工作办法〉导读》，中国民主法制出版社 2020 年版。

【文选、传记、日记、年谱类】

彭真：《论新中国的政法工作》，中央文献出版社 1992 年 3 月版。

彭真：《论新时期的社会主义民主与法制建设》，中央文献出版社
1989 年版。

《彭真传》编写组：《彭真传》（第 1 至 4 卷），中央文献出版社 2012
年版。

《彭真传》编写组编：《彭真年谱》（第 1 至 4 卷），中央文献出版社
2012 年版。

乔石：《乔石谈民主与法制》（上下册），人民出版社、中国长安出
版社 2012 年版。

罗干：《罗干谈政法综治工作》，中国长安出版社 2015 年版。

沈钧儒：《沈钧儒文集》，群言出版社 2014 年版。

沈谱、沈人骅编著：《沈钧儒年谱》，群言出版社 2013 年版。

《董必武传》撰写组编：《董必武传：1886—1975》，中央文献出版
社 2006 年版。

《董必武年谱》编纂组编：《董必武年谱》，中央文献出版社 2007
年版。

董必武：《董必武法学文集》，法律出版社 2001 年版。

谢觉哉：《谢觉哉日记》（上下册），人民出版社 1984 年版。

王定国等编：《谢觉哉论民主与法制》，法律出版社 1996 年版。

杨秀峰：《杨秀峰文存》，人民法院出版社 1997 年版。

江华：《江华司法文集》，人民法院出版社 1989 年版。

《江华传》编审委员会：《江华传》，中共党史出版社 2007 年版。

任建新：《政法工作五十年——任建新文选》，人民法院出版社 2005 年版。

郑天翔：《郑天翔司法文存》，人民法院出版社 2012 年版。

《郑天翔纪念文集》编写组编：《郑天翔纪念文集》，人民法院出版社 2014 年版。

肖扬：《肖扬法治文集》，法律出版社 2012 年版。

最高人民法院办公厅编：《最高人民法院历任院长文选》，人民法院出版社 2010 年版。

郭德宏编：《王明年谱》，社会科学文献出版社 2014 年版。

【汇编类】

本书编写组编著：《〈中共中央关于全面深化改革若干重大问题的决定〉辅导读本》，人民出版社 2013 年版。

本书编写组编著：《〈中共中央关于全面推进依法治国若干重大问题的决定〉辅导读本》，人民出版社 2014 年版。

中央人民政府政务院秘书厅资料室编：《政府工作报告汇编》（1950 年），人民出版社 1951 年版。

全国人大常委会法制工作委员会宪法室编：《中华人民共和国制宪修宪重要文献资料选编》，中国民主法制出版社 2021 年版。

全国人大常委会办公厅、中共中央文献研究室编：《人民代表大会制度重要文献选编》（1 至 4 卷），中国民主法制出版社、中央文献出版社 2015 年版。

中央政法委员会政法研究所编：《司法体制机制改革文件选编》

（1至3卷），中国长安出版社2011年版。

最高人民法院编：《中国法院司法改革年鉴》（2013年卷至2021年卷），人民法院出版社。

最高人民法院司法改革领导小组办公室编：《党的十八大以来人民法院司法体制改革文件汇编》，人民法院出版社2018年版。

最高人民法院政治部编：《法院组织人事工作文件汇编》（上中下册），人民法院出版社2000年版。

最高人民法院办公厅编：《党的十八大以来最高人民法院专项工作报告汇编》，人民法院出版社2018年版。

司法部编：《中华人民共和国司法行政历史文件汇编（1950—1985）》，法律出版社1987年版。

张培田编：《新中国婚姻改革和司法改革史料：西南地区档案选编》，北京大学出版社2012年版。

韩延龙、常兆儒编：《革命根据地法制文献选编》（上中下卷），中国社会科学出版社2013年版。

索引

后记：所有的路，都是必经之路

2007 年 7 月 25 日，我结束在云南法院的锻炼，到最高人民法院司改办报到。去政治部接我的，是副主任张根大。老张笑眯眯的，没啥架子，出了中区大楼，边点烟边抛来一句："小伙子，事先知道要来司改办么？"我当时正没好气，之前明明报的是刑事审判庭，下派锻炼也是办刑事案，回来莫名其妙由"庭"到"办"，法官梦想也可能就此止步，想着就气血上冲，便反问："司改办是干什么的？过去怎么没听说过这个部门？"老张呵呵一乐，也没打算好好回答，吐着烟圈说："日子还长，慢慢熬就知道了。先带你去见见其他领导。"

在司改办见到的第二个领导，是另一位副主任蒋惠岭。老蒋的办公室在西院，进屋时，他脚正翘在桌上，翻着查建英的《八十年代访谈录》。书架上满是外文书，以及数十个纹有各国司法徽章、知名法学院 LOGO 的水杯。聚精会神听完我的警察生涯、研究成果和锻炼经历，老蒋掏出一根铅笔，在日历上用力画个圈，"记住今天，过去的一切从此归零，今天才是你职业生涯新的开始，准备好迎接新的战斗！"敢情我自吹自擂半天，领导立马给我"画圈归零"了。沮丧之余，在当天的日记上写了句："所有的路，都是必经之路。"既是自勉，也是自嘲。

老张、老蒋没有告诉我的是，司改办 4 月 2 日才刚刚设立，是肖扬院长在他任期最后一年组建的新部门，当时的全称还是"最高人民法院司法改革研究小组办公室"，后来改称"最高人民法院司法改革领导小组办公室"。俩领导其实也只比我早几个月加入司改办，顺便把我从刑庭提前"截胡"了。与我差不多时间到新部门报到的，还有王晓东、万会峰、金克胜、郝银钟、李邦友、范明志、方金刚、王晓滨、杜强、胡夏冰、付育、龙飞、袁春湘、向国慧等来自地方三级法院和高等院校的人员。

新部门汇聚各路人马，既有教授博导、海归博士，也有审判专家、基层法官。每次讨论稿件，大家各抒己见，观点多元，上班感觉更像上学。那时我归老张分管，他是研究室综合处处长出身，对文稿一丝不苟。交给他一篇稿子，总是先夸几句，然后改成"大花脸"退给我。从措辞、句式、结构到标点符号，改得我服服帖帖。老蒋则像一名严师，总是提醒我多读书、读杂书，别总抱着刑法书。周一给我一套《当代中国的审判工作》，说"这是司法历史，得读十遍才算入门"。周三"投喂"一本苏永钦的《司法改革的再改革》，说"这是方法论，至少读五遍才算略懂"。周五发来一本英文书，书名是 *Make No Law*：*The Sullivan Case and the First Amendment*，说"这是他山之石，要知己知彼、多看原文，别被二手资料带偏了，不要别人说外国是啥样，你就以为是啥样。"我后来下了笨功夫，把这本书译出来，起了个中文名叫《批评官员的尺度》）。

岁月没有告诉我们的是，无论老张说的"日子还长"，还是老蒋口中"新的开始"，背后都是一段漫长的时光。司改办这个大家戏称的"临时性常设机构"，到现在已运行了十六年。只是人员常换常新，创始团队只剩下我和付育两个"老兵"。老张早已退休颐养天年，老蒋也献身法学教育事业，做了同济大学法学院院长。老蒋 2018 年辞职前，把多年思考结集成书。在序言中，他说："三十多年的最高人民法院工作经历，已经让我不由自主地把自己与中国司法的命运连接在一起，如果司法感冒了，好像我也在发烧。"看到这话，我眼眶一热，因为感同身受。如今，我也到了老蒋与我初见时的年纪，而内心深处对中国司法改革事业的热爱、关切和焦灼，相信也与那时的他差不多。

不过，初到司改办，我还没有对司法改革建立感情。当时，分到手的第一个任务，是总结现代化司法改革方法论。听到要求后，第一反应是"纸上谈兵"，第二反应是"屠龙之技"。自己一天改革工作没做过，"方法"都没入门，怎么可能有"论"？更重要的是，那时的司法改革，经常被理论界作为"靶子"批判。有埋怨"单兵突击、冒进草率"的，有嫌弃"零敲碎打、修修补补"的，还有吐槽"土洋结合、不伦不类"的。众声喧哗之下，东拼西凑出来一套纵横古今、涵盖中外的"方法论"，又能给谁用呢？瞪着电脑上几个 G 的文献，瞅瞅书架上的波斯纳、德沃金和苏永钦，一个字也总结不出来，心里只盼着哪天被某位大领导看上，把我调回刑庭做法官去。

2008年2月27日，大领导终于来了，不过不是来看我。这一天，肖扬院长来到办公二区，看望刑庭和司改办工作人员。在司改办，肖扬院长与每个人逐一握手，见现场还有几个年轻人，更是语重心长，讲了一番坚守的意义，最后总结道："做司法改革，需要深厚积淀，也需要新生力量，你们年轻人别总想着去搞审判，要坚守岗位、加强学习，把改革事业接续传承下去。"这话未必是针对我，却让我颇感羞愧，暂时灭了做"逃兵"的心思。多年之后，他才对我说起，当时即将卸任，想到死刑复核权收回刚满一年，司法改革正行至中流，未来可能面临重重阻力，所以借告别之机，给几个部门的同志，尤其是年轻人们加加油、鼓鼓劲，免得"一篙松劲退千寻"。老人家离开司改办时，老蒋感慨："中国司法的历史，将记住这位英雄。"

改革英雄已谢幕退场，法治大潮仍奔涌向前。之后的十多年时间里，我和同事们遵照老院长嘱咐，一茬接着一茬干，一仗接着一仗打，持之以恒推动司法改革。自己也逐渐从一名"新手"蜕变为"熟练工"，直至成为司改办负责人。滚石上山之际，会发现在中国这样一个超大型单一制国家推进司法改革，将不断遭遇那些与国情、传统相关的"元问题"：地方法院的人财物管理权，到底是该"统一上收"，还是"属地管理"？"去地方化"的改革与人民代表大会制度、"党管政法"原则的关系如何处理？"去行政化"的同时，如何坚持民主集中制，如何走出"一管就死，一放就乱"的困局？法官数量到底是多多益善，还是走"少而精"路线，员额制的"加减法"该怎么做？法官等级到底该与行政职级挂钩，还是走单独职务序列，如何防止司法"职业化"变成"边缘化"……这些问题，在不同阶段周而复始浮现，法院内外关于司法改革的争议或评判，也大多与之相关。

对我而言，参与改革的程度越深，越有如履薄冰之感，既担心"好心办坏事"，又怕像西西弗斯那样反复做"无用功"。到下级法院主持调研，有老法官感慨："以前觉得最高法院的秀才们高高在上、不接地气，今天一聊，才发现你们对基层的问题和困难全都'门儿清'。"听了这话，我以为他夸我呢，正想谦虚一下，没想到人家还有后半句。"仔细一想就更悲哀了，你们啥都了解，可还是什么问题都解决不了，该走的弯路一个都没少走，还不如啥都不知道呢。"有朋友嘲笑说："司法改革就像划旱船，池子里根本就没水，你们还划那么带劲儿，结果控制不了，自己还不落好。"也有年轻法官发来鼓励："中国那么大，情况那么复杂，改革当然不可能一蹴而就，立竿见影的那是耗子药。改革大潮之下，没有人是历史的终点，可以理所当然坐享其成。"没过多久，这位法官就辞职了。

司法改革战场摸爬滚打十多年，才会发现，任何领域的改革，都是纠结的事业，少有高歌猛进的愉悦，只能在夹缝中寻求突破、在妥协中伺机推进，多数情况下都是进一步、退半步。这其中，最为艰难，也最易反复的，莫过于在这片缺乏法治传统的辽阔大地上，建构起一套既立足国情、政治可行，又符合规律、务实管用的现代化司法制度。**你必须**小心翼翼地向党政领导说明，人民法院依法公正行使审判权不是"闹独立"。**你必须**苦口婆心地向地方政府证明，服务保障大局不能与维护本地利益"划等号"。**你必须**发自肺腑地向有关部门展示，赋予法官必要的职业保障，并不是"搞特殊"。**你必须**巨细靡遗地向社会各界论证，在发展如此不平衡的国家推动司法职业化，必须审慎考虑沿海与内地、都市与乡村的差别，通过"放宽学历条件""组织单独考试""法律职业资格 C 类证书"等看似不平等的方式，达到"抹平"差异的微妙平衡，给困难地区留下司法人才储备。在上述过程中，我才能真正理解肖扬院长提到的"坚守"之价值、老蒋所说的"战斗"之意义，以及老张念叨的"慢慢熬就知道了"。

做过无数次"热锅上的蚂蚁"，就能深刻感受到，中国的司法改革方法论是"干"出来的，不是"译"出来和"看"出来的。方法论是否有效，不在于读了多少文献、出台多少文件、图表有多惊艳，关键看在坚持正确改革方向的前提下，团结了多少力量，盘活了多少存量，制造了多少增量，成功设置多少项政策议程，全面推广多少个试点成果，迂回作出多少次技术性妥协，间接实现多少嵌套在妥协举措中的改革目标，以及在最优方案被"拿下"的同时，又有序启用多少套备用方案。这样的改革方法论，可能不符合理论模型和学术规范，但是，改革开放四十多年来,正是上述兼具中国特色和实用主义的方法论,指引中国创造了经济高速增长和社会长期稳定两大奇迹,真正做成想了很多年、讲了很多年但没有做成的改革。

2012 年夏天,我认识了一位叫邹碧华的基层法院院长。每次见面,他都带着厚厚一大本管理学方面的著作,上面贴着五颜六色的标签,密密麻麻都是笔记。我开玩笑说,单靠那本《要件审判九步法》,您就算全国知名的专家型法官了,为什么还要研究管理学?他回答,做法官要精通审判,做院长、搞改革当然要懂管理。推进改革跟打仗一样,要把支持你的人弄得多多的,反对你的人弄得少少的,还不能坑蒙拐骗,不好好研究管理,怎么做司法改革?

与其他重视宏大规划的改革者相比,邹碧华关心的都是身边的"小事"。例如,给每位法官一个相对独立的办公空间,能不能提升他们的职业尊荣感?如何考核工作绩效,才能充分调动年轻法官助理的创造性和积极性?当多久法官助理再做法官,最符合人才成长规律和职业合理期待?让每个人的工作投入都可测算、可视化,会给法院整体工作带来多大变化……两年后,他做了上海高院分管司法改革的副院长,我们的工作交流更多了。

某天深夜,碧华突然来电。我以为他个人遇到什么难事,没想到却是一件"公事"。他说,"现在我们内部有一种意见,认为法官员额制改革应该少触碰既得利益,最好的办法是让助理审判员'就地卧倒'成为法官助理,可是,这样一来,不是逼年轻法官'用脚投票'吗?你在'总公司',影响力大一些,希望你写篇文章,反对'就地卧倒'的做法,为年轻人说说话,为法院的未来留下点儿种子。"这就是碧华,致广大而尽精微,却没有任何私心。五个月后,他牺牲在工作岗位上,被习近平总书记称作"甘做'燃灯者'"的好法官。

碧华让我认识到,制度是靠人事运行的。任何良好制度的架构,都不能只见条文不见人。在关于改革的宏大叙事中,大家往往更关注四梁八柱的制度构建、积厚成势的制度效能,而个人的生存状态、发展需求、职业规划,往往是最容易被遗忘和忽略的。其实,司法制度的生命力和持续性,并非多配置几项权力、增设几个机构、完善几种技术、搭建几个平台，而是让每个群体都能通过改革有所获得、看到希望。制度设计者既要看到诗和远方，也要看到人心细微处：忐忑步入诉讼服务大厅的当事人有什么顾虑和担心，揣着生效判决又不能及时兑现的胜诉者有什么委屈和焦虑，刚刚入职的新人对未来有什么规划和憧憬，想遴选到上级法院的法官和即将到基层入额的助理可能面临什么困难和障碍，司法警察对法院的归属感、对职业的尊荣感该如何建立。用历史的眼光审视改革，会发现四梁八柱仅是形式、数据指标只描述过程、文件汇编只记载成果，而问题的关键，还是让改革举措更被党和人民认同，审判工作对优秀人才更具吸引力和凝聚力。这样的改革，才不会"走回头路"和"被翻烧饼"。

2014年1月的一天，我收到同事转来的一封南方来信。展开信，是熟悉的遒劲有力的笔迹。

何帆同志：

你托小毛捎来的新作已经收到……短短几年，你的理论研究已硕果累累，我心甚喜。我向来认为，法律不仅仅在于条文，更在于先进的理念。如此，在实践中才不会有所迷失，在困难障碍面前，才能坚定前行的勇气。法律既应重在本土，亦应懂得吸收借鉴，如此，才能让自己站在更高的起点，并遵循普遍的规律。近些年来，你笔耕不辍，在繁忙的工作中，始终保持一颗探究的心，而且观察问题的视角也颇为独特，这无论对你自身能力的提高，对司法改革理论准备的深入，还是对社会法治理念的普及都有裨益。当今社会，浮躁功利之气盛行，你能躬下身来，潜心做研究，将自己的才思学问，投寄到细琐的翻译和写作之中，我深感其中的不易。惟希今后你仍坚持对法律的孜孜以求，继续探索符合法治发展的规律性问题。若能将你在我国最高法院的工作体验和回顾总结集合成文，向国内外介绍中国的最高人民法院，便是更好。请相信，作为一位法律老人，对你和其他法官的艰辛奋斗，我都欣然关注，充满期待，并献上我衷心的祝福！

肖 扬

2014年1月3日

　　几个月后，在某个场合又见到老院长，我提到即将在清华开一门课，介绍中国法院和司法制度。他勉励说，开课当然有必要，但最好留下文字记录。你们这代司法改革者遇到了做事的好时代，有机会做成许多过去办不到的事，更应该把前人付出的努力、遭遇的问题和你们解决这些问题的过程详细记录下来，作为后人研究新中国司法制度和司法改革的"一扇窗"。

　　如今，"这扇窗"终于完工，可惜已无机会当面呈送老人家斧正。写作过程中，江华、郑天翔、肖扬、王怀安等老院长的姓名，以及他们推动出台的各种司法文件名称，总是在各类文献中交替出现，会情不自禁代入当时情境，设身处地感受那代人的理想、纠结、妥协与努力，这个时候，写作更像是一种隔空对话，用文字实现与司法前辈们的心灵交流。而记叙自己参与司法改革的十六年，更是一段"温暖和百感交集的旅程"。造化弄人，人们总爱惦记美丽的青春岁月，但是青春岁月像条河，流着流着，就容易成了浑汤儿。幸运的是，即使所有的路都是必经之路，还是有不少人与你一起跨越山川和河流。回首往事，才会发现，当年孜孜以求、患得患失的许多东西并不重要，重要的是与你同行过河的人，以及大家一起做过和做成的事。

　　感谢景汉朝、卫彦明、俞灵雨、贺小荣、胡仕浩、刘峥等历任司改办负责人对我的关照和宽容。感谢付育、陈鹏展、马渊杰、郭玺、徐智超、危浪平、李承运、马骁、陈琨、薛政、景晓晶、侯猛、田雷、刘哲玮、方斯远、陈杭平等同事和学界同仁在写作过程中给予的启发和帮助。感谢全国人大的耿森、胡健指出和纠正书中的硬伤。感谢清华大学申卫星、周光权、何海波、刘奕群、于晓虹教授在开课过程中给予的大力支持。最后，谢谢我的学生们，姜周澜、黄敏达、蔡泽洲、刘轶圣、马超、王敏、易霏霏、何雪梅、鄂茗希、何佩、张博謇、曾涤文、钟学铭、王哲睿、阮嘉禾、何源、王子予……没有与你们的互动和交流，就不会有这本书。

何　帆

2023 年 4 月 1 日

图书在版编目（CIP）数据

积厚成势：中国司法的制度逻辑/何帆著. —北京：中国民主法制出版社，2023.3

ISBN 978－7－5162－3153－1

Ⅰ.①积… Ⅱ.①何… Ⅲ.①司法制度–研究–中国 Ⅳ.①D926

中国国家版本馆 CIP 数据核字（2023）第 051126 号

图书出品人：刘海涛
图 书 策 划：麦 读
责 任 编 辑：陈 曦 庞贺鑫 游 翔
书 名/积厚成势：中国司法的制度逻辑
作者/何 帆
出版·发行/中国民主法制出版社
地址/北京市丰台区右安门外玉林里 7 号 （100069）
电话/（010）63055259（总编室） 63058068 63057714（营销中心）
传真/（010）63055259
http：//www. npcpub. com
E-mail：mzfz@ npcpub. com
经销/新华书店
开本/32 开 850 毫米×1168 毫米
印张/25 **字数/**678 千字
版本/2023 年 4 月第 1 版 2024 年 4 月第 2 次印刷
印刷/北京天宇万达印刷有限公司
书号/ISBN 978－7－5162－3153－1
定价/99. 00 元
出版声明/版权所有，侵权必究